JN409620

논어
論語

성균관대학교
출 판 부

간 행 사

경전이란 인류 지혜의 총화이며, 그것이 인류에게 미친 영향은 아무리 강조해도 지나치지 않을 것입니다. 유교의 사서삼경, 불교의 불경, 기독교의 성경, 이슬람교의 코란이 인류의 역사에 미친 영향을 생각해 보면 쉽게 알 수 있을 것입니다. 인류가 경전의 새로운 해석을 통해서 앞날을 개척해 갔던 사실을 우리는 역사에서 많이 볼 수 있습니다.

근대 이전에 동양사회에서 유교의 사서삼경은 사람들에게 생각과 행동의 틀을 제시해 주는 중요한 역할을 하였습니다. 그러나 서양의 사상과 과학·기술이 근대 이후의 동양사회를 지배하면서 유교의 경전들은 무시되거나 심지어 해로운 것으로까지 매도되기에 이르렀습니다. 급변하는 내외적 상황에 의해 재해석될 여지까지 빼앗기고 사장되어 버렸다고 해도 과언이 아닐 것입니다. 다행히 21세기를 맞이한 오늘날 유교경전에 대한 사람들이 인식이 바뀌고, 그 재해석의 필요성을 느끼고 있는 것은 반가운 일입니다.

이러한 시점에서 우리 성균관대학교 유교문화연구소에서 사서삼경의 번역을 새로이 내놓게 되었다는 소식을 접하고 총장으로서 기쁘고, 큰 기대를 갖게 되었습니다. 이번 번역은 조선 말기의 사서삼경 해설을 발굴하여 그것을 중심으로 번역하고 해설한 것이라고 합니다. 이 총서의 간행이 유교문화연구소에서 장기적으로 계획하고 있는 『표준 사서삼경』 간행의 주춧돌이 될 것이라고 확신합니다.

한편으로 사서삼경 번역본을 우리 성균관대학교에서 순차적으로 간행하게 될 것은 더욱 뜻깊은 일이라고 할 수 있습니다. 유교적 이상사회를 건설하려고 했던 조선조 최고의 교육기관으로서, 우리나라의 정신사에서 빼놓을 수 없는 퇴계 · 율곡을 비롯한 수많은 인재를 양성했던 성균관의 맥을 성균관대학교가 잇고 있기 때문입니다. 아무쪼록 이 총서의 발간을 통해서 조선 말의 유학자들이 사서삼경을 어떤 눈으로 보았는지를 알게 되는 동시에, 현재 우리가 어디에 있는가를 다시금 되새겨 보는 기회가 되기를 바랍니다.

끝으로 의욕적으로 일을 기획하고 추진하신 유교문화연구소 오석원 소장님, 실무를 담당하여 수고한 연구진 여러분께 감사와 격려를 함께 보냅니다.

2005년 새해를 맞으며
성균관대학교 총장
서 정 돈

『유교경전번역총서』를 발행하며

유교문화연구소는 2000년 3월 1일 성균관대학교 동아시아학술원 내에 본교의 건학이념인 유교사상을 중심으로 하여 동아시아 문화 전반을 연구함으로써 유교의 현대화를 통하여 인류문화에 이바지 하려는 목적으로 설립되었다. 그동안 유교의 현대화를 위한 구체적인 방안을 모색하고 제반 학문영역과의 학제적 만남을 위해 국내외 학술대회를 지속적으로 개최하여 왔으며, 『유교문화연구』와 『연구총서』 등을 간행하여 유교에 관한 연구업적들을 축적하여 왔다.

그러나 유학사상의 본질을 올바르게 이해하기 위해서는 무엇보다도 먼저 유교경전에 대한 바른 이해가 선행되어야 하며, 이를 위해서는 경전에 대한 번역이 중요함은 재언의 여지가 없을 것이다. 유교의 현대화 작업을 위한 필수적인 사업은 현대인이면 누구나 쉽고 올바르게 읽을 수 있는 표준 유교경전 번역서의 간행이라고 할 수 있겠다. 그러므로 본 연구소에서는 이러한 표준 번역서들을 간행하기 위하여 장기적인 경전번역사업계획을 수립하고 이를 추진하고 있다.

유교의 여러 경전 가운데에서도 특히 『논어』, 『맹자』, 『대학』, 『중용』 등 사서(四書)는 그 중심을 이루고 있다. 그러므로 경전번역의 첫 단계로 우선 사서에 대한 주자의 해석을 올바르게 이해할 수 있는 바탕을 마련하기 위하여 관본 언해본을 기본으로 한 조선시대의 경전 번역본을 선정하고, 이를 현대어로 다시 바꾸는 제2의 창작 작업 끝에 『논어』 번역이 제일 먼저 출간하게 된 것이다. 뒤를 이어 『맹자』와 『대학』, 그리고 『중용』 등의 간행이 이어질 것이다.

그 동안 사서(四書)에 대한 번역서들이 수없이 많이 나왔으나, 몇몇의 역저들을 제외하고는 대부분 일본어판의 글을 차용하거나 자의적인 해설에 의존한 글들이 대부분을 차지하고 있다. 좀 더 정확하고 완전한 번역이 요청되는 시점에서 무엇보다도 먼저 조선의 선비들이 읽었던 내용으로서 철저히 주자의 주석에 근거한 사서번역을 염두에 두고 이 책을 선정하였던 것이다.

본서의 특징은 주자의 경전해석에 충실한 내용으로 이루어져 있다는 점이다. 유교 경전에 대하여는 다양한 주석이 있으므로 주자의 주석만을 고집할 수 없으며 학자들 간에는 주자학의 한계를 언급하는 경우도 있다. 그러나 주자의 주석을 기본으로 이해하지 않고는 유교경전의 본질에 올바르게 접근할 수 없으며, 주자학을 외면한 경전이해가 자칫 유학의 본질을 더 크게 오도할 수 있는 점도 유의해야 할 것이다.

무엇보다도 본서는 주자의 주석에 근거하여 경전의 난해한 부분들에 대하여 명료하면서도 쉽게 해석하고 있으며, 의해(義解)와 요지(要旨) 등을 통하여 문장의 대의를 올바르게 이해할 수 있는 장점을 갖추고 있어 일반 번역서와는 다른 특징이 있다. 그러므로 사서의 본질을 올바르게 이해하고자 하거나 사서를 가르치려 하는 사람들이 제일 먼저 읽어야 할 기본이 되는 필독서라고 본다.

물질문명으로 인하여 정신적 도덕이 타락하고 있는 현대의 상황에 비추어 정신문화가 절실히 요구되는 시기에 이 책이 주는 의미는 매우 크다고 하겠다. 오늘날 유학사상에 대한 관심과 전통문화에 대한 이해와 연구의 폭이 점차 확대되어 가고 있는 터에 이 번역이 너무 늦은 감이 있으나, 이제서나마 햇빛을 본 것은 매우 다행스러운 일이라고 할 수 있다.

끝으로 본 사서의 번역을 추진하는 데 힘쓴 편집위원 및 집필에 수고하신 여러 선생님들에게 거듭 감사의 뜻을 전하고, 아름다운 책으로 만들어준 성균관대학교 출판부의 노고에 진심으로 감사하는 바이다.

2005년 1월

유교문화연구소 소장 오석원

일러두기

1. 이 책은 관본 언해본 『논어』를 기본적인 대본으로 하고, 논어의 원문 해석 및 이 책의 내용은 1985년 오성사(旿晟社)에서 영인한 『언해사서(言解四書)』와 2003년 성지학사(聖志學社)에서 영인한 「유교경전언해총서(儒教經典諺解叢書)」, 그리고 1965년 성균관대학교(成均館大學校) 대동문화연구원(大東文化研究院)에서 영인한 內閣本 『논어』 등을 참고하였다.

2. 이 책의 언해와 토는 관본 언해본의 언해와 토를 위주로 하였으며, 율곡 및 퇴계의 언해와 토를 참조하였다.

3. 번역은 원문에 충실하게 하되, 주자의 주를 기본으로 해서 번역하여 조선시대 성리학자들의 유교 경전에 대한 입장을 이해하는 데 도움이 될 수 있도록 하였다. 특히 이 책은 『주자집주』를 따르는 입장에서 『사서집성(四書集成)』, 『사서석의(四書釋義)』, 『왕정사서(汪訂四書)』 등을 기본으로 하여 번역하였다.

4. 이 책의 내용은 원문, 언해, 직역, 자해, 의해, 요지의 순으로 구성되어 있다.

5. 원문은 한자의 정확한 쓰임과 유교경전에서 쓰이고 있는 한자의 본음에 대한 이해 및 성독을 위해 전통적으로 사용된 한자음을 각 글자 위에 붙였다.

6. 직역은 원문에 충실하게 하되 현대 한국어의 맞춤법에 근거하여 번역하였다.

7. 경전강독에 도움이 되도록 하기 위하여 직역 하단에 원문의 난해자(難解字)에 대한 자해를 첨가하였다.

8. 각 편의 장에는 원문의 뜻을 성리학적 입장에서 이해할 수 있는 의해와 각 장의 대의를 알 수 있는 요지를 실었다. 의해와 요지는 오성사(旿晟社)에서 영인한『언해사서』에 실린 것을 주로 참조하여 현대적 의미로 풀었다.

9. 각 편의 장수(章數)는 아라비아 숫자로 표시하였다.

10. 이 책의 사용 부호는 다음과 같다.
• : 자해에서 새로운 난자어 표시.
◑ : 의해에서 각 장의 새 절에 대한 표시.

目 次

논어서설(論語序說)

『사기(史記)』의 「공자세가(孔子世家)」에 다음과 같이 기록되어 있다.

공자(孔子)의 이름은 구(丘)이고, 자(字)는 중니(仲尼)이다. 그 선조는 송(宋)나라 사람이다. 아버지는 숙량흘(叔梁紇)이고, 어머니는 안씨(顔氏)인데, 노(魯)나라 양공 22년 경술(庚戌)년 11월 경자(庚子)에 공자를 노나라 창평향 추읍(昌平鄕陬邑)에서 낳았다. 어릴 적 놀 때에 항상 제기(祭器)를 벌려놓고 예(禮)를 갖추는 놀이를 하였다. 장성해서 창고의 물건을 관리하는 위리(委吏)가 되었는데, 항상 계산이 공평하였고, 후에 다시 나라의 가축을 기르는 사직리(司職吏)가 되었는데, 가축이 윤택하게 살찌고 잘 번식(繁殖)하였다.

주(周)나라에 가서 노자(老子)에게 예(禮)를 묻고, 돌아온 후로부터는 제자가 더욱 찾아왔다. 소공(昭公) 25년 갑신(甲申)에 공자의 나이 서른다섯 때의 일이다. 소공이 제(齊)나라로 달아나고 노나라가 어지러워지자, 이에 공자는 제나라로 가서 고소자(高昭子)의 가신(家臣)이 되어 고소자의 힘을 빌어 경공(景公)을 만났다.

이때 경공은 공자의 말을 듣고 매우 기뻐하며 공자에게 니계(尼谿)의 땅을 떼어주고 중용(重用)하려 하였으나 안영(晏嬰) 등 여러 신하들이 반대하자 이에 경공도 의심을 품고 결국 등용을 포기하였다. 그리하여 공자는 마침내 제나라를 떠나 다시 노나라로 돌아왔다.

정공(定公) 원년(元年) 임진(壬辰)에 공자의 나이 마흔 셋이었다. 이때 노나라의 상황은 권세가인 계씨(季氏) 집안의 세력이 강하여 참람(僭濫)하는 상태였으며, 또 그의 신하인 양호(陽虎)가 계씨 집안의 질서가 어지러워진 틈을 타 정사(政事)를 독단하는 상황이었다. 따라서 공자는 벼슬하지 않고 물러나 있으면서 시(詩)·서(書)·예(禮)·악(樂)을 정리하였는데, 이때부터 제자가 더욱 많아졌다.

9년 경자(庚子)에 공자의 나이 쉰 하나였다. 이때 계씨의 또 다른 가신인 공산불뉴(公山不狃)가 비(費) 땅을 근거지로 삼아 계씨를 배반하고 공자를 불렀는데, 공자는 가려고 하다가 자로(子路) 등의 반대로 마침내 가지 않았다.

정공이 공자를 중도(中都) 고을의 재(宰)로 삼은 지 1년만에 온 고을이 모두 공자를 본받아 교화되자, 드디어 공자를 사공(司空)으로 삼고 이어서 또 대사구(大司寇)로 삼았다.

10년 신축(辛丑)에 정공을 도와서 제후를 협곡(峽谷)에서 만났는데 이 자리에서 공자는 제나라 사람들이 전에 침입하여 빼앗았던 땅을 노나라로 돌려보내도록 하는 외교상의 공로를 세우기도 하였다. 12년 계묘(癸卯)에 중유(仲由)로 하여금 계씨(季氏)의 재(宰)로 삼아서 삼도(三都)를 헐고 그 갑옷과 병장기를 거두게 하였으나 맹씨(孟氏)가 성(成)땅의 성벽을 헐려고 하지 않으므로, 군사로 에워쌓았지만 이기지 못하였다. 14년 을사(乙巳)에 공자의 나이가 쉰여섯이었다. 정승의 일을 겸하고 있었는데, 이때 나라의 정치를 어지럽히던 대부 소정묘(少正卯)를 처단하고, 나라 정치에 참여하여 정사를 돌본 지 삼 개월만에 노나라가 크게 다스려졌다. 그러자 노나라의 변화를 경계하던 제나라에서는 공자를 제거할 계책을 꾸몄다. 곧 제나라에서는 악무(樂舞)에 능한 미녀 80명과 좋은 말 120필을 정공과 계환자에게 보냈는데, 정공과 계환자가 이것을 받고 즐거워하여 정사를 돌보지 않고, 교제(郊祭)를 지내고 나서 제사 음식을 대부들에게 보내지 아니하는 등 법도에 어긋나는 행동을 자행하자, 공자는 이를 말리다가 결국 벼슬자리를 버리고 노나라를 떠나게 되었다.

위(衛)나라로 가서 자로의 처형인 안탁추(顔濁鄒)의 집에 머물렀다.

진(陳)나라로 갈 때에 광(匡) 땅을 지나게 되었는데, 광 땅의 사람들이 공자를 양호(陽虎)로 착각하고 잡으려고 포위하였으나 변복을 하고 위기를 벗어날 수 있었다. 그 후 공자는 다시 위나라로 돌아와 거백옥(蘧伯玉)의 집에 머물면서 남자(南子)를 만나 보았다.

그 후 공자는 다시 송(宋)나라로 가게 되었는데, 송나라에서는 사마(司馬)벼슬로 있는 환퇴(桓魋)가 죽이려고 하자, 다시 송나라를 떠나 진

(陳)나라로 가서 사성정자(司城貞子)의 집에 머물렀으며, 그 후 3년 뒤에 위(衛)나라로 돌아왔지만 영공(靈公)은 공자를 등용하지 못하였다.

진(陳)나라 조씨(趙氏)의 가신(家臣) 필힐(佛肸)이 중모(中牟) 땅을 근거로 반란을 일으키고 공자를 불렀는데, 공자는 가려고 하다가 역시 자로 등의 반대로 가지 않았다.

그 후 공자는 서쪽으로 조간자(趙簡子)를 만나보려고 길을 떠났으나 황하까지 이르렀다가 포기하고 돌아와 거백옥(蘧伯玉)의 집에 머물렀다. 이때 위 영공이 진(陳)법에 대해 공자에게 질문을 하였으나, 공자는 대답하지 않고 위나라를 떠나 진나라로 갔다.

계환자(季桓子)가 죽을 때에 그 아들 강자(康子)에게 유언하여 반드시 공자를 부르라 하였는데, 그 신하가 저지하자 공자를 부르지 못하고 공자의 제자인 염구(冉求)를 불렀다.

그 후 공자는 채(蔡)나라 섭(葉) 땅으로 갔다.

초소왕(楚昭王)이 장차 서사(書社) 땅으로 공자를 봉(封)하려 하였는데, 영윤자서(令允子西)가 불가하다고 하여 결국 공자를 봉하지 못하였다.

또 위(衛)나라로 돌아오니 그때에 영공은 이미 세상을 떠났고 위군 첩(衛君輒)이 공자를 등용하여 정사를 하고자 하였다. 이때 염구(冉求)가 계씨(季氏)의 장수가 되어 제(齊)나라와 싸워 공(功)을 세우자 이에 강자(康子)가 공자를 부르니, 공자는 노(魯)나라로 돌아왔다. 이때가 애공(哀公) 11년 정사(丁巳)였으며, 공자의 나이는 68세였다. 그러나 노나라에서는 끝내 공자를 쓰지 못하였고, 공자도 또한 벼슬을 구하지 않고, 『서전(書傳)』과 『예기(禮記)』를 정리하였으며, 『시(詩)』를 산삭(刪削)하고 음악을 바르게 하며, 『역(易)』의 단사(彖辭)와 계사(繫辭)와 상사(象辭)와 설괘(說卦)와 문언(文言)을 서술하였다.

제자의 숫자가 무려 3,000여 명에 이르렀으며, 몸소 육예(六藝)에 통달한 자가 72인이었다.

14년 경신(庚辛)에 노나라에서 서쪽으로 사냥하다가 기린(麒麟)을 잡았는데, 이때 공자는 『춘추(春秋)』를 짓고 있었다.

다음해 신유(辛酉)에 자로가 위나라에서 죽고 16년 임술(壬戌) 4월 기

축(己丑)에 공자가 세상을 뜨니 나이가 일흔 셋이었다. 노나라 성북(城北) 사수(泗水) 가에 장사 지냈는데, 모든 제자들이 심상(心喪) 3년을 지내고 떠났고, 자공(子貢)은 무덤가에 여(廬)막을 짓고 삼년을 더 지냈다. 공자는 아들 리(鯉)를 낳았는데, 자(字)는 백어(白魚)였다. 그러나 백어는 공자보다 먼저 세상을 뜨고, 백어는 아들 급(伋)을 낳았는데, 자(字)는 자사(子思)였으며, 『중용(中庸)』을 지었다.

하씨(何氏)가 말하였다. "『노논어(魯論語)』는 20편인데 『제논어(齊論語)』에는 별도로 「문왕(文王)」과 「지도(知道)」 2편(篇)이 더 있어서 22편이 되고, 또 그 20편 중의 「장구(章句)」도 『노논어』보다 많다. 『고논어(古論語)』는 공씨의 집 담벽에서 나왔는데, 「요왈(堯曰)」 아래 장(章)의 「자장문(子張問)」을 나누어서 1편(篇)을 만들었으므로, 「자장편(子張篇)」이 둘이 되니, 도합 21편이요, 편차(篇次)는 『제논어(齊論語)』와는 같지 않다."

정자(程子)가 말하기를, "『논어』의 글이 유자(有子)와 증자(曾子)의 문인에게서 이루어졌기 때문에 그 글에 유독 두 사람만을 자(子)라고 일컬었다"고 하였다.

정자가 말하기를, "『논어』를 읽음에 전혀 얻음이 없는 자도 있고, 읽은 후에 그 가운데서 한 두 구절에 기뻐함을 얻는 자도 있고, 읽은 후에 좋아할 줄을 아는 자도 있고, 읽은 후 모르는 사이에 손으로 춤추고 발로 뛰는 자도 있다"고 하였다.

정자가 말하기를, "지금 사람들이 글 읽을 줄 모르는구나! 만일 『논어』를 읽음에 읽지 아니 할 때에도 그저 그런 사람이요, 읽은 후에도 그저 그런 사람이면, 곧 읽지 아니함과 같다"고 하였다.

정자가 말하기를, "내가 17, 8세부터 『논어』를 읽었는데 당시에 이미 글 뜻은 알았지만 읽기를 더욱 오래함에 의미가 심장(深長)한 것을 깨닫게 되었다"고 하였다.

1. 학이(學而)

자왈 학이시습지 불역열호 유붕 자원방래
1. 子曰 學而時習之면 不亦說乎아 有朋이 自遠方來면
불역락호 인부지이불온 불역군자호
不亦樂乎아 人不知而不慍이면 不亦君子乎아

| 언해 |

子ㅣ ᄀᆞᆯᄋᆞ샤ᄃᆡ 學ᄒᆞ고 時로 習ᄒᆞ면 ᄯᅩᄒᆞᆫ 깃브디 아니ᄒᆞ랴 벗이 遠方으로브터 오면 ᄯᅩᄒᆞᆫ 즐겁디 아니ᄒᆞ랴 사ᄅᆞᆷ이 아디 몯ᄒᆞ야도 慍티 아니ᄒᆞ면 ᄯᅩᄒᆞᆫ 君子ㅣ 아니랴

| 직역 |

공자께서 말씀하셨다. "배우고 때때로 익히면 또한 기쁘지 않겠는가. 벗이 먼 곳으로부터 오면 또한 즐겁지 않겠는가. 남이 알아주지 않더라도 성내지 않는다면 또한 군자가 아니겠는가?"

| 자해 |

子 : 선생님. 『논어』에서의 자(子)는 공자를 가리킴. • 習 : 새가 자주 나는 모양. 배우기를 그치지 않음을 마치 새가 자주 나는 것과 같이 하는 것. • 說 : 열(悅)과 같음. 기뻐함. • 慍 : 노여움을 품은 뜻. • 君子 : 덕(德)을 완성한 이의 명칭.

| 의해 |

배운다는 것은 배워서 알고, 안 뒤에는 행하는 것을 겸하여야 함을 말한다. 배울 학(學) 한 글자에 포함된 뜻이 크고 넓다. 넓게

배우고, 자세히 묻고, 삼가 생각하고, 밝게 분변하고, 힘써 행함이 모두 배우는 일이다. 배운다는 것은 옛 성현이 한 일과 천하 만물의 이치를 배운다는 말이다. 사람이 세상에 나올 때에 하늘이 부여한 성품은 다 같이 착하지만 기운과 바탕은 모두 같지 않아서, 기운에는 맑고 흐린 것이 있고 바탕은 정수하고 조잡한 것이 있기 때문에 기운이 맑고 바탕이 정수한 사람은 천하의 이치에 대하여 선각자가 되고, 기운이 흐리고 바탕이 조잡한 사람은 후각자(後覺者)가 된다. 그러므로 시간상으로 먼저 되고 뒤에 됨이 있게 된다. 따라서 내가 알지 못하고 할 수 없어서 선각자가 알고 할 수 있는 것을 본받아 행하면 이것이 곧 본래 착한 성품을 회복한다. 그러나 배운 것을 항상 거듭 익히지 않으면 진실로 아는 경지에 들어가지 못한다. 그러므로 반드시 배운 뒤에는 익혀 점차 아는 것과, 안 뒤에 행하는 일이 마음에 익숙해져서 통달하게 되면 천하의 모든 이치가 내 마음과 서로 통하여 아는 것이 더욱 정밀하고, 몸소 행하는 일이 당연함을 따라 편안하게 되어 능한 것이 더욱 확고하게 된다. 비유하자면 무슨 물건을 물에 담가두면 처음에는 겉만 젖지만 오래 담가두면 속까지 젖는 것과 같으니, 그때에 마음 속에서 자연히 유쾌한 마음이 솟아나서 무엇이라고 할 수 없이 나오는 깊은 맛이 아무리 맛있는 음식이라도 비할 수 없을 것이다.

◑ 천하의 이치를 배워서 아는 것은 사람마다 다할 수 있는 것이지만, 나 혼자 하는 것이 아니다. 내가 비록 천하의 이치를 모두 알아 내 마음이 기쁘다고 해도 천하의 마음에 통하지 못하여 나를 쫓아오는 사람이 없으면 이는 곧 나 혼자 배워서 나 혼자 기쁜 것일 따름이다. 비유하자면, 열 사람이 같이 먹는데 나 혼자는 배가 부르지만 아홉 사람은 먹지 못하여 굶주린 것과 같으니, 나 혼자는 비록 기쁘지만 여러 사람과 같이 기쁘지 못함이 어찌 한탄스럽지 않겠는가? 가령 내가 배운 것이 충분히 남에게 미칠 만해서 먼 지방에서 친구가 와 내가 배운 것을 배우고 내가 익힌 것을

익히며, 내가 아는 것을 저 친구도 알고 내가 능한 것을 저 친구도 능하게 되니, 먼 지방에서 이와 같이 오면 가까운 지방은 물론이다. 나를 믿고 좇는 친구가 이와 같이 많으면 즐거운 마음이 극진하여 오음(五音)과 육률(六律)을 갖추어 음악을 즐기더라도 이 즐거움에 비하지 못할 것이다.

◑ 그러나 배우는 일은 내게 있는 일이요, 배운 뒤에 나의 학문을 알아주고 알아주지 않는 것은 남에게 있는 일이다. 그러므로 배우는 것은 남이 알아줄 만한 학문하기를 구할 것이요, 남이 나를 알지 못함을 병으로 여기지 않으니, 비유해서 말하면 밥을 먹는데 내가 배부를 것만 신경쓰고 배가 부른 뒤에는 내가 배부른 것을 남이 알고 모르는 것이 관계없는 것과 같다. 그러나 사람은 대개 누구든지 한 가지 잘한 일이 있으면 반드시 남이 알아주어야 유쾌하고, 알아주지 않으면 오히려 불평이 있다. 그러나 나의 학문을 남이 알아주지 않아도 마음이 태연하여 털끝만큼의 불평이 없는 것은 진실로 학문이 내 몸을 위하는 당연한 일이라고 생각하고, 남이 알아주는 것을 구하지 않기 때문이다. 이것은 아는 것이 밝고 행하는 것이 지극하여 덕을 이룬 군자가 아니면 할 수 없다.

| 요지 |

이 장은 온전히 학문하는 것을 사람들에게 보여준 것이다. 모두 배울 '학(學)'자로 주장하였으니, 첫 문장은 배움이 몸에 익도록 함을 말한 것이고, 둘째 문장은 배움을 나 혼자 하지 않고 다른 사람에게까지 미쳐서 다 같이 하고자 함을 말한 것이며, 셋째 문장은 배우는 자는 결국 자기 몸을 위해야 함을 말한 것이다. 공부는 때때로 익히는 데 요점이 있다. 배워서 때때로 익히면 자연히 얻는 것이 있어서 기쁘고, 자연히 벗이 와서 즐거우며, 자연히 다른 사람들이 알지 못하여도 성내는 뜻이 없어서 군자가 될 것이다.

2. 有子曰 其爲人也孝弟요 而好犯上者鮮矣니 不好犯上이요 而好作亂者未之有也니라 君子는 務本이니 本立而道生하나니 孝弟也者는 其爲仁之本與인저

(유자왈 기위인야효제 이호범상자선의 불호범상 이호작란자미지유야 군자 무본 본립이도생 효제야자 기위인지본여)

| 언해 |

有子ㅣ ᄀᆞᆯ오ᄃᆡ 그 사ᄅᆞᆷ이론ᄃᆡ 孝ᄒᆞ며 弟ᄒᆞ고 上을 犯홈을 好ᄒᆞᆯ 者ㅣ 적으니 上을 犯홈을 好치 아니ᄒᆞ고 亂을 作홈을 好ᄒᆞᆯ 者ㅣ 잇지 아니ᄒᆞ니라 君子ᄂᆞᆫ 本을 힘쓸지니 本이 셤ᄋᆡ 道ㅣ 生ᄒᆞᄂᆞ니 孝弟ᄂᆞᆫ 그 仁ᄒᆞᆯ 本인저

| 직역 |

유자가 말하였다. "그 사람됨이 효성스럽고 우애가 있으면서 윗사람을 범하기를 좋아할 자가 적으니, 윗사람을 범하기를 좋아하지 않으면서 난을 일으키기를 좋아하는 자는 있지 않다. 군자는 근본을 힘쓰니, 근본이 서면 도가 생기니 효성과 우애는 인(仁)을 행하는 근본인 것 같다."

| 자해 |

有子 : 공자의 제자. 이름은 약(若). • 孝 : 부모를 잘 섬김. • 弟 : 형과 어른을 잘 섬김. • 犯上 : 윗자리에 있는 사람을 범함. • 鮮 : 적음. • 作亂 : 어기고 거스르며 다투고 싸우는 일. • 務 : 힘을 전일하게 함. • 本 : 근본. • 仁 : 사랑의 이치와 마음의 덕. • 爲仁 : 인을 행함. • 與 : 의문사. 겸손하여 감히 질정하여 말하지 못하는 것.

| 의해 |

천하에서 지극히 중요한 것은 효도와 공손이다. 그 사람됨이 어버이를 섬김에 효도하고 형을 섬김에 공손하면 그 마음이 온전히 화

순하여 윗사람을 범함이 적다. 범이라는 것은 작은 불순을 이른다. 따라서 작은 불순이라도 저지르지 않는다면 이치에 어긋나고 윤리에 거스르는 등 크게 불순한 일이 없을 것이다. 그러므로 효성스럽고 공손한 사람은 윗사람을 범하지 않고 어지러움을 일으킴이 없을 것이다. 그러므로 효도와 공손이 가장 중요한 것이니, 사람으로서 마땅히 힘써야 한다. 군자가 모든 일에 근본을 힘써서 그 근본이 서면 일과 물건에 대하여 각각 마땅함을 얻어 천 가지 만 가지로 변하는 도가 이로부터 나올 것이다. 근본을 마땅히 힘쓰는 것이 이와 같으니, 효도와 공손은 인도(仁道)를 행하는 근본이라고 할 수 있다. 효도하고 공손하면 마음속이 모두 화순함으로 가득하여 백성을 어질게 하고 만물을 사랑함이 이로부터 미루어 나올 것이니, 배우는 사람이 여기에 힘쓰면 인도가 여기에서 나올 것이다.

| 요지 |

이 장은 처음 글에서는 효도하고 공손하면 어질지 않음이 없다는 것을 말하고, 아래 글에서는 효도와 공손함이 인(仁)을 행하는 근본이 됨을 말하였으니, 비유하자면 인은 곡식의 씨앗과 같고, 효도와 공손은 그 씨에서 나오는 싹과 같다. 따라서 인은 효도와 공손함의 근본이 되고, 인을 행함에 있어서는 효도와 공손이 근본이 된다.

3. 子曰(자왈) 巧言令色(교언영색)이 鮮矣仁(선의인)이니라

| 언해 |

子ㅣ ᄀᆞᆯᄋᆞ샤ᄃᆡ 言을 巧히 ᄒᆞ며 色을 令히 ᄒᆞᆯ 이 仁ᄒᆞᆯ 이 鮮ᄒᆞ니라

| 직역 |

공자께서 말씀하셨다. "말을 교묘하게 하고 얼굴빛을 꾸미는 사람 가운데는 인한 사람이 드물다."

| 자해 |

巧 : 좋게 꾸며댐. • 令 : 착하게 함.

| 의해 |

사람이 진실로 위기지학(爲己之學)에 마음을 두었다면 말과 얼굴빛을 마땅히 곧게 하고 바르게 해야 하니 무엇이 인에 해롭겠는가? 다만 말만 좋게 하고 얼굴빛만 잘 꾸며서 다른 사람들이 보고 들음에 기쁘게 하기만 한다면 이것은 내 마음의 사욕을 따라 바깥으로 나간 것이니, 본마음의 인이 적을 것이다.

| 요지 |

이 장은 사람의 겉치레를 경계한 것이다. 인이란 마음의 온전한 덕이다. 마음이 안에 있으면 덕이 온전하고, 마음이 밖을 좇으면 덕이 없다. 만일 말과 얼굴빛의 바깥만 꾸민다면 본심의 덕을 잃게 된다. 본심의 덕을 잃으면 악한 일을 쉽게 하니, 성인이 말을 박절하게 하지는 않았지만 드물다고 말한 것에서 절대로 없다는 것을 알 수 있다.

증자왈 오일삼성오신 위인모이불충호 여
4. 曾子曰 吾日三省吾身하노니 爲人謀而不忠乎아 與
붕우교이불신호 전불습호
朋友交而不信乎아 傳不習乎아니라

| 언해 |

曾子ㅣ ᄀᆞᆯᄋᆞ샤ᄃᆡ 내 날로 세 가지로 내 몸을 ᄉᆞᆯ피노니 사ᄅᆞᆷ을 爲ᄒᆞ야 謀홈애 忠치 몯ᄒᆞᆫ가 朋友로 더브러 交홈애 信티 몯ᄒᆞᆫ가 傳코 習디 몯ᄒᆞᆫ게니라

| 직역 |

증자가 말하였다. "나는 날마다 세 가지로 내 몸을 살피니, 남을 위하여 일을 꾀하면서 충성스럽지 아니한가, 벗과 더불어 사귀면서 신실하지 아니한가, 전수받은 것을 익히지 못하였는가 등이다."

| 자해 |

曾子 : 공자의 제자. 이름은 삼(參), 자(字)는 자여(子輿). • 忠 : 자기 마음을 다하는 것. • 傳 : 스승에게 전수(傳受)받은 것. • 習 : 자기 몸에 익숙히 함.

| 의해 |

증자는 매일 세 가지 일로 몸을 살폈는데, 그 내용은 다음과 같다. 첫째, 다른 사람을 위하여 일을 꾀함에 내 일과 같이 해야 한다. 조금이라도 소홀함이 있으면 이것은 내 마음을 다 하지 않는 것이니 내가 남을 위하여 일을 꾀함에 충성스럽지 못한 것이다. 둘째, 벗과 더불어 사귐에 정성으로 해야 한다. 만일 안과 밖이 조금이라도 다르면 이것은 마음으로 대접하지 않는 것이니 벗과 더불어 사귐에 미덥지 못한 것이다. 셋째, 스승의 전수를 받아 반드시 몸에 익혀야 한다. 조금이라도 옛 구습을 그대로 따르고 구차하여 알고 행하는 것이 몸에 익지 않으면 이것은 익히지 않는 것이다. 따라서 이 세 가지 중에서 조금이라도 미진함이 있으면 고치고, 없으면 더 힘써서 날마다 살핌이 이와 같았다.

| 요지 |

이 장은 증자가 몸을 성실하게 한 학문을 말한 것인데, 이 장의

중점은 몸 '신(身)' 자에 있다. 이 장에서는 증자의 진실된 위기지학(爲己之學)을 보아야 한다.

자왈 도천승지국 경사이신 절용이애인

5. 子曰 道千乘之國호되 敬事而信하며 節用而愛人하며

사민이시

使民以時니라

| 언해 |

子ㅣ ᄀᆞᆯᄋᆞ샤ᄃᆡ 千乘ㅅ나라를 道호ᄃᆡ 일을 敬ᄒᆞ고 信ᄒᆞ며 ᄡᅧ기를 節ᄒᆞ고 사ᄅᆞᆷ을 愛ᄒᆞ며 民을 브료ᄃᆡ 時로ᄡᅥ ᄒᆞᆯ띠니라.

| 직역 |

공자께서 말씀하셨다. "천승의 나라를 다스리되 일을 경건하게 하고 미덥게 하며, 쓰는 것을 절약하고 남을 사랑하며, 백성 부리기를 때에 맞게 해야 한다."

| 자해 |

道 : 다스림. • 千乘 : 제후의 나라. 병거(兵車) 천 대를 낼 수 있는 나라. • 敬 : 하나를 주장[主一]하고 다른 데로 가지 않는 것. • 時 : 농사짓는 틈의 때.

| 의해 |

천승의 나라는 큰 나라이므로 다스리는 도리가 비록 많지만, 반드시 필요한 다섯 가지가 있다. 만일 나라에 일이 있을 때 경건하게 처리하지 않으면 나라 일이 제대로 되지 못할 것이다. 따라서 일을 처리함에는 반드시 한결같이 경건하게 해야 한다. 나라에는 반드시 명령이 있는데 만일 명령이 미덥지 못하면 나라 사람들이

의심하게 된다. 그러므로 반드시 성실하게 백성을 대하고, 기약하고 명령하며 상을 주고 벌을 줌에 두 가지로 기준을 정하지 않으며, 속이지 아니하여 한결같이 미덥게 해야 한다. 또한 재용을 넉넉하게 해야 하니 만일 씀씀이를 절약하지 않으면 국가재정이 소진되므로 반드시 수입을 헤아려 지출을 해서 남용함이 없어야 한다. 백성이 있어야 나라를 지킬 수 있으니, 만일 백성을 사랑하지 않으면 나라의 근본이 흔들리게 된다. 반드시 사랑하고 호위하고 구제하여 모든 관리와 백성을 다 한결같이 보아서 똑같이 사랑해야 한다. 백성의 힘을 빌어 나라의 일을 하는 것은 없을 수 없는 일이지만, 적당한 때에 하지 않으면 농사에 방해가 된다. 그러므로 반드시 농사짓지 않는 틈을 타서 백성의 노동력을 이용해야 한다. 이와 같이 하면 윗사람의 뜻이 아랫사람에게 전해지고 아랫사람이 마음으로 윗사람을 친히 여기게 될 것이다. 위와 아래가 이와 같이 서로 합하면 천승의 나라를 다스림에 어려움이 없을 것이다.

| 요지 |

일에 임할 때에 경솔한 마음이 없고, 백성을 대할 때 속일 마음이 없고, 재물을 쓰는 데 사치하는 마음이 없고, 사람을 대할 때 잔인한 마음이 없고, 백성을 부릴 때 내가 편하고자 백성을 해롭게 하지 않는다는 이 다섯 가지는 모두 임금이 마음을 근본으로 하여 나라를 다스리는 데 중요한 방법이다. 따라서 임금은 항상 근본에 힘써야 한다.

6. 子曰(자왈) 弟子入則孝(제자입즉효)하고 出則弟(출즉제)하며 謹而信(근이신)하며 汎愛(범애)衆(중)호되 而親仁(이친인)이니 行有餘力(행유여력)이어든 則以學文(즉이학문)이니라

| 언해 |

子ㅣ ᄀᆞᆯᄋᆞ샤ᄃᆡ 弟子 드러ᄂᆞᆫ 孝ᄒᆞ고 나ᄂᆞᆫ 弟ᄒᆞ며 謹ᄒᆞ고 信ᄒᆞ며 너비 衆을 愛호ᄃᆡ 仁을 親히 홀띠니 行홈애 남은 힘이 잇거든 곧ᄡᅥ 글을 學홀띠니라

| 직역 |

공자께서 말씀하셨다. "제자는 들어와서는 효도하고 나가면 공손하며 삼가고 미덥게 하며, 널리 사람들을 사랑하되 인(仁)한 사람과 친해야 하고, 행하고서 남은 힘이 있으면 글을 배워야 한다."

| 자해 |

謹 : 행실에 떳떳함이 있는 것. • 信 : 말에 성실(誠實)함이 있는 것. • 汎 : 넓음. • 衆 : 여러 사람. • 親 : 가까이 함. • 仁 : 인한 사람. • 文 : 시서(詩書)와 육예(六藝)의 글.

| 의해 |

사람의 덕행과 사업은 반드시 아우와 아들로부터 시작된다. 그러므로 아우와 아들 된 자는 집안에 있을 때에는 부모를 잘 섬겨 효도를 다하고, 밖에 나아가서는 형과 어른을 잘 섬겨 그 공손함을 다해야 한다. 행동거지는 반드시 삼가서 항상됨이 있고, 말함에 반드시 미덥게 해서 실상이 있으며, 널리 여러 사람을 사랑해서 남을 미워하거나 스스로 편하고자 하는 뜻이 없고, 어진 사람과 친하게 지내서 배움에 유익함이 있게 해야 한다. 그리고 이것을 다 행하고 남은 힘이 있을 때 글을 배우는 것이다. 『시경』과 『서경』의 내용은 모두 성현이 사람을 가르쳐 사람 되게 하는 법이고, 예와 음악과 활 쏘는 것과 수레를 다루는 것, 글씨를 쓰는 것과 수를 헤아리는 것은 일상생활에 없어서는 안 되는 것이다. 그러므로 반드시 배워야 한다. 이것이 아우가 되고 아들이 된 자의 직분이며, 처음 배우는 사람의 일이다. 이것을 채워서 극진히 하면 성현이 되는 방법에 있어서도 이것보다 더 나은 것이 없다.

| 요지 |

이 장은 아우와 아들 된 사람이 가져야 할 태도에 대하여 말하였다. 어느 때 어느 일이든지 공경하고 사랑하는 마음이 떠나지 않아서, 순수하고 후덕한 뜻을 기르고 총명한 덕을 열어주게 하는 것이니, 이와 같이 하면 해이해졌던 마음이 가다듬어지고 덕의 성품이 순수하고 후덕하게 될 것이다.

7. 子夏曰(자하왈) 賢賢(현현)호되 易色(역색)하며 事父母(사부모)호되 能竭其力(능갈기력)하며 事君(사군)호되 能致其身(능치기신)하며 與朋友交(여붕우교)호되 言而有信(언이유신)이면 雖(수) 曰未學(왈미학)이라도 吾必謂之學矣(오필위지학의)라호리라

| 언해 |

子夏ㅣ ᄀᆞᆯ오ᄃᆡ 어딘 이를 어딜이 너교ᄃᆡ 色을 밧고며 父母를 셤교ᄃᆡ 能히 그 힘을 竭ᄒᆞ며 님금을 셤교ᄃᆡ 能히 그 몸을 致ᄒᆞ며 朋友로 더브러 交호ᄃᆡ 言함애 信이 이시면 비록 學디 몯ᄒᆞ얏다 닐어도 나는 반ᄃᆞ시 學ᄒᆞ얏다 닐오리라

| 직역 |

자하가 말하였다. "어진 이를 어질게 여기되 색을 좋아하는 마음과 바꾸며, 부모를 섬기되 그 힘을 다하며, 임금을 섬기되 그 몸을 바치며, 벗과 더불어 사귀되 말함에 믿음이 있으면 비록 배우지 못하였다고 말하더라도 나는 반드시 그를 배웠다고 말하겠다."

| 자해 |

子夏 : 공자의 제자. 성은 복(卜), 이름은 상(商). • 致 : 버리다(委). 내 몸을

내 몸으로 두지 않음.

| 의해 |

배움에는 인륜이 가장 중요하다. 사람이 성실하게 어진 이를 어질게 여기되 색을 좋아하는 마음과 바꿀 정도로 어진 이를 좋아하며, 성실하게 부모를 섬기되 마땅히 해야 할 힘을 다하며, 성실하게 임금을 섬기되 그 몸을 바쳐서 스스로를 사사롭게 하지 않으며, 성실하게 벗을 사귀되 말함에 반드시 미덥게 하여 마음에 속임이 없게 하면, 이것은 타고난 성품이 좋아서 배움을 기다리지 않고 스스로 능한 것이다. 글을 배운다 하더라도 이것을 배움에 지나지 않는다. 따라서 이것을 행함에 있어 분명하고 확고한 사람은 비록 정규적인 가르침을 배우지 못하였다 하더라도 배웠다고 말할 것이라고 하였으니, 여기에서 배운다고 하는 것은 실천이 중요하고, 단지 듣고 보는 것만이 배움의 전부가 아니라는 것을 알 수 있다.

| 요지 |

이 장은 자하가 실행함으로써 배우는 것을 논한 것이지, 이와 같다고 해서 배울 필요가 없다고 말하려고 한 것은 아니다. 자하는 성인의 문하에서 문학으로 뛰어난 사람이다. 그런데도 학문을 논함에 실천을 근본으로 하였으니, 후세의 선비들 중에서 문장을 구사하고 구절을 취하는 것으로 배움을 삼는 사람들은 자하의 훈계를 들으면 분명 부끄러움이 있을 것이다.

자왈 군자부중즉불위 학즉불고 주충신
8. 子曰 君子不重則不威니 學則不固니라 主忠信하며
무우불여기자 과즉물탄개
無友不如己者요 過則勿憚改니라

| 언해 |

子ㅣ ᄀᆞᆯᄋᆞ샤ᄃᆡ 君子ㅣ 重티 아니ᄒᆞ면 威티 아니ᄒᆞᄂᆞ니 學ᄒᆞ면 固티 몯ᄒᆞᄂᆞ니라 忠信으로 主ᄒᆞ며 己 ᄀᆞᆮ디 몯ᄒᆞᆫ 이를 友티 말오 過ㅣ어든 改홈을 憚치 말올띠니라

| 직역 |

공자께서 말씀하셨다. "군자가 중후하지 않으면 위엄스럽지 아니하니 배워도 견고하지 못하다. 충성과 믿음을 주로 하며, 자기보다 못한 이와 벗하려고 말며, 허물이 있으면 고치기를 꺼리지 말아야 한다."

| 자해 |

重 : 후중(厚重)함. • 威 : 위엄. • 固 : 견고함. • 無 : 금지사. 무(毋)와 같다. • 勿 : 금지사. • 憚 : 두려워하고 어렵게 여김.

| 의해 |

군자는 배움에 있어서 반드시 중후한 바탕을 길러서 이루어야 한다. 그런 후에 위엄이 있고 배운 것도 또한 견고해진다. 만일 사람이 가볍고 조급해서 중후하지 않으면 밖으로 보이는 것이 반드시 위엄이 없고, 아는 것과 행하는 것에 비록 얻음이 있다고 해도 반드시 잃어버리거나 얻은 것이 견고하지 못할 것이다. 따라서 배움에 있어서는 반드시 먼저 바탕을 세워야 한다.

◑ 그러나 몸을 세움에 진실로 중후함이 중요하지만, 마음가짐 또한 진실함이 중요하다. 그러므로 잘 배우는 사람은 반드시 충성과 미더움을 위주로 한다. 말하지 않으면 그만이지만 말한다면 반드시 충성스럽고 미덥게 하며, 행하지 않으면 그만이지만 행한다면 반드시 충성스럽고 미덥게 해야 한다. 생각하거나 움직임에 있어 항상 이것을 염두에 두면, 어디에 간다고 하더라도 덕으로 나아가게 될 것이다.

◑ 그런데 충과 신을 주로 해서 학문의 근본을 얻었지만, 벗을 가

림에 삼가지 못하면 나의 배움에 누를 끼칠 사람이 많을 것이다. 벗으로써 덕을 도와야 하는데, 만약 벗이 조금이라도 나보다 못하면 공경하거나 두려워하는 마음이 없고, 친압하고 업신여기는 마음이 생기기 쉽다. 그렇게 되면 벗을 사귄다 하더라도 유익함이 없으므로, 반드시 나보다 못한 사람과 벗하려고 하지 말아야 한다. 그러나 스스로 몸 다스림이 용맹하지 못하면 악이 날마다 생겨나서 배우는 데에 누가 됨이 많을 것이다. 그러므로 허물이 있으면 고치기를 꺼리지 말아야 한다. 만일 허물 고치기를 꺼린다면 결국 덕에 들어가지 못하고, 어진 사람도 착한 도로써 즐겨 말하지 않을 것이다. 그러므로 허물 고치기를 꺼리지 말아야 한다.

| 요지 |

허물이란 자기도 모르게 사리를 잃은 것이고, 악(惡)이란 고의로 이치를 거스르는 것이다. 스스로를 다스리는 데 용맹이 있으면 허물이 도리어 선이 되지만, 스스로를 다스리는 데 용맹하지 못하면 허물이 흘러 악이 될 것이다.

증자왈 신종추원 민덕 귀후의
9. 曾子曰 愼終追遠이면 民德이 歸厚矣리라

| 언해 |

曾子ㅣ ᄀᆞᆯᄋᆞ샤ᄃᆡ 終을 愼ᄒᆞ며 遠을 追ᄒᆞ면 民의 德이 厚에 歸ᄒᆞ리라

| 직역 |

증자가 말하였다. "상사를 삼가고 먼 조상을 추모하면 백성의 덕이 후한 데로 돌아갈 것이다."

| 자해 |

愼終 : 상사(喪事)에 그 예를 다함. • 追遠 : 제사에 그 정성을 다함.

| 의해 |

인정상 상사는 마치는 일이기 때문에 소홀하기가 쉽고, 세월이 오래되면 제사를 잊어버리기 쉽다. 이것은 백성의 덕이 박하기 때문이지만 윗사람이 먼저 실행하지 못한 데 근본적인 이유가 있다. 진실로 윗사람 된 자가 상사에 능히 그 슬픈 뜻을 다하고 또한 예를 삼가며 제사에 효도와 공경의 뜻을 다하고 또한 좇아 사모하는 정을 이루면 이것은 덕이 후한 것이다. 윗사람을 이것으로써 감동시키고 아랫사람을 이로써 화합하게 하면 그 덕이 또한 후한 데로 돌아갈 것이다. 그러므로 윗사람 된 자는 근본을 바르게 함을 마땅히 먼저 해야 한다.

| 요지 |

이 장은 임금과 대부가 상사와 제사에 소홀하고 예를 간략하게 하는 것이 많아 풍속과 교화의 근본을 바르게 할 수 없기 때문에 말한 것이니, 그 중요함이 덕에 있다. 덕이란 윗사람과 아랫사람이 다 같이 얻은 것이다. 그 얻음이 넓지만, 상사를 삼가고 먼 조상을 추모하는 두 조건이 덕의 근본이며, 그 마음에 뿌리박음이 가장 두텁다.

10. 子禽問於子貢曰 夫子至於是邦也하사 必聞其政하시나니 求之與아 抑與之與아 子貢曰 夫子는 溫良恭儉讓以得之시니 夫子之求之也는 其諸異乎人之求之與인저

(자금문어자공왈 부자지어시방야 필문기정 구지여 억여지여 자공왈 부자 온양공검양 이득지 부자지구지야 기저이호인지구지여)

| 언해 |

子禽이 子貢에게 무러 골ᄋᆞ듸 夫子ㅣ 이 邦에 니르샤 반ᄃᆞ시 그 政을 드르시ᄂᆞ니 求ᄒᆞ시ᄂᆞ냐 與ᄒᆞᄂᆞ냐 子貢이 골ᄋᆞ듸 夫子ᄂᆞᆫ 溫ᄒᆞ시며 良ᄒᆞ시며 恭ᄒᆞ시며 儉ᄒᆞ시며 讓ᄒᆞ시므로ᄡᅥ 得ᄒᆞ시ᄂᆞ니 夫子의 求ᄒᆞ시믄 그 사ᄅᆞᆷ의 求홈애 다ᄅᆞ신뎌

| 직역 |

자금이 자공에게 물었다. "선생님께서 이 나라에 이르시면 반드시 그 정사를 들으시는데, 구한 것입니까? 허락한 것입니까?" 자공이 말하였다. "선생님께서는 온화하시며 곧으시며 공경하시며 절제하시며 겸손하심으로써 얻으시니 선생님의 구하심은 다른 사람들의 구함과 다르실 것이다."

| 자해 |

子禽 : 공자의 제자. 성은 진(陳), 이름이 항(亢). • 子貢 : 공자의 제자. 성은 단목(端木), 이름은 사(賜). • 抑 : 반어사(反語辭 – 말을 뒤집는 말). • 溫 : 화(和)하고 후(厚)함. • 良 : 마음이 평탄하고 곧은 것. • 恭 : 장경(莊敬)함. • 儉 : 절제(節制)함. • 讓 : 겸손(謙遜)함. • 其諸 : 어조사(語助辭). • 人 : 타인.

| 의해 |

자공이 자금에게 말한 것은 공자의 덕이 자연 사람을 감동하게 하므로, 당시 임금들도 공경하고 믿어서 스스로 정사를 가지고 와서 물으므로 공자가 이것을 들은 것이라는 말이다. 따라서 자금이 말하는 구한다는 말은 공자가 융성한 덕으로 자연히 감화되도록 하여 구한 것이니, 다른 사람처럼 정사에 대하여 들어보려고 하는 마음이 있어서 구하는 것과는 다르다. 자공의 대답에는 평범한 사람의 지력으로는 공자를 헤아릴 수 없다는 뜻이 담겨져 있다.

| 요지 |

공자는 사람을 대함에 온(溫) · 량(良) · 공(恭) · 검(儉) · 양(讓)

이라는 다섯 가지 태화(太和)의 원리로 대하였기 때문에 가는 나라마다 임금이 친히 나와 공자에게 그 나라의 정사에 대하여 말하고 나라를 다스리는 방법에 대하여 가르쳐 주기를 청하였다. 그런데 자금은 이것을 알지 못하고 공자가 의도적으로 구해서 정사를 듣는지 의심한 것이다. 그러므로 자공이 공자의 다섯 가지 덕(德)을 말하여 정사를 듣게 되는 연유를 일러주고 구하여 듣지 않는가 하는 의심을 깨우쳐 준 것이다.

11. 子曰(자왈) 父在(부재)에 觀其志(관기지)요 父沒(부몰)에 觀其行(관기행)이니 三年(삼년)을 無改於父之道(무개어부지도)라야 可謂孝矣(가위효의)니라

| 언해 |

子ㅣ ᄀᆞᆯᄋᆞ샤ᄃᆡ 父ㅣ 在ᄒᆞᆷ애 그 志를 보고 父ㅣ 沒ᄒᆞᆷ애 그 行을 볼띠나 三年을 父의 道에 고티미 업세야 可히 孝ㅣ라 닐을디니라

| 직역 |

공자께서 말씀하셨다. "아버지가 계실 때에는 그 뜻을 살피고, 아버지가 돌아가셨을 때에는 그 행동을 살피는 것이니, 삼 년 동안 아버지의 도를 고치지 않아야 효라고 말할 수 있을 것이다."

| 의해 |

사람의 자녀를 살펴볼 때 하나의 조건만으로 하지 않는다. 아버지가 살아 있을 때에는 선이든 악이든 자식이 마음대로 행하지 못한다. 다만 자식이 품고 있는 뜻만을 알 수 있으므로 곧 그 뜻을 보는 것이다. 아버지가 죽고 나면 자식은 그제야 자기가 하는 일을 제

마음대로 할 수 있다. 따라서 이때에는 자식의 행실이 선한지 악한지를 확연히 알 수 있다. 삼 년 동안 아버지의 도를 고치지 않는 것은 자식된 도리에 그 마음이 슬프고 사모하여 아버지가 살아 계시는 것과 같이 하는 것이니, 이것이 바로 효자의 마음이다.

| 요지 |

이 장은 부모와 자녀의 뜻과 일이 같지 않은 사람을 위하여 말한 것이다. 위의 두 구절은 자녀 된 자로서 그 뜻과 행실을 착하게 하고자 함이고, 아래의 두 구절은 자녀 된 자로 효행을 두텁게 하고자 함이다. 삼 년을 고침이 없다 함은 차마 고치지 못하는 마음을 말한다.

12. 有子曰(유자왈) 禮之用(예지용)이 和爲貴(화위귀)하니 先王之道斯爲美(선왕지도사위미)라 小大由之(소대유지)니라 有所不行(유소불행)하니 知和而和(지화이화)요 不以禮節之(불이례절지)면 亦不可行也(역불가행야)니라

| 언해 |

有子ㅣ ᄀᆞᆯᄋᆞᄃᆡ 禮의 用이 和ㅣ 貴ᄒᆞ니 先王의 道ㅣ이 아ᄅᆞᆷ다온디라 小와 大ㅣ 말ᄆᆡ암으니라 行치 몯ᄒᆞᆯ 빼 이시니 和ᄅᆞᆯ 알아 和만 ᄒᆞ고 禮로써 節티 아니면 ᄯᅩᄒᆞᆫ 可히 行티 몯ᄒᆞᄂᆞ니라

| 직역 |

유자가 말하였다. "예의 쓰임은 조화가 귀하니, 선왕의 도는 이것이 아름다운 것이다. 작고 큰 일이 이것을 말미암는 것이다. 실행하지 못할 것이 있으니, 조화를 알아서 조화하기만 하고 예로써

절제하지 않으면 또한 실행하지 못할 것이다."

| 자해 |

禮 : 천리(天理)의 절문(節文)과, 인사(人事)의 의칙(儀則). • 和 : 자연스럽고 급박(急迫)하지 않음.

| 의해 |

예는 천하에 있어서, 자연스러운 이치이고, 사람의 마음에 똑같은 것이라서 본래 조화롭고 순종함을 귀한 것으로 삼는다. 옛날 선왕이 지은 예는 모두 조화에서 생겼기 때문에 아름답다. 그러므로 천하 후세에 작게는 움직이고 멈추고 마시고 먹는 일과, 크게는 오륜과 삼강의 일이 모두 이것을 따라 행하는 것이다.

◑ 예가 이미 조화로써 귀함을 삼으니 마땅히 행하지 못할 것이 없다. 그러나 행해서는 안 되는 것이 있다. 예의 쓰임이 조화라는 말은 예 가운데 자연히 절제에 맞는 것이 조화라는 뜻이다. 그러므로 만일 선왕이 지은 예가 조화에만 있다고 생각해서 조화만을 구하는 데 뜻이 있으면 이것은 방탕한 것을 조화로 삼는 것이다. 조금이라도 방탕을 조화로 삼으면 이는 예가 밖으로 넘어간 것이다. 예의 등급은 엄함과 공경함을 가지고 절제하지 않으면 명분이 어그러지고 체통이 없어서 선왕의 도가 이미 없어진 것이다. 따라서 크고 작은 데에 모두 행하지 못한다. 예 가운데 조화는 만세동안 폐단이 없지만 예 밖의 조화는 잠깐이라도 행해서는 안 된다. 예를 쓰는 사람이 조화로써 근본을 삼고 예로써 절제한다면 이것은 예의 전체를 얻었다 할 수 있다.

| 요지 |

예 자체의 근본은 엄하나 작용은 조화에 있다. 그러므로 사람이 예에 구속되고 얽혀서 하기 어려운 것을 억지로 행하는 것이 아니다. 그러나 예를 놓아두고 조화만을 구하면 그 조화는 절차를 잃고 또 규모를 버리고 폐하여 마음대로 할 수 없게 된다.

13. 有子曰 信近於義면 言可復也며 恭近於禮면 遠恥辱也며 因不失其親이면 亦可宗也니라

| 언해 |

有子ㅣ ᄀᆞᆯᄋᆞᄃᆡ 信이 義에 갓가오면 言을 可히 復ᄒᆞ며 恭이 禮에 갓가오면 恥와 辱을 遠ᄒᆞ며 因홈애 그 親홀 이를 일티 아니ᄒᆞ면 ᄯᅩᄒᆞᆫ 可히 宗ᄒᆞ얌즉 ᄒᆞ니라

| 직역 |

유자가 말하였다. "믿음이 의에 가까우면 말을 실행할 수 있으며, 공손함이 예에 가까우면 치욕을 멀리할 수 있으며, 의탁함이 그 친할 만한 사람을 잃지 않으면 또한 종주로 삼을 수 있을 것이다."

| 자해 |

信 : 약속. • 義 : 일의 마땅함. • 復 : 말을 실천하는 것. • 因 : 의지함. • 宗 : 주인으로 여김.

| 의해 |

사람이 말하고 행하며 교제함에 나중에 뉘우침이 있는 것은 모두 애초에 삼가지 못했기 때문이다. 다른 사람과 약속을 한다는 것은 본래 그 말을 실행하기 위한 것이다. 그런데 만일 약속이 의에 합하지 않으면 실천하지 못하여 반드시 신의를 잃게 된다. 오직 약속할 때는 삼가서 이치가 마땅한 것에 힘써 의에 가까우면, 그 약속을 실행할 수 있다. 사람을 대할 때에 공경함은 자연스럽게 높고 낮은 데에 각각 마땅함이 있어야 한다. 만일 절차에 맞지 않아 높일 곳이라고 해서 너무 높이고 낮출 곳이라고 해서 너무 낮

게 대하면 도리어 부끄럼과 욕됨을 취하게 될 것이다. 오직 공경할 때에 삼가서 당연한 절차에 맞기를 힘써 예에 가까우면 모자라거나 지나친 것이 없어서 안으로는 몸에 부끄러움이 없고 바깥으로는 남에게 치욕을 당함이 없게 된다. 남에게 의지할 때 의지하기에 적당한 사람이 아니면 처음에는 비록 잠깐 뜻이 합한다 하더라도 결국에는 반드시 어그러지고 떠나게 된다. 따라서 처음 의지할 사람을 정할 때 그 사람의 어질고 어질지 못함을 가려서 친할 만한 사람을 잃지 않으면 나중에 그를 높여 종주로 삼을 수 있다.

| 요지 |

이 장은 뉘우침을 멀리하는 방법을 사람들에게 보인 것이다. 위의 세 구절은 처음을 삼감이고, 아래 세 구절은 나중에 뉘우침이 없음을 말한 것이다. 처음을 삼감은 곧 나중을 염려해서이다.

14. 子曰 君子食無求飽하며 居無求安하며 敏於事而愼於言이요 就有道而正焉이면 可謂好學也已니라

| 언해 |

子ㅣ ᄀᆞᆯᄋᆞ샤ᄃᆡ 君子ㅣ 食홈애 飽홈을 求치 아니ᄒᆞ며 居홈애 安홈을 求티 아니ᄒᆞ며 事애 敏ᄒᆞ며 言애 愼ᄒᆞ고 道인ᄂᆞᆫᄃᆡ 나아가 正ᄒᆞ면 可히 學을 됴히 너긴다 닐을이니라

| 직역 |

공자께서 말씀하셨다. “군자가 먹음에 배부름을 구하지 않으며,

거처함에 편안함을 구하지 않으며, 일에 민첩하며, 말에 삼가고 도가 있는 데 나아가 바로잡으면 배움을 좋아한다고 말할 만하다."

| 의해 |

도를 배우는 군자의 뜻은 먹는 데에 있지 않다. 그러므로 반드시 배부름을 구하지 않는다. 또 군자는 뜻이 편안하게 기거하는 데 있지 않다. 그러므로 반드시 편안함을 구하지 않는다. 군자는 오직 일을 민첩하게 처리하여 조금도 늦어짐이 없고 다만 충분하지 못할까 힘쓸 뿐이다. 그리고 말을 삼가되 어눌한 것 같이 해서 남음이 있을까 삼가야 한다. 그러나 일하는 것과 말하는 것이 반드시 다 옳다고 할 수 없다. 도가 있는 사람의 말과 행실은 본받을 만하다. 그러므로 그에게 나아가서 바로잡되 그의 행실을 취하여 내 행실을 바르게 하고, 그의 말을 취하여 내 말의 옳고 그름을 바르게 하면 배움에 있어 진실된 의리가 무궁함을 보게 될 것이다. 그래야 진실로 학문을 좋아한다고 말할 수 있다.

| 요지 |

군자가 학문에 마음을 두는 자세에 대하여 말한 것이다. 편안하고 배부름을 구하지 않는 자는 그 마음을 일에 민첩하고 말을 삼감에 한결같이 힘쓰고, 그러고도 오히려 부족하다고 여겨 도가 있는 사람에게 나아가 바로잡으니, 이것은 모두 끝없이 학문을 좋아하는 마음이다.

자공왈 빈이무첨 부이무교 하여
15. 子貢曰 貧而無諂하며 富而無驕호대 何如하니잇고

자왈 가야 미약빈이락 부이호례자야 자공
子曰 可也나 未若貧而樂하며 富而好禮者也니라 子貢

왈시운여절여차 여탁여마 기사지위여
曰詩云如切如磋하며 如琢如磨라하니 其斯之謂與인저

자왈 사야 시가여언시이의 고저왕이지래자
子曰 賜也는 始可與言詩已矣로다 告諸往而知來者온

| 언해 |

子貢이 ᄀᆞᆯ오ᄃᆡ 貧ᄒᆞ야도 諂ᄒᆞᆷ이 업스며 富ᄒᆞ야도 驕ᄒᆞᆷ이 업스면 엇더ᄒᆞ니잇고 子ㅣ ᄀᆞᆯᄋᆞ샤ᄃᆡ 可ᄒᆞ나 貧ᄒᆞ고 樂ᄒᆞ며 富ᄒᆞ고 禮를 好ᄒᆞᄂᆞᆫ 者만 ᄀᆞᆮ지 몯하니라 子貢이 ᄀᆞᆯ오ᄃᆡ 詩에 닐오ᄃᆡ 切ᄐᆞᆺᄒᆞ고 磋ᄐᆞᆺᄒᆞ며 琢ᄐᆞᆺᄒᆞ며 磨ᄐᆞᆺᄒᆞ다 ᄒᆞ니 그 이ᄅᆞᆯ 일옴인저 子ㅣ ᄀᆞᆯᄋᆞ샤ᄃᆡ 賜ᄂᆞᆫ 비로소 可히 더브러 詩를 니ᄅᆞ리로다 往을 告ᄒᆞᆷᄋᆡ 來者를 알고녀

| 직역 |

자공이 말하였다. "가난하여도 아첨하지 않으며 부유하여도 교만하지 않으면 어떻습니까?" 공자께서 말씀하셨다. "괜찮으나 가난해도 즐거워하며, 부유해도 예를 좋아하는 사람만 같지 못하다." 자공이 말하였다. "『시경』에 말하기를 '자르는 듯하고 미는 듯하며, 쪼는 듯하고 가는 듯하도다'고 했으니 이것을 말한 것 같습니다." 공자께서 말씀하셨다. "사(賜)는 비로소 더불어 시를 말할 만하다. 지난 것을 알려주니 오는 것을 아는구나."

| 자해 |

諂 : 자신을 낮추고 굽히는 것. • 驕 : 자랑하고 방사(放肆)한 것. • 切磋 : 뿔과 뼈를 끊고 씀. • 琢磨 : 옥과 돌을 쪼고 갊. • 往 : 이미 말해준 것. • 來 : 아직 말해주지 않은 것.

| 의해 |

자공은 학문함에 있어 스스로 지킴에 힘썼기 때문에 공자에게 이와 같이 질문한 것이다. 자공은 가난함과 부유함에 처하는 도리가 이것뿐이라고 생각하였다. 그러나 공자는 가난하면서도 즐거워하고, 부유하면서도 예를 좋아하는 것이 더 낫다고 하였으니, 이는 가난과 부에 빠지지 않는 것일 뿐 아니라 털끝만큼이라도 가난함과 부유함에 개의치 않는다는 말이다.

◑ 자공이 공자의 말을 듣고 깨달아『시경』의 말을 인용하여 천하의 이치는 다함이 없고, 학문은 그칠 바가 없다는 것을 밝혔다. 따라서 가난함과 부유함에 처하는 도리에 말미암아 학문이 정밀하고도 한량이 없다는 것을 알 수 있다. 자공은 공자의 말을 제대로 깨달았으므로 공자가 칭찬하여 말하였다. "시는 말이 곱고 뜻이 깊어서 말은 여기 있지만 뜻은 저기 있으며, 말은 매우 가깝지만 뜻은 매우 먼 데 있으니, 만일 그 말만 알고 그 말한 까닭을 알지 못하면 더불어 시를 말할 수 없을 것이다. 자공과 같은 사람과는 비로소 시를 말할 수 있다. 왜냐하면 가난함과 부유함에 처하는 도리는 내가 이미 말한 것이니 지나간 것이지만, 절차(切磋)하고 탁마(琢磨)하는 뜻은 내가 말하지 않은 것이니, 앞으로 올 일이다. 그런데도 자공은 내가 이미 말한 것으로 인하여 내가 말하지 않은 것까지도 통달하여 막힘이 없다. 그러므로 자공은 더불어 시를 말함에 반드시 자기의 뜻으로 남의 뜻을 알아서 말에 막히지 않을 것이니, 진실로 그와 함께 시를 말할 수 있겠다."

| 요지 |

이 장은 공자가 자공이 이미 유능하다고 인정하고, 그가 아직 이르지 못한 것에 대하여 말하여 진취하도록 한 것이다. 문장의 앞에서 묻고 대답한 것은 덕이 얕고 깊음을 말한 것이고, 뒤에 시를 인용한 것은 학문의 소활하고 정밀함을 말한 것이다.

16. 子曰(자왈) 不患人之不己知(불환인지불기지)요 患不知人(환부지인야)也니라

| 언해 |

子ㅣ ᄀᆞᆯᄋᆞ샤ᄃᆡ 人의 己를 아디 몯ᄒᆞᆷ을 患티 말고 人을 아디 몯ᄒᆞᆷ을 患ᄒᆞᆯ띠니라

| 직역 |

공자께서 말씀하셨다. "남이 자기를 알아주지 않는 것을 걱정하지 말고, 남을 알지 못하는 것을 걱정해야 한다."

| 의해 |

인정상 남이 나를 알아주지 못함을 많이 걱정하지만, 나의 입장에서 보면 남이 나를 알아주지 못함을 걱정하지 말고 다만 내가 남을 알아보지 못함을 걱정해야 한다. 대개 자기 자신에게 남이 알아줄 만한 실상이 있는데도 남이 나를 알아주지 못하는 것은 그 잘못이 남에 있다. 그러나 만일 자기의 학문이 성숙하지 못해서 남을 알아보지 못하면 옳고 그르고 간사하고 바름을 분변하지 못한다. 그리하여 가리고 버리는 데 기준이 없으면 그 잘못이 적지 않다. 그러므로 사람은 마땅히 자기 자신을 책망해야 하는 것이다.

| 요지 |

남이 나를 알아주지 못함은 그 병통이 남에게 있고, 내가 남을 알아주지 못함은 그 병통이 나에게 있다. 군자의 학문은 위기지학(爲己之學)이므로 남의 병통은 근심하지 않고 제 몸의 병통을 근심한다.

2. 위정(爲政)

1. 子曰(자왈) 爲政以德(위정이덕)이 譬如北辰(비여북신)이 居其所(거기소)어든 而衆星(이중성)이 共之(공지)니라

| 언해 |

子ㅣ ᄀᆞᆯᄋᆞ샤ᄃᆡ 政을 ᄒᆞᄃᆡ 德으로ᄡᅥ ᄒᆞᆷ이 譬컨댄 北辰이 그 所애 居ᄒᆞ얏거든 모ᄃᆞᆫ 별이 共ᄒᆞᆷ ᄀᆞᄐᆞ니라

| 직역 |

공자께서 말씀하셨다. "덕으로 정치를 하는 것을 비유하면 북극성이 제자리에 머물러 있으면 모든 별이 그에게로 향하는 것과 같다."

| 자해 |

政 : 바르게 하다. • 德 : 도를 행하여 마음에 얻음이 있는 것. • 北辰 : 북극성(北極星). 하늘의 중추(中樞). • 居其所 : 움직이지 않음. • 共 : 향함.

| 의해 |

나라를 다스릴 때 근본을 바르게 하는 것이 중요하다. 정치하는 자는 그 기강을 세우고 법도를 베풀 때 모두 몸소 행하고 마음으로 얻은 것에 근본해서 덕으로써 한다. 이렇게 하면 지극한 덕이 자연 감동되어 대궐 밖으로 나가지 않았더라도 백성이 모두 교화

된다. 이것을 비유하면, 북극성이 자기 자리에 머물러 있기만 해도 여러 별들이 자연히 그에게로 향하는 것과 같다. 임금이 위에서 덕을 닦아 몸을 공손히 하고 남면(南面)하고 있는 것은 북극성이 제자리에 머물러 있는 것과 같은 것이고, 일반 백성들이 아래에서 보고 감동해서 교화되고 임금을 향하는 것은 여러 별이 북극성을 향하는 것과 같다. 그러므로 천하의 임금 된 자는 마땅히 덕을 닦아야 한다.

| 요지 |

정치를 하는 것은 사람을 바르게 하기 위한 것이다. 덕으로써 정치를 하면 자신을 바르게 하여 사람을 바르게 할 것이다. 자신을 바르게 해서 남을 바르게 하면 정치와 법령으로 세세하게 하지 않더라도 천하가 모두 바른 곳으로 돌아갈 것이다. 그러므로 북극성에다 비유한 것이다. 북극성이 제자리에 머물러 있으면 모든 별이 그에게로 향한다는 것은 여러 백성들이 교화되어 변하는 모양이다.

2. 子曰(자왈) 詩三百(시삼백)에 一言以蔽之(일언이폐지)하니 曰思無邪(왈사무사)니라

| 언해 |

子ㅣ ᄀᆞᆯᄋᆞ샤ᄃᆡ 詩ㅣ 三百애 ᄒᆞᆫ 말이ᄡᅧ 蔽ᄒᆞ야시니 ᄀᆞᆯ온 思ㅣ 邪업슴이니라

| 직역 |

공자께서 말씀하셨다. "『시경』 삼백 편의 뜻을 한 마디의 말로 표현할 수 있으니, '생각에 간사함이 없다'는 말이다."

| 의해 |

『시경』 삼백 편이 각각 내포하고 있는 의미는 매우 넓지만, 전체의 내용을 한 마디의 말로 대표할 수 있는데, 그것이 바로 「노송(魯頌)·경(駉)」의 이른바 '사무사(思無邪)'라는 세 글자이다. 『시경』에서 착한 일을 말한 것은 사람으로 하여금 그것을 읽고 착한 마음을 일으켜 드러나게 하고, 착하지 않은 일을 말한 것은 사람으로 하여금 이것을 읽고 부끄럽고 미워하는 마음이 생겨나도록 하기 위함이니, 이것은 모두 사람으로 하여금 간사한 생각이 없게 하고자 한 것이다.

| 요지 |

이 장은 공자가 『시경』의 뜻을 들어서 시를 쓰는 법이 이와 같아야 함을 일러준 것이다. 사람들은 시에 간사하거나 바른 것이 있는 줄만 알고, 시를 쓰는 법이 모두 사람으로 하여금 바른 데로 가게 하는 것임은 알지 못한다. 그러므로 공자가 그 중에 있는 '사무사(思無邪)' 세 글자를 드러내어 사람들에게 보인 것이니, 배우는 사람이 이것을 알았다면 선왕이 시로써 가르친 뜻을 알 것이다.

3. 子曰 道之以政(도지이정)하고 齊之以刑(제지이형)이면 民免而無耻(민면이무치)니라 道之以德(도지이덕)하고 齊之以禮(제지이례)면 有耻且格(유치차격)이니라

| 언해 |

子ㅣ 골ᄋᆞ샤ᄃᆡ 道호ᄃᆡ 政으로ᄡᅥ ᄒᆞ고 齊호ᄃᆡ 刑으로ᄡᅥ ᄒᆞ면 民이 免홀만ᄒᆞ고 耻홈은 업ᄂᆞ니라 道호ᄃᆡ 德으로ᄡᅥ ᄒᆞ고 齊호ᄃᆡ 禮로ᄡᅥ ᄒᆞ면 耻홈이 잇고 ᄯᅩ 格ᄒᆞᄂᆞ니라

| 직역 |

공자께서 말씀하셨다. "정령으로 인도하고 형벌로 가지런히 하면 백성이 면하려고만 하고 부끄러워하지 않는다. 덕으로 인도하고 예로 가지런히 하면 부끄러워하고 또한 선에 이를 것이다."

| 자해 |

道 : 인도함. • 政 : 법제(法制)와 금령(禁令). • 禮 : 제도(制度)와 품절(品節). • 齊 : 가지런히 함. • 格 : 이르는 것.

| 의해 |

임금이 나라를 다스리는 것은 백성이 선을 행하고 악을 버리게 하려는 것이다. 그러나 어떤 일에든 근본이 있으니, 정치함에 백성이 선을 행하고 악을 버리게 하려면 법을 적용하고 금령을 펴서 백성을 경계시키고 인도하여 그들로 하여금 법과 금령을 받들어 행하고 준수하게 해야 한다. 만약 이와 같이 다스리는 데에도 따르지 않는 자가 있으면 형벌을 가하여 모두가 착한 데로 가서 악함이 없게 해야 한다. 그러나 백성을 구속하는 것이 지나치게 세밀하기만 하면 백성들은 덕을 보지 못하고 위엄만 두려워하여 다만 목전의 형벌만 구차하게 면하려고 할 뿐이다. 그렇게 되면 악을 저지르는 것을 부끄러워하는 마음이 없게 되니, 정치와 형벌로 백성을 억지로 부릴 수 없는 것이다.

◑ 만일 임금이 백성을 인도함에 다만 법으로만 하지 않고 한결같이 몸소 행하고 마음으로 얻은 덕에 근본하여, 백성이 선을 행하고 악을 버리게 하려고 한다면 내가 스스로 착한 것을 하고 악한 것을 버려서 천하에 솔선수범해야 한다. 그렇게 하면 근본 마음이 있는 사람은 반드시 보고 감동하여 교화될 것이다. 그러나 사람은 부여받은 기질이 후하고 박한 차이가 있고, 감동함에 깊고 얕은 차이가 있다. 그러므로 제도와 품절의 예가 있으므로 그것을 가지고 한결같이 가지런하게 할 수 있고, 또 법도와 기준이 있

어서 지키게 할 수 있다. 그렇기 때문에 백성들은 모두 선하지 않음을 부끄러워하여 착한 데에 이를 것이다. 덕과 예가 자연스럽게 백성에게 미침이 이와 같다. 따라서 어느 것이 근본이며 어느 것이 끝이며, 어느 것을 버리며 어느 것을 좇을 것인지는 다스리는 사람이 마땅히 살펴야 한다.

| 요지 |

정치와 형벌·덕과 예가 백성들을 감동시킴에 얕고 깊은 차이가 있으며, 백성들이 여기에 응함에 또한 얕고 깊은 차이가 있다. 그러므로 정치를 하는 사람은 마땅히 근본을 중시하고 지엽적인 것들은 가볍게 여겨야 한다고 한 것이니, 나라를 다스림에 정치와 형벌을 폐할 수는 없지만 덕과 예가 가장 중요하다.

자왈 오십유오이지우학 삼십이립 사십이
4. 子曰 吾十有五而志于學하고 三十而立하고 四十而
불혹 오십이지천명 육십이이순 칠십이
不惑하고 五十而知天命하고 六十而耳順하고 七十而
종심소욕 불유구
從心所欲호대 不踰矩호라

| 언해 |

子ㅣ ᄀᆞᆯᄋᆞ샤ᄃᆡ 내 열이오 ᄯᅩ 다ᄉᆞ새 學에 志ᄒᆞ고 셜흔에 立ᄒᆞ고 마흔에 惑디 아니ᄒᆞ고 쉰에 天命을 알고 여슌에 耳ㅣ 順ᄒᆞ고 닐흔에 ᄆᆞᄋᆞᆷ의 欲ᄒᆞᄂᆞᆫ 바를 조초ᄃᆡ 矩에 넘디 아니호라

| 직역 |

공자께서 말씀하셨다. “나는 열 다섯 살에 학문에 뜻을 두었고 서른 살에 자립하였으며 마흔 살에 의혹하지 않았고 쉰 살에 천명

을 알았고 예순에 귀로 들으면 그대로 이해가 되었고 일흔 살에 마음이 하고자 하는 바를 좇아도 법도를 넘지 않았다."

| 자해 |

天命 : 천도(天道)가 유행하여 사물에 부여한 것. 사물에 당연한 도리의 소이연(所以然). • 從 : 따름. • 矩 : 법도의 기구. 모난 것을 만드는 것.

| 의해 |

도란 쉽게 얻을 수 없는 것이고, 학문은 게으르게 할 수 없다. 그러므로 공자는 열다섯 살 때로부터 대학의 도에 뜻을 두어 반드시 참되게 알려고 하였고, 지극히 행하고자 하여 항상 이것을 생각하고 그치지 않았다.

◑ 이와 같이 공부하여 서른 살이 되었을 때에는 학문이 확고하게 되어 자립할 수 있게 된 것이며, 이 후에는 계속해서 학문에 뜻을 두는 것에 힘쓰기보다는 자립하여 일정함을 얻었으므로, 학문을 완성시키기 위해 매진해야 한다.

◑ 학문을 완성시키기 위해서는 궁리와 함양 공부가 중요하다. 공자는 이를 통하여 마흔 살에 이름에 아는 것이 밝고 본 것이 투철해져서 더 이상 막히는 것이 없게 되었다. 그러므로 사물의 당연한 이치에 대하여 조금의 의심이나 의혹이 없게 된 것이다.

◑ 의혹하지 않는다는 것은 다만 사물상에 저 도리의 합당함이 그렇다는 것을 볼 뿐이고, 도리가 유래한 것에 대하여서 모든 것을 파악한 것은 아니다. 그러므로 또 십 년을 더 공부하여 쉰 살에 이르러서 다시 모든 사물의 근본이 곧 천명이라는 것을 알게 된 것이다.

◑ 천명을 아는 것도 오히려 생각하여 얻은 것이다. 따라서 이렇게 아는 것은 안과 밖이 오히려 막히고 어긋난 곳이 있다. 하지만 예순 살에 이르러서는 귀로 듣기만 해도 모든 이치가 이해되어 막히거나 지체됨이 없고, 생각하지 않고도 곧바로 이해되었다. 이것은 천명을 알게 된 후로 또 십 년을 더 공부하면서 힘쓰는 듯

아닌 듯하면서도 자연히 이러한 경지에 이른 것이다.

◑ 평범한 학자들은 하고자 하는 바가 법도에서 벗어날까 두려워한다. 하지만 공자는 마음이 하고자 하는 대로 하면서 고르거나 살피거나 단속하지 않아도 스스로 법도에서 벗어나지 않았으니, 이는 귀가 순(順)한 후 십 년 사이에 억지로 힘을 쓰지 않고도 조용히 도에 적중하게 된 것이다. 공자가 평생 덕에 나아간 차례가 이와 같다.

| 요지 |

이 장은 성인이 스스로 일생 동안의 학문의 과정을 기록한 것이다. 그러나 학문하는 과정은 전적으로 때에 맞게 점점 나아가야 하는 것이지, 반드시 십년 내지는 십오년의 기한을 정해서 한 번씩 변하는 것은 아니다. 다만 공자의 배움이 지극히 성실하고, 마음이 지극히 비어서 대략 십년이 되면 도를 깨달음이 있었던 것이다. 그러므로 이 장에서 말한 것은 공자가 몸소 체득하고 실험하여 나온 것이고 또한 모든 것이 평생 동안 실천한 것들이다.

5. 孟懿子問孝한대 子曰 無違니라 樊遲御러니 子告之曰 孟孫이 問孝於我어늘 我對曰 無違라호라 樊遲曰 何謂也잇고 子曰 生事之以禮하며 死葬之以禮하며 祭之以禮니라

| 언해 |

孟懿子ㅣ 孝를 묻ᄌᆞ온ᄃᆡ 子ㅣ ᄀᆞᆯᄋᆞ샤ᄃᆡ 違홈이 업슴이니라 樊遲

ㅣ 御ᄒᆞ야ᄡᅥ니 子ㅣ 告ᄒᆞ야 ᄀᆞᆯᄋᆞ샤ᄃᆡ 孟孫이 孝를 내게 무러늘 내 對ᄒᆞ야 ᄀᆞᆯᄋᆞᄃᆡ 違홈이 업숨이라 호라 樊遲ㅣ ᄀᆞᆯᄋᆞᄃᆡ 엇디 닐옴이니잇고 子ㅣ ᄀᆞᆯᄋᆞ샤ᄃᆡ 사라실 ᄧᅦ 셤김을 禮로ᄡᅥ ᄒᆞ며 죽음애 葬홈을 禮로ᄡᅥ ᄒᆞ며 祭홈을 禮로ᄡᅥ 홈이니라

| 직역 |

맹의자가 효에 대하여서 묻자 공자께서 말씀하셨다. "어기지 말아야 한다." 번지가 수레를 몰았는데 공자께서 그에게 알려주며 말씀하셨다. "맹손이 나에게 효에 대하여 묻기에 내가 대답하기를 '어기지 말아야 한다'고 말하였다." 번지가 말하였다. "무엇을 말씀하신 것입니까?" 공자께서 말씀하셨다. "살아 계실 때 섬기기를 예로써 하고 돌아가시면 장례를 예로써 하며 제사지내기를 예로써 하는 것이다."

| 자해 |

孟懿子 : 노(魯) 대부. 중손씨(仲孫氏)로 이름은 하기(何忌)이며 의(懿)는 그의 시호. • 樊遲 : 공자의 제자. 이름은 수(須). • 無違 : 도리에 위배되지 않음.

| 의해 |

당시 노나라의 정치는 대부인 맹손(孟孫) · 숙손(叔孫) · 계손(季孫) 세 집안이 전횡을 하였는데, 이 잘못을 공자가 바로잡으려 한 지 오래였다. 한 번은 맹의자가 "부모를 섬김에 어떻게 해야 효가 됩니까?"라고 묻자, 공자가 "효란 순종하는 것이 덕이니, 부모를 섬김에 어기거나 어그러짐이 없으면 괜찮다"고 하였다. 그런데 이 말의 뜻은 이치를 어기지 말라는 것이지 부모에게 어기지 말라고 한 것은 아니었으니, 만약 맹의자가 다시 물었으면 그 뜻을 이해할 수 있었을 것이다.

◑ 맹의자는 다시 묻지 않고 물러갔기 때문에 공자는 그가 부모의 명령을 따르는 것만이 효가 되는 것으로 알까 걱정했다. 그때 마

침 번지가 공자가 타고 있는 수레를 몰고 있기에 공자가 번지에게 그것에 대하여 설명하고 이 말이 맹의자에게 전해지기를 기대한 것이다.

◑ 번지의 질문에 공자가 대답한 것은 다만 예를 어기지 말라고 한 것일 뿐이다. 대개 사람의 자식 된 자가 부모를 섬김에 마음은 비록 다함이 없지만 분수는 한정이 있으므로 그 높고 낮음, 위와 아래를 따라 각각 넘을 수 없는 예가 있다. 그러므로 살아서 섬길 때는 예로써 봉양하고, 돌아가시고 난 후에 제사를 받들 때에도 예로써 제물을 갖추고 정성을 다하여 처음부터 마칠 때까지 털끝만큼도 감히 구차하게 하지 않아야 부모를 높이는 것이 지극해진다. 이와 같이 해야 비로소 어김이 없는 것이며, 효에 부족함이 없는 것이다.

| 요지 |

이 장은 맹의자를 가르치려는 것이 주제이다. 처음 맹의자에게 어김이 없어야 한다고 말한 것은 은근히 맹의자를 바르게 한 것이고, 후에 번지의 질문을 유도하여 그 뜻을 자세히 드러낸 것은 맹의자로 하여금 이것을 전해 듣고 생각하여 어김이 없는 효도를 다하게 하려고 한 것이다.

맹무백 문효 자왈 부모 유기질지우
6. 孟武伯이 問孝한대 子曰 父母는 唯其疾之憂시니라

| 언해 |

孟武伯이 孝를 묻ᄌᆞ온ᄃᆡ 子ㅣ ᄀᆞᆯᄋᆞ샤ᄃᆡ 父母ᄂᆞᆫ 오직 그 疾을 근심ᄒᆞ시ᄂᆞ니라

| 직역 |

맹무백이 효에 대하여 묻자 공자께서 말씀하셨다. “부모는 오직 자식이 병들까 근심하신다.”

| 자해 |

孟武伯 : 맹의자의 아들, 이름은 체(彘).

| 의해 |

맹무백이 효에 대하여서 질문한 것에 대한 공자의 답변이다. 부모는 자식과 한 마음이므로, 효도와 사랑 역시 하나의 도이다. 자식이 부모 섬기는 효도를 다하려고 한다면 마땅히 부모가 자식 사랑하는 마음을 본받아야 한다. 부모가 자식을 사랑하는 마음은 무엇보다 간절하다. 따라서 근심하는 마음 역시 무엇보다 깊으니, 다른 일에 대한 근심은 오히려 그칠 때가 있지만 오직 자식이 병이 있을까 근심하는 생각은 항상 염두에 두고 잊지 않는다. 사람의 자식이 되어서 이 마음을 본받아 그 몸을 삼가 지키면 이것이 곧 효도라고 할 수 있다.

| 요지 |

이 장은 노나라 종실의 부귀한 집안의 자식인 맹무백이 공자의 말을 듣고 교화되어 교만하고 사치하여 욕심대로 하고 위대한 체하여 의리를 멸시하는 태도를 고쳐주려고 한 말이다.

7. 子游問孝(자유문효)한대 子曰(자왈) 今之孝者(금지효자)는 是謂能養(시위능양)이니 至於(지어) 犬馬(견마)하야도 皆能有養(개능유양)이니 不敬(불경)이면 何以別乎(하이별호)리오

| 언해 |

子游ㅣ 孝를 묻ᄌᆞ온ᄃᆡ 子ㅣ ᄀᆞᆯᄋᆞ샤ᄃᆡ 이젯 孝ᄂᆞᆫ 이 닐온 能히 養ᄒᆞᆷ이니 犬과 馬에 니르러도 다 能히 養ᄒᆞᆷ이 인ᄂᆞ니 敬티 아니ᄒᆞ면 므스거스로ᄡᅧ 別ᄒᆞ리오

| 직역 |

자유가 효에 대하여 묻자 공자께서 말씀하셨다. “지금의 효라고 하는 것은 몸을 잘 봉양하는 것을 말한다. 개와 말도 모두 길러주는데 공경하지 아니하면 무엇으로 구별하겠는가?”

| 자해 |

子游 : 공자의 제자. 성(姓)은 언(言), 이름은 언(偃). • 養 : 음식으로 공양함.

| 의해 |

자유는 성인의 문하 가운데 부모 섬김에 공경하지 않는 과실이 있는 사람이었다. 그러므로 그가 효에 대하여 질문은 하자 이와 같이 대답한 것이다. 지금 세속에서 말하는 효도란 다만 물질적으로 부모의 몸만을 봉양함을 의미한다. 그런데 이와 같은 봉양이란 한 집안의 개와 말을 기르는 일과 똑같다. 그러므로 만일 부모를 물질적으로 봉양만 하고 공경이 지극하지 못하면 사람이 개나 말을 기르는 것과 구별이 없게 된다. 그러므로 효도를 다하고자 한다면 마땅히 부모를 공경할 줄을 알아야 한다는 뜻이다.

| 요지 |

자유는 성인의 문하에서 덕망이 높은 자이므로 이 지경에까지 이르지는 않았을 것이다. 하지만 공자는 자유가 사랑하는 마음이 공경함보다 지나칠까 걱정했기 때문에 이와 같이 말한 것이니, 깊이 경계하고 느껴 행하게 한 것이다.

자하문효 자왈 색난 유사 제자복기로
8. 子夏問孝한대 子曰 色難이니 有事어든 弟子服其勞

유주사 선생찬 증시이위효호
하고 有酒食어든 先生饌이 曾是以爲孝乎아

| 언해 |

子夏ㅣ 孝를 묻ᄌᆞ온ᄃᆡ 子ㅣ ᄀᆞᆯᄋᆞ샤ᄃᆡ 色이 어려오니 일이 잇거든 弟子ㅣ 그 勞를 服ᄒᆞ고 酒와 食ㅣ 잇거든 先生을 饌ᄒᆞᆷ이 일즉 이를뻐 孝ㅣ라 ᄒᆞ랴

| 직역 |

자하가 효에 대하여 묻자 공자께서 말씀하셨다. "얼굴빛을 부드럽게 하는 것이 어려우니, 부모에게 일이 있으면 동생이나 자식이 그 수고로움을 대신하고, 술과 밥이 있으면 아버지나 형에게 잡수시게 하는 것을 도대체 효라고 할 수 있겠는가?"

| 자해 |

色難 : 부모를 섬길 때에 얼굴빛을 온화하게 하는 것이 어려움. • 食 : 밥. 음은 '사'. • 先生 : 부형(父兄). • 饌 : 마시게 하고 먹게 하는 것.

| 의해 |

자하는 곧은 사람이었으므로 그 부모를 섬김에 있어서도 얼굴빛을 부드럽게 하는 경우가 적었다. 그리하여 자하의 질문에 이와 같이 답한 것이다. 어버이를 섬길 때에 깊이 사랑하는 마음을 간직하고, 온화하고 기쁜 빛을 밖으로 드러내야 하는데, 이것은 쉽지 않은 일이다. 그러므로 반드시 얼굴에 기쁜 빛이 있은 후에라야 효가 될 수 있다. 아버지나 형에게 일이 있으면 아우와 아들이 그 수고로움을 대신하고 술과 밥이 있으면 아버지나 형에게 이것을 먼저 드시게 하는 것은 사람이면 누구나 행하는 일이므로 그

다지 어려운 일이 아니다. 따라서 이러한 일을 잘한다고 해서 이것을 효라고 할 수는 없다. 그러므로 어버이 섬기는 도리는 마땅히 마음에서 구해야 하는 것이다.

| 요지 |

이 장의 중점은 얼굴빛을 부드럽게 하는 것이 어렵다는 말에 있다. 공자가 효에 대하여 말할 때 각각 질문한 사람의 병통에 따라 말하였으니, 맹의자에게 한 말은 사람마다 행해야 하는 것이고, 맹무백에게 말한 것은 그 사람이 근심될 일을 많이 했기 때문에 그렇게 말한 것이며, 자유는 봉양은 잘하지만 혹 공경함에 부족함이 있어서 그렇게 말한 것이고, 자하는 강직하지만 혹 부드러운 빛이 적기 때문에 그렇게 말한 것이다.

9. 子曰 吾與回로 言終日에 不違如愚러니 退而省其私혼대 亦足以發하나니 回也不愚로다

| 언해 |

子ㅣ ᄀᆞᆯᄋᆞ샤ᄃᆡ 내 回로 더브러 言홈을 日을 終홈애 어글읏디 아니홈이 어린ᄃᆞᆺᄒᆞ더니 退커든 그 私를 省ᄒᆞᆫᄃᆡ ᄯᅩᄒᆞᆫ 足히 ᄡᅧ 發ᄒᆞᄂᆞ니 回ㅣ 어리디 아니ᄒᆞ도다

| 직역 |

공자께서 말씀하셨다. "내가 안회와 더불어 온종일 이야기를 하였으나 내 말을 어기지 않아 어리석은 사람인 듯하더니, 물러간 뒤 그 사생활을 살펴보니 또한 충분히 드러내 밝히니 안회는 어

리석지 않도다!"

| 자해 |

回 : 공자의 제자. 성은 안(顔)이고, 자는 자연(子淵). ∘ 私 : 한가히 혼자 거처함. ∘ 發 : 드러내 밝힘.

| 의해 |

명철한 사람은 모든 일에 의심할 것이 없으므로 굳이 물을 것이 없는 경우도 있고, 또 지극히 어리석은 사람은 그 마음에 아예 의심을 품지도 못해서 질문을 하지도 못하는 사람이 있다. 공자는 안회와 함께 종일토록 많은 이야기를 나누었는데, 안회는 아무런 질문도 없이 잠잠히 듣기만 함으로 얼핏 보기엔 어리석은 사람과 같이 보였다. 하지만 안회가 물러간 뒤에 공자가 그의 사생활을 살펴보니 평소 공자가 말한 이치를 몸소 행하고 또 드러내 밝혀 하나도 어기는 것이 없었다. 그러므로 공자는 안회가 평소 자기가 한 말을 묵묵히 기억하고 마음으로 통하여 의심할 것이 없기 때문에 질문할 것이 없을 것이라는 것을 알았다. 그러므로 어리석지 않다고 말한 것이다.

| 요지 |

이 장은 공자가 처음엔 안회가 어리석은 줄 알았지만 나중에 어리석지 않음을 믿게 되었다고 말함으로써 안회가 도를 깨쳐가는 묘리를 형용한 것이다.

10. 子曰(자왈) 視其所以(시기소이)하며 觀其所由(관기소유)하며 察其所安(찰기소안)이면 人(인)焉廋哉(언수재)리오 人焉廋哉(인언수재)리오

| 언해 |

子ㅣ ᄀᆞᆯᄋᆞ샤ᄃᆡ 그 以ᄒᆞᄂᆞᆫ 바를 視ᄒᆞ며 그 由ᄒᆞᆫ 바를 觀ᄒᆞ며 그 安ᄒᆞᄂᆞᆫ 바를 察ᄒᆞ면 사ᄅᆞᆷ이 엇디 숨기리오 사ᄅᆞᆷ이 엇디 숨기리오

| 직역 |

공자께서 말씀하셨다. "그 하는 것을 보며, 그 따르는 것을 보며, 그 편안히 여기는 것을 살피면 그 사람이 자신을 어디에 숨기겠는가? 그 사람이 자신을 어디에 숨기겠는가?"

| 자해 |

以 : 하다. 爲와 같음. • 觀 : 시(視)에 비하여 더 자세한 것. • 由 : 따름. • 安 : 즐거워하는 것. • 焉 : 어찌. • 廋 : 숨김.

| 의해 |

사람을 분명히 알려고 한다면, 반드시 사람을 보는 법이 있어야 한다. 어떤 사람의 하는 일이 착하지 않다면 곧 악한 것이니, 그 사람이 처음부터 선을 행하는 사람인가 악을 행하는 사람인가를 살펴보면 그 사람에 대하여 분명하게 알 수 있다.

◑ 악을 행하는 사람은 굳이 말할 것도 없지만, 선의 입장에서 볼 때 누구든 그가 추구하는 것이 진실로 자기를 위한 것이라면 그것은 참된 선이지만, 남의 이목을 의식해서 꾸미고 남을 속이는 짓을 행하는 사람이라면 군자가 될 수 없다.

◑ 진실한 마음에서 나온 것이라 하더라도 그 마음 가운데 과연 선을 즐겨하여 게으르지 않고 편안하게 여기는가, 아니면 혹시라도 일시적으로 억지 마음에서 나온 것인가를 살펴 과연 즐거운 마음에서 나온 것이라면 선이지만 그렇지 않다면 오래갈 수 없다.

◑ 마음을 살피고 분명한 것을 가지고 분명하지 않은 것을 유추해 보면 남이 어떠한 일을 하든 그 일이 어디에서 비롯된 것인지를 알 수 있고, 또 그 사람의 뜻이 어디에서 나왔는지를 알 수 있다.

이와 같이 사람을 보면 군자와 소인이 분명하게 구분되기 때문에 사람은 자신을 숨길 수 없다. 따라서 사람을 알아보게 되면 사람을 취하거나 물리침에 언제나 도리에 합당할 것이다.

| 요지 |

사람 보는 법은 처음에는 군자와 소인을 분별하는 것이고, 그 다음엔 거짓 군자를 분별하는 것이다. 위의 세 구절에서는 대략 살피는 것과 편안히 여기는 것을 중시하고, 끝의 구절에서는 이것을 합하여 말하였다. '한다'는 말은 일과 관련된 말이고 '따른다'는 말은 뜻과 관련된 말이며, '편안하다'는 말은 마음과 관련된 말이다. '하는 것을 본다'는 것은 선과 악을 겸한 것이고, '따르는 것을 본다'는 말은 행위 중에서 선한 쪽만을 이어서 그 진실하고 거짓됨을 본다는 말이다. '편안히 여기는 것을 살핀다'는 말은 따르는 것 중에서 선한 것만을 이어서 즐겨하는 것인지, 아니면 억지로하는 것인지를 살핀다는 말이다. 이와 같이 사람을 보아야 비로소 군자와 소인을 구별할 수 있게 되니 한 걸음 한 걸음씩 깊어가는 뜻이 있다.

자왈 온고이지신 가이위사의
11. 子曰 溫故而知新이면 可以爲師矣니라

| 언해 |

子ㅣ ᄀᆞᆯᄋᆞ샤ᄃᆡ 故를 溫ᄒᆞ야 新을 知ᄒᆞ면 可히 ᄡᅧ 師ㅣ 되염즉 ᄒᆞ니라

| 직역 |

공자께서 말씀하셨다. "옛 것을 익히고 연구해서 새 것을 알면 스승이 될 수 있다."

| 자해 |

溫 : 찾아서 풀어냄. 익히고 연구하는 것. • 故 : 예전에 들은 것. • 新 : 새로 얻은 것.

| 의해 |

이전에 이미 들은 것은 옛 것이고, 지금 얻은 것은 새 것이다. 따라서 새 것은 옛 것 가운데 있다. 그러므로 옛 것을 찾아 생각하지 않으면 폐하여 버리게 되므로 새 것을 알 수 없다. 그러나 다만 옛 것을 익히고 연구하기만 하고 새로 얻음이 없다면 이것은 입과 귀로 배우는 것일 뿐이다. 그런데 아는 데에는 한계가 있으므로, 끊임없이 모든 것을 다 구할 수는 없다. 오직 이전에 듣고 보았던 것 중에서 도리를 찾아 종류를 좇아야 한다. 그렇게 해서 얻지 못하던 것을 얻게 되는 것이 곧 마음으로 의리를 얻는 것이다. 또한 스스로 질문하고 거기에 따라 대답할 수 있게 되므로 스승이 될 수 있다고 한 것이다.

| 요지 |

이 장은 사람이 마음으로 얻는 학문에 대하여 언급한 것이다. 옛 것이란 그 옛날 알게 된 사리를 의미하는 것이고, 새 것이란 옛 것 가운데의 새 것이다. 스승이 될 수 있는 조건은 전적으로 새 것을 아는 데 있다.

12. 子曰(자왈) 君子(군자)는 不器(불기)니라

| 언해 |

子ㅣ ᄀᆞᆯᄋᆞ샤ᄃᆡ 君子는 器ㅣ아니니라

| 직역 |

공자께서 말씀하셨다. "군자는 그릇이 아니다."

| 의해 |

사람을 그릇으로 말하는 경우는 그 사람의 재목이 한정이 있기 때문이다. 만일 군자라면 타고난 자질이 온전하고 몸에 기르는 것이 넉넉하다. 그러므로 본체로부터 작용에 이르기까지 통달하기 때문에 떳떳함과 권도(權道)가 각각 마땅하고, 크고 작음을 아울러 쓸 수 있으니, 하나의 재목이나 하나의 재주로 명성을 이루어 한낱 그릇으로 불리지 않게 된다. 여기서 공자가 말한 것은 사람이 군자 되기를 구하는 것이 옳음을 주장한 것이다.

| 요지 |

이 장은 모든 사람들이 모든 방면에 두루 통달해야 함을 말한 것이다. 그릇을 거론한 것은 특정한 용도로만 한정된 것을 비유하기 위해 예를 든 것이다. 공자가 말하는 군자는 모든 면에 다 통달했으므로 특정한 용도에 국한되지 않는다. 그러므로 그릇으로 지칭할 수 없다고 한 것이다.

13. 子貢(자공)이 問君子(문군자)한대 子曰(자왈) 先行其言(선행기언)이요 而後從之(이후종지)니라

| 언해 |

子貢이 君子롤 묻ᄌᆞ온대 子ㅣ ᄀᆞᆯᄋᆞ샤ᄃᆡ 몬져 그 言을 行ᄒᆞ고 後에 從ᄒᆞᄂᆞ니라

| 직역 |

자공이 군자에 대하여 묻자 공자께서 말씀하셨다. "먼저 그 말을 실행하고 뒤에 따르는 것이다."

| 의해 |

군자란 말하고 그 말을 실천하는 사이에 무엇을 먼저 하고 뒤에 해야 하는지를 안다. 그러므로 실천에 앞서 먼저 말하지 않고, 반드시 실천에 힘쓴다. 그리고 제대로 실천한 후에 말할 만한 때가 되면 그 때야 비로소 말하는데, 이것이 '말을 실행하고 뒤에 좇는다'는 말이다. 말하기에 앞서 먼저 실천하면 무엇인가를 행함에 미치지 못함이 없고, 이미 실천하고 나서 말하면 말만 앞세우는 것이 아니니, 이것이 바로 몸소 실천하는 군자이다.

| 요지 |

이 장은 실천에 비중을 두고 한 말이다. 먼저 실천하였다면 비록 말하지 않아도 무방하다. 그런데도 먼저 그 말을 실천하고 뒤에 좇으라고 한 것은 역시 실천이 중요하다는 것을 강조한 것이다.

14. 子曰(자왈) 君子(군자)는 周而不比(주이불비)하고 小人(소인)은 比而不周(비이부주)니라

| 언해 |

子ㅣ ᄀᆞᆯᄋᆞ샤ᄃᆡ 君子ᄂᆞᆫ 周ᄒᆞ고 比티 아니ᄒᆞ고 小人은 比ᄒᆞ고 周티 아니ᄒᆞᄂᆞ니라

| 직역 |

공자께서 말씀하셨다. "군자는 두루 사랑하고 당파를 만들지 않

고, 소인은 당파를 만들고 두루 사랑하지 않는다."

| 자해 |

周 : 널리 하는 것. • 比 : 편당(偏黨)하는 것.

| 의해 |

군자든 소인이든 모두 남과 친하게 지내려는 마음은 있지만, 마음을 쓰는 데 차이가 있다. 군자는 마음이 공정하고 넓어 두루 사랑하고, 친함과 소원함에 있어서도 항상 이치에 합당하다. 그러므로 개인적인 이익이나 사사로운 감정에 이끌려 당파를 형성하지는 않는다. 그러나 소인은 마음이 좁고 사사로워 사람을 이익이나 개인적인 감정에 따라 가리고 당파를 형성하여 자기와 같은 사람만 좋아하고 같지 않은 사람은 미워하여 두루 사랑하지 않는다. 군자와 소인의 사람 대접이 이와 같으니 배우는 사람은 사람을 사귐에 반드시 군자와 소인을 구별해야 한다.

| 요지 |

이 장은 군자와 소인의 행실이 정반대로 다르다는 것을 말한 것이다. 그런데 군자와 소인의 행실이 이와 같이 정반대이기는 하지만 그 차이는 털끝만큼의 차이밖에 나지 않는다. 그러므로 공자는 이러한 차이를 극명하게 드러내 보여주기 위해 극단적인 비유로써 서로 상반되는 것을 가지고 예를 들어 설명한 것이다. 따라서 배우는 사람은 두 가지 사이를 살펴 그 취하고 놓아두는 기미(幾微)를 자세히 살펴야 한다.

자 왈 학 이 불 사 즉 망 사 이 불 학 즉 태

15. 子曰 學而不思則罔하고 思而不學則殆니라

| 언해 |

子ㅣ ᄀᆞᆯᄋᆞ샤ᄃᆡ 學ᄒᆞ고 思티 아니ᄒᆞ면 罔ᄒᆞ고 思ᄒᆞ고 學디 아니ᄒᆞ면 殆ᄒᆞᄂᆞ니라

| 직역 |

공자께서 말씀하셨다. "배우고 생각하지 않으면 어둡고, 생각하고 배우지 아니하면 위태하다."

| 자해 |

罔 : 어둡다. • 殆 : 위태로움.

| 의해 |

천하의 이치가 만 가지로 나누어 있지만 모두 내 마음에 모여 있다. 따라서 각각 떨어져 있는 이치를 궁구하고 힘써 행하는 공부를 하고, 또 모든 이치가 내 마음에 모여 있기 때문에 깊이 연구하고 찾아야 한다. 그러므로 생각하고 배움에 있어 어느 하나에만 치우칠 수는 없다. 배우고 또 생각하면 아는 것이 더욱 정밀해지고, 생각하고 또 배우면 지키는 것이 더욱 견고해진다. 만일 배우기만 하고 그 이치를 생각하지 않으면 입과 귀로 하는 공부뿐이니, 배운 것이 다 겉핥기가 되어서 얻는 것이 없다. 또 단지 생각만 할 뿐 배우지 않으면 그 생각한 것 또한 상상에 지나지 않게 된다. 따라서 이러한 소견은 견고하지 못하고 위태로울 뿐이다. 그러므로 학문을 함에는 배움과 생각을 균형있게 해야 하는 것이다.

| 요지 |

이 장은 배우고 생각함을 어느 한 쪽으로 치우치게 하지 말라는 의미를 담고 있다. 배움과 생각함에 있어 어느 한 쪽으로 치우치게 되면 각각 어둡고 위태한 폐단이 있게 된다.

16. 子曰(자왈) 攻乎異端(공호이단)이면 斯害也已(사해야이)니라

| 언해 |

子ㅣ ᄀᆞᆯᄋᆞ샤ᄃᆡ 異端을 攻ᄒᆞ면 이 害니라

| 직역 |

공자께서 말씀하셨다. "이단을 전공하면 해롭다."

| 자해 |

攻 : 전적(專的)으로 다루는 것. ◦ 異端 : 성인의 도가 아닌 것.

| 의해 |

유가의 도는 큰 중도(中道)요, 지극히 올바른 이치이다. 이단의 도는 옳은 것 같으나 그르다. 따라서 만일 배우는 자가 이단의 신기함을 좋아하고 그 행실의 이상함을 즐겨서 거기에 마음을 쏟고 정밀하게 공부한다면 그 말이 이치에 가까운 것 같지만 더욱 사람을 미혹되게 할 뿐이다. 그러므로 내적으로는 충분히 수신하지 못할 뿐만 아니라, 장차 천하 사람들을 거느리고 간사하고 망령된 데로 빠져버리게 될 것이니 해로움이 매우 크다는 뜻이다.

| 요지 |

이 장은 사람들로 하여금 마땅히 그 배운 것을 바르게 하고 마음을 다른 데 쓰지 말라는 뜻을 담고 있다.

자왈 유 회여지지호 지지위지지 부지위
17. 子曰 由아 誨女知之乎인저 知之爲知之요 不知爲
부지 시지야
不知가 是知也니라

| 언해 |

子ㅣ ᄀᆞᆯᄋᆞ샤ᄃᆡ 由아 너를 알옴을 ᄀᆞᄅᆞ칠띤뎌 아ᄂᆞᆫ 거ᄉᆞᆯ 아노라 ᄒᆞ고 아디 몯ᄒᆞᄂᆞᆫ 거ᄉᆞᆯ 아디 몯ᄒᆞ노라 홈이 이 알옴이니라

| 직역 |

공자께서 말씀하셨다. "유야, 너에게 안다는 것이 무엇인지를 가르쳐 줄까 보다. 아는 것을 안다고 하고 모르는 것을 모른다고 하는 것, 이것이 아는 것이다."

| 자해 |

由 : 공자의 제자. 성은 중(仲), 자는 자로(子路).

| 의해 |

자로는 공자의 제자 가운데 가장 용맹스러운 제자로서 남에게 지기 싫어하는 성격의 소유자였다. 그래서 간혹 모르는 것이 있어도 남에게 지기 싫어하는 성격 때문에 이를 인정하려 하지 않고, 오히려 아는 것처럼 행동하는 경우가 있었다. 그러므로 공자가 이것을 훈계하여 사물의 도리를 아는 공부에 대하여 일러준 말이다. 아는 것을 안다고 하고 모르는 것을 모른다고 하는 것은 자기 자신에게 솔직한 것이며 자신의 본 마음을 속이지 아니하는 것이니, 이것이 진정으로 아는 것이다. 이와 같이 진실한 마음으로 배우고 묻고 생각하고 분별하는 데 종사하면 이치를 연구하여 아는 것이 지극해진다.

| 요지 |

이 장은 자로에게 참된 앎에 대하여 가르쳐 준 것이다. 진실로 아는 것은 자기가 스스로 깨달아 아는 것이기 때문에, 알고 알지 못하는 것이 자기 마음속에 이미 명백하다. 그러므로 아는 것을 안다고 하고 모르는 것을 모른다고 하는 것이 참된 앎이다. 자로는 모르는 것을 안다고 하는 경우가 있었기 때문에 이같이 말한 것이다.

자장　　학간록　　자왈　다문궐의　　신언기여즉
18. 子張이 學干祿한대 子曰 多聞闕疑요 愼言其餘則
과우　　다견궐태　　신행기여즉과회　　언과우　　　행
寡尤며 多見闕殆요 愼行其餘則寡悔니 言寡尤하며 行
과회　　녹재기중의
寡悔면 祿在其中矣니라

| 언해 |

子張이 祿을 干홈을 學호려 ᄒᆞᆫᄃᆡ 子ㅣ ᄀᆞᆯᄋᆞ샤ᄃᆡ 해 드러 疑를 闕ᄒᆞ고 그 남으 니를 삼가 니르면 허물이 젹으며 해 보와 殆를 闕ᄒᆞ고 그 남으 니를 삼가 行ᄒᆞ면 뉘웃브미 젹ᄂᆞ니 言이 허믈이 젹으며 行이 뉘웃브미 젹으면 祿이 그 가온대 인ᄂᆞ니라

| 직역 |

자장이 녹을 구하는 방법을 배우려 하자 공자께서 말씀하셨다. "많이 듣고 의심스러운 부분은 빼버리고 그 나머지를 삼가서 말하면 허물이 적으며, 많이 보고 위태로운 것을 빼버리고 그 나머지를 삼가서 실행하면 후회하는 일이 적을 것이니, 말에 허물이 적으며 실행에 후회하는 일이 적으면 녹이 그 가운데 있다."

| 자해 |

子張 : 공자의 제자. 성은 전손(顓孫), 이름은 사(師). • 干 : 구함. • 祿 : 벼슬하는 자의 녹봉(祿俸).

| 의해 |

자장이 학문하는 목표는 녹을 구하는 것이니, 이는 자기의 몸을 세우는 학문을 생각하지 않고 먼저 녹을 이롭게 여기는 사사로운 마음이다.

◑ 군자는 말함에 있어 고금의 좋은 말을 많이 듣고 그것을 자기의 바탕으로 삼되, 그 가운데에서 의심이 있는 것은 말하지 않아야 할 뿐만이 아니라, 아무리 의심 없는 것이라 할지라도 여전히 삼가서 말해야 한다. 그러면 무슨 말을 하든 이치에 어긋나지 않기 때문에 남의 비난을 받지 않게 된다. 일을 하는 것 역시 쉬운 것은 아니다. 따라서 말하는 것과 마찬가지로 고금의 착한 행실을 많이 보고, 그것을 자기가 행할 바탕으로 삼되, 불안한 생각이 들 때는 확실하고 안전한 것만 신중하게 행하면 모든 행실이 도리에 합당하여 결코 후회할 일이 없을 것이다. 이렇게 하는 것이 진실로 자신을 위하는 군자의 학문이다. 이런 사람은 자연 남이 알아보고 칭찬하며, 혹 자기의 윗사람에게 천거도 할 것이다. 그러면 스스로 녹을 구하지 않아도 자연히 녹은 그 가운데에서 얻게 되는 것이다.

| 요지 |

이 장은 자장이 외적 조건에 힘쓰는 것을 보고, 학문함에 있어 스스로 내면을 닦는 것이 중요하다는 것을 가르친 것이다.

> 애공 문왈 하위즉민복 공자대왈 거직조
> 19. 哀公이 問曰 何爲則民服이니잇고 孔子對曰 擧直錯
> 저왕즉민복 거왕조저직즉민불복
> 諸枉則民服하고 擧枉錯諸直則民不服이니이다

| 언해 |

哀公이 묻ᄌᆞ와 ᄀᆞᆯᄋᆞ샤ᄃᆡ 엇디하면 民이 服ᄒᆞᄂᆞ니잇고 孔子ㅣ 對ᄒᆞ야 ᄀᆞᆯᄋᆞ샤ᄃᆡ 直을 擧ᄒᆞ고 모ᄃᆞᆫ 枉을 錯ᄒᆞ면 民이 服ᄒᆞ고 枉을 擧ᄒᆞ고 모ᄃᆞᆫ 直을 錯ᄒᆞ면 民이 服디 아니ᄒᆞᄂᆞ니이다

| 직역 |

애공이 물었다. "어떻게 하면 백성이 복종합니까." 공자께서 대답하셨다. "정직한 사람을 들어 쓰고 모든 굽은 사람을 버려 두면 백성이 복종하고, 굽은 사람을 들어 쓰고 모든 정직한 사람을 버려 두면 백성이 복종하지 않습니다."

| 자해 |

錯 : 버려두고 쓰지 않음. • 諸 : 무리[衆].

| 의해 |

정직함을 좋아하고 사사롭고 왜곡됨을 미워하는 것은 인지상정이다. 그러므로 그 사람들의 마음을 헤아려 정직한 사람을 등용하게 되면 백성은 자연히 군주를 믿고 복종한다. 그러나 이와 반대로 간사한 소인을 등용하고 군자를 버려두고 돌아보지 않으면, 이것은 백성의 마음을 거스르는 것이다. 그러므로 백성은 군주를 믿는 마음이 없어지고 복종하지 않는다. 백성이 복종하는가 하지 않는가는 이 두 가지에 달려 있을 뿐임을 말한 것이다.

| 요지 |

이 장은 임금이 사람을 씀에 공정하게 해야 백성을 의(義)로써 복종시킬 수 있음을 일러준 말이다. 이 당시 노나라의 정치는 세 대부의 집안에 의해 전횡되었기 때문에 애공의 질문에 공자가 이와 같이 말한 것이다.

계 강 자 문 사 민 경 충 이 권 여 지 하 자 왈 임
20. 季康子問使民敬忠以勸호되 如之何리잇고 子曰 臨
지 이 장 즉 경 효 자 즉 충 거 선 이 교 불 능 즉 권
之以莊則敬하고 孝慈則忠하고 擧善而教不能則勸이니다

| 언해 |

季康子ㅣ 문ᄌᆞ오ᄃᆡ 民으로 ᄒᆞ여곰 敬ᄒᆞ며 忠ᄒᆞ며 ᄡᅥ 勸케 호ᄃᆡ 엇디ᄒᆞ리잇고 子ㅣ ᄀᆞᆯᄋᆞ샤ᄃᆡ 臨호ᄃᆡ 莊으로ᄡᅥ ᄒᆞ면 敬ᄒᆞ고 孝ᄒᆞ며 慈ᄒᆞ면 忠ᄒᆞ고 善을 擧ᄒᆞ고 能티 몯ᄒᆞᄂᆞᆫ 이를 가ᄅᆞ치면 勸ᄒᆞᄂᆞ니라

| 직역 |

계강자가 물었다. "백성으로 하여금 공경하고 충성하게 하며, 이것을 권면하게 하려는데 어찌하면 되겠습니까?" 공자께서 말씀하셨다. "대하기를 장엄하게 하면 공경하고, 효도하고 자애하면 충성하고, 이것을 잘하는 사람을 들어 쓰고 잘 못하는 사람을 가르치면 권면할 것이다."

| 자해 |

季康子 : 노나라 대부, 계손씨. 이름은 비(肥), 시호는 강(康). •莊 : 용모가 단정하고 엄숙한 것.

| 의해 |

백성은 본래 위에 있는 사람을 공경하지 않는 경우가 없다. 위에서 좋아하는 것이 있으면 아래에서는 반드시 더 심한 경우가 있다. 따라서 위에 있는 사람이 백성을 대할 때 장엄하게 하면 자연히 존경을 받게 될 것이다. 또 백성은 본래 착한 마음이 없는 것이 아니라, 위에 있는 사람이 속이기 때문에 아랫사람 역시 속이는 마음을 내게 되는 것이다. 위에 있는 사람이 먼저 어버이에게 효도하고 여러 사람들에게 사랑하는 마음을 보이면 여러 사람들은 자연히 위의 사람에게 진실된 마음을 다하게 되는 것이다. 그러므로 윗사람이 게으른 마음을 보이면 아랫사람도 또한 게으른 마음이 생기게 된다. 따라서 이것을 잘 하는 사람을 등용하여 쓰고, 잘하지 못하는 사람에겐 이것을 가르치고 인도하면 일반 사람은 각각 자기가 맡은 일에 힘쓰고 권면하여 모두 기꺼이 선을 행할 것이다. 이것은 모두 계강자에게 자기 자신에게 있는 것을 극진히 하라고 일러준 말이다.

| 요지 |

이 장에서 질문의 요지는 하여금 '사(使)' 자에 있으니, 여기에는 전적으로 백성을 책망하는 의미가 들어 있고, 또한 대답의 요지는 곧 '즉(則)' 자에 있으니, 자기 자신에게 있는 것을 극진히 하라는 뜻이 들어 있다.

21. 或謂孔子曰(혹위공자왈) 子(자)는 奚不爲政(해불위정)이시니잇고 子曰(자왈) 書云(서운) 孝乎(효호)인저 惟孝(유효)하며 友于兄弟(우우형제)하여 施於有政(시어유정)이라하니 是(시) 亦爲政(역위정)이니 奚其爲爲政(해기위위정)이리오

| 언해 |

或이 孔子씌 닐어 ᄀᆞᆯᄋᆞᄃᆡ 子ᄂᆞᆫ 엇디 政을 ᄒᆞ디 아니ᄒᆞ시ᄂᆞ니잇고 子ㅣ ᄀᆞᆯᄋᆞ샤ᄃᆡ 書에 孝를 닐런ᄂᆞᆫ뎌 孝ᄒᆞ며 兄弟에 友ᄒᆞ야 政에 베프다 ᄒᆞ니 ᄯᅩᄒᆞᆫ 政을 ᄒᆞᆷ이니 엇디ᄒᆞ여아 그 政을 ᄒᆞ다 ᄒᆞ리오

| 직역 |

어떤 사람이 공자에게 말하였다. "선생께서는 어찌하여 정치를 하지 않습니까?" 공자께서 말씀하셨다. "『서경』에 효를 말하기를 '효도하며 형제간에 우애하여 정치에 베푼다'고 하니, 이것이 또한 정치를 하는 것이다. 어찌하여 벼슬해서 정치하는 것만이 정치이겠는가?"

| 자해 |

書 : 『서경』「주서(周書) · 군진(君陳)」.

| 의해 |

노나라 정공 5년 이전까지 공자는 벼슬하지 않았다. 그러므로 혹자가 공자에게 정치를 할 만한 사람이 하지 않고 있는 것이 의아해 던진 질문이다.

◑『서경』「군진」에, 어버이에게 효도하고, 형제간에 우애하며, 이 마음을 미루어 넓혀서 한 집안을 다스리는 정치를 행하되, 높고 낮은 이와 어른과 어린이의 구분을 밝혀서 늙은이와 어린이가 각각 그 지위에 편안히 할 일을 기록하고 있다. 이것으로써 유추해 보면, 나라의 정치를 하는 것이나 집안 일을 하는 것이나 별로 다를 것이 없다. 그러므로 효도와 우애로 집안을 다스리는 것도 또한 정치하는 것이니, 반드시 나라에 벼슬하여 정치하는 것만이 정치라고 할 수 없다. 당시 공자가 벼슬하지 않은 이유는 여기에서 벗어나지 않는다.

| 요지 |

이 장의 요지는 정치를 함에 반드시 먼저 집안을 바르게 해야 하니, 집안을 바르게 하면 정치하는 도리가 여기에서 벗어나지 않는다는 것이다.

자 왈 인 이 무 신 부 지 기 가 야 대 거 무 예
22. 子曰 人而無信이면 不知其可也케라 大車無輗하며
소 거 무 월 기 하 이 행 지 재
小車無軏이면 其何以行之哉리오

| 언해 |

子ㅣ ᄀᆞᆯᄋᆞ샤ᄃᆡ 사ᄅᆞᆷ이오 信이 업스면 그 可ᄒᆞᆷ을 아디 몯게라 大ᄒᆞᆫ 車ㅣ 輗ㅣ 업스며 小ᄒᆞᆫ 車ㅣ 軏이 업스면 그 므서스로써 行ᄒᆞ리오

| 직역 |

공자께서 말씀하셨다. "사람으로서 믿음이 없으면 사람 노릇을 할지 모르겠다. 큰 수레에 끌채 끝의 멍에를 매는 가로나무가 없고 작은 수레에 끌채 끝 멍에를 매는 갈고리가 없으면 무엇을 가지고 갈 수 있겠는가?"

| 자해 |

大車 : 소로 끄는 수레. • 小車 : 사냥하거나 군사에 쓰는 수레. • 輗 : 수레의 끌채 끝의 멍에를 매는 가로나무. • 軏 : 수레의 끌채 끝의 멍에를 매는 갈고리.

| 의해 |

사람이 신의가 없으면 그의 말과 행위는 대체로 거짓으로 여겨지고, 옳은 일로 인정받기 어렵다. 이것을 수레에 비유하면 소로 끄

는 큰 수레에 끌채 끝의 멍에를 매는 가로나무가 없고 말로 끄는 작은 수레에 끌채 끝의 멍에를 매는 갈고리가 없어서 도저히 그 수레를 운전할 수 없는 것과 같다. 이와 같이 사람에게도 신의가 없으면 이 세상을 온전히 살아갈 수 없다.

| 요지 |

이 장은 공자가 사람의 마음에 신의가 없음을 개탄하여 행해서는 안 될 것에 대하여 경계한 말이다. '사람 노릇을 할지 모르겠다'고 한 말은 이미 행하기 어렵다는 뜻이 포함되어 있다.

23. 子張(자장)이 問十世(문십세)를 可知也(가지야)잇가 子曰(자왈) 殷因於夏禮(은인어하례)하니 所損益(소손익)을 可知也(가지야)며 周因於殷禮(주인어은례)하니 所損益(소손익)을 可知也(가지야)니 其或繼周者(기혹계주자)면 雖百世(수백세)라도 可知也(가지야)니라

| 언해 |

子張이 묻ᄌᆞ오ᄃᆡ 十世를 可히 알꺼시니잇가 子ㅣ ᄀᆞᆯᄋᆞ샤ᄃᆡ 殷이 夏ㅅ禮에 因ᄒᆞ니 損ᄒᆞ며 益ᄒᆞᆫ 바를 可히 알꺼시며 周ㅣ 殷ㅅ禮에 因ᄒᆞ니 損ᄒᆞ며 益ᄒᆞᆫ 바를 可히 알꺼시니 그 或 周를 니을 者ㅣ면 비록 百世라도 可히 알꺼시니라

| 직역 |

자장이 물었다. "열 세대를 알 수 있습니까?" 공자께서 말씀하셨다. "은나라가 하나라의 예를 이어받았으니 덜고 더한 것을 알 수 있으며, 주나라가 은나라의 예를 이어받았으니 덜고 더한 것을 알 수 있으니, 혹 주나라를 계승하는 자가 있다면 비록 백 세대

뒤의 일이라도 알 수 있다.”

| 의해 |

역사 발전에 있어 앞으로 일어날 일을 예견하려면 반드시 지나간 일을 돌이켜 보아야 한다. 은나라가 하나라를 이어 왕조를 수립함에 삼강오상(三綱五常)의 큰 예는 모두 하나라의 것을 이어받았으며, 주나라는 은나라를 이어 왕조를 수립함에 역시 은나라의 예를 이어받아 변형시키지 않았다. 그런데 삼강오상과 같은 큰 예는 만고에 걸쳐 변하지 않는 도리이고, 제도는 시세에 따라 고칠 수 있는 것인데 이것은 반드시 삼대만 그러한 것이 아니다. 그러므로 이후로 주나라를 이어 임금노릇을 하는 사람이 있다면 비록 백대 이후의 일이라도 변하고 변치 않는 것이 모두 삼대가 서로 전하듯 할 것이다. 따라서 이와 같은 논리로 미루어보면 앞으로 십세 뿐만이 아니라 백세 이후의 일이라도 알 수 있다고 한 것이다. 이어받았다는 것은 삼강과 오상 등을 이어받았다는 말이고, 덜고 더했다는 것은 문(文)과 질(質)과 삼통(三統) 등을 덜고 더했다는 것이다. 문과 질은 하나라에서 충을 숭상하고, 은나라에서 질을 숭상하고, 주나라에서 문을 숭상한 것을 말한다. 삼통은 하나라는 인월(寅月)로 정월을 삼았으니 인통(人通)이 되고, 은나라는 축월(丑月)로 정월을 삼았으니 지통(地通)이 되고, 주나라는 자월(子月)로 정월을 삼았으니 천통(天通)이 된 것을 가리킨다.

| 요지 |

이 장은 앞날의 일을 알 수 있는 이치에 대하여 말했는데, 이 장에서 중요한 것은 예(禮)자에 있다. 예는 세상을 유지하는 것이니, 세상은 변하더라도 예는 결코 변하지 않는다. 삼대가 서로 예를 이어받은 것을 증거로 앞날을 알 수 있는 이치가 이와 같다는 것을 말한 장이다.

자왈 비기귀이제지첨야 견의불위무용야
24. 子曰 非其鬼而祭之諂也요 見義不爲無勇也니라

| 언해 |

子ㅣ ᄀᆞᆯᄋᆞ샤ᄃᆡ 그 鬼ㅣ 아닌거슬 祭홈이 諂이오 義를 보고 ᄒᆞ디 아니홈이 勇이 업슴이니라

| 직역 |

공자께서 말씀하셨다. "제사지낼 귀신이 아닌데 제사지내는 것은 아첨이고, 의를 보고 하지 않는 것은 용기가 없는 것이다."

| 의해 |

마땅히 제사를 지낼 귀신도 있고, 또한 제사 지내지 않아야 할 귀신도 있다. 만일 자기가 제사지낼 귀신이 아닌데도 제사를 지낸다면, 이것은 억지로 복을 바라는 마음에서 나온 것이니 귀신에게 아첨하는 것에 불과하다. 의를 보면 목숨을 바쳐 행해야 한다. 그런데 의를 보고도 물러나거나 겁을 먹고 하지 않는다면, 이것은 마음과 뜻이 나약하여 호연한 기운이 없기 때문이니 진정한 용기가 없는 것이다.

| 요지 |

이 장은 두 개의 조건을 연결해서 한 말인데, 하나는 마땅히 하지 말아야 할 것을 하는 것이고, 또 하나는 마땅히 해야 할 것을 하지 않는 것에 대하여 한 말이다.

3. 팔일(八佾)

1. 孔子謂季氏하시되 八佾로 舞於庭하니 是可忍也온 孰不可忍也리오

| 언해 |

孔子ㅣ 季氏를 니ᄅᆞ샤ᄃᆡ 八佾로 庭에 舞ᄒᆞ니 이ᄅᆞᆯ 可히 ᄎᆞᆷ아 ᄒᆞ곤 므스거술 可히 ᄎᆞᆷ아 몯ᄒᆞ리오

| 직역 |

공자께서 계씨를 평하여 말씀하셨다. "팔일로 뜰에서 춤을 추니 이를 차마 한다면 무엇을 차마 하지 못하겠는가?"

| 자해 |

季氏 : 노나라 대부 계손씨(季孫氏). • 佾 : 춤추는 행렬. 천자는 8인이 8행으로 총 64명이고, 제후는 6인 6행으로 총 36명이며, 대부는 4인 4행으로 총 16인임.

| 의해 |

노나라 대부 계씨가 팔일로써 그 집안 사당 뜰에서 춤을 추게 하니, 공자가 그것을 보고 꾸짖어 말하였다. "선왕께서 예를 제정한 것은 명분을 구별하여 조금이라도 참람하지 못하도록 한 것인데, 이제 그가 대부로서 천자의 예악을 쓰면서 태연하니, 천하에 이보다 더 큰 불의가 없다. 또한 이러한 일을 차마 한다면 무슨 일인들 차마 하지 못하겠는가?"

| 요지 |

이 장은 공자가 계씨의 참람함을 꾸짖어 명분을 바로잡은 것이다. 여기서 '인(忍)' 자의 뜻이 중요하니, 대개 난신(亂臣)과 적자(賊子)의 참람함이 모두 차마 하지 못할 짓을 한 데서 시작하기 때문이다.

2. 三家者以雍徹(삼가자이옹철)이러니 子曰(자왈) 相維辟公(상유벽공)이어늘 天子穆穆(천자목목)을 奚取於三家之堂(해취어삼가지당)고

| 언해 |

三家者ㅣ 雍으로써 徹ᄒᆞ더니 子ㅣ ᄀᆞᆯᄋᆞ샤ᄃᆡ 相ᄒᆞᄂᆞᆫ 이 辟公이어늘 天子ㅣ 穆穆ᄒᆞ욤을 엇디 三家ㅅ堂에 取ᄒᆞᆫ고

| 직역 |

세 대부의 집이 옹으로 제사를 끝내니 공자께서 말씀하셨다. "'제후가 도우니 천자의 위의가 성대하다'는 것을 어찌 세 대부의 집에서 취할 것인가?"

| 자해 |

三家 : 노나라 대부인 맹손·숙손·계손. • 雍 : 『시경』「주송(周頌)」의 편명. • 徹 : 제사를 마치고 진설하였던 제기 등을 거두는 것.

| 의해 |

옹은 무왕이 문왕을 제사할 때 쓰던 풍류의 노래이니, 그것으로써 조두(俎豆)를 거두어서 예가 이루어졌음을 의미한다. 삼가는 대부이니 가묘에서 제사하고 채빈장(採蘋章)을 노래하는 것이 정

상인데, 이제 옹을 노래하여 철상하니 공자가 꾸짖어 말하였다. "옹의 시 가운데 이르기를, '상(相)으로 제사를 돕는 자가 오직 열국의 제후요, 제사를 주장하는 이는 천자라. 그 공경하는 덕의 모양이 아름답고 심원하다' 하여 본래 천자와 종묘의 뜻을 취한 것인데, 지금 삼가의 제사에 제사를 돕는 이가 과연 제후며 제사를 주관하는 이가 과연 천자인가? 또한 무슨 의미를 취하여 당(堂)에서 노래하는가?"

| 요지 |

윗 장에서는 그 참람함을 꾸짖은 것이며, 이 장에서는 제대로 알지 못하고 멋대로 행함을 꾸짖었다.

3. 子曰(자왈) 人而不仁(인이불인)이면 如禮(여례)에 何(하)며 人而不仁(인이불인)이면 如樂(여악)에 何(하)오

| 언해 |

子ㅣ ᄀᆞᆯᄋᆞ샤ᄃᆡ 사ᄅᆞᆷ이오 仁티 아니ᄒᆞ면 禮에 엇디ᄒᆞ며 사ᄅᆞᆷ이오 仁티 아니ᄒᆞ면 樂에 엇디ᄒᆞ료

| 직역 |

공자께서 말씀하셨다. "사람으로서 인하지 않으면 예를 어떻게 하며, 사람으로서 인하지 않으면 악을 어떻게 하겠는가?"

| 의해 |

인이라는 것은 본심의 온전한 덕이니, 사람이 이 마음을 두고 잃지 않을 수 있다면 그 하는 바가 자연히 차례가 있고 화합함이 있

어서 예와 악이 될 것이다. 만일 사람이 인하지 못하면 모든 것이 그르고 간사한 마음이니, 방탕하고 공경하지 못하여 예의 근본을 먼저 잃어버릴 것이다. 비록 날마다 옥과 폐백과 위의(威儀) 속에서 종사하더라도 마땅히 예를 얻지 못할 것이니 그렇다면 예를 어떻게 하겠는가? 사람이 인하지 못하면 모든 것이 음란하고 간사한 기운이니 어그러지고 틀려서 화합하지 못하여 악의 근본을 먼저 잃어버릴 것이다. 비록 날마다 음악을 즐기고 춤을 추는 사이에 종사하더라도 마땅히 악을 얻지 못할 것이니 그러면 이 악을 어떻게 하겠는가? 따라서 예와 악을 쓰려 하는 자는 또한 마음에서 구하는 것이 옳다.

| 요지 |

이 장도 당시 예와 악을 쓰는 자가 근본을 잃어버림을 개탄스럽게 여긴 것이다.

4. 林放이 問禮之本한대 子曰 大哉라 問이여 禮與其奢也론 寧儉이요 喪이 與其易也론 寧戚이니라

| 언해 |

林放이 禮의 本을 묻ᄌᆞ온대 子ㅣ ᄀᆞᆯᄋᆞ샤ᄃᆡ 크다 무롬이여 禮ㅣ 그 奢홈으로 더브러론 출하리 儉홀띠오 喪이 그 易홈으로 더브러론 출하리 戚홀띠니라

| 직역 |

임방이 예의 근본을 묻자 공자께서 말씀하셨다. "훌륭하도다. 질

문이여! 예는 사치스럽기보다는 차라리 검소해야 하고, 상사는 형식적으로 잘 치르기보다는 차라리 슬퍼해야 한다."

| 자해 |

林放 : 노(魯)나라 사람. • 易 : 다스림.

| 의해 |

예에는 근본이 있고 문채가 있는데 당시 번잡한 문채만을 숭상하여 그 근본은 알지 못하였다. 임방이 이를 의심하여 예의 근본을 물은 것은 그 본뜻이 이렇지 않음을 의미한다. 공자는 그가 시속을 따라 말단만 좇지 않기에 이전에 근본을 숭상하던 뜻에 합함이 있다고 하여 칭찬하였다.

◑"훌륭하도다, 세상의 도와 사람의 마음에 관계가 있는 이 물음이여! 대개 예의 근본을 얻으면 전체가 그 가운데에 있으니 이것이 어찌 작은 일이겠는가? 내가 시험삼아 예의 근본을 말하노라. 예에는 길한 예와 흉한 예, 두 가지가 있으니 바탕과 문채가 어우러져 중도(中道)에 합하는 것이 좋은 것이다. 만일 지나쳐서 문채만 있거나 단지 바탕만 있는 것은 모두 중도는 아니지만, 이 문채가 지나칠 때 그 근본과 비교해 보면, 길례의 경우 지나치게 사치스러운 것은 차라리 질박하고 검소한 것만 같지 못하다. 대개 예의 근원이 검소함인데 그 후로 사치함으로 흘렀으므로 검소함이 비록 예의 중도는 아니지만 오히려 옛적의 문채가 없는 것과 같아서 그 근원에 가깝다. 만일 상례와 같은 흉례의 경우는 그 절차만 갖추기보다는 차라리 한결같이 애통해하는 것만 못하다. 대개 상사의 근원은 슬퍼하는 것뿐인데 뒤에 차츰 절차를 만들었으니 슬퍼하기만 하는 것이 상례의 중도는 아니지만 오히려 예문(禮文)이 비롯하는 바가 되니, 그 근본을 얻으면 점점 예의 중도로 나아갈 수 있다. 자네가 예의 근본에 뜻이 있으면 마땅히 이것에서 구해야 한다."

| 요지 |

이 장에서는 근본 '본(本)' 자가 중요하다. 아마도 임방이 예의 근본을 물은 것도 당시 문채가 승함에 자극된 것이고, 공자의 대답 또한 그 폐단을 지적하고 근본에 돌이켜 보라는 뜻이다.

5. 子曰 夷狄之有君이 不如諸夏之亡也니라
(자왈 이적지유군 불여저하지무야)

| 언해 |

子ㅣ ᄀᆞᆯᄋᆞ샤ᄃᆡ 夷狄의 君이 이심이 諸夏의 업ᄉᆞ니 ᄀᆞᆮ디 아니ᄒᆞ니라

| 직역 |

공자께서 말씀하셨다. "이적에 임금이 있는 것이 중국에 없는 것과 같지 않다."

| 자해 |

諸夏 : 저는 중(中)의 뜻이며, 하(夏)는 크다는 뜻으로 중국 전토를 일컬음. • 亡 : 없음. 무(無)자와 같음.

| 의해 |

춘추시대 주나라의 왕실이 쇠미하여 예악과 정벌이 천자로부터 비롯하지 못하고 제후나 대부로부터 비롯되며, 심지어는 배신(陪臣)이 국명을 좌우하게 되었다. 이에 공자가 한탄하여 말하였다. "이적은 비록 정교가 미치지 못하지만 군장(君長)이 있어서 통솔한 후에 유지될 수 있으니, 저하(諸夏)의 참람하고 어지러워 임금이 없는 것과 같지 않다." 저하는 예악이 비롯되는 곳인데 이제 이와 같으니 그 변함이 심하다는 뜻이다.

| 요지 |

이 장은 공자가 당시의 참람하고 어지러움을 깊이 개탄한 것이다.

6. 季氏旅於泰山이러니 子謂冉有曰 女弗能救與아 對曰 不能이로소이다 子曰 嗚呼라 曾謂泰山이 不如林放乎아

| 언해 |

季氏ㅣ 泰山애 旅ᄒᆞ더니 子ㅣ 冉有ᄃᆞ려 닐어 ᄀᆞᆯᄋᆞ샤ᄃᆡ 네 能히 救티 몯ᄒᆞ리로소냐 對ᄒᆞ야 ᄀᆞᆯᄋᆞᄃᆡ 능티 몯ᄒᆞ리로소이다 子ㅣ ᄀᆞᆯᄋᆞ샤ᄃᆡ 嗚呼라 일즉 泰山이 林放만 ᄀᆞᆮ디몯ᄒᆞ다 니ᄅᆞ랴

| 직역 |

계씨가 태산에서 여제를 지내려고 하자 공자께서 염유에게 말씀하셨다. "네가 바로잡을 수 없겠느냐?" 대답하여 말하였다. "불가능합니다." 공자께서 말씀하셨다. "아! 일찍이 태산이 임방만 같지 못하다고 생각하느냐?"

| 자해 |

旅 : 제사 이름. • 태산 : 노나라 땅에 있는 산 이름. • 冉有 : 공자의 제자. 이름은 구(求).

| 의해 |

계씨가 장차 태산에 여제를 지내려 하자 공자가 염유에게 말하였다. "네가 그의 가신이 되어 그 참람한 죄를 바로잡을 수 없겠느냐?" 염유가 대답하였다. "저 계씨의 뜻이 이미 정해졌으니, 저의

힘으로 어찌할 수 없습니다." 공자가 탄식하여 말하였다. "아! 귀신은 예 아닌 것을 흠향하지 않으니, 임방도 오히려 예를 물을 줄을 아는데, 태산의 신령이 오히려 그만도 못하여 계씨의 참람한 제사가 예 아닌 것을 알지 못한다고 하겠느냐?"

| 요지 |

이 장은 공자가 계씨에게 그 유익함이 없을 것을 알아서 스스로 그만두게 하려고 한 것이고, 또 임방을 칭찬함으로써 염유를 일깨운 것이다.

7. 子曰(자왈) 君子無所爭(군자무소쟁)이나 必也射乎(필야사호)인저 揖讓而升(읍양이승)하여 下而飮(하이음)하나니 其爭也君子(기쟁야군자)니라

| 언해 |

子ㅣ ᄀᆞᆯᄋᆞ샤ᄃᆡ 君子ㅣ ᄃᆞ토ᄂᆞᆫ 배 업스나 반ᄃᆞ시 射ᆫ뎌 揖讓ᄒᆞ야 올라 나려와 머키ᄂᆞ니 그 ᄃᆞ토미 君子ㅣ니라

| 직역 |

공자께서 말씀하셨다. "군자는 다투는 것이 없으나 반드시 활쏘기에서는 그렇게 할 것이다. 읍하고 사양하여 올라갔다가 내려와 마시게 하니 그 다툼이 군자답다."

| 자해 |

揖讓而升 : 대사례(大射禮)에서 짝을 지어 나가서 세 번 읍한 뒤에 당에 오르는 것. • 下而飮 : 활쏘기를 마친 뒤에 읍하고 내려와 짝들이 모두 내려오기를 기다려서 이긴 자는 이기지 못한 자에게 읍함으로써 올라가 술잔을 받아

마시게 하는 것.

| 의해 |

군자는 마음을 쓰는 것이 공손하여 스스로 다투는 바가 없으나, 그 다투는 것은 다만 활쏘는 예를 행할 때 볼 수 있다. 대개 쏠 때에 다 과녁을 맞혀서 이기기를 취하고자 하니, 가장 다투는 마음을 일으키기 쉽다. 그러나 장차 쏘려고 할 적에 여러 짝이 이미 모여도 얼른 쏘지 않고 세 번 읍하고 세 번 사양한 후에 당(堂)에 올라가서 쏜다. 이미 쏜 후에 이기고 지는 결과가 나오면 얼른 내려오지 않고 또 같이 쏘던 사람과 더불어 모두 읍하고 사양한 후에 당에서 내려온다. 모든 짝이 다 내려오면 진 사람에게 마땅히 벌을 줄 것이나, 얼른 벌을 주지 않고 이긴 자가 그 이기지 못한 자에게 읍함으로써 당에 올라가 잔을 받아 서서 마시게 한다. 활을 쏘는 데 시작과 마침이 절도가 있고 읍하고 공손하여 그 다투는 것이 이와 같이 군자답다. 어찌 소인들이 기운을 내세워 힘을 겨루는 것과 같겠는가? 이로써 본다면 진정한 군자는 다투는 바가 없다.

| 요지 |

이 장은 공자가 군자의 사양하는 덕을 들어서 천하의 다투는 추세를 돌이키고자 한 것이다.

자하문왈 교소천혜 미목반혜 소이위현혜
8. 子夏問曰 巧笑倩兮며 美目盼兮여 素以爲絢兮라하
하위야 자왈 회사후소 왈 예후호 자왈
니 何謂也잇고 子曰 繪事後素니라 曰 禮後乎인저 子曰
기여자 상야 시가여언시이의
起予者는 商也로다 始可與言詩已矣로다

| 언해 |

子夏ㅣ 묻ᄌᆞ와 갈ᄋᆞ대 巧ᄒᆞᆫ 笑ㅣ 倩ᄒᆞ며 美ᄒᆞᆫ 目이 盼홈이여 素로ᄡᅧ 絢을 ᄒᆞ다 ᄒᆞ니 엇디 닐음이니잇고 子ㅣ ᄀᆞᆯᄋᆞ샤ᄃᆡ 繪ᄒᆞᄂᆞᆫ 일이 素애 後ㅣ니라 ᄀᆞᆯᄋᆞᄃᆡ 禮ㅣ 後ㅣᆫ뎌 子ㅣ ᄀᆞᆯᄋᆞ샤ᄃᆡ 나를 起ᄒᆞᄂᆞᆫ 자ᄂᆞᆫ 商이로다 비로소 可히 더브러 詩를 닐엄즉 ᄒᆞ도다

| 직역 |

자하가 물었다. "예쁜 웃음에 보조개가 있으며, 아름다운 눈동자가 선명함이여. 흰 것으로써 채색을 한다 하니 무엇을 말한 것입니까?" 공자께서 말씀하셨다. "그림 그리는 일은 흰 바탕이 마련된 뒤에 하는 것이다." 자하가 말하였다. "예가 뒤라는 말씀입니까?" 공자께서 말씀하셨다. "나의 뜻을 일으키는 자는 상(商)이로다. 비로소 더불어 시를 말할 수 있겠구나!"

| 자해 |

倩 : 입 모양이 예쁘다는 뜻. • 盼 : 눈의 흑백이 분명하다는 뜻. • 素 : 흰색으로 그림의 바탕. • 絢 : 채색으로 그림의 꾸밈. • 繪事 : 그림을 그리는 일. • 後素 : 그림의 흰 바탕을 만들고 뒤에 채색을 한다는 뜻.

| 의해 |

이것은 지금은 없는 시이다. 자하가 물었다. "지금은 없는 시에 이르기를, '어여쁜 웃음에 보조개가 아름답고 아름다운 눈은 흑백이 분명하다'라고 하였습니다. 이것은 사람의 바탕이 아름다운 것이 이 같음을 말한 것인데, 또 이어서 말하기를, '흰 것의 문채가 없는 것으로 꾸며서 빛나고 아름다워 볼 만하다'고 하니, 대개 흰 것과 채색이 다른데 이제 도리어 흰 것으로 채색을 하였다고 하니 무엇을 말하는 것입니까?"

◑ 공자가 말하였다. "시인의 뜻은 흰 것으로써 채색을 한다는 것이 아니라 아마도 흰 것으로 인하여 채색을 더한다는 것이니, 그림을 그리는 일은 먼저 흰 바탕이 있은 연후에 오색을 더할 수 있

다. 이것은 흰 바탕이 먼저 있고 그리는 것이 뒤라는 뜻이다. 비유하자면 사람은 먼저 아름다운 바탕이 있은 연후에야 꾸밈을 더할 수 있음과 같으니, 시의 뜻이 이러하다."

◑ 자하가 이 말을 이해하고 말하였다. "대개 채색 그림은 흰 바탕이 마련된 뒤에 있음이 이와 같으니, 그렇다면 세상에서 이른바 예라는 것 또한 그림에 흰 바탕이 먼저 됨과 같겠습니다. 그렇다면 예문(禮文)이라는 것도 충성과 신의의 본질이 있은 연후에 이것을 행함이 마땅하다고 생각합니다."

◑ 공자가 말하였다. "나의 뜻을 일으킬 수 있는 사람은 너 상(商)이로다. 반드시 너와 같은 사람이라야 더불어 시를 말할 수 있을 것이다. 나와 더불어 예를 말하지 않았는데, 이미 예를 시 밖에서 통하였으니 나와 시를 말하면 반드시 시 가운데에서 많은 뜻을 얻을 수 있을 것이니, 어찌 시를 말할 수 있지 않겠는가?"

| 요지 |

이 장에서는 성인과 현인이 가르치고 배움에 서로 돕는 유익함을 볼 수 있다. 위의 두 구절은 자하가 시구 가운데 의심이 가는 점을 질문한 것이고, 끝의 구절은 그 깨침으로 인하여 긍정한 것이다.

9. 子曰(자왈) 夏禮(하례)를 吾能言之(오능언지)나 杞不足徵也(기부족징야)며 殷禮(은례)를 吾(오)能言之(능언지)나 宋不足徵也(송부족징야)는 文獻(문헌)이 不足故也(부족고야)니 足則吾(족즉오)能徵之矣(능징지의)로리라

| 언해 |

子ㅣ ᄀᆞᆯᄋᆞ샤ᄃᆡ 夏ㅅ禮를 내 能히 니르나 杞에 足히 徵티 몯ᄒᆞ며

殷ㅅ禮를 내 能히 니르나 宋에 足히 徵티 몯홈은 文과 獻이 足디 몯훈 故ㅣ니 足ᄒ면 내 能히 徵호리라

| 직역 |

공자께서 말씀하셨다. "하나라의 예를 내가 말할 수 있지만 기나라에서 충분히 증명하지 못하며, 은나라의 예를 내가 말할 수 있지만 송나라에서 충분히 증명하지 못하는 것은 문헌이 충분하지 못하기 때문이니, 충분하다면 내가 증명할 수 있다."

| 자해 |

杞 : 하나라의 후예국. • 宋 : 은나라의 후예국. • 文 : 법전과 서적. • 獻 : 어진 사람.

| 의해 |

공자가 말하였다. "옛적에 하우씨(夏禹氏)의 제도에 문(文)이 예(禮)가 되었으니, 내가 그것을 말할 수 있다. 그러나 하나라의 자손으로는 기(杞)나라가 있지만, 이제 그 문물과 제도를 살펴보면 과연 내 말을 증명할 수 없다. 은나라 제도에 문(文)이 예가 되었으니 내가 그것을 말할 수 있다. 그러나 은나라의 자손으로는 송(宋)나라가 있지만, 이제 그 문물과 제도를 살펴보면 과연 내 말을 증명할 수 없다. 대개 예라는 것은 서적에 기재되어 있고, 어진 사람이 알고 있는 것이다. 그런데 기나라와 송나라에는 그 서적이 없고 어진 사람도 없으니, 만일 문헌이 완전하게 있다면 나는 그것을 취하여 내 말을 증명할 것이니, 이 양대의 예가 어찌 없어져 전하지 못할 지경에 이르렀는가? 안타깝도다! 지금에 이르러 충분하지 못함이여!"

| 요지 |

이 장에서는 공자의 뜻이 하나라와 상나라의 예를 전술하여 주나라

예와 함께 아울러 전하여 후세에 보이고자 함에 있었는데, 그 하고자 하는 바를 이루지 못하였기 때문에 이렇게 탄식한 것이다.

10. 子曰 禘自旣灌而往者는 吾不欲觀之矣로라

(자왈 체자기관이왕자 오불욕관지의)

| 언해 |

子ㅣ ᄀᆞᆯᄋᆞ샤ᄃᆡ 禘ㅣ 임의 灌홈으로브터 往ᄒᆞᆫ 者ᄂᆞᆫ 내 보고져 아니ᄒᆞ노라

| 직역 |

공자께서 말씀하셨다. "체(禘) 제사에서 이미 술을 부어 신을 부른 뒤로는 내가 보고 싶지 않다."

| 자해 |

禘 : 왕자(王者)의 큰 제사. 왕자가 시조의 묘를 세우고, 또 시조로부터 나온 임금을 미루어 시조의 묘에서 제사할 때 시조로써 배향하는 것. 주나라의 성왕(成王)이 주공(周公)에게 큰 공이 있다고 하여 노나라에 이 체제를 주었는데, 주공의 묘에서 체제를 지낼 때 문왕(文王)으로부터 주공이 나오신 임금으로 삼고 주공을 배향하였음. • 灌 : 제사할 때 기장쌀로 만든 술에 울금향이라는 풀을 다려서 혼합한 것을 땅 위에 붓고 그 향기로 귀신을 내려오게 하는 것.

| 의해 |

노나라의 시조 주공은 주나라 임금 성왕의 숙부이고, 또 주나라에 큰 공이 있으므로 천자의 체제(禘祭)로 제사지냄을 허락하여 문왕을 주공의 사당에서 제사하게 하였다. 공자가 보기에 노나라에서 체제를 행함은 실로 예가 아니지만 이것은 주나라에서 허락

한 것이니 말하지 않고, 제사할 때에 군신이 모두 제사에 임하여 어사(御祠)를 다 마치기까지 정성을 드리고 공경해야 하는데 울창(鬱鬯)의 술을 땅에 부어 강신한 후로는 정성과 공경하는 뜻이 흩어지니, 예식과 음악은 예전에 비하여 비록 완전하다고 할지라도 성의가 부족하므로 이것을 보려고 하지 않는다고 한 것이다.

| 요지 |

이 장은 공자가 노나라의 체제(禘祭)를 행하는 것이 예에 부족하다는 뜻을 보인 것이다. 제후는 합제(合祭)만 있고 체제는 없으니, 체(禘)자를 끌어냄을 부족하게 여기는 뜻이 자연히 보인다. 그러나 체제가 예가 아니라고 말하지 않고 다만, '보고자 하지 않는다'고 하니 분명히 강신한 후에 정성이 없는 것을 지적함으로써 노나라를 배려한 것이다.

11. 或問禘之說한대 子曰 不知也로라 知其說者之於天下也에 其如示諸斯乎인저하시고 指其掌하시다

| 언해 |

或이 禘의 說을 묻ᄌᆞ온ᄃᆡ 子ㅣ ᄀᆞᆯᄋᆞ샤ᄃᆡ 아디 몯ᄒᆞ노라 그 說을 아ᄂᆞᆫ 者ㅣ 天下애 그 이롤 봄ᄀᆞᆮᄐᆞᆫ뎌 ᄒᆞ시고 그 掌을 ᄀᆞᄅᆞ치시다

| 직역 |

어떤 사람이 체(禘) 제사의 설을 질문하였다. 공자께서 말씀하시기를, "알지 못하겠노라. 그 설을 아는 자는 천하에 대하여서 이것을 보는 것과 같을 것이다" 하시고 그 손바닥을 가리키셨다.

| 의해 |

어떤 사람이 "체(禘)라 하는 것이 무엇입니까?" 하고 공자에게 물은 것인데, 체제는 그 시조를 낳으신 조상에게 제사하는 것이다. 대개 그것은 먼 조상을 추모하는 것 중에서도 더욱 그러하며, 근본에 보답하는 것 중에서도 더욱 그러한 정성이니, 그 도리가 깊고 원대하다. 예를 지은 자가 인효(仁孝)와 성경(誠敬)이 아니면 미루어 알 수 없으며, 예를 행하는 자가 또한 인효와 성경이 아니면 얻지 못할 것이다. 따라서 예를 강론하는 자도 인효와 성경의 지극함이 아니면 깨달아 얻지 못할 것이다. 만일 이 말을 알아서 선왕이 예를 만든 근본과 선조에게 제향하는 근거에 멀고 가까운 차이가 없음을 깨닫는다면, 그 사람은 다른 일에 처하더라도 모든 사리에 밝지 않음이 없고 정성이 지극하지 않음이 없어서 천하를 다스리기에 어렵지 않을 것이다. 성인이 어찌 진실로 알지 못하겠는가? 그 손바닥을 가르친 것은 명백하고 쉽다는 것을 보인 것이다.

| 요지 |

이 장은 알지 못한다는 문구에 중요한 뜻이 담겨 있고, 그 말을 안다는 두 문구는 바로 체제의 뜻이 알기 어렵다는 것을 보인 것이다. 공자가 한 번 체제를 지은 까닭을 말하였으니, 노나라의 체제가 예 아닌 것을 피할 수만 없었다. 따라서 다만 알지 못한다고 한 것은 그 말씀과 뜻이 가장 혼연하고 조화로운 것이다.

12. 祭如在(제여재)하시며 祭神如神在(제신여신재)러시다 子曰(자왈) 吾不與祭(오불여제)면 如不祭(여부제)니라

| 언해 |

祭ᄒᆞ샤ᄃᆡ 인ᄂᆞᆫ ᄃᆞ시 ᄒᆞ시며 神을 祭ᄒᆞ샤ᄃᆡ 神이 인ᄂᆞᆫ ᄃᆞ시 ᄒᆞ더시다 子ㅣ ᄀᆞᆯᄋᆞ샤ᄃᆡ 내 祭에 與티 몯ᄒᆞ면 祭아니홈 ᄀᆞᄐᆞ니라

| 직역 |

제사를 지내되 있는 듯이 하며, 신을 제사지내되 신이 있는 듯이 하셨다. 공자께서 말씀하셨다. "내가 제사에 참여하지 못하면 제사를 지내지 않은 것과 같다."

| 의해 |

이것은 문인이 공자가 정성으로 제사를 주관함을 기록한 것이다. 공자가 선조를 제사할 때 효도의 마음이 순전하고 독실하여 비록 이미 세대는 멀지만 추모함에 선조의 소리와 얼굴을 접할 수 있는 것처럼 하며, 다른 귀신을 제사할 때는 그 정성과 공경을 다하여 신령이 위에 있는 것과 같이 하였다.

◑ 그러므로 공자가 일찍이 말하였다. "제사는 반드시 직접 참여하여야 이에 효도와 공경을 펴게 될 것이다. 내가 만일 이유가 있어서 참여하지 못하면 제례는 비록 이미 행하였더라도 마음이 흡족하지 못하여 제사하지 않음과 같다." 이 말을 보면 신(神)이 있는 것과 같이 하는 정성을 볼 수 있다.

| 요지 |

제사를 지낼 때 칠일을 재계(齋戒)하고 삼일을 재결(齋潔)하는 것은 그 정성의 지극함을 뜻한다. 따라서 교제(郊祭)를 지낼 때 천신이 이르고, 묘제(廟祭)를 지낼 때 인신(人神)이 흠향함이 모두 나의 정성으로 말미암아 이르는 것이다. 그 정성이 있으면 그 신(神)이 있고, 그 정성이 없으면 그 신이 없으니 어찌 삼가지 않을 수 있겠는가?

왕 손 가 문 왈 여 기 미 어 오 영 미 어 조 하 위 야
13. 王孫賈問曰 與其媚於奧론 寧媚於竈라하니 何謂也

자 왈 불 연 획 죄 어 천 무 소 도 야
잇고 子曰 不然하다 獲罪於天이면 無所禱也니라

| 언해 |

王孫賈ㅣ 묻ᄌᆞ와 ᄀᆞᆯᄋᆞᄃᆡ 그 奧에 媚홈으로 더브러론 ᄎᆞᆯ하리 竈에 媚ᄒᆞᆯ띠라 ᄒᆞ니 엇디 닐음이니잇고 子ㅣ ᄀᆞᆯᄋᆞ샤ᄃᆡ 그러티 아니ᄒᆞ다 罪를 하ᄂᆞᆯᄭᅴ 어드면 禱ᄒᆞᆯ 빼 업스니라

| 직역 |

왕손가가 물었다. "안방 신에게 아첨하기보다는 차라리 부엌 신에게 아첨하는 것이 낫다고 하니 무엇을 말한 것입니까?" 공자께서 말씀하셨다. "그렇지 않다. 하늘에 죄를 얻으면 빌 곳이 없다."

| 자해 |

王孫賈 : 위(衛)나라 대부. • 奧 : 방의 서남쪽 모퉁이. • 竈 : 다섯 제사의 하나로서 여름에 부엌에 설치하여 지내는 제사.

| 의해 |

제례에 따르면, 맹춘(孟春 : 정월)에는 방문에, 맹하(孟夏 : 사월)에는 부엌에, 계하(季夏 : 육월)에는 중유(中霤)에, 맹추(孟秋 : 칠월)에는 대문에, 맹동(孟冬 : 시월)에는 길에 제사한다고 하였다. 제사할 때는 먼저 그 주석(主席)을 설치하고, 제사한 후에는 시동(尸童)을 맞아서 안방에 제사하고, 부엌에 제사할 때에는 주석을 부엌에 들어가는 데 설치하고 제사를 마친 후에 다시 음식을 안방에 진설하고 시동을 맞아서 제사하는 것이다. 그러므로 당시 세속의 말에 안방은 높은 것이지만 제사의 주석이 없고 도리어 부

엌은 천하지만 그 곳에서 제사를 한다고 하니, 비유하자면 안방은 군주요 부엌은 왕손가 자신을 가리킨다. 왕손가는 공자가 위나라에 벼슬하려는 뜻이 있다면 자신에게 아부함이 제일 좋은 것이라고 생각하지만, 직접 말하기 어려우므로 제사의 예를 빙자하여 공자에게 제안한 것이다.

◑ 공자는 왕손가의 본의를 알았지만 비유적으로 말하였다. "안방신에 아첨하거나 부엌신에 아부하는 것이나 모두 마땅한 것이 아니다. 위로 하늘이 있으니 천리를 따름과 거스름에 따라 화와 복이 달라진다. 만일 천리에 따름을 알지 못하면 하늘에 죄를 얻게 되는 것이니, 그렇다면 어찌 당시 임금과 권세 있는 신하에게 아첨하여 면함을 얻을 수 있겠는가?" 이 말은 비록 순하게 하여 왕손가의 제안을 거절한 것이지만, 또한 그로 하여금 천하에 바른 이치가 있음을 깨우치게 한 것이다.

| 요지 |

왕손가는 다만 안방신과 부엌신을 들어 공자의 대답을 기대하였는데, 공자는 하늘 천(天) 한 글자를 들어 보임으로써 안방신과 부엌신이 다 낮아지고 빌 곳이 없음을 말하였다. 이것은 더 이상 아첨을 쓸 곳이 없다는 것이니, 권세 있는 간사한 사람의 입을 닫게 할 뿐 아니라 그 사람의 마음을 꺾은 효과가 있다.

14. 子曰(자왈) 周監於二代(주감어이대)하니 郁郁乎文哉(욱욱호문재)라 吾從周(오종주)호리라

| 언해 |

子ㅣ ᄀᆞᆯᄋᆞ샤ᄃᆡ 周ㅣ 二代에 監ᄒᆞ니 郁郁히 文ᄒᆞᆫ디라 내 周를 좃초리라

| 직역 |

공자께서 말씀하셨다. "주나라는 하나라와 은나라를 거울로 삼았으니 찬란하게 빛나기 때문에 나는 주나라를 따르겠다."

| 자해 |

二代 : 하나라와 은나라. • 郁郁 : 문채가 나고 성대한 모습.

| 의해 |

선왕의 제도가 기수(氣數)로 서로 처음과 끝이 되고 앞과 뒤가 서로 덜고 더함이 되니 진실로 한 사람이 하루에 할 수 있는 바가 아니다. 옛날 하나라와 은나라가 천하를 다스렸을 때 한결같이 제도와 문물이 있었는데, 주나라의 예는 이 두 대를 보아서 덜고 더하였다. 대개 풍기(風氣)가 점점 열리고 인문이 점점 나타나며 문왕과 무왕의 경영과 주공의 제작이 더하여 지극히 마땅함을 참작하여 집대성하였으니, "내가 주나라를 두고 그 어디를 좇겠는가?" 하는 뜻이다.

| 요지 |

이 장은 삼대의 예가 주나라에 이르러 크게 갖추어졌으니, 공자가 그 문채를 아름답게 여기어 좇는다고 한 것이다.

자입태묘 매사 문 혹왈 숙위추인지자
15. 子入大廟하사 每事를 問하신대 或曰 孰謂鄹人之子
지례호 입태묘 매사 문 자문지
를 知禮乎오 入大廟하여 每事를 問이온여 子聞之하시고
왈 시례야
曰 是禮也니라

| 언해 |

子ㅣ 大廟에 드르샤 每事를 무르신대 或이 ᄀᆞᆯ오ᄃᆡ 뉘 닐오ᄃᆡ 鄹人의 子를 禮를 안다 ᄒᆞ더뇨 大廟에 드러 每事를 묻고녀 子ㅣ 드르시고 ᄀᆞᆯᄋᆞ샤ᄃᆡ 이 禮ㅣ니라

| 직역 |

공자께서 태묘에 들어가셔서 매사를 물으시자 어떤 사람이 말하였다. "누가 추인(鄹人)의 아들이 예를 안다고 말하였는가? 태묘에 들어서 매사를 묻는구려." 공자께서 듣고 말씀하셨다. "이것이 예이다."

| 자해 |

大廟 : 노나라 시조인 주공의 사당. • 鄹 : 노나라의 고을 이름. 공자의 아버지 숙량흘(叔梁紇)이 그 곳의 대부를 역임하였으므로 공자를 추인의 아들이라고 말한 것임.

| 의해 |

공자가 벼슬길에 나아가 태묘의 제사에 참여할 때 대개 예문(禮文)과 예기(禮器)의 일을 비록 평소 알고 있었지만, 직접 행하지는 않았기 때문에 일에 임하여 물었던 것이니 이치가 마땅히 그러한 것이다. 그런데 어떤 사람이 이것을 알지 못하고 비웃기를, "추인(鄹人)의 아들이 예를 안다고 누가 말하였느냐? 태묘에 들어와 매사를 물으니, 그가 예를 알지 못하는 것을 알 수 있겠다"고 하였다. 공자가 이 말을 듣고 말하였다. "묻는 것이 곧 예이니 예라고 하는 것은 공경보다 더 큰 것이 없다. 내가 태묘의 일에 감히 소홀하게 하여 묻지 않거나 혹은 대충 묻지 못하니, 공경하고 삼감을 지극히 함이다. 이것이 예이다."

| 요지 |

제사는 공경이 가장 중요한 것이며 종묘의 일은 지극히 엄격한

것이다. 그 대례(大禮)는 성인이 알지 못한 것이 없지만 각기 직책을 맡은 일이니 또한 알지 못할 바가 있는데, 알고 알지 못함을 모두 좇아 묻는 것은 그 일을 공경하는 것이다. 그런데 혹자가 예를 알지 못한다고 하자, 공자가 오히려 이것이 예라고 고한 것은 예의 본래 뜻을 밝힌 것이다.

자왈 사부주피 위력부동과 고지도야
16. 子曰 射不主皮는 爲力不同科니 古之道也니라

| 언해 |

子ㅣ ᄀᆞᆯᄋᆞ샤ᄃᆡ 射홈에 皮를 主티 아니홈은 힘이 科ㅣ 同티 아님을 爲ᄒᆞ얘니 녯 道ㅣ니라

| 직역 |

공자께서 말씀하셨다. "활을 쏘는데 과녁 뚫는 것을 주로 하지 않는 것은 힘의 등급이 같지 않기 때문이니 옛날의 도이다."

| 자해 |

皮 : 과녁으로, 베로써 사포(射布)를 만들고 그 가운데에 가죽을 붙인 것. 예전에 천자는 호랑이와 곰과 표범 등의 세 가지 가죽을, 제후는 곰과 표범 등의 두 가지 가죽을, 대부는 사슴의 한 가지 가죽을, 선비는 들개의 한 가지 가죽을 사용하였음. • 科 : 등급.

| 의해 |

활을 쏜다는 것은 원래 사람의 덕을 드러내는 것이니, 마음을 바르게 하고 자세를 바르게 하며 맞히는 것만을 위주로 하지 않는다. 주나라가 쇠함에 예가 없어지고 당시 여러 나라에서 군사를 양성하며 관통을 숭상하였기에 공자가 탄식한 것이다. 예의 뜻은

각각의 사람이 완력이 같지 않고 그 등급 또한 한결같지 않아서, 맞추는 것은 배워서 능히 할 수 있지만 힘은 억지로 이르지 못한다. 그러므로 예전의 쏘는 법은 상·중·하의 세 등급이 있어서 각각 자기 힘에 맞도록 하여 일정한 도가 있었으니, 즉 사례(射禮 ; 예로 쏘는 것)와 역역(力役 ; 힘으로 쏘는 것)의 두 가지다. 그러나 당시에는 사람의 역량은 생각하지 않고 다만 관통만을 위주로 함으로써 이전의 사례와 달랐으므로 그 쇠퇴함을 지적한 것이다.

| 요지 |

공자가 당시를 개탄하고 예전을 기준으로 하여 힘만을 숭상하는 기풍을 돌이키려 한 말이다. 첫 구절에서는 예경(禮經)의 글을 제시하고 아래에서는 그 뜻을 풀어서 증명하였다.

17. 子貢이 欲去告朔之餼羊한대 子曰 賜也아 爾愛其羊가 我愛其禮하노라

| 언해 |

子貢이 朔을 告ᄒᆞᄂᆞᆫ 餼羊를 去코져 ᄒᆞᆫ대 子ㅣ ᄀᆞᆯᄋᆞ샤ᄃᆡ 賜아 너ᄂᆞᆫ 그 羊을 愛ᄒᆞᄂᆞᆫ가 나ᄂᆞᆫ 그 禮를 愛ᄒᆞ노라

| 직역 |

자공이 초하룻날을 고하는 희생양을 없애고자 하자 공자께서 말씀하셨다. "사(賜)야. 너는 그 양을 아까워하느냐? 나는 그 예를 아낀다."

| 자해 |

餼 : 날고기의 희생. • 愛 : 석(惜)과 같음. 아까워함.

| 의해 |

초하룻날을 고하는 예는 천자가 해마다 늦겨울에 다음 해 열두 달의 초하루를 책력으로써 반포하면 제후는 이것을 받아 조상의 사당에 보관하고 매월 초하룻날이면 희생(犧牲)으로써 사당에 고하고 그 달의 책력을 시행하는 것이다. 그러나 노나라 문공(文公) 6년 4월에 처음으로 삭(朔)을 고하지 않았고, 16년에 이르기까지 네 번 삭을 고하지 않다가, 정공(定公)과 애공(哀公) 때에는 고하지 않는 것이 상례가 되었는데, 양이 많은 관원은 오히려 양을 바치기 때문에 자공이 양만 허비한다고 하여 이것을 버리고자 하였다.

◑ 공자가 자공을 깨우쳐 주며 말하였다. "책력을 천자에게 받아서 초하루를 고하는 예를 조상의 사당에 행함은 천자를 높이고 조상을 높이는 큰 예절이다. 네가 예는 행하지 않고 양만 허비한다고 하여 양을 아끼고자 하니, 이것은 아끼는 것이 양에만 있는 것이다. 이제 비록 이 예는 폐지되었지만 유사(有司)가 희생양을 바치는 형식이라도 남아 있다. 예는 비록 폐하였으나, 양을 여전히 바치면 아마도 뒤의 사람이 오히려 양으로 인하여 예를 구할 자가 있게 될 것이니, 나는 진실로 그 예를 사랑하여 이것이 없어짐이 안타까운데 어찌하여 그 양을 버리고자 하느냐?"

| 요지 |

이 장에서는 성현의 예를 유지하는 마음을 볼 수 있다. 위의 구절에서는 자공이 양을 버리려고 하였는데, 그렇게 되면 예가 없어짐이 안타깝기 때문에 그 말이 과격하다. 아래 구절에서 공자가 희생양을 유지하려고 한 것은 예의 회복을 바라는 것이니 그 말이 순하다. 모두 예를 유지하려는 뜻이다.

18. 子曰(자왈) 事君盡禮(사군진례)를 人(인)이 以爲諂也(이위첨야)라하나라

| 언해 |

子ㅣ ᄀᆞᆯᄋᆞ샤ᄃᆡ 君을 셤굠에 禮를 다홈을 사ᄅᆞᆷ이 ᄡᅥ 諂혼다 ᄒᆞᄂᆞ다

| 직역 |

공자께서 말씀하셨다. "임금을 섬기는 데 예를 다하는 것을 사람들은 아첨한다고 한다."

| 의해 |

신하가 임금을 섬김에 마땅히 바꾸지 못할 예가 있으니, 신하가 마땅히 스스로 극진히 해야 한다. 그러므로 공자가 "이제 내가 임금을 섬김에 무릇 오르고 내리고 위와 아래의 모든 일을 예절에 의지하여 공경하고 삼가서 감히 소홀하지 못하는 것은 마땅히 그렇게 해야 할 것을 극진히 하는 것인데, 사람들이 임금에게 사랑함을 구하고 기뻐함을 취하여 아첨한다고 하니, 어찌 임금 섬기는 도리를 아는 자들이겠는가?"라고 한 것이다.

| 요지 |

이 장은 공자가 임금 섬기는 자를 위해 신하의 도리를 말한 것이다. 대개 예가 아첨이 아닌 것은 분별하기 쉬우며 예로써 아첨한다고 함은 임금 섬기는 것임을 알 수가 있다. 공자가 자신을 위해 변명한 것이 아니라 일반 사람의 마음을 깨우쳐 주고자 한 것이다.

19. 定公(정공)이 問君事臣(문군사신)하며 臣事君(신사군)호되 如之何(여지하)잇고 孔子(공자) 對曰(대왈) 君使臣以禮(군사신이례)하며 臣事君以忠(신사군이충)이니이다

| 언해 |

定公이 묻ᄌᆞ오ᄃᆡ 君이 臣을 브리며 臣이 君을 셤교ᄃᆡ 엇디 ᄒᆞ리잇고 孔子ㅣ 對ᄒᆞ야 ᄀᆞᆯᄋᆞ샤ᄃᆡ 君이 臣을 브료ᄃᆡ 禮로ᄡᅥ ᄒᆞ며 臣이 君을 셤교ᄃᆡ 忠으로ᄡᅥ 홀띠니다

| 직역 |

정공이 물었다. "임금이 신하를 부리며, 신하가 임금을 섬기는 데 어찌해야 합니까?" 공자께서 대답하셨다. "임금이 신하를 부리기를 예로써 하며 신하가 임금을 섬기기를 충으로써 해야 합니다."

| 자해 |

定公 : 노나라 임금. 이름은 송(宋).

| 의해 |

정공이 공자에게 물었다. "임금이 신하 부림과 신하가 임금 섬김에 그 도를 마땅히 어찌해야 합니까?"

◑ 공자가 대답하였다. "윗사람이 아랫사람을 대할 때는 소홀하기 쉬운데, 소홀하면 신하를 부리는 바가 아니다. 반드시 예로써 해야 하니, 겉으로 우대하며 마음으로 융숭하게 하여 전적으로 맡기고 의심하지 않는 것이 모두 예이다. 이것이 신하를 부리는 마땅한 도이다. 아랫사람이 윗사람을 섬기는 경우에는 속이기가 쉬운데, 속인다면 임금을 섬기는 바가 아니다. 반드시 충성으로서 해야 하니, 안으로 그 마음을 극진하게 하고 밖으로 그 직분을 극진하게 하여 평상시에나 변고가 있을 때에나 두 마음을 갖지 않

는 것이 충성이다. 이것이 임금을 섬기는 마땅한 도이다. 임금은 임금의 도를 다하고 신하는 신하의 도를 다하여 위와 아래가 사귀어 덕업을 이룰 것이다."

| 요지 |

이 장은 임금과 신하가 각각 그 도를 다하여 군신 관계의 기준을 세운 것이다. 두 개의 써 '이(以)'자는 이 예(禮)와 충(忠)을 놔두고서는 안 된다는 뜻이 있다. 예는 이 마음의 구차하지 않음을 근본으로 하여 일마다 대체를 얻는 것이고, 충은 이 마음의 속이지 않음을 근본으로 하여 일마다 정성을 다하는 것이다.

자왈 관저 낙이불음 애이불상

20. 子曰 關雎는 樂而不淫하고 哀而不傷이니라

| 언해 |

子ㅣ ᄀᆞᆯᄋᆞ샤ᄃᆡ 關雎ᄂᆞᆫ 樂호ᄃᆡ 淫티 아니ᄒᆞ고 哀호ᄃᆡ 傷티 아니ᄒᆞ니라

| 직역 |

공자께서 말씀하셨다. "관저는 즐겁지만 지나치지 않고, 슬프지만 상하게 하지 않는다."

| 자해 |

關雎 : 『시경』의 첫 편. 「주남(周南)」 국풍(國風)에 속한다. • 淫 : 즐거움에 지나쳐 그 바름을 잃은 것. • 傷 : 슬픔에 지나쳐 화기를 해롭게 하는 것.

| 의해 |

『시경』의 첫 편인 관저장은 궁중 사람이 문왕(文王)이 어진 후비

를 얻은 것을 위하여 지은 것이다. 이미 얻어서 금슬(琴瑟)과 종고(鐘鼓)의 즐거움이 있으니, 그 즐거움이 지대하다고 말할 수 있지만, 대개 후비의 덕은 세상에 항상 있는 것이 아니고, 구하여 얻으면 군자에게 짝하여 안으로 다스림을 이루니, 마땅히 즐거워할 바를 즐기는 것이다. 그러므로 어찌 일찍이 바른 것을 잃어서 음란한 데에 이를 수 있겠는가? 얻지 못하여서는 꿈에도 잊지 못하고 이리 뒤척이고 저리 뒤척이는 근심이 있을 수 있지만 마땅히 슬퍼할 바를 슬프게 여기는 것이니 어찌 화기를 해롭게 하여 상하는 데 이르겠는가? 시를 지은 사람이 중정화평(中正和平)하여 성정(性情)의 바름을 얻음이 이와 같으니 읽고 감상하면 욕심이 안정되고 조급한 마음이 풀릴 것이다.

| 요지 |

이 장은 공자가 시인의 성정이 바른 것을 들어서 배우는 자들로 하여금 이것을 알아서 흥기할 바를 알게 하려고 한 것이다. 대개 시인의 성정이 바른 것은 후비의 덕에 감동하였기 때문이고, 후비의 덕은 문왕의 교화에 근본하는 것이다. 한 시에 몸을 닦고 집을 바르게 하는 도가 갖추어져 있으니, 진실로 배우는 자가 마땅히 본받아야 할 것이다.

21. 哀公(애공)이 問社於宰我(문사어재아)하신대 宰我(재아) 對曰(대왈) 夏后氏(하후씨)는 以(이)松(송)이요 殷人(은인)은 以栢(이백)이요 周人(주인)은 以栗(이율)이니 曰(왈) 使民戰栗(사민전율)이니이다 子聞之(자문지)하시고 曰(왈) 成事(성사)라 不說(불설)하며 遂事(수사)라 不諫(불간)하며 旣往(기왕)이라 不咎(불구)로다

| 언해 |

哀公이 社를 宰我의게 무르신대 宰我ㅣ 對ᄒᆞ야 ᄀᆞᆯᄋᆞ대 夏后氏ᄂᆞᆫ 松으로ᄡᅥ ᄒᆞ고 殷人은 栢으로ᄡᅥ ᄒᆞ고 周人은 栗로ᄡᅥ ᄒᆞ니 ᄀᆞᆯ온 民으로 ᄒᆞ야곰 戰栗케 홈이니이다 子 드ᄅᆞ시고 ᄀᆞᆯᄋᆞ샤대 成ᄒᆞᆫ 일이라 說티 몯ᄒᆞ며 遂ᄒᆞᆫ 일이라 諫티 몯ᄒᆞ며 임의 디난디라 咎티 몯ᄒᆞ리로다

| 직역 |

애공이 사(社)에 대하여 재아에게 묻자, 재아가 대답하였다. "하후씨는 소나무로 하고, 은나라 사람은 잣나무로 하고, 주나라 사람은 밤나무로 하였으니, 이른바 백성으로 하여금 두렵게 한 것입니다." 공자께서 들으시고 말씀하셨다. "이루어진 일이라 말하지 못하며, 끝난 일이라 간하지 못하며, 이미 지나간 것이라 탓하지 못한다."

| 자해 |

社 : 토지신. 옛날 천자가 제후를 봉할 때 흙을 띠풀 위에 실어서 주는데 제후는 이것을 받아 가지고 그 나라의 궁궐 남쪽에 사를 세우고, 나무를 심어 신목(神木)으로 삼았음. 하나라에서는 소나무를, 은나라에서는 잣나무를, 주나라에서는 밤나무를 심었음. • 宰我 : 공자의 제자. 이름은 여(予). • 戰栗 : 두려워하는 모양.

| 의해 |

애공이 재아에게 물었다. "나라에서 사(社)를 세우는데, 무슨 뜻인가?" 재아가 대답하였다. "옛적에 사를 세울 때는 반드시 나무를 심어서 귀신으로 하여금 그 나무에 의지하게 하였는데, 하후씨는 안읍(安邑)에 도읍하여 사에 소나무를 심었고, 은나라 사람은 박(亳)에 도읍하여 잣나무를 심었으나 그 뜻을 다 상고할 수가 없고, 주나라 사람은 풍호에 도읍하여 밤나무를 심었는데 그 밤나무를 심은 뜻은 '백성으로 하여금 바라보아 두려워하고 무섭게

하기 위한 것이다'라고 하니, 이것은 옛적에 사람을 사직에서 죽이는 일이 있으므로 그 뜻을 붙인 것인 듯합니다"라고 하였다. 사에 나무를 심는 뜻은 그 토지에 적당한 나무를 심어서 귀신이 의지하게 함에 불과한 것이다. 재아가 대답한 것은 사를 세운 본의가 아닐 뿐 아니라 도리어 이런 말을 하여 당시 임금이 살벌한 마음을 갖도록 하였다. 그러므로 공자가 여러 번 말하여 깊이 꾸짖고 그 뒤를 삼가게 한 것이다.

| 요지 |

이 장은 말을 마땅히 삼가야 할 것을 보인 글이다. 재아가 사를 세우는 본의를 알지 못하고 망령되게 대답하였는데, 공자가 이에 대하여 깊이 책망하여 그 뒤를 삼가게 한 것이다.

22. 子曰 管仲之器小哉라 或曰 管仲은 儉乎잇가 曰 管氏有三歸하며 官事를 不攝하니 焉得儉이리오 然則管仲은 知禮乎잇가 曰 邦君이아 樹塞門이어늘 管氏亦樹塞門하며 邦君이아 爲兩君之好에 有反坫이어늘 管氏亦有反坫하니 管氏而知禮면 孰不知禮리오

| 언해 |

子ㅣ ᄀᆞᆯᄋᆞ샤ᄃᆡ 管仲의 그르시 小ᄒᆞ다 或이 ᄀᆞᆯᄋᆞᄃᆡ 管仲은 儉ᄒᆞ니잇가 ᄀᆞᆯᄋᆞ샤ᄃᆡ 管氏ㅣ 三歸를 두며 官事를 攝디 아니ᄒᆞ니 엇디 시러곰 儉ᄒᆞ리오 그러면 管仲은 禮를 아니잇가 ᄀᆞᆯᄋᆞ샤ᄃᆡ 邦君이

아 樹로 門을 塞ᄒᆞ거놀 管氏 ᄯᅩᄒᆞᆫ 樹로 門을 塞ᄒᆞ며 邦君이아 兩君의 好를 홈에 反ᄒᆞᄂᆞᆫ 坫을 두거놀 管氏 ᄯᅩᄒᆞᆫ 反ᄒᆞᄂᆞᆫ 坫을 두니 管氏오 禮를 알면 뉘 禮를 아디 몯ᄒᆞ리오

| 직역 |

공자께서 말씀하셨다. "관중의 그릇이 작다." 어떤 사람이 말하였다. "관중은 검소합니까?" 공자께서 말씀하셨다. "관씨는 삼귀(三歸)를 두었으며 관사(官事)를 겸직시키지 않았으니 어찌 검소하다고 할 수 있겠는가?" "그러면 관중은 예를 알았습니까?" 공자께서 말씀하셨다. "나라의 임금이라야 나무로 문을 가리는데 관씨가 또한 나무로 문을 가렸으며, 나라의 임금이라야 두 임금이 모일 때에 술잔을 되돌려 놓는 자리를 두는데 관씨 또한 술잔을 되돌려 놓는 자리를 두었으니 관씨가 예를 알면 누가 예를 알지 못하겠는가?"

| 자해 |

管仲 : 제나라의 대부, 이름은 이오(夷吾). • 三歸 : 누대의 이름. • 攝 : 겸함. • 樹 : 판장(板墻). • 塞 : 가림. 수색문(樹塞門)은 판장을 문 안에 세워서 안과 밖을 가리는 것. • 坫 : 술잔을 두는 곳. 흙이나 나무로 만들었다는 설이 있음. • 反坫 : 제후들의 예식(禮式). 두 기둥 사이에 술잔을 두는 점을 만들어 놓고 주인과 손님이 술잔으로써 수작하다가 이것을 마친 뒤에는 그 술잔을 점 위에 돌려 놓는 것.

| 의해 |

관중은 제나라 환공을 도와서 제후의 으뜸이 되게 하였다. 그러나 성현의 도를 알지 못하여 몸을 바르게 하고 덕을 닦아서 임금을 왕도에 나아가게 하지 못하였으니, 이것은 국량이 얕고 규모가 좁은 까닭이다. 그러므로 그릇이 작다고 한 것이었다. 그런데 어떤 사람은 관중의 그릇이 작다고 한 것에 대하여 검소하다는 말이 아닌가 하고 의심하여 물은 것이다.

◑ 이에 공자가 대답하였다. "삼귀의 누대를 건축하여 놀이하는 곳을 만들고, 대부는 관록(官祿)이 풍부하지 못하기 때문에 가신으로 하여금 한 사람으로 여러 가지의 사무를 겸하게 하는 것인데 관중은 각각의 사람에게 한 가지 일만을 담당하게 하였으니, 이것이 어찌 검소한 본의가 되겠는가?"

◑ 혹자가 또 예를 아는지 의심함으로 또 그 참람함을 말하여 그가 예를 알지 못함을 지적하였다. 대개 그릇이 크면 예를 알아서 과실이 자연히 없을 것이다. 내가 몸을 닦고 집을 바르게 하여 나라를 다스리면 그 근본이 깊고 그 영향이 클 것인데, 관중은 그렇지 않아서 삼귀와 술잔을 되돌려 놓는 자리를 두고 환공은 안으로 여섯 첩을 총애하였으니, 비록 제후의 으뜸이 되었으나 그 근본이 이미 얕다. 관중이 죽고 환공이 돌아감에 천하가 다시 제나라를 높이지 않으니, 공자가 관중의 공은 크지만 그릇은 작다고 한 것이다.

| 요지 |

이 장은 공자가 천하를 위하여 정승의 도량을 넓힌 뜻을 담고 있다. '그릇이 작다'(器小)고 한 두 글자가 관중의 평생에 해당하는 평론이다. 근본으로부터 말단에 이르도록 모두 포함하되 다만 가르쳐서 말한 것이 없어서, 혹자가 그 말을 알아듣지 못하고 아래의 두 조건으로 물은 것이다. 사치하고 예를 범함은 공자가 질문에 따라 대답한 것이고, 관중의 그릇이 작다고 한 것을 해석해서 말한 것이 아니다. 대개 그릇이 큰 자는 반드시 이와 같지 않을 것이다.

23. 子語魯大師樂曰 樂은 其可知也니 始作에 翕如也하여 從之에 純如也하며 皦如也하며 繹如也하여 以成이니라

(자어노태사악왈 악 기가지야 시작 흡여야 종지 순여야 교여야 역여야 이성)

| 언해 |

子ㅣ 魯大師다려 樂을 닐어 ᄀᆞᆯᄋᆞ샤ᄃᆡ 樂은 可히 알띠니 비로소 作홈애 翕ᄐᆞᆺᄒᆞ야 從홈애 純ᄐᆞᆺᄒᆞ며 皦ᄐᆞᆺᄒᆞ며 繹ᄐᆞᆺᄒᆞ야뻐 成ᄒᆞᄂᆞ니라

| 직역 |

공자께서 노나라 태사에게 음악에 대하여 말씀하셨다. "음악은 알 수 있는 것이니 처음 시작할 때 화합한 듯하며 계속할 때 조화한 듯하며 밝은 듯하며 끊어지지 않은 듯하여 한 악장을 이루는 것이다."

| 자해 |

大師 : 악관(樂官)의 이름. • 翕 : 합함. • 從 : 풀어 놓음. • 純 : 화(和)함. • 皦 : 밝음. • 繹 : 서로 이어 끊어지지 않음. • 成 : 음악이 한번 마침.

| 의해 |

공자가 당시 음악이 폐지되었기 때문에 음악의 조리를 말한 것이다. 처음으로 악을 시작할 때에는 그 소리가 잘 합하여 서로 떨어지지 않아서 다섯 소리로 아우를 때에 맑고 흐리고 높고 낮은 것이 서로 맞아 화합하되 차례를 바꿈이 없고, 궁성(宮聲)과 상성(商聲)이 서로 이어져 구슬 꿰임과 같이 간격이 없어서, 시작함과 마침에 그 악의 조리가 다하여 이루어지는 것이다.

| 요지 |

공자가 위나라에서 노나라로 돌아올 때는 악사(樂師)인 지(摯)가 처음 벼슬에 나아갔을 때였다. 그러므로 이 의론을 발한 것이다. 음악의 조리로부터 좇아 찾으면 정밀한 이치가 스스로 그 가운데 있으니 아래의 흡(翕)·순(順)이라는 말을 보면 알 수 있고, 교(皦)·역(繹)이라는 말은 그 음률을 밝힌 것이니, 이것이 모두 소리의 절주(節奏)를 조화롭게 하는 법이다.

24. 儀封人이 請見曰 君子之至於斯也에 吾未嘗不得見也로다 從者見之한대 出曰 二三子는 何患於喪乎리요 天下之無道也久矣라 天將以夫子로 爲木鐸이시리라

| 언해 |

儀ㅅ封人이 뵈ᄋᆞ옴을 請ᄒᆞ야 ᄀᆞᆯ오ᄃᆡ 君子ㅣ 이에 니르롬애 내 일즉 시러곰 見티 몯ᄒᆞ디 아니ᄒᆞ얀노라 從者ㅣ 見ᄒᆞ이온대 나와 ᄀᆞᆯ오ᄃᆡ 二三子ᄂᆞᆫ 엇디 喪홈애 患ᄒᆞ리오 天下의 道ㅣ 업슴이 오란디라 하ᄂᆞᆯ히 쟝ᄎᆞᆺ 夫子로ᄡᅥ 木鐸을 삼으시리라

| 직역 |

의(儀) 땅의 봉인(封人)이 뵙기를 청하며 말하였다. "군자가 이곳에 이르면 내가 일찍이 보지 못한 적이 없었다." 시종하는 사람이 뵙게 해주자 나와서 말하였다. "그대들은 어찌 벼슬을 잃었다고 근심하는가? 천하에 도가 없어진 지 오래되어 하늘이 장차 선생님으로 목탁을 삼을 것이다."

| 자해 |

儀 : 위(衛)나라 고을 이름. • 封人 : 국경을 맡은 벼슬. • 君子 : 당시의 현자(賢者). • 喪 : 벼슬을 잃고 나라를 떠남. • 木鐸 : 쇠로 입을 만들고 나무로 혀를 만들어 정교를 반포할 때 이것을 흔들어서 여러 사람들을 경계하고 격동시키는 것.

| 의해 |

공자가 노나라의 사구 벼슬을 버리고 천하를 주류할 때 마침 위나라에 이르렀다. 그때 의 땅의 변경을 지키는 사람이 공자를 뵙기를

청하고 스스로 공자의 종자에게 말하였다. "이전에 군자가 이 땅에 이름에 내가 보기를 구하였는데, 일찍이 뵙지 못함이 없었다. 이제 선생께서 여기에 이르심에 내가 유독 뵙지 못하겠는가?"

◑ 문인이 뵙고자 하는 정성을 인정하여 공자를 뵙게 하니, 봉인이 뵙고 감동한 바가 있어 문인들에게 말하였다. "선생께서 지위를 잃고 나라를 버림은 진실로 때를 만나지 못한 것이다. 그대들은 무엇을 근심하겠는가? 대개 천하에 도가 없어진 지 오래되었는데, 혼란이 극에 이르면 마땅히 다스려질 것이다. 선생의 덕이 이러하심에 진실로 혼란을 되돌려서 다스려지게 할 것이니, 하늘이 반드시 장차 그로 하여금 지위를 얻어서 가르침을 베풀어 백성의 이목을 열고 그 우매한 것을 깨치는 목탁이 되어 무리를 경동시킬 것이다. 어찌 끝내 지위를 잃어버리시겠는가?"

| 요지 |

뵌다고 한 구절 위로는 봉인의 정성을 보인 것이고, 나와서 말한 아래로는 봉인이 성인을 알아보는 지극함을 보인 것이다. 그가 공자를 칭송함은 보는 바를 근거로 하여 듣는 바를 증험하고 이미 그러한 데 나아가서 장차 그러할 것을 얻었으니, 봉인은 진실로 어진 사람의 부류에 속한다.

25. 子謂韶(자위소)하시되 盡美矣(진미의)요 又盡善也(우진선야)라하시고 謂武(위무)하시되 盡美矣(진미의)요 未盡善也(미진선야)라하시다

| 언해 |

子ㅣ 韶를 니ᄅᆞ샤ᄃᆡ 극진히 美ᄒᆞ고 ᄯᅩ 극진히 善ᄐᆞ ᄒᆞ시고 武를

니ᄅᆞ샤ᄃᆡ 극진히 美ᄒᆞ고 善티 몯ᄒᆞ다 ᄒᆞ시다

| 직역 |

공자께서 소(韶)를 평하여 말씀하셨다. "지극히 아름답고 지극히 선하다." 무(武)를 평하여 말씀하셨다. "지극히 아름답지만 지극히 선하지는 못하다."

| 자해 |

韶 : 순임금의 음악. • 武 : 무왕의 음악. • 美 : 풍류의 소리와 모양이 성대한 모습. • 善 : 아름다움의 실상.

| 의해 |

순임금은 요임금을 이어서 다스리고 무왕은 주(紂)를 쳐서 백성을 구원하였으니, 그 공이 같다. 그러므로 그 음악이 모두 극진하게 아름답다. 그러나 순임금의 덕은 선한 성품대로 한 것이고, 또 사양함으로 천하를 소유하였다. 무왕의 덕은 선한 성품을 돌이킨 것이고, 또 정벌함으로써 천하를 얻었기 때문에 그 실상은 같지 않다. 그러므로 순임금의 풍류는 소리와 모양이 갖추어지고 성대하여 진실로 극진하게 아름다우나, 이에 그 화평하고 광대하며 성대한 것이 소리와 모양, 바깥에 나타나서 극진하게 착함을 생각해 보아야 한다. 무왕의 음악은 그 소리와 모양이 또한 아름답지만 그 발하고 날리며, 뛰고 엄한 기운이 가만히 소리와 모양 바깥에 나타나서 보임이 조금은 지극하지 못한 점이 있다. 이것은 순임금과 무왕의 실상이 같지 않기 때문이다. 공자는 여기에서 세상의 도가 오르고 내리는 감상을 이기지 못하겠다고 한 것이다.

| 요지 |

이 장은 순과 무왕을 평론함이 아니라, 다만 풍류에 대하여 평론하여 우(虞)나라와 주나라를 사모하는 뜻을 보이고 칭송하는 가운데 약간의 우열의 뜻을 덧붙인 것이다.

26. 子曰 居上不寬하며 爲禮不敬하며 臨喪不哀면 吾何以觀之哉리오

| 언해 |

子ㅣ ᄀᆞᆯᄋᆞ샤ᄃᆡ 上에 居ᄒᆞ야 寬티 아니ᄒᆞ며 禮를 호ᄃᆡ 敬티 아니ᄒᆞ며 喪애 臨ᄒᆞ야 哀티 아니ᄒᆞ면 내 므스 거스로ᄡᅥ 보리오

| 직역 |

공자께서 말씀하셨다. "윗자리에 거처하여 너그럽지 않으며, 예를 실천하는데 공경하지 않으며, 상사에 임하여 슬퍼하지 않으면 내가 무엇으로 보겠는가?"

| 의해 |

모든 일에 근본이 있으니, 위에 있는 사람이 되어서 너그럽고 어짊과 예를 시행함에 씩씩하고 공경하는 것과 상사를 당하여 애통함이 근본이다. 이 근본이 있어야 바야흐로 이것에 의지하여 다른 것을 잘하고 잘못함을 보는 것이다. 만일 너그럽되 지나치거나 모자람이 있고, 공경함이 지극하고 지극하지 않음이 있고, 슬픔이 얕고 깊음이 있으면 이것은 모두 분변하여 알 수 있는 것이다. 만일 너그럽지 않고 공경하지 않으며 슬프지 않으면 그 근본이 이미 없는 것이니, 위에 있으면서 비록 호령과 정교를 베풀며 예를 시행함에 진퇴와 위의의 절차가 있으며 상사에 임하여 상복을 갖추어 입고 절도에 맞게 움직이는 예절이 있다고 하더라도 모두 의론할 것이 없으니, 다시 무엇을 의거하여 보겠는가?

| 요지 |

이 장은 공자의 근본을 높이는 의론이다. 너그러움과 공경과 슬픔은 마음을 두는 것에 대하여 말한 것이다. 반드시 이 마음이 있은 연후에야 이것에 의거하여 그 시행의 득실을 볼 수 있으니, 만일 근본을 이미 잃어버리면 다시 무엇을 잡아서 보겠는가?

4. 이인(里仁)

1. 子曰 里仁이 爲美하니 擇不處仁이면 焉得知리오

| 언해 |

子ㅣ ᄀᆞᆯᄋᆞ샤ᄃᆡ ᄆᆞᄋᆞᆯ히 仁홈이 아ᄅᆞᆷ다오니 ᄀᆞᆯᄒᆡ오ᄃᆡ 仁에 處티 아니ᄒᆞ면 엇디 시러곰 知타 ᄒᆞ리오

| 직역 |

공자께서 말씀하셨다. "마을이 인(仁)한 것이 아름다우니 가려서 인한 데 거처하지 않으면 어찌 지혜롭다고 하겠는가?"

| 자해 |

里 : 25가(家)의 마을

| 의해 |

사람이 자기가 사는 곳을 택하는 것은 아주 중요한 일이다. 마을 가운데 풍속과 습관이 인후하면 가난과 질병을 서로 구원하고 보호하며 보고 듣는 바에 이로움이 많아서 자신의 덕을 이룰 수 있고, 과실을 서로 바르게 하며 덕과 일로써 서로 권할 수 있기 때문이다. 따라서 만일 사는 곳을 택할 때 인후한 곳이 아니라면 지혜롭다고 할 수 없다.

| 요지 |

이 장은 사는 곳의 선택을 말한 것이지, 일의 선택을 말한 것이 아니다.

자왈 불인자 불가이구처약 불가이장처락
2. 子曰 不仁者는 不可以久處約하며 不可以長處樂이

인자 안인 지자 이인
니 仁者는 安仁하고 知者는 利仁이니라

| 언해 |

子ㅣ ᄀᆞᆯᄋᆞ샤ᄃᆡ 仁티 아니ᄒᆞᆫ 者ᄂᆞᆫ 可히ᄡᅧ 오래 約에 處티 몯ᄒᆞ며 可히ᄡᅧ 기리 樂에 處티 몯ᄒᆞᄂᆞ니 仁ᄒᆞᆫ 者ᄂᆞᆫ 仁을 安ᄒᆞ고 知ᄒᆞᆫ 者ᄂᆞᆫ 仁에 利히 너기ᄂᆞ니라

| 직역 |

공자께서 말씀하셨다. "인하지 않은 자는 오랫동안 곤궁함에 처하지 못하며 오랫동안 즐거움에 처하지 못하니, 인한 자는 인을 편안하게 여기고 지혜로운 자는 인을 이롭게 여긴다."

| 자해 |

約 : 곤궁함. • 利 : 탐함. 깊이 알고 독실하게 좋아하여 반드시 얻고자 하는 것을 의미함.

| 의해 |

인(仁)은 마음의 온전한 덕이다. 그러나 인하지 못한 사람은 그 근본을 잃어서 곤궁하고 즐거운 두 경지에 억지로 잠시 머물 수 있겠지만, 오래되면 즐거운 것으로 옮겨서 간사하고 괴벽하며 교

만하고 사치하는 일에 이르지 않음이 없게 된다. 그렇다면 어찌 이에 오래 처할 자를 구할 수 있겠는가? 오직 인자와 지자일 뿐이다. 인자는 하늘의 이치에 온전하기 때문에 힘씀을 기다리지 않고 어디든지 그 인을 편안히 여길 것이고, 지자는 마음속에 정한 소견이 있기 때문에 독실하게 하늘의 이치를 좋아하여 지키는 바가 있어서 인한 것을 이롭게 여긴다. 비록 만나는 바가 같지 않더라도 의(義)와 명(命)의 마땅히 그러한 바에 편안하지 않음이 없어서 물욕이 그 마음을 얽어매지 못할 것이다. 그러므로 곤궁하고 즐거움에 오래 처하여 움직이지 않는 것이라고 한 것이다.

| 요지 |

인자는 인을 편안하게 여겨서 마음이 인과 더불어 하나가 되어 힘씀을 기다리지 않고도 그 향하는 바가 자연히 인에 맞게 된다. 지자는 마음과 인이 아직 둘로 나뉘어 있으므로 힘써 인을 행하면 스스로 어김이 없게 된다.

3. 子曰(자왈) 惟仁者(유인자)ㅣ아 能好人(능호인)하며 能惡人(능오인)이니라

| 언해 |

子ㅣ ᄀᆞᆯᄋᆞ샤ᄃᆡ 오직 仁ᄒᆞᆫ 者ㅣ아 能히 사ᄅᆞᆷ을 好ᄒᆞ며 能히 사ᄅᆞᆷ을 惡ᄒᆞᄂᆞ니라

| 직역 |

공자께서 말씀하셨다. "오직 인한 자라야 사람을 좋아할 수 있으며 사람을 미워할 수 있다."

| 의해 |

좋아하고 미워하는 마음은 사람이 모두 갖고 있지만, 사사로운 마음이 전혀 없을 수 없으니, 좋아하고 미워함이 모두 사사로운 마음으로부터 나온다. 그러므로 좋아함이 간혹 나와 같은 것을 좋아하며 미워함이 간혹 나와 다른 것을 미워하니, 이것은 모두 이치의 옳고 그름에 합치되지 않는다. 그렇다면 어떻게 그 올바름을 얻을 수 있겠는가? 오직 인자의 마음이라야 지극히 공변되고 사사로움이 없어서 사람을 좋아하고 미워함이 모두 이치의 마땅히 좋아하고 마땅히 미워할 바에 지극히 공정하여 마땅하지 않음이 없을 것이다.

| 요지 |

이 장은 인자의 좋아함과 미워함을 들어서 뜻[마음]의 준칙을 세운 것이다. 마음에 사사로움이 없게 된 다음에 좋아하고 미워하는 것이 이치에 마땅하게 된다.

자 왈 구 지 어 인 의 무 악 야
4. 子曰 苟志於仁矣면 無惡也니라

| 언해 |

子ㅣ ᄀᆞᄅᆞ샤ᄃᆡ 진실로 仁에 志ᄒᆞ면 惡이 업ᄂᆞ니라

| 직역 |

공자께서 말씀하셨다. "진실로 인에 뜻을 두면 악이 없다."

| 자해 |

苟 : 진실로. • 志 : 마음이 가는 것.

| 의해 |

하늘의 이치와 사람의 욕심은 본래 양립할 수 없으며, 사람이 착하지 못한 행동을 하는 것은 모두 인(仁)하지 못한 생각에 얽매이기 때문이다. 따라서 만일 사람이 진실로 한 마음으로 힘을 온전히 하여 인에 뜻을 두면 악한 일을 하는 경우가 없다.

| 요지 |

이 장은 인을 행함에 정성으로 하지 못하여 때때로 나가고 들어감이 있는 사람을 위하여 깨우쳐 준 것이다.

5. 子曰 富與貴는 是人之所欲也나 不以其道로 得之어든 不處也하며 貧與賤이 是人之所惡也나 不以其道로 得之라도 不去也니라 君子去仁이면 惡乎成名이리오 君子無終食之間을 違仁이니 造次에 必於是하며 顚沛에 必於是니라

| 언해 |

子ㅣ ᄀᆞᆯᄋᆞ샤ᄃᆡ 富홈과 다ᄆᆞᆺ 貴홈이 이 사ᄅᆞᆷ의 ᄒᆞ고져 ᄒᆞᄂᆞᆫ 배나 그 道로ᄡᅥ 아니ᄒᆞ야 어더든 處티 아니ᄒᆞ며 貧홈과 다ᄆᆞᆺ 賤홈이 이 사ᄅᆞᆷ의 惡ᄒᆞᄂᆞᆫ 배나 그 道로ᄡᅥ 아니ᄒᆞ야 어더도 去티 아니홀 띠니라 君子ㅣ 仁을 去ᄒᆞ면 어듸 일홈을 일오리오 君子ㅣ 食終홀 ᄉᆞ이ᄅᆞᆯ 仁에 違홈이 업ᄂᆞ니 造次애 반ᄃᆞ시 이예 ᄒᆞ며 顚沛에 반ᄃᆞ시 이예 ᄒᆞ나니라

| 직역 |

공자께서 말씀하셨다. "부유하고 귀한 것은 모두 사람들이 원하는 것이지만 정당한 도로 얻지 않으면 처하지 아니하며, 가난하고 천한 것은 모두 사람들이 싫어하는 것이지만 정당한 도로 얻지 않아도 떠나지 않아야 한다. 군자가 인을 버리면 어떻게 그 이름을 이루겠는가? 군자는 밥을 먹는 동안이라도 인을 어기지 않으니, 급하고 구차한 때에도 반드시 이에 의거하며 엎어지고 넘어지는 때에도 반드시 이에 의거한다."

| 자해 |

造次 : 급하고 구차한 것. • 顚沛 : 엎어지고 넘어지는 것.

| 의해 |

대개 부귀는 모든 사람이 얻고자 하는 바이다. 물론 얻고자 하면 할 수 있을 것이지만, 의가 있어서 구차하게 얻을 수 없는 것이다. 만일 어떤 사람이 정당한 도로써 하지 않고 부귀를 얻으면, 이것은 아무런 연고 없이 얻은 것이며 공이 없이 녹을 얻고 덕이 없이 지위를 얻는 것이니, 반드시 살펴서 처하지 않아야 할 것이다. 빈천은 사람이 다 같이 미워하는 바이니, 만일 미워한다면 모두 피할 것이지만 명수(命數)가 있어서 구차하게 면하지 못한다. 만일 어떤 사람이 도리로는 빈천함을 얻지 않을 것이지만, 가령 그 빈천함을 얻더라도 이것은 결국 그러한 명수이니, 차라리 편안히 여겨 버리지 않아야 한다는 것이다.

◑ 처하고 버리는 것을 이와 같이 구차하지 않게 하니, 이것은 나의 본래 마음에 인을 두는 것이고, 군자가 군자 되는 근거가 이것이다. 군자가 부귀를 탐하고 빈천을 싫어하여 인을 떠나고 버리면 군자의 실상이 없는 것이니, 어찌 군자라고 하는 명칭을 이루겠는가?

◑ 그러므로 군자가 인을 행함에 부귀를 살피고 빈천을 편안하게

여길 수 있을 뿐만 아니라, 마음을 항상 인을 행하는 데에 두어 비록 한번 밥 먹을 사이라도 행여 인을 어기지 말아야 한다. 급할 때에는 사람이 소홀하기 쉽지만, 감히 소홀히 하지 말고 반드시 이 인에 근거해야 한다. 엎어지고 자빠질 경우에라도 어기지 않는데 어찌 밥 먹을 사이인들 어김이 있겠는가? 이미 바깥으로 취사(取捨)의 분수를 밝히고 더욱 안으로 존양(存養)의 공부를 주밀하게 하면 이것이 진실로 군자가 인을 순전하게 하여 그 군자됨을 이룬 것이다.

| 요지 |

군자는 인을 행하는 것이 부귀와 빈천을 취하고 취하지 않는 곳으로부터 밥 먹는 사이와 급한 때와 엎어지고 자빠지는 경우에 이르기까지 힘을 쓰지 않는 때가 없다. 그러나 취하고 취하지 않는 분별에 밝은 후라야 존양의 공부가 주밀하고, 존양의 공부가 주밀하면 그 취하고 취하지 않는 분별이 더욱 밝아진다.

자왈 아미견호인자 오불인자 호인자 무이
6. 子曰 我未見好仁者와 惡不仁者케라 好仁者는 無以
상지 오불인자 기위인의 불사불인자 가호기
尙之요 惡不仁者는 其爲仁矣 不使不仁者로 加乎其
신 유능일일 용기력어인의호 아미견력부
身이니라 有能一日에 用其力於仁矣乎아 我未見力不
족자 개유지의 아미지견야
足者케라 蓋有之矣어늘 我未之見也로다

| 언해 |

子ㅣ 골ᄋᆞ샤ᄃᆡ 내 仁을 好ᄒᆞᄂᆞᆫ 者와 不仁을 惡ᄒᆞᄂᆞᆫ 者를 보디 몯게라 仁을 好ᄒᆞᄂᆞᆫ 者ᄂᆞᆫ ᄡᅥ 더을 꺼시 업고 不仁을 惡ᄒᆞᄂᆞᆫ 者ᄂᆞᆫ 그

仁을 ᄒᆞ욤이 不仁으로 ᄒᆞ여곰 그 몸애 加티 아니ᄒᆞᄂᆞ니라 能히 一日에 그 힘을 仁에 ᄡᅳ리 인ᄂᆞ냐 내 힘이 足디 몯ᄒᆞᆫ 者를 보디 몯게라 잇거ᄂᆞᆯ 내 보디 몯ᄒᆞ엿도다

| 직역 |

공자께서 말씀하셨다. "내가 인(仁)을 좋아하는 자와 불인(不仁)을 미워하는 자를 보지 못하였다. 인을 좋아하는 자는 더할 나위 없고, 불인을 미워하는 자도 인을 행하는 것이니, 불인이 그 몸에 더해지도록 하지 않기 때문이다. 하루에 그 힘을 인에 쓸 수 있는 자가 있느냐? 내가 힘이 부족한 자를 보지 못하였다. 아마 있을 것인데 내가 보지 못하였는가?"

| 자해 |

蓋 : 의문사. 추측의 뜻으로 '아마도'의 의.

| 의해 |

공자가 거듭 탄식하여 사람들로 하여금 인에 힘쓰게 한 것이니, 인을 마땅히 좋아하고 인하지 않음을 마땅히 미워함은 누가 알지 못할 바이겠는가? 그러나 오늘날 천하 사람들이 행하는 일을 보건대 인을 좋아하는 자와 인하지 않음을 미워하는 자를 보지 못하였다. 대개 인을 좋아한다고 함은 평범하게 좋아하고 마는 것이 아니라, 참으로 그 인의 좋아할 만함을 알아서 좋아함이 지극하여 천하의 물건이 이보다 나은 것이 없다. 또한 인하지 않은 자를 미워함도 평범하게 미워하고 마는 것이 아니라, 참으로 그 인하지 않음이 미워할 만함을 알아서 미워함이 지극하여 한 터럭만큼의 사사로운 욕심이 그 몸에 더함이 없게 해야 하니, 이것이 모두 덕을 이루는 일이다. 그러므로 이것을 얻어 보기가 어려운 것이다.

◑ 그러나 인을 좋아하고 불인을 미워함을 보기 어려운 것은 사람

이 모두 힘쓰기를 즐겨하지 않음에서 비롯된다. 이에 하루라도 인을 행함에 힘을 쓰는 자가 있는가? 따라서 하늘의 이치를 넓히고 사람의 욕심을 막는 데 힘이 부족한 자를 공자가 보지 못하였다고 한 것이다.

◑ 대개 사람이 처음에는 인을 행함에 힘을 써서 나아가다가 중도에 이르러 도달하지 못하는 이것이 곧 힘이 부족하여 중도에서 그만둔다는 것이다. 그러나 중도에서 그만두는 것도 내가 보지 못하였으니, 인에 힘쓰는 자를 얻기 어려움을 알겠다. 일찍이 인을 좋아하고 불인을 미워하지 않고 한낱 힘에만 핑계를 대고 말 것인가? 그러므로 덕을 이루기 어렵다는 것은 배우는 자가 자기 힘을 쓸 수 있다면 이루지 못할 이치가 없지만 게을리하여 이루지 못하는 것이니, 공자가 반복하여 탄식한 것이다.

| 요지 |

이 장의 중점은 가운데 한 구절에 있다. 사람이 마땅히 인에 힘써야 하고, 힘이 부족하다고 스스로 핑계를 댈 수 없다는 것이다.

자왈 인지과야각어기당 관과 사지인의

7. 子曰 人之過也各於其黨이니 觀過에 斯知仁矣니라

| 언해 |

子ㅣ ᄀᆞᆯᄋᆞ샤ᄃᆡ 사ᄅᆞᆷ의 허믈이 각각 그 류에니 허믈을 봄에 이예 仁을 알ᄯᅵ니라

| 직역 |

공자께서 말씀하셨다. "사람의 허물이 각각 그 종류대로 있는 것이니, 허물을 보면 이에 인을 알 수 있을 것이다."

| 자해 |

黨 : 유(類).

| 의해 |

군자와 소인이 모두 허물이 없는 것은 아니지만, 그 허물이라고 하는 것이 또한 그 사람의 종류에 따라 다르다. 그 허물이 같지 않은 것은 바로 그 마음을 쓰는 것이 같지 않기 때문이다. 그러므로 소인의 허물을 보면 박하고 잔인하여 그 인하지 않음은 말할 필요가 없다. 군자의 허물은 사랑함에 지나치고 후한 데에 지나쳐서 비록 마땅함에는 지나친 것이지만 실상은 생각이 인한 데에서 발한 것이다. 어찌 사람의 과실이 있다고 해서 인하지 않다고 할 수 있겠는가?

| 요지 |

무슨 일이든 관후(寬厚)함으로 인하여 과실이 있으면 그 사람의 군자됨을 알 수가 있고, 잔인함으로 인하여 과실이 있으면 그 사람의 소인됨을 알 수가 있다. 그러므로 그 허물의 종류를 보아서 그 사람의 인하고 불인함을 알 수가 있다.

자왈 조문도 석사 가의
8. 子曰 朝聞道면 夕死라도 可矣니라

| 언해 |

子ㅣ ᄀᆞᆯᄋᆞ샤ᄃᆡ 아ᄎᆞᆷ의 道를 드르면 져녁에 죽어도 可ᄒᆞ니라

| 직역 |

공자께서 말씀하셨다. "아침에 도를 들으면 저녁에 죽어도 좋다."

| 자해 |

道 : 사물의 당연한 이치.

| 의해 |

도라는 것은 인생의 바른 이치이다. 사람이 되어서 이러한 이치를 들을 수 없다면 비록 천지간에 장생을 하더라도 오히려 헛되게 사는 것이다. 만일 평일에 쌓은 공부가 하루아침에 활연하게 관통되어 조금이라도 의혹되는 바가 없으면 이것은 곧 일마다 완전하고 투철한 것이다. 이러한 경지에 이르면 비록 저녁에 죽더라도 그 마음이 편안하고 여한이 없을 것이다. 이는 곧 헛되이 죽는 것이 아니므로 '깊도다! 도를 듣지 않을 수 없을 것이로다!'라고 한 것이다.

| 요지 |

이 장은 공자가 사람이 도를 듣지 않을 수 없음을 깊이 말한 것이다. 도를 체득하여 힘써 행하여 깊이 그 묘한 이치를 깨달은 것을 일러 '듣는다'고 한 것이다. 저녁에 죽는다는 것은 죽음으로 한정한 것은 아니고, 헛되이 살지 않고 죽어도 유감이 없다고 말한 것이다.

자왈 사지어도이치악의악식자 미족여의야
9. 子曰 士志於道而耻惡衣惡食者는 未足與議也니라

| 언해 |

子ㅣ ᄀᆞᆯᄋᆞ샤ᄃᆡ 士ㅣ 道에 志호ᄃᆡ 사오나온 옷과 사오나온 음식을 붓그리ᄂᆞᆫ 者ᄂᆞᆫ 足히 더브러 議티 몯ᄒᆞᆯ꺼시니라

| 직역 |

공자께서 말씀하셨다. “선비로서 도에 뜻을 두고서도 나쁜 옷과 나쁜 음식을 부끄러워하는 자와는 더불어 의논하지 못할 것이다.”

| 의해 |

도는 본래 고명(高明)한 것으로 오직 지취(志趣)가 고명한 사람이라야 더불어 의론할 수 있다. 만일 선비로서 도에 뜻을 두고 의리가 있음을 아는 자가 자신의 옷과 밥이 거친 것을 부끄러워한다면 그 지취가 비루하여 배움이 없고 앎이 없는 일반 사람과 다름이 없을 것이다. 그러므로 가령 더불어 도를 말한다 하더라도 반드시 그 의미의 아름다움을 알지 못할 것이니, 비록 날마다 도를 의론하더라도 말만 허비할 따름이지, 더불어 의론할 것이 없다. 그러므로 도에 뜻을 두는 자는 반드시 먼저 비루하고 속된 생각을 제거한 후에라야 얻음이 있을 수 있다.

| 요지 |

이 장은 공자가 도에 뜻을 둔 자를 위하여 경계한 것이다.

자왈 군자지어천하야 무적야 무막야
10. 子曰 君子之於天下也에 無適也하며 無莫也하여

의지여비
義之與比니라

| 언해 |

子ㅣ ᄀᆞᆯᄋᆞ샤ᄃᆡ 君子ㅣ 天下애 適홈도 업스며 莫홈도 업서 義로 더브러 比ᄒᆞ나니라

| 직역 |

공자께서 말씀하셨다. “군자는 천하에 오로지 주장함도 없으며 오로지 부정함도 없어서 의(義)를 좇을 뿐이다.”

| 자해 |

適 : 오로지함. • 莫 : 찬성하지 않음. • 比 : 따름.

| 의해 |

대개 일에 임할 때 내 마음에 이렇게 행하겠다고 하는 것을 일러 ‘적(適)’이라 하고, 이렇게 행하지 않겠다고 함을 일러 ‘막(莫)’이라 하는데, 이것은 모두 내 의견의 사사로움이지 의리의 당연함은 아니다. 그러므로 군자는 천하의 일에 대하여 먼저 하겠다고 해서 반드시 할 생각도 없고, 먼저 아니하겠다고 하는 생각도 없다. 다만 의리가 있는 바만 보아서 무슨 일이든지 오직 의리만을 좇아야 하니, 의에 마땅한 것이면 하고 의에 마땅히 하지 않아야 할 것이면 하지 않는다. 이것이 군자가 크게 공변되어서 순하게 응하는 묘한 방법으로 천하의 일을 이루는 바이다.

| 요지 |

일에 임하여 자기의 뜻대로만 하겠다고 고집함과 하지 않겠다고 하는 것은 모두 그 사람의 의견의 사사로운 것에 지나지 않는 것이다. 의리의 당연함이 아니기 때문에 군자는 무슨 일을 당해도 의가 있는 바를 보아서 좇아야 한다.

11. 子曰(자왈) 君子(군자)는 懷德(회덕)하고 小人(소인)은 懷土(회토)하며 君子(군자)는 懷刑(회형)하고 小人(소인)은 懷惠(회혜)니라

| 언해 |

子ㅣ ᄀᆞᆯᄋᆞ샤ᄃᆡ 君子ᄂᆞᆫ 德을 懷ᄒᆞ고 小人은 土를 懷ᄒᆞ며 君子ᄂᆞᆫ 刑을 懷ᄒᆞ고 小人은 惠를 懷ᄒᆞᄂᆞ니라

| 직역 |

공자께서 말씀하셨다. "군자는 덕을 생각하고 소인은 땅을 생각하며, 군자는 형벌을 생각하고 소인은 은혜를 생각한다."

| 자해 |

懷德 : 고유한 선을 보존함. • 懷土 : 처하는 바에 편안함. • 懷刑 : 법을 두려워 함. • 懷惠 : 이(利)를 탐함.

| 의해 |

군자와 소인의 인품이 같지 않으므로 마음에 생각하는 바도 다르다. 덕은 사람이 하늘의 착한 이치를 얻은 것이므로 군자는 항상 간절하게 생각하여 잊어버리지 않아 지극히 착한 경지에 이르고자 하고, 소인은 덕의 좋아할 만한 것을 알지 못하는 것은 아니지만 몸과 뜻의 편안함을 항상 생각하여 오직 연연하여 처하는 바의 편안함에 빠질 따름이다. 군자는 항상 법의 위태함을 생각하여 스스로 지켜 감히 착하지 않은 일을 하여 법을 범하지 않고, 소인은 그 법의 두려움을 알지 못하고 그 이익 되는 것과 은혜를 바라는 생각뿐이다. 그러므로 군자가 생각하는 바는 덕이 아니면 법을 두려워 함이니, 생각에 어찌 공변되지 않음이 있겠는가? 소인이 생각하는 바는 자신의 편안함과 남의 이로움을 탐할 뿐이니 생각에 어찌 사사롭지 않을 일이 있겠는가? 그러므로 한 생각의 공변되고 사사로운 것으로 인하여 군자와 소인의 나뉨이 이와 같다고 한 것이다.

| 요지 |

착함을 즐겨하고 그 착하지 않음을 미워함은 군자가 되는 바이고, 구차하게 편안히 얻기를 힘씀은 소인이 되는 바이다.

12. 子曰 放於利而行이면 多怨이니라

(자왈 방어리이행 다원)

| 언해 |

子ㅣ ᄀᆞᆯᄋᆞ샤ᄃᆡ 利에 放ᄒᆞ야 行ᄒᆞ면 怨이 하ᄂᆞ니라

| 직역 |

공자께서 말씀하셨다. “이익에 의거하여 행동하면 원망이 많다.”

| 자해 |

放 : 의지함.

| 의해 |

이로운 것은 사람이 다 같이 욕심내는 것이니 공변되게 해야 될 것이고 오로지 해서는 안 될 것이다. 만일 일마다 이익에만 의지하여 행하면 내 몸에 이롭고 남에게 해로운 곳이 많으므로 반드시 원망함이 많을 것이다. 원망함이 많으면 그 이로움을 오래 보전하지 못할 것이니, 그 이로움을 좇는 자가 경계하지 않을 수 있겠는가?

| 요지 |

이익이란 사사로운 욕심만 채워서는 안 되는 것이다. 이익이라 함이 재물의 이익뿐 아니라 모든 일에 자기만 편의를 취하고 다른 사람은 돌아보지 않는 것이므로 원망이 많은 것이니, 이 장은 이것을 경계한 것이다.

13. 子曰 能以禮讓이면 爲國乎에 何有며 不能以禮讓으로 爲國이면 如禮에 何리오

| 언해 |

子ㅣ ᄀᆞᆯᄋᆞ샤ᄃᆡ 能히 禮讓으로ᄡᅥ ᄒᆞ면 國을 홈애 무서시 이시며 能히 禮讓으로ᄡᅥ 國을 ᄒᆞ디 몯ᄒᆞ면 禮예 엇디ᄒᆞ리오

| 직역 |

공자께서 말씀하셨다. "예와 겸양으로 할 수 있으면 나라를 다스리는 데 무슨 어려움이 있으며, 예와 겸양으로 나라를 다스리지 못하면 예에 어떻게 하겠는가?"

| 자해 |

讓 : 예의 실상. • 何有 : 어렵지 않다는 뜻.

| 의해 |

나라를 다스림에 예보다 더 큰 것이 없다. 예는 한낱 위의(威儀)만 차리고 절차만 행함이 아니고, 반드시 사양하며 공경하는 실제적인 마음으로써 행함을 귀하게 여기는 것이다. 군자는 스스로 그 실상을 다하여 예양(禮讓)으로써 나라를 다스림에 명의(名義)를 분변하고 분수를 정하여 백관을 가지런히 하고 만민의 모범이 되어야 한다. 또한 공경하고 사양하는 마음에 근본하여 위에서 사양함으로써 감동하게 하고 아래에서는 사양함으로써 응하여 상하가 서로 어지럽지 않다면, 나라를 다스림에 무슨 어려움이 있겠는가? 그러나 만일 공경하고 사양하는 실상을 다하지 못하면, 능히 예양으로써 다스리지 못할 것이니, 비록 예의 절차가 있다

고 하더라도 또한 행하지 못할 것이니 그 예를 어찌 행하겠는가? 대개 안에서 소홀함이 있으면서 밖으로 공경하는 자가 없으며, 또한 몸소 예를 행하지 못하고서 다른 사람을 예로써 교화시킬 자가 없으니, 진실로 예양보다 더 중요한 것이 없다.

| 요지 |

이 장은 사양 '양(讓)' 자를 중히 하여 나라를 다스림에 마땅히 예의 실상에 힘써야 함을 보인 것이다.

자왈 불환무위 환소이립 불환막기지 구
14. 子曰 不患無位요 患所以立하며 不患莫己知요 求
위가지야
爲可知也니라

| 언해 |

子ㅣ ᄀᆞᆯᄋᆞ샤ᄃᆡ 位 업ᄉᆞ믈 患티 말고 ᄡᅥ 立홀 바를 患ᄒᆞ며 己 아디 몯호믈 患티 말오 可히 알게 ᄒᆞ욤을 求홀띠니라

| 직역 |

공자께서 말씀하셨다. "지위가 없는 것을 근심하지 말고 지위에 설 자격을 근심하며, 자기를 알아주지 않는 것을 근심하지 말고 알아줄 만한 사람이 되기를 구해야 한다."

| 의해 |

인정상 지위가 없는 것을 근심하지만 군자는 '지위가 없는 것이 몸에 무슨 해가 되는가?'라고 하여 근심하지 않는다. 오직 도덕과 학술이 있어야 그 지위에 서게 될 것이고 지위가 있고 없음을 막

론하고 도덕과 학술을 모두 마땅하게 갖추어 두어야 하니, 모두 갖추지 못함이 근심할 바이다. 또한 인정상 남이 나를 알지 못함을 근심하지만, 군자는 '알아주지 않는 것이 나에게 무슨 해가 되는가?'라고 하여 근심하지 않고, 오직 도덕과 학술이 알아줄 만한 실상이 되니 알고 알지 못함을 막론하고 도덕과 학술을 모두 마땅히 닦는다. 이것이 곧 자신을 위하는 학문이다.

| 요지 |

이 장은 사람이 한낱 이름과 지위만 추구할 것이 아니라 마땅히 내게 있는 실상을 구해야 함을 가르친 것이다.

15. 子曰 參乎아 吾道는 一以貫之니라 曾子曰 唯라 子出커시ᄂᆞᆯ 門人이 問曰 何謂也잇고 曾子曰 夫子之道는 忠恕而已矣니라

| 언해 |

子ㅣ ᄀᆞᆯᄋᆞ샤ᄃᆡ 參아 吾道ᄂᆞᆫ 一이ᄡᅥ 貫ᄒᆞ얀ᄂᆞ니라 曾子ㅣ ᄀᆞᆯᄋᆞ샤ᄃᆡ 唯ㅣ라 子ㅣ 出커시ᄂᆞᆯ 門人이 묻ᄌᆞ와 ᄀᆞᆯ오ᄃᆡ 엇디 니ᄅᆞ심이니잇고 曾子ㅣ ᄀᆞᆯᄋᆞ샤ᄃᆡ 夫子의 道ᄂᆞᆫ 忠과 恕ᄯᆞᄅᆞᆷ이니라

| 직역 |

공자께서 말씀하셨다. "삼(參)아! 나의 도는 하나로써 꿰뚫었다." 증자가 말하였다. "예." 공자께서 나가시니 문인들이 물었다. "무엇을 말씀하신 것입니까?" 증자가 말하였다. "선생님의 도는 충과 서일 뿐이다."

| 자해 |

唯 : 응함이 빨라서 의심이 없는 것. • 貫 : 통(通)함. • 忠 : 자기 마음을 다하는 것. • 恕 : 자기 마음으로부터 미루어 나가는 것. • 而已矣 : 다하여서 나머지가 없다는 말.

| 의해 |

증자는 배움이 성실을 위주로 하여 성인의 한 마디와 한 행동을 자세하게 기록하여 힘써 행하지 않음이 없었다. 사물을 접하고 일을 처리하는 사이에 각각 조리가 있어서 다하지 않음이 없었지만, 특별히 그 근본을 돌이켜 모든 이치의 비롯되는 바를 알지 못하였다. 그러나 아래로 배운 공부가 지극하여 또한 장차 위로 달함이 있었을 것이다.

◑ 그러므로 공자가 이름을 거론하여 말하였다. "삼(參)아, 네가 나의 도를 아느냐? 나의 도가 비록 정밀하고 거칠며 크고 작으며 안과 바깥과 근본과 끝의 다른 점이 있지만, 그 도가 되는 근거는 오직 하나로써 꿰뚫어 통하였다. 일마다 좇고 사물마다 좇아서 처리하고 굴려 생각함을 기다리지 않고 스스로 한 일과 한 사물마다 그 마땅함을 얻지 않음이 없다."

◑ 이에 증자의 마음이 활연(豁然)하여 모든 이치의 비롯되는 바를 알았다. 그러므로 다시 의심이 없이 곧 대답하여 말하기를, "옳습니다"라고 하였다. 이것은 오직 묻고 분변함을 기다림이 없을 뿐만 아니라 또한 그 칭찬할 바가 있을 것을 기다림도 없는 것이다. 공자의 문인들이 듣지 않은 사람이 없었으나, 오직 증자 한 사람만이 능히 그 뜻에 잠잠하게 합함이 있고, 다른 사람들은 참여하지 못하였다.

◑ 공자가 나감에 문인들이 물어 말하기를, "그 하나로써 통한다는 뜻이 무엇인가?"라고 하였다. 증자가 공자의 말을 같이 들은 문인들에게 말하였다. "선생님의 일관하는 도는 다른 것이 아니라, 충(忠)과 서(恕)일 따름이다. 대개 나의 마음에 근본하여 순함으로써 사물에 응하면 이것을 일러 하나로써 통함이라고 하고,

나의 마음을 다하여 미루어 사물에 미치는 것을 일러 충과 서라고 하니, 선생님이 특별히 이끌어 보이기만 하고 발명하지 않으신 것이다. 여기에 어찌 다른 해석이 있겠는가?"

| 요지 |

몸을 극진히 함을 일러 충(忠)이라 하고, 내 몸으로부터 미루어 나가는 것을 일러 서(恕)라 하니, 충이라는 것은 하늘의 도이고 서라는 것은 사람의 도이다. 충은 망령됨이 없고 서는 그것으로써 충을 행하는 것이니, 따라서 충이라는 것은 체(體)이고 서라는 것은 용(用)이다. 이것이 큰 근본이며, 통달한 도이다. 그러므로 '하늘의 명(命)이 아름답게 쉬지 않는 것을 충이라 하고, 하늘의 도가 변화함에 만물이 각각 성품과 목숨을 바르게 하는 것이 서이다'라고 한 것이다. 성인이 사람을 가르침에 각각 그 재주에 따라 달리하였다. 그러므로 '나의 도는 하나로써 꿰뚫었다'는 말은 오직 증자라야 이해할 수 있으므로 공자가 이처럼 알린 것이다.

16. 子曰(자왈) 君子(군자)는 喩於義(유어의)하고 小人(소인)은 喩於利(유어리)니라

| 언해 |

子ㅣ ᄀᆞᆯᄋᆞ샤ᄃᆡ 君子ᄂᆞᆫ 義예 喩ᄒᆞ고 小人은 利예 喩ᄒᆞᄂᆞ니라

| 직역 |

공자께서 말씀하셨다. "군자는 의(義)에 깨닫고, 소인은 이(利)에 깨닫는다."

| 자해 |

喩 : 깨닫다. • 천리(天理)의 마땅함. • 利 : 인정(人情)의 하고자 하는 바.

| 의해 |

의(義)라는 것은 천리의 공변된 것이다. 군자는 하늘의 이치를 좇아 평일에 항상 의리를 정밀하게 학문하여 어느 곳에도 투철하지 않음이 없다. 그러므로 모든 일에 의리를 잡아서 행하니, 의리의 바깥은 아는 바가 아니다. 이(利)라는 것은 사람의 욕심의 사사로운 것이다. 소인은 욕심만 좇아서 평일에 이로움만 꾀하는 생각뿐이므로 모든 일에 이익을 도모하는 계산뿐이고, 이익 이외는 아는 바가 아니다. 군자와 소인의 분별이 여기에 있다.

| 요지 |

이 장은 군자와 소인의 심술(心術)이 같지 않음을 말하여 의(義)와 이(利)의 한계를 분명히 한 것이다.

자왈 견현사제언 견불현이내자성야

17. 子曰 見賢思齊焉하며 見不賢而內自省也니라

| 언해 |

子ㅣ ᄀᆞᆯᄋᆞ샤ᄃᆡ 賢ᄒᆞᆫ 이를 보고 齊홈을 思ᄒᆞ며 賢티 아니ᄒᆞᆫ 이를 보고 안ᄒᆞ로 스스로 省홀띠니라

| 직역 |

공자께서 말씀하셨다. "어진 이를 보고 같아지기를 생각하며 어질지 못한 이를 보고 안으로 스스로 반성해야 한다."

| 의해 |

사람들이 착한 데로 옮기고 악한 것을 버릴 때 진실로 자신을 책망하고 남을 용서함이 중요하지만, 또한 남을 통하여 내 몸을 닦아야 한다. 천하에 어진 자가 있으니, 사람의 마음에 같이 얻은

착한 것을 자기가 먼저 얻는다. 그러므로 남의 어진 것을 보면 한낱 남의 착한 것만 보는 것이 아니라 반드시 착한 것을 본받아 그 사람과 같아지기를 생각한다. 천하에 어질지 못한 자가 있으니, 사람의 마음이 빠지기 쉬운 악한 것에 자기가 먼저 빠진다. 그러므로 남의 어질지 못한 것을 보면 한낱 남의 어질지 못한 것만 보는 것이 아니라 반드시 놀라서 그 악한 것이 있는지 두려워하여 안으로 스스로 살펴야 한다. 이것은 다만 보고 그 몸에 돌이켜 살필 뿐만 아니라 나에게 이익됨이 있으니, 진실로 내 몸을 위하는 학문[爲己之學]이다.

| 요지 |

이 장은 사람들에게 몸을 돌이키는 학문을 보인 것이니, 생각 '사(思)' 자와 살필 '성(省)' 자가 중요하다.

18. 子曰(자왈) 事父母(사부모)호되 幾諫(기간)이니 見志不從(견지부종)하고 又敬不違(우경불위)하며 勞而不怨(노이불원)이니라

| 언해 |

子ㅣ ᄀᆞᆯᄋᆞ샤ᄃᆡ 父母를 셤교ᄃᆡ 幾히 諫ᄒᆞᆯ띠니 志ㅣ 좃디 아니ᄒᆞ심을 보고 ᄯᅩ 敬ᄒᆞ야 違티 아니ᄒᆞ며 勞ᄒᆞ야도 怨티 아니ᄒᆞᆯ띠니라

| 직역 |

공자께서 말씀하셨다. "부모를 섬길 때는 가만히 간해야 하니, 뜻을 따라주지 않더라도 또한 공경해서 어기지 아니하며, 수고를 하여도 원망하지 않아야 할 것이다."

| 자해 |

幾諫 : 가만히 간함. 기운을 낮추고 소리를 부드럽게 해서 간하는 것.

| 의해 |

자식으로서 부모를 섬김에 그 뜻에 어김이 있어서는 안된다. 그러나 부모가 과실이 있을 때에 그것을 잠잠하게 지나감도 자식된 자의 도리가 아니다. 이러한 경우에는 반드시 얼굴빛과 말소리를 부드럽게 하여 정성스럽게 간해야 한다. 만일 부모의 뜻이 자기의 간함을 듣지 않는 모양을 보더라도 다시 공경하는 뜻을 다하여 최초의 간하는 뜻을 바꾸지 말고 기회를 보아 간해야 한다. 설령 부모가 노하여 꾸짖음을 받아 몸이 괴로운 경우를 당하더라도 결단코 부모를 원망하는 일이 없어야 한다. 자식의 도리를 다하여 이와 같이 하면 부모도 나중에는 반드시 그 마음을 돌려 자식이 간함을 듣게 될 것이니, 이것이 부모를 깊이 사랑하는 것이다.

| 요지 |

이 장은 사람의 자식이 되어 부모를 깨우쳐 드리는 도는 전적으로 부드럽게 간하는 데에 있으니, 어기지도 않고 원망도 아니하여 반드시 부모의 마음을 온화하게 한 뒤에야 그치는 것을 보인 것이다.

자왈 부모재 불원유 유필유방
19. 子曰 父母在어시든 不遠遊하며 遊必有方이니라

| 언해 |

子ㅣ 갈ᄋᆞ샤ᄃᆡ 父母ㅣ 겨시거시든 멀리 遊티 아니ᄒᆞ며 遊호ᄃᆡ 반ᄃᆞ시 方을 둘띠니라

| 직역 |

공자께서 말씀하셨다. "부모가 계시면 멀리 나가 놀지 않으며, 놀더라도 반드시 일정한 장소가 있어야 한다."

| 자해 |

遠遊 : 부모를 떠남이 멀고 날이 오래 됨. • 方 : 놀고 있는 곳.

| 의해 |

부모가 자식을 사랑하는 마음이 잠시라도 잊어버림이 없고 또 생각이 나지 않음이 없는 것이니, 자식으로서는 한 번 발을 옮김에도 항상 부모에 대한 생각을 소홀히 하지 않아야 한다. 부모가 당(堂)에 계시는 날에는 반드시 아침과 저녁으로 문안을 드리고 나가고 들어옴을 그 도리에 어김없이 하되 만일 부득이한 일이 있어서 나가 노는 때를 당하더라도 반드시 일정한 처소와 자기의 노는 일을 말하여 무슨 급한 일이 생기더라도 속히 돌아올 일을 예비하여 비록 먼 곳에 있으나 항상 부모 슬하에 있는 것과 같이 해야 한다. 이것이 자식이 되어 부모를 섬기는 도리에 합당한 것이다. 그러므로 자식이 부모의 마음으로써 자기의 마음을 삼을 수 있다면 이것이 효도이다.

| 요지 |

멀리 놀러가지 않는 것은 부모가 나를 생각하심을 염려함이고, 반드시 일정한 장소가 있는 것은 부모가 나를 근심하시지 않게 하려고 한 것이다.

자왈 삼년 무개어부지도 가위효의

20. 子曰 三年을 無改於父之道라야 可謂孝矣니라

| 직역 |

공자께서 말씀하셨다. "삼 년을 아버지의 도를 고치지 않아야 효라고 말할 수 있을 것이다."

※ 중복된 문장. 「학이」 11 참조.

21. 子曰(자왈) 父母之年(부모지년)은 不可不知也(불가부지야)니 一則以喜(일즉이희)요 一則以懼(일즉이구)니라

| 언해 |

子ㅣ ᄀᆞᆯᄋᆞ샤ᄃᆡ 父母의 나ᄒᆞᆫ 可히 知티 아니티 몯ᄒᆞᆯ 꺼시니 일로ᄂᆞᆫ ᄡᅧ 깃브고 일로ᄂᆞᆫ ᄡᅧ 저프니라

| 직역 |

공자께서 말씀하셨다. "부모의 나이는 기억하지 않을 수 없으니, 한편으로는 기쁘고 한편으로는 두려운 것이다."

| 자해 |

知 : 기억함.

| 의해 |

사람의 자식이 된 자가 부모의 나이를 항상 마음에 기억하지 않을 수 없다. 부모가 건강하게 계심을 볼 때에는 부모의 슬하에 봉양할 일에 항상 기쁜 마음을 갖게 되지만, 부모의 나이가 높음을 알 때에는 그 남은 해가 얼마 되지 않음을 생각하여 두려운 마음을 갖게 된다. 그러므로 부모의 나이를 알아서 마땅히 그 효양하

는 도리에 게으름이 없도록 해야 한다.

| 요지 |

이 장은 공자가 때에 알맞게 효도를 다해야 함을 가르친 것이다. 기뻐하고 두려워하는 것 중에 두려움이 중요하니, 급급하게 효도를 다하여 오히려 때에 미치지 못할까 하는 뜻이 있다.

자왈 고자 언지불출 치궁지불체야

22. 子曰 古者에 言之不出은 耻躬之不逮也니라

| 언해 |

子ㅣ ᄀᆞᆯᄋᆞ샤ᄃᆡ 古者애 말ᄉᆞᆷ을 내디 아니홈은 몸의 밋디 몯홈을 븟그림이니라

| 직역 |

공자께서 말씀하셨다. "예전에 말씀을 내지 않은 것은 몸이 미치지 못함을 부끄러워한 것이다."

| 자해 |

逮 : 미침. 及과 같음.

| 의해 |

말이라고 하는 것은 그 행하는 바에 부합되는 것이 중요하다. 그러므로 이전 학자들이 항상 침잠하면서 말을 경솔하게 하지 않은 까닭이 여기에 있다. 대개 모든 일을 반드시 몸소 행하여 실상이 있게 해야 하니, 만일 몸소 행함이 말한 바에 미치지 못한다면 이것은 헛되어 실상이 없는 것이니 부끄러워할 만한 일이다. 이 때문에 삼가서 감히 경솔하게 말을 내지 못한다.

| 요지 |

이 장은 공자가 옛 사람의 말을 삼가는 마음을 미루어 지금 사람들 가운데 말을 가볍게 하는 자에게 경계한 것이다.

자 왈 이약실지자선의
23. 子曰 以約失之者鮮矣니라

| 언해 |

子ㅣ ᄀᆞᆯᄋᆞ샤ᄃᆡ 約으로ᄡᅥ 失ᄒᆞᆯ 者ㅣ 젹으니라

| 직역 |

공자께서 말씀하셨다. "단속하여 실수하는 자는 적다."

| 자해 |

約 : 떠벌리거나 자기 멋대로 하지 않음.

| 의해 |

대개 사람이 떠들어 스스로 지나치면 어그러지고 잘못되지 않음이 없으니, 간약(簡約)하면 수렴하고 스스로를 단속하여 사람들로 하여금 규구(規矩)와 준승(準繩)에 의거하여 지킬 바가 있게 할 것이다. 이렇게 하고 잘못되는 경우는 거의 없다.

| 요지 |

이 장은 사람들에게 몸을 단속하는 도리를 보인 것이다.

자 왈 군자 욕눌어언이민어행
24. 子曰 君子는 欲訥於言而敏於行이니라

| 언해 |

子ㅣ ᄀᆞᆯᄋᆞ샤ᄃᆡ 君子ᄂᆞᆫ 言에 訥ᄒᆞ고 行에 敏코져 ᄒᆞᄂᆞ니라

| 직역 |

공자께서 말씀하셨다. "군자는 말에 어눌하고, 행하는 데 민첩하고자 한다."

| 의해 |

대개 말은 남음이 있을 때 실수하기가 쉽고, 행실은 부족할 때 실수하기가 쉽다. 오직 군자의 마음 쓰는 것이 항상 말에는 그 어눌함을 힘쓰고자 하여 마땅히 말하지 않을 것을 감히 말하지 못할 뿐이 아니라, 마땅히 말할 것도 삼가고 거두어서 남은 말을 다하지 못한다. 행실은 힘써 민첩하고자 하여 아는 것은 행하지 않음이 없고 행한 것은 힘쓰지 않음이 없어서 분발하고 용맹하게 나아가서 급급하게 그 부족한 바를 힘쓴다. 그 독실하게 스스로 닦음이 이와 같다고 한 것이다.

| 요지 |

이 장은 사람의 가벼운 것을 바로잡고 게으른 것은 경계하는 법을 보여주고 있다. 스스로 닦는 군자는 그 마음을 세움이 이와 같이 하기를 구해야 한다.

자왈 덕불고 필유린

25. 子曰 德不孤라 必有隣이니라

| 언해 |

子ㅣ ᄀᆞᆯᄋᆞ샤ᄃᆡ 德이 孤티 아니ᄒᆞᆫ디라 반ᄃᆞ시 隣이 인ᄂᆞ니라

| 직역 |

공자께서 말씀하셨다. "덕은 외롭지 않다. 반드시 이웃이 있다."

| 자해 |

隣 : 친함.

| 의해 |

사람이 덕을 버리고 닦지 않는 자가 어찌 덕이 외로이 서서 도움이 없다고 하겠는가? 덕이라는 것이 원래 사람의 마음에 한 가지로 갖춘 것이요, 또한 인정으로 같이 좋아하는 것이니, 행함에 좇는 이가 없거나 부르는 데 응하는 이가 없는 경우는 없다. 덕이 있으면 반드시 서로 구하고 서로 응하는 이가 있어서 동류가 좇음이 사람이 사는 데에 이웃이 있는 것과 같을 것이다. 그러므로 덕을 닦는 공부는 그만둘 수 없다.

| 요지 |

이 장은 덕에 나아가는 자가 힘써 하여 의심하고 막힘이 없게 한 것을 말하고 있다. 아니 '불(不)' 자와 '필유(必有)' 자를 보면 간곡하면서도 결연한 뜻을 알 수 있다.

26. 子遊曰(자유왈) 事君數(사군삭)이면 斯辱矣(사욕의)요 朋友數(붕우삭)이면 斯疏矣(사소의)니라

| 언해 |

子游ㅣ ᄀᆞᆯᄋᆞᄃᆡ 君을 셤김애 數ᄒᆞ면 이예 辱ᄒᆞ고 朋友에 數ᄒᆞ면 이예 疏ᄒᆞᄂᆞ니라

| 직역 |

자유가 말하였다. "임금을 섬길 때 자주 간하면 욕을 당하고, 벗에게 자주 간하면 멀어지게 된다."

| 자해 |

數 : 번거롭고 자주 함.

| 의해 |

군신과 붕우의 관계는 의(義)로 서로 합한 것이다. 따라서 임금을 섬김에 그 과실이 있을 때는 마땅히 간해야 한다. 간하여 듣지 않으면 마땅히 떠나야지 구차하게 번거롭게 하고 자주하면서 떠나지 않으면 임금이 반드시 듣기를 싫어할 뿐만 아니라 도리어 자기를 비방한다고 하여 물리치고 욕됨을 당할 것이다. 붕우를 사귐에 붕우가 허물이 있으면 착한 것으로 책망해야 한다. 착한 것으로 책망하여 행하지 않으면 마땅히 그쳐야 하지 구차하게 번거롭게 하고 자주하면서 그치지 않으면 벗이 반드시 듣기를 싫어할 뿐만 아니라, 끝내는 원망하여 원수가 됨을 면하지 못할 것이다. 이 세상에 임금을 섬기고 붕우를 사귀는 자가 마땅히 기회를 보아 나의 도리에 마땅함을 다할 따름이요, 한갓 번거로움을 자주하지 않아야 된다.

| 요지 |

이 장은 임금에게 간하고 벗을 책망함에 그 방법을 제시한 것이다. 두 개의 이 '사(斯)' 자를 보면, 자주하면 소원해지고 욕될 수 있다는 것이다. 임금을 섬기고 벗을 사귐에 기미를 보지 않을 수 없음을 알 수 있다.

5. 공야장(公冶長)

1. 子謂公冶長(자위공야장)하시되 可妻也(가처야)로다 雖在縲絏之中(수재루설지중)이나 非(비)其罪也(기죄야)라하시고 以其子(이기자)로 妻之(처지)하시다 子謂南容(자위남용)하시되 邦有道(방유도)에 不廢(불폐)하며 邦無道(방무도)에 免於刑戮(면어형륙)이라하시고 以其(이기)兄之子(형지자)로 妻之(처지)하시다

| 언해 |

子ㅣ 公冶長을 닐ᄋᆞ샤ᄃᆡ 可히 妻ᄒᆞ얌즉 ᄒᆞ도다 비록 縲絏ㅅ中에 이시나 그 罪ㅣ 아니라 ᄒᆞ시고 그 子로ᄡᅥ 妻ᄒᆞ시다 子ㅣ 南容을 닐ᄋᆞ샤ᄃᆡ 나라히 道ㅣ 이숌애 廢티 아니ᄒᆞ며 나라히 道ㅣ 업숨애 刑戮에 免ᄒᆞ리라 ᄒᆞ시고 그 兄의 子로ᄡᅥ 妻ᄒᆞ시다

| 직역 |

공자께서 공야장을 평하여 말씀하시기를, "사위 삼을 만하다. 비록 감옥에 있었으나 그의 죄가 아니다"라고 하시고 그 딸로 처를 삼아 주셨다. 공자께서 남용을 평하여 말씀하시기를, "나라에 도가 있으면 버려지지 아니하며 나라에 도가 없으면 형벌을 면할 것이다"라고 하시고 그 형의 딸로 처를 삼게 하셨다.

| 자해 |

縲絏 : 예전에 죄인을 포박하는 데 사용하던 것으로, 루는 검은 줄이고, 설은

매는 것. • 南容 : 공자의 제자로, 이름은 도(縚) 또는 괄(适)이고, 자는 자용(子容)이고, 시호는 경숙(敬叔)이고, 맹의자(孟懿子)의 형. 남쪽의 궁실에 거주하였으므로 남궁(南宮) 또는 남(南)이라 불림. • 不廢 : 반드시 쓰임을 말한 것.

| 의해 |

공자가 공야장에 대하여 말하였다. "사람됨이 극히 선량하여 아내를 줄 만하다. 비록 감옥에 갇히는 치욕을 받았다고 하더라도 실상 죄가 없고 또 한 때에 이르는 불운으로 인한 것이니, 그 사람과 무슨 관계가 있다고 말할 수 있겠는가? 사위가 될 만한 사람이다." 이에 그를 사위로 삼았다.

◑ 공자가 남용에 대하여 말하였다. "이 사람은 언행을 삼갈 줄 아는 사람이다. 만일 나라에 도가 있을 때에는 그 착한 행실과 아름다운 말이 반드시 사람에게 신용을 얻어 조정에서 버려 두지 않을 것이고, 나라에 도가 없을 때에는 말을 삼가고 행동을 신중히 하여 법률에 저촉되어 부끄러움과 욕됨이 없을 것이다." 이에 형의 딸을 아내로 삼아 주었다.

| 요지 |

어떤 사람이 '공야장의 어진 것이 남용에게 미치지 못하였기 때문에 성인이 자신의 딸을 공야장의 아내가 되게 하고 형의 딸을 남용의 아내로 삼게 하니, 아마도 형에게 후하고 자기에게는 박하게 한 것일 것이다'라고 했다. 그런데 이것은 자신의 사사로운 마음으로 성인을 엿본 것이다. 보통사람이 혐의를 피하려는 것은 모두 안(內)이 부족하기 때문이다. 성인은 지극히 공변되므로 혐의를 피하는 것이 없다. 하물며 딸을 출가시킬 때는 반드시 그 재주를 헤아려서 짝을 구하는 것이니, 더욱 혐의를 피할 바가 아니다. 그 나이가 많고 적음과 때의 먼저와 뒤를 모두 알지 못하고 오직 혐의를 피하였다고 한다면, 크게 불가하다. 혐의를 피하는

일은 어진 자도 또한 하지 않는데, 하물며 성인이 하겠는가?

(자위자천 군자재 약인 노무군자자 사)
2. 子謂子賤하시되 君子哉라 若人이여 魯無君子者면 斯
(언취사)
焉取斯리오

| 언해 |

子ㅣ 子賤을 닐ᄋᆞ샤ᄃᆡ 君子ᆞᆫ디라 이러ᄐᆞᆺᄒᆞᆫ 사람이여 魯에 君子ㅣ 업스면 이 어듸가 이를 取ᄒᆞ리오

| 직역 |

공자께서 자천을 평하여 말씀하셨다. "군자로다. 이와 같은 사람이여! 노나라에 군자가 없으면 이 사람이 어디에서 이런 덕을 취하였겠는가?"

| 자해 |

斯焉斯取 : 위의 사(斯)는 이 사람이라는 의미로 자천을 가리킨 것이고, 아래의 사(斯)는 덕을 말한 것이다.

| 의해 |

공자가 말하였다. "내가 일찍이 군자 보기를 원하였는데, 이제 군자가 있구나, 이 사람이여! 그러나 이 사람이 이 덕을 이룬 것은 여러 어진 이를 높이고 벗을 취하여 이룰 수 있었다. 만일 우리 노나라에 여러 군자가 없었으면 이 사람이 어디서 취하여 이 덕을 이루었겠는가? 진실로 노나라에 어진 사람이 많은데, 이 사람이 모든 어진 것을 취하여 도움을 삼을 수 있었으니, 군자가 되는

데 뜻이 있는 사람은 마땅히 착한 것을 취하는 유익함을 알아야 한다."

| 요지 |

이 장은 사람이 마땅히 스승을 높이고 벗을 취해야 한다는 뜻을 보인 것이다. 자천으로써 모범을 보인 것이지, 한낱 칭찬만 한 것은 아니다.

3. 子貢(자공)이 問曰(문왈) 賜也(사야)는 何如(하여)하니잇고 子曰(자왈) 女(여)는 器也(기야)니라 曰(왈) 何器也(하기야)잇고 曰(왈) 瑚璉也(호련야)니라

| 언해 |

子貢이 묻ᄌᆞ와 ᄀᆞᆯ오ᄃᆡ 賜ᄂᆞᆫ 엇더ᄒᆞ니잇고 子ㅣ ᄀᆞᆯᄋᆞ샤ᄃᆡ 너ᄂᆞᆫ 器也ㅣ니라 ᄀᆞᆯ오ᄃᆡ 엇던 器ㅣ니잇고 ᄀᆞᆯᄋᆞ샤ᄃᆡ 瑚ㅣ며 璉이니라

| 직역 |

자공이 물었다. "저는 어떻습니까?" 공자께서 말씀하셨다. "너는 그릇이다." 자공이 말하였다. "어떤 그릇입니까?" 공자께서 말씀하셨다. "호련이다."

| 자해 |

器 : 이미 쓸 데가 있게 이루어진 재목. • 瑚璉 : 종묘에서 기장과 피를 담는 옥으로 만든 제기(祭器). 하(夏)나라에서는 호(瑚)라 하고, 은(殷)나라에서는 연(璉)이라 하고, 주(周)나라에서는 보궤(簠簋)라고 함.

| 의해 |

자공이 공자가 자천을 군자로 인정하는 것을 보고 물었다. "선생님의 문하에서 배우는 사람 가운데 성취한 재목이 많은데, 저의 성취한 바는 어떠한지 모르겠습니다." 공자가 말하였다. "너는 쓰임이 있는 그릇이다." 자공이 말하였다. "그릇에도 여러 가지 종류가 있는데, 무슨 그릇을 말씀하시는 것입니까?" 공자가 또 말하였다. "너는 그릇 중에 호련이란 그릇이니, 호련은 종묘에서 쓰는 것인데, 금과 옥으로 꾸몄으니 귀중하고 화려한 것이다. 너의 재주가 명민(明敏)하고 통달(通達)하여 충분히 나라에 빛이 되는 것이 어찌 이와 다르겠는가? 평범한 그릇과 같이 말할 것이 아니다."

| 요지 |

이 장은 공자가 인정하는 중(中)으로 나아가게 하는 뜻을 보인 것이다.

4. 或曰(혹왈) 雍也(옹야)는 仁而不佞(인이불녕)이로다 子曰(자왈) 焉用佞(언용녕)이리오 禦(어)人以口給(인이구급)하여 屢憎於人(루증어인)하나니 不知其仁(부지기인)이어니와 焉用(언용)佞(녕)이리오

| 언해 |

或이 ᄀᆞᆯ오ᄃᆡ 雍은 仁ᄒᆞ고 佞티 몯ᄒᆞ도다 子ㅣ ᄀᆞᆯᄋᆞ샤ᄃᆡ 엇디 佞을 ᄡᅳ리오 人을 禦호ᄃᆡ 口給으로ᄡᅥ ᄒᆞ야 ᄌᆞ조 人에 憎ᄒᆞ이ᄂᆞ니 그 仁은 아디 몯ᄒᆞ거니와 엇디 佞을 ᄡᅳ리오

| 직역 |

어떤 사람이 말하였다. "옹은 인하지만 말은 잘하지 못한다." 공자가 말씀하셨다. "말재주를 어디에 쓰겠는가? 사람들에게 응답하기를 말재주로만 하다가 자주 사람들에게 미움을 받는 것이니, 그가 인한지는 알지 못하겠으나 말재주를 어디에 쓰겠는가?"

| 자해 |

雍 : 공자의 제자. 성은 염(冉)이고 자는 중궁(仲弓). • 佞 : 말재주. • 禦 : 당(當)[상대]하는 것. 남의 말에 응답함. • 給 : 말을 잘하는 것. • 憎 : 미워함.

| 의해 |

춘추 때에 사람들이 다투어 말재주만 숭상하였다. 공자의 문하에 중궁(仲弓)이라고 하는 사람이 있었는데, 그 사람됨이 중후(重厚)하고 간묵(簡默)하여 바깥을 좇아 이름을 내는 데 힘쓰는 사람과는 아주 달랐다. 그러므로 어떤 사람이 의론하여 말하였다. "옹이 진실로 인하여 덕행에는 넉넉하지만 그 말재주가 부족한 것이 아깝도다."

◑ 공자가 말하였다. "네가 말재주가 없는 것으로 옹의 병통을 삼으니, 이는 반드시 말재주를 어질다고 하는 것이다. 나의 입장에서 말한다면 사람이 몸을 세우고 몸을 행하는 데 말재주를 어디에 쓰겠는가? 말재주라고 하는 것은 한 때 남에게 대항하는 것이므로 전적으로 입이 민첩하여 말을 낼 뿐이고, 마음과 입이 서로 맞지 않아 한낱 도가 있는 사람에게 미움을 받을 것이니, 무엇이 유익하겠는가? 네가 옹이 인하다고 하지만, 인의 도는 지극히 크니, 내가 비록 옹이 인한지는 알 수 없다. 그러나 옹이 말재주가 없는 것이 이에 어진 것이 되어 병통이 될 만한 것이 없으니, 말재주를 어디에 쓰겠는가?"

| 요지 |

이 장은 말재주를 숭상해서는 안 된다는 것을 보여주고 있다. 당시 인을 가볍게 여기고 말재주를 중하게 여겨서, 어떤 사람이 중궁을 의론하면서 말재주가 없는 것을 중하게 여겼기 때문에 공자가 두 번이나 "말재주를 어디에 쓰겠는가?"라고 말하여 깨우쳐 준 것이다.

자 사 칠 조 개　사　대 왈　오 사 지 미 능 신
5. 子使漆雕開로 仕하신대 對曰 吾斯之未能信이로이다

자 열
子說하시다

| 언해 |

子ㅣ 漆雕開로 ᄒᆞ여곰 仕ᄒᆞ라 ᄒᆞ신대 對ᄒᆞ야 ᄀᆞᆯ오ᄃᆡ 내 이를 能히 信티 몯ᄒᆞ얀노이다 子ㅣ 說ᄒᆞ시다

| 직역 |

공자께서 칠조개로 하여금 벼슬하라고 하시니, 대답하였다. "제가 이것을 자신하지 못하겠습니다." 공자께서 기뻐하셨다.

| 자해 |

漆雕開 : 공자의 제자. 자는 자약(子若). 칠조(漆雕)는 성이고 개(開)는 이름인데, 채(蔡)나라 사람. • 斯 : 이것. • 信 : 이 같음을 참되게 알아서 조금도 의혹이 없음.

| 의해 |

공자가 칠조개에게 벼슬하라고 말한 것은 그의 학문이 벼슬을 담

당할 만하다고 인정한 것이다. 칠조개가 대답하였다. "이치에 밝은 연후에 사람을 다스릴 수가 있는데, 제가 이 이치를 진실로 알고 깊이 믿어서 의심이 없지 못하니 바로 배울 때이고, 배운 것이 넉넉하여 벼슬할 때는 아닙니다." 칠조개의 이 말을 보면 그가 본 것이 크고 기대하는 것이 원대하다. 도를 구하는 마음이 반드시 진실로 아는 경지에 가기를 구하고 조금 이룬 것을 가지고 스스로를 편안하게 여기지 않았으니, 학문을 독실하게 한다고 할 수 있다. 그러므로 공자가 기뻐하였다. 군자가 이치를 얻은 것을 따라 쓰는 데에 맞게 할 수 있어야 하고, 더욱 그 얻은 것을 믿어야 쓰는 것을 크게 할 수 있다. 공자가 칠조개의 말을 기뻐한 마음이 곧 칠조개에게 벼슬하라고 한 마음일 것이다.

| 요지 |

이 장은 성현이 진실로 믿는 학문을 귀하게 여기는 것을 보인 것이다.

6. 子曰(자왈) 道不行(도불행)이라 乘桴(승부)하여 浮于海(부우해)하리니 從我者(종아자)는 其由與(기유여)인저 子路聞之(자로문지)하고 喜(희)한대 子曰(자왈) 由也(유야)는 好勇(호용)이 過我(과아)나 無所取材(무소취재)로다

| 언해 |

子ㅣ ᄀᆞᆯᄋᆞ샤ᄃᆡ 道ㅣ 行티 몯ᄒᆞᄂᆞᆫ디라 桴ᄅᆞᆯ 乘ᄒᆞ야 海에 浮호리니 나를 從ᄒᆞᆯ 者ᄂᆞᆫ 그 由ᅟᅵᆫ뎌 子路ㅣ 듣고 깃거ᄒᆞᆫᄃᆡ 子ㅣ ᄀᆞᆯᄋᆞ샤ᄃᆡ 由ᄂᆞᆫ 勇을 好ᄒᆞᆷ이 내게 過ᄒᆞ나 取ᄒᆞ야 材ᄒᆞᆯ빼 업도다

| 직역 |

공자께서 말씀하셨다. "도가 행해지지 않기 때문에 뗏목을 타고 바다에 뜨려 하는데, 나를 좇을 자는 아마도 유(由)일 것 같다." 자로가 듣고 기뻐하니, 공자께서 말씀하셨다. "유는 용맹을 좋아하는 것이 나보다 나으나 취하여 재료로 삼을 것이 없다."

| 자해 |

桴 : 뗏목. • 取材 : 사물의 이치를 헤아려서 그 의리에 적당함을 취함.

| 의해 |

공자가 도를 행하여 천하 사람들로 하여금 덕택을 입지 않은 자가 없도록 할 마음을 가졌으나, 당시 여러 나라의 임금들 가운데 한 사람도 어진 이가 없고 또한 성현의 도를 알지 못했으므로 계속 천하를 돌아다녔어도 공자를 등용하는 자가 없어서 도를 행하지 못하였다. 그러면 차라리 배라도 타고 바다 위에 떠서 세상을 피할 수 밖에 다른 길이 없다. 따라서 공자는 말하였다. "내가 만일 바다에 떠서 해외로 간다고 한다면, 나를 좇아 갈 사람은 제자 가운데 오직 자로 한 사람일 것 같다." 이것은 공자가 참으로 해외에 가겠다고 말한 것이 아니고, 도가 행해지지 못함을 탄식한 끝에 말한 것인데, 자로는 이것을 듣고 다른 사람에게는 허락하지 않고 자기에 대하여 말한 것을 대단히 기뻐하였다. 그래서 공자가 깨우쳐 말하였다. "네가 바다에 뜨는 수고로움을 꺼리지 않고 반드시 행하는 데에만 과단성이 있으니, 용맹을 좋아함이 나보다 낫다. 다만 사리를 취하여 헤아려 의(義)에 맞게 할 줄을 알지 못하니, 어찌 바다에 참으로 떠서 가겠는가?"

| 요지 |

이 장은 공자가 차마 천하를 잊지 못하는 마음을 보인 것이다. 머리와 끝의 두 글자를 음미해 보면 모두 이 시작과 마침이 참으로 도를 위하는 지극한 뜻이다.

7. 孟武伯이 問子路는 仁乎잇가 子曰 不知也로라 又問한대 子曰 由也는 千乘之國에 可使治其賦也어니와 不知其仁也케라 求也는 何如하니잇고 子曰 求也는 千室之邑과 百乘之家에 可使爲之宰也어니와 不知其仁也케라 赤也는 何如하니잇고 子曰 赤也는 束帶立於朝하여 可使與賓客言也어니와 不知其仁也케라

| 언해 |

孟武伯이 묻ᄌᆞ오ᄃᆡ 子路ᄂᆞᆫ 仁ᄒᆞ니잇가 子ㅣ ᄀᆞᆯᄋᆞ샤ᄃᆡ 아디 몯ᄒᆞ노라 ᄯᅩ 묻ᄌᆞ온대 子ㅣ ᄀᆞᆯᄋᆞ샤ᄃᆡ 由ᄂᆞᆫ 千乘ㅅ나라ᄒᆡ 可히 ᄒᆞ여곰 그 賦ᄂᆞᆫ 治ᄒᆞ얌즉 ᄒᆞ거니와 그 仁은 아디 몯게라 求ᄂᆞᆫ 엇더ᄒᆞ니잇고 子ㅣ ᄀᆞᆯᄋᆞ샤ᄃᆡ 求ᄂᆞᆫ 千室ㅅ邑과 百乘ㅅ家애 可히 ᄒᆞ여곰 宰 되얌즉 하거니와 그 仁은 아디 몯게라 赤은 엇더ᄒᆞ니잇고 子ㅣ ᄀᆞᆯᄋᆞ샤ᄃᆡ 赤은 帶ᄅᆞᆯ 束ᄒᆞ야 朝에 立ᄒᆞ야 可히 ᄒᆞ여곰 賓客으로 더브러 言ᄒᆞ얌즉 ᄒᆞ거니와 그 仁은 아디 몯게라

| 직역 |

맹무백이 질문하였다. "자로는 인합니까?" 공자께서 말씀하셨다. "알지 못하겠습니다." 또 질문하니, 공자께서 말씀하셨다. "유(由)는 천승의 나라에서 그 군사를 다스릴 수 있으나 그 인은 알지 못하겠습니다." "구(求)는 어떻습니까?" 공자께서 말씀하셨다. "구는 천실의 고을과 백승의 집에 재(宰)가 될 수 있으나 그 인은 알지 못하겠습니다." "적(赤)은 어떻습니까?" 공자께서 말씀하셨다. "적은 띠를 띠고서 조정에 서서 빈객과 더불어 말할 수 있으나 그

인은 알지 못하겠습니다."

| 자해 |

賦 : 군사. 예전에 부세(賦稅)로써 군사를 내므로 군사를 부라 함. • 千室之邑 : 천 가구가 있는 고을. • 百乘 : 경대부의 집. • 宰 : 고을의 어른과 가신(家臣)의 총칭. • 賓客 : 빈(賓)은 제후가 와서 조회하는 것이고, 객(客)은 경대부가 와서 맞이하는 것.

| 의해 |

맹무백이 공자에게 물었다. "자로는 과연 마음의 덕을 온전히 하여 인합니까?" 공자가 대답하였다. "인의 도가 지극히 크니, 있고 없는 것은 제가 알 수 있는 바가 아닙니다."

◑ 맹무백이 공자가 이것을 알면서 알지 못한다고 한 것이 아닌가 하는 의심이 있었으므로 또 물었다. 공자가 대답하였다. "자로는 용맹을 좋아하여 수레 천승을 내는 큰 나라에 벼슬하여 군사를 다스려 그 나라를 방비하는 모든 일을 완전하게 할 수 있지만, 인에 이르러서는 알지 못합니다."

◑ 맹무백이 다시 염구(冉求)를 들어 물었다. "구(求)는 인도(仁道)가 어떠합니까?" 공자가 대답하였다. "염구는 재예(才藝)가 많으니, 천실(千室)의 큰 고을이나 백승(百乘)의 큰 집에서 그로 하여금 재(宰)를 삼을 만합니다. 무리를 편안하게 하고 백성을 어루만지고 번거로움을 처리하고 어려운 일을 다스릴 수 있으니, 이것은 볼 만한 재주이지만, 인이라면 제가 알 수 없습니다."

◑ 맹무백이 또 적(赤)을 들어 물었다. "적은 사람됨이 어떠합니까?" 공자가 대답하였다. "적은 예악을 압니다. 그러므로 만일 나라에 손님이 올 때면, 관복을 입고 조정에 서서 이웃 나라의 큰 손님이나 작은 손님과 함께 말하고 대답하는 절차에 높은 체도 않고 낮지도 않게 하여 임금의 명령을 욕되게 하지 않을 것입니다. 이것이 그 재주의 볼 만한 것이지만, 인이라면 제가 알 수 없

습니다." 이상에서 알 수 있는 것은 세 사람의 재주이니, 맹무백은 마땅히 재주를 쓸 생각을 할 것이고, 알지 못하는 것은 세 사람의 인이니, 세 사람은 모두 마땅히 인을 더 익힐 생각을 해야 할 것이다. 공자의 뜻이 깊다.

| 요지 |

이 장의 문답은 모두 인을 중요한 것으로 삼고 재주는 덧붙여 말한 것이니, 그 재주를 인정한 것이고 그 인을 인정한 것이 아니다.

8. 子謂子貢曰(자위자공왈) 女與回也(여여회야)로 孰愈(숙유)오 對曰(대왈) 賜也(사야)는 何敢望回(하감망회)리잇고 回也(회야)는 聞一以知十(문일이지십)하고 賜也(사야)는 聞一以知二(문일이지이)하노이다 子曰(자왈) 弗如也(불여야)니라 吾與女弗如也(오여여불여야)하노라

| 언해 |

子ㅣ 子貢ᄃᆞ려 닐어 ᄀᆞᆯᄋᆞ샤ᄃᆡ 네 回로 더브러 뉘 愈ᄒᆞ뇨 對ᄒᆞ야 ᄀᆞᆯ오ᄃᆡ 賜ᄂᆞᆫ 엇디 敢히 回를 ᄇᆞ라리잇고 回ᄂᆞᆫ ᄒᆞ나ᄒᆞᆯ 들어ᄡᅥ 열ᄒᆞᆯ 알고 賜ᄂᆞᆫ ᄒᆞ나ᄒᆞᆯ 들어ᄡᅥ 둘ᄒᆞᆯ 아노이다 子ㅣ ᄀᆞᆯᄋᆞ샤ᄃᆡ ᄀᆞᆮ디 몯ᄒᆞ니라 내 네의 ᄀᆞᆮ디 몯호라홈을 與ᄒᆞ노라

| 직역 |

공자께서 자공에게 말씀하셨다. "너와 안회 가운데 누가 나으냐?" 대답하였다. "제가 어찌 감히 안회를 바라볼 수 있겠습니까? 안회는 하나를 들으면 열을 알고, 저는 하나를 들으면 둘을 압니다."

공자께서 말씀하셨다. "같지 못하다. 내가 너의 같지 못하다고 한 것을 인정한다."

| 자해 |

女 : 너. 汝와 같음. • 愈 : 나음. • 與 : 허여(許與), 인정.

| 의해 |

공자가 자공에게 말하였다. "네가 스스로 판단할 때 배운 바가 안회와 비교하여 누가 나은가?" 이는 아마도 그 스스로를 밝게 아는지 보려고 한 것이다.

◑ 자공이 대답하였다. "제가 어찌 안회를 바라겠습니까? 안회는 천부적인 자질이 이미 높고 배움이 또 지극하여 하나를 들으면 곧 열을 아는 정도에 있습니다. 그러나 저는 겨우 하나를 듣고 둘을 아는 데 지나지 못합니다. 안회는 밝게 알기 때문에 시작에서 끝까지 보고, 저는 미루어 헤아리기 때문에 이것을 미루어 저것을 알 뿐입니다." 하나를 듣고 열을 아는 것은 나면서부터 저절로 아는 것이고 배워서 아는 것이 아니니, 가장 뛰어난 바탕이고 나면서부터 아는 성인에 버금간다. 하나를 듣고 둘을 아는 것은 중간 이상의 바탕이다. 자공이 평일에 자기를 안회와 비교하여 미치지 못하는 것을 알았기 때문에 대답하기를 이와 같이 한 것이다. 자공이 스스로 아는 것이 이와 같이 밝고 또 스스로 굽히기를 꺼리지 않으므로 공자가 거듭 인정한 것이다.

| 요지 |

이 장은 공자가 안회를 빌어서 자공을 진취하게 한 것이다. 자공은 근본이 배워서 기억하며 보고 듣는 데서 공부를 한 사람이다. 공자가 문득 어리석은 것 같은 안회를 대조하여 보인 것이니, 바로 자공을 깨우쳐 준 것이다.

9. 宰予晝寢이어늘 子曰 朽木은 不可雕也며 糞土之牆은 不可杇也니 於予與에 何誅리오 子曰 始吾가 於人也에 聽其言而信其行이라니 今吾於人也에 聽其言而觀其行하노니 於予與에 改是와라

| 언해 |

宰予ㅣ 晝에 寢ᄒᆞ거ᄂᆞᆯ 子ㅣ ᄀᆞᆯᄋᆞ샤ᄃᆡ 朽ᄒᆞᆫ 木은 可히 雕티 몯ᄒᆞᆯ 꺼시며 糞土ㅅ墻은 可히 杇티 몯ᄒᆞᆯ 꺼시니 予에 엇디 誅ᄒᆞ리오 子ㅣ ᄀᆞᆯᄋᆞ샤ᄃᆡ 비로소 내 人의게 그 言을 듣고 그 行을 信ᄒᆞ다니 이제 내 人의게 그 言을 듣고 그 行을 觀ᄒᆞ노니 予의게 이를 改ᄒᆞ과라

| 직역 |

재여가 낮에 자거늘 공자께서 말씀하셨다. "썩은 나무에는 새기지 못할 것이며, 썩은 흙으로 쌓은 담은 흙손질하지 못할 것이니, 재여에게 무엇을 꾸짖겠는가?" 공자께서 말씀하셨다. "처음에는 내가 사람에 대하여서 그 말을 듣고 그 행실을 믿었으나, 이제 내가 사람에 대하여서 그 말을 듣고 그 행실을 살펴보게 되었으니 재여 때문에 이를 고치게 되었다."

| 자해 |

朽 : 썩음. • 雕 : 조각. • 杇 : 흙손질. • 與 : 어조사. • 糞土之墻 : 썩은 흙으로 쌓은 담. • 誅 : 꾸짖음.

| 의해 |

재여가 어느 날 낮잠을 잤다. 그 때에 마침 공자가 이것을 보고 말하였다. "썩은 나무에는 아로새길 수 없으며 썩은 흙으로 쌓은

담에는 흙손질하여 곱게 할 수 없다. 너의 뜻과 기운이 어둡고 게으른 것이 이와 같으니, 이런 사람은 가르친다고 하더라도 본질이 부패하여 도저히 완전한 효과를 얻게 할 수 없다. 너에게 무슨 책망을 할 것인가?" 이것은 재여에게 깊이 주의를 주어 잘못을 고치도록 경계한 것이다.

◑ 재여가 평일에 말하는 것이 반드시 모두 학문을 좋아하고 뜻을 독실하게 하는 의론이었는데, 지금 낮에 잠을 자니 이것은 행동이 말에 미치지 못한 것이다. 공자가 이미 그 뜻과 기운이 어둡고 게으른 것을 꾸짖고 다시 거듭 경계하여 말하였다. "네가 어둡고 게으른 것은 책망할 것이 없고, 내가 너를 보면서 깊이 깨달은 것이 있다. 예전에는 내가 사람을 대하면서 그 말을 들으면 그 행하는 일도 어김이 없을 줄로 믿었는데, 이제는 그 사람의 말만 듣고서는 곧 믿을 수 없고 반드시 그 행동의 실상을 본 뒤에 믿을 것이다. 내가 평일에 경솔하게 믿는 잘못을 너 때문에 고쳤다." 이것은 재여를 경계하여 고치도록 하고, 또 일반 제자들로 하여금 말은 반드시 삼가고 행동은 민첩하게 하도록 한 것이다.

| 요지 |

이 장은 성인이 행함에 게으른 자를 경계하면서도, 그 책망을 순하게 말한 것이다. 위 구절은 그 말이 간절하여 그로 하여금 깨닫게 한 것이고, 그 다음 구절은 자기에게 허물이 있다고 말하여 그로 하여금 부끄럽게 한 것이다.

10. 子曰(자왈) 吾未見剛者(오미견강자)케라 或(혹)이 對曰(대왈) 申棖(신정)이니이다 子曰(자왈) 棖也(정야)는 慾(욕)이어니 焉得剛(언득강)이리오

| 언해 |

子ㅣ ᄀᆞᆯᄋᆞ샤ᄃᆡ 내 剛ᄒᆞᆫ 者를 보디 몯게라 或이 對ᄒᆞ야 ᄀᆞᆯ오ᄃᆡ 申棖이니이다 子ㅣ ᄀᆞᆯᄋᆞ샤ᄃᆡ 棖은 慾ᄒᆞ거니 엇디 시러곰 剛ᄒᆞ리오

| 직역 |

공자께서 말씀하셨다. "내가 굳센 사람을 보지 못하였다." 어떤 사람이 대답하여 말하였다. "신정입니다." 공자께서 말씀하셨다. "신정은 욕심이 있으니 어찌 굳세다고 하겠는가?"

| 자해 |

剛 : 굳세고 강하여 굽히지 않음. • 申棖 : 공자 제자의 성명. • 慾 : 즐기고 욕심이 많음.

| 의해 |

공자가 말하였다. "사람이 반드시 굳센 덕이 있어야 스스로 떨칠 수가 있는데, 이제 굳세다고 말할 만한 사람을 보려고 해도 내가 보지 못하였다." 어떤 사람이 굳셈을 알지 못하여 대답하였다. "선생님의 문하에 신정이란 자와 같은 이가 굳센 이가 아닙니까?" 공자가 말하였다. "사람이 오직 마음에 욕심이 없어야 바야흐로 굳센 데로 나아갈 수 있는데, 신정은 욕심이 많아서 욕심낼 만한 것을 보면 반드시 그 지키는 것을 잃을 것이다. 뜻과 기운이 또 그 때문에 굽을 것이니, 어찌 굳셀 수 있겠는가?"

| 요지 |

이 장은 공자가 굳센 덕의 어려움을 탄식한 것이다. 첫머리 글귀로 주장을 삼고 어떤 사람이 대답한 것을 부족하게 여긴 것은 바로 굳센 것을 보기 어려움을 보인 것이다.

자공왈 아불욕인지가저아야 오역욕무가저인
11. 子貢曰 我不欲人之加諸我也를 吾亦欲無加諸人
자왈 사야 비이소급야
하노이다 子曰 賜也아 非爾所及也니라

| 언해 |

子貢이 ᄀᆞᆯ오ᄃᆡ 내 人이 내게 加ᄒᆞ과댜 아니ᄒᆞᄂᆞᆫ 거슬 내 ᄯᅩᄒᆞᆫ 人의게 加ᄒᆞᆷ이 업고져 ᄒᆞ노이다 子ㅣ ᄀᆞᆯᄋᆞ샤ᄃᆡ 賜아 너의 及ᄒᆞᆯ빼 아니니라

| 직역 |

자공이 말하였다. "저는 남이 저에게 행하기를 원하지 않는 것을 저 또한 남에게 행하지 않고자 합니다." 공자께서 말씀하셨다. "사(賜)야, 네가 미칠 바가 아니다."

| 의해 |

자공이 스스로 그 뜻을 공자에게 말하였다. "나와 남의 마음이 같으니, 남이 나에게 행하기를 원하지 않는 일을 나 또한 남에게 행하지 않고자 합니다." 이것은 이 마음의 본체가 밝고 맑아서 드러나는 것이 모두 이 차마 못하는 마음이다. 힘쓰고 억지로 함을 기다릴 것이 없으니, 이미 인(仁)한 사람의 일이다. 그러므로 공자가 말하였다. "사야, 너의 지금 공부로 미칠 바가 아니니, 또한 힘써 구하는 것이 좋다."

| 요지 |

남이 나에게 행하기를 원하지 않는 것을 나 또한 남에게 행하지 않고자 한다는 것은 인(仁)이고, 자기 자신에게 베풀어서 원하지 않는 것을 또한 다른 사람에게 베풀지 말라고 한 것은 서(恕)이

다. 그렇다면 서(恕)는 자공이 혹 힘쓸 만한 것이지만 인(仁)은 자공이 미칠 바가 아니다.

자공왈 부자지문장 가득이문야 부자지언
12. 子貢曰 夫子之文章은 可得而聞也어니와 夫子之言
성여천도 불가득이문야
性與天道는 不可得而聞也니라

| 언해 |

子貢이 ᄀᆞᆯ오ᄃᆡ 夫子의 文章은 可히 시러곰 드르려니와 夫子의 性과 다ᄆᆞᆺ 天道를 닐ᄋᆞ샤믄 可히 시러곰 듣디 몯홀이니라

| 직역 |

자공이 말하였다. "선생님의 문장은 들을 수 있었으나, 선생님이 성과 천도를 말씀하시는 것은 듣지 못하였다."

| 자해 |

文章 : 덕이 외면에 나타난 것. 위의(威儀)와 문사(文辭)를 말함. • 性 : 사람이 하늘에서 받은 이치. • 天道 : 천리의 자연한 본체.

| 의해 |

공자의 성한 덕이 위엄으로 나타나고 문장으로 발표되어 그 찬란한 빛은 조금이라도 가리고 숨길 수가 없다. 그러므로 모든 제자들이 다 같이 보고 듣는다. 그러나 하늘에서 받은 성과 하늘 이치의 자연한 본체는 깊고 정밀하고 오묘하여 배우는 사람들이 갑자기 말을 할 수가 없다. 그러므로 바탕이 민첩하고 학문이 이루어져 지위가 이미 높은 자가 아니면 얻어들을 수가 없다.

| 요지 |

이 장은 성인 문하의 가르침이 정도(程度)에 맞게 하기 때문에, 자공이 이에 이르러 비로소 성과 천도를 얻어듣고 그 아름다움을 탄식한 것이다.

13. 子路는 有聞이오 未之能行하여서 惟恐有聞하더라
(자로 유문 미지능행 유공유문)

| 언해 |

子路ᄂᆞᆫ 드롬이 잇고 能히 行티 몯ᄒᆞ야셔 드롬이 이실가 저허ᄒᆞ더라

| 직역 |

자로는 듣고 나서 실행하지 못하면 오직 또 들을까 두려워하였다.

| 의해 |

자로는 착한 말을 들으면 이것을 실행하는 사람이다. 그러므로 무슨 좋은 말을 듣고 이것을 행하기 전에 새로 다른 것을 들을까 두려워한 것은 먼저 들은 것을 행하지 못하고 또 들으면 이것을 미쳐 모두 실행하지 못할까 염려해서이다. 자로와 같은 이는 그 용맹을 쓸 만한 곳에다 쓴다고 할 수 있다.

| 요지 |

이 장은 이 세 구절을 가지고 자로의 급히 행하는 마음을 형용한 것이니, 다른 곳의 사적(事蹟)을 기록한 것과는 같지 않다.

14. 子貢(자공)이 問曰(문왈) 孔文子(공문자)를 何以謂之文也(하이위지문야)잇고 子曰(자왈) 敏(민)而好學(이호학)하며 不耻下問(불치하문)이라 是以謂之文也(시이위지문야)니라

| 언해 |

子貢이 묻ᄌᆞ와 ᄀᆞᆯ오ᄃᆡ 公文子를 엇디 써 文이라 니ᄅᆞ니잇고 子ㅣ ᄀᆞᆯᄋᆞ샤ᄃᆡ 敏ᄒᆞ고 學을 好ᄒᆞ며 下問을 耻티 아니ᄒᆞᆫ디라 일로써 文이라 니ᄅᆞ니라

| 직역 |

자공이 물었다. "공문자를 왜 문(文)이라 일컬은 것입니까?" 공자께서 말씀하셨다. "민첩하고 배우기를 좋아하며 아랫사람에게 묻기를 부끄러워하지 아니하니, 이런 까닭으로 문이라 일컬은 것이다."

| 자해 |

孔文子 : 위(衛)나라 대부. 이름은 어(圉), 시호는 문(文).

| 의해 |

자공이 물었다. "시호는 나라의 공론(公論)이고, 문(文)은 시호 가운데서도 좋은 이름입니다. 공문자의 사람됨이 취할 만한 것이 없는데, 죽은 뒤에 시호를 문(文)이라 하였으니 과연 어째서입니까?" 공자가 말하였다. "공문자는 자질이 명민하지만 감히 명민하다고 자처하지 않고 학문을 좋아하며, 벼슬이 대부가 되었으나 높은 데 자처하지 않고 아랫사람에게 묻기를 부끄러워하지 않았다. 시호를 부여할 때에 배움을 부지런히 하고 묻기를 좋아하는 것을 문이라고 하니, 공문자가 배움을 좋아하고 아랫사람에게 물은 것이 이와 같았으므로 문이라고 한 것이다."

| 요지 |

자공이 공문자의 시호에 대하여 의심한 것은 분명히 그 소행을 부족하게 여기는 뜻이 있었는데, 공자가 대답하기를 '다만 그가 행한 실제적인 일이 시호를 부여하는 법에 맞았기 때문에 문(文)이라고 하였다'고 말하였다. 그 사람을 인정한 것도 아니고, 또한 그 더러운 행실을 의론한 것도 아니다.

15. 子謂子産(자위자산)하시되 有君子之道(유군자지도)가 四焉(사언)이니 其行己也恭(기행기야공)하며 其事上也敬(기사상야경)하며 其養民也惠(기양민야혜)하며 其使民也義(기사민야의)니라

| 언해 |

子ㅣ 子産을 닐ᄋᆞ샤ᄃᆡ 君子의 道ㅣ 네히 인ᄂᆞ니 그 己를 行홈이 恭ᄒᆞ며 그 上을 事홈이 敬ᄒᆞ며 그 民을 養홈이 惠ᄒᆞ며 그 民을 使홈이 義ᄒᆞ니라

| 직역 |

공자께서 자산을 평하여 말씀하셨다. "그에게 군자의 도가 네 가지 있었으니, 몸소 행할 때에 공손하며, 윗사람을 섬길 때에 공경하며, 백성을 기를 때에 은혜로우며, 백성을 부릴 때에 의로웠다."

| 자해 |

子産 : 정(鄭)나라 대부. 성은 공손(公孫), 이름은 교(僑). • 恭 : 겸손. • 敬 : 삼감. • 혜(惠)는 사랑하고 이롭게 하는 것. • 義 : 정사를 행함에 마땅함을 얻음.

| 의해 |

공자가 정나라 대부 자산을 평하여 말하였다. "그에게 군자의 도

에 맞는 것이 네 가지가 있었다. 네 가지는 무엇인가? 공손함으로 몸을 가지는 것은 군자의 도인데, 자산이 벼슬이 상경(上卿)이 되었으나 그 몸가짐에 착함이 있어도 자긍하지 않고 공로가 있어도 자랑하지 않아서 항상 공손함에 거하였으니, 그 몸가짐이 군자의 도에 맞았다. 공경함으로 임금을 섬기는 것은 군자의 도인데, 자산이 네 임금을 힘써 섬기면서 안으로 나라의 정사를 닦고 밖으로 제후와 친목하여 처음부터 끝까지 공경하고 삼가서 게으름이 없었으니, 그 임금을 섬기는 것이 군자의 도에 맞았다. 은혜로 백성을 기르는 것이 군자의 도인데, 자산이 백성을 기를 때에 이로운 일은 반드시 그들을 위하여 일으키고 해로운 일은 반드시 그들을 위하여 버려서 피폐한 백성들로 하여금 온전히 살게 하니, 그 백성을 기른 것이 군자의 도에 맞았다. 의로움으로 백성을 바르게 하는 것은 군자의 도인데, 자산이 백성을 부릴 때에 상하의 등급을 분별하고 피차의 이익을 고르게 하여 음란하고 방탕한 백성들로 하여금 단속하게 하니, 그 백성을 부린 것이 군자의 도에 맞았다. 자산이 이 네 가지를 갖추었으므로 천자를 높이고 백성을 안전하게 하여 정나라가 그에 힘입어 열악한 상태에서 변하여 강하게 되었으니, 어찌 춘추 때의 어진 대부가 아니겠는가?"

| 요지 |

이 장은 자산의 좋은 점만 칭찬하고 부족한 점은 드러내지 않았다.

16. 子曰(자왈) 晏平仲(안평중)은 善與人交(선여인교)로다 久而敬之(구이경지)온여

| 언해 |

子ㅣ 글ㅇ샤더 晏平仲은 人으로 더브러 交홈을 善히 ㅎ놋다 오라

되 敬ᄒᆞ곤여

| 직역 |

공자께서 말씀하셨다. "안평중은 사람과 더불어 잘 사귀도다. 오래되어도 공경하는구려!"

| 자해 |

晏平仲 : 제나라의 대부. 이름은 영(嬰). 경공(景公)을 도와 패업을 이룸.

| 의해 |

벗을 사귀는 사람은 많지만 잘 사귀는 사람은 적다. 그런데 안평중은 사람을 잘 사귀어 그 도리를 얻었다. 사람이 벗을 사귀는 데 처음에는 공경하지만 오래 사귀게 되면 너무 가까워져 함부로 대하기 때문에 잘 사귀지 못한다. 그러나 오직 안평중은 벗을 사귀어 그 공경이 처음부터 나중까지 조금도 변함이 없었으니, 이것이 잘 사귄다고 한 까닭이다.

| 요지 |

이 장은 공자가 안평중이 사람 사귀던 방법을 드러내서 세상을 깨우친 것이다. 오래도록 공경한다고 한 것은 귀해도 귀한 것을 자랑하지 않고, 권력이 있어도 권력으로 다투지 않는다는 뜻이다. 공경이라는 것은 예의를 갖추고 정성스러운 뜻이 지극한 것이다. 공자가 제나라에 있을 때에 안평중과 같이 8년을 지냈으므로 깊이 알았다. 그러므로 이와 같이 칭찬한 것이다.

17. 子曰(자왈) 臧文仲(장문중)이 居蔡(거채)호되 山節藻梲(산절조절)하니 何如其知(하여기지) 也(야)리오

| 언해 |

子ㅣ 골ᄋᆞ샤ᄃᆡ 臧文仲이 蔡를 居호ᄃᆡ 節에 山을 ᄒᆞ며 梲에 藻를 ᄒᆞ니 엇디 그 知라 ᄒᆞ리오

| 직역 |

공자께서 말씀하셨다. "장문중이 점치는 거북을 가지고 있었는데, 기둥 머리에 산을 그리고 동자 기둥에 수초 그림을 그렸으니 어떻게 그가 지혜롭다고 하겠는가?"

| 자해 |

臧文仲 : 노나라의 대부. 이름은 진(辰), 시호는 문(文). • 蔡 : 큰 거북. 큰 일이 있을 때 이것을 지져 점을 쳐 길흉을 판단함. • 山 : 산의 형상을 새기는 것. • 節 : 기둥머리의 모진 나무. • 藻 : 마름 풀. • 梲 : 대들보 위의 짧은 기둥.

| 의해 |

공자가 말하였다. "장문중이 지혜롭다는 이름을 얻었으나 내가 보니 장문중이 집을 지어 거북을 보관하는데, 기둥머리 모진 나무에는 산을 새겨 거북의 안정(安靜)을 형상하고 대들보 위의 짧은 기둥에는 마름풀을 그려서 거북의 정결(淨潔)을 형상하여 참으로 거북이 여기에 거처하는 것과 같이하여 길흉화복을 빌고 피하고자 하였다. 힘쓸 것을 아는 것이 지혜가 되는데, 장문중은 백성 다스리는 데 힘쓰지 않고 귀신에게 아첨한 것이 이와 같으니 그 마음의 미혹이 심하다. 사람들은 모두 장문 중을 지혜가 있다고 하

지만 나는 과연 그 어떤 것이 지혜가 되는지 알지 못하겠다."

| 요지 |

이 장은 장문중이 당시에 지혜 있다고 소문이 났었는데, 공자가 한 가지 일을 지적하여 그가 지혜롭지 못함을 말한 것이다. 여러 사람이 좋아하더라도 반드시 실질을 살피라는 뜻이다.

18. 子張(자장)이 問曰(문왈) 令尹子文(영윤자문)이 三仕爲令尹(삼사위영윤)호되 無喜色(무희색)하며 三已之(삼이지)호되 無慍色(무온색)하여 舊令尹之政(구영윤지정)을 必以告新令尹(필이고신영윤)하니 何如(하여)하니잇고 子曰(자왈) 忠矣(충의)니라 曰(왈) 仁矣乎(인의호)잇가 曰(왈) 未知(미지)케라 焉得仁(언득인)이리오 崔子弑齊君(최자시제군)이어늘 陳文子有馬十乘(진문자유마십승)이러니 棄而違之(기이위지)하고 至於他邦(지어타방)하여 則曰(즉왈) 猶吾大夫崔子也(유오대부최자야)라하고 違之(위지)하며 之一邦(지일방)하여 則又曰(즉우왈) 猶吾大夫崔子也(유오대부최자야)라하고 違之(위지)하니 何如(하여)하니잇고 子曰(자왈) 淸矣(청의)니라 曰(왈) 仁矣乎(인의호)잇가 曰(왈) 未知(미지)케라 焉得仁(언득인)이리오

| 언해 |

子張이 묻ᄌᆞ와 ᄀᆞᆯ오ᄃᆡ 令尹子文이 세번 仕ᄒᆞ야 令尹이 도요ᄃᆡ 喜ᄒᆞᆫ 色이 업스며 세번 已호ᄃᆡ 慍ᄒᆞᆫ 色이 업서 녯 令尹의 政을 반ᄃᆞ시 ᄡᅧ 新令尹에 告ᄒᆞ니 엇더ᄒᆞ니잇고 子ㅣ ᄀᆞᆯᄋᆞ샤ᄃᆡ 忠ᄒᆞ니라 ᄀᆞᆯ오ᄃᆡ 仁ᄒᆞ니잇가 ᄀᆞᆯᄋᆞ샤ᄃᆡ 아디 몯게라 엇디 시러곰 仁ᄒᆞ리오 崔

子ㅣ 齊君을 弑ᄒᆞ야늘 陳文子ㅣ 馬十乘을 둣더니 棄ᄒᆞ야 違ᄒᆞ고 他邦애 之ᄒᆞ야 곧 ᄀᆞᆯ오ᄃᆡ 우리 대부 崔子ᄀᆞᆮ다 ᄒᆞ고 違ᄒᆞ며 一邦애 之ᄒᆞ야 곧 ᄯᅩ ᄀᆞᆯ오ᄃᆡ 우리 대부 崔子ᄀᆞᆮ다 ᄒᆞ고 違ᄒᆞ니 엇더ᄒᆞ니잇고 子ㅣ ᄀᆞᆯᄋᆞ샤ᄃᆡ 淸ᄒᆞ니라 ᄀᆞᆯᄋᆞᄃᆡ 仁ᄒᆞ니잇가 ᄀᆞᆯᄋᆞ샤ᄃᆡ 아디 몯게라 엇디 시러곰 仁ᄒᆞ리오

| 직역 |

자장이 물었다. "영윤자문이 세 번 벼슬하여 영윤이 되었으면서도 기쁜 빛이 없었고, 세 번 그만두었으면서도 성내는 빛이 없었으며, 옛 영윤의 정사를 반드시 새 영윤에게 고해주었는데 어떻습니까?" 공자께서 말씀하셨다. "충성스럽다." 자장이 말하였다. "인(仁)합니까?" 공자께서 말씀하셨다. "알지 못하겠다. 어찌 인하다고 할 수 있겠는가?" "최자가 제나라 임금을 시해하니 진문자가 말 십승(十乘)을 가지고 있다가 버리고 떠나 다른 나라에 이르러서 곧 말하기를, '우리 대부 최자와 같다'고 하고 떠나 다른 나라에 가서 또 말하기를, '우리 대부 최자와 같다' 하고 떠났으니 어떻습니까?" 공자께서 말씀하셨다. "청렴하다." 자장이 말하였다. "인합니까?" 공자께서 말씀하셨다. "알지 못하겠다. 어찌 인하다고 할 수 있겠는가?"

| 자해 |

令尹 : 벼슬 이름. 초(楚)나라의 상경(上卿). • 子文 : 성은 투(鬪)이고, 이름은 곡어도(穀於菟). • 崔子 : 제(齊)나라 대부. 이름은 저(杼). • 齊君 : 제나라 임금 장공(莊公)이니, 이름이 광(光). • 陳文子 : 제나라 대부. 이름은 수(須).

| 의해 |

자장이 공자에게 물었다. "초나라의 영윤이라는 벼슬은 초나라에서 제일 세력이 있으며, 또 제일 높은 벼슬입니다. 자문이 세 번이나 이 벼슬을 하였지만 조금도 좋아하는 기색이 없고, 또 세 번

이나 이것을 그만두게 되었지만 조금도 좋지 않게 여기는 마음이 없으며, 옛 영윤과 신 영윤이 서로 교대할 때에 내 나라에 이로운 것을 일일이 고하여 영윤이 새로 된 사람으로 하여금 의거하여 행할 바가 있게 하였습니다. 그 행사가 이러했는데, 선생님께서는 이 사람을 어떻다고 여기십니까?" 공자가 말하였다. "이 사람이 나라가 있는 줄만 알고 자신이 있는 줄은 알지 못했으니, 행사를 보면 충성스럽다고 하겠다." 자장이 말하였다. "자문의 행실이 이와 같으니, 아마도 인한 것 같습니다." 공자가 말하였다. "인이라고 하는 것은 안에 이미 사사로운 욕심이 없고, 밖으로 행하는 일이 또 이치에 합당한 것이다. 지금 자문의 그러함이 과연 이치에 순전하여 사사로움이 없었는지 알지 못하니, 어찌 갑자기 인하다고 인정하겠는가?"

◑ 자장이 또 공자에게 물었다. "제나라 대부 최자가 그 임금을 죽였습니다. 그 때에 진문자가 또한 제나라의 대부가 되어 그 집에 말 십승이 있었으니 부유하다고 할 수 있었지만, 어지러운 나라에 구차하게 있기를 싫어하여 재산과 지위를 버리고 제나라를 떠났습니다. 그가 다른 나라로 갔다가 또 그 나라의 신하가 참람하여 충성스럽지 못한 것을 보고 말하기를, '우리나라의 최자와 같다'고 하고 또 다른 나라로 갔습니다. 그 나라의 신하가 또한 충성스럽지 못한 것을 보고 또 말하기를, '우리나라의 최자와 같다'고 하고 그로 인하여 그 나라를 떠났습니다. 이런 사람은 어떠합니까?" 공자가 말하였다. "악한 사람의 죄를 미워하여 그 나라를 버린 것은 지조를 깨끗하게 한 것이니, 그 마음이 청렴하다." 자장이 말하였다. "인하지 않습니까?" 공자가 말하였다. "인한 사람은 바깥으로 행한 일이 이치에 합하고 또 사사로운 마음이 없다. 지금 문자가 그러한 것이 과연 진실로 의리의 당연함을 보아서 잘못이 없고, 이해의 사사로움으로 뉘우치지 않는지 알지 못하겠다. 그러니 어찌 갑자기 인하다고 인정하겠는가?"

| 요지 |

자장은 인을 의론하면서 일로 하고, 공자는 인을 의론하면서 마음으로 하였다. 충성과 청렴이 또한 밖에 있는 것은 아니지만, 인은 다만 인이고 충성과 청렴의 두 가지에 그치는 것이 아니다. 두 번 알지 못한다고 한 것은, 자문에 대하여는 그 마음의 순전함이 어떠한지 알지 못한다고 한 것이고, 문자에 대하여는 그 마음의 편안함이 어떠한지 알지 못한다고 한 것이다. 충성과 청렴은 한 가지 일의 착함으로써 말한 것이고, 인은 마음의 덕의 온전함으로써 말한 것이다.

19. 季文子三思而後에 行하더니 子聞之하시고 曰 再斯可矣니라

| 언해 |

季文子ㅣ 세번 思ᄒᆞᆫ 後에 行ᄒᆞ더니 子ㅣ 드ᄅᆞ시고 ᄀᆞᆯᄋᆞ샤ᄃᆡ 再ㅣ 可ᄒᆞ니라

| 직역 |

계문자가 세 번 생각한 뒤에 실행하였더니, 공자께서 들으시고 말씀하셨다. "두 번이면 된다."

| 자해 |

季文子 : 노나라의 대부로 이름은 행보(行父).

| 의해 |

노나라 대부 계문자가 정권을 잡았는데, 생각이 지극히 주도면밀

한 사람이어서 무슨 일을 할 때 반드시 세 번을 생각하고 상고한 뒤에 행하였다. 공자가 그에 대하여서 듣고 말하였다. "사람이 일을 할 때 생각하는 것은 대단히 필요한 것이다. 그러나 생각이 지나치면 도리어 사사로운 뜻이 일어나서 의혹이 일게 된다. 그러므로 일이 생겼을 때 처음에는 그 이치를 얻지 못했다가 자세하게 생각하여 얻었다면, 이것은 한 번 생각하여 지극히 옳은 것을 본 것이다. 그러나 또 마음을 편히 하여 두 번 자세히 생각하면 시비(是非)와 가부(可否)가 이치에 마땅하지 않음이 없을 것이다. 그 정도에서 생각을 그만하는 것이 좋을 것이니, 어찌 반드시 세 번에 이르겠는가?"

| 요지 |

계문자가 일을 생각하는 것이 위와 같으니 상세하고 깊다고 할 수 있다. 그러나 선공(宣公)이 찬탈하여 임금이 되었는데도 계문자가 치지 못하고 도리어 제나라에 사신을 보내 뇌물을 주었으니 이것은 사사로운 뜻이 일어나 의혹된 것이라고 할 수 있다. 군자는 이치를 궁구하기를 힘쓰지만 과단성 있게 행하는 것을 귀하게 여긴다. 그러므로 다만 생각이 많은 것만을 숭상할 것이 아니다.

20. 子曰 甯武子邦有道則知하고 邦無道則愚하니 其知는 可及也어니와 其愚는 不可及也니라

| 언해 |

子ㅣ ᄀᆞᆯᄋᆞ샤ᄃᆡ 甯武子ㅣ 邦이 道ㅣ 이시면 知ᄒᆞ고 邦이 道ㅣ 업

스면 愚ᄒᆞ니 그 知ᄂᆞᆫ 可히 及ᄒᆞ려니와 그 愚ᄂᆞᆫ 可히 及디 몯ᄒᆞᆯ이니라

| 직역 |

공자께서 말씀하셨다. "영무자는 나라에 도가 있으면 지혜롭고 나라에 도가 없으면 어리석으니, 그 지혜에는 미칠 수 있지만 그 어리석음에는 미치지 못할 것이다."

| 자해 |

甯武子 : 위나라의 대부. 이름은 유(兪), 시호는 무자(武子).

| 의해 |

영무자가 위나라에서 벼슬을 하는데 문공(文公) 때에는 나라에 바로 도가 있을 때여서 할 만한 것을 보고 나아가고 때를 보아서 움직이니 이것이 지혜이다. 성공(成公)이 나라를 잃고 도가 없는 때를 당하여 지혜 있고 꾀 있는 선비가 많이 물러가 피하였는데, 영무자는 충성을 다하고 어려움을 무릅쓰고 몸을 버려서 임금을 받드니 이것은 어리석은 것이다. 그 지혜에 대하여 말한다면 평상시에 분수에 맞게 직분을 다하는 것은 때를 타는 현명함과 고요하게 진정하는 재주가 있는 사람이 또한 할 수 있는 것이니, 오히려 미칠 수 있는 것이다. 그러나 그 어리석음에 대하여 말한다면 어려움을 무릅쓰고 변란을 평정하여 임금과 자기 둘이 모두 온전하니 이것은 지혜 있는 자가 깊이 피하여 감히 하지 못하고 능히 하지 못할 것이니, 진실로 미칠 수 없는 것이다. 영무자는 진실로 어질다고 할 만하다.

| 요지 |

이 장은 공자가 영무자의 충성을 칭찬하여 신하로서의 준칙을 세운 것이다. 도가 없으면 어리석다는 구절이 중요하다.

21. 子在陳(자재진)하사 曰(왈) 歸與歸與(귀여귀여)인저 吾黨之小子狂簡(오당지소자광간)하여 斐然成章(비연성장)이오 不知所以裁之(부지소이재지)로다

| 언해 |

子ㅣ 陳에 겨샤 ᄀᆞᆯᄋᆞ샤ᄃᆡ 歸홀띤뎌 歸홀띤뎌 우리 黨앳 小子ㅣ 狂簡ᄒᆞ야 斐然히 章을 成ᄒᆞ고 써 裁홀 빠를 아디 몯ᄒᆞᄂᆞᆺ다

| 직역 |

공자께서 진나라에 계시면서 말씀하셨다. "돌아갈까 보다! 돌아갈까 보다! 우리 고을의 젊은이들은 뜻이 크나 일에는 소략하여 빛나게 문장을 이루고도 마름질할 바를 알지 못하는구나."

| 자해 |

吾黨小子 : 노나라에 있는 공자의 문인. • 狂簡 : 뜻이 크나 일에는 소략함. • 成章 : 그 문리(文理)가 성취하여 볼만함이 있는 것. • 裁 : 마름질하여 바르게 하는 것.

| 의해 |

공자가 사방으로 돌아다니면서 진나라에 있을 때 도가 행해지지 못할 것을 알고 탄식하여 말하였다. "이제 세상에 마침내 나를 쓸 자가 없다. 내가 아마도 돌아가야 할까 보다! 내가 아마도 돌아가야 할까 보다! 도가 지금 행해지지 못하나 오히려 후세에 전해질 수 있으니 우리 무리인 노나라에 있는 제자가 뜻이 원대하고 그로 인하여 세상 일에 소략하다. 이미 각각 빛나게 성취하여 문리에 볼 만한 것이 있으니 보통 사람이 미칠 수 있는 바가 아니다. 모두 도를 전할 만한 그릇이지만 다만 배움이 도에 이르지 못하여 때로 규범과 법도 밖으로 나가 자기를 마름질하여 중도(中道)에

합할 줄 알지 못하니, 내가 어찌 돌아가서 마름질하지 않겠는가?"

| 요지 |

이 장은 공자가 도가 행해지지 못할 것을 알고 뒤에 배우는 이를 성취시켜서 도를 후세에 전하고자 한 것이다. 그러나 또한 중도(中道)로 행할 선비를 얻지 못하여 그 다음을 생각하니, 노나라의 선비는 뜻이 원대하여 오히려 도에 나아갈 만하지만 다만 중도에 지나치고 바름을 잃어서 혹 다른 도에 빠질까 염려한 것이다.

자왈 백이숙제 불념구악 원시용희

22. 子曰 伯夷叔齊는 不念舊惡이라 怨是用希니라

| 언해 |

子ㅣ ᄀᆞᆯᄋᆞ샤ᄃᆡ 伯夷와 叔齊ᄂᆞᆫ 舊惡을 念티 아니ᄒᆞ논디라 怨이 일로ᄡᅧ 드므니라

| 직역 |

공자께서 말씀하셨다. "백이와 숙제는 예전의 악한 것을 생각하지 아니하므로 원망이 이 때문에 드물었다."

| 자해 |

伯夷・叔齊 : 고죽국(孤竹國) 임금의 두 아들. 백이는 형이고, 숙제는 아우. 고죽국의 임금이 죽은 뒤에 형제가 서로 임금되기를 사양함.

| 의해 |

예전의 백이와 숙제를 보니 마음이 맑고 굳세고 깨끗하여 악한 것을 엄하게 미워하였다. 마음이 좁고 막혀서 사람을 용납하는 바가 없을 듯하지만, 그 마음을 살펴보면 오로지 의리뿐이어서

다른 사람에게 악한 것이 있으면 그 사람을 미워하지 않고 그 악을 미워하여 악을 고치면 미워할 만한 것이 없게 되므로 옛날의 악을 미루어 생각하지 않았다. 그러므로 이전에 그들에게 미움을 받은 사람들이 모두 미움을 자초한 것을 부끄러워하고 끝까지 버림을 당하지 않은 것을 다행하게 여겨서 원망하는 마음이 자연히 적었다고 한 것이다.

| 요지 |

사람들이 모두 백이와 숙제의 청렴한 것만 알고 백이와 숙제의 도량은 알지 못하였다. 그러므로 공자가 특별히 드러내어 그 좋아하고 미워함의 공변된 것과 덕과 도량이 이와 같이 넓은 것을 보여준 것이다.

23. 子曰(자왈) 孰謂微生高直(숙위미생고직)고 或(혹)이 乞醯焉(걸혜언)이어늘 乞諸其鄰(걸저기린)而與之(이여지)온여

| 언해 |

子ㅣ ᄀᆞᆯᄋᆞ샤ᄃᆡ 뉘 微生高를 닐오ᄃᆡ 直다 ᄒᆞᄂᆞ뇨 或이 醯를 乞ᄒᆞ여ᄂᆞᆯ 그 鄰에 乞ᄒᆞ야 與ᄒᆞ곤여

| 직역 |

공자께서 말씀하셨다. "누가 미생고를 곧다고 말하였는가? 어떤 사람이 초를 빌리려고 하자, 그는 이웃집에서 빌려다가 주었더구려."

| 자해 |

微生高 : 노나라 사람. 성은 미생이고, 이름은 고. 당시에 곧은 사람으로 소

문이 나 있었음.

| 의해 |

마음을 평안하게 하고 이치를 따라서 일에 응하면 곧은 것이다. 만일 조금이라도 거짓이 있으면 곧은 것이 되지 못한다. 미생고를 사람들이 모두 곧다고 말하지만 그렇지 않다. 초같은 것은 얻기 어려운 물건이 아니므로 어떤 사람이 내게 와서 빌리자고 할 때 나에게 없으면 없다고 대답하면 된다. 그런데 미생고는 이웃에게서 빌려다가 주었는데, 이웃에 빌릴 때는 반드시 구하는 자를 말하지 않았을 것이고, 빌려 줄 때는 반드시 얻어온 곳을 말하지 않았을 것이니, 좋은 이름을 훔쳐 사사로운 뜻을 행한 것이다. 그러니 곧은 사람도 이와 같은가라고 한 것이다.

| 요지 |

이 장은 공자가 여러 사람이 좋아하더라도 반드시 살핀 뜻을 보여준 것이다. 곧음은 굽음의 반대이니, 이웃에게 빌릴 때 여러 가지 굽은 일이 있으므로 곧음이 되지 못한다.

자왈 교언영색주공 좌구명 치지 구역치
24. 子曰 巧言令色足恭을 左丘明이 恥之러니 丘亦恥
지 익원이우기인 좌구명 치지 구역치
之하노라 匿怨而友其人을 左丘明이 恥之러니 丘亦恥
지
之하노라

| 언해 |

子ㅣ ᄀᆞᆯᄋᆞ샤ᄃᆡ 言을 巧히 ᄒᆞ며 色을 令히 ᄒᆞ며 恭을 足히 ᄒᆞᆷ을 左丘明이 耻ᄒᆞ더니 丘ㅣ ᄯᅩᄒᆞᆫ 耻ᄒᆞ노라 怨을 匿ᄒᆞ고 그 사ᄅᆞᆷ을 友

흠을 左丘明이 耻ᄒᆞ더니 丘ㅣ 또ᄒᆞᆫ 耻ᄒᆞ노라

| 직역 |

공자께서 말씀하셨다. "말을 교묘하게 하고 얼굴빛을 꾸미며 공손함을 지나치게 하는 것을 좌구명이 부끄러워했는데 나도 또한 부끄러워한다. 원망을 숨기고 그 사람을 벗하는 것을 좌구명이 부끄러워했는데 나도 또한 부끄러워한다."

| 자해 |

足 : 지나침. 음은 '주'. 足恭(주공)은 공경하기를 과도하게 함. • 左丘明 : 예전에 이름이 있던 사람. 좌구는 그의 성. 『춘추좌전』을 지은 좌구명은 성이 좌씨인데, 이 사람과는 다른 사람임.

| 의해 |

말을 재주 있게 하고 얼굴빛을 좋게 가지고 또 공손함을 지나치게 하는 것은 모두 사람으로 하여금 보고 듣기에 좋게 하여 아첨하는 행위이니, 군자의 엄연(儼然)한 행동이 아니다. 또 원망하는 마음을 안에 감추고 밖으로 그 사람을 벗하여 좋아하는 것은 음험하여 안과 바깥이 같지 않은 사람이니 정직한 사람의 행할 바가 아니므로 옛적에 좌구명이 이것을 부끄러워한 것이다. 그러므로 공자가 스스로 "나도 또한 부끄러워한다"라고 하였다.

| 요지 |

이 장은 배우는 자를 깊이 경계하여 마음을 살펴 곧은 것으로써 세우고 행함을 돌아보아 거짓이 없어서 안과 밖이 한결같게 하도록 한 것이다.

25. 顔淵季路侍러니 子曰 盍各言爾志리오 子路曰 願車馬와 衣輕裘를 與朋友共하여 敝之而無憾하노이다 顔淵이 曰願無伐善하며 無施勞하노이다 子路曰 願聞子之志하노이다 子曰 老者를 安之하며 朋友를 信之하며 少者를 懷之니라

| 언해 |

顔淵과 季路ㅣ 侍ᄒᆞ얏더니 子ㅣ ᄀᆞᆯᄋᆞ샤ᄃᆡ 엇디 각각 네의 ᄠᅳᆮ을 니ᄅᆞ디 아니ᄒᆞ리오 子路ㅣ ᄀᆞᆯ오ᄃᆡ 願컨댄 車馬와 輕裘를 衣홈을 朋友로 더브러 ᄒᆞᆫ가지로 ᄒᆞ야 敝ᄒᆞ야도 憾홈이 업고져 ᄒᆞ노이다 顔淵이 ᄀᆞᆯ오ᄃᆡ 願컨댄 善을 伐홈이 업ᄉᆞ며 勞를 施홈이 업고져 ᄒᆞ노이다 子路ㅣ ᄀᆞᆯ오ᄃᆡ 願컨댄 子의 志를 듣ᄌᆞᆸ고져 ᄒᆞ노이다 子ㅣ ᄀᆞᆯᄋᆞ샤ᄃᆡ 老者를 安ᄒᆞ며 朋友를 信으로 ᄒᆞ며 少者를 懷홈이니라

| 직역 |

안연과 계로가 공자를 모시고 있었는데, 공자께서 말씀하셨다. "각각 너희들의 뜻을 말해보지 않겠느냐?" 자로가 말하였다. "원하건대 수레와 말과 가벼운 갖옷을 붕우와 더불어 같이 쓰다가 낡아지더라도 유감이 없고자 합니다." 안연이 말하였다. "원하건대 유능함을 자랑하지 않으며, 공로를 과시하지 않고자 합니다." 자로가 말하였다. "원하건대 선생님의 뜻을 듣고자 합니다." 공자께서 말씀하셨다. "늙은이를 편안하게 해주며, 붕우를 믿으며, 젊은이를 품어주고자 한다."

| 자해 |

盍 : 어찌 ~ 않는가. • 衣 : 입음. • 裘 : 갖옷. • 敝 : 해짐. • 憾 : 유감스럽게 여기는 것. • 伐 : 자랑. • 善 : 유능함. • 施 : 과시. • 勞 : 공로가 있음.

| 의해 |

안연과 계로가 공자를 모시고 앉았을 때에 공자가 두 사람에게 말하였다. "너희들은 각각 자기의 뜻을 말해 보는 것이 좋지 않겠느냐?"

◑ 자로가 말하였다. "저는 지금 비록 지위는 없으나 간절하게 생각하기에 인색하고 아끼는 사사로운 뜻은 학자의 큰 병통입니다. 원하건대 타는 수레와 말을 벗과 함께 같이 타고 입는 갖옷을 벗과 함께 같이 입어서 이것이 다 해진다고 하더라도 조금도 유감이 없고자 합니다."

◑ 안연이 말하였다. "제가 지금은 유능함과 공로가 없으나 간절하게 생각하기에 교만하고 자랑하는 생각은 학자가 마땅히 경계할 바입니다. 자신이 착하여 능할지라도 또한 성품의 분수에 진실로 있는 것이니 원컨대 자랑함이 없으며, 수고해서 사람들에게 공이 있을지라도 또한 직분상 마땅히 그러할 바이니 원컨대 과장하여 큰 체 않고자 합니다."

◑ 자로가 나와 말하였다. "저와 안회의 뜻은 선생님께서 이미 들으셨는데, 원컨대 선생님의 뜻이 어떠한지 듣고 싶습니다." 공자가 말하였다. "나의 뜻은 다름이 없다. 오직 천하 사람들로 하여금 각각 그 마땅한 바를 얻게 할 따름이다. 천하에 늙은 자가 있으면 편안히 봉양하여 그로 하여금 그 편안함을 누리게 하며, 붕우가 있으면 믿음으로 함께 하여 각각 그 사귐을 온전하게 하며, 젊은 자가 있으면 은혜로 품어서 각각 그 성품에 맞게 할 것이다. 이 몸의 접한 바를 따라 진실로 있는 마음을 다하여 대상이 스스로 오는 것에 따라 마땅히 얻을 이치를 줄 따름이다." 그렇다면 공자의 뜻이 천지와 같아서 일원(一元)의 기(氣)가 위에서 운전

(運轉)하여 천지 사이의 한 물건도 그 마땅한 바를 얻지 않음이 없을 것이니, 물건마다 힘을 더한 이후에야 움직일 수 있는 것이 아니다. 안연과 자로 같은 사람은 오히려 의도적인 뜻을 쓰는 것을 면하지 못할 것이다.

| 요지 |

이 장은 성현의 뜻이 다 공변되고 사사롭지 않으나, 많거나 적은 분량에서는 다름을 보여준 것이다.

자왈 이의호 오미견능견기과이내자송자야
26. 子曰 已矣乎라 吾未見能見其過而內自訟者也케라

| 언해 |

子ㅣ 골ᄋᆞ샤ᄃᆡ 말올디라 내 能히 그 過를 보고 內로 스스로 訟ᄒᆞᄂᆞᆫ 者를 보디 몯게라

| 직역 |

공자께서 말씀하셨다. "그만인가 보구나! 내가 능히 그 허물을 보고 안으로 스스로 뉘우치는 자를 보지 못하였다."

| 자해 |

已矣乎 : 마침내 얻어 보지 못할까 두려워하여 탄식하는 말. • 內自訟 : 입으로 말하지 않고 마음으로 스스로를 허물하는 것.

| 의해 |

공자가 말하였다. "내가 세상 사람 가운데 스스로 그 허물이 있음을 보고 안으로 스스로 송사하고 책망하여 이전에 먼저 했던 잘

못을 깨닫고 뉘우치는 자를 보지 못하였다. 사람이 스스로 책망할 수 있으면 뉘우치고 깨달음이 깊고 간절하여 허물을 고칠 수 있을 것이다. 그러나 마침내 얻어 보지 못하겠으니, 말한들 무엇 하겠는가?"

| 요지 |

이 장은 공자가 특별히 깨우쳐 분발하게 하는 말을 하여 사람으로 하여금 스스로 새로운 뜻을 일으키게 한 것이지 절망한 것은 아니다.

자왈 십실지읍 필유충신 여구자언 불
27. 子曰 十室之邑에 必有忠信이 如丘者焉이어니와 不
여구지호학야
如丘之好學也니라

| 언해 |

子ㅣ ᄀᆞᆯᄋᆞ샤ᄃᆡ 十室ㅅ邑에 반ᄃᆞ시 忠信이 丘 ᄀᆞᄐᆞᆫ 者ㅣ 잇거니와 丘의 學을 好홈만 ᄀᆞᆮ디 몯ᄒᆞ니라

| 직역 |

공자께서 말씀하셨다. "열 집 고을에 반드시 충과 신이 나와 같은 이는 있겠지만, 내가 학문을 좋아하는 것만은 같지 못할 것이다."

| 자해 |

十室 : 작은 고을. • 忠信 : 천생의 본질이 아름다운 것.

| 의해 |

사람이 도에 나아가는 데 진실로 아름다운 바탕이 귀하지만 더욱

배움이 필요하다. 지금 사람들이 모두 바탕이 아름답다고 나에 대하여 말하지만, 만일 자질로써 의론한다면 열 집 되는 조그마한 고을에도 반드시 순박하고 독실하여 충과 신이 나만한 사람이 있을 것이다. 다만 사람이 모두 그 바탕만 믿고 내가 학문을 부지런히 하여 이 아름다운 바탕을 채우는 것과 같지 못하기 때문에 도를 듣고 성취함이 적은 것이다.

| 요지 |

이 장은 아름다운 바탕을 믿을 것이 아니라 마땅히 학문에 힘써야 함을 보여서, 사람들에게 학문을 좋아해서 그 바탕을 채우라고 한 것이다.

6. 옹야(雍也)

1. 子曰(자왈) 雍也(옹야)는 可使南面(가사남면)이로다 仲弓(중궁)이 問子桑伯子(문자상백자)한대 子曰(자왈) 可也(가야) 簡(간)이니라 仲弓曰(중궁왈) 居敬而行簡(거경이행간)하여 以臨其民(이임기민)이면 不亦可乎(불역가호)잇가 居簡而行簡(거간이행간)이면 無乃大簡乎(무내태간호)잇가 子曰(자왈) 雍之言(옹지언)이 然(연)하다

| 언해 |

子ㅣ ᄀᆞᆯᄋᆞ샤ᄃᆡ 雍은 可히 ᄒᆞ여곰 南面ᄒᆞ얌즉 ᄒᆞ도다 仲弓이 子桑伯子를 묻ᄌᆞ온ᄃᆡ 子ㅣ ᄀᆞᆯᄋᆞ샤ᄃᆡ 可ᄒᆞᆷ이 簡이니라 仲弓이 ᄀᆞᆯᄋᆞᄃᆡ 敬에 居ᄒᆞ고 簡을 行ᄒᆞ야ᄡᅧ 그 ᄇᆡᆨ셩을 臨ᄒᆞ면 ᄯᅩᄒᆞᆫ 可티 아니ᄒᆞ니잇가 簡에 居ᄒᆞ고 簡을 行ᄒᆞ면 아니 너무 簡ᄒᆞ니잇가 子ㅣ ᄀᆞᆯᄋᆞ샤ᄃᆡ 雍의 말이 그러ᄒᆞ다

| 직역 |

공자께서 말씀하셨다. "옹(雍)은 임금 노릇을 하게 할 만하다." 중궁이 자상백자에 대하여 묻자, 공자께서 대답하셨다. "괜찮으니, 간략하다." 중궁이 말하였다. "공경함에 거하고 간략함을 행하여서 그 백성에게 임하면 또한 괜찮치 않습니까? 간략함에 거하고 간략함을 행하면 너무 간략한 것이 아닙니까?" 공자께서 말씀하셨다. "옹의 말이 옳다."

| 자해 |

南面 : 군주가 정사를 다스리는 자리. • 子桑伯子 : 노나라 사람. • 可 : 겨우 괜찮아서 미진(未盡)함이 있는 말. • 簡 : 번거롭지 않은 것.

| 의해 |

남쪽으로 얼굴을 향하는 것은 위에 거하여 임하는 지위이니, 그러한 인격이 아니면 하지 못할 것이다. 공자가 말하였다. "내 문하의 옹은 그로 하여금 남쪽으로 얼굴을 향하는 지위에 거하게 할 수 있다." 이것은 옹의 사람됨이 도량이 넓고 간중(簡重)하여 임금의 도량이 있음을 말한 것이다.

◑ 중궁은 공자가 자기를 임금 노릇을 할 만한다고 인정한 것은 그 간략함을 인정한 줄로 알았다. 그래서 자상백자의 간략함이 자기와 같지 않은 것에 대하여 물어서 공자가 인정하거나 하지 않는 것을 보아서 간략함의 득실을 알고자 하였다. 그러나 공자가 말하였다. "그런대로 괜찮으니, 간략하다. 세속에 얽매인 자와는 다르다."

◑ 자상백자는 의관도 하지 않고 거처하여 사람의 도를 소나 말의 도와 같이 본다고 공자가 꾸짖었으니, 그렇다면 자상백자는 너무 간략한 자이다. 중궁이 공자가 지나치게 인정한다고 의심하여 물었다. "간략함이라고 하는 것은 한 가지로 의론할 수 없으니, 만일 평일에 공경하는 공부에 스스로 처하면 마음 가운데 주재가 있어 한 몸의 움직임과 고요함이 모두 법도 안에 들 것입니다. 이로써 간략함을 행하면 모든 일에 그 번거롭고 간절한 것을 구분해서 하고 번거로운 법과 세세한 것을 일삼지 않을 것입니다. 이렇게 그 백성에게 임하면 수고하지 않고도 다스려지며 백성이 요란하지 않고도 좇을 것이니, 또한 괜찮치 않겠습니까? 만일 간략함만 자처한다면 마음 가운데 먼저 주장이 없고 그 몸이 또 법도 밖으로 벗어날 것입니다. 이로써 간략함을 행하면 모든 일에 그 가볍거나 무겁고 늦거나 급함을 분변하지 않고 그 소략함에 맡겨

서 기강과 법도가 모두 무너질 것이니, 일이 의거할 만한 규칙이 없고 백성이 지킬 만한 법이 없게 될 것입니다. 이것은 간략한 데로 너무 지나친 것이 아니겠습니까? 자상백자가 이와 같지 않습니까?"

◑ 중궁이 비록 공자의 그런대로 괜찮다는 뜻을 알아듣지 못하였으나, 그 간략함을 의론한 말은 진실로 위에 거처하여 아래에 임하는 데 바꾸지 못할 정론이다. 그러므로 공자가 깊이 인정하여 말하였다. "옹이 공경에 거하는 간략함이 괜찮다고 하고, 간략함에 거하는 간략함이 괜찮치 않다고 하니, 어찌 진실로 그렇지 않겠는가? 이 말은 세상이 본받을 만하도다!" 공자가 임금 노릇을 할 단하다고 옹을 인정한 것은 바로 그 공경이 있는 간략함 때문이었고, 자상백자를 그런대로 괜찮다고 한 것은 바로 그 너무 간략함 때문이었다. 여기에서 다스리는 법의 근본과 끝을 알 수 있다.

| 요지 |

이 장은 간략한 것을 중요하게 의론한 것이다. 공경이 비록 간략함의 주재(主宰)이지만, 공경과 간략함을 같이 볼 수는 없다. 첫 문장은 중궁의 간략함을 인정하고, 아래 문장은 그 간략함을 의론한데 대하여 깊이 그렇게 여긴 것이다. 끝 문장은 자상백자의 간략함을 배척한 것을 그렇게 여기어 중궁이 임금 노릇할 자격이 있음을 보인 것이니, 머리와 끝이 모두 이 한가지 뜻이다.

2. 哀公(애공)이 問弟子孰爲好學(문제자숙위호학)이니잇고 孔子對曰(공자대왈) 有顔回(유안회)者好學(자호학)하여 不遷怒(불천노)하며 不貳過(불이과)하더니 不幸短命死矣(불행단명사의)라 今也則亡(금야즉무)하니 未聞好學者也(미문호학자야)케이다

| 언해 |

哀公이 묻ᄌᆞ오ᄃᆡ 弟子ㅣ 뉘 學을 됴히 너기ᄂᆞ니잇고 孔子ㅣ 對ᄒᆞ야 ᄀᆞᆯᄋᆞ샤ᄃᆡ 顔回라 ᄒᆞ리 學을 됴히 너겨 怒를 遷티 아니ᄒᆞ며 過를 貳티 아니ᄒᆞ더니 幸티 몯ᄒᆞ야 命이 短ᄒᆞ야 죽은디라 이제ᄂᆞᆫ 업스니 學을 됴히 너기ᄂᆞᆫ 이를 듣디 몯게이다

| 직역 |

애공이 물었다. "제자 가운데 누가 배우기를 좋아합니까?" 공자가 대답하셨다. "안회라고 하는 사람이 배우기를 좋아하여 노여움을 옮기지 아니하며 허물을 두 번 하지 아니하더니 불행히도 명이 짧아서 죽었기 때문에 이제는 없으니 배우기를 좋아하는 자에 대하여 듣지 못하였습니다."

| 자해 |

不遷 : 옮기지 아니함. 갑(甲)에게 화낸 것을 을(乙)에게 옮기지 않음. • 不貳 : 다시 하지 않음. 전에 잘못한 것을 뒤에 다시 하지 않는 것. • 短命 : 안회가 32세로 죽었으므로 말한 것임.

| 의해 |

애공이 물었다. "제자 가운데 누가 배우기를 좋아합니까?" 공자가 대답하였다. "제자 가운데 배우기를 좋아하는 자가 항상 있지 않습니다. 안회라고 하는 자가 배움을 좋아하였습니다. 학문이라고 하는 것은 마음을 다스리는 것보다 더 어려운 것이 없고 마음을 다스리는 것은 사사로운 욕심을 이기는 것보다 더 필요한 것이 없습니다. 여기서 노한 마음을 저쪽으로 옮기고 전에 잘못한 것을 뒤에 다시 하는 것은 모두 이 마음이 사욕에 가려서 이기지 못하기 때문입니다. 안회는 사욕을 이기는 공부가 지극하여 노함이 없을 수 없었으나 일을 따라 노하였다가 또한 일을 따라 잊어버렸으니, 이것이 노여움을 옮기지 않은 것입니다. 우연히 살피기를 소홀히 하면 비록 허물이 없을 수는 없으나 허물이 있으면 일

찍이 알지 못한 적이 없고 알면 일찍이 다시 행하지 않았으니, 이것이 허물을 두 번 하지 않은 것입니다. 평일에 사욕을 이기는 공부가 깊기 때문에 이에 이를 수가 있었으니, 참으로 배우기를 좋아했다고 이를 수가 있습니다. 그러나 불행하게도 단명하여 죽으니, 지금은 이런 사람이 없습니다. 제자가 비록 많지만 배움을 좋아하기를 안회와 같이 하는 자가 있다는 말을 듣지 못하였습니다."

| 요지 |

이 장은 안회의 학문적 성취를 들어서 그가 배우기 좋아함을 보인 것이다. 노여움과 허물의 뜻은 지극히 작은 것으로 보아야 한다. 사람이 나를 범하여도 따지지 않는 사람은 안회였다. 여기에서 노여움이라고 한 것은 천리와 인정에 반드시 있는 것으로 말한 것이다. 삼 개월 동안 인을 어기지 않은 사람은 안회였다. 여기에서 허물이라고 한 것은 터럭만큼 조금 정밀하지 못한 것을 말한다. 노여움을 옮기지 않고 허물을 두 번 저지르지 않는다는 것은 내 몸의 사욕을 이기는 공부를 근본으로 하여 말한 것이다.

3. 子華使於齊러니 冉子爲其母請粟한대 子曰 與之釜하라 請益한대 曰 與之庾하라하야시늘 冉子與之粟五秉한대 子曰 赤之適齊也에 乘肥馬하며 衣輕裘하니 吾聞之也호니 君子는 周急이오 不繼富라호라 原思爲之宰러니 與之粟九百이어시늘 辭한대 子曰 毋하여 以與爾鄰里鄉黨乎인저

| 언해 |

子華ㅣ 齊에 브리이더니 冉子ㅣ 그 어미를 爲ᄒᆞ야 粟을 請ᄒᆞᆫ대 子ㅣ ᄀᆞᆯᄋᆞ샤ᄃᆡ 釜를 주라 더홈을 請ᄒᆞᆫ대 ᄀᆞᆯᄋᆞ샤ᄃᆡ 庾를 주라 ᄒᆞ야시ᄂᆞᆯ 冉子ㅣ 粟 다ᄉᆺ 秉을 준대 子ㅣ ᄀᆞᆯᄋᆞ샤ᄃᆡ 赤의 齊에 갈제 肥馬를 ᄐᆞ며 輕裘를 닙으니 나는 들으니 君子ᄂᆞᆫ 急ᄒᆞᆫ 이를 周ᄒᆞ고 富ᄒᆞᆫ 이를 繼티 아니ᄒᆞᆫ다 호라 原思ㅣ 宰되엿더니 粟九百을 주어시ᄂᆞᆯ ᄉᆞ양ᄒᆞᆫ대 子ㅣ ᄀᆞᆯᄋᆞ샤ᄃᆡ 말아 ᄡᅧ 네의 隣이며 里며 鄕이며 黨을 줄띤뎌

| 직역 |

자화가 제나라에 사신으로 갔는데 염자가 그 어미를 위하여 곡식을 청하니 공자께서 말씀하셨다. “부(釜)를 주어라.” 더 주기를 청하니 말씀하셨다. “유(庾)를 주어라.” 염자가 곡식 다섯 병(秉)을 주자, 공자께서 말씀하셨다. “적(赤)이 제나라에 갈 때 살찐 말을 타고 가벼운 갖옷을 입었다. 나는 들으니 군자는 급한 사람을 도와주고 부유한 사람에게 더 주지 아니한다고 하였다.” 원사가 재(宰)가 되자 곡식 구백을 주셨는데 사양하자 공자께서 말씀하셨다. “사양하지 말아라. 너의 인(隣)·리(里)·향(鄕)·당(黨)에 주어라.”

| 자해 |

釜 : 6말 4두가 들어가는 그릇. • 庾 : 16말이 들어가는 그릇. • 秉 : 160말이 들어가는 그릇. • 急 : 곤궁함. • 周 : 부족함을 보급하는 것. • 繼 : 여유가 있는 이를 이어주는 것. • 隣里鄕黨 : 인(隣)은 5집, 리(里)는 25집, 향(鄕)은 12,500집, 당(黨)은 500집.

| 의해 |

자화가 공자를 위하여 제나라에 사신으로 갈 때, 염자가 자화의 어미를 위하여 곡식을 청하였으니, 벗으로서의 마땅한 인정이다. 그러나 과연 자화의 어미에게 봉양하는 것이 부족했다면 공자가

마땅히 스스로 주었을 것이다. 어찌 청할 때까지 기다렸겠는가? 그러므로 공자가 대답하여 말하였다. "여섯 말 되는 부(釜)를 주라". 이것은 줄 것이 아니라는 뜻을 보인 것인데, 염구는 이것도 부족하다고 하여 두 번째로 더 주기를 청하니 공자가 "열 여섯 말 되는 유(庾)를 주라"고 하였다. 그런데 염구는 자기의 곡식 백 육십 말이 든 병(秉) 다섯을 주었다.

◑ 염구는 곡식을 많이 주는 것이 의에 합당하지 못함을 알지 못하고 공자의 뜻을 어겨 많이 주었다. 공자가 이것을 지적하여 말하였다. "적이 이번에 제나라에 갈 때 살찐 말을 타고 가벼운 갖옷을 입었으니 이것은 그 넉넉함을 나타낸다. 그 어미를 봉양함에 부족함이 없을 것이다. 내가 들으니 군자는 곤궁한 사람을 도와주고 넉넉한 데에는 더 보태주지 않는다고 한다. 이제 적이 이미 넉넉한데 네가 또 많이 주니, 이것은 넉넉한 사람에게 더 주는 것이다. 군자가 재물을 쓰는 의가 이렇지 않다."

◑ 공자가 노나라에서 사구(司寇) 벼슬을 하였는데, 대부의 지위라서 반드시 채읍(采邑)이 있으며 대부는 가(家)라고 일컫는다. 그러므로 원사를 집안의 재(宰)로 삼고 공자가 봉록으로 곡식 구백을 주니 이것은 재가 된 자의 떳떳한 봉록이라서 의리로 마땅히 받을 것인데, 원사는 청렴한 자라서 많다고 하여 사양하였다.

◑ 공자가 원사의 사양하는 것이 의에 지나치다고 하여 권하여 말하였다. "이것은 네가 재가 되어서 마땅히 받을 봉록이니 사양하지 말고, 만일 곡식이 남으면 네 이웃의 가난한 자에게 주는 것이 좋을 것이다. 임금의 은혜를 미루어 사람의 급한 것을 구제하는 것이 당연한 일인데 어찌 사양하는가?"

| 요지 |

공자가 자화를 사신 보낸 것과 자화가 공자를 위해 사신 간 것이 의인데, 염구가 그를 위하여 주기를 청하니 성인이 너그럽게 용납하였다. 남의 뜻을 바로 막고자 아니하였기 때문에 조금 주라

고 하여 마땅히 주지 않아야 할 것을 보여 주었고, 더 주자고 청함에 또 조금 주라고 한 것은 마땅히 더 줄 것이 없음을 보인 것인데, 염구가 그 뜻을 알지 못하고 스스로 많이 주었으니 잘못이다. 그러므로 공자가 그르다고 하였다. 만일 자화가 참으로 궁핍했다면 공자가 반드시 스스로 구제해 주었을 것이고 청하기를 기다리지 않았을 것이다. 원사는 재(宰)가 되었으니 떳떳한 봉록이 있는데, 원사가 많다고 사양하였기 때문에 또 이웃의 가난한 사람에게 나누어 주라고 하였으니, 의에 마땅하지 않은 것이 없다. 이 두 일에서 성인이 재물을 쓰는 것을 볼 수 있다.

자위중궁왈 이우지자 성차각 수욕물용
4. 子謂仲弓曰 犂牛之子가 騂且角이면 雖欲勿用이나
산천 기사저
山川은 其舍諸아

| 언해 |

子ㅣ 仲弓을 닐어 ᄀᆞᆯᄋᆞ샤ᄃᆡ 犂牛의 子ㅣ 騂ᄒᆞ고 ᄯᅩ 角ᄒᆞ면 비록 ᄡᅥ디 말고쟈ᄒᆞ나 山川은 그 ᄇᆞ리랴

| 직역 |

공자께서 중궁을 논평하여 말씀하셨다. "얼룩소의 새끼가 빛이 붉고 또한 뿔이 단정하면 비록 쓰지 않고자 하더라도 산천이 버리겠는가?"

| 자해 |

犂 : 얼룩얼룩한 것. • 騂 : 붉은 빛. 주나라는 적색을 숭상하여 희생의 빛을 붉은 것을 썼음. • 角 : 뿔이 둥글고 단정하여 희생에 맞는 것. • 用 : 잡아서

희생에 사용하는 것. • 山川 : 산천의 신령.

| 의해 |

중궁은 공자의 문인 가운데 뛰어난 제자의 한 사람이었지만, 아버지가 신분이 천하고 또 품행이 불량하였기 때문에 중궁까지 세상에서 좋게 여기지 않았다. 그러므로 공자가 비유하여 말하였다. "잡된 털을 가진 소는 희생으로 쓰지 못할 것이나, 그 새끼가 만일 두 뿔이 둥글고 곧아서 희생의 제도에 맞고 뿔에 상처가 없으며 또 빛이 순전하게 붉으면, 사람들은 아비 소가 좋지 못하니 이것을 쓰지 말자고 하나, 산천의 신령이 그렇다고 받아들이지 아니하겠는가?"

| 요지 |

이 장은 사람을 쓰는 자가 신분에 구애를 받아서는 안 된다는 것을 보여준 것이다. 뛰어난 사람이라면 그 신분을 묻지 않아야 하고, 쓸만한 자라면 등용을 막지 않아야 한다.

5. 子曰 回也는 其心이 三月不違仁이오 其餘則日月至焉而已矣니라

| 언해 |

子ㅣ ᄀᆞᆯᄋᆞ샤ᄃᆡ 回ᄂᆞᆫ 그 ᄆᆞᄋᆞᆷ이 석 ᄃᆞᆯ을 仁에 어글웃디 아니ᄒᆞ고 그 나ᄆᆞᆫ이ᄂᆞᆫ 날이며 ᄃᆞᆯ로 니를 ᄯᆞᄅᆞᆷ이니라

| 직역 |

공자께서 말씀하셨다. "안회는 그 마음이 석 달 동안 인을 어기지

않고, 그 나머지는 하루나 한 달에 한 번 이를 따름이다."

| 자해 |

三月 : 오래됨을 말한 것. • 日月至焉 : 혹 하루 한 번씩 이르고, 혹 한달에 한 번씩 이르러서 그 지경에 나아가기는 하나 오래하지 못하는 것.

| 의해 |

인이라는 것은 마음의 온전한 덕이니, 오직 마음에 사사로운 얽매임이 없어야 흡족할 수 있다. 안회가 밝고 굳센 자질로 극기(克己)하는 공부가 깊어서 보고 듣고 말하고 움직임이 순전한 하늘의 이치였다. 석 달에 이르러도 그 마음에 둔 바와 발한 바가 인으로 더불어 항상 서로 떠나지 않아서 중심이 인을 편안히 여기는 경지에 이르렀다. 그리고 그 나머지 제자들은 인에 종사하지 않은 것은 아니지만, 다만 오래 간직하는 공부가 없어서 혹 하루 동안에 마음에 그 덕을 두었다가 조금 있으면 또 사욕에 가리워 인을 어기고, 혹 한 달 동안에 마음에 그 덕을 얻었다가 조금 있으면 또 사욕에 가리워 인을 어기게 되었다.

| 요지 |

이 장은 안회를 순전한 인이라고 격려하고 모든 제자가 안회의 학문과 같기를 바라도록 권면한 것이다. 석 달 동안 인을 어기지 않는다고 한 것은 안회를 칭찬한 것이 아니라 바로 안회를 이끌어 학문에 더 나아가도록 한 것이다. 그리고 하루나 한 달만에 인에 이른다고 한 것은 다른 제자를 꾸짖어 말한 것이 아니라 바로 그들에게 권면한 것이다.

6. 季康子問 仲由는 可使從政也與잇가 子曰 由也는 果하니 於從政乎에 何有리오 曰 賜也는 可使從政也與잇가 曰 賜也는 達하니 於從政乎에 何有리오 曰 求也는 可使從政也與잇가 曰 求也는 藝하니 於從政乎에 何有리오

| 언해 |

季康子ㅣ 묻ᄌᆞ오ᄃᆡ 仲由ᄂᆞᆫ 可히 ᄒᆡ여곰 政을 從ᄒᆞ얌즉 ᄒᆞ니잇가 子ㅣ ᄀᆞᆯᄋᆞ샤ᄃᆡ 由ᄂᆞᆫ 果ᄒᆞ니 政을 從홈애 므스거시 이시리오 ᄀᆞᆯ오ᄃᆡ 賜ᄂᆞᆫ 可히 ᄒᆡ여곰 政을 從ᄒᆞ얌즉 ᄒᆞ니잇가 ᄀᆞᆯᄋᆞ샤ᄃᆡ 賜ᄂᆞᆫ 達ᄒᆞ니 政을 從홈애 므스거시 이시리오 ᄀᆞᆯ오ᄃᆡ 求ᄂᆞᆫ 可히 ᄒᆡ여곰 政을 從ᄒᆞ얌즉 ᄒᆞ니잇가 ᄀᆞᆯᄋᆞ샤ᄃᆡ 求ᄂᆞᆫ 藝ᄒᆞ니 政을 從홈애 므스거시 이시리오

| 직역 |

계강자가 물었다. "중유(仲由)는 정치에 종사하게 할 만합니까?" 공자께서 말씀하셨다. "중유는 과단성이 있으니 정치에 종사하는 데 무엇이 어렵겠는가!" 계강자가 말하였다. "사(賜)는 정치에 종사하게 할 만합니까?" 공자께서 말씀하셨다. "사는 사리에 통달하였으니 정치에 종사하는 데 무엇이 어렵겠는가!" 계강자가 말하였다. "구(求)는 정치에 종사하게 할 만합니까?" 공자께서 말씀하셨다. "구는 재능이 많으니 정치에 종사하는 데 무엇이 어렵겠는가!"

| 자해 |

從政 : 대부가 됨을 말함. • 果 : 결단함. • 達 : 사리에 통달함. • 藝 : 재능이 많음.

| 의해 |

계강자가 물었다. "선생님 문하의 중유와 같은 사람은 그로 하여금 임금을 좇아서 정치에 종사하도록 할 만합니까?" 공자가 말하였다. "사람이 너무 부드러워서 결단성이 없는 자는 정치에 종사하지 못하는 데, 중유는 성품이 강직하고 결단성이 있어서 일을 처리하는데 과단성이 있습니다. 과감하면 어려운 것을 맡고 무거운 것을 이길 수 있습니다. 정치에 종사하는 데 무슨 어려움이 있겠습니까?"

◑ 계강자가 물었다. "사(賜)는 그로 하여금 정치에 종사하도록 할 만합니까?" 공자가 말하였다. "사람이 고집스럽고 막혀서 통하지 못한 자는 정치에 종사하지 못하는데, 사는 현명하여 사리에 밝습니다. 통달하면 급한 것을 다스리고 의심나는 것을 판단할 수 있으니, 정치에 종사하는 데 무슨 어려움이 있겠습니까?"

◑ 계강자가 물었다. "구(求)는 그로 하여금 정치에 종사하도록 할 만합니까?" 공자가 말하였다. "여러 가지 일을 잘 처리하지 못하는 자는 정치에 종사하지 못하는데, 구는 생각이 깊고 일을 처리하는 데 방법이 있습니다. 재능이 있으면 상황에 따라 일을 처리할 수 있으니, 정치에 종사하는 데 무슨 어려움이 있겠습니까? 이 세 사람이 모두 각각 장점이 있으니, 사람을 쓰는 자가 마땅히 재목을 따라서 쓰는 도리를 알아야 합니다."

| 요지 |

세 사람의 재주를 계강자에게 고해 준 것은 또한 재주에 따라 쓰는 도리를 열어 보여준 것이다. 계강자가 대부의 지위를 크게 여기고 세 사람을 작게 보았기 때문에 공자는 대부의 지위를 가볍게 보고 세 사람의 재주를 의론하여 '무엇이 어렵겠는가?'라고 하여 넉넉하다는 뜻을 보여주었다.

계 씨 사 민 자 건 위 비 재 민 자 건 왈 선 위 아 사
7. 季氏使閔子騫으로 爲費宰한대 閔子騫曰 善爲我辭
언 여 유 부 아 자 즉 오 필 재 문 상 의
焉하라 如有復我者인댄 則吾必在汶上矣로리라

| 언해 |

季氏ㅣ 閔子騫으로 ᄒᆞ여곰 費ㅅ宰를 ᄒᆞ인대 閔子騫이 ᄀᆞᆯ오ᄃᆡ 善히 나를 爲ᄒᆞ야 辭ᄒᆞ라 만일에 내게 다시 ᄒᆞᆷ이 이실띤댄 곧 내 반ᄃᆞ시 汶ㅅ上애 이쇼리라

| 직역 |

계씨가 민자건으로 하여금 비(費) 고을의 재를 삼고자 하니, 민자건이 말하였다. "나를 위하여 잘 말하라. 만일 내게 다시 말하면 곧 내가 반드시 문수 가에 있을 것이다."

| 자해 |

費 : 계씨 개인의 고을 이름. • 汶 : 제나라 남쪽과 노나라 북쪽 경계에 있는 물이름.

| 의해 |

계씨는 노나라의 권세 있는 대부로서 노나라의 정사를 잡은 사람이다. 자기의 고을 비(費) 땅에서 자주 반란이 일어나므로 어진 민자건을 자기 고을의 재(宰)로 삼고자 사람을 보내 민자건을 불렀다. 그러나 민자건은 계씨가 옳지 않아서 미워하였으므로, 그의 집안 신하가 될 마음이 없었다. 이에 그 사자(使者)에게 말하였다. "내가 벼슬을 아니 하고자 하니, 그대는 나를 위하여 말을 잘하라. 만일 다시 나를 부르게 되면 나는 반드시 노나라 국경을 나가서 저 문수 가에 가서 돌아오지 않으리라." 이것은 계씨의 부름을 거절한 것이다.

| 요지 |

비 땅은 강한데 노나라는 약하였다. 공자는 비 땅의 성을 헐고자 하였고, 민자건은 나라를 파하고 사사로운 집안을 강하게 하려고 하지 않았기 때문에 핑계하여 사양한 것이다. 확실하게 결단하여 나온 말이지만, 다만 도가 있는 자의 말이어서 자연히 온순하다.

8. 伯牛有疾(백우유질)이어늘 子問之(자문지)하실새 自牖(자유)로 執其手曰(집기수왈) 亡之(무지)러니 命矣夫(명의부)라 斯人也而有斯疾也(사인야이유사질야)할새 斯人也而有斯疾也(사인야이유사질야)할새

| 언해 |

伯牛ㅣ 疾이 잇거늘 子ㅣ 무ᄅᆞ실ᄉᆡ 牖로브터 그 손을 잡아 ᄀᆞᆯᄋᆞ샤ᄃᆡ 업스리러니 命이라 이 사람이 이 疾을 둘셔 이 사람이 이 疾을 둘셔

| 직역 |

백우가 병에 걸리자 공자께서 문병하실 때 창문으로부터 그 손을 잡고 말씀하셨다. "이런 일이 있을 리가 없는데, 명이구나! 이 사람이 이 병에 걸렸으니! 이 사람이 이 병에 걸렸으니!"

| 자해 |

有疾 : 문둥병. • 牖 : 남쪽 창문. • 執其手 : 예법에 병자는 북쪽 창문 아래에 누워 있는다. 임금이 문병할 때 병자를 남쪽 창 아래에 옮겨 임금으로 하여금 남쪽으로 얼굴을 향하여 자기를 보게 한다. 공자가 백우를 문병할 때 백우의 집에서 이 예로 공자를 높이니, 공자가 감히 이 예를 따르지 못하므로 그 방에

들어가지 않고 창으로부터 그 손은 잡은 것이니, 영결한 것이다. • 命 : 천명.

| 의해 |

백우의 병은 보통의 병이 아니었다. 공자가 문병할 때에 창밖으로부터 그 손을 잡고 말하였다. "병의 증세가 이와 같으니, 죽을 것이 분명하구나. 이것이 참으로 명이다. 이런 사람에게 어찌 이런 병이 있는가? 이런 사람에게 어찌 이런 병이 있는가? 마땅히 있지 않아야 할 것이 있으니, 참으로 이르지 않아야 할 것이 이르렀구나."

| 요지 |

이 장은 공자가 스승과 제자 사이의 정의(情誼)를 도탑게 한 것을 보여준 것이다.

9. 子曰(자왈) 賢哉(현재)라 回也(회야)여 一簞食(일단사)와 一瓢飮(일표음)으로 在陋巷(재루항)을 人不堪其憂(인불감기우)어늘 回也不改其樂(회야불개기락)하니 賢哉(현재)라 回也(회야)여

| 언해 |

子ㅣ ᄀᆞᆯᄋᆞ샤ᄃᆡ 賢ᄒᆞ다 回ㅣ여 ᄒᆞᆫ 簞앳 食와 ᄒᆞᆫ 瓢앳 飮으로 陋巷에 이심을 사ᄅᆞᆷ이 그 시름을 이긔디 몯ᄒᆞ거늘 回ㅣ 그 樂을 改티 아니ᄒᆞ니 賢ᄒᆞ다 回ㅣ여

| 직역 |

공자께서 말씀하셨다. "어질도다. 안회여! 한 대그릇의 밥을 먹고 한 표주박의 물을 마시고서 누추한 거리에서 사는 것에 대하여

사람이 그 근심을 견디지 못하는데 안회는 그 즐거움을 고치지 아니하니 어질구나. 안회여!"

| 자해 |

簞 : 대나무로 만든 그릇. • 食 : 밥. 음은 사. • 瓢 : 바가지.

| 의해 |

공자가 안회를 칭찬하고 아름답게 여겨서 말하였다. "도를 배운 사람은 많지만 도를 얻은 사람은 적다. 어질구나, 안회의 사람됨이여! 사람이 가난에 처하는 것보다 더 어려운 것이 없는데, 안회는 지극히 가난한 자이다. 한 대그릇의 밥이 지극히 조촐하며 한 표주박의 물이 지극히 소박하며 쓸쓸하게 누추한 거리에서 사는 것이 지극히 곤란하니, 다른 사람이 이러한 처지에 있으면 그 근심을 견디지 못할 것이다. 그런데 안회는 태연하게 자득하여 이로써 그 마음의 참 즐거움을 고치지 않으니, 이것은 그 본 바가 크고 기른 바가 순전하기 때문이다. 그러니 어찌 다른 사람들이 미칠 수 있는 바이겠는가? 어질구나, 안회여!"

| 요지 |

안회의 마음에 스스로 즐거움이 있으므로 가난이 그 마음을 얽매지 못하는 것이다.

10. 冉求曰(염구왈) 非不說子之道(비불열자지도)언마는 力不足也(역부족야)로이다 子曰(자왈)
力不足者(역부족자)는 中道而廢(중도이폐)하나니 今女(금녀)는 畫(획)이로다

| 언해 |

冉求ㅣ 골오뒤 子의 道를 說티 아니홈이 아니언마는 힘이 足디 몯호이다 子ㅣ 골ᄋᆞ샤뒤 힘이 足디 몯ᄒᆞᆫ 者는 道에 中ᄒᆞ야 廢ᄒᆞᄂᆞ니 이제 너는 劃홈이로다

| 직역 |

염구가 말하였다. "선생님의 도를 좋아하지 않는 것은 아니지만 힘이 충분하지 못합니다." 공자께서 말씀하셨다. "힘이 충분하지 못한 자는 중도에 그만두는데 지금 너는 스스로 한계를 긋는구나."

| 자해 |

力不足 : 나아가고자 하나 능하지 못한 것. • 畫 : 나아갈 수 있는데도 나아가려고 하지 않는 것.

| 의해 |

염구가 말하였다. "선생님의 도가 높고 아름다워서 제가 흠모하여 본받고자 하지 않는 것은 아니지만, 다만 자질이 부족하여 힘이 마음을 따르지 못합니다." 공자가 말하였다. "이른바 힘이 부족하다고 하는 것은 그 힘을 쓰지 않는 것이 아니니, 이에 실제로 그 힘을 다하여서 앞으로 나가다가 중도에 이르러 나아가고자 하지만, 할 수 없으면 그만두지 않을 수 없다. 이제 너는 땅에 금을 긋고 스스로 한정하여 실제로 그 힘을 써서 나아가기를 구하지 않고 이에 힘이 부족한 것으로 핑계를 삼는구나."

| 요지 |

이 장은 염구가 물러나려고 하기 때문에 나아가게 하는 뜻이 있다. 힘이 부족하여 중도에서 그만둔다고 하는 두 구절은 공자가 힘이 부족한 모양을 말하여 염구가 용감하게 앞으로 나아가지 못하는 것을 깨우친 것이다.

11. 子謂子夏曰 女爲君子儒요 無爲小人儒하라

자위자하왈 여위군자유 무위소인유

| 언해 |

子ㅣ 子夏ᄃᆞ려 닐어 ᄀᆞᆯᄋᆞ샤ᄃᆡ 네 君子ㅅ 儒ㅣ 되고 小人ㅅ 儒ㅣ 되디 말라

| 직역 |

공자께서 자하에게 일러 말씀하셨다. "너는 군자인 선비가 되고 소인인 선비가 되지 말라."

| 자해 |

儒 : 학자의 호칭.

| 의해 |

공자가 자하에게 말하였다. "사람이 모두 배우는 자를 가리켜 선비라고 하지만, 선비라고 하는 사람 가운데에는 군자인 선비와 소인인 선비가 있다. 군자인 선비는 도리를 연구하여 이것을 스스로 힘써 행하고, 결코 이것을 다른 사람에게 알려 명예를 구하고자 하지 않는다. 소인인 선비는 이와 반대로 오직 명예를 얻기 위하여 고심하므로 배운 것을 굽혀 세상에 아첨한다. 그러므로 너는 군자인 선비가 되어 의리와 이익의 관계를 밝게 분별하여 어김이 없도록 힘쓰라." 자하가 원래 널리 배우고 들은 것이 많지만 의리와 이익 사이를 밝혀 분별하는 힘이 넉넉하지 못할까 염려하였기 때문에 이와 같이 말한 것이다.

| 요지 |

이 장은 자하를 참 선비의 학문에 나아가게 한 것이다. 군자인 선

비와 소인인 선비의 분별은 마음을 쓰는 데 달려 있기 때문에, 그릇된 소인인 선비에 들어갈까 염려하여 크게 일깨운 것이다.

12. 子游爲武城宰러니 子曰 女得人焉爾乎아 曰 有澹臺滅明者하니 行不由徑하며 非公事어든 未嘗至於偃之室也하니이다

| 언해 |

子游ㅣ 武城ㅅ 宰되엿더니 子ㅣ ᄀᆞᆯᄋᆞ샤ᄃᆡ 네 사ᄅᆞᆷ을 어던ᄂᆞᆫ다 ᄀᆞᆯ오ᄃᆡ 澹臺滅明이라 ᄒᆞᆯ이 이시니 行홈애 徑을 말미암디 아니ᄒᆞ며 公事ㅣ 아니어든 일ᄶᆞᆨ 偃의 室에 니르디 아니ᄒᆞᄂᆞ니이다

| 직역 |

자유가 무성의 재(宰)가 되자, 공자께서 말씀하셨다. "너는 사람을 얻었는가?" 자유가 말하였다. "담대멸명이라는 사람이 있는데 다닐 때에 지름길로 가지 아니하며 공적인 일이 아니면 저의 집에 온 적이 없습니다."

| 자해 |

武城 : 노나라의 하읍(下邑). • 澹臺滅明 : 담대(澹臺)는 성, 멸명(滅明)은 이름이며, 자는 자우(子羽). • 徑 : 길이 작으면서 빠른 것. • 公事 : 선비들이 서로 만나보는 향음주례(鄕飮酒禮)와 선비들이 모여 활을 쏘는 향사례(鄕射禮)와 같은 종류.

| 의해 |

자유가 무성의 재가 되었을 때 공자가 자유에게 물었다. "네가 그

고을에 가서 그 지방 풍속을 대표할 만한 사람을 얻었느냐?" 자유가 대답하였다. "그 고을에 담대멸명이란 자가 있으니, 다닐 때에 반드시 큰 길로 가고 지름길로 가지 않으며 향음주(鄕飮酒 : 선비들이 서로 만나보는 예)와 향사례(鄕射禮 : 선비들이 모여 활 쏘는 것) 등등의 일 이외에는 저의 처소에 오지 않으니, 이 두 가지 일로 미루어 보면 이 사람은 마음이 광명정대(光明正大)하여 반드시 바른 도를 지키는 것 같습니다. 제가 이 고을에 와서 이 사람을 얻었습니다."

| 요지 |

이 장은 선비의 품행이 마땅히 단정해야 한다는 것을 보인 것이다. 사람을 얻었다는 것은 다만 마음이 합한 것이고 정사(政事)를 돕는 것으로 말한 것이 아니다. 지름길로 가지 않는다는 두 구절은 작은 일을 가지고 큰 것을 밝힌 것이니, 이 두 구절을 가지고 전체를 보아야 한다.

자왈 맹지반 불벌 분이전 장입문
13. 子曰 孟之反은 不伐이로다 奔而殿하여 將入門할새
책기마왈 비감후야 마부진야
策其馬曰 非敢後也라 馬不進也라하니라

| 언해 |

子ㅣ ᄀᆞᆯᄋᆞ샤ᄃᆡ 孟之反ᄋᆞᆫ 伐티 아니ᄒᆞ놋다 奔홈애 殿ᄒᆞ야 將ᄎᆞᆺ 門의 들ᄉᆡ 그 ᄆᆞᆯ을 策ᄒᆞ야 ᄀᆞᆯ오ᄃᆡ 敢히 後ᄒᆞᄂᆞᆫ 줄이 아니라 ᄆᆞᆯ이 나아가디 아니홈이라 ᄒᆞ니라

| 직역 |

공자께서 말씀하셨다. "맹지반은 자랑하지 않는구나. 패하여 달아날 때 뒤에 있다가 장차 문에 들어가려 할 때 그 말을 채찍질하여 말하기를 '감히 뒤에 가려는 것이 아니라 말이 나아가지 아니하였다'라고 하였다."

| 자해 |

孟之反 : 노나라 대부로, 이름은 측(側). • 伐 : 공로를 자랑함. • 奔 : 패주함. • 殿 : 군대의 후미. • 策 : 채찍질.

| 의해 |

노나라 임금 애공 때에 제나라가 노나라에 침입하자 노나라 군사가 싸우다가 패하였다. 이때에 맹지반이 공이 있었지만 자랑하지 않으므로 공자가 아래와 같이 칭찬하였다. "맹지반은 진실로 겸손한 사람이다. 군사가 패하자 자기가 모든 군사 뒤에 있어서 쫓아오는 적병을 방어하다가 성문에 들어가게 될 때에 화살을 꽂고 자기가 탄 말을 채찍질하여 말하기를, '내가 군사가 물러날 때 뒤를 방어하려고 한 것이 아니라, 말이 잘 오지 않으므로 방어하게 된 것이다'라고 하였다." 후방을 방어하는 것은 군공(軍功)으로는 진실로 작지 않은 것이다. 방어하여 모든 군사의 생명을 보호해 준 것이니, 그러므로 그 군공을 자랑한다고 하더라도 별로 관계될 것이 없다. 맹지반은 성문에 들어올 때에 비로소 많은 사람들이, 자기가 뒤에 있는 것을, 보게 되었다. 그러므로 이 때에 말이 잘 오지 않아서 뒤에 있게 된 것이라고 하여 자기의 군공을 숨긴 것이다. 진실로 무던한 사람이 아니면 하지 못할 것이다.

| 요지 |

이 장은 공자가 공을 자랑하는 사람에게 훈계한 것이다. 자랑하지 않는다고 한 것은 그 참 마음에 근본하여 말한 것이다. 맹지반이 이미 패한 군사를 온전히 하고 홀로 말을 채찍질하여 스스로

공을 가린 것은 그 마음에 참으로 나의 군사가 패한 것을 통분하게 생각하고 자기의 공을 남에게 보이고자 아니한 것이다. 생각하기를, '싸움에 패하고 돌아옴에 임금은 근심하고 신하는 욕되었는데 내가 어찌 감히 이것을 인하여 한 조각의 공을 차지하겠는가?'라고 하니, 이것이 모두 충성스런 마음이다. 그러므로 공자가 특히 그 공을 자랑하지 않은 것을 인정한 것이다.

자왈 불유축타지녕 이유송조지미 난호면
14. 子曰 不有祝鮀之佞이며 而有宋朝之美면 難乎免
어금지세의
於今之世矣니라

| 언해 |

子ㅣ ᄀᆞᆯᄋᆞ샤ᄃᆡ 祝鮀의 佞을 두며 宋朝의 美를 두디 아니면 이젯 世예 免홈이 어려우니라

| 직역 |

공자께서 말씀하셨다. "축타의 말재주를 갖고 송조의 아름다움을 갖지 아니하면 오늘날의 세상에서 미움 받음을 면하기 어렵다."

| 자해 |

祝 : 종묘의 관원. • 鮀 : 위(衛)나라 대부. 자는 자어(子魚). 말재주가 뛰어났음. • 宋朝 : 송나라 공자. 이름은 조(朝). 용모가 아름다운 사람이었음.

| 의해 |

당시 사람들이 아첨과 미색을 좋아하므로, 반드시 사람마다 축타의 말재주가 있지 않고 송조의 미색이 있지 않으면 세상 사람의

미워함을 면하기 어렵다고 한 것이다. 이것은 세상 사람들이 아첨을 좋아하고 미색을 취하는 것이 옳지 않음을 탄식한 것이다.

| 요지 |

이 장은 세속에서 숭상하는 것이 그름을 개탄한 것이다. 사람들에게 미움을 받지 말라고 가르친 것이 아니고, 면하기 어려운 자를 아껴서 말한 것도 아니다. 말도 잘하지 못하고 얼굴도 아름답지 못하면서 미움을 면하기 어렵다면 세속의 천박함을 알 수 있다는 것이다.

15. 子曰(자왈) 誰能出不由戶(수능출불유호)리오마는 何莫由斯道也(하막유사도야)오

| 언해 |

子ㅣ ᄀᆞᆯᄋᆞ샤ᄃᆡ 뉘 能히 出홈애 戶를 由티 아니리오마는 엇디 이 道를 由티 아니ᄒᆞᄂᆞᆫ고

| 직역 |

공자께서 말씀하셨다. "누가 나가면서 문을 따라 나가지 않겠는가마는 어찌 이 도를 따르지 않는가?"

| 의해 |

일을 할 때 도가 있는 것은 집에 문이 있는 것과 같다. 이것을 따라 나가면 옳은 데로 나가는 것이고, 떠나면 그른 데로 나가는 것이다. 문은 사람이 나가거나 들어오는 곳이니, 누가 나가는데 문을 따라 나가지 않을 수 있겠는가? 도는 사물의 당연한 이치이니, 지극히 간단하고 쉬우며 지극히 간절하여 마땅히 따라야 하

는 것이 문보다 더하다. 그런데 세상 사람들은 무슨 연고로 이 도를 따르지 않는가? 이상하다고 할 만하다.

| 요지 |

이 장은 세상 사람들이 반드시 문을 따라 출입할 줄은 알지만 행함에 반드시 도를 따르지 못하는 것을 탄식한 것이다. 사람들로 하여금 도를 따르지 않을 수 없음을 알게 한 것이다.

16. 子曰 質勝文則野요 文勝質則史이니 文質이 彬彬然後에 君子니라

| 언해 |

子ㅣ ᄀᆞᆯᄋᆞ샤ᄃᆡ 質이 文을 勝ᄒᆞ면 野ㅣ오 文이 質을 勝ᄒᆞ면 史ㅣ니 文과 質이 彬彬ᄒᆞᆫ 後에 君子ㅣ니라

| 직역 |

공자께서 말씀하셨다. "바탕이 꾸밈을 이기면 거칠고, 꾸밈이 바탕을 이기면 호화로우니 꾸밈과 바탕이 어우러진 다음에야 군자이다."

| 자해 |

野 : 야인. 야비하다는 뜻. • 史 : 문서를 맡은 관원. 많이 듣고 일에 익숙하나 성실함이 혹 부족한 것. • 彬彬 : 물건이 섞여 고른 모양.

| 의해 |

사람의 한 몸이 먼저 바탕이 있은 후에 꾸밈이 있다. 그러니 꾸미

는 것은 그 바탕을 꾸미는 것이다. 꾸밈이 그 적중함을 얻으면 바탕과 함께 서로 맞을 것이지만, 만일 바탕이 꾸밈을 이기면 꾸밈이 부족하여 야인처럼 될 것이다. 꾸밈이 바탕을 이기면 꾸밈이 너무 지나쳐 사관처럼 될 것이다. 꾸밈은 덜고 더할 수 있지만 바탕은 덜고 더할 수가 없으니, 배우는 자가 지나친 꾸밈을 덜어서 부족한 바탕을 보충하여 꾸밈과 바탕이 서로 맞게 하면 어우러진 기상이 있을 것이니, 그런 다음에야 덕을 이룬 군자가 될 것이다.

| 요지 |

이 장은 꾸밈과 바탕이 서로 이기지 못함을 의론한 것이다. 반드시 꾸밈과 바탕이 어우러진 다음에야 군자라고 하였으니, '다음에야'라는 말을 중요하게 보아야 한다.

자왈 인지생야직 망지생야 행이면

17. 子曰 人之生也直하니 罔之生也는 幸而免이니라

| 언해 |

子ㅣ ᄀᆞᆯᄋᆞ샤ᄃᆡ 사ᄅᆞᆷ의 生이 直ᄒᆞᆫ 거시니 罔의 生홈은 幸히 免ᄒᆞ얀ᄂᆞ니라

| 직역 |

공자께서 말씀하셨다. "사람의 삶이 곧은 것이니 곧지 아니하고도 사는 것은 요행히 면한 것이다."

| 자해 |

罔 : 곧지 않음.

| 의해 |

사람이 하늘에서 난 실제 이치가 당초에 굽은 것이 없고 본래 이렇게 곧은 것이다. 사람이 곧은 다음에야 살 수 있는 것이지만, 이것을 따르지 못하고 속여서 곧지 않은 자는 그 난 이치를 잃어버려 살 수 없는 것이다. 그러나 오히려 삶을 보존하는 것은 요행히 죽음을 면함에 지나지 못하는 것이다.

| 요지 |

이 장은 사람이 마땅히 이치를 따라야 한다는 것을 보여준 것이다. 이치를 온전히 하면 살아도 헛되게 사는 것이 아니고, 그렇지 않으면 비록 살아도 세상에 유익함이 없다. 이것은 모두 사람으로 하여금 용맹스럽게 살피는 뜻을 발하게 한 것이다. 곧은 것은 전적으로 이치로써 말한 것이고 곧지 않다고 한 것은 마음을 세우고 행실을 제어하는 것을 겸하여 말한 것이다.

자왈 지지자 불여호지자 호지자 불여락지자

18. 子曰 知之者 不如好之者요 好之者 不如樂之者니라

| 언해 |

子ㅣ ᄀᆞᆯᄋᆞ샤ᄃᆡ 아ᄂᆞᆫ이 됴히 너기ᄂᆞᆫ 이만 ᄀᆞᆮ디 몯ᄒᆞ고 됴히 너기ᄂᆞᆫ 이 즐겨 ᄒᆞᄂᆞᆫ 이만 ᄀᆞᆮ디 몯ᄒᆞ니라

| 직역 |

공자께서 말씀하셨다. "아는 자는 좋아하는 자만 같지 못하고, 좋아하는 자는 즐거워하는 자만 같지 못하다."

| 자해 |

知之者 : 이 도가 있음을 아는 것. • 好之者 : 좋아하지만 아직 얻지 못함.

• 樂之者 : 도를 얻어 즐거워함.

| 의해 |

사람이 도를 익히고 토론하여 마음에 밝혀서 갈 바를 아는 그것이 아는 것이다. 그러나 오히려 옳은가 아닌가에 대하여서 그 참마음과 실제적인 뜻으로 반드시 얻는다고 볼 수가 없으니, 좋아하는 것만 같지 못하다. 좋아하면 깊이 사랑하고 독실하게 사모하여 진실된 마음과 실제적인 뜻으로 반드시 얻기를 구한다. 그러나 구하고자 하는 것이지 반드시 몸에 얻은 것은 아니다. 그러므로 즐거워하는 자와는 같지 못하다. 오곡에 비유하자면 안다는 것은 그 곡식이 먹을 것인 줄 아는 것이고, 좋아하는 것은 그 곡식을 먹고 좋아하는 것이고, 즐거워한다는 것은 그 곡식을 먹는 것을 즐거워하여 배가 부른 것이다. 그러니 배우는 자가 마땅히 아는 것을 말미암아 좋아하고 좋아하는 것을 말미암아 즐거워하는 것이 좋다.

| 요지 |

이 장은 공자가 도에 나아가는 깊이를 가르쳐 사람들이 목표를 갖고 힘쓰도록 한 것이다. 아는 것과 좋아하는 것과 즐거워하는 것이 모두 현재에 이룬 것에 대하여 말한 것이다. 공부로 의론한다면 즐거워하는 것은 좋아하는 것에서 근원하고 좋아하는 것은 아는 데에서 근원하며, 단계로 의론한다면 아는 것이 좋아하는 것만 같지 못하고 좋아하는 것이 즐거워하는 것만 같지 못하다. 그러나 다만 현재의 단계로 말한 것이고, 아는 것이 좋아하는 데에 나아가지 못하고 좋아하는 것이 즐거워하는 데에 나아가지 못한다는 것이 아니다. 알기를 깊이 하면 스스로 좋아할 것이고, 좋아하기를 깊이 하면 스스로 즐거워할 것이다.

자왈 중인이상 가이어상야 중인이하 불
19. 子曰 中人以上은 可以語上也어니와 中人以下는 不
가이어상야
可以語上也니라

| 언해 |

子ㅣ ᄀᆞᆯᄋᆞ샤ᄃᆡ 中人으로뻐 우흔 可히써, 우흘 니르려니와 中人으로뻐 아래ᄂᆞᆫ 可히써 우흘 니ᄅᆞ디 몯홀 꺼시니라

| 직역 |

공자께서 말씀하셨다. "중인 이상에게는 위의 것을 말할 수 있겠으나 중인 이하에게는 위의 것을 말하지 못할 것이다."

| 자해 |

語 : 말해 줌.

| 의해 |

가르침은 범범하게 베풀 수 있는 것이 아니다. 그 사람의 자격이 어떠한가를 돌아보아야 한다. 천하에 중간 등급의 사람이 가장 많고, 또한 중간 등급 이상의 사람이 있으니, 그 자질이 뛰어나고 학력이 깊다고 할 수 있는 데에 나아간다. 진실로 정밀하고 깊은 도로 말해 본다면, 내가 마음으로 줄 때에 저 사람이 마음으로 받아서 장차 초연하게 깨달을 것이니, 이것이 위의 것이다. 만일 중간 등급 이하라면 그 사람이 이미 평범하고 공부의 조예가 또한 옅으니, 정밀하고 깊은 도를 말한다면 나는 마땅함을 잃은 것이고, 저 사람에게는 그 의혹을 더해 준 것이니, 장차 멍하니 얻음이 없을 것이다. 이것이 위의 것을 말할 수 없는 까닭이다. 그러므로 마땅히 사람을 따라 가르침을 베풀어야 한다.

| 요지 |

이 장은 재목을 따라 가르침을 베푸는 것을 말한 것이다. 사람에게 가르침을 받을 수 있는 자격을 가지라는 뜻이 담겨있다.

20. 樊遲問知한대 子曰 務民之義요 敬鬼神而遠之면 可謂知矣니라 問仁한대 曰 仁者先難而後獲이면 可謂仁矣니라

| 언해 |

樊遲ㅣ 知를 묻ᄌᆞ온대 子ㅣ ᄀᆞᆯᄋᆞ샤ᄃᆡ 民의 義를 힘쓰고 鬼神을 공경코 멀리ᄒᆞ면 可히 知라 닐올띠니라 仁을 묻ᄌᆞ온ᄃᆡ ᄀᆞᆯᄋᆞ샤ᄃᆡ 仁ᄒᆞᆫ 者ㅣ 難을 몬져 ᄒᆞ고 獲홈을 後ᄒᆞ면 可히 仁이라 니를띠니라

| 직역 |

번지가 지(知)에 대하여 묻자, 공자께서 말씀하셨다. "백성의 의를 힘쓰고 귀신을 공경하면서도 멀리하면 지라고 말할 수 있을 것이다." 인(仁)에 대하여 묻자, 공자께서 말씀하셨다. "인한 자가 어려움을 먼저하고 얻음을 뒤에 하면 인이라고 말할 수 있을 것이다."

| 자해 |

民 : 사람. • 獲 : 얻음.

| 의해 |

번지가 공자에게 지(知)에 대하여 물으니, 공자가 말하였다. "옳

고 그름을 가리는 마음이 지이니, 백성의 의(義)라고 하는 것은 이 인도(人道)의 마땅히 할 바이다. 그러니 곧 힘써서 극진하게 해야 할 것이다. 귀신에게는 또한 정성과 공경으로 제사하고 복을 구하는데 의혹하지 않고 멀리하여 그 마땅히 알 바를 알고 옳고 그르게 여기는 마음을 잃어버리지 않으면 지라고 할 수 있다." 번지가 또 인(仁)에 대하여 물으니, 공자가 말하였다. "마음에 사사로운 욕심이 없는 것이 인이다. 인한 자가 모든 일의 어려운 바를 반드시 먼저 하여 감히 늦추지 않고 그 효험을 얻는 바에 이르러서는 곧 뒤에 하여 따지지 않으면 이것은 공로와 이익에 급급하지 않아서 마음에 사욕이 없는 것이니, 인이라고 할 만하다."

| 요지 |

이 장은 번지의 단점을 가지고 말한 것이다. 지와 인에는 두 층이 있다. 위의 층이 진실로 중요하고 아래의 층도 또한 소홀히 할 수 없다. 이와 같이 하지 않으면 지와 인이라 이르지 못할 것이다.

21. 子曰(자왈) 知者(지자)는 樂水(요수)하고 仁者(인자)는 樂山(요산)이니 知者(지자)는 動(동)하고 仁者(인자)는 靜(정)하며 知者(지자)는 樂(낙)하고 仁者(인자)는 壽(수)니라

| 언해 |

子ㅣ ᄀᆞᆯᄋᆞ샤ᄃᆡ 知ᄒᆞᆫ 者ᄂᆞᆫ 水를 됴히 너기고 仁ᄒᆞᆫ 者ᄂᆞᆫ 山을 됴히 너기ᄂᆞ니 知ᄒᆞᆫ 者ᄂᆞᆫ 動ᄒᆞ고 仁ᄒᆞᆫ 者ᄂᆞᆫ 靜ᄒᆞ며 知ᄒᆞᆫ 者ᄂᆞᆫ 樂ᄒᆞ고 仁ᄒᆞᆫ 者ᄂᆞᆫ 壽ᄒᆞ나니라

| 직역 |

공자께서 말씀하셨다. "지혜로운 자는 물을 좋아하고 인한 자는 산을 좋아하니, 지혜로운 자는 움직이고 인한 자는 고요하며 지혜로운 자는 즐거워하고 인한 자는 장수한다."

| 자해 |

樂 : 기뻐하고 좋아함.

| 의해 |

천하의 사람들 가운데 지혜로운 자도 있고, 인한 자도 있다. 그 성정으로 말한다면 지혜로운 자는 본 성품이 맑아서 물과 같으므로 물을 좋아하여 그 흘러가는 지취를 기뻐한다. 인한 자는 본 성품이 도타워서 산과 같으므로 산을 좋아하여 그 도타운 것을 기뻐한다. 그 체단(體段)으로 말한다면 지혜로운 자는 마음에 의심나는 이치가 없어서 사물에 가려지지 않아 그 마음이 한결같이 흘러 통하여 자못 그 움직임에 극진하고, 인한 자는 하늘의 이치에 온전하여 사람의 욕심에 섞여지지 않아 그 마음이 한결같이 편안하여 자못 그 고요함에 극진하다. 그 효험으로 말한다면 지혜로운 자는 지기(志氣)가 청명하여 일이 괴로움이 되지 않으므로 가는 곳마다 즐겁고, 인한 자는 정신이 순전하고 굳세어서 사물이 침범하지 못하므로 장수한다. 이것을 역력히 상상하여 보아야 한다.

| 요지 |

지혜로운 사람과 인한 사람이라고 한 것은 두 종류의 사람을 가리킨 것이니, 이것은 그 자질을 가지고 현재 성취한 것에 대하여 말한 것이다. 공부를 의론한 것도 아니며, 또한 전체를 의론한 것도 아니니, 세 구절이 구절마다 의미가 있고 깊거나 얕은 차이는 없다.

22. 子曰 齊一變이면 至於魯하고 魯一變이면 至於道니라

| 언해 |

子ㅣ ᄀᆞᆯᄋᆞ샤ᄃᆡ 齊ㅣ ᄒᆞᆫ번 變ᄒᆞ면 魯애 니르고 魯ㅣ ᄒᆞᆫ번 變ᄒᆞ면 道애 니를띠니라

| 직역 |

공자께서 말씀하셨다. "제나라가 한 번 변하면 노나라에 이르고, 노나라가 한 번 변하면 도에 이를 것이다."

| 의해 |

국가를 다스리는 것은 반드시 선왕의 도와 같이 한 후에 가능하다. 옛 적에 태공이 제나라를 다스리고 주공이 노나라를 다스릴 적에 모두 이 도로 하였는데, 지금에 이르러서는 모두 옛날의 정치가 아니다. 제나라의 풍속은 환공의 패도에 무너져서 형세는 비록 노나라보다 강한 것 같지만 선왕의 도가 완전히 없어졌다. 노나라의 풍속은 훌륭한 임금이 나오지 않아서 형세는 비록 제나라보다 약한 것 같지만, 선왕의 도가 여전히 있다. 만일 제나라의 임금과 신하가 그 정사를 변혁하여 새롭게 하고 폐단을 고쳐서 경박한 풍속을 변혁하면 가까스로 노나라와 같아질 것이다. 그러나 문왕과 무왕의 성대함은 진실로 갑자기 회복하기 어려울 것이다. 만일 노나라의 임금과 신하가 그 정사를 변혁하여 새롭게 하고 쇠한 정사를 일으켜 무너진 풍속을 바꾸면 선왕의 도에 이를 수 있다. 두 나라가 모두 반드시 변혁해야 하는데, 변혁하는 데 어렵고 쉬움이 있는 것이 이와 같다.

| 요지 |

도라는 글자로 주장을 삼으니, 공자가 선왕의 도에 뜻이 있으므

로 제나라와 노나라가 급히 변하여 도에 이르기를 깊이 바란 것이다. '변'이라는 두 글자는 같지 않으니, 제나라의 변함은 변혁하여 버리는 것이고, 노나라의 변함은 떨쳐 일어나는 것이다.

자 왈 고 불 고 고 재 고 재
23. 子曰 觚不觚면 觚哉觚哉아

| 언해 |

子ㅣ ᄀᆞᆯᄋᆞ샤ᄃᆡ 觚ㅣ 觚티 아니면 觚ㅣ랴 觚ㅣ랴

| 직역 |

공자께서 말씀하셨다. "모난 그릇이 모가 나지 않았으면 모난 그릇이겠는가? 모난 그릇이겠는가?"

| 자해 |

觚 : 모난 것. 혹은 주기(酒器)라 하고 혹은 목간(木簡)이라고 하는데, 모두 그릇에 모가 있는 것.

| 의해 |

공자가 모난 그릇을 인용하여 탄식하며 말하였다. "모난 그릇이라고 하는 것은 그 모가 있기 때문에 모난 그릇이라고 부르는 것이다. 이제 그 모남이 있는 제도의 실상을 잃어버리면 모난 그릇이 되지 못하는데, 오히려 말하기를 모난 그릇이라고 할 수 있겠는가?"

| 요지 |

이 장은 이름과 실상의 일치를 중요하게 여긴 것이다. 춘추 때에 모든 일이 이름만 있고 실상이 없는 것이 많았기 때문에 공자가

모난 그릇을 빌어 개탄한 것이다.

24. 宰我問曰(재아문왈) 仁者(인자)는 雖告之曰(수고지왈) 井有仁焉(정유인언)이라도 其從之也(기종지야)로소이다 子曰(자왈) 何爲其然也(하위기연야)리오 君子(군자)는 可逝也(가서야)언정 不可陷也(불가함야)며 可欺也(가기야)언정 不可罔也(불가망야)니라

| 언해 |

宰我ㅣ 묻ᄌᆞ와 ᄀᆞᆯ오ᄃᆡ 仁者ᄂᆞᆫ 비록 告ᄒᆞ야 ᄀᆞᆯ오ᄃᆡ 井에 사ᄅᆞᆷ이 잇다 ᄒᆞ야도 그 從ᄒᆞ리로소이다 子ㅣ ᄀᆞᆯᄋᆞ샤ᄃᆡ 엇디 그 그러ᄒᆞ리오 君子ᄂᆞᆫ 可히 가게 ᄒᆞᆯ띠언뎡 可히 ᄲᅡ디게 몯ᄒᆞ며 可히 欺ᄒᆞᆯ띠언뎡 可히 罔티 몯ᄒᆞᆯ 꺼시니라

| 직역 |

재아가 물었다. "인한 사람은 비록 우물에 사람이 있다고 말해도 좇아갈 것입니다." 공자께서 말씀하셨다. "어찌 그렇겠는가? 군자를 가도록 할 수는 있지만 빠지도록 할 수는 없으며, 그럴듯하게 속일 수는 있지만 엉터리로 속일 수는 없을 것이다."

| 자해 |

從 : 우물에 가서 구하는 것. • 逝 : 그로 하여금 가서 구하게 하는 것. • 陷 : 우물에 빠짐. • 欺 : 이치가 있는 바로 속이는 것. • 罔 : 이치가 없는 바로 어둡게 함.

| 의해 |

재아가 물었다. "인한 사람은 사랑에 마음을 쓰기 때문에, 반드시 사람을 구원하는 데에 간절할 것입니다. 어떤 사람이 고하여 말

하기를, '우물 안에 사람이 빠졌다'라고 하면 장차 몸소 우물로 가서 구원할 것입니다. 구원하지 않으면 측은하게 여기는 마음이 없는 것이고, 구원하자면 우물에 빠질 근심이 있으니 인은 이와 같이 하기가 어려운 것인가 봅니다." 공자가 말하였다. "인한 마음으로 구원하고자 하더라도 어찌 우물에까지 쫓아가겠는가? 인한 사람은 곧 덕을 이룬 군자이다. 그러므로 군자는 스스로를 사랑하고서 다른 사람을 사랑하는 것이니, 그로 하여금 가게 할 수 있을지언정 그로 하여금 그 몸을 우물에 빠지게는 못할 것이다. 군자는 모든 일을 이치로 믿으니, 이치가 있는 바로써 속일 수는 있을지언정 이치가 없는 바로써 속이지는 못할 것이다. 사람을 구원하는 것은 인한 사람의 사랑이고, 우물까지 쫓아가서 사람을 구원하지 않는 것은 인한 사람의 밝음이다. 사랑하면서도 밝으니 인을 행하는 데 무슨 어려움이 있겠는가?"

| 요지 |

이 장은 재아가 인(仁)을 행하는 자의 어려움을 근심하자 공자가 그 묻는 것에 대하여 천하의 일이 인한 자의 인을 어렵게 하지 못한다는 것을 보여준 것이다. 천하에 인을 행하다가 죽는 자가 없으니, 인을 반드시 행해야 한다는 것을 알 수 있다.

25. 子曰(자왈) 君子博學於文(군자박학어문)이오 約之以禮(약지이례)면 亦可以弗畔(역가이불반)矣夫(의부)인저

| 언해 |

子ㅣ ᄀᆞᆯᄋᆞ샤ᄃᆡ 君子ㅣ 文에 너비 學ᄒᆞ고 約호ᄃᆡ 禮로ᄡᅧ ᄒᆞ면 ᄯᅩ

可히뻐 畔티 아니 ᄒᆞ린뎌

| 직역 |

공자께서 말씀하셨다. "군자가 문을 널리 배우고 예로써 단속하면 또한 어긋나지 않을 수 있을 것이다!"

| 자해 |

約 : 요약함. •畔 : 위배됨.

| 의해 |

군자가 배우는 것은 장차 그것으로 도를 구하기 위해서이다. 도가 찬란하게 드러난 것이 문(文)이 되고, 도의 규범을 좇을 수 있는 것이 예(禮)가 된다. 그러므로 문을 널리 배우지 않으면 이치를 궁구하는 바가 그 자세함을 얻지 못하고, 예로 단속하지 않으면 이치를 행하는 바가 그 중요함을 얻지 못하여 반드시 도에 어긋나지 않는다고 하지 못할 것이다. 진실로 옛 것을 상고하여 성현이 이룬 법을 궁구하고 참고하여 사리의 당연한 것을 알아 문을 널리 배우고, 또 널리 배운 것을 가지고 단속하여 체득해서 그 지극히 마땅하여 바꾸지 못하며 절실하고 가까워 지킬 만한 것을 가려 행하여 한결같이 예를 좇아야 한다. 이와 같이 하면 안과 밖이 서로 도와서 도에 어긋나지 않을 것이다.

| 요지 |

널리 배우는 것과 예로 단속하는 것은 한 쪽만 폐하지 못할 것이다. 널리 배우는 것과 예로 단속하는 것이 각각 공부가 있으니 이 두 가지가 같이 나아가는 것이다. 이것을 먼저 완전히 한 후에 저것을 뒤에 하는 것이 아니다. 어긋나지 않는다는 것은 널리 배우는 것과 예로 단속하는 것을 겸하여 말한 것이니, 이것은 도를 구하는 군자를 위하여 훈계한 것이지 군자를 찬양한 것이 아니다.

26. 子見南子(자견남자)하신대 子路不說(자로불열)이어늘 夫子矢之曰(부자시지왈) 予所(여소)否者(부자)인댄 天厭之(천염지) 天厭之(천염지)시리라

| 언해 |

子ㅣ 南子를 보신대 子路ㅣ 깃거티 아니ᄒᆞ거늘 夫子ㅣ 矢ᄒᆞ야 ᄀᆞᆯᄋᆞ샤ᄃᆡ 내 否ᄒᆞᆫ밴댄 하ᄂᆞᆯ히 厭ᄒᆞ시리라 하ᄂᆞᆯ히 厭ᄒᆞ시리라

| 직역 |

공자께서 남자를 보시자 자로가 기뻐하지 아니하거늘 공자께서 맹세하여 말씀하셨다. "내가 맹세코 잘못하였다면 하늘이 싫어할 것이다! 하늘이 싫어할 것이다!"

| 자해 |

南子 : 위나라 영공의 부인. 음란한 행실이 있었던 사람. 공자가 위나라에 갔을 때 남자가 보기를 청하므로 공자가 마지못해 만났음. • 矢 : 맹세함. • 否 : 예에 합하지 않고 도에 말미암지 않음. • 厭 : 버리어 끊음.

| 의해 |

공자가 위나라에 갔을 때에 영공(靈公)의 부인 남자가 공자에게 보기를 청하므로 공자가 마지못해 만나 보았다. 이전의 예에 의하면 나라에 벼슬하면 그 나라 임금의 부인을 만나보는 예가 있었으나, 당시에는 이 예를 행하지 않았다. 그러므로 자로는 공자가 이러한 품행이 부정한 여인을 보는 것이 도리어 욕이 된다고 하여 매우 불평하였다. 그러나 공자는 그것이 예에 있다는 것은 말하지 않고 다만 자로에게 맹세하여 말하였다. "나의 행함이 만일 도리에 어그러짐이 있으면 하늘이 반드시 싫어하시리라." 이것은 자로로 하여금 깊이 생각하여 스스로 깨닫게 하기 위한 것이다.

| 요지 |

자로는 떳떳함[經]을 지키고 공자는 권도(權道)를 행한 것이니, 모두 그 바름을 잃지 않았다.

자 왈 중 용 지 위 덕 야 기 지 의 호 민 선 구 의
27. 子曰 中庸之爲德也 其至矣乎인저 民鮮이 久矣니라

| 언해 |

子ㅣ ᄀᆞᆯᄋᆞ샤ᄃᆡ 中庸의 德이로옴이 그 至ᄒᆞᆫ뎌 民이 鮮컨디 오라니라

| 직역 |

공자께서 말씀하셨다. "중용의 덕이 지극하다. 할 수 있는 백성이 적어진지 오래되었다."

| 자해 |

中 : 지나치거나 미치지 못함이 없음. • 庸 : 평상(平常). • 至 : 극진함. • 鮮 : 적음.

| 의해 |

사람들이 하나같이 얻은 것이 덕이 되니, 덕이 너무 지나치거나 미치지 못한 것은 모두 그 지극한 것이 아니다. 오직 중용의 덕이 지나치거나 미치지 않음이 없어서 날마다 씀에 바꾸지 못할 바가 되어 지극히 마땅하고 흡족하게 좋아서 다시 이에 더할 수 없는 것이다. 이것은 사람들이 하나같이 얻은 바이지만, 이제 세상의 백성은 익숙한 풍속의 폐단에 편안하여 너무 지나치지 않으면 곧 미치지 못한다. 따라서 그 덕을 가진 자가 적어진 지 또한 이미 오래되었다는 것이다.

| 요지 |

중용의 지극한 것을 말한다면 백성이 할 수 있는 자가 적으니 어찌 탄식할 만하지 않겠는가?

28. 子貢曰(자공왈) 如有博施於民而能濟衆(여유박시어민이능제중)한댄 何如(하여)하니잇고 可謂仁乎(가위인호)잇가 子曰(자왈) 何事於仁(하사어인)이리오 必也聖乎(필야성호)인저 堯舜(요순)도 其猶病諸(기유병저)시니라 夫仁者(부인자)는 己欲立而立人(기욕립이립인)하며 己欲達而達人(기욕달이달인)이니라 能近取譬(능근취비)면 可謂仁之方也已(가위인지방야이)니라

| 언해 |

子貢이 ᄀᆞᆯ오ᄃᆡ 만일에 民의게 施ᄒᆞᆷ을 너비ᄒᆞ고 能히 濟ᄒᆞᆷ이 衆ᄒᆞᆫ ᄃᆞᆫ 엇더 ᄒᆞ니잇고 可히 仁이라 니ᄅᆞ리잇가 子ㅣ ᄀᆞᆯᄋᆞ샤ᄃᆡ 엇디 仁에 事ᄒᆞ리오 반ᄃᆞ시 聖인져 堯舜도 그 오히려 病도이 너기시라 仁ᄒᆞᆫ 者ᄂᆞᆫ 몸이 立고져 ᄒᆞᆷ애 사ᄅᆞᆷ을 立게 ᄒᆞ며 몸이 達코져 ᄒᆞᆷ애 사ᄅᆞᆷ을 達케 ᄒᆞᄂᆞ니라 能히 갓가온ᄃᆡ 取ᄒᆞ야 譬ᄒᆞ면 可히 仁의 方이라 니ᄅᆞᆯ띠니라

| 직역 |

자공이 말하였다. “만일 백성에게 널리 베풀고 많이 구제하면 어떻습니까? 인이라고 말할 수 있습니까?” 공자께서 말씀하셨다. “어찌 인을 일삼는 정도이겠는가? 반드시 성일 것이다. 요임금과 순임금도 오히려 부족하게 여기셨다. 인한 자는 자기가 서고자 하면 남을 서게 하며, 자기가 통달하고자 하면 남을 통달하게 한다. 가까운 데서 취하여 비유할 수 있으면 인의 방법이라고 말할

수 있을 것이다."

| 자해 |

仁 : 이치로써 말한 것이니, 아래와 위에 통하는 것. • 聖 : 지위로써 말한 것이니, 그 지극한 데 나아감. • 病 : 마음에 부족한 바가 있음. • 譬 : 비유함. • 方 : 방법과 기술.

| 의해 |

이른바 인이라고 하는 것은 일과 공이 광범한 데에 있지 않고 마음에 있으니, 그 마음이 하늘의 이치의 공변되는 데에 순전하여 사사로운 욕심에 막힌 것이 없어 천하의 사람 보기를 모두 내 몸과 같이 한다. 그러므로 스스로 자신이 서고자 하면 그 자신을 세워서 곧 다른 사람을 붙들고 호위하고 북돋워 주어서 그들로 하여금 스스로 서게 한다. 스스로 자신이 통달하고자 하면 그 뜻을 들어 곧 다른 사람을 굳이 막거나 방해함이 없이 그들로 하여금 스스로 이루게 한다. 그러므로 그 형세가 모두를 서게 하고 모두를 통달하게 하지 못하는 것이 있더라도, 다른 사람 보기를 내 몸과 같이하여 내 마음에 조금이라도 사사로운 욕심이 없으니, 어진 자의 마음이 이와 같다.

◑ 인의 본체가 가까운 것이 이와 같으니, 인을 구하는 자가 어찌 반드시 멀고 또 어려운 데에서 구하겠는가? 다만 가까이 자기 마음에서 취하여 저 사람의 마음을 비유하여 보아야 한다. 내가 서고자 하고 통달하고자 하기 때문에 다른 사람도 또한 서고자 하고 통달하고자 한다는 것을 안 이후에 이 마음을 미루어서 세워주고 통달하게 해 주면 내 몸의 사사로움이 이로부터 없어질 것이다. 하늘 이치의 공변됨이 이로부터 온전해질 것이니, 비록 곧 인이라고 이르지 못할 지라도 인을 구하는 방법이라고 이를 수 있을 것이다.

| 요지 |

이 장은 인을 의론한 것이다. 자공은 인의 공효에 대하여 말하였고, 공자는 인의 본체에 대하여 말하였다. 첫 구절은 인을 먼 데서 구하는 것을 억제하였고, 다음 구절은 인의 본체를 보여주었고, 끝 구절은 인을 구하는 방법을 보여주었다. 이것은 모두 자공을 가르쳐서 반드시 인을 먼 데서 구하지 않도록 한 것이다.

7. 술이(述而)

1. 子曰(자왈) 述而不作(술이부작)하며 信而好古(신이호고)를 竊比於我老彭(절비어아노팽)하노라

| 언해 |

子ㅣ ᄀᆞᆯᄋᆞ샤ᄃᆡ 述ᄒᆞ고 作디 아니ᄒᆞ며 信ᄒᆞ고 녜를 됴히 너김을 그윽이 우리 老彭의게 比ᄒᆞ노라

| 직역 |

공자께서 말씀하셨다. "전술하고 창작하지 아니하며, 믿고 옛 것을 좋아하는 것을 가만히 우리 노팽에게 비교해 본다."

| 자해 |

述 : 옛 것을 전할 따름. • 作 : 창시함. • 竊 : 높이는 말. • 老彭 : 상(商)나라 어진 대부. 성명은 전갱(篯鏗)이며 『대대례기(大戴禮記)』에 보임.

| 의해 |

당시 사람들이 공자를 창작하는 성인으로 일컬었기 때문에 공자가 말하였다. "말을 세우는 도가 둘이 있으니, 예전 사람이 이미 함이 있는 것을 뒤의 사람이 전하는 것을 '술'이라 이르고, 예전 사람이 하지 않은 것을 내가 비로소 한 것을 '작'이라 이른다. '작'이라는 것은 성인이 아니면 할 수 없고, '술'은 스스로 힘쓸 수 있는 것이다. 그러므로 내가 오직 예전에 들은 것을 전하여 감히 망령되게 짓지 않는다. 예전 사람이 지은 것은 모두 도를 실은 글이고, 마음을 전하는 법이다. 천하의 이치가 갖추어졌으니 내가 깊

이 믿어 의심치 않고 독실하게 좋아하여 싫어하지 않고 다만 마땅히 전하기만 하고 다시 창작하지 않는다. 상(商) 나라 노팽이 이와 같이 고전을 믿어 전술하였으니, 내가 가만히 노팽에게 비교할 따름이다."

| 요지 |

이 장은 스스로 그 말을 세우는 근본을 편 것이다. 첫 구절은 전술을 스스로 맡음이니, 믿고 옛 것을 좋아함은 내가 전술만 하고 짓지 않는 근본이고, 믿음은 또 옛부터 전해 내려오는 것을 좋아하는 근본이다.

자왈 묵이지지 학이불염 회인불권 하유
2. 子曰 默而識之하며 學而不厭하며 誨人不倦이 何有
어아재
於我哉오

| 언해 |

子ㅣ ᄀᆞᆯᄋᆞ샤ᄃᆡ 默ᄒᆞ야 識ᄒᆞ며 學ᄒᆞ야 厭티 아니ᄒᆞ며 사ᄅᆞᆷ ᄀᆞᄅᆞ침을 게을리 아니홈이 므서시 내게 인ᄂᆞ뇨

| 직역 |

공자께서 말씀하셨다. "잠잠히 기록하며, 배워서 싫어하지 아니하며, 사람 가르치는 것을 게을리 하지 않는 것이 무엇이 나에게 있겠느냐?"

| 자해 |

識 : 기록함. 묵지(默識)는 말을 하지 않고 마음에 두고 있음. 일설에 지(識)

는 지(知)이니, 말을 하지 않고 마음으로 해석하는 것이라고 하나, 앞의 해석이 본지에 더 가까움. • 何有於我 : '무엇이 내게 있을 수 있겠는가?'의 의미.

| 의해 |

사람이 도를 구함은 반드시 평일에 강구하고 통하여야 바야흐로 기록하여 얻을 수 있다. 혹 사람이 깨쳐 주어야 바야흐로 마음을 둘 수 있으니, 잠잠히 기록함은 이에 말하지 않고 마음에 둠이다. 대체로 마음이 이치와 더불어 합함이 이와 같으니, 이로 말미암아 또 배우고 익히는 공을 더하여 비록 오래되어도 싫어하지 않고 이미 얻은 것으로써 스스로 만족스럽게 여기지 않으며, 또 다른 사람보기를 자신과 같이 하여 돈독하게 가르침에 게을리함이 없어서 반드시 같이 착함을 얻고자 하여 사사로움이 없게 한다. 이 세 가지는 배우는 자가 귀하게 여기는 것으로서, 과연 내게 어느 것이 있느냐를 돌이켜 스스로 힘쓸 뿐이다.

| 요지 |

이 장은 성인이 도를 바라고 보지 못하는 것 같이 하는 마음의 표현이다. 세 구절이 하나의 이치로써 꿰였다. 배우는 바는 곧 얻은 바의 이치이고, 가르치는 바는 배운 바의 이치이다. 마음에 기억함은 잠잠함이 중요하고 배움과 가르침은 싫어하거나 게으르지 않음이 중요하니, 모두 마음에 나아가 한 말이다.

자왈 덕지불수 학지불강 문의불능사 불선
3. 子曰 德之不脩와 學之不講과 聞義不能徙하며 不善
불능개 시오우야
不能改 是吾憂也니라

| 언해 |

子ㅣ ᄀᆞᆯᄋᆞ샤ᄃᆡ 德의 脩티 몯홈과 學의 講티 몯홈과 義를 듣고 能히 徙티 몯ᄒᆞ며 善티 몯ᄒᆞᆫ 거슬 能히 고티디 몯홈이 이 내의 시름이니라

| 직역 |

공자께서 말씀하셨다. "덕을 닦지 못한 것, 배움을 강구하지 못한 것, 의를 듣고 옮길 수 없는 것, 착하지 못함을 고칠 수 없는 것, 이것이 나의 근심이다."

| 의해 |

내가 근본을 둔 덕은 반드시 날마다 닦은 뒤에 이루어지는데 덕을 살피고 다스림으로써 그 얽매임을 버리지 못하는 것이 근심이다. 내가 마땅히 다해야 할 학문은 반드시 날마다 강구한 뒤에 밝아질 것인데, 학문을 하되 강습하고 토론하여 그 이치를 다하지 못하는 것이 근심이다. 의를 날마다 옮겨 좇음을 귀하게 여긴 뒤에 착함이 쌓일 수 있을 것인데, 이미 의를 듣고 옮길 수 있게 되어 그 새로움을 좇지 못하는 것이 근심이다. 허물은 날마다 고침을 귀하게 여긴 뒤에 악함이 제거될 수 있을 것인데, 착하지 않음에 눌려 그 옛 것을 변하게 하지 못하면 덕이 날로 낮아지고 이치가 날로 가려지며 착한 것이 날로 덜어지고 허물이 날로 자라서 장차 날로 고명한 경지로 나아감이 없을 것이니, 이것이 내가 깊이 근심하는 바이다. 그런데 여기서 감히 스스로 그만둘 것인가?

| 요지 |

이 장은 날마다 새롭게 하는 학문을 주장한 것이다. 네 가지는 모두 같은 맥락으로 보아야 한다. '덕' 자만 귀중한 것으로 여길 것이 아니라, 덕과 학은 마음을 다스림과 이치를 궁구하는 것과 서로 대응하고 의와 불선(不善)함은 착한 데로 옮김과 허물을 고치

는 것과 서로 대응하고 근심은 '나의 근심이다'라고 하였으니 다른 사람이 그 근심을 나눌 수 없음을 보인 것이다.

4. 子之燕居(자지연거)에 申申如也(신신여야)하시며 夭夭如也(요요여야)러시다

| 언해 |

子의 燕居ᄒᆞ심애 申申ᄐᆞᆺ ᄒᆞ시며 夭夭ᄐᆞᆺ ᄒᆞ더시다

| 직역 |

공자께서 평소 거처하실 적에 편안한 듯 하시며 기쁜 듯 하셨다.

| 자해 |

燕居 : 한가하여 일이 없을 때. • 申申 : 그 거동이 펴짐. • 夭夭 : 그 빛이 기쁜 것.

| 의해 |

공자는 덕이 성하고 체(體)가 충실하여 용색의 나타남이 거처하는 데에 따라 각각 그 마땅함을 얻는다. 한가하게 거처하여 일이 없을 때는 손님을 보고 제사를 모실 때가 아니므로 그 모양이 편안하여 편 뜻이 있고, 그 얼굴빛이 기뻐하여 화열한 뜻이 있다. 성품이 극히 순순하게 갖추어졌기 때문에 모양이 중화(中和)에 합함이 이와 같다.

| 요지 |

이 장은 성인의 모양과 얼굴빛이 인(仁)의 오묘함을 나타낸다는 것이다. 두 '여(如)' 자는 성인의 기상을 쉽게 형용하지 못하여,

이것을 빌어 비슷하게 의론한 것이다.

자 왈 심 의 오 쇠 야 구 의 오 불 부 몽 견 주 공

5. 子曰 甚矣라 吾衰也여 久矣라 吾不復夢見周公이로다

| 언해 |

子ㅣ 골ᄋᆞ샤ᄃᆡ 甚ᄒᆞ다 내 衰홈이여 오래다 내 다시 ᄭᅮᆷ에 周公을 보디 몯ᄒᆞ리로다

| 직역 |

공자께서 말씀하셨다. "심하다. 나의 쇠함이여! 오래되었다. 내가 다시 꿈에 주공을 보지 못한 것이."

| 의해 |

대체로 사람은 나이가 늙고 젊음에 따라 기운의 성하고 쇠함이 있다. 따라서 말하였다. "심하다. 내 기운의 쇠함이여! 무엇으로써 징험하겠는가? 내가 전에 기운이 성할 때는 뜻이 주공의 도를 행하고자 하여 늘 꿈에 그를 보았는데, 지금은 꿈에 다시 그를 보지 못한 지가 오래되었다. 이에 나의 쇠함이 심함을 알겠다."

| 요지 |

이 장은 공자가 주공의 도를 행할 수 없기 때문에 드러낸 것이다. 도를 간직한 자는 마음이 늙고 젊음에 다름이 없지만, 도를 행함에 몸이 늙으면 뜻이 쇠하게 되는 것이다.

자왈 지어도 거어덕 의어인 유어예

6. 子曰 志於道하며 據於德하며 依於仁하며 游於藝니라

| 언해 |

子ㅣ ᄀᆞᆯᄋᆞ샤ᄃᆡ 道에 志ᄒᆞ며 德에 據ᄒᆞ며 仁에 依ᄒᆞ며 藝에 游ᄒᆞᆯ 띠니라

| 직역 |

공자께서 말씀하셨다. “도에 뜻을 두며, 덕에 의거하며, 인에 의지하며, 예에 놀 것이다.”

| 자해 |

志 : 마음이 가는 바를 얻음. • 道 : 인륜의 날마다 쓰는 마땅히 행하여야 할 이치. • 據 : 잡아 지킴. • 德 : 도를 행하여 마음에 얻음이 있는 것. • 依 : 어김이 없음. • 仁 : 사사로운 욕심을 다 없어지고 마음의 덕이 온전함. • 游 : 물건을 구경하여 뜻에 맞음. • 藝 : 예악의 글과 활을 쏘고 말을 어거하고 글씨 쓰고 셈하는 법.

| 의해 |

학문은 뜻을 세우는 것보다 앞서는 것이 없고, 도는 사람의 일에 날마다 쓰는, 마땅히 행해야 할 이치이다. 여기에 뜻을 두지 않으면 다른 길로 나아가기 쉬우니, 반드시 도로써 몸을 닦는 표준을 삼아 마음을 전일하게 하고 뜻을 다하여 구하여야 한다. 이것이 학문을 시작할 때의 일이다.

◑ 그러나 도에 뜻한다고 하였으니, 아직 얻지 못하였다는 말이다. 도를 행하여 마음에 얻음이 있는 것을 덕이라 이르는 것이니, 덕을 잡아 지키지 않으면 얻은 것을 잃어버리지 않을 수 있겠는가? 그러므로 배움을 이어가는 데는 덕을 잡는 것을 요구한다. 이 도를 얻고서 때때로 비쳐 보아서 잃어버림이 없으면 날로 쌓

이고 달로 쌓이는 공이 있을 것이다.

◑ 덕은 모두 온전한 것은 아니다. 한 가지를 얻어도 또한 덕이라고 할 수 있고, 열 가지를 얻어도 또한 덕이라고 할 수 있다. 모두 인이라고 이를 수 없고 반드시 마음의 덕이 온전하고 만 가지 착함을 갖추어야 비로소 인이라 이를 수 있으니, 인에 의지하지 않으면 마음의 덕이 순수한 경지에 이르지 못하여 멈추거나 그칠 때가 없을 수 없어서 온전한 것이 이지러질 것이다.

그러므로 반드시 인에 의지하여 밥 먹는 동안이라도 인을 어김이 없으면 간직하여 기르는 것이 익숙하여 털끝 만큼도 사욕이 끼어드는 일이 없을 것이다.

◑ 명물도수(名物度數)에 이르러서는 모두 지극한 이치가 있으니, 사람이 날마다 쓰지 않을 수 없다. 그러므로 반드시 여유롭게 마음을 이에 놀게 하면 물건의 이치를 이해하고 세상에 두루 써서 넉넉하게 적용하는 사이에 그르고 간사한 마음이 좇아 들어오지 못할 것이다. 뜻하고 잡고 의지하면 근본이 설 것이요, 재주에 놀면 끝이 모두 갖추어질 것이니, 근본은 안을 넉넉히 하는 것이고, 끝은 바깥을 넉넉히 하는 것이다. 안과 밖이 사귀어 기르면 마음에 배움이 온전할 것이다.

| 요지 |

이 장은 심학(心學)의 온전한 공을 갖추어 사람으로 하여금 차례를 좇아서 사귀어 닦게 한 것이다. 마땅히 행할 것을 '도'라고 이르고, 행하여 얻음을 '덕'이라 이르고, 도가 완전하고 덕이 구비됨을 '인'이라 이르고, 도와 덕과 인이 예(禮)·악(樂)·사(射)·어(御)·서(書)·수(數)에 흩어져 있음을 '예(藝)'라 이른다. 이것이 모두 하나의 이치로 안과 밖과 근본과 끝에 다름이 있을 뿐이다.

7. 子曰 自行束脩以上은 吾未嘗無誨焉이로라
(자왈 자행속수이상 오미상무회언)

| 언해 |

子ㅣ 갈ᄋᆞ샤ᄃᆡ 束脩를 行ᄒᆞᆫ 이로브터 ᄡᅧ 우흔 내 일ᄍᆞᆨ ᄀᆞ톰침이 업디 아니호라

| 직역 |

공자께서 말씀하셨다. "속수의 예를 행한 자로부터 그 이상은 내가 일찍이 가르치지 아니한 적이 없다."

| 자해 |

脩 : 육포. • 束 : 육포 10개. 束脩 : 예전에 사람이 서로 만나볼 때 폐백을 갖고 예를 삼았으니, 이는 폐백 중 지극히 작은 규모임.

| 의해 |

사람의 성품이 본래 착하므로 가르칠 수 있다. 다만 와서 배울 줄을 알지 못하면 가서 가르치는 이치는 없다. 그러므로 속수 이상의 예를 행한 자는 비록 후하고 박한 것은 다르나 예(禮)로써 온 것이니 내 일찍이 순순히 가르치기를 게을리 함이 없다. 그러니 또한 배우는 자가 스스로 힘씀에 달려 있을 따름이다.

| 요지 |

이 장은 사람들로 하여금 정성을 다하여 와서 배우게 함이니, 공자가 사람을 가르침에 게으르지 않음을 볼 수 있다.

8. 子曰(자왈) 不憤(불분)이어든 不啓(불계)하며 不悱(불비)어든 不發(불발)호되 擧一隅(거일우)에 不以三隅反(불이삼우반)이어든 則不復也(즉불부야)니라

| 언해 |

子ㅣ ᄀᆞᆯᄋᆞ샤ᄃᆡ 憤티 아니커든 啓티 아니ᄒᆞ며 悱티 아니커든 發티 아니호ᄃᆡ 一隅를 擧홈애 三隅로ᄡᅥ 反티 묻ᄒᆞ거든 곧 다시 아니ᄒᆞᄂᆞ니라

| 직역 |

공자께서 말씀하셨다. "열심을 내지 않으면 열어주지 않으며, 답답해 하지 않으면 말해 주지 않으며, 한 모퉁이를 들어 세 모퉁이를 증명하지 못하면 다시 말해 주지 않는다."

| 자해 |

憤 : 마음으로 통함을 구하다가 얻지 못함. • 悱 : 입으로 말하고자 하나 할 수 없는 모양. • 啓 : 그 뜻을 열어줌. • 發 : 그 말을 통달하게 함. • 反 : 돌이켜서 서로 증명하는 것.

| 의해 |

군자가 사람을 가르침에 반드시 그 사람이 가르침을 받을 여지가 있음을 본 후에 가르치는 방법을 베풀 수 있다. 어떤 사람이 도를 통하기를 구하되 터득하지 못하여 분연히 일어나 스스로 그만두지 않는 것을 이르되 '분'이라고 하니, 분하면 열어 줄 기틀이 있다. 내가 그 뜻을 열어 주면 곧 활연(豁然)하게 통할 것이다. 만일 분하지 않으면 그 생각이 깊지 않아서 열어 주어도 터득함이 없을 것이므로 열어 주지 않는 것이다. 표현하고자 하나 그럴 수 없어서 비연(斐然)하게 굴(屈)하여 스스로 펴지 못하는 것이 '비'

이니, 비하면 발할 만한 기틀이 있는 것이다. 내가 그 말을 통하여 주면 창연(暢然)하게 통달할 것이고, 만일 비하지 않으면 그 나아감이 용맹스럽지 않아서 발하여도 또한 얻음이 없을 것이므로 문득 발하지 않는다. 이치를 서로 통하여 보는 것은 네 모퉁이가 있는 것과 같으니, 내가 그 한 모퉁이를 들어 보일 때 상대방이 세 모퉁이를 이끌어서 돌이켜 증명하지 못한다면 다시 말하지 않는다. 대개 가르침을 시작함에 이미 고집하고 막혀서 깨닫지 못하는 상태라면 비록 다시 가르치더라도 또한 막혀 버려서 통하지 못할 것이므로 다시 고하지 않는 것이다.

| 요지 |

이 장에서 '분'과 '비'는 정성스러운 뜻이 얼굴빛과 말에 보이는 것이니, 그 정성이 지극함을 기다린 후에 고해 주는 것이고, 이미 고(告)해 줌에 반드시 스스로 얻음을 기다려서 이에 다시 고해 주는 것이다.

9. 子食於有喪者之側(자식어유상자지측)에 未嘗飽也(미상포야)러시다 子於是日(자어시일)에 哭則不歌(곡즉불가)러시다

| 언해 |

子ㅣ 喪 인난 者의 겨틔셔 食ᄒᆞ심애 일쯕 飽티 아니터시다 子ㅣ 이 날애 哭ᄒᆞ시며 歌티 아니ᄒᆞ더시다

| 직역 |

공자께서는 상사(喪事)가 있는 자의 곁에서 식사하실 때 일찍이

배부르게 먹지 않으셨다. 공자께서 이 날에 곡하시면 노래하지 않으셨다.”

| 자해 |

哭 : 조상(弔喪)하여 곡함.

| 의해 |

공자가 다른 사람의 초상에 가서 그 사람의 곁에서 식사를 하게 되면 죽음을 슬퍼하여 비록 식사를 하더라도 배불리 먹지 않았다. 이것은 문인이 그 본 바의 사실을 기록한 것이다.

◑ 공자가 이 날에 조상(弔喪)하여 곡하면 그 날 하루 동안 다시 노래하지 않았으니, 이것은 그 남은 슬픔에 스스로 즐거울 수 없기 때문이다.

| 요지 |

배우는 사람은 이 두 가지 일에서 성인의 성정(性情)의 바른 것을 보아야 한다. 성인의 성정을 이해한 후에 도를 배울 수 있다.

10. 子謂顔淵曰 用之則行하고 舍之則藏을 惟我與爾有是夫인저 子路曰 子行三軍則誰與시리잇고 子曰 暴虎馮河하여 死而無悔者를 吾不與也니 必也臨事而懼하며 好謀而成者也니라

| 언해 |

子ㅣ 顔淵ᄃᆞ려 닐러 ᄀᆞᆯᄋᆞ샤ᄃᆡ 用ᄒᆞ면 行ᄒᆞ고 舍ᄒᆞ면 藏홈을 오직

나와 다못 네 이롤 둔는뎌 子路ㅣ 골오뒤 子ㅣ 三軍을 行ᄒᆞ시면 누를 더브러 ᄒᆞ시리잇고 子ㅣ 골ᄋᆞ샤뒤 虎를 暴ᄒᆞ며 河를 馮ᄒᆞ야 죽어도 뉘웃침이 업ᄂᆞᆫ 者를 내 더브러 아니호리니 반ᄃᆞ시 일에 臨ᄒᆞ야 저허ᄒᆞ며 謀홈을 됴히 너기고 成ᄒᆞᄂᆞᆫ 者ㅣ니라

| 직역 |

공자께서 안연에게 말씀하셨다. "써주면 행하고 놓아두면 숨는 것을 오직 나와 네가 할 수 있을 것이다." 자로가 말하였다. "선생님께서 삼군을 행하시면 누구와 함께 하시겠습니까?" 공자께서 말씀하셨다. "범을 손으로 때려잡으며 강을 맨발로 건너다가 죽어도 뉘우침이 없는 자와는 내가 함께 하지 않을 것이니, 반드시 일에 임하여 두려워하며 꾀함을 좋아하여 이루는 자와 함께 할 것이다."

| 자해 |

三軍 : 전군(前軍)·중군(中軍)·후군(後軍). 일군(一軍)은 12,500명. •暴虎 : 맨손으로 범을 잡는 것. •馮河 : 맨몸으로 강하(江河)를 건너는 것. •懼 : 일을 공경히 함. •成 : 꾀를 이룸.

| 의해 |

공자가 안연에게 말하였다. "몸과 세상 사이에 때를 따라서 응하니, 세상에서 진실로 때가 도를 행할 만하면 나아가 행하는 것이요, 세상에서 진실로 버려두어 때가 감출 만하면 물러가 감추되 먼저 기필하지 않으며 뒤에 지체하지 않아서, 쓸 수 있고 놓을 수 있고 행할 만하고 감출 만할 때에 마땅하게 해야 한다. 이것으로 마음에 얽매임이 없는 것은 오직 나와 네가 이것을 두었다."

◑ 자로가 유독 안연을 허여하는 공자에게, "선생님께서 만일 삼군을 거느리신다면 누구와 더불어 같이 하시겠습니까?"라고 한 것은 자기의 용맹을 믿고 말한 것이다.

◑ 공자가 말하였다. "삼군이 중요하니, 만일 호랑이를 맨손으로 치고 하수를 맨발로 건너서 한갓 혈기만 믿고 스스로 죽기로 결심하여 뉘우치지 않는 자는 용맹만 있고 꾀가 없어서 군사를 씀에 반드시 패할 것이니, 내가 삼군을 더불어 행하지 않을 것이다. 반드시 평일에 일에 임하여 경계하고 꾀하기를 좋아하여 온갖 꾀를 구하고 또 과감히 결단하여 그 꾀를 이룰 수 있는 자라야 삼군을 함께 행할 수 있을 것이다."

| 요지 |

앞 장은 나아가고 처함이 때에 맞기 때문에 안자를 인정하고, 다음 장은 의리의 용맹을 가지고 자로를 전진하게 하였으니, 위와 아래를 끌어다가 억지로 연결하여 볼 필요는 없다.

11. 子曰(자왈) 富而可求也(부이가구야)인댄 雖執鞭之士(수집편지사)라도 吾亦爲之(오역위지)어니와 如不可求(여불가구)인댄 從吾所好(종오소호)호리라

| 언해 |

子ㅣ ᄀᆞᆯᄋᆞ샤ᄃᆡ 富를 可히 求ᄒᆞᆯ 꺼신댄 비록 채를 잡ᄂᆞᆫ 士ㅣ라도 내 ᄯᅩᄒᆞᆫ ᄒᆞ려니와 만일에 可히 求티 몯ᄒᆞᆯ 꺼신댄 내의 됴히 너기ᄂᆞᆫ 바를 조ᄎᆞ리라

| 직역 |

공자께서 말씀하셨다. "부유함을 구할 수 있는 것이라면 비록 채찍을 잡는 사람이라도 나 또한 하겠지만 만일 구할 수 없는 것이라면 내가 좋아하는 것을 따르겠다."

| 자해 |

執鞭 : 신분이 낮은 자의 일.

| 의해 |

부(富)를 인력으로써 구할 것 같으면 비록 채찍을 잡는 지극히 천한 사(士)라도 하겠지만, 만일 명수(命數)가 있어서 억지로 구할 수 없는 것이라면 내가 좋아하는 의리를 따르는 일을 편안히 여길 것이다. 그러니 어찌 반드시 구차스럽고 헛되이 욕을 취하겠는가?

| 요지 |

성인은 일찍이 부를 추구하는 일에는 뜻이 없으므로 그 가능하고 불가능함을 묻지 않는다. 그러나 이 말을 한 것은 특별히 결코 구하지 못할 것을 밝힌 것이다.

12. 子之所愼(자지소신)은 齊戰疾(재전절)이러시라

| 언해 |

子의 삼가시는 바는 齊와 戰과 疾이러시다

| 직역 |

공자께서 삼가시는 바는 재계와 전쟁과 질병이었다.

| 자해 |

齊(재) : 재계함. 제사를 지낼 때 그 생각을 가지런히 하여 신명(神明)과 사귐. • 戰 : 무리의 생사와 나라의 흥망성쇠가 매인 것. • 疾 : 내 몸의 생사에 관한 것.

| 의해 |

공자의 일상에 있어서 무슨 일을 근신하지 않음이 없지만, 그 가운데 더욱 삼간 바가 세 가지다. 하나는 재계(齋戒)함이니, 정성을 다하여 신명(神明)과 사귐이다. 둘째는 싸움이니, 그 이룸을 꾀하여 백성과 사직(社稷)을 호위(護衛)함이다. 셋째는 병(病)이니, 일신(一身)의 생명이 관계되는 것으로 점점 번짐을 삼가고 초기에 방지하여 그 몸을 보존하기 위한 것이다. 이것은 중대하고 긴절(緊切)하여 감히 소홀히 할 수 없는 것이다.

| 요지 |

이 장은 공자가 삼가지 않는 바가 없지만, 그 중에서 가장 긴절한 것을 들어서 말한 것이다. 재계를 삼감은 귀신을 가볍게 여기지 않음이고, 싸움을 삼감은 대적(對敵)을 가볍게 여기지 않음이고, 병을 삼감은 삶을 가볍게 여기지 않음이다.

자 재제문소 삼월 부지육미 왈 부도위
13. 子 在齊聞韶하시고 三月을 不知肉味하사 曰 不圖爲
악지지어사야
樂之至於斯也호라

| 언해 |

子ㅣ 齊에 겨샤 韶를 드르시고 學ᄒᆞ신 석돌을 肉味를 아디 몯ᄒᆞ샤 ᄀᆞᆯᄋᆞ샤ᄃᆡ 樂을 ᄒᆞᆷ이 이예 이를 줄을 圖티 아니호라

| 직역 |

공자께서 제나라에 계시어 소(韶)를 들으시고 배우신 지 석 달을 고기 맛을 알지 못하시고 말씀하셨다. "음악이 이에 이를 줄 생각

하지 못했다.”

| 자해 |

三月 : 『사기』에는 삼월(三月) 앞에 ‘학지(學之)’ 두 글자가 더 있다. • 不知肉味 : 마음이 여기에 전일하여 다른 데 미치지 않음.

| 의해 |

순임금의 자손이 진(陳) 나라에 봉해졌으므로 선대(先代)에 소(韶)라고 하는 음악을 썼는데, 그 후에 진경중(陳敬仲)이 제나라로 달아났다. 그러므로 소가 제나라에 전하여졌다. 공자가 제나라에 있다가 순임금의 “소(韶)”라는 음악을 들으시고 석 달 동안 배우게 되었으므로 여기에 전일하여 고기 맛의 단 것을 알지 못하였다. 그리하여 감탄하여 말하였다. “이 소는 내가 본래 듣고자 했던 것이다. 그 아름다움은 기(夔)가 일컬은 바와 계찰(季札)이 찬송한 것으로 나도 물론 일찍부터 아름다움을 알았으나, 그 음악을 지으신 아름다움이 이와 같이 극진할 줄 생각하지 못하였다.”

이것은 그 음악의 뜻과 문채의 성함과 공과 덕의 높음에 대하여 공자가 몸소 그 때에 거기서 그 사람을 몸소 본 것처럼 감동한 것이다.

| 요지 |

이 장은 공자가 소(韶)에 마음이 합쳐져 정신적으로 영회(靈會)할 수 있었지만 말로 다하지 못하는 뜻을 나타낸 것이다.

14. 冉有曰 夫子爲衛君乎아 子貢曰 諾다 吾將問之호리라 入曰 伯夷叔齊는 何人也잇고 曰 古之賢人也니라 曰 怨乎잇가 曰 求仁而得仁이어니 又何怨이리오 出曰 夫子不爲也시리러라

| 언해 |

冉有ㅣ ᄀᆞᆯ오ᄃᆡ 夫子ㅣ 衛君을 爲ᄒᆞ시랴 子貢이 ᄀᆞᆯ오ᄃᆡ 諾다 내 장ᄎᆞᆺ 묻ᄌᆞ오리라 들어가 ᄀᆞᆯ오ᄃᆡ 伯夷와 叔齊ᄂᆞᆫ 엇던 ᄉᆞᄅᆞᆷ이니잇고 ᄀᆞᆯᄋᆞ샤ᄃᆡ 녜 賢人이니라 ᄀᆞᆯ오ᄃᆡ 怨ᄒᆞ더니잇가 ᄀᆞᆯᄋᆞ샤ᄃᆡ 仁을 求ᄒᆞ야 仁을 得ᄒᆞ야니 ᄯᅩ 엇디 怨ᄒᆞ리오 나와 ᄀᆞᆯ오ᄃᆡ 夫子ㅣ 爲티 아니ᄒᆞ시리러라

| 직역 |

염유가 말하였다. "선생님께서 위나라 임금을 위해 일하실까?" 자공이 말하였다. "좋다. 내가 장차 물어보겠다." 들어가서 말하였다. "백이와 숙제는 어떤 사람입니까." 공자께서 말씀하셨다. "예전의 어진 사람이다." 자공이 말하였다. "후회하였습니까?" 공자께서 말씀하셨다. "인을 구하여 인을 얻었으니 어찌 후회하였겠는가?" 자공이 나와서 말하였다. "선생님께서는 그를 위해 일하지 않을 것이다."

| 자해 |

爲 : 도움. • 衛君 : 출공(出公) 첩(輒). • 怨 : 후회함.

| 의해 |

위나라 영공(靈公)이 그 아들 괴외(蒯聵)를 내쫓아서 진(陳)나라

로 간 후에 영공이 죽으니, 나라 사람들이 그 괴외의 아들 첩을 세워 임금을 삼았다. 진나라에서 이 말을 듣고 괴외를 위나라로 돌려보냈는데, 위군인 출공(出公) 첩이 군사를 내어 그 아비를 막았으니, 아들이 군사로써 아비를 막는 것은 불순한 일이다. 그러니 의심하여 물을 것이 아니지만 염유의 뜻은 적손(嫡孫)이 승통(承統)함으로 말하면 첩의 임금 됨이 의에 마땅하다고 할 듯하여 자공에게 말하였다. "위나라 임금을 세운 것은 모두 나라 사람이 옳게 여겨 한 것이니, 선생님께서도 또한 위나라 임금을 위하실까?" 자공이 "내가 장차 선생님을 뵙고 물어 보리라" 하고 들어가 공자를 만나 물었다. "백이(伯夷)와 숙제(叔齊)는 어떤 사람입니까?" 공자가 "두 사람이 나라를 서로 사양하고 도망하였으니, 그 맑은 품성과 높은 절개가 후세에 전할 만하다. 그러므로 옛날의 인(仁)한 사람이다" 하였으니, 인한 사람이라 이미 인정한 셈이다. 자공이 다시 생각하되 인하기는 하지만, 만일 그 행위가 한때에 격동하여 발한 것으로 훗날에 원망함이 있다고 한다면 위나라의 임금도 용서할 수 있을 것이라 하여 다시 물었다. "두 사람이 나라를 사양한 후에 그 마음에 또한 원망한 바가 있었습니까?" 공자가 말하였다. "대체로 사람이 구하는 것을 얻지 못하면 원망하는 법이니, 두 사람의 마음은 반드시 하늘의 이치와 합하고자 함이니, 곧 사람 마음에 인을 구한 것이다. 이미 각각 그 뜻을 얻어서 궁하고 주림에 편안하였으니, 또 무슨 원망이 있었겠는가?" 자공이 이에 "백이와 숙제는 형제로 나라를 사양한 자이고, 위나라 임금은 부자로 나라를 다툰 자이니, 선생님께서는 이미 나라를 사양한 사람을 인한 사람이라고 하시고 또 원망이 없는 것을 인정하심이 깊으시다. 이것을 가지고 보면 어찌 아비와 자식간에 나라를 다툰 자를 인정하시겠는가?"라 생각하고, 염유에게 말하였다. "선생님께서는 위나라 임금을 위하시지 않을 것이다." 한 번 묻고 대답하는 사이에 천륜의 큰 의가 천하에 밝게 되었으니, 성현의 명교(名教)를 유지함이 이와 같다.

| 요지 |

이 장에서는 '인(仁)' 자(字)가 중요하다. 공자가 백이·숙제를 취함은 인에 있고 위나라 임금을 위하지 않음은 인하지 않은 데에 있으니, 다만 다투고 사양함이 상반될 뿐만이 아니다.

15. 子曰(자왈) 飯疏食飮水(반소사음수)하고 曲肱而枕之(곡굉이침지)라도 樂亦在其中(낙역재기중)矣(의)니 不義而富且貴(불의이부차귀)는 於我(어아)에 如浮雲(여부운)이니라

| 언해 |

子ㅣ ᄀᆞᆯᄋᆞ샤ᄃᆡ 疏食를 飯ᄒᆞ며 水를 飮ᄒᆞ고 肱을 曲ᄒᆞ야 枕ᄒᆞ야도 樂이 ᄯᅩᄒᆞᆫ 그 가온대 인ᄂᆞ니 義 아니오 富코 ᄯᅩ 貴홈은 내게 浮雲 ᄀᆞᄐᆞ니라

| 직역 |

공자께서 말씀하셨다. "거친 밥을 먹으며 물을 마시고, 팔을 구부려 베개를 할지라도 즐거움이 또한 그 가운데 있으니 의롭지 않으면서 부유하고 귀한 것은 나에게 뜬구름 같다."

| 자해 |

飯 : 밥 먹음. • 疏食 : 거친 밥.

| 의해 |

사람의 마음이 그 만남에 따라 기뻐하고 슬퍼하는 것은 모두 그 가운데 얻은 바가 없기 때문이다. 만일 먹는 것이 거친 밥이고 마시는 것이 물이며, 그 팔을 구부려 베개 삼아 그 곤궁함이 극도에

있다고 하더라도 내 가슴 속 진정한 즐거움은 그 가운데 있다. 그러니 저 의에 부합하지 않는 부와 귀를 통하여 식생활과 거처에 대한 인생의 욕심을 극진히 한다고 하더라도 내가 보기에는 뜬구름과 같으니, 어찌 나의 중심이 흔들리고 나의 즐거움이 바뀌겠는가?

| 요지 |

빈천에 편안하고 부귀를 가볍게 여기는 것을 아울러 말하지 말고, 다만 성인의 마음에 오직 진실된 즐거움만 있음을 볼 따름이다.

16. 子曰(자왈) 加我數年(가아수년)하여 五十以學易(오십이학역)이면 可以無大過(가이무대과)矣(의)리라

| 언해 |

子ㅣ 갈ᄋᆞ샤ᄃᆡ 나를 두어 ᄒᆡ를 假ᄒᆞ야 ᄆᆞᄎᆞᆷ내 ᄡᅥ 易를 學ᄒᆞ면 可히 ᄡᅥ 큰 허믈이 업스리라

| 직역 |

공자께서 말씀하셨다. "내가 두어 해를 빌려서 마침내 역을 배우면 큰 허물이 없을 수 있을 것이다."

| 자해 |

加 : 가(假) 자와 같음. • 五十 : 졸(卒) 자로서 마침내의 뜻.

| 의해 |

천시(天時)의 길하고 흉하고 사라지고 자라는 것과 인사(人事)의

나아가고 물러나고 보존되고 망하는 이치가 모두 이 『주역』에 갖추어져 있으니, 이것이 성인이 사람을 가르쳐 허물을 적게 하는 글이 되는 것이다. 따라서 공자가 말하였다. "내가 이제 늙었으니, 하늘로 하여금 만일 나에게 몇 년의 여생을 빌려주어 『주역』을 배우는 공부를 마칠 수 있다면, 거처함에 그 괘상(卦象)을 보고 그 효사(爻辭)를 구경하며 동(動)함에 그 변화를 보고 그 점(占)을 구경하여 거의 하늘과 사람의 이치를 궁구하여, 움직이거나 가만히 있는 것이 때를 따르며 향하고 피함이 바른 것으로써 하여 큰 허물이 없을 것이다."

| 요지 |

성인의 도가 곧 『주역』의 도이다. 두어 해를 빌린다는 탄식은 바로 『주역』의 도의 무궁함을 깊이 밝혀서 다른 사람을 가르친 것이고, 전에 『주역』을 깊게 배우지 못하여 이 때에 이르러 비로소 해[年]를 빌려 그 배움을 마치고자 한 것은 아니다.

자소아언 시서집례 개아언야

17. 子所雅言은 詩書執禮 皆雅言也러시다

| 언해 |

子의 샹ᄒᆡ 言ᄒᆞ시ᄂᆞᆫ 바ᄂᆞᆫ 詩와 書와 자반ᄂᆞᆫ 禮ㅣ 다 샹ᄒᆡ 言이러시다

| 직역 |

공자께서 항상 말씀하시는 바는 시와 서와 예를 행하는 것이었으니, 모두 항상 하시는 말씀이셨다.

| 자해 |

雅 : 항상. • 執 : 지킴.

| 의해 |

공자가 말로써 다른 사람을 가르치는 것에는 세 가지 방법이 있다. 성정(性情)을 다스림에는 시가 있고, 정사(政事)를 일컬음에는 서(書)가 있고, 절문(節文)을 삼감에는 예(禮)가 있으니, 이 세 가지는 모두 날마다 쓰이는 사이에 잠시도 폐하지 못할 일이다. 그러므로 공자는 항상 이것을 말함으로써 사람들로 하여금 반드시 힘쓰게 한 것이다.

| 요지 |

성인이 가르침을 세운 것은 모두 학자들이 시(詩)에서 일어나고 서(書)에서 통달하며 예(禮)에서 서도록 한 뜻이다.

18. 葉公이 問孔子於子路어늘 子路不對한대 子曰 女奚不曰其爲人也發憤忘食하며 樂以忘憂하여 不知老之將至云爾오

| 언해 |

葉公이 孔子를 子路의게 무러늘 子路ㅣ 對티 아니ᄒᆞᆫ대 子ㅣ ᄀᆞᆯᄋᆞ샤ᄃᆡ 녜 엇디 ᄀᆞᆯ오ᄃᆡ 그 사ᄅᆞᆷ 되옴이 憤을 發ᄒᆞ야 食을 이즈며 樂ᄒᆞ야써 시름을 이져 늘금의 장ᄎᆞᆺ 니름을 아디 몯ᄒᆞᆫ다 아니ᄒᆞ뇨

| 직역 |

섭공이 공자에 대하여 자로에게 물었는데 자로가 대답하지 못하

였다. 공자께서 말씀하셨다. "너는 어찌 말하기를 그 사람됨이 분발하여 먹기를 잊으며, 즐거워하여 근심을 잊어서 늙음이 장차 이르게 되는 것도 알지 못한다고 아니하였느냐?"

| 자해 |

葉公 : 심저량(沈諸梁). 초나라 섭 땅의 고을 윤(尹) 벼슬에 있었음. 자는 자고(子高). 공이라고 한 것은 참람히 일컬은 것임.

| 의해 |

섭공이 공자의 자격을 자로에게 물으니, 자로가 대답하지 않았다. 공자가 이것을 듣고 자로에게 말하였다. "섭공의 물음이 나의 사람됨이 어떠함을 알고자 하였는데 네가 그때 대답하기를, '그 사람됨이 오직 배움을 좋아하여 이치를 얻지 못하면 분발하여 구하여 밥 먹는 것을 잊으며, 이미 얻었으면 혼연(渾然)하게 즐겨서 비록 근심할 일이 있더라도 또한 잊어버려서 그 늙음이 장차 이르는 것도 알지 못한다'라고 하지 않았느냐?"

| 요지 |

이 장은 성인이 배우기를 독실하게 좋아함을 스스로 말한 것이지만, 깊이 음미하면 그 전체가 지극하여 순전해 마지않는 묘함을 볼 수 있으니, 배우는 자라면 마땅히 생각하여야 할 것이다.

자왈 아비생이지지자 호고민이구지자야

19. 子曰 我非生而知之者라 好古敏以求之者也로라

| 언해 |

子ㅣ 골ᄋᆞ샤ᄃᆡ 내 生ᄒᆞ야 아는 者ㅣ 아니라 녜를 됴히 너겨 敏히 ᄡᅧ 求ᄒᆞᄂᆞᆫ 者ㅣ로라

| 직역 |

공자께서 말씀하셨다. "나는 태어나면서 아는 자가 아니라 옛 것을 좋게 여기어 민첩하게 구하는 자이다."

| 자해 |

生而知之 : 기질이 청명하고 의리가 소연히 나타나서 배우지 않고도 아는 것.

| 의해 |

사람들이 내가 도를 아는 것이 있음을 보고 혹 '나면서 아는 것으로' 나를 지목하는 자가 있다. 태어난 때부터 기질이 청명하여 의리가 자연히 밝음으로 배움을 기다리지 않고 아는 자가 있다. 그러나 나는 그런 것이 아니라, 예전 사람들의 말과 행실이 모두 정밀한 의리와 지극한 이치가 있으므로 믿고 좋아하여 이것에 급급하여 민첩하게 구하되, 오직 미치지 못할까 두려워한다. 대개 부지런히 배운 공이 있음을 속이지 못할 것이니, 어찌 나면서 아는 자이겠는가?

| 요지 |

공자는 나면서 아는 성인인데도 늘 배우기를 좋아한다고 한 것은 오직 사람들에게 권면한 것만은 아니다. 대개 나면서 알 수 있는 것은 의리일 뿐이다. 만일 예(禮)와 악(樂)과 명물(名物)과 예〔古〕와 지금〔今〕의 일의 변화와 같은 것은 반드시 배우기를 기다린 후에 그 실상을 징험함이 있게 된다.

20. 子(자) 不語怪力亂神(불어괴력란신)이러시다

| 언해 |

子ㅣ 怪와 力과 亂과 神을 니ᄅᆞ디 아니ᄒᆞ더시다

| 직역 |

공자께서는 괴이함과 힘과 어지러움과 귀신을 말하지 아니하셨다.

| 의해 |

공자가 사람을 가르칠 때 본래 숨기는 것이 없지만, 말하지 않는 것이 네 가지가 있다. 첫째는 괴이한 것이니, 이것은 평상한 일을 뒤집는 것이다. 둘째는 용력(勇力)이니, 이것은 덕을 방해하는 것이다. 셋째는 어지러운 것이니, 이것은 다스림에 해가 되는 것이다. 넷째는 귀신이니, 이것은 이치를 궁구함이 지극하지 않으면 쉽게 알지 못할 것이다. 그러므로 이것을 말하지 않아서 세상의 도와 사람의 마음을 위하여 한계를 두고자 한 것이다.

| 요지 |

괴이한 것과 힘과 어지러운 것은 이치의 바른 것이 아님으로 일찍이 말하지 않았고, 귀신은 또 이치의 지극히 미묘한 것이므로 쉽게 말하지 않았다.

자왈 삼인행 필유아사언 택기선자이종지
21. 子曰 三人行에 必有我師焉이니 擇其善者而從之요
기불선자이개지
其不善者而改之니라

| 언해 |

子ㅣ ᄀᆞᆯᄋᆞ샤ᄃᆡ 세 사ᄅᆞᆷ이 行ᄒᆞᆷ애 반ᄃᆞ시 내 스승이 인ᄂᆞ니 그 어

딘 者를 ᄀᆞᆯᄒᆡ여 좇고 그 어디디 아닌 者를 고틸띠니라

| 직역 |

공자께서 말씀하셨다. "세 사람이 갈 때에 반드시 내 스승이 있으니, 어진 것을 가리어 좇고, 어질지 아니한 것을 고쳐야 한다."

| 의해 |

사람이 자신을 위하는 데에 마음을 두면, 어찌 반드시 업(業)을 주고받고 무리를 즐겨할 때에만 스승이 있겠는가? 가령 세 사람이 동행하면 그 가운데 반드시 나의 스승이 있으니, 스승이란 것은 사람을 착한 데로 이끌고 사람에게 착하지 않음을 경계하여 사람의 덕을 이루는 것이다. 세 사람이 동행하면 그 한 사람은 나이니, 그 가운데에서 착한 자를 가려서 사모하고 본받아서 좇으면, 이는 착한 것이 진실로 나의 스승이 됨이다. 또 그 가운데 이치에 합하지 않아 착하지 않은 일을 하는 자가 어찌 없겠는가? 나를 돌이켜 보고 안으로 살펴서 그 하는 바를 고쳐서 따르지 않으면, 이는 악함도 또한 나의 스승이 됨이니, 어찌 반드시 멀리서 구하겠는가?

| 요지 |

사람이 스스로 스승을 얻을 수 있음이 귀중하니, 마음이 있으면 가는 곳마다 스승이 있을 것이다. 모두 가려서 결정함에 달려 있다.

자왈 천생덕어여 환퇴기여여하

22. 子曰 天生德於予시니 桓魋其如予何리오

| 언해 |

子ㅣ ᄀᆞᆯᄋᆞ샤ᄃᆡ 하늘히 德을 내게 生ᄒᆞ시니 桓魋ㅣ 그 내게 엇디리오

| 직역 |

공자께서 말씀하셨다. "하늘이 덕을 나에게 주셨으니 환퇴가 나에게 어찌 하겠는가?"

| 자해 |

桓魋 : 송나라 사마(司馬) 벼슬을 한 상퇴(向魋). 환공에게서 나왔으므로 환씨(桓氏)로 칭함.

| 의해 |

공자가 천하를 주유하다가 송나라에 이르니, 그 나라 사마 벼슬에 있는 환퇴가 공자를 해치고자 하여 따르는 자들이 모두 두려워하였다. 그러므로 공자가 깨우쳐 말하였다. "사람이 살고 죽는 것과 화복이 모두 하늘에서 나온다. 이제 하늘이 나를 내고 또 이러한 덕을 주셨으니, 하늘의 마음이 진실로 있어야 할 곳에 있는 것이다. 그러면 하늘이 도와주는 바를 누가 어길 수 있겠는가? 환퇴는 한 사람에 불과하니, 그가 나를 어떻게 하겠는가?"

| 요지 |

하늘이 나를 내셨다고 함은 스스로 믿는 말 가운데에 제자들이 강포(强暴)함을 두려워하는 마음을 경계하는 뜻이 있으니, 대개 이치로써 판단하여 해칠 수 없음을 나타낸 것이다.

23. 子曰 二三子는 以我爲隱乎아 吾無隱乎爾로라 吾無行而不與二三子者 是丘也니라

| 언해 |

子ㅣ ᄀᆞᆯᄋᆞ샤ᄃᆡ 二三子ᄂᆞᆫ 날로써 隱ᄒᆞᆫ다 ᄒᆞᄂᆞ냐 내 네게 隱홈이 업소라 내 行ᄒᆞ고 二三子에 與티 아니홈이 업슨 者ㅣ 이 丘ㅣ니라

| 직역 |

공자께서 말씀하셨다. "그대들은 나보고 숨긴다고 하였느냐? 내가 너희에게 숨긴 것이 없다. 내가 행하고서 그대들에게 보이지 아니함이 없는 자가 바로 나이다."

| 자해 |

與 : 보일 '시(示)'와 같음.

| 의해 |

모든 제자가 공자의 도가 높고 깊은 것으로 생각하는데, 평일에 사람을 가르치심에는 매우 높고 깊은 의론이 없으시니 이것은 반드시 숨기는 바가 있다고 의심하였다. 그러므로 공자가 말하였다. "얘들아, 너희들은 내가 숨기는 바가 있어서 보여주지 않는가 하고 의심하지만 나는 너희들에게 숨기는 것이 없다. 도리라는 것은 사람에게 있는 것으로 원래 숨기고 감추지 못하니, 내 몸에 있는 것이면 도에 있는 것이요, 또한 가르침에 있는 것이다. 내가 행한 바를 너희들에게 보여주지 않은 것이 없으니, 얘들아, 이것이 내가 된 바이다. 얘들아, 시험삼아 한 번 살펴보면 또한 내가 숨김이 없음을 알 수 있을 것이다."

성인이 짓고 그치며 말하고 잠잠함이 모두 지극한 가르침 아닌 것이 없는데 모든 제자들이 이것을 깨닫지 못한 것이다.

| 요지 |

이 장은 성인의 도는 숨길 수 없다는 것을 보여주고 있다. 성인의 도체(道體)는 마치 하늘의 형상이 밝아서 지극한 가르침 아닌 것이 없어서 항상 그것을 보여주지만 사람들이 스스로 살피지 못하는 것과 같다.

자이사교 문행충신

24. 子以四教하시니 文行忠信이니라

| 언해 |

子ㅣ 네흐로ᄡᅧ ᄀᆞᄅᆞ치시니 文과 行과 忠과 信이니라

| 직역 |

공자께서는 네 가지로써 가르치셨으니, 문(文)과 행(行)과 충(忠)과 신(信)이다.

| 의해 |

공자가 사람을 네 가지로 가르쳤으니, 하나는 글[文]이다. 도가 시(詩)와 서(書)에 실렸으니, 반드시 배워서 그 이치를 밝혀야 한다. 하나는 행실[行]이니, 도가 날마다 씀에 간절하니 반드시 행실을 닦아서 그 일을 실천해야 한다. 하나는 충(忠)이니, 도를 몸에 두어 마음으로 발하는 것이 한 생각이라도 극진하지 않음이 없어야 한다. 하나는 신(信)이니, 도가 사람에게 공변되고 일에 응한 것이 한 가지라도 성실하지 않음이 없어야 한다.

| 요지 |

이 장은 공자가 가르침을 세우는 중요함을 기록한 것이다. 글을 배우고 행실을 닦아 가르치는 것은, 알고 행(行)함을 모두 극진하게 함이다. 충과 신으로써 가르침은, 겉과 속을 모두 성실하게 하기 위함이다. 네 가지를 같이 행하는 가운데 대강 차례를 나눈 것이지, 문학이 지극한 후에 행실을 가르치는 것이 아니며, 행실이 지극한 후에 충과 신을 가르치는 것이 아니다.

25. 子曰(자왈) 聖人(성인)을 吾不得而見之矣(오부득이견지의)어든 得見君子者(득견군자자)면 斯可矣(사가의)니라 子曰(자왈) 善人(선인)을 吾不得而見之矣(오부득이견지의)어든 得見有恒者(득견유항자)면 斯可矣(사가의)니라 亡而爲有(무이위유)하며 虛而爲盈(허이위영)하며 約而爲泰(약이위태)면 難乎有恒矣(난호유항의)니라

| 언해 |

子ㅣ ᄀᆞᆯᄋᆞ샤ᄃᆡ 聖人을 내 어더 보디 몯ᄒᆞ거든 君子를 어더 보면 이 可ᄒᆞ니라 子ㅣ ᄀᆞᆯᄋᆞ샤ᄃᆡ 善人을 내 어더 보디 몯ᄒᆞ거든 恒인ᄂᆞᆫ 者를 어더 보면 이 可ᄒᆞ니라 亡호ᄃᆡ 有호라 ᄒᆞ며 虛호ᄃᆡ 盈호라 ᄒᆞ며 約호ᄃᆡ 泰호라 ᄒᆞ면 恒이 이심이 어려우니라

| 직역 |

공자께서 말씀하셨다. "성인을 내가 볼 수 없다면 군자만이라도 만나 볼 수 있으면 된다." 공자께서 말씀하셨다. "착한 사람을 내가 볼 수 없다면 항상함이 있는 사람만이라도 만나 볼 수 있으면 된다. 없으면서도 있는 체하며, 비었으면서도 차 있는 체하며, 어

려우면서도 편안한 체하면 항상함이 있기 어렵다."

| 자해 |

聖人 : 신명하여 헤아릴 수 없는 사람. • 君子 : 재주와 덕이 뛰어난 사람. • 善人 : 인(仁)에 뜻을 두어 악함이 없는 사람. • 有恒者 : 그 마음을 두 가지로 하지 않는 사람.

| 의해 |

천하 사람들이 그 등급은 비록 다르지만 바탕을 따라 배우면 위로 나아갈 수 있을 것이다. 만일 배움이 성인에 이르면 극진함에 나아가서 다시 더할 것이 없을 것이니, 내가 그러한 사람을 얻어 보지 못하였다. 군자는 비록 성인에는 미치지 못하지만, 그 재주와 덕이 무리보다 뛰어나 그 배움이 또한 이미 이루어졌지만, 다만 커서 화(化)하지 못한 자이다. 내가 얻어서 보면 내가 성인을 보고자 하는 마음을 위로할 수 있을 것이다.

◑ 선인(善人)은 비록 반드시 학문을 알지 못하지만, 그 바탕의 아름다움이 자연히 착한 데에 이르고 악한 데에 이르지 않으니, 내가 얻어 보지 못하였고 항상성이 있는 자에 이르러서는 그 바탕이 선인에게는 미치지 못하였다. 그러나 다만 그 순연(純然)하고 굳어서 헛되게 자랑하는 데 미치지 않고, 그 한 끝을 지켜서 몸에 맞도록 바꾸지 않아서 그 나아갈 바를 올바로 측량할 수 없다. 그러므로 내가 얻어 보면 또한 내가 성인을 보고자 하는 마음을 위로할 수 있을 것이다. 항상함이 있다는 것은 진실하여 거짓됨이 없음에 지나지 않으니, 어찌하여 지금 세상 사람은 늘 온전함이 없는데도 실상이 있는 것 같이 하고 본래 조금 있어서 비었는데도 가득 찬 것 같이 하며 본래 간악하고 인색한데도 늘 사치하고 큰 것 같이 하는가?

이와 같은 자는 한 때의 속임은 얻을 것이지만, 반드시 그 항상함을 지키지 못할 것이니, 항상함이 있기가 어렵다. 항상함이 있는 사람을 또한 어찌 쉽게 볼 수 있겠는가? 그러므로 사람이 만일 항상함이 있고 또 배움으로써 채울 수 있으면 선인도 될 수 있고 군자도 될 수 있을 것이며, 점점 성인에도 미칠 수 있을 것이다. 이리하여 내가 그 사람을 보고자 하는 것이다.

| 요지 |

성인과 군자는 학문으로 말한 것이고, 선인과 항상성이 있는 자는, 바탕으로 말한 것이다. 항상성이 있는 자와 성인이 서로 떨어진 거리는 높낮이가 진실로 차이가 있지만, 항상성이 있으면 이로부터 성인에 이를 수가 있다. 그러므로 끝 문장에서 항상성이 있는 자를 거듭 말씀하여 덕에 들어가는 문을 사람들에게 보인 것이니, 깊고 간절하다고 할 수 있다.

26. 子(자)는 釣而不綱(조이불강)하시며 弋不射宿(익불석숙)이러시다

| 언해 |

子ᄂᆞᆫ 釣ᄒᆞ시고 綱치 아니ᄒᆞ시며 弋ᄒᆞ샤ᄃᆡ 宿을 射디 아니ᄒᆞ더시다

| 직역 |

공자께서는 낚시질은 하시되 그물질하지 않으시며 주살질은 하시되 잠자는 새를 쏘아 잡지는 아니하셨다.

| 자해 |

綱 : 굵은 노끈으로 그물을 이어서 물을 막아 고기를 잡는 것. • 弋 : 생실로 화살을 매어서 쏘는 것.

| 의해 |

공자가 나이가 젊고 처지가 빈천할 때에 혹 제사와 손님을 위하여 때로 고기 잡고 사냥한 일이 있었다. 그러나 그 고기 잡는 방법은 낚시로 미끼를 탐하여 오는 것을 취할 뿐이요, 그물르 물을 끊어 막고 다 잡지는 않았다. 새를 잡으시되, 다만 그 나는 것을 쏘아 잡을 뿐이요, 자는 새는 쏘지 않으심은 그것이 뜻밖에 나오는 것이기 때문이다. 이에 성인이 물건을 취하는 가운데에서도 그 물건을 사랑하는 어진 마음이 있음을 알 수 있을 것이다.

| 요지 |

성인의 재주는 놀이에서도 곡진하게 이룬 인(仁)이 붙어 있으니, 그물로 하지 않음은 차마 모두 취하지 못한 것이고, 자는 것을 쏘지 않음은 차마 속여서 취하지 못한 것이다.

27. 子曰(자왈) 蓋有不知而作之者(개유부지이작지자)아 我無是也(아무시야)로라 多聞(다문)하여 擇其善者而從之(택기선자이종지)하며 多見而識之(다견이지지)가 知之次也(지지차야)니라

| 언해 |

子ㅣ ᄀᆞᆯᄋᆞ샤ᄃᆡ 아디 몯ᄒᆞ고 作ᄒᆞᆯ 이 인ᄂᆞ냐 내 이 업소라 해 들어 그 善을 擇ᄒᆞ야 졷ᄎᆞ며 해 보와 識홈이 知의 次ㅣ니라

| 직역 |

공자께서 말씀하셨다. "알지 못하고 행하는 사람이 있느냐? 나는 그런 것이 없다. 많이 들어서 그 착한 것을 가리어 좇으며 많이 보아서 기억함이, 아는 것의 다음이다."

| 자해 |

不知而作 : 그 이치를 알지 못하고 망령되게 짓는 것.

| 의해 |

천하의 일이 모두 그렇게 되는 이치가 있으니, 그 이치를 알지 못하고 행하면 모두 망령될 따름이다. 세상에는 대체로 그런 사람이 있지만, 나는 스스로 돌이켜 봄에 이런 일이 없다. 그러나 내가 아는 데에 나아간 바는 또한 아는 것을 구함에 도가 있으니, 이것은 예전 일을 많이 들어서 그 일의 착한 것을 가려 좇아 행하며, 또한 지금 일을 많이 보아서 그 착하고 악한 것을 들어 모두 기억하여 서로 참고해야 한다. 가리고 기억함을 그치지 아니하면 그 아는 것이 자연히 날로 깊어져서 비록 아는 것이 지극함에 미치지는 못한다 하더라도 아는 것의 다음이 될 것이다.

| 요지 |

이 장은 총명함이 있어서 제 마음대로 하는 자를 위하여 드러낸 것이다. 위의 두 구절은 내가 알지 못하고 행함이 없음을 보인 것이고, 아래 세 구절은 내가 아는 것에 이르는 법은 망령되게 행하지 않음에 있음을 말하여, 사람들에게 아는 것을 구하는 법을 보인 의도가 또한 그 가운데 있다.

28. 互鄕(호향)은 難與言(난여언)이러니 童子見(동자현)커늘 門人(문인)이 惑(혹)한대 子曰(자왈) 與其進也(여기진야)요 不與其退也(불여기퇴야)니 唯何甚(유하심)이리요 人(인)이 潔己以進(결기이진)이어든 與其潔也(여기결야)요 不保其往也(불보기왕야)여

| 언해 |

互鄕은 더브러 말홈이 어렵더니 童子ㅣ 뵈ᄋᆞ와늘 門人이 惑ᄒᆞᆫ대 子ㅣ ᄀᆞᆯᄋᆞ샤ᄃᆡ 사ᄅᆞᆷ이 己를 潔ᄒᆞ야ᄡᅧ 進ᄒᆞ거든 그 潔을 與ᄒᆞ고 그 往을 保티 몯ᄒᆞ며 그 進홈을 與ᄒᆞ고 그 退를 與홈이 아니니 엇디 甚히 ᄒᆞ리오

| 직역 |

호향 사람과는 더불어 말하기 어려웠는데 동자가 뵙거늘 문인이 의심하니 공자께서 말씀하셨다. "사람이 몸을 청결하게 하여 나오거든 그 청결함을 인정하고 전날에 한 일을 보장하지 못하며, 나와서 한 일을 인정하고 물러나서 한 일을 인정하지 않는 것이니 어찌 심하게 하겠는가?"

| 자해 |

互鄕 : 시골 이름. • 潔 : 가다듬어 다스림. • 與 : 허여. • 往 : 지난날. 이 장(章)에는 착간(錯簡)이 있는 듯함. 인결(人潔)로부터 왕야(往也)까지의 14자(字)는 마땅히 "여기진야(與其進也)"의 앞에 놓여야 함.

| 의해 |

호향은 악한 풍속이 있는 시골이라서, 그 마을에 사는 사람과 더불어 착한 일을 말하기가 어려웠다. 그 시골의 동자가 와서 뵙자, 문인이 의혹하였다.

◑ 호향의 사람들과 더불어 착함을 말하기 어려운 것은 그 착하지 못한 습관 때문이다. 그러나 본성의 착함은 없어지지 않으니, 하물며 동자는 그 습속에 깊이 물들지 않은 자인데 문인들이 의혹하는 것은 그 이미 지나간 것을 가지고 다가올 것을 탓하고 함이다.

◑ 공자가 일깨워 말하였다. "사람이 하루아침에 착함을 사모하여 몸을 조촐하게 하고 나오면 그 뉘우치고 깨닫는 정성이 있음을

알 수가 있을 것이다. 그러니 내가 저들이 오늘 스스로 그 몸을 조촐히 한 것을 인정하고 그 전날에 한 바의 선악은 생각하지 않으며 또 그 착한 데로 향하는 마음이 있음을 알 수 있으니, 나는 다만 오늘 나와서 보는 것만 인정하고 뒷날에 악함을 하는 것은 인정하지 않는다. 만일 기왕의 잘못을 가지고 장래를 허물함은 심한 것이니, 어찌 반드시 이 심한 일을 행하며 호향의 동자에게 또 무엇을 의심하겠는가?"

| 요지 |

성인은 너무 심한 일은 하지 않고, 다만 현재를 가지고 저 사람을 인정하니, 후학을 이루어주는 뜻이 아님이 없다.

29. 子曰(자왈) 仁遠乎哉(인원호재)아 我欲仁(아욕인)이면 斯仁(사인)이 至矣(지의)니라

| 언해 |

子ㅣ ᄀᆞᆯᄋᆞ샤ᄃᆡ 仁이 머냐 내 仁코쟈 ᄒᆞ면 이에 仁이 니르ᄂᆞ니라

| 직역 |

공자께서 말씀하셨다. "인이 멀리 있는 것이냐? 내가 인을 하고자 하면 곧 인이 이른다."

| 의해 |

사람이 인을 하고자 하지 않는 것은 모두 멀어서 구하기 어렵다고 여기기 때문이다. 이에 "인이 과연 먼 것인가?"라고 하여 천하에 오직 구하여 얻지 못하며 얻어도 쉽지 못한 것이라야 멀다고 할 수 있을 것인데, 인은 마음의 덕이니 내가 다만 인하고자 하여

돌이켜 구하면 이 인이 곧 내 생각에 이르는 법이니 무엇이 멀겠는가라고 한 것이다.

| 요지 |

이 장은 방심(放心)하는 자를 위하여 말한 것이다. 인도(仁道)가 지극히 크니 어떻게 인을 하고자 해야 인에 이르는가?
대개 공부를 의론하면 종신토록 몸 바쳐도 부족할 것이다. 그 본체를 의론하면 한 생각의 깨달음이 넉넉할 것이니, 하고자 할 '욕(欲)' 자와 이 '사(斯)' 자가 바로 와서 회복하는 기틀의 매우 빠름을 보이는 것이지만, 사람이 마땅히 인을 마음에서 구해야 할 것이다.

30. 陳司敗問(진사패문) 昭公(소공)이 知禮乎(지례호)잇가 孔子曰(공자왈) 知禮(지례)시니라 孔子退(공자퇴)커시늘 揖巫馬期而進之曰(읍무마기이진지왈) 吾聞君子(오문군자)는 不黨(부당)이라호니 君子(군자)도 亦黨乎(역당호)아 君取於吳(군취어오)하니 爲同姓(위동성)이라 謂之吳孟子(위지오맹자)라하니 君而知禮(군이지례)면 孰不知禮(숙부지례)리오 巫馬期以告(무마기이고)한대 子曰(자왈) 丘也幸(구야행)이로다 苟有過(구유과)어든 人必知之(인필지지)온여

| 언해 |

陳司敗ㅣ 묻ᄌᆞ오대 昭公이 禮를 아ᄅᆞ시더니잇가 孔子ㅣ ᄀᆞᆯᄋᆞ샤ᄃᆡ 禮를 아ᄅᆞ시더니라 孔子ㅣ 退ᄒᆞ야시늘 巫馬期를 揖ᄒᆞ야 나오와 ᄀᆞᆯ오ᄃᆡ 나ᄂᆞᆫ 들오니 君子ᄂᆞᆫ 黨티 아니ᄒᆞᆫ다 호니 君子도 ᄯᅩᄒᆞᆫ 黨ᄒᆞᄂᆞ냐 君이 吳에 取ᄒᆞ니 同姓인디라 닐오ᄃᆡ 吳孟子ㅣ라 ᄒᆞ니 君이오

禮를 알면 뉘 禮를 아디 몯ᄒᆞ리오 巫馬期ㅣ뻐 告ᄒᆞᆫ대 子ㅣ ᄀᆞᆯᄋᆞ샤ᄃᆡ 丘ㅣ 幸이로다 진실로 허물이 잇거든 사ᄅᆞᆷ이 반ᄃᆞ시 알고녀

| 직역 |

진나라 사패가 "소공이 예를 아십니까?"라고 묻자, 공자께서 말씀하셨다. "예를 아십니다." 공자께서 물러나가시자 무마기에게 읍하며 나와 말하였다. "나는 들으니 군자는 편을 들지 않는다고 하였는데 군자도 또한 편을 듭니까? 임금이 오나라에 장가를 들었는데 동성이므로 '오맹자'라 한 것이니 임금이 예를 알면 누가 예를 알지 못하겠습니까?" 무마기가 이것을 알리자, 공자께서 말씀하셨다. " 나는 다행이로다. 허물이 있으면 사람들이 반드시 아는구나!"

| 자해 |

陳 : 나라 이름. • 司敗 : 벼슬 이름. 사구(司寇). • 昭公 : 노나라 임금. 이름은 주(稠). • 巫馬期 : 무마(巫馬)는 성(姓), 기(期)는 자(字). 공자의 제자로, 이름은 시(施). • 黨 : 서로 도와서 잘못된 것을 숨기는 것. 예(禮)에 '동성(同姓)은 서로 혼인하지 않는다'고 하였는데, 노나라와 오나라의 성이 다 같은 희성(姬姓)이며, 소공은 주공의 자손이요, 오나라는 태백(泰伯)의 후예로서 그 근원을 상고하면 모두 주나라의 같은 조상임. • 吳孟子 : 노나라 소공의 부인. 그 동성이 됨을 꺼려 피하여 이와 같이 일컬은 것임.

| 의해 |

노나라 소공이 예문(禮文)에 익숙하여 예를 안다는 명성이 있었는데, 진나라 사패 벼슬을 하는 사람이 마음에 의심하여 "과연 예를 압니까?"라고 묻자, 공자가 "예를 안다"고 답하였다. 대개 다른 나라 대부가 내 나라 임금을 물음에 그 대답함이 마땅히 이와 같아야 한다.

◑ 공자가 물러갈 때, 진사패가 마침 무마기를 맞이하여 읍하고 앞에 나와 말하였다. "내가 듣건대 군자는 곧은 도를 행하여 편을

들지 않는다고 하더니, 이제 보건대 군자도 또한 편을 드는구나. 오나라와 노나라는 모두 희성(姬姓)이다. 동성은 백세(百世)라도 혼인을 통하지 않는 것이 노나라의 예인데, 이제 노나라 임금이 오나라에 장가드니 이는 동성과 혼인하는 것이다. 그 부인을 오맹희(吳孟姬)라 하지 않고 오맹자(吳孟子)라고 이름하였는데, 이것은 송나라 성을 칭한 것이니, 그 허물을 가릴 수 있겠는가? 노나라 임금을 여전히 예를 안다고 한다면, 누가 예를 알지 못한다고 할 수 있겠는가? 노나라 임금이 예를 알지 못하는데 선생님께서 예를 안다고 하셨으니, 이것은 진실로 편을 드는 것이다."

◑ 무마기가 사패의 말을 고하니, 공자가 다만 스스로 허물하여 말하였다. "사람들은 허물을 듣지 않는 것을 다행스럽게 여기지만, 나는 매우 다행스럽게 여긴다. 진실로 허물이 있음에 사람들이 반드시 알고 이미 사람들이 앎에 곧 내게 들려 주어 후일 허물 고치기를 도모할 수가 있으니, 어찌 다행스럽지 않겠는가?"

| 요지 |

이 장은 성인이 허물을 사피(辭避)하여, 그 임금의 잘못을 드러내지 않음을 나타낸 것이다. 위 문장은 사패의 물음을 가지고 아름다움을 임금에게 돌린 것이고, 아래 문장은 사패의 기롱함을 가지고 허물을 내 몸에 돌린 것이다.

자여인가이선 필사반지 이후화지

31. 子與人歌而善이어든 必使反之하시고 而後和之러시다

| 언해 |

子ㅣ 사ᄅᆞᆷ으로 더브러 歌ᄒᆞ심애 善ᄒᆞ거든 반ᄃᆞ시 ᄒᆞ여곰 反ᄒᆞ시고 後에 和ᄒᆞ더시다

| 직역 |

공자께서 남과 함께 노래를 할 때에 잘하면 반드시 다시 부르게 하시고 뒤에 화답하셨다.

| 자해 |

反 : 다시 함.

| 의해 |

공자는 사람들과 더불어 노래할 때에 그 사람의 노래 곡조가 고르고 화하여 잘하는 것을 보면 스스로 노래를 멈추고 그 사람이 노래하는 것을 모두 들었다. 그리고 반드시 처음부터 다시 노래하게 하여 그 노래의 뜻을 살펴서 그 묘함을 모두 이해한 후에 그 성음에 의지하여 스스로 화답하였으니, 선함을 취함에 성의를 씀이 이와 같았다.

| 요지 |

이 장은 성인이 착함을 즐겨하는 끝없는 마음을 보인 것이다. 이것은 노래를 잘함에 불과하지만, 오히려 취하고 인정함이 이와 같으니, 자연스런 기상과 성의가 지극함을 볼 수 있다.

32. 子曰(자왈) 文莫吾猶人也(문막오유인야)아 躬行君子(궁행군자)는 則吾未之有得(즉오미지유득)호라

| 언해 |

子ㅣ ᄀᆞᆯᄋᆞ샤ᄃᆡ 文은 아니 내 사ᄅᆞᆷ ᄀᆞᄐᆞ나 君子를 몸소 行홈은 곧 내 得홈이 잇디 몯호라

| 직역 |

공자께서 말씀하셨다. "문(文)은 내가 다른 사람과 같지 않겠는가마는 군자의 도를 몸소 행하는 것은 내가 아직 얻지 못했다."

| 자해 |

莫 : 의심하는 말. • 猶人 : 사람에게 지나지 못하고 겨우 사람에게 미침을 말한 것. • 未之有得 : 전혀 얻지 못함. 스스로 겸손하게 하는 말.

| 의해 |

말이 도에 어그러지지 않고 절차와 조리가 있음을 문(文)이라 이르니, 이것은 대개 말 잘하는 선비가 모두 능할 수 있다. 그러므로 공자 역시 여기에는 혹 다른 사람과 같을 수 있다고 한 것이다. 그러나 도로써 몸에 체험하여 일에 보이고 실상을 밟아 행하여 어김이 없는 것을 일러 군자의 도를 몸소 행함이라고 하는데, 여기에 대하여서 공자는 전혀 얻음이 없다고 하였다. 대개 문이 남과 같으면 또한 그만이겠지만, 몸소 행함을 얻지 못하면 힘써 나아가야 한다.

| 요지 |

이 장은 사람들에게 행실을 숭상하도록 하는 것이다. 위의 구절은 가볍고 아래 구절은 중요하다.

33. 子曰(자왈) 若聖與仁(약성여인)은 則吾豈敢(즉오기감)이리오 抑爲之不厭(억위지불염)하며 誨人不倦(회인불권)은 則可謂云爾已矣(즉가위운이이의)니라 公西華曰(공서화왈) 正唯弟子(정유제자) 不能學也(불능학야)로소이다

| 언해 |

子ㅣ ᄀᆞᆯᄋᆞ샤ᄃᆡ 만일 聖과 다ᄆᆞᆺ 仁은 내 엇디 敢ᄒᆞ리오 위홈을 厭티 아니ᄒᆞ며 사ᄅᆞᆷ ᄀᆞᄅᆞ침을 게을리 아니홈은 곧 可히 니를 ᄯᆞᄅᆞᆷ이니라 公西華ㅣ ᄀᆞᆯ오ᄃᆡ 正히 弟子ㅣ 能히 學디 몯홈이로소이다

| 직역 |

공자께서 말씀하셨다. "성(聖)과 인(仁)으로 말하면 내가 어찌 감히 자처하겠는가? 행함을 싫어하지 아니하며 사람 가르치는 것을 게을리 아니함은 곧 그렇다고 말할 수 있을 따름이다." 공서화가 말하였다. "바로 저희 제자들이 배울 수 없는 것입니다."

| 의해 |

당시 공자를 인과 성으로써 일컫는 자가 있었다. 그러므로 공자가 말하였다. "도덕이 혼화(渾和)한 성인과 심덕(心德)이 순전한 인인(仁人)을 내가 어찌 감히 당하겠는가? 다만 그 성과 인의 도에 몸바쳐 싫어하지 않으며 성과 인의 도로써 사람들을 가르침에 게을리 하지 않음은 한다고 할 수 있을 것이다." 그러나 행함을 싫어하지 않고 가르침을 게을리 하지 않음은 이 성과 인을 둔 자가 아니면 하지 못할 것이니, 공자가 비록 그 이름에 자처하지 않았지만 더욱 그 실상이 있음을 볼 수 있다. 공서화가 마침 곁에 있다가 공자의 이 말씀을 듣고 깨달음이 있어서 탄식하여 말하였다. "싫어하지 않으시고, 게을리 하지 않으심은 제자가 과연 배우지 못할 바입니다. 선생님께서 어찌 성과 인의 이름을 사양하실 수 있겠습니까?"

| 요지 |

공자가 성(聖)과 인(仁)을 자임하지 않고, 성을 바라고 인을 구하는 자로 자처하니, 행함과 가르침이 성과 인의 도이다. 싫어하지 않으며, 게을리 하지 않음이 이미 성과 인의 실상을 다한 것이니,

공자가 성과 인을 일컬음을 사양하지 못함을 볼 수 있다.

34. 子(자) 疾病(질병)이어시늘 子路請禱(자로청도)한대 子曰(자왈) 有諸(유저)아 子路對(자로대)曰(왈) 有之(유지)하니 誄(뢰)에 曰(왈) 禱爾于上下神祇(도이우상하신기)라하니이다 子曰(자왈) 丘之禱久矣(구지도구의)니라

| 언해 |

子ㅣ 疾이 病ᄒᆞ거시ᄂᆞᆯ 子路ㅣ 禱ᄒᆞᆷ을 請ᄒᆞᆫ대 子ㅣ ᄀᆞᆯᄋᆞ샤ᄃᆡ 인ᄂᆞ냐 子路ㅣ 對ᄒᆞ야 ᄀᆞᆯ오ᄃᆡ 인ᄂᆞ니 誄예 ᄀᆞᆯ오ᄃᆡ 너ᄅᆞᆯ 上下ㅅ神祇예 비다 ᄒᆞ도소이다 子ㅣ ᄀᆞᆯᄋᆞ샤ᄃᆡ 丘의 禱ᄒᆞᆷ이 오라니라

| 직역 |

공자께서 병이 심하여 자로가 기도를 요청하자 공자께서 말씀하셨다. "그런 이치가 있느냐?" 자로가 대답하여 말하였다. "있습니다. 뇌문에 말하기를 '너를 위해 상하의 귀신에게 빈다'고 하였습니다." 공자께서 말씀하셨다. "내가 기도한 지 오래다."

| 자해 |

禱 : 귀신에게 기도함. • 有諸 : 이치가 있느냐 없느냐를 물은 것. 諸의 음은 '저'. • 誄 : 죽은 자를 슬퍼하여 그 평생의 행장을 기록한 글. • 上下 : 천지(天地). • 神祇 : 신은 하늘을, 기는 땅을 말함.

| 의해 |

공자의 병환이 심하였는데, 자로가 공자에게 청하여 기도하고자 하였다. 공자가 "그런 이치가 있느냐?"고 한 것은 자로로 하여금

깊이 기도하는 이치를 살피도록 한 것이다. 그런데 자로가 깨닫지 못하고 "있습니다. 옛 뇌문(誄文)에 '위로 천신(天神)과 아래로 지기(地祇)에게 너를 빌었다'라고 하니, 여기서 있는 것을 징험할 수 있습니다"라고 하였다. 공자가 말하였다. "과연 있다면, 이것은 비는 자의 죄를 뉘우치는 마음을 가지고 귀신의 도움을 비는 것이다. 내(丘)가 평일에 신명(神明)을 공경하고 두려워하여 천지에 죄를 얻을까 두려워하였으니, 기도함이 이미 오래되었다. 그러니 어찌 오늘 병이 있는 때를 기다리겠는가?"

| 요지 |

이 장은 자로가 스스로 기도함은 가능하겠지만 청(請)함은 안되니, 스스로 기도함은 스승을 위하는 마음이지만 공자에게 청함은 공자를 기도하여 복을 구하고 화를 피하고자 함이다. 그러므로 공자가 막은 것이다.

자왈 사즉불손 검즉고 여기불손야 영고

35. 子曰 奢則不孫하고 儉則固니 與其不孫也론 寧固니라

| 언해 |

子ㅣ ᄀᆞᆯᄋᆞ샤ᄃᆡ 奢ᄒᆞ면 孫티 아니ᄒᆞ고 儉ᄒᆞ면 固ᄒᆞᄂᆞ니 그 孫티 아니홈으로 더브러론 출하리 固홀띠니라

| 직역 |

공자께서 말씀하셨다. "사치하면 공손하지 않고 검소하면 고루하니, 공손하지 않은 것보다는 차라리 고루한 것이 낫다."

| 자해 |

孫 : 순(順)함. • 固 : 고루(陋)함.

| 의해 |

선왕이 예(禮)를 지음에 중도(中道)를 얻는 것이 귀중하다고 하였으니, 사치하면 지나쳐 잃어버리고 검소하면 미치지 못하여 잃어버리니 중도가 아니다. 대개 사치하고 방사(放肆)함은 문득 교만한 뜻이 있으니, 곧 예에 마땅치 못할 것인데 또한 하고자 한다면 참람하여 불손한 데에 이를 것이다. 만일 검소하고 인색한 사람은 문득 소략하고 구차한 의사가 있으니, 곧 예에 마땅히 할 것을 또한 허비한다고 아껴서 하지 않아 투박하고 문채가 없는 고루한 데 이르게 된다. 그러나 이 둘을 비교하면 불손하기보다는 차라리 고루함이 나을 것이다. 대개 고루함은 그 부족함이 있는 데에 한계가 있어서 그 해가 오히려 적지만, 불손하면 예법 밖으로 넘쳐서 세도(世道)와 인심의 근심이 되니 그 해가 크게 될 것이다. 사람이 사치를 경계하지 않을 수 있겠는가?

| 요지 |

이 장은 사치로 향하는 해를 막아서 세상을 유지하고자 함이다. 사치와 검소는 평등한 것으로 비교한 것이 아니라, 다만 검소함을 빌어서 사치함을 형용하여 불손한 해를 깊이 밝힌 것이니, 이것은 마지 못하여 당시의 폐단을 구원한 것이다.

36. 子曰(자왈) 君子(군자)는 坦蕩蕩(탄탕탕)이요 小人(소인)은 長戚戚(장척척)이니라

| 언해 |

子ㅣ ᄀᆞᆯᄋᆞ샤ᄃᆡ 君子ᄂᆞᆫ 坦히 蕩蕩ᄒᆞ고 小人ᄋᆞᆫ 기리 戚戚ᄒᆞᄂᆞ니라

| 직역 |

공자께서 말씀하셨다. "군자는 너그럽고 넓으며, 소인은 항상 근

심한다.”

| 자해 |

坦 : 평(平)함. • 蕩蕩 : 너그럽고 넓은 모양.

| 의해 |

군자는 한결같이 이치를 좇기 때문에 그 마음이 이해(利害)와 득실(得失)에 얽매이지 않으므로 탄연(坦然)하게 너그럽고 넓은 모양을 보인다. 소인은 물욕에 이끌리는 바가 많아서 그 마음에 얻고 잃어버림을 근심함이 항상 있어 척척(戚戚)하지 않을 때가 없다. 이것은 군자와 소인의 마음의 경지가 서로 떨어짐이 어찌 그리 먼가를 말한 것이다.

| 요지 |

군자의 마음은 한 물건도 장애가 됨이 없어서, 거스르는 경우라도 또한 스스로 상쾌하고 깨끗하고 소인의 마음은 사욕에 끌림이 많아서 순(順)한 경우라도 항상 화가 치밀고 답답하다.

자 온이려 위이불맹 공이안
37. 子는 溫而厲하시며 威而不猛하시며 恭而安이러시다

| 언해 |

子ᄂᆞᆫ 溫호ᄃᆡ 厲ᄒᆞ시며 戚호ᄃᆡ 猛티 아니ᄒᆞ시며 恭호ᄃᆡ 安ᄒᆞ더시다

| 직역 |

공자께서는 온화하면서도 엄숙하시며, 위엄이 있으면서도 사납

지 않으시며, 공손하면서도 편안하셨다.

| 자해 |

厲 : 엄숙함.

| 의해 |

공자의 덕이 전체가 중화(中和)이기 때문에 그 용모 사이에 보이는 것이 때로 온화하여 친할 것 같은 가운데 엄숙하여 범할 수 없는 것이 있으니, 이것이 온화하면서 엄숙한 것이다. 때로 위엄이 있어 두려워할 만한 가운데 너그럽고 넉넉하여 사납지 않음이 있으니, 이것이 위엄이 있으되 사납지 않음이다. 때로 공손함에 씩씩하고 공경하는 가운데에 힘쓰고 구속함이 없으니, 이것이 공손하되 편안함이다. 대개 어디든지 그 중화를 얻지 않는 일이 없음이 이와 같다.

| 요지 |

이 장은 성인이 때를 따라서 용색이 같지 않으나, 중화에 근본하지 않음이 없음을 나타낸 것이다.

8. 태백(泰伯)

1. 子曰(자왈) 泰伯(태백)은 其可謂至德也已矣(기가위지덕야이의)로다 三以天下讓(삼이천하양)호되 民無得而稱焉(민무득이칭언)이온여

| 언해 |

子ㅣ ᄀᆞᆯᄋᆞ샤ᄃᆡ 泰伯은 그 可히 지극ᄒᆞᆫ 德이라 니를 ᄯᆞ름이로다 세번 天下로ᄡᅥ 讓호ᄃᆡ 民이 시러곰 稱홈이 업고녀

| 직역 |

공자께서 말씀하셨다. "태백은 지극한 덕을 가진 사람이라고 이를 만하다. 세 번 천하를 양보하였으나 백성들이 칭송할 수 없었다."

| 자해 |

泰伯 : 주(周)나라 태왕(大王)의 장자(長子). • 至德 : 덕이 지극하여 다시 더할 것이 없음. • 세 번 사양함이란 굳이 사양함을 말함. • 칭송할 수가 없게 하였다 함은 은미하여 자취를 볼 수 없는 것. • 也已矣 : ~일 뿐임.

| 의해 |

내가 일찍이 주나라 태백을 보니, 사람이 능히 하지 못하는 바를 하였으니, 참으로 덕의 지극함이 이보다 더함이 없다고 할 수 있다. 어떻게 그 지극한 덕을 보는가? 주나라의 왕업이 태왕으로부터 비롯되었기 때문에 맏아들 태백이 마땅히 설 것이고, 그 뒤로

오는 천하는 태백의 자손이 마땅히 소유할 것인데, 태백이 도망하였다. 그리하여 태왕이 드디어 계(季)에게 전하여 무왕에게 미쳐 천하를 소유하였다. 당시에 나라를 사양하는 것을 지금으로부터 미루어 보면 그 실상은 진실로 천하를 사양한 것이다. 그러나 또 약을 캔다고 핑계하고 스스로 그 자취를 감추어 다시 삼 세를 지나니, 일이 거의 없어져서 지금에 이르러서는 백성이 다 그 마음을 엿보아 칭송할 수 없게 되었다. 사양함은 아름다운 덕이나 세 번 천하를 사양함에 이르러서는 또 칭송할 수 없으니 이것이 그 덕이 지극하여 더할 수 없는 것이다.

| 요지 |

이 장은 주나라가 천하를 소유함을 가지고 추후로 의론한 말이니 "지극한 덕을 가진 사람이라고 이를 만하다"고 한 구절에서 이미 태백에 대한 칭찬을 다하였고 아래 두 구절은 태백의 지극한 덕을 잘 보여주는 것이다.

2. 子曰 恭而無禮則勞하고 愼而無禮則葸하고 勇而無禮則亂하고 直而無禮則絞니라 君子篤於親則民興於仁하고 故舊를 不遺則民不偸니라

| 언해 |

子ㅣ 골ᄋᆞ샤ᄃᆡ 恭ᄒᆞ고 禮업슨면 勞ᄒᆞ고 愼ᄒᆞ고 禮ㅣ 업스면 葸ᄒᆞ고 勇ᄒᆞ고 禮ㅣ 업스면 亂ᄒᆞ고 直ᄒᆞ고 禮ㅣ 업스면 絞ᄒᆞᄂᆞ니라 君子ㅣ 親애 篤ᄒᆞ면 民이 仁애 興ᄒᆞ고 故舊를 遺티 아니ᄒᆞ면 民이 偸티 아니ᄒᆞᄂᆞ니라

| 직역 |

공자께서 말씀하셨다. "공손하지만 예가 없으면 수고롭고, 삼가지만 예가 없으면 두려워하게 되고, 용감하지만 예가 없으면 혼란스럽고, 강직하지만 예가 없으면 급절하다. 군자가 친척에게 후하게 대하면 백성들은 인에 흥기하고, 오래 사귄 사람을 버리지 않으면 백성들이 각박해지지 않는다."

| 자해 |

葸 : 두려워함. • 絞 : 조급함. • 偸 : 각박함.

| 의해 |

사람이 예를 행함에 절문(節文)이 있어야 비로소 중도를 벗어나는 폐단이 없다. 만일 사람에게 공손하면서 예가 없으면 지나치게 공손한 데로 흐를 수 있을 것이니, 이것을 일러 수고롭다고 한다. 일에 삼가는 것을 일러 근신이라 하니, 근신하면서 예가 없으면 머리를 두려워하고 또 꼬리를 두려워하는 자가 있을 것이니 이것을 일러 두려워한다고 한다. 과감히 행하는 것을 일러 용기라 하니, 용기가 있으면서 예가 없으면 잘못을 범하고 혼란을 일으키는 자가 있을 것이니 이것을 일러 혼란스럽다고 한다. 말을 다하여 숨김이 없음을 일러 강직이라 하니 강직하면서 예가 없으면 아비가 양(羊)을 도적질한 것을 증명한다는 자가 있을 것이니, 이것을 일러 급절하다고 한다. 대개 예는 중정(中正)한 준칙이니, 준칙이 없으면 지나친 데로 흐르는 폐단이 있을 것이다. 사람이 이것으로써 덕을 이룰 수 있겠는가?

◑ 위에 있는 군자는 백성이 보고 본받는 자이다. 만일 능히 친한 이에게 후하게 하여 부모와 형제에게 각각 그 도리를 다하면 그 친한 이에게 돈독할 것이니, 친한 이를 친하게 함은 인이다. 위에서 인하면 아래에 있는 백성들도 또한 인을 일으켜서 각각 그 친한 이를 친하게 여길 것이고, 만일 옛 친구에게 충후(忠厚)하게

하여 그 평생의 좋아함을 잊어버리지 않으면 이것이 곧 두터운 도리이다. 위에서 두터우면 아래에 있는 백성들도 여기에 교화되어 또한 각박하지 않아서 다같이 옛 친구에게 도탑게 할 것이니, 이것을 본받으면 사람의 위에 있는 자가 어찌 그 아랫사람을 교화하는 근본을 바르게 하지 않겠는가?

| 요지 |

이 장은 사람을 예로써 그 덕을 온전히 함을 보인 것이니 네 가지가 모두 이 아름다운 덕이다. 그 가운데에 원래 예가 있으니 예란 중(中)일 따름이므로 너무 지나침도 없고 너무 모자람도 없다. 그러나 네 가지는 너무 지나치는 병통이다.

◑ 위에 있는 사람이 마땅히 몸으로써 가르침을 먼저 함을 보인 것이니, 백성의 성품이 인후(仁厚)함이 특별히 세상의 도를 주장하는 군자의 가르침에 있다.

3. 曾子有疾(증자유질)하사 召門弟子(소문제자) 曰啓予足(왈계여족)하며 啓予手(계여수)하라 詩云戰戰兢兢(시운전전긍긍)하여 如臨深淵(여림심연)하며 如履薄氷(여리박빙)이라하니 而今而後(이금이후)에아 吾知免夫(오지면부)로라 小子(소자)아

| 언해 |

曾子ㅣ 疾이 겨샤 門弟子를 불러 ᄀᆞᆯᄋᆞ샤ᄃᆡ 내 발을 啓ᄒᆞ며 내 손을 啓ᄒᆞ라 詩에 닐오ᄃᆡ 戰戰ᄒᆞ며 兢兢ᄒᆞ야 기픈 모ᄉᆞᆯ 디ᄂᆞᄃᆞᆺᄒᆞ며 여룬 어름을 ᄇᆞᆲᄃᆞᆺᄒᆞ다 ᄒᆞ니 이젠 後에아 내 免홈을 알과라 小子아

| 직역 |

증자가 병이 위중해지자, 제자들을 불러 말하였다. "나의 발을 꺼내 보고 나의 손을 꺼내 보아라. 『시경』에 이르기를 '전전긍긍하여, 깊은 못을 지나듯 하고, 엷은 얼음을 밟듯이 하라' 하였으니, 이제서야 나는 벗어났음을 알겠구나! 제자들아!"

| 자해 |

啓 : 이불을 젖히는 것. • 詩 : 『시경』「소아(小雅) · 소민(小旻)」. • 免 : 불효의 죄에서 벗어남.

| 의해 |

증자가 평일에 몸을 보존하더니 병이 나서 장차 세상을 뜨려고 할 때, 제자를 불러서 말하였다. "이불을 젖히고 나의 발을 보며 이불을 젖히고 나의 손을 보아라. 일찍이 다치고 상하여 온전히 하지 못한 것이 있느냐? 그러나 나의 몸이 이같이 온전한 것은 내 마음이 삼가 조심하지 않은 곳이 없어서 보존한 것이다. 『시경』에 이르기를 '두려워하고 경계하여 깊은 연못에 임하여 빠질까 두려워함과 같이 하며 얇은 얼음을 밟아서 빠질까 조심하는 것 같이 하라.' 하였다. 내 평일에 스스로 몸을 보존하기를 대개 이와 같이 한 것이니 또한 어렵다 할 것이다. 그러나 내 몸이 있으면 오히려 감히 다른 날에 어찌될지를 기필하지 못하니, 앞으로는 내가 마침내 다치고 상하는 근심에서 면한 것을 알겠구나! 얘들아!" 이것은 대개 말을 끝낸 후 다시 불러서 간절함을 이른 것이고, 또한 자신이 경계하고 삼가며 두려워하는 것처럼 한 번 발을 듦에 감히 어버이를 잊지 말라고 가르친 것이다.

| 요지 |

이 장은, 몸도 오히려 다치고 상하게 해서는 안 되는 것인데, 하물며 그 행실을 잘못하여 부모에게 욕이 미치게 할 것인가 묻는 것이다.

4. 曾子有疾이어시늘 孟敬子問之러니 曾子言曰 鳥之將死에 其鳴也哀하고 人之將死에 其言也善이니라 君子所貴乎道者三이니 動容貌에 斯遠暴慢矣며 正顔色에 斯近信矣며 出辭氣에 斯遠鄙倍矣니 籩豆之事則有司存이니라

| 언해 |

曾子ㅣ 疾이 잇거시ᄂᆞᆯ 孟敬子ㅣ 묻ᄌᆞᆸ더니 曾子ㅣ 닐러 ᄀᆞᆯᄋᆞ샤ᄃᆡ 새 쟝ᄎᆞᆺ 죽음애 그 우롬이 슬프고 사ᄅᆞᆷ이 쟝ᄎᆞᆺ 죽음애 그 말이 어디ᄂᆞ니라 君子ㅣ 道애 貴히 너기ᄂᆞᆫ 배 세히니 容貌ᄅᆞᆯ 動ᄒᆞ욤애 이에 暴慢을 멀리 ᄒᆞ며 ᄂᆞᆺ빗ᄎᆞᆯ 正ᄒᆞ욤애 이예 信애 갓가오며 辭氣ᄅᆞᆯ 내욤애 이예 鄙倍ᄅᆞᆯ 멀리 홀띠니 籩豆ㅅ일은 有司ㅣ 인ᄂᆞ니라

| 직역 |

증자가 병이 들자, 맹경자가 문병을 왔다. 증자가 말하였다. "새가 장차 죽을 때에는 울음소리가 슬프고, 사람이 장차 죽을 때에는 그 말이 착한 법이다. 군자가 도에 대하여서 귀하게 여기는 것이 세 가지 있으니, 용모를 움직일 때에는 사나움과 태만함을 멀리하며, 얼굴빛을 바르게 할 때에는 신실함에 가깝게 하며, 말과 소리를 낼 때에는 비루함과 도리에 위배되는 것을 멀리하여야 한다. 제기를 다루는 일에는 유사가 있다."

| 자해 |

倍: 배반하다. • 籩 : 제기. • 豆 : 제기.

| 의해 |

증자가 병이 났을 때에 노나라 대부 맹경자가 문병하였는데, 증자가 자신이 고하는 말을 소홀히 여길까 두려워 먼저 말하였다. "새가 죽으려고 할 때는 죽기를 무서워하는 마음이 승하여 슬픈 소리를 내어서 우는 것이고, 사람이 장차 죽을 때는 그 본성의 참됨이 보여서 그 말이 착한 것이다. 이제 내가 장차 죽을 것인데, 말이 착한 말이니 그대는 내 말을 잘 기록하시오."

◑ 맹경자는 사소한 일에 마음을 두고 큰 근본은 알지 못하는 사람인 까닭에 증자가 말하였다. "도가 비록 있지 않은 곳이 없으나, 군자가 위에 있어서 아래에 임할 때에 도의 귀중한 것이 세 가지가 있으니 세 가지는 무엇인가? 용모는 백성이 보고 우러르는 것이니, 군자가 용모를 한번 움직임에 반드시 자연스럽고 공손하여 사납고 방자한 기운을 멀리하여 용모가 그 도를 얻게 해야 한다. 얼굴빛은 백성이 우러러 바라는 것이니, 군자가 한 번 얼굴빛을 바르게 하고 마음에 근본하여 얼굴빛에 나타난 것이 신실함에 가까워서 거짓이 없이 얼굴빛으로 하여금 다 도를 얻게 해야 한다. 말 기운은 백성이 듣는 바이니 군자가 한번 말 기운을 냄에 이치에 순하게 하여 문채(文采)를 이루어서 더럽고 속됨이 없게 하여 말 기운으로 하여금 다 그 도를 얻게 해야 한다. 이것이 다 몸을 닦음에 필요한 것이고, 정사를 행함에 근본이 되니 마땅히 지키고 살려서 어김없이 해야 한다. 제사의 일 같은 것은 또한 도가 갖추어 있는 일이나, 그것은 다 맡은 유사(有司)가 있으니, 군자가 이것을 귀중히 여길 바가 아니다."

| 요지 |

이 장은 높은 지위에 있는 자가 대체(大體)의 뜻을 아는 것이 귀중함을 보인 것이다. 머리 두 절은 경자(敬子)가 병문안한 것에 대하여 먼저 착한 말로써 감동하게 하고, 아래에는 군자의 도(道)로써 고한 것이니, 모두 근본을 높이고 뜻을 꺾고 몸을 닦고 나라

를 다스리는 근원을 바르게 하고자 한 것이다.

5. 曾子曰(증자왈) 以能(이능)으로 問於不能(문어불능)하며 以多(이다)로 問於寡(문어과)하며 有若無(유약무)하며 實若虛(실약허)하며 犯而不校(범이불교)를 昔者吾友嘗從事(석자오우상종사) 於斯矣(어사의)러니라

| 언해 |

曾子ㅣ ᄀᆞᆯᄋᆞ샤ᄃᆡ 能으로ᄡᅥ 不能애 무르며 多로ᄡᅥ 寡에 무르며 이슈ᄃᆡ 업슨 ᄃᆞᆺᄒᆞ며 實호ᄃᆡ 虛ᄒᆞᆫ ᄃᆞᆺᄒᆞ며 犯ᄒᆞ야도 校티 아니홈을 녜 내 벗이 일쯕 이예 從事ᄒᆞ더니라

| 직역 |

증자가 말하였다. "능하면서 능하지 못한 이에게 물으며, 학식이 많으면서 적은 이에게 물으며, 있어도 없는 것 같고, 꽉 차 있어도 빈 것 같으며, 자신을 범하여도 따지지 않는 것을, 옛적에 내 벗이 일찍이 이 일에 종사하였었다."

| 자해 |

校 : 비교하다.

| 의해 |

증자가 내가 없는〔無我〕 학문에 생각을 두어 말하였다. "의리가 본래 무궁한데, 스스로 만족한 체 하는 자는 막힌다. 사람과 내가 본래 간격이 없는데, 양이 좁은 자는 항상 따지니, 대개 내가 있음을 잊지 못하기 때문이다. 만일 의리를 이미 알았으면 능하다

고 이를 수 있을 것인데, 도리어 자신이 능하면서 능하지 못한 이에게 묻고, 의리가 아는 바가 이미 넓어서 많다고 할 수 있을 것인데, 자신이 학식이 많으면서 학식이 적은 이에게 묻는다. 내가 생각하건대 능하지 못한 이에게 묻는 마음은 자신이 능한 것을 잊은 것이다. 본래 있는데 항상 스스로 보기를 없는 것 같이 하니, 적은 이에게 묻는 마음은 대개 자신의 많은 것을 잊은 것이다. 근본이 실한데 항상 스스로 보기를 빈 것 같이 하니, 깊이 의리의 궁진함이 없음을 아는 것이 이 같아서 내가 가히 범할 것이 없다. 사람이 범하는 자가 있는 데 이르러서는 저의 도량이 극히 커서 곧은 것이 내 몸에 있고 굽은 것이 저에게 있음을 보지 않고 더불어 따지지 않으며 또 남과 내가 간격이 있음을 보지 않음이 이 같으니, 이는 어떠한 사람인가? 옛적에 우리 벗이 이에 종사하였다."

| 요지 |

이 장에서는 안자(顔子)가 자신을 이기던 학문의 깊음을 볼 수 있다. 참되게 형용하고 개연(概然)히 생각하는 뜻을 얻었다.

증자왈 가이탁육척지고 가이기백리지명
6. 曾子曰 可以託六尺之孤하며 可以寄百里之命이요
임대절이불가탈야 군자인여 군자인야
臨大節而不可奪也면 君子人與아 君子人也니라

| 언해 |

曾子ㅣ ᄀᆞᆯᄋᆞ샤ᄃᆡ 可히ᄡᅥ 六尺ㅅ孤를 託ᄒᆞ얌즉 ᄒᆞ며 可히ᄡᅥ 百里ㅅ命을 寄ᄒᆞ얌즉 ᄒᆞ고 大節에 臨ᄒᆞ야 可히 奪티 몯ᄒᆞ리면 君子앳 사ᄅᆞᆷ가 君子앳 사ᄅᆞᆷ이니라

| 직역 |

증자가 말하였다. "여섯 척의 어린 임금을 맡길 만하고, 백 리 되는 국가의 운명을 부탁할 만하며, 큰 절개에 임해서 빼앗을 수 없다면, 군자다운 사람인가? 군자다운 사람이다."

| 자해 |

孤 : 고아. 여기서는 어린 임금을 말한다. • 與 : 의문조사.

| 의해 |

증자가 말하였다. "사람이 다만 장성한 임금을 도울 만할 뿐 아니라, 비록 여섯 척의 고아를 부탁하여 어린 임금의 도움이 되더라도 부탁한 바를 저버릴 수 없을 것이다. 나라 정사만 같이 할 뿐 아니라, 비록 백리의 나라를 맡겨서 한 나라 정사가 그 손에서 나가더라도 맡은 바를 저버림이 없을 것이다. 그 재주가 사람들 보다 나음이 이와 같으니 혹시 사변이 창졸간에 일어나서 국세가 위험하더라도, 보기를 극히 참되게 하고 지키기를 극히 안정되게 하여 어린 임금을 돕고 나라 정사를 행함에 처음부터 끝까지 죽고 사는 것, 이로움과 해로움에 흔들리지 않을 것이다. 이것은 그 절개로 지킴이 있는 것이다. 이러한 사람이 군자다운 사람이라 할 수 있는가? 재주와 절개의 독실함이 이와 같다면 군자다운 사람이라 할 수 있다.

| 요지 |

이 장은 증자가 온전한 덕으로 천하의 사람들에게 권장한 것이니 중요함이 절개 '절(節)' 자에 있다. '절(節)'이란 것은 재주에 의지하는 것이고, 재주란 것은 절개에 힘입어서 일어난 것이니, 군자는 재주와 덕이 출중한 것을 가리키는 이름이다.

증자왈 사불가이불홍의 임중이도원 인이
7. 曾子曰 士不可以不弘毅니 任重而道遠이니라 仁以
위기임 불역중호 사이후이 불역원호
爲己任이니 不亦重乎아 死而後已니 不亦遠乎아

| 언해 |

曾子ㅣ ᄀᆞᆯᄋᆞ샤ᄃᆡ 士ㅣ 可히ᄡᅥ 弘ᄒᆞ며 毅티 아니티 몯ᄒᆞᆯ 꺼시니 任이 重ᄒᆞ고 道ㅣ 遠ᄒᆞ니라 仁으로ᄡᅥ 몸의 任을 삼ᄂᆞ니 ᄯᅩᄒᆞᆫ 重티 아니ᄒᆞ냐 죽은 後에 마ᄂᆞ니 ᄯᅩᄒᆞᆫ 遠티 아니ᄒᆞ냐

| 직역 |

증자가 말하였다. "선비는 넓고 굳세지 않을 수 없다. 짐이 무겁고 길이 멀기 때문이다. 인으로써 자기의 짐으로 삼으니 또한 무겁지 아니한가? 죽은 뒤에라야 끝나니 또한 멀지 아니한가?"

| 자해 |

毅 : 굳세다. • 任 : 짐.

| 의해 |

선비로서 그 마음의 체(體)가 너그럽고 넓은 도량을 갖지 않을 수 없고 굳세고 강하게 참는 힘이 있지 않을 수가 없다. 대개 선비의 소임이 매우 무겁고 행하는 길이 매우 머니 넓은 도량이 아니면 용납하여 받음이 많지 않고, 이어서 싣는 것이 넓지 못할 것이니, 어찌 무거움을 이기겠는가? 굳셈이 아니면 잡아 지킴이 굳지 못하고 메임이 오래가지 않을 것이니 어찌 먼 곳에 이르겠는가? 선비의 맡은 바가 무엇인가? 대개 인(仁)이라 하는 것은 사덕(四德)을 포함하고 만물을 체득하지 않음이 없으니 선비가 이것을 몸에 맡아서 반드시 몸으로 체득하고 힘써 행하는 것이다. 이에 천하

의 착한 것과 만물의 이치가 다 내 한 몸에 실려 있으니 그 책임이 어찌 무겁지 않겠는가? 그 말은 것은 곧 인(仁)이다. 생(生)하는 것과 더불어 같이 생하여 간단함이 없어서 죽기에 이른 후에 말 것이니 이 몸의 한 숨이 있는 한 이 뜻이 조금도 게으르게 못할 것이다. 따라서 앞으로 나아가 채찍질하고 가다듬어서 발을 머물 때가 없을 것이니 또한 멀지 않은가? 선비는 참으로 넓고도 굳세지 않을 수 없다.

| 요지 |

이 장은 인을 체득하는 학문으로 선비에게 요구한 것이니 넓고 굳센 것은 이 인을 체득한 것이다. 짐이 무겁다는 구절은 넓고 굳세야 하는 까닭을 거듭 밝힌 것이고 다음 절은 무겁고 먼 실상을 드러낸 것이다.

자왈 홍어시 입어례 성어악

8. 子曰 興於詩하며 立於禮하며 成於樂이니라

| 언해 |

子ㅣ ᄀᆞᆯᄋᆞ샤ᄃᆡ 詩예 興ᄒᆞ며 禮예 立ᄒᆞ며 樂애 成ᄒᆞᄂᆞ니라

| 직역 |

공자께서 말씀하셨다. "시에서 흥기하며, 예에서 서며, 악에서 이루어진다."

| 의해 |

옛 사람이 학문을 함에 시와 예와 악을 크게 갖추었으나 그 효험을 얻는 것은 차례가 있다. 학문을 함에 착한 마음이 일어나는 것

은 시에서 힘을 얻는다. 시라는 것은 아름답게 여기고 꾸짖고 풍간(諷諫)하는 뜻이 있어서 조용히 함영(涵泳)하면 쉽게 사람의 성정에 들어가서 인의(仁義)의 양심을 감동하게 한다. 착한 생각이 일어남에 우뚝 스스로 서는 것이 중요하지만, 학문을 하는 가운데 잡고 지켜서 안정을 얻을 수 있는 것은 예(禮)에서 비롯한다. 예란 절문(節文)과 도수(度數)의 자세함이 있어서 바깥으로 사람의 일상생활을 포괄하는 것이고, 안으로 사람의 그른 마음과 방탕한 뜻을 금하는 것이니, 오래 익히면 힘줄과 뼈와 덕성이 모두 바르고 굳어서 어지럽지 않을 것이다. 이렇게 스스로 서는 데 반드시 순진하고 지극히 착한 지위에 이르러야 바야흐로 이루는 것이 있을 것이다. 배우는 자가 마침내 덕성이 무르익어 크게 일어나는 것은 이 음악에서 힘을 얻는 것이니, 대개 음악이란 것은 소리의 높고 낮음과 춤추고 뛰는 것이 빠르고 천천히 함이 있어서, 그 귀와 눈을 기르고 그 마음과 뜻을 화하게 하여 사람으로 하여금 인의예지(仁義禮智)의 실상에 편안하여 그 덕을 이루게 할 수 있다.

| 요지 |

이 장은 구절마다 마음에 근본해서 말한 것이니, 일어나고 서고 이룸으로써 주장을 삼고 다만 시(詩)와 예(禮)와 악(樂)으로 도움을 삼는다.

자 왈 민 가 사 유 지 불 가 사 지 지
9. 子曰 民은 可使由之요 不可使知之니라

| 언해 |

子ㅣ ᄀᆞᆯᄋᆞ샤ᄃᆡ 民은 可히 ᄒᆞ여곰 由케 ᄒᆞ고 可히 ᄒᆞ여곰 알게 몯

ᄒᆞᄂᆞ니라

| 직역 |

공자께서 말씀하셨다. "백성은 도를 따르게 할 수는 있어도 알게 할 수는 없다."

| 의해 |

도로써 백성을 깨닫게 하는 것이 성인의 근본 마음이다. 다만 사람마다 모두 깨닫게 할 수 없는 것은 성인의 본심이 아니고, 형세가 그러한 것이다. 따라서 백성의 재질에 나아가 의론하면 다만 이치의 당연한 것을 따르게 하고 그 이치의 그러한 것은 알게 할 수가 없다. 그 이치의 당연한 것은 모든 사람이 살아감에 날로 쓰이는 일이다. 진실로 모든 사람이 다 행할 수 있는 일인 까닭에 사람으로 하여금 따르게 할 수 있지만 그 천명의 자연스러움과 사람의 성품에 본래 있는 곳에서 나온 것은 그 이치가 정미하여 중등 사람 이상의 자품이 아니면 이것을 말하지 못할 것이기 때문에 억지로 알게 할 수는 없다. 따라서 백성을 가르치는 자가 또한 그 따를 것을 가지고 지도할 수 있을 것이고, 그 알지 못할 것을 억지로 알게 할 수는 없을 것이다.

| 요지 |

이 장은 윗사람이 백성을 교화함을 주장하여 다스림에 마땅히 백성을 순하게 함을 보인 것이다. 위의 하여금 '사(使)' 자는 그 형세가 위에 있는 까닭에 말하기를 '가(可)하다' 하고 아래 하여금 '사(使)' 자는 그 형세가 또한 행하여 가지 못할 것이기 때문에 '불가(不可)'라 하였다. '불가사(不可使)'라는 것은 백성을 다 알게 하지 못함을 이르는 것이 아니라 다만 위에서 억지로 알게 할 수 없다는 것이고, 또한 알리지 않고자 하는 것이 아니라 다만 상황이 불가능한 바가 있는 것이다.

10. 子曰(자왈) 好勇疾貧(호용질빈)이 亂也(난야)요 人而不仁(인이불인)을 疾之已甚(질지이심)이 亂也(난야)니라

| 언해 |

子ㅣ ᄀᆞᆯᄋᆞ샤ᄃᆡ 勇을 됴히 너기고 貧을 疾홈이 亂홈이오 사ᄅᆞᆷ이오 仁티 아니ᄒᆞᆫ 니를 疾홈을 너모 甚히 홈이 亂홈이다.

| 직역 |

공자께서 말씀하셨다. "용기를 좋아하고 가난을 싫어하면 난을 일으킬 것이며, 사람이 어질지 못한 것을 너무 미워하면 난을 일으킬 것이다."

| 자해 |

疾 : 미워함.

| 의해 |

용맹이 없는 사람은 비록 가난함을 미워하나 어지러움을 일으키지 못할 것이고, 가난함을 편안히 여기는 사람은 비록 용맹을 좋아하나 어지러움을 즐기고 일으키지는 않을 것이다. 다만 용맹을 좋아하는 사람은 가난한 분수에 편안하지 못하여 그 혈기의 강함으로써 탐하여 얻을 생각을 갖고 비록 패역함이라도 하지 않음이 없어서 반드시 혼란을 일으키는 데 이를 것이다. 또 어질지 못한 사람은 본마음을 잃어버리기 때문에 그 악함이 드러나기 전에 천천히 변화하게 함이 옳다. 만일 그 죄가 마땅히 버릴 만하면 결단하여 버릴 것이나, 그렇지 않고 악한 것을 미워함이 마땅한 수준을 지나서 그 사람으로 하여금 용납할 곳이 없게 하면, 일이 궁하고 형세가 핍박하여 저가 장차 불안한 마음을 베풀어서 격동하여

혼란을 일으키지 않음이 없을 것이니, 사람이 혼란을 풀 수 있는 바를 생각하지 않을 수 있겠는가?

| 요지 |

이 장은 공자가 난(亂)의 싹을 막는 뜻을 보여주고 있다. 위의 난(亂)자는 가난한 것을 미워함으로부터 나오고 아래 난(亂)자는 너무 심한데서 볼 것이다. 위에는 자기가 난을 일으키는 것이고 아래는 나로부터 난을 이루게 함이니, 모든 사람으로 하여금 이 난이 생긴 까닭을 알아서 난을 풀리게 할 바를 생각하게 한 것이다.

11. 子曰(자왈) 如有周公之才之美(여유주공지재지미)오도 使驕且吝(사교차린)이면 其餘(기여)는 不足觀也已(부족관야이)니라

| 언해 |

子ㅣ ᄀᆞᆯᄋᆞ샤ᄃᆡ 만일에 周公의 才의 美홈을 두고도 ᄒᆞ야곰 驕ᄒᆞ고 ᄯᅩ 吝ᄒᆞ면 그 나믄 거슨 足히 보디 몯홀 꺼시니라

| 직역 |

공자께서 말씀하셨다. "만일 주공처럼 아름다운 재주를 갖고 있더라도 가령 교만하고 인색하다면, 그 나머지는 볼 것이 없다."

| 자해 |

才美 : 지능과 기예의 아름다움. • 驕 : 교만하는 것. • 吝 : 인색한 것.

| 의해 |

사람이 재주를 갖고 있는 것이 중요하지만, 그 재주에 더하여 덕

이 있는 것이 더욱 중요하다. 옛 성인 중에 재주가 아름다움으로 주공과 같은 이가 없으나 주공과 같은 재주의 아름다움이 있다 하더라도 만일 교만하여 사람에게 없는 바를 자랑하고 또 인색하여 자기가 있는 바를 믿으면 덕의 근본을 잃을 것이다. 그렇게 되면 재예(才藝)의 아름다움을 볼 것이 없으니 교만하고 인색함을 어찌 할 수 있겠는가?

| 요지 |

이 장은 사람이 재주를 믿고 자랑하고 인색하지 않아야 할 것을 경계한 것이다. 재주의 아름다움이 주공 같은 이도 오히려 교만하고 인색해서는 안되는데, 하물며 주공과 같은 재주의 아름다움이 없이 교만하고 인색하겠는가?

자왈 삼년학 부지어곡 불이득야

12. 子曰 三年學에 不至於穀을 不易得也니라

| 언해 |

子ㅣ ᄀᆞᆯᄋᆞ샤ᄃᆡ 三年을 學홈애 穀에 ᄠᅳᆮᄒᆞ디 아니ᄒᆞᄂᆞ 니를 수이 얻디 몯ᄒᆞ리니라

| 직역 |

공자께서 말씀하셨다. "삼 년을 배우고서도 녹봉에 뜻을 두지 않는 자를 쉽게 얻지 못하겠다."

| 자해 |

穀 : 곡식. 녹봉. 벼슬. • 易 : 쉽다. 음은 '이'.

| 의해 |

학문은 도를 밝히는 것이니 학문이 이루어지면 녹(祿)이 저절로 이른다. 원래 녹을 강구함이 아니라 가령 삼 년 동안 오래도록 학문에 종사하되 그 뜻이 녹에 있지 않으면 이것은 진실로 나를 위하는 것이지 남을 위하는 것이 아니고, 도를 꾀하는 것이지 먹는 것을 꾀하는 것이 아니니, 대개 쉽게 얻어보지 못할 것이다.

| 요지 |

이 장은 사람이 마음을 순수하게 학문에 전일함이 귀함을 보인 것이다. 삼 년이라는 것은 다만 그 오램을 말함이고 삼 년을 한정한 것이 아니다. 뜻하지 않는다는 것은 마음을 말함이고, 쉽게 얻지 못한다는 것은 순전한 마음을 보기 어려움이 심함을 말한 것이니, 탄식한 말도 아니고 칭찬한 말도 아니다.

13. 子曰 篤信好學하며 守死善道니라 危邦不入하고 亂邦不居하며 天下有道則見하고 無道則隱이니라 邦有道에 貧且賤焉이 恥也며 邦無道에 富且貴焉이 恥也니라

| 언해 |

子ㅣ ᄀᆞᆯᄋᆞ샤ᄃᆡ 篤히 信ᄒᆞ고도 學을 好ᄒᆞ며 死를 守ᄒᆞ고도 道를 善히 ᄒᆞᆯ띠니라 危ᄒᆞᆫ 邦에 入디 아니ᄒᆞ고 亂ᄒᆞᆫ 邦에 居티 아니ᄒᆞ며 天下ㅣ 道ㅣ 이시면 見ᄒᆞ고 道ㅣ 업ᄉᆞ면 隱ᄒᆞᆯ띠니라 邦이 道ㅣ 이숌애 貧ᄒᆞ고 ᄯᅩ 賤ᄒᆞᆷ이 븟그러우며 邦이 道ㅣ 업슴애 富ᄒᆞ고 ᄯᅩ 貴ᄒᆞᆷ이 븟그러우니라

| 직역 |

공자께서 말씀하셨다. "독실하게 믿으면서도 배우기를 좋아하며, 죽음으로써 지키면서도 도를 잘 실천해야 한다. 위태로운 나라에는 들어가지 않고, 어지러운 나라에는 살지 않으며, 천하에 도가 있으면 나타나 벼슬하고, 도가 없으면 숨어야 한다. 나라에 도가 있을 때는 가난하고 천한 것이 부끄러우며, 나라에 도가 없을 때는 부하고 귀한 것이 부끄럽다."

| 자해 |

見 : 나타나다. 음은 '현'.

| 의해 |

사람이 세상에 처하여 반드시 학문과 지킴을 겸하여 그 극진한 데 나아가야 착한 것을 다하게 된다. 그러므로 학문에는 믿음을 귀하게 여기니 만일 독실하게 믿지 않으면 뜻이 전일하지 못하여 학문을 좋아하지 못할 것이나, 독실하게 믿기만 하고 학문을 좋아하면서도 이치를 밝히지 못하면 마땅히 믿지 못할 것을 믿어서 그 바른 것을 얻지 못하게 된다. 따라서 독실하게 믿고도 또 격물(格物)하고 치지(致知)함을 기다려서 학문을 좋아해야 한다. 도는 지킴을 굳게 하니 만일 죽기로 지키지 않으면 절조가 굳지 못하여 도를 착하게 하지 못한다. 그러나 한갓 죽기로써 지킬 뿐이요, 그 지킨 바의 도를 착하게 하지 못하면 이것은 쓸데없는 지킴이니, 그러면 비록 죽기로써 지킨다 하더라도 마침내 그 마땅함을 얻지 못할 것이다. 그러므로 죽기로 지키되 경(經)에 표준하고 의(義)에 합하여 그 도를 착하게 해야 하니, 학문이 있고 지킴이 있으면 아는 것이 밝고 행함이 바른 것이다. 만일 학문과 지킴이 있는 군자라면 그 거취와 출처가 어디를 가든지 모두 마땅할 것이다. 그러므로 위태함을 당하여 장차 망하는 나라에 벼슬하지 않고 밖에 있을 때에는 피하여 들어가지 않을 것이며, 또 어지러

워서 법강(法綱)이 없는 나라에 이미 벼슬하여 안에 있다 하더라도 떠나야 할 것이니, 이것은 다만 해됨을 멀리할 뿐만 아니라 가고 나감을 살피는 것이다. 천하에 도가 있어서 장차 태평할 징조가 있으면 나아가 쓰지 않을 수 없을 것이니, 그 가함을 보고 나가서 감히 홀로 자기의 몸만 착하게 하지 않아야 하며, 천하에 도가 없어서 장차 큰 어지러움의 기틀이 있으면 그 뒤에 오는 일이 함께 지탱하여 유지할 수 없음을 알 것이니, 몸을 숨기고 물러가서 감히 스스로 그 도를 더럽게 하지 않아야 한다. 이것은 한갓 때를 좇는 것이 아니고, 나아가고 처함에 바른 것이다. 그러나 학문과 지킴이 없는 용렬한 삶이라면 나라에 도가 있어서 마땅히 나타날 때인데, 버린 바가 되어서 가난하고 또 천함을 면치 못하니, 이는 나타날 만한 경륜이 없는 것이니 부끄러운 것이다. 나라에 도가 없을 때에는 마땅히 숨을 것인데, 도리어 구차하게 어지러운 세상에서 녹을 얻어 부하고 귀함은 반드시 스스로 몸을 신중하게 하는 지조와 지킴이 없는 것이니 부끄러운 것이다. 따라서 군자가 배우고 지키는 공부를 어찌 스스로 그만두겠는가?

| 요지 |

'독실하게 믿는다'는 것은 스스로 그 옳은 것을 보고 믿기를 굳게 하여 같이 고치고 바꾸지 못하는 것이다. '배우기를 좋아한다는 것'은 사물의 이치를 궁구하여 옳고 그름을 살펴서 일에 미혹되지 않는 것이다. '죽기로 지킨다'는 것은 그 옳은 것을 죽기로 지켜서 비록 화(禍)가 되고 복(福)이 되는 것으로 위협하여도 빼앗기지 않음이다. '도를 잘 실천한다는 것'은 일이 반드시 이치에 합당하며 행함이 반드시 의리에 합당해야 지키는 바가 다 마땅함을 이른 것이다. 그렇게 하면 물러가고 나아감에 다 마땅함을 얻어서 부끄러움이 없을 것이다.

자왈 부재기위 불모기정
14. 子曰 不在其位하얀 不謀其政이니라

| 언해 |

子ㅣ ᄀᆞᆯᄋᆞ샤ᄃᆡ 그 位예 잇디 아니ᄒᆞ얀 그 政을 謀티 아니홀띠니라

| 직역 |

공자께서 말씀하셨다. "그 지위에 있지 않으면 그 정사를 도모하지 않는다."

| 의해 |

지위가 있으면 그에 해당하는 정사(政事)가 있으니, 정사는 지위에 있는 자가 마땅히 꾀할 바이다. 만일 초야의 사람이라면 조정의 정사를 꾀하지 못하고, 몸이 조정에 있는 사람이라면 다만 그것을 지킬 것이니 각각의 분수가 있는 것이다.

| 요지 |

이 장은 그 지위에 있지 않으면 그 일을 맡지 않는다는 것이다. 그러나 만일 임금과 대부가 물으면 고해주는 경우는 있다.

자왈 사지지시 관저지란 양양호영이재
15. 子曰 師摯之始에 關雎之亂이 洋洋乎盈耳哉러니라

| 언해 |

子ㅣ ᄀᆞᆯᄋᆞ샤ᄃᆡ 師摯의 始에 關雎ㅅ亂이 洋洋히 귀예 盈ᄒᆞ다

| 직역 |

공자께서 말씀하셨다. "악사인 지가 처음 벼슬할 때에 연주하던 관저의 끝장 악곡이 양양하게 귀에 가득하였었지!"

| 자해 |

師 : 악사. 음악을 관장하는 사람의 우두머리. • 摯 : 악사의 이름. 음은 '지'. • 亂 : 풍류의 끝 장단. 악곡의 종장. • 洋洋 : 아름다운 음률이 생생하게 들리는 것 같은 상태. 넘실넘실.

| 의해 |

공자가 위나라에서 노나라로 돌아왔는데, 마침 악사 지가 벼슬에 처음 부임하였다. 이때에 시와 음악이 쇠퇴하고 이지러진 것을 보충하여 차례를 잃어버린 것을 정리하였다. 그때에 지은 음악이 시작할 때부터 관저시(關雎詩)를 노래하여 음악의 끝 장(章)에 이르기까지, 음과 절주(節奏)의 성함이 참으로 양양하고 귀에 가득하여 사람들이 기울여 듣게 하였으니 지금도 그것을 상상할 수 있다는 뜻이다.

| 요지 |

이 장은 공자가 노나라 음악의 성함을 좇아 찬탄하고 악사 지가 감에 성함을 다시 볼 수 없다는 감상의 뜻이 있다. 머리 구절의 비로소 '시(始)' 자에서 시(詩)와 악(樂)이 처음 정리된 것을 볼 수 있다. 이때 공자가 성인으로서 악을 바르게 하고 악사 지가 어짊으로써 악을 맡은 까닭에 음률의 아름답고 성함이 이와 같았다. 악사 지가 제나라로 간 이후로 계승한 자가 그에 미치지 못한 까닭에 탄식한 것이다.

16. 子曰 狂而不直하며 侗而不愿하며 悾悾而不信을 吾不知之矣로다

| 언해 |

子ㅣ ᄀᆞᆯᄋᆞ샤ᄃᆡ 狂호ᄃᆡ 直디 아니ᄒᆞ며 侗호ᄃᆡ 愿티 아니ᄒᆞ며 悾悾호ᄃᆡ 信티 아닌 이ᄅᆞᆯ 내 아디 몯ᄒᆞ노라

| 직역 |

공자께서 말씀하셨다. "뜻이 크지만 곧지 않으며, 우직하지만 진실하지 않으며, 간절하지만 미덥지 않은 사람을 나는 모르겠다."

| 자해 |

侗: 뜻이 큰 모양. • 愿: 성실하다. • 悾悾: 성실함. 간절함.

| 의해 |

보통의 재주 이하의 사람은 병통이 없을 수 없으나, 그러한 병통이 있으면 한편으로 반드시 덕이 있다. 그러므로 높은 것을 좋아하는 자는 솔직함이 많고, 지혜가 없는 자는 삼가고 두터움이 많으며, 능함이 없는 자는 진실함이 많다. 이것이 당연한 이치이다. 그런데 지금 혹 뜻만 크고 곧지 않고, 혹 아는 것이 없으면서 삼가고 두텁지 못하며, 혹 능함이 없으면서 믿음직하지 않으니, 그 병통만 있고 덕은 없는 것이니 그러한 사람을 모르겠다는 뜻이다.

| 요지 |

이 장에서 뜻만 크고 우직하고 간절한 것은 바탕의 편벽됨을 주장하여 말한 것이고, 곧고 진실하고 미더운 것은 편벽된 가운데

아름다운 것이니, 지금 그 아름다움을 아울러 잃어버리는 것은 습관과 풍속에 물들어서다.

17. 子曰(자왈) 學如不及(학여불급)이요 猶恐失之(유공실지)니라

| 언해 |

子ㅣ 골ᄋᆞ샤ᄃᆡ 學을 밋디 몯홀듯 ᄒᆞ고 오히려 일흘가 저허홀띠니라

| 직역 |

공자께서 말씀하셨다. "배움은 따라가지 못할 듯이 하고 오히려 잃을까 두려워하여야 한다."

| 의해 |

사람이 배우는 것은 장차 아는 것을 이루고 힘써 행하여 도에 나아가기 위한 것인데, 부지런하고 민첩하게 하는 공부와 일깨우고 살피는 뜻이 어찌 없겠는가? 다만 공부할 때 용맹스럽게 앞으로 나가는 것은 비유한다면 달아난 자를 쫓아가지만 미치지 못함이 있는 것과 같이 하고 그 마음이 오히려 혹 잃어버려서 마침내 쫓아가지 못할까 두려워하는 것 같이 해야 하니, 이것이 참 스스로 힘쓰는 공부이다.

| 요지 |

이 장에서 윗구절은 사람이 공부하는 것을 형용하여 말한 것이고, 아랫구절은 바야흐로 배우는 자의 마음을 말한 것이니 다만 한결같이 이어지는 뜻이다. 배우는 것이 날마다 나아가기를 구하되 마음은 오히려 나아가지 못할까 두려워하는 것이니, 대개 공

부할 때에 마음에 경동(警動)함이 이와 같아야 한다.

18. 子曰 巍巍乎라 舜禹之有天下也而不與焉이여

| 언해 |

子ㅣ ᄀᆞᆯᄋᆞ샤ᄃᆡ 巍巍ᄒᆞ다 舜과 禹의 天下를 두시되 與티 아니ᄒᆞ심이여

| 직역 |

공자께서 말씀하셨다. "우뚝하도다! 순임금과 우임금은 천하를 소유하시고도 거기에 관여하지 않으심이여!"

| 자해 |

巍巍 : 높은 모양. • 與 : 관여함.

| 의해 |

한번 명한 것과 한 벼슬의 영화도 사람의 기운을 성대하게 하며 사람의 뜻을 빼앗는 데 우뚝하도다! 기상이 극히 높고 큰 자인 순(舜)과 우(禹)가 천하를 소유하되 관여하지 않았다. 순과 우는 본래 한 필부에 불과하면서도 하루아침에 천하를 소유하였지만 이것을 보기를 본래 가진 것과 같이하여 천하라는 큰 것으로도 그 마음을 움직이지 않았다. 이것은 순과 우의 마음이 천하보다 더 커서 참으로 미칠 수 없기 때문이었다.

| 요지 |

이 장은 순임금과 우임금이 대상을 잊는 자연스런 도량을 칭찬한

것이다.

19. 子曰 大哉라 堯之爲君也여 巍巍乎唯天이 爲大어시늘 唯堯則之하시니 蕩蕩乎民無能名焉이로다 巍巍乎其有成功也여 煥乎其有文章이여

| 언해 |

子ㅣ ᄀᆞᆯᄋᆞ샤ᄃᆡ 크다 堯의 님금 되샴이여 巍巍ᄒᆞ다 오직 ᄒᆞᄂᆞᆯ히 크거시늘 오직 堯ㅣ 則ᄒᆞ시니 蕩蕩ᄒᆞ다 民이 能히 일훔 홈이 업도다 巍巍ᄒᆞ다 그 成功이 이슘이여 煥ᄒᆞ다 그 文章이 이슘이여

| 직역 |

공자께서 말씀하셨다. "위대하도다! 요의 임금노릇 하심이여! 우뚝하게 오직 저 하늘만이 큰데, 오직 요임금만이 평준이 되셨으니, 넓고 넓어 백성들이 무어라 형용하지 못하는구나! 우뚝하도다! 그 공을 이룸이여! 환하도다! 그 문장이 있음이여!"

| 자해 |

唯 : '홀로'와 같다. • 則 : '準(준)'과 같다. • 蕩蕩 : 넓고 멂. • 成功 : 사업. • 煥 : 광명한 모양. • 文章 : 예악과 법도.

| 의해 |

예로부터 제왕이 많으나 옛날과 지금에 으뜸이 되어 홀로 성대한 자는 요임금이다. 요임금의 덕이 하늘과 같이 높고 큼을 이름할 수는 없으나 어찌 볼 것이 없어서이겠는가? 대체로 보건대 우뚝

하게 높고 큰 자는 성취한 사업이 있으니 그 치적의 높음을 더할 수 없다. 환하게 빛나는 광명은 천하에 베푼 문장이고, 예악이 구비되고 법도가 닦이고 밝아서 그 닦이고 다스리는 지역이 빛나고 드러남을 가리우지 못할 것이니 요의 볼만한 것이 이와 같으니 참으로 요의 큼이 하늘과 더불어 같다고 할 것이다.

| 요지 |

이 글장은 '위군(爲君)' 두 글자를 중요하게 보아야 할 것이니 '요의 임금노릇'이란 구절에서 요의 큰 것을 볼 것이고 "하늘만이 크다"는 이하 세 구절에서 요의 덕이 커서 이름하기 어려움을 볼 것이다. 아래 대문은 그 볼 만한 것을 들어서 말한 것이다.

20. 舜(순)이 有臣五人而天下治(유신오인이천하치)하니라 武王(무왕)이 曰(왈) 予有亂(여유란)
臣十人(신십인)호라 孔子曰(공자왈) 才難(재난)이 不其然乎(불기연호)아 唐虞之際(당우지제)가
於斯爲盛(어사위성)하나 有婦人焉(유부인언)이라 九人而已(구인이이)니라 三分天下(삼분천하)에
有其二(유기이)하사 以服事殷(이복사은)하시니 周之德(주지덕)은 其可謂至德也(기가위지덕야)
已矣(이의)로다

| 언해 |

舜이 신ᄒᆞ 다ᄉᆞᆺ 사ᄅᆞᆷ을 두심애 天下ㅣ 다스니라 武王이 ᄀᆞᆯᄋᆞ샤ᄃᆡ 내 다ᄉᆞ리ᄂᆞᆫ 신ᄒᆞ 열 사ᄅᆞᆷ을 둔노라 孔子ㅣ ᄀᆞᆯᄋᆞ샤ᄃᆡ 才 어렵다 홈이 그 그러티 아니ᄒᆞ냐 唐虞ㅅ際ㅣ 이예서 盛ᄒᆞ나 婦人이 인ᄂᆞᆫ디라 아홉 사ᄅᆞᆷ일 ᄯᆞᄅᆞᆷ이니라 天下를 三分홈애 그 둘흘 두샤ᄡᅥ 殷을 服事ᄒᆞ시니 周의 德은 그 可히 지극ᄒᆞᆫ 德이라 니를 ᄯᆞᄅᆞᆷ이로다

| 직역 |

순임금이 어진 신하 다섯 사람을 두니 천하가 잘 다스려졌다. 무왕이 말하였다. "나는 다스리는 신하 열 사람을 두었다." 공자께서 말씀하셨다. "인재 얻기가 어렵다고 하니 그렇지 않은가? 요와 순의 때에만 이때보다 성하였으나 그 중에 부인이 들어 있으니, 아홉 사람일 뿐이다. 천하를 삼분하여 그 둘을 소유하시고도 은나라에 복종하여 섬기셨으니, 주나라 덕은 지극한 덕이라 말할 만하다."

| 자해 |

蕩 : 넓은 것. • 煥 : 찬란한 모양. • 文 : 문채. • 章 : 밖으로 환하게 드러나는 모양.

| 의해 |

문인이 공자의 인재에 대한 평론을 첫머리에 다음과 같이 정리하였다. "우나라 임금 순이 요임금을 이어 천하를 소유하였는데, 그 때의 신하 다섯 사람을 두어서 천하를 다스렸으니 대개 순이 다섯 사람의 도움을 얻은 것이다."

◑ 문왕이 큰 공을 이루지 못하고 무왕이 그것을 이루면서 군사에게 맹세하였다. "나에게 어지러움을 다스리는 신하 열 사람이 있다." 이것은 무왕이 열 사람의 도움을 얻었다는 뜻이다.

◑ 공자가 『서경』「태서(泰誓)」의 말을 인용하여 탄식하여 말하였다. "옛말에 이르기를 '인재가 나는 것이 가장 어려운 일이라' 하더니 과연 그렇다. 내가 보니 무왕이 신하 열 사람을 얻어 주나라 가문이 편안하였으니 인재의 성함이 이와 같다. 예전을 상고하니 오직 당(唐)나라와 우(虞)나라가 서로 교대할 때에 요와 순 같은 성인이 일어나고 다섯 사람의 영걸(英傑)이 도와서 천하가 다스려졌다. 이것을 가지고 주나라를 보면 당나라와 우나라에 비해 성대하였다. 그러나 무왕의 신하 열 사람 가운데 부인 읍강이 있으니, 실상은 아홉 사람일 따름이다. 열 명에 이르지 못하였으니

인재를 얻기 어렵다는 것이 참으로 그러하다.

◑ 주나라 인재가 진실로 당나라와 우나라에 견주어 많지만, 어찌 인재의 성대함 뿐이겠는가? 내 이로 인하여 우리 문왕에게 감동하였다. 문왕 때 천하에 주나라로 귀복한 자가 많아서 천하를 삼분하면 주나라가 이미 이분을 소유하였다. 손 한번 뒤집으면 모두 주나라의 소유가 될 것인데, 문왕이 이에 신하의 절의를 굳이 지켜서 은나라에 반대하는 나라를 이끌어 섬겼으니 주나라 덕이 지극한 덕이라 이를 수 있다. 당나라와 우나라의 읍하고 사양하는 덕에 비해 얼마나 차이가 나겠는가? 재주와 덕이 아울러 높으니 이것이 주나라의 성대함이 되는 바이다."

| 요지 |

이 장은 주나라의 인재가 성(盛)한 것을 가지고 주나라 덕(德)의 지극함을 칭찬한 것이다. 처음에는 은(殷)나라를 섬기다가 마침내 주(紂)를 친 것은 만난 때가 같지 않아서 그렇게 한 것이니, 성인(聖人)이 천하를 취하는 데 마음이 있는 것이 아님을 볼 수 있다. 재주는 당(唐)과 우(虞)보다 못하지만 덕은 읍하고 사양함과 같으니 이것이 본 문장의 바꿀 수 없는 해석이다.

21. 子曰(자왈) 禹(우)는 吾無間然矣(오무간연의)로다 菲飮食而致孝乎鬼神(비음식이치효호귀신)하시며 惡衣服而致美乎黻冕(악의복이치미호불면)하시며 卑宮室而盡力乎溝洫(비궁실이진력호구혁)하시니 禹(우)는 吾無間然矣(오무간연의)로다

| 언해 |

子ㅣ ᄀᆞᆯᄋᆞ샤ᄃᆡ 禹ᄂᆞᆫ 내 間然홈이 업도다 飮食을 菲히 ᄒᆞ시고 孝

를 鬼神애 닐위시며 衣服을 惡히 ᄒᆞ시고 美를 黻冕애 닐위시며 宮室을 ᄂᆞᆺ게 ᄒᆞ시고 힘을 溝洫애 다 ᄒᆞ시니 禹는 내 間然홈이 업도다

| 직역 |

공자께서 말씀하셨다. "우임금에 대하여서는 내가 흠잡을 데가 없다. 음식은 보잘 것 없이 하시면서도 귀신에게는 효도를 다하시고, 의복은 초라하게 하시면서도 제복인 불면에는 아름다움을 다하시고, 궁실은 나지막하게 하시면서도 봇도랑을 파는 일에는 힘을 다하셨으니, 우임금에 대하여서는 내가 흠잡을 데가 없다."

| 자해 |

菲 : 엷다. 박하다. • 黻 : 예복 위에 껴입는 가죽으로 만든 슬갑. • 冕 : 면류관. • 洫 : 도랑. 음은 '혁'.

| 의해 |

천하의 임금 된 자가 행하는 것이 중도(中道)에 맞지 않으면 그 틈을 들어서 흠잡을 수 있지만 하우씨(夏禹氏) 같은 이는 흠잡을 수 없다. 자신의 음식은 거칠게 하면서도 풍성하고 깨끗한 것은 종묘의 귀신에게 효도하여 희생과 제사 음식을 갖추지 않음이 없었고, 일상의 의복은 검소하게 입고 제복은 화려하고 아름답게 하여 제도를 다하고 물건을 다하여 인색한 바가 없었으며, 거처하는 궁실은 낮게 하고 그 재력으로 밭 사이의 물길을 정리하여 가뭄과 같은 재앙을 예방하였다. 이것은 검소해야 할 때 검소하고 풍요롭게 해야 할 때 풍요롭게 하여 모든 것이 마땅함을 얻은 것이니 우임금 같은 이는 정말 흠잡을 수 없다는 뜻이다.

| 요지 |

이 장에서 공자가 우(禹)를 칭찬하는 것은 매우 충성스럽고 검소

한 것이 마땅함을 얻은 데 있으니, 풍성한 것과 검소한 것이 마땅한 것을 얻어서 각각 중도(中道)에 맞은 까닭에 비난하여 의론할 수 없다고 한 것이다.

9. 자한(子罕)

1. 子는 罕言利與命與仁이러시다

| 언해 |

子ᄂᆞᆫ 利와 다못 命과 다못 仁을 져기 니ᄅᆞ더시다

| 직역 |

공자께서는 이익과 명과 인을 드물게 말씀하셨다.

| 자해 |

罕 : 드물다.

| 의해 |

공자가 말을 드물게 하여 가르친 것이 셋이 있다. 첫째 이(利)이다. 사람이 도리를 따라서 행하면 이로움은 자연히 그 가운데 있는 것이다. 만일 이로움을 말하면 사람이 계교(計較)하는 마음이 생기게 되며, 의(義)에 해로운 까닭에 드물게 말하였다. 둘째 명(命)이다. 천명은 하늘에 근원하여 가장 미묘한 이치이니 도에 천착하는 자가 아니라면 알지 못할 것이다. 진실로 아는 것이 미치지 못하는데 섣불리 말하면 도리어 사람으로 하여금 깊고 숨은 의심이 있게 하는 까닭에 드물게 말하였다. 셋째 인(仁)이다. 인이라는 것은 만 가지 착한 것을 거느려서 그 도가 매우 크니 온전히 체득한 자가 아니라면 이루지 못하는 것이다. 만일 덕이 완성되지 못하였는데 섣불리 말하면 도리어 사람으로 하여금 차례를

뛰어넘는 근심이 있도록 하는 까닭에 드물게 말하였다. 이상은 대개 사람이 공허하고 먼 데로 달아나지 않게 한 것이니, 세상을 염려하는 마음이 깊다

| 요지 |

말이 없다는 것과 말을 하지 않는 것은 같지 않으니, 두 가지 가운데 가르치는 뜻이 있다. 이 장에서 말을 드물게 한다 함은 다만 기록하는 자가 옆에서 봄에 이것을 공자가 매우 드물게 말하므로 같은 종류로 기록한 것이다. 그러므로 세 가지가 높고 낮음이 같지 않다.

달항당인 왈 대재 공자 박학이무소성명
2. 達港黨人이 曰 大哉라 孔子여 博學而無所成名이로
자문지 위문제자왈 오하집 집어호 집사
다 子聞之하시고 謂門弟子曰 吾何執고 執御乎아 執射
호 오집어의
乎아 吾執御矣로리라

| 언해 |

達巷黨人이 ᄀᆞᆯ오ᄃᆡ 크다 孔子ㅣ여 넙이 學호ᄃᆡ 名을 成ᄒᆞᆫ 배 업도다 子ㅣ드르시고 門弟子 ᄃᆞ려 닐어 ᄀᆞᆯᄋᆞ샤ᄃᆡ 내 무서슬 執ᄒᆞ료 御를 執ᄒᆞ랴 射를 執ᄒᆞ랴 내 御를 執호리라

| 직역 |

달항이란 고을의 사람이 말하였다. "위대하도다! 공자여! 널리 배웠으나 이름을 이룬 것이 없구나!" 공자께서 이를 들으시고 문하의 제자들에게 말씀하셨다. "내 무엇을 잡을까? 말 모는 일을 잡을까? 아니면 활 쏘는 일을 잡을까? 내 말 모는 일을 잡겠다."

| 자해 |

達巷 : 黨의 이름. • 成名 : 특정한 부문의 능력자로서 이름을 이루는 것.

| 의해 |

달항 고을에 사는 사람이 공자를 칭송하였다. "크도다! 공자여! 넓게 배워서 알지 못하는 것이 없고 능하지 않은 것이 없는데, 아깝도다! 그 배운 가운데 한 가지 재주로써 그 이름을 이룬 것이 없구나!" ◑ 공자가 이 말을 듣고 제자들에게 말하였다. "그 고을 사람들이 나에게 이름을 이룬 바가 없다고 하니 이것은 내가 한 가지 재주를 온전하게 하지 않았다는 것이다. 그러나 날더러 무엇을 온전히 하여 이름을 내라고 하는 것인가? 활 쏘는 법을 온전히 하라고 한 것인가? 수레를 모는 일을 하라고 한 것인가? 이 두 가지 중에 수레를 모는 것이 좀 쉬우니 내가 장차 수레를 잡아서 온전히 익혀야겠다." 이것은 육예(六藝) 가운데 가장 낮은 데를 자처한 것이니 겸손하고 또 사양하는 말이다.

| 요지 |

이 장은 마땅히 다능 장(多能章)과 더불어 참고하여 봐야 하니, 모두 넓은 것을 귀하게 여기지 않는 뜻이다. 공자가 잡을 '집(執)' 자를 가지고 넓을 '박(博)' 자에 상대하여서 말하니, 대개 사람이 넓은 것만 힘쓰고 이룬 바가 없음을 걱정한 것이다.

3. 子曰(자왈) 麻冕(마면)이 禮也(예야)어늘 今也純(금야순)하니 儉(검)이라 吾從衆(오종중)호리라 拜下禮也(배하예야)어늘 今拜乎上(금배호상)하니 泰也(태야)라 雖違衆(수위중)이나 吾(오) 從下(종하)호리라

| 언해 |

子ㅣ ᄀᆞᆯᄋᆞ샤ᄃᆡ 麻로 冕이 禮어늘 이제 純으로 ᄒᆞ니 儉ᄒᆞᆫ디라 내 衆을 從호리라 下에서 拜홈이 禮어ᄂᆞᆯ 이졔 上에서 拜ᄒᆞ니 泰ᄒᆞᆫ디라 비록 衆을 違ᄒᆞ나 내 下를 從호리라

| 직역 |

공자께서 말씀하셨다. "삼베로 만든 면류관이 예에 맞지만 지금은 생사로 만드니, 검소하다. 나는 대중들을 따르겠다. 아래에서 절하는 것이 예인데 지금은 위에서 절하니, 이는 교만하다. 나는 비록 대중들과 어긋난다 하더라도 아래에서 절하겠다."

| 자해 |

純 : 생사. • 泰 : 교만함.

| 의해 |

치포관을 삼베로 만드는 것이 예전부터의 예다. 그런데 당시 삼베 대신 생사를 사용하였다. 삼베로 만들 때에는 수공으로 특별하게 만들었지만 생사로 만들면서부터 상당한 절약이 되었다. 이것은 비록 예에는 어긋나지만 대체로 말하면 큰 문제는 없으므로 공자도 당시 사람들이 하는 대로 따른 것이다.

◑ 신하가 임금에게 예를 행할 때에는 마땅히 당하에서 행하며, 임금이 사양할 때 당상에 올라서 행하는 것이 예이다. 당시 임금이 약하고 신하가 강하여 임금의 명함을 기다리지 않고 당상에서 절하니 이것은 너무 교만한 행동이다. 따라서 예를 어김이 심한 까닭에 공자는 비록 대중과는 어긋나더라도 당하에서 절하는 예법을 따르라고 한 것이다.

| 요지 |

이 장은 예(禮)가 변해도 지장이 없는 것은 변해야 하나 변하지 못

할 것은 변하지 않아야 한다는 것을 말한 것이다. 이것은 무리를 좇고 좇지 않는 데 관계하는 것이 아니라, 의(義)에 방해되고 방해되지 않음에 관계되는 것이다. 치포관의 변함이 또한 사람의 마음이 점점 야박해짐은 증명할 수 있다. 그러나 절하는 것도 당상에서 절하는 것으로 변할 수 있다고 하겠지만, 그 의리 관계에 있어서는 변할 수 없다. 그러므로 좇고 좇지 않음이 여기에 있다.

4. 子絶四러시니 毋意毋必毋固毋我러시다

(자절사 무의무필무고무아)

| 언해 |

子ㅣ 四ㅣ 絶터시니 意ㅣ 업스며 必이 업스며 固ㅣ 업스며 我ㅣ 업더시다

| 직역 |

공자께서는 네 가지가 없으셨으니, 사사로운 뜻이 없으셨으며, 꼭 하겠다는 것이 없으셨으며, 고집이 없으셨으며, '나'라는 것이 없으셨다.

| 자해 |

絶 : 전혀 없음. • 毋 : 무(無). • 意 : 사사로운 뜻. • 必 : 반드시 하겠다는 것. • 固 : 고집하여 막힘. • 我 : 사사로운 자기.

| 의해 |

보통 사람의 마음에는 사사로움이 있어서 항상 네 가지의 허물이 있지만, 공자는 예(禮)를 온전히 하여 이러한 것이 없다. 첫째, 일을 함에 억지로 하지 않고 사사로운 뜻에 맡기지 않아서 억측

하는 사사로움이 싹트지 않으니, 이것이 곧 뜻이 없는 것이다. 둘째, 일을 따라서 이치에 따르고 먼저 꼭 하겠다는 것이 없어서 오로지 하겠다는 의견을 잊어버리니, 이것이 곧 꼭 하겠다는 것이 없는 것이다. 셋째, 일을 처리함에 지나침이 없고 막힌 바가 없어서 대상에 따라 변화하니, 이것이 고집이 없는 것이다. 넷째, 한 몸을 사사롭게 하지 않고 사람보기를 자기 몸과 같이 하는 것이 곧 내가 없는 것이다. 이러한 네 가지 마음이 나중에까지 이르러서 확연히 공변되어 하늘에 순전하고 사람으로써 사사롭지 않는 자가 아니라면 누가 할 수 있겠는가?

| 요지 |

이 장은 다 성인의 마음이 빈 것을 보인 것이다. 이 네 가지는 다 사사로운 마음이니, 본래 마음에는 이 네 가지가 없다. 성인의 마음은 통연(洞然)하니 어찌 이 네 가지가 있겠는가? 성인의 마음에서 자연히 사사로움이 없는 경계를 보아야 하니 억지로 제어하는 학자와는 같지 않다.

자외어광 왈 문왕 기몰 문부재자호
5. 子畏於匡이러시니 曰 文王이 旣沒하시니 文不在茲乎
천지장상사문야 후사자부득여어사문야
아 天之將喪斯文也신대 後死者不得與於斯文也어니와
천지미상사문야 광인 기여여 하
天之未喪斯文也시니 匡人이 其如予에 何리오

| 언해 |

子ㅣ 匡에 畏ᄒᆞ더시니 ᄀᆞᆯᄋᆞ샤ᄃᆡ 文王이 이믜 沒ᄒᆞ시니 文이 이예 잇디 아니ᄒᆞ냐 ᄒᆞᄂᆞᆯ히 쟝ᄎᆞᆺ 이 文을 喪ᄒᆞ실띤댄 後에 死ᄒᆞᆯ 者ㅣ 시러곰 이 文에 與티 몯ᄒᆞ려니와 ᄒᆞᄂᆞᆯ히 이 文을 喪티 아녀 겨시

니 匡ㅅ人이 그 내게 엇디ᄒᆞ리오

| 직역 |

공자께서 광 땅에서 두려운 일이 있었을 때 말씀하셨다. "문왕이 이미 돌아가셨으니, 문(文)이 여기에 있지 아니한가? 하늘이 장차 이 문을 없애려 하신다면 뒤에 죽을 사람이 이 문에 참여하지 못할 것이다. 하늘이 이 문을 없애려 하지 않으신다면, 광 땅 사람들이 나를 어떻게 하겠는가?"

| 자해 |

匡 : 지명. • 後死者 : 뒤에 죽는 사람. 자신을 겸양해서 일컫는 말.

| 의해 |

공자가 진나라로 가다가 광 땅을 지날 때 그곳 사람들이 군사로 에워쌌다. 이것은 앞서 노나라 신하 양호(陽虎)란 사람이 그곳에서 포학한 일을 많이 한 일이 있었는데, 공자가 노나라 사람으로 용모가 양호와 유사하였기 때문이었다. 이에 공자가 경계하는 마음이 있었고, 제자들이 모두 두려워하였다.

◑ 공자가 말하였다. "도가 문(文)을 통하여 드러남에 반드시 어떤 사람을 택하여 전한다. 옛적에 요・순・우・탕의 도통(道統)이 문왕에게 전하여졌고, 이제 문왕은 비록 이미 돌아가셨지만 이제 그 전해진 예악과 제도의 문화는 여기에 있지 않은가? 문화가 이미 여기에 있으니 내 몸이 있고 없는 것이 사문(斯文)의 흥하고 망하는 것과 관계가 있다. 만일 하늘이 이 문화를 없애고 후세에 전하지 않게 한다면, 나는 문왕의 뒤를 이어 죽을 사람인데 장차 예와 음악을 상고하고 제도를 닦아 밝혀서 사문에 참여함을 얻지 못할 것이다. 그러나 이제 내가 이 문화에 참여하였으니 이것은 하늘의 뜻이 문화를 없애고자 하는 것이 아니다. 그렇다면 나의 한 몸이 예악과 제도에 매인 것이다. 하늘이 반드시 이 문화

를 위하여 가만히 나를 도울 것이니, 저 광 땅 사람의 난폭함으로 어찌 할 수 있겠는가?"

| 요지 |

이 장은 성인이 사문(斯文)의 흥하고 망함을 가지고 몸의 존망을 결단하니 바깥 근심이 마음을 움직일 바가 없다는 것을 보여주고 있다.

6. 大宰問於子貢曰 夫子는 聖者與아 何其多能也오 子貢이 曰 固天縱之將聖이시고 又多能也시니라 子聞之曰 大宰知我乎인저 吾少也에 賤故로 多能鄙事호니 君子는 多乎哉아 不多也니라 牢曰 子云 吾不試故로 藝라하시니라

| 언해 |

大宰ㅣ 子貢의게 무러 ᄀᆞᆯ오ᄃᆡ 夫子ᄂᆞᆫ 聖이신 者가 엇디 그 能이 ᄒᆞ시뇨 子貢이 ᄀᆞᆯ오ᄃᆡ 진실로 天이 縱ᄒᆞ신 장ᄎᆞᆺ 聖이시고 ᄯᅩ 能이 ᄒᆞ시니라 子ㅣ 드ᄅᆞ시고 ᄀᆞᆯᄋᆞ샤ᄃᆡ 大宰ㅣ 나ᄅᆞᆯ 아ᄂᆞᆫ뎌 내 졈은 제 賤ᄒᆞᆫ 故로 鄙ᄒᆞᆫ 일을 해 能히 호니 君子ᄂᆞᆫ 多ᄒᆞᆯ 것가 多티 아닐 꺼시니라 牢ㅣ ᄀᆞᆯ오ᄃᆡ 子ㅣ 닐ᄋᆞ샤ᄃᆡ 試티 몯ᄒᆞᆫ 故로 藝호라 ᄒᆞ시니라

| 직역 |

태재가 자공에게 물었다. "공자는 성자이신가? 어찌 그렇게 능한 것이 많으신가?" 자공이 말하였다. "본래 하늘이 내신 성인이신데

또한 능한 것이 많으시다." 공자께서 이 말을 들으시고 말씀하셨다. "태재가 나를 아는구나! 내가 젊었을 적에 미천했기 때문에 비천한 일을 할 수 있는 것이 많으니, 군자는 할 수 있는 것이 많은가? 많지 않다." 금뢰가 말하였다. "선생님께서 말씀하시기를 '내가 세상에 등용되지 못했기 때문에 재주가 많다'고 하셨다."

| 자해 |

大 : 太와 통용. • 縱 : 내보낸다는 뜻. • 將 : 크다는 뜻. • 牢 : 공자 제자의 이름. 성은 금(琴), 이름은 뇌(牢), 자는 자개(子開) 또는 자장(子張). • 試 : 쓰다는 뜻. • 藝 : 재주.

| 의해 |

태재 벼슬의 사람이 자공에게 물었다. "공자는 태어나면서부터 아시는 성인인가? 아니면 어찌 그렇게 예와 음악과 활 쏘고 수레를 모는 것 외에도 모든 일에 이처럼 능한 것이 많은가?"

◑ 자공이 대답하였다. "그대는 능한 것이 많기 때문에 성인이라 하는가? 우리 선생님은 본래 사람됨이 하늘이 내린 한량없는 재덕을 갖추어 성인의 지극한 경지에 이른 것이다. 따라서 통달하시지 않음이 없고 이처럼 능한 것이 많다."

◑ 공자가 두 사람의 문답을 듣고 말하였다. "태재가 나보고 능함이 많다고 이르니 나의 능함이 많은 이유를 아는가? 사실 나는 젊을 때 아직 세상에 쓰이지 못하여 지위도 없고 천하의 도를 행할 책임이 없었던 까닭에 여러 가지 재주를 익혀 누추하고 작은 일에 능함이 많았다. 그러나 군자는 스스로 중요함을 잡은 것이 있고 그 능함이 많은 것에 집착하지 않는다." 이것은 공자가 성인을 자처하지 않고, 또한 세상 사람들이 능함이 많음을 숭상할까 염려하여 자신의 뜻을 밝힌 것이다.

| 요지 |

이 장은 공자의 말로써 주장을 삼으니, 태재가 매우 많은 것을 성

인이라 하고 자공도 또한 많은 데서 떠나지 못한 까닭에 공자가 능함이 많은 것이 귀할 것이 없음을 밝히어 태재를 깨우치고 또한 자공을 깨우친 것이다.

7. 子曰(자왈) 吾有知乎哉(오유지호재)아 無知也(무지야)로라 有鄙夫問於我(유비부문어아)호대 空空如也(공공여야)라도 我叩其兩端而竭焉(아구기양단이갈언)하노라

| 언해 |

子ㅣ ᄀᆞᆯᄋᆞ샤ᄃᆡ 내 알옴이 인ᄂᆞ냐 알옴이 업소라 鄙夫ㅣ 이셔 내게 무로ᄃᆡ 空空ᄒᆞ야도 내 그 두 귿틀 叩ᄒᆞ야 竭ᄒᆞ노라

| 직역 |

공자께서 말씀하셨다. "내가 아는 것이 있는가? 나는 아는 것이 없다. 비루한 사람이 나에게 묻더라도, 그가 아무리 무식하다 하더라도 나는 그 두 끝을 진단하여 다할 뿐이다."

| 자해 |

叩 : 발동(發動). • 兩端 : 양쪽 머리. 시(始)와 종(終), 본(本)과 말(末), 상(上)과 하(下), 정(精)과 조(粗)를 다 말해주지 않음이 없음을 말한다. • 空空如 : 텅 빈 것 같은 모양.

| 의해 |

당시 사람들이 공자를 일컬어 '알지 못하는 것이 없다'고 하였다. 이에 공자가 말하였다. "천하의 모든 사리를 한 사람의 총명으로 궁구하여 알 수 있는 것이 아니다. 내가 어찌 모든 것을 알 수 있

겠는가? 사실 나는 아는 것이 없으나 평일에 사람을 가르침에 반드시 성의를 다하여 상등의 재주 있는 사람을 기다려서 가르치지 않고 혹 비루한 사람이라 하더라도 어리석다고 해서 감히 소홀히 하지 않고, 반드시 내 아는 바를 다하며 그 사이의 미칠 바에 나아가 양단(兩端)의 이치를 발동하여 하나라도 다하지 아니함이 없다. 사람들은 나의 이와 같은 가르침을 보고 내가 모르는 것이 없다고 하지만 실상 그 물음에 따라 대답한 것일 뿐이니 그 무엇을 안다고 할 수 있겠는가?"

| 요지 |

이 장은 성인이 사람 가르치기를 이같이 한 것에 대하여 여러 사람이 높고 멀다고 하여 친근하게 여기지 못할까 걱정한 것이다. 성인의 말은 반드시 내려서 스스로 낮추니 이같이 하지 않으면 사람이 친근하게 여기지 않는다. 현인의 말은 이끌어서 스스로 높이니 이같이 하지 않으면 도가 높지 않게 된다. 공자와 맹자의 말에서 보면 알 수 있다.

8. 子曰(자왈) 鳳鳥不至(봉조부지)하며 河不出圖(하불출도)하니 吾已矣夫(오이의부)인저

| 언해 |

子ㅣ ᄀᆞᆯᄋᆞ샤ᄃᆡ 鳳鳥ㅣ 니르디 아니ᄒᆞ며 河에 圖ㅣ 나디 아니ᄒᆞ니 내 말롤띤뎌

| 직역 |

공자께서 말씀하셨다. "봉황이 오지 않으며, 황하에서 하도가 나오지 않으니, 내가 그만인가 보구나!"

| 자해 |

鳳 : 신령스러운 새. 순(舜)임금 때에 나타나서 춤을 추었다고 함. • 河圖 : 황하(黃河)에서 나온 용마(龍馬)의 등에 그려진 그림. 복희(伏羲) 때에 나왔으니, 봉과 함께 모두 성왕(聖王)의 상서(祥瑞)이다.

| 의해 |

공자가 말하였다. "성인의 도가 행해질 때는 하늘에서도 상서로움을 보인다. 순임금 때 봉황이 와서 춤을 추었고, 문왕 때에도 봉황이 와서 기산에서 울었으며, 복희씨 때에는 용마(龍馬)가 황하 가운데에서 그림을 지고 나왔었는데, 이제는 다시 봉황이 오지 않고 용마도 나오지 않으니 성인 임금이 일어나지 아니함을 알 것이다. 내가 마침내 그만인가 보구나!"

| 요지 |

이 장은 공자가 봉황과 황하에서 나온 그림을 생각한 것이 아니라 복희와 순임금과 문왕을 생각한 것이다. 이미 성군이 없고 공자를 쓸 사람이 없어서 공자의 도가 행해지지 못하므로 탄식한 것이다.

9. 子見齊衰者와 冕衣裳者와 與瞽者하시고 見之에 雖少나 必作하시며 過之必趨러시다

| 언해 |

子ㅣ 齊衰ᄒᆞᆫ 者와 冕ᄒᆞ고 衣裳ᄒᆞᆫ 者와 다뭇 瞽者를 보시고 보심애 비록 少ᄒᆞ나 반ᄃᆞ시 作ᄒᆞ시며 디나심애 반ᄃᆞ시 趨ᄒᆞ더시다

| 직역 |

공자께서는 자최를 입은 자와 관을 쓰고 의상을 차린 자와 장님을 보시면 그들이 다가올 때 비록 나이가 적더라도 반드시 일어나셨고, 그 곁을 지나실 때에는 반드시 종종걸음을 하셨다.

| 자해 |

齊衰 : 상복(喪服). • 冕 : 관(冠). • 衣 : 상의(上衣). • 裳 : 하복(下服). • 瞽 : 눈이 없는 사람. • 作 : 일어남. • 趨 : 빨리 걸어감.

| 의해 |

공자가 평일에 자최의 상복을 입은 자와 관복을 한 벼슬아치와 소경 등을 만났을 때는 비록 그들이 나이가 적더라도 앉아 있을 때 반드시 일어났고 그 앞으로 지나갈 때에는 반드시 급히 갔다. 이것은 그들을 슬퍼하고 높이고 불쌍하게 여겼기 때문이다. 대개 인효(仁孝)와 애경(愛敬)의 마음이 가운데 쌓여서 감동함을 따라 응한 것이 이와 같다.

| 요지 |

이 장은 공경하고 사랑하는 마음이 안에 감동함에 일어나고 빨리 행하는 모양이 밝게 보인 것은 자연히 그러한 뜻이 있다는 것이다.

10. 顔淵(안연)이 喟然歎曰(위연탄왈) 仰之彌高(앙지미고)하며 鑽之彌堅(찬지미견)하며 瞻之在前(첨지재전)이러니 忽焉在後(홀언재후)로다 夫子循循然善誘人(부자순순연선유인)하사 博我以文(박아이문)하시고 約我以禮(약아이례)하시니라 欲罷不能(욕파불능)하여 旣竭吾才(기경오재)호니 如有所立(여유소립)이 卓爾(탁이)라 雖欲從之(수욕종지)나 末由也已(말유야이)로다

| 언해 |

顏淵이 喟然히 歎ᄒᆞ야 ᄀᆞᆯ오ᄃᆡ 仰홈애 더욱 놉프며 鑽홈애 더욱 구드며 瞻홈애 앏픠 잇더니 믄득 뒤헤 잇도다 夫子ㅣ 循循히 사ᄅᆞᆷ을 善히 誘ᄒᆞ샤 나ᄅᆞᆯ 博ᄒᆞ샤ᄃᆡ 文으로ᄡᅥ ᄒᆞ시고 나ᄅᆞᆯ 約ᄒᆞ샤ᄃᆡ 禮로ᄡᅥ ᄒᆞ시니라 罷코쟈 ᄒᆞ나 能티 몯ᄒᆞ야 임의 내 才를 竭호니 立ᄒᆞᆫ 배 卓홈이 인ᄂᆞᆫᄃᆞᆺ ᄒᆞᆫ디라 비록 좃고져ᄒᆞ나 말미암옴이 업도다

| 직역 |

안연이 크게 탄식하며 말하였다. "우러러보니 더욱 높고, 뚫으려 하니 더욱 단단하며, 바라보니 앞에 있더니 홀연히 뒤에 있도다. 선생님께서 차근차근히 사람을 잘 이끄시어 문으로써 나를 넓혀 주시고 예로써 나를 다듬어 주셨다. 그만두고자 해도 그만둘 수 없어 이미 나의 재주를 다하니, 서 있는 것이 우뚝한 듯하다. 아무리 따르고자 하나 어떻게 따라야 할지 모르겠다."

| 자해 |

喟然 : 탄식하는 소리. • 彌 : 더욱. • 鑽 : 뚫다.

| 의해 |

안연이 공자로부터 배워서 체득함이 있음에 탄식하여 말하였다. "심하도다! 선생님의 도의 오묘함이여! 내가 선생님의 도를 항상 여러 가지 방법으로 구하고자 하였는데, 도를 높다 하여 우러러보니 한 층을 올라가면 또 한 층이 있어서 우러러 볼수록 더욱 그 높은 것을 보겠고, 도를 굳다 하여 뚫으면 한 층을 뚫음에 또 한 층이 있어서 뚫을수록 더욱 그 굳은 것을 볼 수 있다. 볼 때는 도가 내 앞에 있는 것 같아서 용맹스럽게 따라가려 하면 홀연히 뒤에 있어서 내가 또 미끄러져 지나가서 거의 막히게 된다. 내가 도를 구함이 이와 같이 어려워서 마침내 잡아 만질 곳이 없었는데, 다행히 선생님이 가르침을 베푸심에 순순한 차례가 있어서 사람을

이끌어 나가기를 잘하였다. 도가 사물에 흩어져 보인 것은 문(文)이 되니 문을 넓게 배우지 않으면 만 가지 다른 도를 볼 수가 없는 까닭에 선생님께서 먼저 나를 문으로써 넓혀 주셨다. 도가 규구(規矩)와 준승(準繩)이 있어서 예(禮)가 되니 예가 간략하지 않으면 도를 한 근본에 모을 수가 없다. 그러므로 선생님께서 나를 예로써 간략하게 하여 나로 하여금 체득하게 하고 간절하고 성실하게 공부할 수 있도록 하였다. 내가 선생님의 넓고도 간략하게 하는 가르침을 받아서 문(文)과 예(禮) 가운데 종사하여 그 공부를 백배로 하여 사귀어 나가고 서로 발명하여 날마다 음미하였다. 그런 까닭에 기뻐함이 깊어서 비록 그 넓고도 간략한 공부를 그만두고자 하였지만 스스로 그만 둘 수 없었다. 넓히고 또 넓히며 간략하고 또 간략하여 무릇 내 재주와 힘을 쓸 수 있는 바를 모두 극진히 하여 남음이 없는 것이 오래되자, 하늘의 이치가 밝아지고 본마음이 순수하게 되어 이전의 높고 굳은 것에 대하여 이제 모두 큰 근본을 알고 이전에 보고 황홀하던 것이 이제는 모두 정한 예를 알게 되었다. 몸을 처하고 사람을 다스리고 일에 응하고 사물을 접함에 비록 정교하고 거칠고 크고 작음이 만 가지로 변하여 같지 않으나, 각각 치우치거나 집착하지 않고 지나치거나 모자람도 없는 도리가 있지 않음이 없다. 이에 내 앞에 선 바가 있어 우뚝하게 볼 만한 것이 있으니, 이때에 이르러 어찌 힘을 다하여서 조용히 도에 맞는 지경에 이르고자 하지 않겠는가? 다만 힘쓰는 것은 힘으로 거의 할 수 있으나, 화(化)하는 경지는 힘으로써 나가지 못할 것이다. 비록 나가서 더불어 하나가 되려하나 어찌 할 수 없으니 나는 장차 힘써 그만두지 않을 수 있을 뿐이다."

| 요지 |

이 장은 성인의 도(道)의 묘함을 칭찬한 것이니, 모두 안자(顔子)가 힘을 얻고 좇아 생각한 말이다. 머리 장은 성인의 도의 묘함을

칭찬한 것이고, 다음 장은 성인의 가르침이 차례가 있음을 말한 것이고, 끝 장은 그 학문이 도달한 바를 말하여 더욱 성인의 도의 묘함을 보인 것이다.

11. 子疾病(자질병)이어시늘 子路使門人(자로사문인)으로 爲臣(위신)이러니 病間曰(병간왈) 久矣哉(구의재)라 由之行詐也(유지행작야)여 無臣而爲有臣(무신이위유신)하니 吾誰欺(오수기)오 欺天乎(기천호)인저 且予與其死於臣之手也(차여여기사어신지수야)론 無寧死於二三子之手乎(무령사어이삼자지수호)아 且予縱不得大葬(차여종부득대장)이나 予死於道路乎(여사어도로호)아

| 언해 |

子ㅣ 疾이 病커시늘 子路ㅣ 門人으로 ᄒᆞ여곰 臣을 사맛더니 病이 間ᄒᆞ심애 ᄀᆞᆯᄋᆞ샤ᄃᆡ 올아다 由의 詐를 行ᄒᆞᆷ이여 臣업슬 꺼시 臣 두믈 ᄒᆞ니 내 누를 소기료 ᄒᆞᄂᆞᆯ홀 소긴뎌 ᄯᅩ 내 그 臣의 手에 死ᄒᆞᆷ으로 더브러론 二三子의 手에 死ᄒᆞᆷ이 ᄎᆞᆯ티 아니ᄒᆞ냐 ᄯᅩ 내 비록 시러곰 大葬티 몯ᄒᆞ나 내 道路애 死ᄒᆞ랴

| 직역 |

공자께서 병이 심해지자, 자로가 문인으로 가신을 삼았다. 병이 좀 덜하시자 말씀하셨다. "오래되었구나! 유가 거짓을 행함이여! 나는 가신이 없어야 하는데 가신을 두었으니, 내가 누구를 속인 것인가? 하늘을 속였나 보다! 또 내가 가신의 손에서 죽기보다는 차라리 자네들 손에서 죽는 것이 낫지 않겠는가? 또 내 장례식을 크게 치르지는 못한다 하더라도 내가 길에서 죽기야 하겠느냐?"

| 자해 |

疾 : 병. • 病 : 위독하다. • 縱 : 비록.

| 의해 |

공자가 병환이 심해지자 자로가 미리 준비하면서 제자로 하여금 가신을 삼아 치상(治喪)하고자 하였다. 이것은 공자가 이미 대부의 벼슬을 버려서 가신이 없다는 것을 고려하지 못한 것이다.

◑ 공자가 병환이 조금 나아서 자로가 한 일을 알고 말하였다. "오래되었구나! 자로의 행하는 바가 실상을 좇지 않음이여! 내 이제 이미 지위를 버려서 가신이 없는데 가신이 있는 체하니, 내가 누구를 속이겠는가? 장차 하늘을 속일 따름이다. 내가 예가 아닌 가신의 손에 죽는 것보다는 차라리 너희들 곁에서 죽는 것이 편안하지 않겠느냐? 이것은 신하가 있고 없는 것이 나에게 중요한 것이 되지 못하기 때문이다. 내가 비록 가신이 없어서 군신의 예장(禮葬)으로써 장사하지 못하더라도 너희들이 있으니 어찌 도로에서 죽어 장사하지 못하는 지경에 이르겠는가? 자로는 어찌 깊이 생각하지 못하는가?"

| 요지 |

이 장에서 머리 장은 자로가 성인을 높이려 하는 데 있어서의 과실이고 아래 두 장은 이미 책망하고 다시 깨쳐준 것이다.

12. 子貢이 曰 有美玉於斯하니 韞匵而藏諸잇가 求善賈而沽諸잇가 子曰 沽之哉 沽之哉나 我는 待賈者也로라

| 언해 |

子貢이 골오디 美흔 玉이 이예 이시니 匵에 韞ᄒᆞ야 藏ᄒᆞ리잇가 善흔 賈를 求ᄒᆞ야 沽ᄒᆞ리잇가 子ㅣ 골ᄋᆞ샤디 沽훌띠나 沽훌띠나 나는 賈를 기ᄃᆞ리는 者ㅣ로라

| 직역 |

자공이 말하였다. "여기에 아름다운 옥이 있다면 궤 속에 넣어 감추어 두시겠습니까? 좋은 상인을 구하여 파시겠습니까?" 공자께서 말씀하셨다. "팔아야겠지만, 팔아야겠지만, 나는 상인을 기다리는 자이다."

| 자해 |

韞 : 감추다. 음은 '온'. • 匵 : 궤. 음은 '독'. • 賈 : 장사. 상인. • 沽 : 판다.

| 의해 |

자공이 공자가 도가 있으면서도 벼슬을 하지 않음을 옥에 비유하여 물었다. "여기에 한 아름다운 옥이 있다고 가정하면 그것을 궤 가운데 싸서 감추어 두겠습니까? 그것을 팔 것입니까?" 이것은 공자의 나아가고 물러나는 바를 알고자 한 것이다. 공자가 말하였다. "아름다운 옥은 큰 보배이니 세상의 공변이 될 것이고, 감추지 못할 것이다. 마땅히 팔 것이나 다만 팔기에만 힘쓰면 사람이 장차 가벼이 보아 보배가 되지 않을 것이다. 나는 진실로 좋은 값에 팔릴 수 있도록 기다리는 사람이다. 만일 값을 기다리되 값이 맞지 않으면 팔지 않는 것이니 무엇이 괴이하겠는가?" 여기서 공자의 쓰면 행하고 놓으면 감추는 권도(權道)의 대강을 알 수 있다.

| 요지 |

이 장에서는 공자의 나아가고 처하는 권(權)을 볼 수 있으니, 아름다운 옥으로 군자가 도를 품은 것을 비유하고, 감추고 파는 것

으로 군자의 행하고 감춤을 비유한 것이다. 자공도 팔고자 하고 공자도 또한 팔고자 함은 성현이 세상에 쓰여지기를 바라는 마음이지만, 다만 구할 '구(求)' 자와 기다릴 '대(待)' 자의 높고 낮음을 구별하여 낸 것이다.

13. 子欲居九夷(자욕거구이)러시니 或曰(혹왈) 陋(루)커니 如之何(여지하)잇고 子曰(자왈) 君子居之(군자거지)면 何陋之有(하루지유)리오

| 언해 |

子ㅣ 九夷에 居코져 ᄒᆞ시더니 或이 ᄀᆞ로ᄃᆡ 陋ᄒᆞ거니 엇디 ᄒᆞ링잇고 子ㅣ ᄀᆞᄅᆞ샤ᄃᆡ 君子ㅣ 居ᄒᆞ면 므슴 陋홈이 이시리오

| 직역 |

공자께서 구이에 가서 살고자 하시니, 어떤 사람이 말하기를 "누추한데 어떻게 하시렵니까?"라고 하였다. 공자께서 대답하셨다. "군자가 거주한다면 무슨 누추함이 있겠는가?"

| 자해 |

九夷 : 여러 동이족의 총칭.

| 의해 |

공자가 도가 행해지지 못함을 탄식하여 동방의 아홉 오랑캐 땅에 가서 살고 싶다고 하였다. 이것은 뗏목을 타고 바다에 나가고자 한 탄식과 같을 뿐이다.

◑ 어떤 사람이 그 뜻을 알지 못하여 공자가 정말로 가고자 하는

줄 알고 말하였다. "구이(九夷) 지방은 풍속이 좋지 못하여 더러움이 심한데 어찌하여 그런 지방에 가서 살고자 하십니까?" 공자가 대답하였다. "군자가 오랑캐 땅에 거처할 때에 오랑캐에게 행하는 도가 있으니 더러운 것은 저에게 있고 더럽지 아니함은 나에게 있다. 내가 중화(中和)를 써서 이적을 변화시킨다면 더러운 습관이 바뀔 것이니, 어찌 거처하지 못하겠는가?"

| 요지 |

이 장은 공자가 도(道)가 중국에서 행해지지 못하는 까닭에 구이에 거하기를 칭탁하여 슬퍼한 것이다.

14. 子曰 吾自衛反魯然後에 樂正하여 雅頌이 各得其所하니라

| 언해 |

子ㅣ ᄀᆞᆯᄋᆞ샤ᄃᆡ 내ㅣ 衛로브터 魯에 도라온 然後에 樂이 正ᄒᆞ야 雅와 頌이 각각 그 所를 得ᄒᆞ니라

| 직역 |

공자께서 말씀하셨다. "내가 위나라에서 노나라로 돌아온 뒤로 음악이 바르게 되어서 아와 송이 각기 제자리를 찾게 되었다."

| 자해 |

雅 : 『시경』의 한 장르. 오늘날의 명곡에 해당. • 頌 : 『시경』의 한 장르. 오늘날의 찬송가에 해당.

| 의해 |

“노나라에서 시와 음악을 찾아보기 어렵게 되면서 그것이 점점 이지러지고 차서에 잘못된 점이 많았다. 내가 일찍이 사방에 두루 다니면서 주나라 예(禮)에 기록한 바를 상고하고 여러 나라에서 들은 바를 참조하고, 위나라에서 노나라로 돌아온 후에 그것을 일일이 정리하고 쇠잔하고 이지러진 것을 보충하여 순서를 교정한 연후에 음악의 성음과 절주(節奏)가 바른 데로 돌아갔다. 그중에 아송(雅頌)의 시를 관현에 올려서 종묘와 조정에서 연주하는 자가 또한 각각 그것을 얻어서 서로 섞이지 않도록 함으로써 음악이 바르지 않음이 없었다.”

| 요지 |

이 장은 공자가 음악을 바르게 한 공을 스스로 편 것이다. 다만 음악을 바르게 함에 중요함이 있으니, 시와 음악을 나누어 말할 수 없다.

자왈 출즉사공경 입즉사부형 상사 불
15. 子曰 出則事公卿하고 入則事父兄하며 喪事를 不
감불면 불위주곤 하유어아재
敢不勉하며 不爲酒困이 何有於我哉오

| 언해 |

子ㅣ ᄀᆞᆯᄋᆞ샤ᄃᆡ 나ᄂᆞᆫ 公卿을 셤기고 드러ᄂᆞᆫ 父兄을 셤기며 喪事를 敢히 힘ᄡᅳ디 아니티 아니ᄒᆞ며 술에 困홈이 되디 아니홈이 므스거시 내게 인ᄂᆞ뇨

| 직역 |

공자께서 말씀하셨다. “나가서는 공경을 섬기고, 들어와서는 부

형을 섬기며, 상사를 감히 힘쓰지 않음이 없으며, 술 때문에 곤란해지지 않는 것 중에 어느 것이 나에게 있는가?"

| 자해 |

酒困 : 과음으로 곤란하게 되는 것.

| 의해 |

공자가 말하였다. "사람이 날로 쓰는 윤리 사이에 가장 긴절한 것이 있다. 나아가 조정에서 공경(公卿)을 섬김에 그 충순함을 다하여 귀한 이를 귀하게 여기는 의를 밝히고, 들어와 가정에서 부형을 섬김에 힘쓰고 수고하여 친한 이를 친하게 하는 은혜를 다하며, 상사로써 죽은 이를 보낼 때는 대개 소홀하기 쉬우니 안으로 그 슬픔을 다하고 밖으로 그 예를 다하여 감히 힘쓰지 않을 수 없을 것이다. 또한 술은 서로의 즐거움을 합하는 것으로 탐닉하기 쉬우니 안으로 그 덕을 어지럽게 하지 않고 밖으로 그 체면을 손상하지 아니하는 것이 곧 '곤란해지지 않는 것'이다. 이상의 네 가지가 그렇게 높은 행실은 아니지만, 공부가 더욱 정밀할수록 도리가 더욱 한이 없으니, 덕이 성대하고 예가 공손하여 함양함에 순전한 자가 아니면 할 수 없는 것이다. 돌이켜보건대 과연 이러한 행실이 있느냐?" 성인이 몸을 겸손히 하고 사람을 가르친 것이 이와 같다.

| 요지 |

이 장은 공자가 몸을 겸손하게 하고 사람을 가르친 뜻이니 사람으로 하여금 낮고 가까운 데 소홀하지 않게 한 것이다. 이 네 가지는 떳떳한 덕의 행함이니 보기에 쉬운 것 같으나 행하여 유감이 없도록 하려면 실상 어렵다.

자재천상왈 서자여사부 불사주야

16. 子在川上曰 逝者如斯夫인저 不舍晝夜로다

| 언해 |

子ㅣ 川上의 겨셔 ᄀᆞᆯᄋᆞ샤ᄃᆡ 逝ᄒᆞᆫ 者ㅣ 이 ᄀᆞᆮᄐᆞᆫ뎌 晝夜의 舍티 아니하놋다

| 직역 |

공자께서 시냇가에 계시면서 말씀하셨다. "가는 것이 이와 같구나! 밤낮을 그치지 않구나!"

| 의해 |

공자가 우연히 냇가에서 냇물이 흐르는 것을 보고 마음에 깨달아 탄식하였다. "천지의 자연이 만물을 생육하는 현상은 진실로 신령스럽고 미묘하여 측량할 수 없고 알 수 없다. 이 물을 보면 가는 것을 지나가고 오는 것을 이어서 잠시라도 쉼이 없으니, 이와 같이 낮과 밤이 없이 쉬지 않아서 위로 몇 천년이며, 아래로 영원한 장래를 이어가고 오는 것이 끊어지지 않는 것이 참으로 미묘하지 않은가? 사람도 또한 이것을 무심히 보아 지나치지 말고 이와 같이 시시각각으로 그 힘쓰는 바를 힘써서 생을 천지에서 누리고 있는 본분에 이지러짐이 없도록 해야 한다."

| 요지 |

이 장은 잠깐이라도 쉼이 없는 도체를 말한 것이다. 사람이 도를 체득함에 있어 잠시라도 쉼이 없어야 함을 말하고 있다.

17. 子曰(자왈) 吾未見好德(오미견호덕)을 如好色者也(여호색자야)케라

| 언해 |

子ㅣ ᄀᆞᆯᄋᆞ샤ᄃᆡ 德을 됴히 너김이 色 됴히 녀김ᄆᆞᆯ ᄀᆞᆮ티 ᄒᆞᄂᆞᆫ 이를 보디 몯케라

| 직역 |

공자께서 말씀하셨다. "나는 덕을 좋아하기를 여색을 좋아하듯이 하는 사람을 보지 못했다."

| 의해 |

"사람이 하늘의 바른 이치를 얻은 것이 덕이 되는 까닭에 사람마다 다 같이 근본이 있는 것이고, 또한 사람이 마땅히 따라야 할 것이다. 내가 사람의 정을 살펴보면 순리에 따르는 생각은 쇠잔하여지고 욕심스러운 생각이 이겨서 덕을 좋아하는 것이 여색을 좋아하는 것보다 더한 자를 보지 못하였다. 만일 여색을 좋아하는 마음을 바꾸어서 덕을 좋아한다면 어찌 덕을 이루지 못하겠는가?"

| 요지 |

이 장은 공자가 위나라에 있을 때, 그 나라 임금 영공(靈公)이 자신은 부인과 더불어 한 수레에 같이 타고 공자는 뒤 수레에 태우고 저자를 지나면서도 부끄러움이 없는 까닭에 공자가 이 말을 한 것이다.

18. 子曰(자왈) 譬如爲山(비여위산)에 未成一簣(미성일궤)하여 止(지)도 吾止也(오지야)며 譬如平地(비여평지)에 雖覆一簣(수복일궤)나 進(진)도 吾往也(오왕야)니라

| 언해 |

子ㅣ ᄀᆞᆯᄋᆞᄃᆡ 譬컨댄 뫼흘 ᄆᆡᆼᄀᆞ롬애 ᄒᆞᆫ 簣를 일오디 몯ᄒᆞ야셔 그침도 내의 그침이 ᄀᆞᄐᆞ며 譬컨댄 平地예 비록 ᄒᆞᆫ 簣를 覆ᄒᆞ나 나아감도 내의 감ᄀᆞᆮᄐᆞ니라

| 직역 |

공자께서 말씀하셨다. "비유하자면 산을 만드는 데 흙 한 삼태기가 모자라 이루지 못하고 그치는 것도 내가 그치는 것이며, 비유하자면 땅을 고르는 데 비록 흙 한 삼태기를 부어서 나아가는 것도 내가 나아가는 것이다."

| 자해 |

簣 : 삼태기. 음은 '궤'.

| 의해 |

사람이 배움에 있어서 성취를 이루는 것이 중요하다. 비유하자면 흙을 쌓아서 산을 만드는 것과 같다. 그 이룸을 얻지 못한 자는 다만 한 삼태기의 흙을 더하면 이룰 수 있는데도 홀연히 그친 것이다. 그렇게 막는 자가 있어서 그치는 것이 아니고, 자기가 스스로 그치는 것이다. 이처럼 사람이 게을러서 이룰 수 있는 공을 버리는 것이니 이와 무엇이 다르겠는가?

| 요지 |

이 장은 공자가 산을 쌓을 때, 나아가고 그치는 기틀을 빌어서 학

자를 경계하여 깨우친 것이다. 두 개의 나 '오(吾)' 자가 가장 중요하니, 나아가고 그치는 것이 다 내 자신이 결단을 보여서, 그치게 하는 것으로써 스스로 경계하고 나아가는 것으로써 스스로 힘쓰게 한 것이다.

19. 子曰(자왈) 語之而不惰者(어지이불타자)는 其回也與(기회야여)인저

| 언해 |

子ㅣ ᄀᆞᆯᄋᆞ샤ᄃᆡ 語홈애 惰티 안니ᄒᆞᄂᆞᆫ 이ᄂᆞᆫ 그 回ᆫ뎌

| 직역 |

공자께서 말씀하셨다. "말해 주면 게을리 하지 않는 자는 안회인가보다!"

| 의해 |

"대개 가르침을 받는 사람이 반은 의심하고 반은 믿게 된다면 그러한 것 같기도 하고 그렇지 않은 것 같기도 하니, 어찌 게으르지 않겠는가? 그런데 도를 듣고 마음으로 알아서 힘써 행하여 자연히 그치지 않는 자는 오직 안회이니, 안회는 정말 나의 가르침을 저버리지 않는 자라고 할 수 있다."

| 요지 |

안자가 공자의 말을 듣는 것이 만물이 때에 맞는 비를 얻어서 윤택하여 영화롭게 점점 자라는 것과 같았고 게으름이 없었다. 이것은 다른 모든 제자가 미치지 못하는 바이다.

자 위 안 연 왈 석 호 오 견 기 진 야 미 견 기 지 야
20. 子謂顔淵曰 惜乎라 吾見其進也요 未見其止也호라

| 언해 |

子ㅣ 顔淵을 닐어 ᄀᆞᆯᄋᆞ샤ᄃᆡ 惜홉다 내 그 나아감을 보고 그 그침을 보지 몯호라

| 직역 |

공자께서 안연을 평하여 말씀하셨다. "애석하구나! 나는 그가 나아가는 것만을 보았고 멈추는 것을 보지 못했다."

| 의해 |

공자가 안자의 죽음을 추모하면서 말하였다. "안타깝다! 안연의 죽음이여! 나는 안연이 분발하고 노력하여 그 배움이 날로 나아갈 뿐이고, 머뭇거리거나 물러감을 보지 못하였다. 만일 하늘이 그 사람에게 나이를 더 빌려주었다면 그의 성취에 어찌 한계가 있었겠는가? 이제는 배우기를 좋아하는 자가 없다. 어찌 안타깝게 여기지 않을 수 있겠는가?"

| 요지 |

이 장은 안자가 학문에 나아가는 공이 있고 스스로 버리는 일이 없음을 아껴서 모든 제자의 나태함을 경계한 것이다.

자 왈 묘 이 불 수 자 유 의 부 수 이 불 실 자 유 의 부
21. 子曰 苗而不秀者 有矣夫며 秀而不實者 有矣夫인저

| 언해 |

子ㅣ ᄀᆞᆯᄋᆞ샤ᄃᆡ 苗ᄒᆞ고 秀티 몯ᄒᆞᆯ 리 이시며 秀ᄒᆞ고 實티 몯ᄒᆞᆯ 리 인ᄂᆞᆫ뎌

| 직역 |

공자께서 말씀하셨다. "싹이 났으나 꽃이 피지 못하는 것도 있고, 꽃이 피었으나 열매를 맺지 못하는 것도 있다."

| 자해 |

苗 : 곡식이 처음 나는 것. • 秀 : 꽃이 피는 것. • 實 : 곡식이 성숙된 것.

| 의해 |

"곡식은 싹이 난 뒤에 꽃이 피고, 꽃이 핀 뒤에 열매를 맺는다. 싹에는 본래 꽃이 필 이치가 담겨 있지만 반드시 꽃이 피는 것은 아니며, 꽃에는 본래 열매를 맺을 이치가 담겨 있지만 반드시 열매를 맺는 것은 아니다. 여기에는 그럴 만한 이유가 있기 때문이다. 따라서 사람의 학문이 성취함에 이르지 못하면 이와 무엇이 다르겠는가?"

| 요지 |

이 장은 공자가 사람이 학문을 폐하는 것을 경계한 것이다.

22. 子曰 後生이 可畏니 焉知來者之不如今也리오 四十五十而無聞焉이면 斯亦不足畏也已니라

| 언해 |

子ㅣ ᄀᆞᆯᄋᆞ샤ᄃᆡ 後生이 可히 두려오니 엇디 來者의 이제 ᄀᆞᆮ디 몯ᄒᆞᆯ 줄을 알리오 四十 五十이오 드름이 업스면 이 ᄯᅩᄒᆞᆫ 足히 두렵디 아니ᄒᆞ니라

| 직역 |

공자께서 말씀하셨다. "후생이 두려울 만하니 앞으로 오는 자들이 지금보다 못할 줄을 어찌 알겠는가? 그러나 40세, 50세가 되어도 알려지지 않으면 그 또한 두려울 것이 없다."

| 의해 |

"후생의 장점은 두 가지가 있다. 하나는 나이가 젊어서 학문을 배울 날이 많이 있다는 점이고, 다른 하나는 힘이 강하여 학문할 바탕이 넉넉하다는 점이다. 따라서 후생이 힘써 나아가 그치지 않는다면 성인이 되고 어진 이가 됨을 모두 헤아릴 수 없으니, 어찌 그 장래의 성취가 오늘의 바라는 것과 같지 않음을 알겠는가? 이것이 참으로 두려워할 만한 것이다. 그러나 나이가 젊음을 믿고 착한 데 힘쓰지 않아 알맞은 때를 잃어서 사십, 오십이 되도록 도와 덕이 쌓여 드러나지 않는다면 결국 용렬한 사람이 되고 말 것이다. 이와 같다면 두려울 것이 없을 것이다. 사람의 후생이 된 자가 어찌 그때에 미쳐서 스스로 힘쓰지 않을 것인가?"

| 요지 |

이 장은 후생을 격려한 것이다. '두려워할 만하다'는 말은 바라서 권면한 것이고, '두려울 것이 없다'는 말은 바라는 것을 끊어서 경계한 것이니, 때에 미쳐서 나아가 닦게 한 것이다.

23. 子曰 法語之言은 能無從乎아 改之爲貴니라 巽與之言은 能無說乎아 繹之爲貴니라 說而不繹하며 從而不改면 吾末如之何也已矣니라

| 언해 |

子ㅣ ᄀᆞᆯᄋᆞ샤ᄃᆡ 法으로 語ᄒᆞᄂᆞᆫ 말ᄋᆞᆫ 能히 從홈이 업ᄉᆞ랴 改홈이 貴ᄒᆞ니라 巽히 與ᄒᆞᄂᆞᆫ 말ᄋᆞᆫ 能히 說홈이 엽ᄉᆞ랴 繹홈이 貴ᄒᆞ니라 說호ᄃᆡ 繹디 아니ᄒᆞ며 從호ᄃᆡ 改티 아니ᄒᆞ면 내 엇디려뇨 홈이 업ᄉᆞ니라

| 직역 |

공자께서 말씀하셨다. "법으로 하는 말은 따르지 않을 수 있겠는가? 고치는 것이 귀하다. 부드럽게 하는 말은 기뻐하지 않을 수 있겠는가? 연역해 내는 것이 귀하다. 기뻐하기만 하고 연역해 내지 않으며, 따르기만 하고 고치지 않는다면 내 그를 어찌할 수가 없다."

| 자해 |

法語 : 법 규정. 교훈적인 말. • 巽 : 부드러움. • 說 : 悅과 통용. • 繹 : 찾아 내는 것.

| 의해 |

"말을 할 때는 마땅히 사람을 보고 해야하며, 말을 들을 때에도 마땅히 자신을 비워야 한다. 남에게 허물이 있음을 보고 법도가 있는 말로 간절하고 곧게 말하면 말이 엄하고 의리가 바르기 때문에 듣는 자가 반드시 엄숙하게 공경을 일으켜 따를 것이다. 그

러나 한갓 따를 뿐만 아니라 마음으로 뉘우치고 깨달아서 스스로 잘못된 점을 고쳐야 바른 말을 받을 수 있다. 남이 허물이 있는 것을 보고 부드러운 태도로 완곡하게 말하면 뜻이 순하고 기운이 화평하여 듣는 자가 반드시 처음과 나중에 거스름이 없을 것이니 기뻐할 것이다. 그러나 한갓 기뻐할 뿐만 아니라 소홀히 하지 않고 스스로 깊은 뜻을 찾아서 감동하고 깨달아서 스스로 새롭게 해야만 착한 말을 즐길 수 있다. 만일 기뻐하는 도를 찾아 생각하지 못하고 좇고도 고치지 않으면 마침내 스스로 새로워질 희망이 없다. 나는 법이 될 만한 말과 온순한 말 외에 또 다른 계책으로 악한 것을 버리고 착한 데로 옮겨가게 할 수가 없을 것이니, 이러한 사람은 내가 어찌 할 수 없을 따름이다."

| 요지 |

이 장은 말을 들을 때, 마땅히 실상으로 그 유익함을 받아야 한다는 것이다. 두 번 귀하다 하는 말은 다 실상으로 유익함을 받음을 이른 것이다.

자왈 주충신 무우불여기자 과즉물탄개

24. 子曰 主忠信하며 毋友不如己者요 過則勿憚改니라

| 직역 |

공자께서 말씀하셨다. "충성과 믿음을 주로 하며, 자기보다 못한 이와 벗하려고 말며, 허물이 있으면 고치기를 꺼리지 말아야 한다."

※ 중복된 문장. 『학이』 8 참조.

자왈 삼군 가탈수야 필부 불가탈지야
25. 子曰 三軍은 可奪帥也어니와 匹夫는 不可奪志也니라

| 언해 |

子ㅣ ᄀᆞᆯᄋᆞ샤ᄃᆡ 三軍ᄋᆞᆫ 可히 帥를 奪ᄒᆞ려니와 匹夫ᄂᆞᆫ 可히 志를 奪티 몯ᄒᆞᄂᆞ니라

| 직역 |

공자께서 말씀하셨다. "삼군의 장수는 빼앗을 수 있으나, 필부의 뜻은 빼앗을 수 없다."

| 자해 |

三軍 : 대국이 갖고 있는 군대의 전체. • 帥 : 장수. • 匹夫 : 보통의 한 남자.

| 의해 |

"삼군의 무리는 형세로 말하면 범하기 어려운 것이지만, 그 용맹이 남에게 있기 때문에 마음이 한번 떠나고 흩어지면 꾀가 없어지고 기운이 꺾어져 그 장수라도 빼앗아 취할 수 있다. 필부는 비록 그러한 형세는 없다 하더라도 그 뜻이 나에게 있기 때문에 뜻을 굳건히 지키면 비록 죽거나 사는 것, 이로움이나 해로움의 큰 관계라도 빼앗을 수 없다. 그러므로 사람은 뜻을 세우지 않을 수 없다."

| 요지 |

이 장은 공자가 사람을 가르쳐 뜻을 세우게 한 것이다. 뜻있는 선비와 어진 사람은 몸을 죽여 어짊을 이루고, 사는 것을 구하여 어짊을 해치지 않으니 그 뜻을 어찌 빼앗을 수가 있겠는가?

자왈 의폐온포 여의호학자 입이불치자
26. 子曰 衣敝縕袍하여 與衣狐貉者로 立而不恥者는
기유야여 불기불구 하용부장 자로종신
其由也與인저 不忮不求면 何用不臧이리오 子路終身
송지 자왈 시도야 하족이장
誦之한대 子曰 是道也 何足以臧이리오

| 언해 |

子ㅣ ᄀᆞᆯᄋᆞ샤ᄃᆡ 하여딘 縕袍를 닙어 狐貉 닙은 이로 더브러 立호ᄃᆡ 붓그려 아니ᄒᆞᄂᆞ 니ᄂᆞᆫ 그 由ᅵᆫ뎌 忮티 아니ᄒᆞ며 求티 아니ᄒᆞ면 엇디 ᄡᅥ 臧티 아니ᄒᆞ리오 子路ㅣ 몸이 ᄆᆞᆺ도록 외오려 ᄒᆞᆫ대 子ㅣ ᄀᆞᆯᄋᆞ샤ᄃᆡ 이 道ㅣ 엇디 足히 ᄡᅥ 臧ᄒᆞ리오

| 직역 |

공자께서 말씀하셨다. "해진 솜옷을 입고서 여우나 담비가죽으로 만든 갖옷을 입은 자와 함께 서 있으면서도 부끄러워하지 않는 자는 아마 유(由)일 것 같다. 남을 해치지 않으며, 남의 것을 탐하지 않는다면 어찌 착하지 않겠는가!" 자로가 종신토록 외우려 하자, 공자께서 말씀하셨다. "이 도를 어찌 좋다고 할 수 있겠는가?"

| 자해 |

敝 : 해지다. • 縕 : 헌 솜. • 袍 : 솜옷. • 貉 : 담비. • 忮 : 해친다는 뜻.
• 臧 : 선(善)과 같은 뜻.

| 의해 |

해진 솜옷은 의복 가운데 가장 천한 옷이요, 여우나 담비 가죽으로 만든 옷은 의복 가운데 가장 귀한 옷이다. 그러나 자로가 그러한 천한 옷을 입고 귀한 옷을 입은 사람과 같이 서면서도 조금도 부끄러워하지 않으니 공자가 칭찬하여 말하였다. "가난한 사람과

부자가 함께 할 즈음에는 서로의 마음이 움직이기 쉬운데, 자신의 해진 옷을 입고 갖옷을 입은 사람과 같이 서서 남만 같지 못한 것을 가지고 부끄러워하지 않는 자는 오직 자로이다. 이처럼 자로의 뜻이 고명하여 빈부(貧富)로써 마음을 움직이지 않아서 도에 나갈 수 있을 것이다. 『시경』에 이르기를 '사람이 있음을 미워하여 해롭게 하는 마음을 두지 않고, 나의 없음을 부끄러워하여 탐하는 마음이 없다면 어떠한 외물에도 구애되는 바가 없으니, 덕에 나아가고 업을 닦음에 무슨 어려움이 있겠는가?'라고 하였으니 바로 자로를 가리킨 말이다." 이것은 날마다 쓰는 도의 수많은 측면을 말한 것이니, 어찌 다만 가난하고 부유한 사이에 처하여 부끄럽지 않음에 그칠 뿐이겠는가? 이 마음을 채우면 일마다 착하여 도에 나아갈 수 있을 것이다.

◑ 공자가 자로를 훌륭하게 여김이 이와 같은 것은 아마도 이로 말미암아 나아가게 하고자 한 것이지 여기서 그치게 하고자 한 것은 아니다. 자로가 공자의 칭찬을 듣고 '해롭게 하지도 않고 구하지도 아니한다'는 말을 종신토록 외우고자 하였다. 배움이 빈부에 마음이 동요되지 않아서 안을 중히 여기고 바깥을 가벼이 여기는 뜻이 있은 후에 도에 나아갈 수 있다. 그러나 만일 이것에 능하다 하여 한정하는 것이 있으면, 다시 멀어지고 큰 희망이 없는 까닭에 공자가 이것을 억제하여 말하였다. "해롭게 하지 않고 구하지 아니하는 것은 도에 나아가는 처음이다. 어찌 착함을 다한 것으로 말할 수 있겠는가?"

| 요지 |

이 장은 다 자로를 착한 데로 나아가게 하려는 말이다. 먼저 두 구절은 도에 나갈 수 있을 만한 것에 근거하여 인정한 것이고, 끝 구절은 도에 나아감을 구하지 않음에 근거하여 억제한 것이니, 이것은 다 도에 나가게 하려 한 말이다.

27. 子曰(자왈) 歲寒然後(세한연후)에 知松栢之後彫也(지송백지후조야)니라

| 언해 |

子ㅣ ᄀᆞᆯᄋᆞ샤ᄃᆡ 歲ㅣ 寒ᄒᆞᆫ 然後에 松栢의 後에 彫ᄒᆞᄂᆞᆫ 줄을 아ᄂᆞ니라

| 직역 |

공자께서 말씀하셨다. "날씨가 추워진 뒤에야 소나무와 잣나무가 뒤늦게 시드는 것을 알겠다."

| 자해 |

彫 : 시듦. 조(凋)와 통용.

| 의해 |

"때가 궁하면 절개가 보이는 것처럼 봄과 여름이 서로 바뀌어 만물이 무성하여 꽃답고 푸른빛이 서로 번창함을 자랑할 때에는 비록 굳고 약함에 차이가 있더라도 판별하기 어렵다. 그러나 그 해가 저묾에 따라 찬 기운이 나고 서리가 내리고 바람이 불면 대부분의 만물이 마르고 떨어져서 쇠한 기운과 마른 빛이 드러난다. 오직 소나무와 잣나무는 전과 같이 푸른빛을 띠고 굳은 절개를 변하지 않는 것처럼 우뚝 홀로 서 있으니, 비로소 그 뒤에 마르는 줄을 알게 되는 것이다. 이것은 마치 세상이 태평하여 아무 일이 없을 때에는 군자와 소인이 별로 다를 것이 없는 것 같으나, 만일 하루아침에 큰 사변이 있을 때에는 소나무와 잣나무와 같은 군자가 드러나게 되는 것과 같다. 따라서 날씨가 춥지 않으면 소나무와 잣나무를 다른 나무와 구별하기 어렵고 사변을 만나지 않으면 군자를 볼 수가 없으니, 군자는 사람 가운데 소나무와 잣나무이고, 소나무와 잣나무는 초목 가운데 군자가 아니겠는가?"

| 요지 |

이 장은 군자의 뜻과 절개가 보통 사람과 다름을 보인 것이다.

28. 子曰(자왈) 知者(지자)는 不惑(불혹)하고 仁者(인자)는 不憂(불우)하고 勇者(용자)는 不懼(불구)니라

| 언해 |

子ㅣ ᄀᆞᆯᄋᆞ샤ᄃᆡ 知ᄒᆞᆫ 者ᄂᆞᆫ 惑디 아니ᄒᆞ고 仁ᄒᆞᆫ 者ᄂᆞᆫ 憂티 아니ᄒᆞ고 勇ᄒᆞᆫ 者ᄂᆞᆫ 懼티 아니ᄒᆞᄂᆞ니라

| 직역 |

공자께서 말씀하셨다. "지혜로운 자는 의심하지 않고, 어진 자는 근심하지 않고 용맹한 자는 두려워하지 않는다."

| 의해 |

"사람의 마음에 의혹이 있는 것은 사리에 밝지 못하기 때문이다. 지혜롭고 덕이 있는 자는 이치를 보는 것이 이미 밝아서, 사물을 만나면 그 시비와 가부(可否)를 앉아서 비출 수 있으니 어찌 의심이 있겠는가? 사람이 근심을 하는 것은 사사로운 마음에 얽매이기 때문이다. 오직 인(仁)한 덕이 있는 자는 사사로운 욕심을 변화하여 이치를 좇기 때문에 비록 빈천과 환난에 처하더라도 편안하고 넉넉할 것이니 무슨 근심이 있겠는가? 또한 사람이 두려움을 면하기 어려운 것은 바른 기운이 충실하지 못하기 때문이다. 오직 용맹한 덕이 있는 자는 기운이 도와 의에 부합하여 지극히 크고 지극히 강하여 비록 큰 절개와 무거운 책임을 담당하더라도

조금도 마음을 움직이지 않으니 무슨 두려움이 있겠는가? 따라서 배우는 자가 지혜롭고 어질고 용맹한 사람이 되기를 힘쓰지 않을 수 있겠는가?"

| 요지 |

이 장은 지·인·용의 심체(心體)를 표한 것이니 의심하지 않고 두려워하지 않고 근심하지 않는 것은 각각 심체에 얽매임이 없는 곳에 나아가 말한 것이다.

자왈 가여공학 미가여적도 가여적도
29. 子曰 可與共學이오도 未可與適道며 可與適道오도
미가여립 가여립 미가여권
未可與立이며 可與立이오도 未可與權이니라

| 언해 |

子ㅣ ᄀᆞᆯᄋᆞ샤ᄃᆡ 可히 더브러 ᄒᆞᆫ가지로 學ᄒᆞ고도 可히 더브러 道애 가디 몯ᄒᆞ며 可히 더브러 道애 가고도 可히 더브러 立디 몯ᄒᆞ며 可히 더브러 立ᄒᆞ고도 可히 더브러 權티 몯ᄒᆞᄂᆞ니라

| 직역 |

공자께서 말씀하셨다. "함께 배울 수는 있어도 함께 도에 나아갈 수는 없으며, 함께 도에 나아갈 수는 있어도 함께 설 수는 없으며, 함께 설 수는 있어도 함께 저울질할 수는 없다."

| 의해 |

사람의 조예가 높고 낮음이 있기 때문에 군자 또한 그 높고 낮음을 따라서 함께 한다. 사람이 마음으로 도를 사모하여 배움에 뜻을 두면 구할 바를 알 것이니, 함께 배울 수 있을 것이다. 그러나

우리 도의 아름다움을 적실히 보아서 용맹스럽게 가서 좇지 못하면 이것은 오히려 갈 바를 알지 못하는 것이니 함께 도에 나아가지 못할 것이다. 또한 용맹스럽게 함께 도에 갈 수 있다 하더라도 혹시라도 물건으로 인하여 옮기지 아니함에 능하지 못하면 이것은 굳게 잡아서 변하지 않는 것에 능하지 못한 것이니 함께 설 수 없을 것이다. 배움이 굳게 잡음에 이르러서 변하지 아니하면 이와 같이 함께 서더라도, 혹 지키고 화하지 못하여 모든 일과 모든 물건이 올 때 그 무겁고 가벼움의 적당함을 저울질하여 때에 마땅한 도에 합하지 못한다면 함께 저울질할 수 없을 것이다. 그러므로 배움이 저울질할 수 있게 된 후에 함께 천하의 변함에 통하고 또한 천하의 쓰임에 두루 할 수 있는 것이다. 학자는 이른 바로 인하여 이르지 못한 바를 구하여 함께 저울질할 수 있는 지경까지 이르러야 한다.

| 요지 |

이 장에서 '함께 배울 수 있다'는 것은 구할 바를 아는 것이고, '함께 도에 나아갈 수 있다'는 것은 갈 바를 아는 것이며, '함께 설수 있다'는 것은 뜻을 독실히 하여 굳게 잡아서 변하지 아니함이고, '함께 저울질할 수 있다'는 것은 경중을 헤아릴 수 있다는 것이다.

당체지화 편기번이 기불이사 실시
30. 唐棣之華여 偏其反而로다 豈不爾思리오마는 室是
원이 자왈 미지사야 부하원지유
遠而니라 子曰 未之思也언정 夫何遠之有리오

| 언해 |

唐棣ㅅ 고지여 偏히 그 反ᄒᆞᄂᆞ쏘다 엇디 너를 思티 아니ᄒᆞ리오마

논 室이 이 멀옴이니다. 子ㅣ ᄀᆞᆯᄋᆞ샤ᄃᆡ 思티 아니ᄒᆞ건뎡 엇디 머롬이 이시리오

| 직역 |

산앵두나무의 꽃이여! 펄럭펄럭 나부끼는구나. 어찌 그대를 생각하지 않겠는가만 집이 너무 멀구나! 공자께서 말씀하셨다. "생각하지 않을지언정 어찌 멀겠는가?"

| 자해 |

棠棣 : 산앵두나무. • 偏 : 翩과 통용. 바람에 나부끼는 모양. • 反 : 나부끼어 펄럭이는 모양. 음은 '번'. • 而 : 어조사.

| 의해 |

지금은 없어진 시(詩)에서 말하였다. "당체의 꽃이여! 무정(無情)한 사물이나 그 펄럭펄럭 바람에 날리는 모양이 어떤 것에 감동함이 있어서 날리는 듯하니, 하물며 인정이 있는 나로서 어찌 생각함이 없겠는가마는 다만 네가 있는 곳이 실로 멀어서 갈 수 없구나!"

◑ 공자가 그 말을 빌어서 말하였다. "천하의 일은 이루기 어려움을 근심하지 말고 구하지 않음을 근심해야 한다. 이제 시에 이르기를 '이미 생각하고 다시 먼 것으로써 근심한다'고 하였지만 나는 그렇게 생각하지 않는다. 하늘 아래 어느 지경이든지 어찌 멀어서 이루지 못하겠는가? 아무리 오래되고 아무리 멀리 떨어져 있더라도 한 마음으로써 통하는 바가 있다."

| 요지 |

이 장은 공자가 시를 빌어서 가까이 생각하는 학문을 나타낸 것이다. 시의 근본은 사람을 생각하는 것인데, 공자가 그 말을 빌어서 뒤집었으니 이치를 생각한 것을 주장하여 말한 것이다.

10. 향당(鄕黨)

1. 孔子於鄕黨(공자어향당)에 恂恂如也(순순여야)하사 似不能言者(사불능언자)러시다 其在(기재) 宗廟朝廷(종묘조정)하사는 便便言(변변언)하사대 唯謹爾(유근이)러시다

| 언해 |

孔子ㅣ 鄕黨애 恂恂ᄐᆞᆺᄒᆞ샤 能히 言티 몯ᄒᆞᄂᆞᆫ 者 ᄀᆞᆮ더시다 그 宗廟와 朝廷에 겨샤ᄂᆞᆫ 便便히 言ᄒᆞ샤ᄃᆡ 오직 삼가더시다

| 직역 |

공자께서 고을에 계실 때에는 두려워하듯 말씀을 잘하지 못하는 사람 같았다. 공자께서 종묘와 조정에 계실 때에는 말씀을 또박또박하시되, 다만 삼가셨다.

| 자해 |

鄕黨 : 고을. • 恂恂如 : 두려워 떠는 모양. • 便便 : 분명하고 조리있게 말하는 모양.

| 의해 |

이것은 성인의 도가 날로 쓰이는 사이에 떠나지 않음으로 문인이 살펴보고 자세히 기록한 것이다. 첫머리에 다음과 같이 기록하였다. "우리 선생님의 성대한 덕이 마음에 있어서 말씀과 모양에 나타나 있는 데를 따라 모두 증명할 수 있다. 선생님은 향당에 거처

할 때 마치 두려워하듯 먼저 말하지 않아서 말씀을 못하는 사람처럼 하였다." 대개 부형과 종족 앞에서 예(禮)가 공손하고 말이 간략함이 이와 같았다.

◐ 종묘와 조정에 있을 때에는 처신이 다른 점이 있었다. 종묘에서는 자세히 예법을 묻고 그 제도와 문물의 정미한 것과 오르고 내리며 읍하고 공손히 하는 절도를 알았다. 조정에서는 정사를 극진히 말하여 위에서 반포한 바로 하여금 사리에 어김이 없고 아래에서 받는 바로써 해로움을 입지 않게 하였다. 대개 자세히 말하고 밝게 분변하지만 그 말이 한결같이 공경하고 삼감으로부터 나왔다. 높고 친함이 경우가 다름에 말과 모양이 또한 다르니 때를 따라 중도를 행하는 성인이 아니면 누가 할 수 있겠는가?

◐ 이 한 절은 공자가 향당과 종묘와 조정에 있을 때의 말과 모양이 같지 않음을 기록한 것이다.

| 요지 |

「향당」 편은 공자의 행동거지와 용모, 그리고 사업이 모두 예(禮)에 맞음을 말한 것이니 성대한 덕의 지극함이 자연히 그렇지 않은 것이 없다. 이 두 절은 향당과 종묘에서 말과 모양이 같지 않음을 기록한 것이다. 공자는 향당에 있어서 말하지 못하는 것이 아니지만 말을 못하는 것처럼 하고, 종묘와 조정에서는 마땅히 말해야 할 때 말하되 말을 삼갔으니, '어(於)' 자와 '기(其)' 자를 살피면 성인의 시중지도(時中之道)를 볼 수 있다.

2. 朝(조)에 與下大夫言(여하대부언)에 侃侃如也(간간여야)하시며 與上大夫言(여상대부언)에 誾誾如也(은은여야)러시라 君在(군재)어시든 踧踖如也(축적여야)하시며 與與如也(여여여야)러시다

| 언해 |

朝애 下대부로 더브러 言ᄒᆞ심애 侃侃ᄐᆺ ᄒᆞ시며 上대부로 더브러 言ᄒᆞ심애 誾誾ᄐᆺ ᄒᆞ더시다 君이 겨시거시든 踧踖ᄐᆺ ᄒᆞ시며 與與ᄐᆺ ᄒᆞ더시다

| 직역 |

조정에서 하대부와 말씀하실 때에는 강직하게 하시며, 상대부와 말씀하실 때에는 온화하게 하셨다. 임금이 계실 때에는 공손하셨고 근엄하게 하셨다.

| 자해 |

侃 : 강직함. • 誾 : 온화함. • 踧 : 조심하여 걸음. • 踖 : 밟음.

| 의해 |

공자는 조정에서 조회가 없을 때 하대부와 말을 하는 경우, 옳은 것은 옳다 하고 그른 것은 그르다 하여 마땅히 말할 것을 바르게 말하고 의(義)로 결단하여 조금도 왜곡함이 없었다. 상대부와 더불어 말할 때는 조용하고 곡진하여 바른 것을 가지고 아첨하지 않으며 가만히 경계하는 뜻을 붙였으니 온화하면서도 자세하였다.

◑ 임금이 조회를 볼 때 공자는 지극히 공경하여 마음에 두려움이 몸에 보이는 듯하였다. 보통 사람은 조심이 지나쳐 자신을 구속함에 일정함을 잃음을 면하지 못하지만 공자의 위의(威儀)와 움직이는 모양은 조용하고 편안히 맞아서 자연스럽게 하였으니 이것이 성인이 된 근거다.

◑ 이 한 절은 공자가 조정에 있어서 위를 섬기고 아래를 접함이 같지 아니함을 기록한 것이다.

| 요지 |

이 장은 공자가 조정에 있을 때의 공경을 기록한 것이므로 조(朝)

자를 첫머리에 두었다. 윗 절은 아래를 접하는 말이 곡진하고 마땅함을 기록한 것이며, 아래 절은 위를 섬기는 모양이 공손하고 편안함을 기록한 것이다.

3. 君이 召使擯이어시든 色勃如也하시며 足躩如也러시다 揖所與立하사대 左右手러시니 衣前後襜如也러시다 趨進에 翼如也러시다 賓退어든 必復命曰 賓不顧矣라하더시다

| 언해 |

君이 블러 ᄒᆞ여곰 擯ᄒᆞ라 ᄒᆞ거시든 色이 勃ᄐᆞᆺ ᄒᆞ시며 足이 躩ᄐᆞᆺ ᄒᆞ더시다 더브러 立ᄒᆞ신 바에 揖ᄒᆞ샤ᄃᆡ 손을 左로 ᄒᆞ며 右로 ᄒᆞ더시니 옷 앏뒤히 襜ᄐᆞᆺ ᄒᆞ더시다 趨ᄒᆞ야 進ᄒᆞ심애 翼ᄐᆞᆺ ᄒᆞ더시다 賓이 退커든 반ᄃᆞ시 命을 復ᄒᆞ야 ᄀᆞᆯᄋᆞ샤ᄃᆡ 賓이 顧ᄒᆞ디 아니타 ᄒᆞ더시다

| 직역 |

임금이 불러 국빈을 접대하게 하시면 낯빛을 변하시며 발걸음을 조심하셨다. 함께 서 있는 이에게 읍할 때 왼쪽 손을 앞으로 내미시기도 하시고 오른쪽 손을 앞으로 내미시기도 하셨는데, 옷의 앞뒤자락이 가지런하셨다. 빨리 나아가실 때는 날개를 편듯하셨다. 손님이 물러가면, 반드시 복명하여 말씀하시기를 "손님이 돌아보지 않고 잘 갔습니다"라고 하셨다.

| 자해 |

擯 : 내빈을 맞아들이는 역할. • 勃 : 낯빛 변하는 모습. • 躩 : 공경하여 발걸

음을 머뭇거리는 모양. • 襜 : 가지런한 모양.

| 의해 |

옛날에 두 임금이 만날 때는 반드시 빈(擯)과 개(介)가 있어서 말을 전하였다. 노나라 임금이 공자를 불러서 빈을 삼았는데, 처음 임금의 명을 받들어 마음 가운데 공경하고 얼굴빛은 감히 평소처럼 편안히 못하는 것처럼 하며 발은 확연히 머뭇거려서 나아가지 못하는 것처럼 하였으니, 그 명을 처음 받듦에 공경함이 이와 같다.

◑ 빈(擯)이 문에 이를 때는 바로 빈이 명을 전할 때이므로 공자가 더불어 같이 선 자에게 읍하였다. 임금의 명을 전하러 나갈 때는 혹 그 손을 좌편으로 하고 빈의 명을 전하러 들어올 때는 혹 그 손을 우편으로 하여 손은 움직이지만 몸은 더불어 같이 움직이지 않아서 옷의 앞뒤가 가지런하였다.

◑ 주인이 빈을 맞아 들어옴에 빈이 그 뒤를 좇아 들어와서 일이 있으면 빠르게 나아가지만 손모양의 공손함이 예와 같아서 팔짱을 벌림이 단아하였다.

◑ 서로 보기를 마치고 빈이 물러가 사관으로 나갈 때 임금이 보내서 문 밖에 나오되 빈이 돌아보기를 기다리거든 공자가 반드시 복명하여 "빈이 돌아보지 않는다"고 한 것은 임금의 긴장을 풀게 한 것이다. 그 공경이 예를 마칠 때에 이와 같으니 명을 받음으로부터 예를 마치기까지의 모든 행동이 절차에 맞지 않음이 없으니 성대한 덕이 아니면 할 수 없다.

◑ 이 한 절은 공자가 임금의 손님을 도울 때의 모양을 기록한 것이다.

| 요지 |

이 장에서 하나하나 예에 맞는 공자의 행동과 임금의 부르신 뜻을 중하게 보는 공자의 뜻을 볼 수 있으니, 이른바 임금을 섬김에 예를 다한다는 것이다.

4. 入公門하실새 鞠躬如也하사 如不容이러시다 立不中門하시며 行不履閾이러시다 過位하실새 色勃如也하시며 足躩如也하시며 其言이 似不足者러시다 攝齊升堂하실새 鞠躬如也하시며 屛氣하사 似不息者러시다 出降一等하사는 逞顔色하사 怡怡如也하시며 沒階하사는 趨進翼如也하시며 復其位하사는 踧踖如也러시다

| 언해 |

公門의 드르실ᄉᆡ 躬을 鞠ᄃᆞᆺ ᄒᆞ샤 容티 몯홀ᄃᆞᆺ ᄒᆞ더시다 立ᄒᆞ심애 門에 中티 아니ᄒᆞ시며 行ᄒᆞ심애 閾을 ᄇᆞᆲ디 아니ᄒᆞ더시다 位예 디나실ᄉᆡ 色이 勃ᄐᆞᆺ ᄒᆞ시며 足이 躩ᄐᆞᆺ ᄒᆞ시며 그 말ᄉᆞᆷ이 足디 몯ᄒᆞᆫ 者 ᄀᆞᆮ더시다 齊를 攝ᄒᆞ야 堂의 오ᄅᆞ실ᄉᆡ 躬을 鞠ᄃᆞᆺ ᄒᆞ시며 氣를 屛ᄒᆞ샤 息디 몯ᄒᆞᄂᆞᆫ 者 ᄀᆞᆮ더시다 出ᄒᆞ샤 一等에 나리샤ᄂᆞᆫ ᄂᆞᆾ비ᄎᆞᆯ 逞ᄒᆞ샤 怡怡ᄐᆞᆺ ᄒᆞ시며 階를 沒ᄒᆞ샤ᄂᆞᆫ 趨ᄒᆞ심애 翼ᄐᆞᆺ ᄒᆞ시며 그 位예 復ᄒᆞ샤ᄂᆞᆫ 踧踖ᄐᆞᆺ ᄒᆞ더시다

| 직역 |

공문에 들어가실 적에는, 몸을 굽히시어 용납하지 못하는 듯이 하셨다. 서 있을 때에는 문 가운데에 서지 않으시고, 다니실 때에는 문지방을 밟지 않으셨다. 임금의 자리를 지나실 적에는 낯빛을 변하시고, 발걸음을 조심하시며, 말씀을 잘 할 수 없는 것 같으셨다. 옷자락을 잡고 마루에 오르실 적에 몸을 굽히시며, 숨을 죽이시어 숨을 쉬지 않는 것처럼 하셨다. 나오시어 한 층계를 내려서서는 낯빛을 펴서 화평하게 하시며, 층계를 다 내려와서는 빨리 걸으시

되 날개를 편 듯 하시며, 자리에 돌아와서는 공손하셨다.

| 자해 |

鞠 : 몸을 굽힘. • 攝 : 걷어올리는 것. • 齊 : 옷의 아랫자락. 음은 자. • 逞 : 폄. • 怡 : 온화함.

| 의해 |

공자가 조회에서 나아갈 때에 공문에 들어가면 공경스러운 자세를 취하고, 그 몸을 굽혀 감히 곧게 못하시고 공문이 그 몸을 용납지 못하는 것 같이 하였다.

◑ 임금이 출입할 때 중문으로 하고 사대부는 출입할 때 문의 오른편으로 하고 중문으로 하지 않는 것이 예이다. 서 있을 때 보통 사람은 소홀함이 많지만 공자는 감히 문 가운데 서지 않으니, 대개 높은 데 당하여 참람한 데 이를까 두렵기 때문이다. 문지방이 있는 데를 지나감에 밟는 것은 조심하지 않는 데 가까우니 공자가 그렇게 하지 않은 것은 법도를 잃어버려 방자한 데 가까울까 두렵기 때문이다. 이때는 비록 임금을 뵙는 것은 아니지만 공경하고 삼감이 이미 지극한 것이다.

◑ 공자가 외조(外朝)에 이르러 임금이 문병(門屛) 사이에 서서 다스림을 듣는 자리를 지날 때에도 비록 임금이 없더라도 있는 것처럼 하였다. 그 얼굴빛은 밝게 하고 그 발 모양은 무겁게 하며 그 말소리는 소리를 내지 못하는 것처럼 하였다. 이는 빈자리를 지나가는 공경이 문에 들어갈 때보다 더한 점이 있기 때문이다.

◑ 공자가 이미 내조(內朝)에 이르면 옷자락을 거두어서 섬돌에 올라서 당에 이름에 그 몸은 굽은 듯하여 꺾어서 감히 곧게 두지 못하고, 호흡하는 기운도 또한 감히 스스로 감추어서 숨을 쉬지 못하는 것처럼 하였다. 이것은 당에 올라 임금을 가까이 함에 그 공경이 빈자리를 지날 때보다 더욱 지극하기 때문이다

◑ 공자가 임금 뵙기를 마치고 당의 섬돌 한 층을 내려오니, 점점

임금에 멀어짐에 비로소 조금씩 그 얼굴빛을 펴서 엄숙하던 것이 온화하게 되고 내려서 당의 섬돌을 내려와서는 종종걸음을 하였다. 조정 반열의 위치에 나아가면 임금의 자리를 바라봄에 다시 보이기 때문에 단정하게 팔짱을 끼고 그 반열에 돌아가 무리와 더불어 임금을 바라보고 섬에 공경하여 편안치 않은 것처럼 하였으니, 대개 들어갈 때부터 나가기에 이르도록 한결같이 공경함이 이와 같다.

| 요지 |

이 장에서 앞의 네 절은 문에 들어감으로부터 빈자리를 지나 당에 올라서기까지 점점 임금에게 가까움에 공경이 점점 더함을 기록한 것이며, 뒤 구절은 섬돌에 나감으로부터 섬돌에서 내려와서 자리에 돌아가기까지 점점 임금이 멀어지지만 공경이 또한 풀리지 않음을 기록한 것이다.

5. 執圭(집규)하사대 鞠躬如也(국궁여야)하사 如不勝(여불승)하시며 上如揖(상여읍)하시고 下如授(하여수)하시며 勃如戰色(발여전색)하시며 足蹜蹜如有循(족축축여유순)이러시다 享禮(향례)에 有容色(유용색)하시며 私覿(사적)에 愉愉如也(유유여야)러시다

| 언해 |

圭를 잡ᄋᆞ샤ᄃᆡ 躬을 鞠ᄃᆞᆺ ᄒᆞ샤 이긔디 몯홀ᄃᆞᆺ ᄒᆞ시며 上으로 揖ᄃᆞᆺ ᄒᆞ시고 下로 授ᄃᆞᆺ ᄒᆞ시며 勃히 戰ᄒᆞᄂᆞᆫ 色ᄀᆞᆮᄐᆞ시며 足이 蹜蹜ᄒᆞ야 循홈이 잇ᄂᆞᆫᄃᆞᆺ ᄒᆞ더시다 享ᄒᆞᄂᆞᆫ 禮에 容色이 겨시며 私로 覿홈애 愉愉ᄃᆞᆺ ᄒᆞ더시다.

| 직역 |

규를 잡으실 적에는 몸을 굽혀 이기지 못하는 듯이 하셨으며, 위로는 읍할 때와 같이 하시고 아래로는 물건을 줄 때와 같이 하시며, 낯빛을 변하여 두려워하는 빛을 띠시며, 발걸음을 좁고 낮게 하시어 땅에 끄는 듯이 하셨다. 잔치하는 자리에서는 화평한 낯빛을 하셨다. 사사로이 만나보실 때에는 온화하게 하셨다.

| 자해 |

圭 : 윗부분이 둥글고 아랫부분이 장방형인 단옥. 제후가 천자에게서 받는 것으로, 제후의 사자가 타국에 사절로 갈 때 이를 신표로 가지고 감. • 蹜蹜 : 보폭을 좁고 낮게 걷는 모양. • 循 : 걸을 때 발이 땅에서 떨어지지 않는 것. • 覿 : 만남, 음은 적. • 愉 : 온화함.

| 의해 |

공자가 노나라 대부로서 임금의 명으로 이웃나라를 빙문(聘問)하여 임금이 내린 규를 잡아 신임을 보일 때, 몸을 굽힌 듯하여 소중한 것을 이기지 못하는 것처럼 하였다. 몸의 모양이 엄숙하며 잡기를 평평한 저울대같이 하되 손이 조금 오르락내리락함이 있으나, 오르기는 다만 읍하는 것 같이 할 따름이었고, 너무 높아서 우러르는 것 같이 하지 아니하고 나지막하니, 다만 주는 것 같이 할 따름이었다. 너무 낮아서 구부리는 것 같이 하지 아니하니 손 모양이 대단히 공손하였다. 그 얼굴빛은 싸움에 임하여 두려워하는 것 같이 하고, 그 행동은 대략 발 앞을 들고 뒤꿈치는 끌어서 땅을 떠나지 않을 것처럼 하였다. 대개 마음이 지극히 공경한 까닭에 용색에 나타남이 이와 같다.

◑ 빙문의 예를 마친 후 임금의 명으로 이웃나라 임금에게 예물을 올릴 때 공자는 화평한 용색이 있었으니 빙문의 예를 행할 때보다는 조금 늦춘 것이다.

◑ 향례(享禮)를 마침에 스스로 사례(私禮)로써 이웃나라 임금을 마주함에 그 빛이 지극히 온화하였으니 성인이 아니면 누가 할

수 있겠는가?

◑ 이 한 절은 공자가 임금을 위하여 이웃나라를 빙문할 때의 예를 기록한 것이다.

| 요지 |

이 장은 빙례(聘禮)를 위주로 한 것이다. 잔치나 만나보는 것이 모두 빙례 가운데의 일로서 공경을 위주로 한다. 화평과 온화는 특히 공경 가운데 화(和)함이기 때문에 공경이 아니면 빙문의 예를 다하지 못할 것이고, 화가 아니면 빙문의 정(情)을 통하지 못할 것이니 성인의 예와 모양이 각각 마땅함이 이와 같다.

6. 君子는 不以紺緅로 飾하시며 紅紫로 不以爲褻服이러시다 當暑하사 袗絺綌을 必表而出之러시다 緇衣엔 羔裘요 素衣엔 麑裘요 黃衣엔 狐裘러시다 褻裘는 長호대 短右袂러시다 必有寢衣하시니 長이 一身有半이러라 狐貉之厚로 以居러시다 去喪하사는 無所不佩러시다 非帷裳이어든 必殺之러시다 羔裘玄冠으로 不以弔러시다 吉月에 必朝服而朝러시다

| 언해 |

君子ᄂᆞᆫ 紺과 緅로ᄡᅥ 飾디 아니ᄒᆞ시며 紅과 紫로ᄡᅥ 褻服도 ᄒᆞ디 아니ᄒᆞ시다 暑를 當ᄒᆞ샤 ᄒᆞᆺ 絺와 綌을 반ᄃᆞ시 表ᄒᆞ야 내더시다

검은옷새 羔裘ㅣ오 흰옷새 麑裘ㅣ오 누른옷새 狐裘ㅣ러시다 褻裘눈 길게 호디 올흔 く매를 댜르게 ᄒᆞ더시다 반ᄃᆞ시 寢衣를 두시니 기릐 一身이오 ᄯᅩ 半이러라 狐貉의 두터온 것스로써 居ᄒᆞ더시다 喪을 去ᄒᆞ샤눈 ᄎᆞ디 아니홀 배 업더시다 帷裳이 아니어든 반ᄃᆞ시 殺ᄒᆞ더시다 羔裘와 玄冠으로써 吊치 아니ᄒᆞ더시다 吉月에 반ᄃᆞ시 朝服ᄒᆞ고 朝ᄒᆞ더시다

| 직역 |

군자는 감색과 검붉은 색으로 옷의 가선을 두르지 않으셨으며, 다홍색과 자주색으로 평상복을 만들지 않으셨다. 더위를 당해서는 가는 갈포와 굵은 갈포로 홑옷을 만들어 반드시 밖에 걸쳐 입으셨다. 검은 옷에는 염소 가죽으로 만든 갖옷을 입고, 흰옷에는 사슴 가죽으로 만든 갖옷을 입고, 누른 옷에는 여우 가죽으로 만든 갖옷을 입으셨다. 평소에 입는 갖옷은 길게 하되, 오른쪽 소매를 짧게 하셨다. 반드시 잠옷이 있었으니, 길이가 한 길 반이었다. 여우와 담비의 두터운 가죽옷을 입고 거처하셨다. 상을 벗으신 뒤에는 패물을 차지 않는 것이 없으셨다. 예복이 아니면, 반드시 치마의 위 폭에 주름을 잡지 않고 줄여서 꿰매셨다. 염소 가죽으로 만든 갖옷을 입거나 검은 관을 쓰고는 조문하지 않으셨다. 초하룻날에는 반드시 조복을 입고 조회하셨다.

| 자해 |

紺 : 질푸른 색. • 緅 : 검붉은 색. • 褻 : 평상복. • 袗 : 홑옷. • 絺 : 가는 갈포. • 綌 : 굵은 갈포. • 麑 : 고라니. • 殺 : 허리 부분을 잘라내어 폭을 줄이는 것. 음은 쇄. • 吉月 : 매월의 초하루.

| 의해 |

군자의 의복은 반드시 정한 제도가 있다. 평상의 옷은 옷깃을 꾸밈에 감색과 검붉은 색의 두 색으로 꾸미지 않는다. 대개 재계하

는 옷은 감색으로 꾸미고 상복은 검붉은색으로 꾸미는 까닭에 평상시 옷을 이것으로 꾸미지 않는 것은 그러한 혐의를 피하고 상복과 제복을 중시하는 것이다.

◑ 한가롭게 거처할 때의 옷은 다홍색과 자색 두 색으로 하지 않으니, 대개 두 가지 색은 간색(間色)이기 때문에 바르지 않고 또한 여자의 옷에 가깝기 때문이다.

◑ 더위를 당하여 갈포와 굵은 갈포로 만든 옷을 입으니 홑옷이다. 반드시 먼저 속옷을 입고 갈포와 굵은 갈포로 만든 옷을 바깥으로 드러내니 대개 더위 때의 옷은 가벼운 것이 마땅하고 몸을 내여 보임이 마땅하지 않기 때문이다.

◑ 겨울옷에 갖옷이 있다. 염소가죽으로 만든 갖옷은 조복(朝服)이니 검은 옷으로서 껴입고, 사슴가죽으로 만든 갖옷은 빙례와 향례의 옷이니 흰옷을 써서 껴입고, 여우가죽으로 만든 갖옷은 제복(祭服)이니 노란 옷으로서 껴입으니 빛이 서로 맞음을 취하는 것이다.

◑ 평소에 입는 갖옷을 길게 한 것은 따뜻함을 취한 것이고, 오른편 소매를 조금 짧게 하는 것은 일하기에 편하게 한 것이니 모두 마땅한 것을 취한 것이다.

◑ 재계하여 잘 때는 조촐함을 취하니, 반드시 잠옷을 지어서 난잡한 것을 방비한다. 잠옷의 제도는 길이가 한 길이고, 또 반을 더한 것은 발을 덮으려는 것이다.

◑ 나갈 때는 가벼운 갖옷으로 편함을 삼지만, 거처할 때에는 따뜻한 것을 싫어하지 않으니 여우와 담비의 가죽과 털이 깊고 두터운 것을 취하여 거처할 때 입는 복장으로 한다.

◑ 옷에 차는 것이 있으니 상을 치를 때는 문채를 버리고 간략한 데로 나아가니 마땅히 찰 바가 아니니다. 만일 이미 상을 마쳤으면 흉한 것을 버리고 길한 데로 나갈 때이므로 반드시 옥으로써 덕을 형상하고 가구로써 씀을 갖추어서 차지 않음이 없으니 차고 입는 것이 이와 같다.

◑ 옷에 반드시 치마가 있으니 조복과 제복은 그 방정함을 취한

것이다. 치마에 정폭(正幅)을 쓰나 사람의 몸에 허리가 좁은 까닭에 두 곁에는 주름으로 한다. 만일 정복(正服)에 유상(帷裳)이 아니면 접은 주름을 쓰지 않고 곁에 빗겨 마루재인 솔기가 있고, 그 제도가 위에는 좁고 아래는 넓어서 허리가 반드시 아래보다 반이 좁으니 대개 허비함을 덜 뿐 아니라 또한 공복과 달리한다. 이것은 치마와 옷에 그 제도가 다른 것이다.

◑ 염소가죽으로 만든 갖옷은 조복(朝服)이며 검은 관은 제복이다. 길례(吉禮)에 쓰기 때문에 조문하지 않고 조문에는 반드시 바꿔서 흰 옷을 입는 것은 그 죽음을 슬퍼하는 정(情)을 다하는 것이다. 조문에 의복 제도를 삼가는 것이 이와 같다.

◑ 공자가 벼슬을 그만두었을 때에는 비록 벼슬에 있지 않더라도 매월 초하룻날에는 반드시 조복으로써 노나라 임금께 조회하여 벼슬을 그만두었더라도 신하의 예를 그만두지 않았으니 의복 제도를 삼감이 또 이와 같다.

◑ 이 한 절은 공자의 의복 제도를 기록한 것이다.

| 요지 |

이 장은 모두 의복제도이다. 첫머리의 두 구절은 색(色) 자로써 주장을 삼아서 혐의 있는 것과 바르지 아니한 것으로써 서로 대비시켰다. 당서(當暑) 네 구절은 '때 시'(時) 자(字)로 주장을 삼아서 하갈(夏葛)과 동구(冬裘)로써 상대시켰다. 거상(去喪) 두 구절은 마땅히 갖출 것을 갖추고 마땅히 덜 것을 덞으로써 서로 대비시켰다. 고구(羔裘) 두 구절은 조상(弔喪)에는 그 슬픔을 이르고 조회에는 그 공경을 이름으로써 서로 대비시켰다. 모두 간사한 것과 바른 것의 분별이 있고 공(公)과 사(私)의 분별이 있으며, 한서(寒暑)의 마땅함이 있고 장단(長短)의 제도가 있으며, 길흉(吉凶)의 등급이 있고 조회와 제사에 일정함이 있어서 그 움직임이 반드시 법칙에 맞으니 모두 성인의 교화에서 비롯된 것이다.

7. 齊必有明衣(재필유명의)러시니 布(포)러라 齊必變食(재필변식)하시며 居必遷坐(거필천좌)러시다

| 언해 |

齊ᄒᆞ실 제 반ᄃᆞ시 明衣를 둣더시니 布ㅣ러라 齊ᄒᆞ실 제 반ᄃᆞ시 食을 變ᄒᆞ시며 居홈을 반ᄃᆞ시 坐를 遷ᄒᆞ더시다

| 직역 |

재계하실 때에는 반드시 명의가 있었으니, 베로 만들었다. 재계하실 때에는 반드시 음식을 바꾸시며, 거처할 때에 반드시 자리를 옮기셨다.

| 자해 |

明衣 : 목욕한 뒤에 입는 옷.

| 의해 |

재계할 때 반드시 목욕함은 그 조촐함을 취한 것이다. 만일 평소에 입던 옷을 그대로 입으면 다시 더럽게 되니, 목욕을 마치면 곧 베로 지은 새 옷을 입어 몸을 깨끗하게 하였다. 이것은 소박함을 취하고 화려함을 숭상하지 않은 것이다.

◑ 재계하는 날에는, 음식은 평상시에 먹던 음식을 고치고 거처는 평상시에 거처하는 데서 바꾸었다. 여기서 공자의 재계할 때의 의복과 음식과 거처하는 사이에 지극히 삼감을 볼 수 있다

◑ 이 한 절은 공자가 재계할 때의 삼가는 일을 기록한 것이다.

| 요지 |

이 장은 공자가 재계하는 데 삼가는 일을 기록한 것이다. 명의(明

衣)와 침의(寢衣)는 그 몸을 조촐히 하는 것이고, 음식을 바꾸는 것은 그 입을 조촐히 하는 것이며, 자리를 바꾸는 것은 마음을 맑게 하는 것이니, 반드시 '필(必)' 자가 삼가는 뜻을 보이는 것이다.

8. 食不厭精(사불염정)하시며 膾不厭細(회불염세)러시다 食饐而餲(사에이애)와 魚餒而(어뇌이)肉敗(육패)를 不食(불식)하시며 色惡不食(색악불식)하시며 臭惡不食(취악불식)하시며 失(실)飪不食(임불식)하시며 不時不食(불시불식)이러시다 割不正(할부정)이어든 不食(불식)하시며 不得其醬(부득기장)이어든 不食(불식)이러시다 肉雖多(육수다)나 不使勝食氣(불사승사기)하시며 唯酒無量(유주무량)하사대 不及亂(불급란)이러시다 沽酒市脯(고주시포)를 不食(불식)하시며 不撤薑食(불철강식)하시며 不多食(부다식)이러시다 祭於公(제어공)에 不宿肉(불숙육)하시며 祭肉(제육)은 不出三日(불출삼일)하더시니 出三日(출삼일)이면 不食之矣(불식지의)니라 食不語(식불어)하시며 寢不言(침불언)이러시다 雖疏食菜羹(수소사채갱)이라도 瓜祭(필제)하사대 必齊如也(필재여야)러시다

| 언해 |

食ᄂᆞᆫ 精홈을 厭티 아니ᄒᆞ시며 膾ᄂᆞᆫ 細홈을 厭티 아니ᄒᆞ더시다 食ㅣ 饐ᄒᆞ야 餲ᄒᆞ니와 魚ㅣ 餒ᄒᆞ며 肉이 敗ᄒᆞ니를 食디 아니ᄒᆞ시며 色이 惡ᄒᆞ니를 食디 아니ᄒᆞ시며 臭ㅣ 惡ᄒᆞ니를 食디 아니ᄒᆞ시며 飪을 失ᄒᆞ엿거든 食디 아니ᄒᆞ시며 時ㅣ 아니어든 食디 아니ᄒᆞ더시다 割ᄒᆞᆫ 거시 正티 아니커든 食디 아니ᄒᆞ시며 그 醬을 得디 몯ᄒᆞ

야든 食디 아니터시다 肉이 비록 하나 ᄒᆞ여곰 食氣를 勝티 아니ᄒᆞ시며 오직 酒ᄂᆞᆫ 量업시 ᄒᆞ샤ᄃᆡ 亂에 밋게 아니터시다 沽ᄒᆞᆫ 酒와 市ᄒᆞᆫ 脯를 食디 아니ᄒᆞ시며 薑食홈을 撤티 아니ᄒᆞ시며 해 食디 아니터시다 公애 祭ᄒᆞ심애 肉을 宿디 아니ᄒᆞ시며 祭肉은 三日에 出티 아니ᄒᆞ더시니 三日에 出ᄒᆞ면 食디 몯홀 꺼시니라 食ᄒᆞ심애 語티 아니ᄒᆞ시며 寢ᄒᆞ심애 言티 아니터시다. 비록 疏食와 菜羹이라도 반ᄃᆞ시 祭ᄒᆞ샤ᄃᆡ 齊ᄐᆞᆺ ᄒᆞ더시다

| 직역 |

밥은 정미로 한 것을 싫어하지 않으며, 회는 가늘게 썬 것을 싫어하지 않으셨다. 밥이 상하여 쉰 것과 생선이 상하고 고기가 부패한 것을 먹지 않으셨다. 빛깔이 나쁜 것을 먹지 않고, 냄새가 나쁜 것을 먹지 않았으며, 잘못 익힌 것을 먹지 않고, 때가 되지 않은 것을 먹지 않으셨다. 자른 것이 바르지 않으면 먹지 않고, 장이 갖추어지지 않으면 먹지 않으셨다. 고기가 비록 많으나 밥 기운을 이기게 하지 않으시며, 술은 일정한 양이 없으셨는데, 어지러운 지경에 이르지 않으셨다. 시장에서 사온 술과 포를 먹지 않으셨다. 생강을 먹는 것을 그만두지 않으셨다. 많이 잡수지 않으셨다. 나라에서 제사지내시면 고기를 밤을 넘기지 않으셨으며, 집에서 제사지낸 고기는 3일을 넘기지 않으셨으니, 3일이 지나면 먹지 못하기 때문이다. 음식을 먹을 때 말씀하지 않으시며, 잠자리에 들면 말씀하지 않으셨다. 비록 거친 밥과 나물국이라도 반드시 제를 올리시되 반드시 공경히 하셨다.

| 자해 |

精 : 정미. • 饐 : 밥이 쉼. • 飪 : 익힘. • 撤 : 거둠. • 羹 : 국.

| 의해 |

음식은 생명을 기르는 것이므로 공자는 한 음식이 있음에 구차하

게 하지 않았다. 밥은 반드시 정미함을 구하는 것은 아니지만 그 정미한 것을 싫어하지 않고, 회는 반드시 가는 것을 구하는 것은 아니지만 가는 것을 싫어하지 않았다. 먹는 것이 사람에게 유익한 것은 성인이 버리지 않기 때문이다.

◑ 밥이 습하고 더운 데서 상하고 혹은 맛이 변하면 먹지 않고, 생선의 속이 상하거나 고기의 바깥이 썩으면 먹지 않으며, 이미 썩은 것뿐 아니라 변색하여 악한 것과 냄새와 맛이 변하여 악한 것도 먹지 않았다. 삶거나 익힘에 있어 마땅함을 잃어버리면 먹지 않고 곡식과 과실이 익지 않으면 먹지 않으니, 먹는 것으로 사람을 상하게 할 것은 성인이 취하지 않기 때문이다.

◑ 공자는 무슨 물건이든지 반드시 바른 것으로써 하니, 만일 고기를 벤 것이 바르지 않으면 먹지 않았다. 음식이 각각 마땅한 바가 있으니 장의 종류가 하나가 아니다. 옛적에 음식을 지은 자가 사람들이 무슨 물건을 먹을 때 무슨 장을 쓰도록 한 것은 모두 뜻이 있으니, 이 기운과 맛이 서로 합하지 않으면 반드시 서로 제어하기 때문이다. 이것에 어긋나면 반드시 해가 있을 것이니, 그 고기를 먹지 않는 것은 먹는 데 구차하지 않기 때문이다.

◑ 사람의 양생이 곡식을 위주로 하고 고기로 도우니, 고기 기운이 많으면 곡식 기운을 해치기 때문에 공자가 고기를 많게 하여 곡식 기운을 이기게 하지 않은 것은 양생하는 이치의 당연한 것이다. 술은 사람의 즐거운 마음을 합하게 하나 사람의 마시는 양이 각각 같지 않은 까닭에 미리 한량을 하지 않고 취함으로써 한정을 하고 덕을 어지럽게 하며 위의(威儀)를 어지럽게 하는 데 미치지 않게 하니 그 음식에 절차가 있는 것이 이와 같다.

◑ 술은 스스로 담지 않으면 반드시 정결하지 않으며, 포는 스스로 만들지 않으면 무슨 물건의 고기인지 알지 못하는 까닭에 사온 것은 먹지 않으니, 사람을 상하게 할까 염려하기 때문이다.

◑ 생강의 맛이 맵고 조금 더우니 오래 먹으면 냄새기운을 버리고 신명을 통하게 하므로 매번 먹고 그치지 않는다.

◑ 지나치게 먹지 않음으로써 배부른 데 이르지 않는다.

◑ 나라의 제사를 돕고 얻은 조육을 밤 새기를 기다리지 않고 다른 사람에게 나누어주니, 이것은 귀신의 은혜를 머무르게 하지 않는 것이다. 스스로 집에서 제사지낸 고기는 삼일을 지나지 않고 곧 사람에게 나누어준다. 대개 삼일이 지나면 고기가 반드시 부패하여 사람이 먹지 못할 것이니, 이것은 귀신이 흠향한 나머지를 더럽히는 것이다. 그 음식을 나누는 마땅함이 이와 같다.

◑ 먹을 때 말하지 않고 비록 물을 것이 있더라도 반드시 기다렸다. 자고 쉴 때는 마땅히 고요해야 하므로 말을 하지 않으니, 언어가 각각 그 때가 있기 때문이다.

◑ 공자가 먹을 때마다 비록 거친 밥과 나물국이라도 반드시 제(祭)하고, 제하면 반드시 경건하게 하니, 대개 제하지 않는 음식이 없고 공경하지 않는 제가 없었다. 먹음에 근본을 중시하는 정성이 이와 같다. 합하여 보면 성인의 음식 절차가 예에 맞지 않는 것이 없어서 삶을 기를 뿐만 아니라 또한 덕을 기를 수 있는 것이니, 어떤 것도 도에 맞지 않은 것이 없다.

| 요지 |

이 장은 '많이 잡수지 않으셨다'에서 끊어서 그 위는 음식의 제도이고, 아래는 음식과 관계되는 종류를 기록한 것이다.

9. 席(석)不(부)正(정)이어든 不(부)坐(좌)러시다

| 언해 |

席이 正티 아니커든 坐티 아니더시다

| 직역 |

자리가 바르지 않으면 앉지 않으셨다.

| 의해 |

공자가 있는 데에 따라서 반드시 바름으로써 하니, 만일 자리가 혹 치우치게 향하여 바르지 않으면 앉지 않아서 구차하게 하지 않았다.

| 요지 |

이 장에서는 성인의 마음이 바른 데 편안하여 곧 한 번 아는 것도 구차하게 하지 않는다는 것이니, 작은 행실이라도 반드시 삼가는 뜻을 보아야 한다.

10. 鄕人飮酒(향인음주)에 杖者出(장자출)이어든 斯出矣(사출의)러시다 鄕人儺(향인나)에 朝服而立於阼階(조복이립어조계)러시다

| 언해 |

鄕人이 酒를 飮홈애 杖ᄒᆞᆫ 者ㅣ 出ᄒᆞ거든 이에 出ᄒᆞ더시다 鄕人이 儺홈애 朝服ᄒᆞ시고 阼階에 立ᄒᆞ더시다

| 직역 |

고을 사람들이 술을 마실 적에 지팡이를 짚은 분이 나가면 따라 나가셨다. 고을 사람들이 굿을 할 적에는 조복을 입고 동쪽 섬돌에 서 계셨다.

| 자해 |

儺 : 굿. • 阼 : 섬돌.

| 의해 |

공자가 마을 사람들과 더불어 술을 마실 때 반드시 나이가 들어 지팡이를 짚은 이가 나감을 기다려 공자가 따라 나가니, 감히 앞서지도 않고 감히 뒤에 남지도 않은 것은 대개 마을에서는 나이를 높이기 때문이다.

◑ 옛날 늦겨울에 왕이 대부에게 명하여 굿을 해서 부정한 여역(厲疫)의 기운을 쫓으니 예(禮)는 비록 옛 것이나 놀이에 가까웠다. 이에 공자는 "마을 사람들이 나를 위하여 굿을 행하니 나는 주인이므로 거만하게 못한다"고 하여 조복을 입고 동편 섬돌에 서서 기다려서 정성과 공경을 이루었으니, 한편으로는 왕명을 높이고 한편으로는 주인의 도를 다한 것이다.

◑ 이 한 절은 공자가 고을에 있을 때의 일을 기록한 것이다.

| 요지 |

이 장은 나이 높은 이를 높이는 것이고 옛 예를 중히 여기는 것이니, 마을에 거처하는 일을 모두 공경으로 행해야 한다는 것이다.

11. 問人於他邦(문인어타방)하실새 再拜而送之(재배이송지)러시다 康子饋藥(강자궤약)이어늘 拜而受之曰(배이수지왈) 丘未達(구미달)이라 不敢嘗(불감상)이라하시다

| 언해 |

사ᄅᆞᆷ을 다ᄅᆞᆫ 나라ᄒᆡ 무ᄅᆞ실ᄉᆡ 再拜ᄒᆞ야 보내더시다 康子ㅣ 藥을

饋ᄒᆞ야ᄂᆞᆯ 拜ᄒᆞ고 受ᄒᆞ샤 ᄀᆞᆯᄋᆞ샤ᄃᆡ 丘ㅣ 達티 몯ᄒᆞᆫ지라 敢히 嘗티 몯ᄒᆞ노라 ᄒᆞ시다

| 직역 |

사람을 다른 나라에 보내어 안부를 물으실 적에는, 두 번 절하고 보내셨다. 계강자가 약을 보내오자, 절하고 받으면서 말씀하셨다. "나는 이 약에 대하여 알지 못하기 때문에 감히 맛보지 못합니다."

| 자해 |

饋 : 음식이나 물건을 보내 줌. • 嘗 : 맛봄.

| 의해 |

공자는 사귀던 사람이 혹 멀리 다른 나라에 있어서 사람을 보내 물으면, 사신이 갈 때에 재배하고 보내서 친히 그 벗을 보는 공경과 같이 하였으니, 사신을 보내는 데 성의를 보이는 것이 이와 같았다.

◑ 공자가 병이 났을 때 계강자가 사람을 보내 약을 주었는데 공자가 절하고 받아서 받는 예를 다하고 나서 말하였다. "나는 이 약성(藥性)이 과연 내 병에 합하는지 합하지 않는지 알지 못하기 때문에 감히 맛볼 수 없다." 이것은 주는 것을 받는 데 성의를 보인 것이다.

◑ 이 한 절은 공자가 사람과 더불어 사귀는 성의를 기록한 것이다.

| 요지 |

이 장은 사귀는 도로써 주장을 삼은 것이다. 윗 구절은 절하여 보냄을 중(重)하게 여기는 것이다. 아래 구절은 절하고 받고 곧게 말함을 중(重)하게 여기는 것이고, 병을 삼가는 뜻은 가볍다.

구분 자퇴조왈 상인호 불문마
12. 廐焚이어늘 子退朝曰 傷人乎아하시고 不問馬하시다

| 언해 |

廐ㅣ 焚커늘 子ㅣ 朝로 退ᄒᆞ샤 ᄀᆞᆯᄋᆞ샤ᄃᆡ 人이 傷ᄒᆞ냐 ᄒᆞ시고 馬를 묻디 아니ᄒᆞ시다

| 직역 |

마구간에 불이 났었는데, 공자께서 조정에서 물러나와 "사람이 상했느냐?" 하시고 말에 대하여서는 묻지 않으셨다.

| 자해 |

廐 : 마구간.

| 의해 |

공자의 집에 있는 마구간에 불이 났는데, 공자가 조정으로부터 물러나와 그 소식을 듣고 "사람이 상하였느냐?"라고 묻고, 기르던 말에 대하여서는 묻지 않았으니 그러할 겨를이 없었기 때문이다. 대개 백성에게 인(仁)하고 동물을 사랑하는 것은 비록 공자의 차마 하지 못하는 본심이지만, 측은한 마음이 사람에게는 간절하고 동물에는 늦으니 여기서 성인의 사랑을 쓰는 본심을 볼 수 있다. 어찌 일부러 그렇게 하는 것이겠는가?

| 요지 |

이 장에서 백성에게 인(仁)하고 동물을 사랑함이 다름이 있음을 볼 수 있다.

13. 君이 賜食이어시든 必正席先嘗之하시고 君이 賜腥이어시든 必熟而薦之하시고 君이 賜生이어시든 必畜之러시다 侍食於君에 君祭어시든 先飯이러시다 疾에 君이 視之어시든 東首하시고 加朝服拖紳이러시다 君이 命召어시든 不俟駕行矣러시다

| 언해 |

君이 食을 賜ᄒᆞ야시든 반ᄃᆞ시 席을 正히 ᄒᆞ고 몬져 嘗ᄒᆞ시고 君이 腥을 賜ᄒᆞ야시든 반ᄃᆞ시 熟ᄒᆞ야 薦ᄒᆞ시고 君이 生을 賜ᄒᆞ야시든 반ᄃᆞ시 畜ᄒᆞ더시다 君ᄭᅴ 뫼셔 食ᄒᆞ실 제 君이 祭ᄒᆞ시거든 몬져 飯ᄒᆞ더시다 疾에 君이 視ᄒᆞ거시든 東으로 首ᄒᆞ시고 朝服을 加ᄒᆞ시고 紳을 拖ᄒᆞ더시다 君이 命ᄒᆞ야 召ᄒᆞ거시든 駕를 俟티 아니ᄒᆞ시고 行ᄒᆞ더시다

| 직역 |

임금이 음식을 주시면 반드시 자리를 바로 하고 먼저 맛보시며, 임금이 날고기를 주시면 반드시 익혀서 조상께 올리시고, 임금이 살아있는 것을 주시면 반드시 기르셨다. 임금을 모시고 밥을 먹을 적에 임금이 제를 올리시면, 먼저 밥을 잡수셨다. 병이 있을 때에 임금이 문병 오시면, 머리를 동쪽으로 두시고, 조복을 몸에 덮고 띠를 걸쳐 놓으셨다. 임금이 명하여 부르시면 수레에 멍에하기를 기다리지 않고 가셨다.

| 자해 |

腥 : 날고기. • 薦 : 바치는 것. • 畜(휵) : 기름. • 拖 : 끌어당김. • 紳 : 큰 띠.

| 의해 |

공자가 임금을 섬김에 대개 있는 데마다 예를 다하지 않음이 없었다. 임금이 혹 익은 음식을 주면 반드시 자리를 바르게 하고 일일이 먼저 맛보아서 임금을 대한 것 같이 한 후에 그 나머지를 집안사람에게 나누어 주니, 임금이 준 것을 공경하는 것이다. 임금이 혹 생고기를 주면 반드시 익혀서 조상에게 올려서 임금을 높이는 것에서 시작해서 나의 어버이에게까지 높임이 미치니, 임금이 준 것을 영화롭게 하는 것이다. 임금이 혹 산 짐승을 주면 반드시 길러서 제사에 씀을 기다려서 임금을 사랑하는 것에서 시작해서 임금의 물건까지 사랑이 미치니, 임금의 은혜를 사랑하는 것이다. 공자가 임금이 준 것을 받음에 예가 이와 같았다.

◑ 공자가 임금을 곁에 모실 때, 임금이 혹 사식(賜食)하면 임금이 선대(先代)의 음식을 지은 이에게 제(祭)하면 자기는 먼저 먹어서 임금을 위하여 밥을 맛보는 것 같이 하니, 대개 손님으로 대우받는 예를 피하고 음식 만드는 사람이 음식을 맛보는 예로써 자처한 것이다. 이것이 임금을 모시고 먹는 예이다.

◑ 공자가 병이 났을 때, 임금이 와서 보면 남쪽 창 아래로 옮겨서 동쪽으로 머리를 두고 조복(朝服)을 덮고 큰 띠로써 걸쳐놓은 것은, 감히 조복을 입지 않고 임금을 보지 못하기 때문이다. 비록 일어나지 못하나 감히 공경을 잊지 않으니, 자신의 병 때문에 예를 폐하지 아니함이 이와 같았다.

◑ 이 한 절은 공자가 임금을 섬기는 예를 기록한 것이다.

| 요지 |

이 장에서 앞 절은 주는 것을 받는 예이고, 다음 절은 모시고 먹는 예이며, 셋째 절은 임금이 병을 위문하는 예를 받든 것이고, 넷째 절은 임금의 부름을 받드는 예이다. 공자가 신하가 되어서 그 공경이 충분히 함으로써 신하의 도리에 극진한 것이다.

14. 入太廟하사 每事를 問이러시다

| 직역 |

태묘에 들어가서 모든 일을 물으셨다.

※ 중복된 문장. 『八佾』 15 참조.

15. 朋友死하여 無所歸어든 曰 於我殯이라하더시다 朋友之饋는 雖車馬라도 非祭肉이어든 不拜러시다

| 언해 |

朋友ㅣ 死ᄒᆞ야 歸홀 빼 업거든 ᄀᆞᆯᄋᆞ샤ᄃᆡ 내게 殯ᄒᆞ라 ᄒᆞ더시다
朋友의 饋ᄂᆞᆫ 비록 車馬ㅣ라도 祭肉이 아니어든 拜티 아니ᄒᆞ더시다

| 직역 |

친구가 죽어서 돌아갈 곳이 없으면 "우리 집에 빈소를 차리라"고 하셨다. 친구가 선물하는 것은 비록 수레와 말이라도 제사지낸 고기가 아니면 절하지 않으셨다.

| 자해 |

殯 : 빈소.

| 의해 |

공자가 사귀던 벗이 불행히 죽어서 별다른 친척이 상례를 주도할

이가 없자, 공자가 말하였다. "우리집에 빈소를 차리라." 살아서 도가 같음에 죽어서 서로 불쌍히 함은 벗이 변란에 처했을 때 그 의(義)를 극진히 한 것이다.

◑ 붕우의 관계에서 주는 것이 비록 수레나 말과 같은 귀중한 것이라도 제육이 아니면 받고 절하지 않으니, 벗과의 교제에서 의에 부합함이 이와 같다.

◑ 이 한 절은 붕우를 사귀는 의(義)를 기록한 것이다.

| 요지 |

이 장은 의(義)로써 주장을 삼았다. 앞 구절은 의가 중하여 살고 죽음에 두 마음으로 하지 않는다는 뜻이다. 뒷 구절은 의가 중하고 재물이 가벼우므로 의리상 마땅히 빈소할 바에는 사양하지 않고 의리상 마땅히 받을 바에는 반드시 절하지 않았다는 뜻이니, 모두 공자가 벗의 도에 극진한 것이다.

16. 寢不尸(침불시)하시며 居不容(거불용)이러시다 見齊衰者(견자최자)하시고 雖狎(수압)이나 必變(필변)하시며 見冕者與瞽者(견면자여고자)하시고 雖褻(수설)이나 必以貌(필이모)러시다 凶服者(흉복자)를 式之(식지)하시며 式負版者(식부판자)러시다 有盛饌(유성찬)이어든 必變色而作(필변색이작)이러시다 迅雷風烈(신뢰풍열)에 必變(필변)이러시다

| 언해 |

寢홈애 尸티 아니ᄒᆞ시며 居홈애 容티 아니터시다 齊衰ᄒᆞᆫ 者를 보시고 비록 狎ᄒᆞ나 반ᄃᆞ시 變ᄒᆞ시며 冕者와 다ᄆᆞᆺ 瞽ᄒᆞᆫ 者를 보시고 비록 褻ᄒᆞ나 반ᄃᆞ시 써 貌ᄒᆞ더시다 凶服ᄒᆞᆫ 者를 式ᄒᆞ시며 版

負호 者를 式ᄒᆞ더시다 盛혼 饌이 잇거든 반ᄃᆞ시 色을 變ᄒᆞ시고 作ᄒᆞ더시다 迅혼 雷와 風이 烈홈애 반ᄃᆞ시 變ᄒᆞ더시다

| 직역 |

잠잘 때에는 죽은 사람처럼 하지 않으시며, 집에 거처하실 때에는 모양을 내지 않으셨다. 상복 입은 자를 보시면 비록 절친한 사이라도 반드시 낯빛을 변하시며, 면류관을 쓴 자와 장님을 보시면 비록 사석이라도 반드시 예모를 갖추셨다. 상복 입은 자에게 경의를 표하시고 지도나 호적을 짊어진 자에게 경의를 표하셨다. 성찬을 받으시면 반드시 낯빛을 변하시고 일어나셨다. 빠른 우뢰가 치거나 바람이 사나우면 반드시 낯빛을 변하셨다.

| 자해 |

狎 : 친압함. • 版 : 호적이나 지도를 새긴 판. • 迅 : 빠름.

| 의해 |

공자의 성대한 덕이 드러남이 때를 따라 같지 않은 것이 있다. 자는 것은 휴식하는 것이므로 방자하여 기운이 허해져 정신이 모이지 않기 쉬운데, 공자는 게으른 기운이 드러나지 않아서 죽은 사람과 같지 않았다. 거처할 때는 스스로 편하게 하는 것이므로 몸이 구차하고 신기(神氣)가 펴지지 않기 쉬운데, 공자는 종용(從容)하고 한적하여 모양에 일삼을 것이 없었으니, 공자의 용모의 변함이 이와 같았다.

◑ 공자가 자최(齊衰)를 입은 자를 볼 때는 평소에 가까운 사람이라도 반드시 평상시 모양과 다르게 대했으니 하물며 가깝지 않은 사람에 있어서랴? 면류관을 쓰고 있는 벼슬아치나 장님과 같은 정상인이 아닌 사람을 보면 비록 사사롭게 거처하는 때라도 반드시 서로 예모를 다하였으니 하물며 사사로이 보는 때가 아닌 경우에 있어서랴? 대개 상사(喪事)를 당한 이를 불쌍히 여기고 벼

슬아치를 높이고 정상인이 아닌 사람을 불쌍히 여기는 것은 마음이 자연히 그러한 것이다.

◑ 공자가 수레에 있을 때 상복(喪服) 입은 자를 보면 구부리니, 대개 흉복(凶服)이란 것은 사람의 큰 변이기 때문이다. 공자는 불쌍히 여길 만한 사람을 불쌍히 여겼다. 나라의 호적을 가지고 지나는 자가 있으면 반드시 허리를 굽히시니, 대개 호적은 백성의 수효를 기록한 것으로 왕자(王者)의 하늘로서 귀중한 것이기 때문이다.

◑ 성찬(盛饌)을 베풀어서 나오는 것이 있으면 공자는 반드시 얼굴을 고치고 일어나니, 대개 그 물건으로 인하여 그 예의 높음을 알 수 있기 때문에 공경하여 그 예에 화답하는 것이지, 한갓 그 성찬 때문에 그렇게 하는 것이 아니다.

◑ 하늘에서 빠른 우레와 맹렬한 바람이 일어나면 공자는 반드시 평상의 모양에서 변하니, 하늘의 노함을 공경하는 것이다.

◑ 이 한 절은 공자의 용모 변화를 기록한 것이다.

| 요지 |

이 장에서 앞 문장은 공경으로 몸을 두는 것을 보인 것이요, 자취로부터 성찬까지 두 문장은 공경으로 사람을 대접하는 것이고, 빠른 우레 이하는 공경으로 하늘을 대하는 것이다. 모두 용모의 변함을 보인 것이지만 그 변함이 떳떳함을 잃지 않는 것이다.

17. 升車(승거)하사 必正立執綏(필정립집유)러시다 車中(거중)에 不內顧(불내고)하시며 不疾言(부질언)하시며 不親指(불친지)러시다

| 언해 |

車의 升ᄒᆞ샤 반ᄃᆞ시 正히 立ᄒᆞ샤 綏를 執ᄒᆞ더시다 車中에 內顧티 아니ᄒᆞ시며 疾히 言티 아니ᄒᆞ시며 親히 指티 아니터시다

| 직역 |

수레에 오르실 때에는 반드시 바르게 서서 손잡이 끈을 잡으셨다. 수레 안에서 돌아보지 않으시며, 말씀을 빨리 하지 않으시며, 직접 손가락으로 가리키지 않으셨다.

| 자해 |

綏 : 수레에 달아놓은 손잡이 끈.

| 의해 |

수레에 처음 오를 때에는 바로 서서 줄을 잡고 올라야 한다. 보통 사람은 서는 것이 바르지 못하기 쉬운데, 공자는 몸이 바르지 않음이 없어서 성의가 엄숙하고 공경함이 이와 같으니, 덕의 성대한 모양이 나타난 것이다.

◑ 공자가 수레 가운데 있을 때에는 머리를 돌이켜보지 않고 입은 빨리 말하지 않고 손은 친히 가리키지 않아서 모양을 잃지 않으며, 사람들로 하여금 의혹하게 하지 않았다.

◑ 이 한 절은 공자가 수레에 오르는 모양을 기록한 것이다.

| 요지 |

이 장에서 앞 구절은 공경한 모양이 있고, 뒷 구절은 방자한 모양이 없음을 드러낸 것이다.

색사거의 상이후집 왈 산양자치 시재시
18. 色斯擧矣하여 翔而後集이니라 曰 山梁雌雉 時哉時
재 자로공지 삼후이작
哉인저 子路共之한대 三嗅而作하시다

| 언해 |

色ᄒᆞ고 이예 擧ᄒᆞ야 翔ᄒᆞᆫ 後에 集ᄒᆞᄂᆞ니라 ᄀᆞᆯᄋᆞ샤ᄃᆡ 山梁엣 雌雉ㅣ 時ㄴ뎌 時ㄴ뎌 子路ㅣ 共ᄒᆞᆫ대 세 번 嗅ᄒᆞ시고 作ᄒᆞ시다

| 직역 |

사람의 얼굴빛을 보면 날아서 빙 돈 뒤에 다시 모여 앉는다. 공자께서 말씀하셨다. "산 다리의 암꿩이여, 좋은 시절이구나! 좋은 시절이구나!" 하셨다. 자로가 그 꿩을 잡으려 하니, 세 번 울고 날아갔다.

| 자해 |

翔 : 날아서 빙 도는 것. • 梁 : 교량. • 嗅 : 냄새 맡음.

| 의해 |

사람의 얼굴빛이 착하지 않음을 보고 이에 날아서 멀리 가되 반드시 빙 돌아 날고 살펴보아서 그칠 만한 땅을 가린 후에 내려와 모이니 동물의 기미를 보는 것이 이와 같다.

◑ 공자가 꿩의 이 같은 것을 보고 탄식하여 말하였다. "이 산 다리 가운데 있는 암꿩이 제 때를 얻었구나! 제 때를 얻었구나! 때가 마땅히 날 만하면 날고 때가 마땅히 내릴 만하면 내려서 다 그 마땅한 데 합한다." 이때 자로가 곁에 있다가 잡을 뜻이 있는 듯하자, 꿩이 세 번 울고 날아갔다. 꿩은 새이나 가고 나감이 오히려 그 때를 얻은 것이 이 같으니, 군자의 가고 나감이 어찌 그 때

를 얻지 않겠는가?

| 요지 |

이 장에서는 때 '시(時)' 자가 중요하니, 얼굴빛을 보고 날며 빙 돌아 날아서 모임은 곧 때를 얻은 것이고, 세 번 울고 날아간 것은 곧 날 때에 나는 뜻이다. 이것을 향당편 끝에 기록한 것은 대개 공자는 시중의 성인으로서 때에 알맞지 않음이 없기 때문이다. '사(斯)' 자와 '이후(而後)'라는 글자가 중요하다. 나는 것은 가기를 빨리 하는 것이니 이것은 기미를 보는 지혜이고, 이후에 모임은 나가기를 더디 하는 것이니 그칠 줄을 아는 밝음이다. 아래 구절은 윗 구절을 증명하여 새가 시종(始終) 가고 나가는 때를 아는 것을 보인 것이다.

11. 선진(先進)

1. 子曰 先進이 於禮樂에 野人也요 後進이 於禮樂에 君子也라하나니 如用之則吾從先進호리라

| 언해 |

子ㅣ ᄀᆞᆯᄋᆞ샤ᄃᆡ 先進이 禮와 樂애 野人이오 後進이 禮와 樂애 君子ㅣ라 ᄒᆞᄂᆞ니 만일 用ᄒᆞ면 내 先進을 조초리라

| 직역 |

공자께서 말씀하셨다. "선진들은 예악을 행하는 것이 야인 같았고, 후진들은 예악을 행하는 것이 군자 같았다고 한다. 그러나 만일 예악을 쓴다면 나는 선진들을 따르겠다."

| 의해 |

예와 악은 중(中)을 얻는 것을 귀중하게 여긴다. 그러나 풍속이 날마다 바뀌고 인심이 이전과 같지 않아서 선진의 예악에는 문채도 있고 바탕도 있었지만, 이제는 질박하고 고루하여 문채가 없어서 야인의 기상이 있고, 후진의 예악에 문채가 바탕보다 지나친데, 도리어 빛나고 아름다워서 볼 만하여 사대부의 기상이 있다고 하니, 진실로 당시 여론이 후진을 좇고 선진을 좇지 않음을 알 수 있다.

◑ "만일 내가 예악을 쓴다면 어찌 감히 지금 사람을 좇겠는가?

나는 오직 선진을 좇을 따름이니 비록 나더러 야인이라 하고 군자가 아니라 하더라도 안타깝게 생각할 바가 아니다" 하였으니 여기서 성인이 중도를 사용하는 뜻을 볼 수 있으며, 이를 통하여 만세의 예악의 준칙을 정할 수 있다.

| 요지 |

이 장은 공자가 예악을 절중(折中)하여 한 세상을 유지하려는 깊은 마음을 보인 것이니 큰 뜻은 중(中) 자에 있다. 당시 사람은 중도(中道)에 어두운 까닭에 선진을 더럽게 여기고 후진을 숭상하였다. 공자가 중도를 쓰는 것은 선진을 좇는 데 있고, 선진을 좇는 것은 문왕·무왕·주공을 좇는 것이다.

2. 子曰(자왈) 從我於陳蔡者(종아어진채자) 皆不及門也(개불급문야)로다 德行(덕행)엔 顔淵閔子騫(안연민자건) 冉伯牛(염백우) 仲弓(중궁)이요 言語(언어)엔 宰我(재아) 子貢(자공)이요 政事(정사)엔 冉有(염유) 季路(계로)요 文學(문학)엔 子游(자유) 子夏(자하)니라

| 언해 |

子ㅣ ᄀᆞᆯᄋᆞ샤ᄃᆡ 나를 陳蔡예 從ᄒᆞ얏던 者ㅣ 다 門에 밋디 아니ᄒᆞ엿도다 德行에ᄂᆞᆫ 顔淵과 閔子騫과 冉伯牛와 仲弓이오 言語에ᄂᆞᆫ 宰我와 子貢이오 政事에ᄂᆞᆫ 冉有와 季路ㅣ오 文學에ᄂᆞᆫ 子游와 子夏ㅣ니라

| 직역 |

공자께서 말씀하셨다. "나를 진나라와 채나라에서 따르던 자들이 모두 문하에 이르지 않았구나!" 덕행에는 안연·민자건·염백

우 · 중궁이었고, 언어에는 재아 · 자공이었고, 정사에는 염유 · 계로였고, 문학에는 자유 · 자하였다.

| 의해 |

"내 일찍이 진나라와 채나라에서 위험에 처했을 적에 따르던 제자들이 지금은 행적이 각각 달라졌다. 저 환란이 있을 때는 상종하였으나 편안한 지금 함께 하지 못하고 있으니 내 어찌 정을 잊겠는가?"

◑ 제자가 공자의 말을 인용하여 말하였다. "진나라와 채나라에서 따르던 제자로서 실천이 독실하여 덕행에 능한 자는 안연 · 민자건 · 염백우 · 중궁이요, 응대를 민첩하게 하여 말에 능한 자는 재아 · 자공이요, 재주가 소통하여 정사에 능한 자는 염유 · 계로요, 박학하여 문학에 능한 자는 자유 · 자하이다."

| 요지 |

이 장에서 앞에서는 공자가 환난을 같이하던 제자를 미루어 생각한 것이고, 뒤에서는 기록하는 자가 공자의 말에 따라 환란을 같이하던 제자들의 성명을 든 것이다.

자 왈 회 야 비 조 아 자 야 어 오 언 무 소 불 열
3. 子曰 回也는 非助我者也로다 於吾言에 無所不說이온여

| 언해 |

子ㅣ 골ᄋᆞ샤ᄃᆡ 回ᄂᆞᆫ 나를 돕ᄂᆞᆫ 者ㅣ 아니로다 내 말애 說티 아닐 빼 업곤여

| 직역 |

공자께서 말씀하셨다. "안회는 나를 돕는 자가 아니구나! 나의 말

에 대하여 기뻐하지 않는 바가 없구나!"

| 의해 |

"모든 제자가 질정하고 묻고 논란할 때 늘 나의 밝지 못한 깊은 뜻을 깨우쳐 주었는데, 회(回) 같은 이는 나에게 도움이 안된다. 다만 보니 내 말을 묵묵히 듣고 분명히 알아들어 기뻐하지 않는 것이 없으며, 스스로 의심함도 없고 스스로 묻는 것도 없으니, 또 어찌 도움이 있겠느냐?"

| 요지 |

이 장은 공자가 안연에게 진실로 도와주기를 바란 것이 아니다. 성인의 겸손한 덕의 표현이며 안연을 칭찬한 것이다.

> 자왈 효재 민자건 인불간어기부모곤제지
> 4. 子曰 孝哉라 閔子騫이여 人不間於其父母昆弟之
> 언
> 言이로다

| 언해 |

子ㅣ ᄀᆞᆯᄋᆞ샤ᄃᆡ 孝ᄒᆞ다 閔子騫이여 사ᄅᆞᆷ이 그 父母와 昆弟의 말에 間티 몯ᄒᆞᄂᆞᆺ다

| 직역 |

공자께서 말씀하셨다. "효성스럽다! 민자건이여! 사람들이 그 부모·형제의 칭찬하는 말에 트집잡지 못하는구나!"

| 자해 |

間 : 트집잡음.

| 의해 |

공자가 말하였다. "수많은 행실 가운데 효도보다 더 큰 것이 없으니 효성스럽다! 민자건이여! 이제 민자건의 효는 그 부모와 형제가 일컫고 바깥 사람이 다 믿어서 그 부모 형제의 말에 이론(異論)이 없으니 그 실행이 안팎으로 믿음직함을 알 수 있으니, 참으로 순전한 효다."

| 요지 |

이 장에서 효제(孝悌)의 구절은 허두(虛頭)요, 다른 사람들이 이견을 제기하지 않는다는 구절이 중요하다.

남용 삼복백규 공자이기형지자 처지
5. 南容이 三復白圭어늘 孔子以其兄之子로 妻之하시다

| 언해 |

南容이 白圭를 세 번 復ᄒᆞ거늘 孔子ㅣ 그 兄의 子로써 妻ᄒᆞ시다

| 직역 |

남용이 백규란 내용의 시를 세 번 반복해 외우니, 공자께서 그 형님의 딸로 처를 삼아 주셨다.

| 의해 |

백규의 시는 위무공이 말을 삼가기 위하여 지은 것이다. 남용이 날마다 세 번씩 거듭 읽으니, 말을 삼가는 데 뜻을 더하는 군자다운 것이다. 대개 삼가는 말은 덕에 나아갈 수 있음을 알 수 있다. 공자가 형의 자식으로 처를 삼아 주셨으니 대개 그 어짐을 취한 것이다.

| 요지 |

이 장은 말을 삼가는 것이 중요함을 밝힌 것이다. 삼복은 일상에서 다만 세 번씩 외우는 데 그치는 것이 아니라 생각이 끊이지 않는 뜻이다.

계강자문 제자숙위호학 공자대왈 유안회
6. 季康子問 弟子孰爲好學이니잇고 孔子對曰 有顔回

자호학 불행단명사의 금야즉무
者好學하더니 不幸短命死矣라 今也則亡하니라

| 언해 |

季康子ㅣ 묻ᄌᆞ오ᄃᆡ 弟子ㅣ 뉘 學을 好ᄒᆞᄂᆞ닝잇고 孔子ㅣ 對ᄒᆞ야 ᄀᆞᆯᄋᆞ샤ᄃᆡ 顔回라 ᄒᆞ리이셔 學을 好ᄒᆞ더니 幸티 몯ᄒᆞ야 命이 短ᄒᆞ야 죽은디라 이제ᄂᆞᆫ 업스니라

| 직역 |

계강자가 묻기를 "제자 중에 누가 학문을 좋아합니까?" 하자, 공자께서 대답하셨다. "안회라는 자가 있어 학문을 좋아했었는데 불행히도 명이 짧아 죽었습니다. 지금은 없습니다."

| 의해 |

계강자가 "제자 가운데 누가 학문을 좋아합니까?"라고 묻자, 공자가 대답하였다. "안회라는 자가 있어서 참으로 학문을 좋아하는 사람이었는데 불행히 단명하여 죽었다. 지금은 제자 가운데 그러한 사람이 없으니 안타깝다."

| 요지 |

이 장에서 애공과 강자의 물음은 같으나, 대답이 자세하고 간략

함이 있는 것은 신하가 임금에게 고할 때는 자세하지 않을 수 없기 때문이다. 강자에게는 반드시 물음을 기다려서 고하였으니 이것이 가르치는 도이다.

7. 顔淵이 死커늘 顔路請子之車하야 以爲之椁한대 子曰 才不才에 亦各言其子也니 鯉也死커늘 有棺而無椁호니 吾不徒行하야 以爲之椁은 以吾從大夫之後라 不可徒行也니라

| 언해 |

顔淵이 죽거늘 顔路ㅣ 子의 車를 請ᄒᆞ야 뻐 椁을 ᄒᆞ야징이다 ᄒᆞᆫ대 子ㅣ ᄀᆞᆯᄋᆞ샤ᄃᆡ 才ᄒᆞ며 才티 몯홈애 ᄯᅩᄒᆞᆫ 각각 그 子ㅣ라 니를 꺼시니 鯉ㅣ 죽거늘 棺이 잇고 椁을 업시 호니 내 徒行ᄒᆞ야 뻐 椁을 ᄒᆞ디 아니홈은 내 대부의 後에 從ᄒᆞ논디라 可히 徒行티 몯호모로 뻐니라

| 직역 |

안연이 죽자 안로가 공자의 수레를 팔아 곽을 만들 것을 청하니, 공자께서 말씀하셨다. "재주가 있거나 재주가 없거나 또한 각각 자기의 아들이라고 말할 것이다. 이(鯉)가 죽었을 때에 관만 있었고 곽은 없었으니, 내가 수레를 팔아 도보로 걸어 다니며 곽을 만들어주지 못한 것은 내가 대부의 뒤를 따르기 때문에 도보로 걸어 다닐 수 없어서이다."

| 자해 |

顏路 : 안연의 아버지. 이름은 무유(無繇). • 槨 : 관을 넣는 외관. • 鯉 : 공자의 아들 이름. 자는 백어(伯魚).

| 의해 |

안연이 죽음에 집이 가난하여 바깥 관을 쓸 수 없기에 그의 아비 안로가 공자가 타는 수레를 팔아 외곽(外槨)을 사고자 청하였으니, 공자가 안연에게 은혜와 의가 갖추어져 아낄 바가 없을 것이라고 생각하였기 때문이다.

◑ 공자가 의(義)에 맞지 않아 허락하지 아니하고 이전 백어를 장사지낸 일을 가지고 대답하였다. "아들 가운데 혹 재주의 차이는 있으나 아비의 입장에서 보면 모두 같은 아들이며 그 정은 하나다. 네가 안회를 보는 것이 내가 백어를 보는 것과 같다. 이전에 백어가 비록 재주는 안연에 미치지 못하였지만 또한 나의 아들이다. 그가 죽을 때에 관만 있었고 외곽은 없었다. 내 일찍이 걸어 다니더라도 수레를 팔아서 외곽을 마련하지 않은 것은 어찌 나의 아들 사랑하는 정이 유독 너와 달라서이겠는가? 내가 일찍이 대부의 뒤를 좇아서 출입할 때 마땅히 수레를 탔으니, 조정의 체모가 있어서 걸어 다닐 수 없기 때문이다." 여기서 성인의 사랑의 도를 볼 수 있다.

| 요지 |

이 장에서 앞 부분은 안로가 안연을 사랑하는 정을 표현한 것이고, 뒷 부분은 공자가 안연을 의(義)로써 사랑함을 보인 것이다. 마땅히 재주의 차이가 있다는 의론은 공자의 본뜻이 아니니, 오직 공자의 도로써 의론해야 할 것이다. 백어를 사랑하는 것이 원래 안연을 사랑하는 것보다 강하지 않다는 말에서 두 사람 모두를 아들같이 여긴다는 뜻이 담겨 있다.

8. 顔淵이 死커늘 子曰 噫라 天喪予샷다 天喪予샷다

| 언해 |

顔淵이 죽거늘 子ㅣ 골ᄋᆞ샤ᄃᆡ 噫라 ᄒᆞ놀히 나를 喪ᄒᆞ샷다 ᄒᆞ날히 나를 喪ᄒᆞ샷다

| 직역 |

안연이 죽자, 공자께서 말씀하셨다. "아! 하늘이 나를 버리셨구나! 하늘이 나를 버리셨구나!"

| 의해 |

안연이 죽음에 공자가 슬퍼하여 말하였다. "슬프다! 나의 도를 안연에 힘입어서 전하려 했는데, 이제 안연이 죽었다. 내 몸이 비록 존재하나 나의 도는 전할 데가 없으니 이는 하늘이 나를 버린 셈이다."

| 요지 |

이 장은 공자가 도가 전해지기 어려움에 대하여 슬퍼한 것이니 하늘 천(天) 자가 중요하다. 도통의 끊어지고 이어짐이 모두 하늘에 달려 있다. 공자가 도를 몸에 두고 전하고자 함이니 도를 전할 곳은 곧 안연의 몸이다. 안연이 죽으니 도가 없어지는 까닭에 하늘을 불러 슬퍼한 것이다.

9. 顔淵이 死커늘 子哭之慟하신대 從者曰 子慟矣사소이다 曰 有慟乎아 非夫人之爲慟이요 而誰爲리오

| 언해 |

顔淵이 죽거늘 子ㅣ 哭ᄒᆞ심을 慟ᄒᆞ신대 從ᄒᆞᆫ 者ㅣ ᄀᆞᆯ오ᄃᆡ 子ㅣ 慟ᄒᆞ샤소이다 ᄀᆞᆯᄋᆞ샤ᄃᆡ 慟홈이 인ᄂᆞ냐 夫人을 爲ᄒᆞ야 慟티 아니코 누를 爲ᄒᆞ야 ᄒᆞ리오

| 직역 |

안연이 죽자, 공자께서 곡하시며 지나치게 애통해 하셨다. 종자가 말하였다. "선생님께서 지나치게 애통해 하셨습니다." 공자께서 말씀하셨다. "지나치게 애통해 하였느냐? 그 사람을 위해 애통해 하지 않고 누구를 위해 애통해 하겠는가?"

| 자해 |

慟 : 통곡함.

| 의해 |

안연이 죽음에 공자가 애통해 하자, 제자들이 "지나치게 애통해 하셨습니다"라고 한 것은 그 슬픔을 준절(撙節)하고자 한 것이다.

◑ 이때 공자가 슬퍼함이 지극하여 스스로 알지 못하고 "내 과연 지나치게 애통해 한 것이 있느냐?"라고 하였다.

◑ 그러나 "그 사람을 위하여 우는 것이 마땅하니 내가 그 사람을 위해 애통하지 않고 어떤 사람에게 애통하겠는가?" 하였으니, 안연은 다른 사람에게 비할 것이 아님을 밝힌 것이다.

| 요지 |

이 장은 안연을 위하여 애통해 함이 지나친 것이 아님을 보인 것이니, 진실로 공자가 슬픔을 발함이 절도에 맞는다.

10. 顔淵(안연)이 死(사)커늘 門人(문인)이 欲厚葬之(욕후장지)한대 子曰(자왈) 不可(불가)하니라 門人(문인)이 厚葬之(후장지)한대 子曰(자왈) 回也(회야)는 視予猶父也(시여유부야)어늘 予(여) 不得視猶子也(부득시유자야)호니 非我也(비아야)라 夫二三子也(부이삼자야)니라

| 언해 |

顔淵이 죽거늘 門人이 厚히 葬코져 ᄒᆞᆫ대 子ㅣ ᄀᆞᄅᆞ샤ᄃᆡ 可티 아니ᄒᆞ니라 門人이 厚히 葬ᄒᆞᆫ대 子ㅣ ᄀᆞᄅᆞ샤ᄃᆡ 回ᄂᆞᆫ 나를 보믈 父ᄀᆞᆮ티 ᄒᆞ거늘 나ᄂᆞᆫ 시러곰 보믈 子ᄀᆞᆮ티 몯호니 내 아니라 二三子ㅣ니라

| 직역 |

안연이 죽자, 문인들이 후히 장사지내려 하니, 공자께서 "옳지 않다"고 하셨다. 문인들이 후히 장사지내자, 공자께서 말씀하셨다. "안회는 나 보기를 아버지처럼 여겼는데, 나는 자식처럼 하지 못했으니, 나의 탓이 아니라 두, 세 제자들 탓이다."

| 의해 |

안연이 죽자 그 문인이 예를 후하게 하여 장사하려 하니 공자가 말하였다. "옳지 않다. 상구(喪具)는 집안 형편에 따르는 것이니, 가난한데 후함을 좇는 것은 예가 아니다."

◑ 문인이 공자의 말을 듣지 않고 마침내 후장하였다.

◑ 공자가 질책하여 말하였다. "안회는 나 보기를 아비같이 하여 일언 일동을 오직 내 말을 따르고 어릴 때부터 장성하기에 이르도록 나에게 의지하여 은의(恩義)가 겸진하였다. 이제 나는 안회를 아들과 같이 보지 못하는 것은 대개 내가 전에 아들을 장사할 때에 관곽과 의금이 마땅한 것을 얻었는데, 이제 안회를 장사함에 관곽과

의금이 많고 예를 따르지 않았기 때문이다. 그러나 내가 한 것이 아니라 문인 몇몇이 그렇게 한 것이다. 이것은 안회의 마음을 지하에서 편하게 하지 못한 것이니 책망이 대개 돌아갈 바가 있다."

| 요지 |

이 장은 후하게 장사지내지 못할 것을 이치로써 말하여 그 문인을 그치게 하고, 이미 후하게 장사함에 이치로써 그 문인을 책망한 것이다. 성인이 스승과 제자 사이에 이치를 굽혀서 정을 펴지 않음이 이와 같다.

11. 季路問事鬼神(계로문사귀신)한대 子曰(자왈) 未能事人(미능사인)이면 焉能事鬼(언능사귀)리오 敢問死(감문사)하노이다 曰(왈) 未知生(미지생)이면 焉知死(언지사)리오

| 언해 |

季路ㅣ 鬼神 셤김을 묻ᄌᆞ온대 子ㅣ ᄀᆞᆯᄋᆞ샤ᄃᆡ 能히 사ᄅᆞᆷ을 셤기지 몯ᄒᆞ면 엇디 能히 鬼를 셤기리오 敢히 死를 묻ᄌᆞᆸ노이다 ᄀᆞᆯᄋᆞ샤ᄃᆡ 生을 아디 몯ᄒᆞ면 엇디 死을 알리오

| 직역 |

계로가 귀신을 섬기는 것에 대하여 묻자, 공자께서 말씀하셨다. "사람을 섬기지 못한다면 어떻게 귀신을 섬기겠는가?" "감히 죽음을 묻겠습니다." 공자께서 말씀하셨다. "태어남을 알지 못한다면 어떻게 죽음을 알겠는가?"

| 의해 |

자로가 공자에게 물었다. "귀신이란 것은 사람이 마땅히 섬길 바

인데 알지 못하겠습니다. 섬기는 도가 어떠합니까?" 공자가 말하였다. "밝으면 사람이 되고 그윽하면 귀신이 되니 만일 사람을 섬겨 부형과 장상(長上)의 마음을 얻을 수 없다면 어찌 귀신을 섬길 수 있어서 흠향하게 하겠느냐? 자네가 먼저 마땅히 사람 섬길 바를 극진히 하는 것이 옳다." 자로가 또 물었다. "사람은 반드시 죽을 것인데 그것을 알지 못하겠습니다. 사람이 죽는 것은 어째서입니까?" 공자가 말하였다. "사람은 반드시 태어남이 있은 후에 죽음이 있다. 만일 비롯됨을 근원하여 태어남을 알지 못하면 어찌 끝으로 돌아와서 죽는 바를 알겠는가? 자네는 마땅히 먼저 그 태어나는 바를 아는 것이 옳다."

| 요지 |

낮과 밤은 죽고 사는 도이다. 태어나는 도를 알면 죽는 도를 알 것이고, 사람 섬기는 도를 다하면 귀신 섬기는 도를 다할 것이니, 죽는 것과 태어나는 것과 사람과 귀신은 하나이면서 둘이고, 둘이면서 하나가 되는 것이다. 혹자는 '공자가 자로에게 고하지 않은 것'이라고 하지만, 이 내용은 실로 깊이 깨우쳐 준 것이다.

12. 閔子(민자)는 侍側(시측)에 誾誾如也(은은여야)하고 子路(자로)는 行行如也(행행여야)하고 冉有子貢(염유자공)은 侃侃如也(간간여야)어늘 子樂(자락)하시다 若由也(약유야)는 不得(부득) 其死然(기사연)이로다

| 언해 |

閔子ᄂᆞᆫ 側에 뫼셔심애 誾誾ᄐᆞᆺ ᄒᆞ고 子路ᄂᆞᆫ 行行ᄐᆞᆺ ᄒᆞ고 冉有와 子貢은 侃侃ᄐᆞᆺ ᄒᆞ거늘 子ㅣ 樂ᄒᆞ시다 由ᄀᆞᆯᄐᆞ 니ᄂᆞᆫ 그 死를 得디

몯홀돗 ᄒᆞ도다

| 직역 |

민자건은 옆에서 모셨는데 온화하고, 자로는 씩씩하고, 염유・자공은 강직하니, 공자께서 기뻐하셨다. "유 같은 이는 온당한 죽음을 얻지 못할 듯하구나!"

| 자해 |

行行如 : 씩씩하여 적극적인 모양.

| 의해 |

민자가 공자를 곁에서 모셨는데 그 기상이 바깥은 화하고 안은 강하여 기량이 깊고 두터워서 은은하고, 자로는 용감한 기운이 드러나서 굳세고 굽히지 아니하였으며, 염유와 자공은 화순한 것은 부족하나 밖으로 강직한 모양이 보여서 깐깐하니, 네 사람의 기상이 비록 같지는 않으나 모두 정대하고 고명한 자품을 타고나서 조금도 그늘지고 유약하고 간사하고 아첨하는 병통이 없다. 모두 도를 실을 만한 그릇인 까닭에 공자가 돌아보고 즐겨한 것이다.

◑ 다만 자로는 너무 강인하여 화를 초래할 염려가 있기에 경계하여 "내가 보건대 자로와 같은 사람은 제 명에 죽음을 얻지 못할 듯하다"고 한 것이다.

| 요지 |

이 장은 성인이 인재를 성취시키는 마음을 보인 것이니, 모두 강한 덕을 중요하게 여겼다. 도를 맡는 자는 강한 까닭에 앞 부분에서는 모든 어진 이가 도에 나갈 바탕이 있음을 즐거워한 것이고, 화(禍)를 취한 자도 또한 강인한 까닭에 뒷 부분에서는 오로지 자로를 경계시킨 것이다.

13. 魯人(노인)이 爲長府(위장부)러니 閔子騫(민자건)이 曰(왈) 仍舊貫如之何(잉구관여지하)오 何必改作(하필개작)이리오 子曰(자왈) 夫人(부인)이 不言(불언)이언정 言必有中(언필유중)니라

| 언해 |

魯人이 長府를 爲ᄒᆞ더니 閔子騫이 ᄀᆞᆯ오ᄃᆡ 녜 일을 인홈이 엇더ᄒᆞ뇨 엇디 반ᄃᆞ시 고텨 作ᄒᆞ리오 子ㅣ ᄀᆞᆯᄋᆞ샤ᄃᆡ 夫人이 言티 아닐 ᄲᅮᆫ 이언뎡 言ᄒᆞ면 반ᄃᆞ시 中홈이 인ᄂᆞ니라

| 직역 |

노나라 사람이 장부라는 창고를 짓자, 민자건이 말하였다. "옛것을 그대로 이용하는 것이 어떻겠는가? 하필 고쳐 지어야 하는가?" 공자께서 말씀하셨다. "저 사람이 말을 하지 않을지언정, 말을 하면 반드시 맞는다."

| 자해 |

長府 : 창고의 이름. • 仍 : 인(因)과 같은 뜻. • 貫 : 사(事)와 같은 뜻.

| 의해 |

노나라에 장부라 하는 창고가 있는데 재물을 보관하는 곳이다. 노나라에 벼슬하는 사람이 옛것을 헐고 다시 짓고자 하였다. 민자건이 알아듣게 말하였다. "고쳐 짓는 일이 부득이 하면 할 것이지만, 이제 장부의 역사(役事)를 하지 않아도 좋으니 이전 제도대로 하여 한번 고치는 것이 어떠한가? 하필 분분히 고쳐 지어서 백성을 수고롭게 하고 재물을 낭비해야 하는가?" 이에 공자가 칭찬하여 말하였다. "내가 보니 이 사람이 평일에 가볍게 말을 하지 않더니 오늘 한 말은 반드시 사리에 당연하여 나라일하는 데 유

익함이 있을 것이다." 이것은 민자건을 칭찬함으로써 노나라 사람을 경계한 것이다.

| 요지 |

이 장은 성현이 노나라를 유지하고자 하는 마음을 보인 것이다. 장부를 새로 짓는 일은 세금을 거두는 시작이다. 민자가 그러는 것을 곧 나무라지 않고 다만 옛것을 그대로 두라는 것은 아주 깊은 뜻을 머금은 것인데, 공자는 노나라 사람이 이 말을 소홀히 알까 염려한 까닭에 이렇게 말한 것이다.

14. 子曰(자왈) 由之瑟(유지슬)을 奚爲於丘之門(해위어구지문)고 門人(문인)이 不敬子路(불경자로)한대 子曰(자왈) 由也(유야)는 升堂矣(승당의)요 未入於室也(미입어실야)니라

| 언해 |

子ㅣ ᄀᆞᆯᄋᆞ샤ᄃᆡ 由의 瑟을 엇디 丘의 門에 ᄒᆞᄂᆞ뇨 門人이 子路를 敬티 아니ᄒᆞᆫ대 子ㅣ ᄀᆞᆯᄋᆞ샤ᄃᆡ 由ᄂᆞᆫ 堂의 오르고 室에 드디 몯ᄒᆞ엿ᄂᆞ니라

| 직역 |

공자께서 말씀하셨다. "유의 비파 가락을 어찌 내 문하에서 연주하는가?" 문인들이 자로를 공경하지 않자, 공자께서 말씀하셨다. "유는 당에는 올랐으나 아직 방에 들어오지는 못한 것이다."

| 의해 |

자로의 기질이 강하고 용맹한 까닭에 그의 비파에서 나온 소리가

또한 중화하지 못하니 공자가 경계하여 말하였다. "내가 사람을 가르칠 때 중화를 숭상하는데 자로의 비파가 나와 더불어 서로 같지 않으니 어찌하여 나의 문하에서 타는가?"

◑ 문인이 알아듣지 못하고 공자의 말이 자로를 천하게 여긴 것이라 하여 드디어 서로 공경하지 않았다. 이에 공자가 다시 깨우쳐 말하였다. "너희는 자로를 가벼이 헤아리지 마라. 사람의 학식이 정대하고 고명한 자는 거처함에 당에 있는 것 같고 그 정미하고 심수한 자는 거처함이 방에 있는 것 같다. 이제 자로는 내 문하에서 배움에 나아간 바가 이미 당에 오르고 다만 방에 들어가지 못하였으니 당으로 말미암아 나아감이 또한 쉬운 일이다. 비파를 타는 일로 갑자기 소홀하게 여길 수 있느냐?" 자로를 위하여 말한 것은 그 단점을 꾸짖은 것이고 문인을 위하여 말한 것은 그 장점을 드러낸 것이니 공자가 자로를 깊이 성취시킨 것이다.

| 요지 |

이 장에서 앞 부분은 기질을 변화하여 도의 방으로 들어가게 하는 데 있어 비파를 타는 한 구절을 가지고 경계한 것이다. 따라서 비파 타는 일 때문에 그렇게 말한 것은 아니다. 뒷 부분은 비록 문인에게 말한 것이지만, 자로가 방으로 들어갈 기틀이 있음을 인정하여 나아가는 데 게으르지 않게 한 것이니 모두 성취시키는 뜻이다.

15. 子貢(자공)이 問(문) 師與商也孰賢(사여상야숙현)이니잇고 子曰(자왈) 師也(사야)는 過(과)하고 商也(상야)는 不及(불급)이니라 曰(왈) 然則師愈與(연즉사유여)잇가 子曰(자왈) 過猶不及(과유불급)이니라

| 언해 |

子貢이 묻ᄌᆞ오ᄃᆡ 師와 다못 商이 뉘 賢ᄒᆞ닝잇고 子ㅣ ᄀᆞᆯᄋᆞ샤ᄃᆡ 師ᄂᆞᆫ 넘고 商은 밋디 몯ᄒᆞᄂᆞ니라 ᄀᆞᆯ오ᄃᆡ 그러면 師ㅣ 나으닝잇가 子ㅣ ᄀᆞᆯᄋᆞ샤ᄃᆡ 너믐이 밋디 몯홈과 ᄀᆞᄐᆞ니라

| 직역 |

자공이 물었다. "사와 상은 누가 낫습니까?" 공자께서 말씀하셨다. "사는 지나치고, 상은 미치지 못한다." 다시 물었다. "그러면 사가 낫습니까?" 공자께서 말씀하셨다. "지나침은 미치지 못함과 같다."

| 의해 |

자공이 물었다. "사[자장]와 상[자하]이 도달한 경지가 누가 낫습니까?" 공자가 말하였다. "사의 학문은 지나친 데에 이르고 상의 학문은 미진한 데에 이르렀다." 대개 지나치다는 것은 사에게 나아가서 사를 의론한 것이지 상보다 낫다는 뜻이 아니며, 미진하다는 것은 상에게 나아가서 상을 의론한 것이지 사보다 못하다는 뜻이 아니다.

☯ 이에 자공이 그 뜻을 깨닫지 못하고 사가 상에 비하여 낫고 상이 사에게 비하여 미진하다고 생각하였다. 따라서 "그러면 사가 상보다 낫습니까?"라고 묻자 공자가 말하였다. "아니다. 우리 도가 스스로 지극히 마땅하여 바꾸지 못할 준칙이 있으니 낮고 가까운 데 빠지지도 않을 것이오, 또한 높고 먼 데로 달릴 것도 아니니 지나친 데 잃어버림이 미진한 데 잃어버린 것과 같아서 모두 도에 이르지 못한 것이다."

| 요지 |

이 장은 앞부분은 두 사람의 나아간 바가 다름을 말한 것이고, 뒷부분은 두 사람의 잃어버린 바가 같음을 말한 것이다. 공자가 사

와 상을 평론한 것이 진실로 그들을 다듬어 성취시키고자 한 것인데, 중(中)을 위주로 하였다.

계 씨 부 어 주 공 이 구 야 위 지 취 렴 이 부 익 지
16. 季氏富於周公이어늘 而求也爲之聚斂而附益之한대
자 왈 비 오 도 야 소 자 명 고 이 공 지 가 야
子曰 非吾徒也로소니 小子아 鳴鼓而攻之可也니라

| 언해 |

季氏ㅣ 周公에셔 가ᄋᆞ멸거늘 求ㅣ 爲ᄒᆞ야 聚斂ᄒᆞ야 附益ᄒᆞᆫ대 子ㅣ ᄀᆞᆯᄋᆞ샤ᄃᆡ 우리 물이 아이로소니 小子아 鼓를 鳴ᄒᆞ야 攻홈이 可ᄒᆞ니라

| 직역 |

계씨가 주공보다 부유하였는데도 구가 그를 위해 세금을 걷어 재산을 더 늘려주었다. 공자께서 말씀하셨다. "우리 무리가 아니니, 소자들아! 북을 울려 성토하는 것이 옳다."

| 자해 |

攻 : 성토함.

| 의해 |

계씨는 제후의 경이요, 주공은 천자의 총재니, 노나라가 그 후예다. 공자 당시 계씨가 노나라 정사를 전횡하여 임금의 권한을 빼앗고 백성을 착취함으로써 주공보다 부유하였다. 염구가 당시 계씨의 가신이 되어서 그의 잘못된 점을 바로잡지 못할 뿐 아니라 오히려 그를 위해 부세를 급박하게 하고 재물을 취렴하였다. 이

에 공자가 책망하여 말하였다. "염구의 행하는 바가 이와 같으니 우리 무리가 아니다. 너희는 염구에게 붕우의 의가 있으니 북을 울려서 그 죄를 성토하는 것이 옳다." 이것은 공자가 염구를 경계한 것이며 동시에 계씨를 경계한 것이다.

| 요지 |

이 장은 성인이 악한 사람에게 아부하고 백성을 해롭게 함을 미워한 뜻이다. 그러나 스승은 엄하고 벗은 친한 까닭에 공자는 이미 끊었지만 문인으로 하여금 바로잡게 하였으니 또한 사람을 사랑하는 것을 그치지 않음을 알 수 있다.

17. 柴也는 愚하고 參也는 魯하고 賜也는 辟하고 由也는 喭이니라

| 언해 |

柴ᄂᆞᆫ 愚ᄒᆞ고 參은 魯ᄒᆞ고 師ᄂᆞᆫ 辟ᄒᆞ고 由ᄂᆞᆫ 喭ᄒᆞ니라

| 직역 |

"시는 어리석고, 삼은 둔하고, 사는 편벽되고, 유는 거칠다."

| 자해 |

柴 : 성은 고(高), 柴는 이름. 자는 자고(子羔). 공자보다 30세 연하의 제자.
• 喭 : 거칢.

| 의해 |

제자의 성격에 각기 편벽됨이 있다. 시(柴)와 같은 이는 밝은 지혜가

부족하여 고집이 세고 일에 통하지 못하는 것이 많으니 그 병통이 어리석음에 있고, 삼[증자]은 질박하고 혼후하고 지둔하여 그 병통이 노둔함에 있다. 사[자장]는 위인이 모양과 거동에 유의하나 안에는 성실함이 적으니 그 병통이 편벽된 데 있고, 유[자로]는 위인이 추솔하고 야속하여 밖에 문아함이 적으니 그 병통이 거친 데 있다.

| 요지 |

이 장은 공자가 네 제자의 기질에 편벽됨이 있음을 지적함으로써 스스로 깨달아서 그것을 극복하고 중도로 돌아가게 하려고 한 것이다.

18. 子曰 回也는 其庶乎요 屢空이니라 賜는 不受命이요 而貨殖焉이나 億則屢中이니라

| 언해 |

子ㅣ ᄀᆞᆯᄋᆞ샤ᄃᆡ 回ᄂᆞᆫ 그 庶ᄒᆞ고 ᄌᆞ조 空ᄒᆞᄂᆞ니라 賜ᄂᆞᆫ 命을 受티 아니ᄒᆞ고 貨를 殖ᄒᆞ나 億ᄒᆞ면 ᄌᆞ조 中ᄒᆞᄂᆞ니라

| 직역 |

공자께서 말씀하셨다. "안회는 도에 가까웠으나 자주 끼니를 굶었다. 사는 천명을 받아들이지 못하고 재화를 늘렸으나 예측하면 자주 맞았다."

| 자해 |

庶 : 가까움. • 屢 : 자주. 여러 번. • 億 : 억(臆)과 통용. 억측의 뜻.

| 의해 |

“사람이 학문하는 것은 모두 도를 구하기 위한 것이나 도에 가까운 자가 적다. 안회는 밝고 슬기 있는 자품으로 침잠하여 학문에 힘쓰니 거의 도에 가까웠다. 또한 가난하다는 이유로 마음을 동하여 부유함을 구하지 않는 까닭에 여러 번 궁핍한 지경에 이르렀다. 도에 가까운 자는 조예가 높고 가난함에 편안한 자는 지키는 것이 크니, 안회는 참으로 어질다. 사와 같은 이는 천명을 받지 않고 부에 마음을 두고 항상 재물을 늘리니, 이는 안회가 가난한 데 편안히 하고 도를 즐기는 것만 같지 못하다. 그 재주와 식견이 밝고 민첩하여 일의 기미가 나타나기 전에 헤아려 맞힐 수 있으니 이 재주로 채워가면 도에 나아갈 것이다. 사는 노력해야 한다”는 뜻이다.

| 요지 |

이 장은 두 사람의 도에 나아감이 다름을 말한 것이니 마땅히 도(道) 자를 위주로 한 것이다. 안회가 도에 가깝다고 말한다면 사도 또한 도에 나아갈 수 있으니, 사로 하여금 가다듬을 바를 알게 한 것이다.

19. 子張(자장)이 問善人之道(문선인지도)한대 子曰(자왈) 不踐跡(불천적)이나 亦不入於(역불입어) 室(실)이니라

| 언해 |

子張이 善人의 道를 묻ᄌᆞ온ᄃᆡ 子ㅣ ᄀᆞᆯᄋᆞ샤ᄃᆡ 跡을 踐티 아니ᄒᆞ나 ᄯᅩᄒᆞᆫ 室에 드디 몯ᄒᆞᄂᆞ니라

| 직역 |

자장이 착한 사람의 도에 대하여 묻자, 공자께서 말씀하셨다. "성인의 자취를 밟지 않고 또한 방까지 들어가지 못한다."

| 자해 |

善人 : 자질은 아름다우나 배우지 못한 자.

| 의해 |

자장이 물었다. "선인(善人)의 도가 어떠합니까?" 공자가 말하였다. "이른바 선인은 천품이 혼연히 좋은 사람이다. 그 행한 바가 자연히 모두 착하여 도를 따르고 성현이 이룬 자취를 밟지 않아도 스스로 악한 데 이르지 않는다. 그러나 이같이 하는 것만 알고 함양하고 확충하는 학문이 없다면 정미한 지경에 나가서 성인의 경지에는 들어가지 못한다."

| 요지 |

이 장은 선인은 인을 행하고자 하나, 학문은 지극한 데 이르지 못한 자임을 말한 것이다. 인을 행하고자 하는 까닭에 비록 이루어진 법을 밟지 않아도 악함을 하지 않는 것이오, 배우지 않은 까닭에 좇아 성인의 경지에는 들어가지 못한 것이다.

자왈 논독 시여 군자자호 색장자호

20. 子曰 論篤을 是與면 君子者乎아 色莊者乎아

| 언해 |

子ㅣ ᄀᆞᆯᄋᆞ샤ᄃᆡ 論이 篤ᄒᆞ 니를 이예 與ᄒᆞ면 君子ᅟᅵᆫ 者가 色이 壯ᄒᆞᆫ 者가

| 직역 |

공자께서 말씀하셨다. “언론이 독실한 사람을 인정한다면 군자다운 자인가? 얼굴만 엄숙한 자인가?”

| 의해 |

사람을 살피는 자가 언론이 독실하다고 하여 그 사람됨을 인정할 수 없다. 이 사람이 과연 군자로서 언론이 독실한 자인지, 얼굴빛만 엄숙하고 언론이 독실한 자인지는 단정하기 어렵기 때문이다. 만일 군자라면 인정하는 것이 진실로 옳겠지만, 만일 얼굴빛만 엄숙한 자라면 거의 사람을 잘못 살피는 것이다. 진실로 말은 사람됨을 모두 드러내지 못하는 것이니 사람을 살피는 자는 행실을 살피고 마음 씀씀이에 근거해야 할 것이다.

| 요지 |

이 장은 사람을 볼 때, 한갓 말에 의지하지 말고 참된 것으로써 살피는 것이 중요함을 말한 것이다. 군자와 색장(色莊)을 두 가지로 대비시켜 말하였지만, ‘색장’ 두 글자에 근거하여 가볍게 인정하지 말라는 뜻을 보인 것이다.

21. 子路問 聞斯行諸잇가 子曰 有父兄이 在하니 如之何其聞斯行之리오 冉有問 聞斯行諸잇가 子曰 聞斯行之니라 公西華曰 由也問聞斯行諸어늘 子曰 有父兄在라하시고 求也問聞斯行諸어늘 子曰 聞斯行之라하시니 赤也惑하야 敢問하노이다 子曰 求也는 退故로 進

之(지)하고 由也(유야)는 兼人故(겸인고)로 退之(퇴지)니라

| 언해 |

子路ㅣ 묻ᄌᆞ오ᄃᆡ 듣고 이예 行ᄒᆞ리잇가 子ㅣ ᄀᆞᆯᄋᆞ샤ᄃᆡ 父兄이 이시니 엇디 듣고 이예 行호리오 冉有ㅣ 묻ᄌᆞ오ᄃᆡ 듣고 이예 行ᄒᆞ리잇가 子ㅣ ᄀᆞᆯᄋᆞ샤ᄃᆡ 듣고 이예 行홀디니라 公西華ㅣ ᄀᆞᆯ오ᄃᆡ 由ㅣ 듣고 이예 行ᄒᆞ리잇가 묻ᄌᆞ와ᄂᆞᆯ 子ㅣ ᄀᆞᆯᄋᆞ샤ᄃᆡ 父兄이 인ᄂᆞ니라 ᄒᆞ시고 求ㅣ 듣고 이예 行ᄒᆞ리잇가 묻ᄌᆞ와ᄂᆞᆯ 子ㅣ ᄀᆞᆯᄋᆞ샤ᄃᆡ 듣고 이예 行홀 꺼시니라 ᄒᆞ시니 赤ㅣ 惑ᄒᆞ야 敢히 묻ᄌᆞᆸ노이다 子ㅣ ᄀᆞᆯᄋᆞ샤ᄃᆡ 求ᄂᆞᆫ 退ᄒᆞᄂᆞᆫ 故로 進ᄒᆞ고 由ᄂᆞᆫ 人을 兼ᄒᆞᄂᆞᆫ 故로 退호라

| 직역 |

자로가 물었다. "들으면 곧 실행하여야 합니까?" 공자께서 말씀하셨다. "부형이 계시니, 어찌 들으면 곧 실행할 수 있겠는가?" 염유가 물었다. "들으면 곧 실행하여야 합니까?" 공자께서 말씀하셨다. "들으면 곧 실행하여야 한다." 공서화가 물었다. "유가 '들으면 곧 실행하여야 합니까?' 하고 묻자, 선생님께서는 '부형이 계시다' 하셨고, 구가 '들으면 곧 실행하여야 합니까?' 하고 묻자, 선생님께서는 '들으면 곧 실행해야 한다'고 대답하시니, 저는 의심스러워 감히 묻습니다." 공자께서 말씀하셨다. "구는 물러나므로 나아가게 한 것이고, 유는 남보다 배나 앞서므로 물러나게 한 것이다."

| 자해 |

諸 : 지호(之乎)의 뜻. 음은 '저'. • 兼人 : 일반인보다 나은 것.

| 의해 |

자로가 공자에게 물었다. "들으면 곧 그대로 행해야 합니까?" 공

자가 말하였다. "의(義)를 들으면 마땅히 용맹스럽게 해야 하겠지만 또한 잘 살피고 신중하지 않을 수 없다. 부형이 위에 있음에 일이 마땅히 명령을 받을 것인데 어찌 자신의 의지대로만 행하겠는가?" 염유가 공자에게 물었다. "들음이 있으면 곧 힘써 행해야 합니까?" 공자가 말하였다. "의를 보지 않고 하는 것은 용맹이 없는 것이니 다만 들으면 힘써 행해야 할 것이다. 무슨 의심을 하겠는가?" 두 사람이 행함을 물은 것이 동일한데, 공자의 대답이 각각 다른 것은 속뜻이 있어서이다.

◑ 공서화가 알지 못하고 물었다. "유가 '듣고 행해야 합니까?'라고 물음에 선생님은 '부형이 있다' 하시고, 구가 물음에는 '듣고 행하라' 하시니, 물음은 같은데 대답이 다릅니다. 그러면 행하는데 일정함이 없는 것입니까? 제가 의심스러워서 감히 묻습니다." 공자가 말하였다. "사람의 재질이 같지 않으니 염구는 자품이 유약하여 명령을 받지 못함을 근심할 것이 아니고, 마땅히 할 바를 용맹스럽게 하지 못하는 것이 근심이다. 그래서 한결같이 행하는 것을 권면하지 않으면 더욱 움츠러들게 된다. 내 그런 까닭에 듣고 행하라고 고했으니, 격려하여 나아가게 하려는 것이다. 자로는 사람을 압도하는 자품이 있어서 행하지 못함을 근심할 것이 없고 그 뜻이 혹 지나쳐서 도리어 의(義)를 상할까 근심이 된다. 그리하여 명을 받도록 하였으니 행하는 바를 반드시 살필 것이다. 내 그런 까닭에 부형이 있음을 고하여 꺾어서 물러나게 하였으니 모두 그 행함의 폐단이 없도록 하기 위한 것이다."

| 요지 |

이 장은 성인이 재목에 따라 가르쳤음을 보인 것이다. 염구를 나아가게 하고 자로를 물러나게 한 것은 각각 그 편벽됨에 근거해서 바르게 한 것이다. 가르침이 비록 같지 않지만 그 행함은 모두 착할 수 있게 한 것이다.

22. 子畏於匡하실새 顔淵이 後러니 子曰 吾以女爲死矣라호라 曰 子在어시니 回何敢死리잇고

| 언해 |

子ㅣ 匡에 畏ᄒᆞ실ᄉᆡ 顔淵이 後ᄒᆞ얏더니 子ㅣ ᄀᆞᆯᄋᆞ샤ᄃᆡ 내 널로ᄡᅥ 死ᄒᆞ니라 호라 ᄀᆞᆯ오ᄃᆡ 子ㅣ 겨시거니 回ㅣ 엇디 구틔여 死ᄒᆞ리잇고

| 직역 |

공자께서 광 땅에서 두려운 일을 당하셨을 적에 안연이 뒤쳐졌다가 오자 공자께서 말씀하셨다. "나는 네가 죽은 줄로 여겼다." 안연이 말하였다. "선생님께서 계신데 제가 어찌 감히 죽겠습니까?"

| 자해 |

後 : 서로 잃어 뒤에 처져 있음.

| 의해 |

공자가 광 땅에서 두려운 일이 있었다. 안연이 우연히 일행에서 뒤떨어졌다가 환란을 면하자 도착하였는데 공자가 말하였다. "나는 네가 광인의 손에 죽은 줄 알았다." 안연이 말하였다. "저의 한 몸이 선생님을 보고 죽고 사는 것을 결정할 것이니 선생님께서 불행히 환란을 당하시면 저는 반드시 사는 것을 버리고 죽을 것이요, 선생님께서 살아 계시면 제가 어찌 감히 죽기를 아끼지 않고 경솔하게 광인의 칼날에 죽을 수 있겠습니까?"

| 요지 |

이 장은 공자와 안연이 도를 중요하게 여기는 점을 보인 것이다.

대개 공자의 한 몸에는 도의 흥하고 폐함이 달려 있고, 안연의 한 몸은 공자를 보아서 죽고 사는 것이 결정되니, '선생님께서 살아 계시니 제가 어찌 감히 죽겠습니까?'라고 한 것은, 도로써 서로 깊이 믿음을 드러낸 말이다.

23. 季子然(계자연)이 問(문) 仲由冉求(중유염구)는 可爲大臣與(가위대신여)잇가 子曰(자왈) 吾(오) 以子爲異之問(이자위이지문)이라니 曾由與求之問(증유여구지문)이로다 所謂大臣者(소위대신자)는 以道事君(이도사군)하다가 不可則止(불가즉지)하나니 今由與求也(금유여구야)는 可謂(가위) 具臣矣(구신의)니라 曰(왈) 然則從之者與(연즉종지자여)잇가 子曰(자왈) 弑父與君(시부여군)은 亦不從也(역부종야)리라

| 언해 |

季子然이 묻ᄌᆞ오ᄃᆡ 仲由와 冉求ᄂᆞᆫ 可히 大臣이라 니ᄅᆞ리잇가 子ㅣ ᄀᆞᆯᄋᆞ샤ᄃᆡ 내 子로ᄡᅧ 異를 무ᄅᆞ리라 ᄒᆞ다니 由와 다ᄆᆞᆺ 求를 묻ᄂᆞᆺ다 닐온밧 大臣은 道로ᄡᅧ 님금을 셤기다가 可티 아니커든 그치ᄂᆞ니 이졔 由와 다ᄆᆞᆺ 求ᄂᆞᆫ 可히 具臣이라 닐엄즉ᄒᆞ니라 ᄀᆞᆯ오ᄃᆡ 그러면 從ᄒᆞᆯ 者ㅣ니잇가 子ㅣ ᄀᆞᆯᄋᆞ샤ᄃᆡ 父와 다ᄆᆞᆺ 君을 殺ᄒᆞᆷ은 ᄯᅩᄒᆞᆫ 좃디 아니ᄒᆞ리라

| 직역 |

계자연이 물었다. "중유·염구는 대신이라고 이를 만합니까?" 공자께서 말씀하셨다. "나는 그대가 특이한 것을 물을 줄 알았는데, 유와 구를 묻는구나! 이른바 대신이란 도로써 군주를 섬기다가

안 되면 그만두는 것이다. 지금 유와 구는 자리만 채우는 신하라고 말할 만하다." "그렇다면 따르기만 하는 자들입니까?" 공자께서 말씀하셨다. "아버지와 임금을 시해하는 일은 또한 따르지 않을 것이다."

| 자해 |

季子然 : 노나라의 실력자인 계씨의 자제. 일설에는 계환자(季桓子)의 동생이며 계강자(季康子)의 숙부라고도 함. • 具 : 자리만 채움.

| 의해 |

두 사람이 성인 문하의 높은 제자로 계씨에게 벼슬을 하는데, 그 재주와 이름이 진실로 범상한 사람에게 비할 것이 아니다. 따라서 계자연이 스스로 많은 체하여 공자에게 물었다. "중유와 염구는 대신의 풍도가 있다고 할 수 있습니까?" 계자연이 물을 때 그 말과 얼굴빛 사이에 과시하는 뜻이 있고 또한 대신은 가신이 감당할 수 있는 바가 아니며, 두 제자는 또한 대신의 도를 다 하지 못할 것이기 때문에 가볍게 꺾어 말하였다. "대신은 쉽게 말할 것이 아니다. 내 자네가 비상한 것을 물을 것으로 여기었는데 이에 유(由)와 구(求) 두 사람을 들어서 묻는가? 대개 대신은 그 이름과 벼슬을 가지고 말하는 것이 아니다. 이른바 대신이란 나가서 임금을 섬기는 데 공리(功利)로써 하지 않고 아첨으로써 하지 않으며 한결같이 도로써 하고자 하는 것을 바르게 하여 법도 가운데로 들어가게 하다가, 만일 이 뜻이 행해질 수 없게 되면 그치는 것이다. 결코 즐겨 벼슬하지 않고 반드시 떠나니 대개 나아가고 그침이 하나도 구차한 것이 없다. 이제 유와 구는 도로써 임금을 섬기지 못하고 또한 떠나지도 않고 한 재주를 갖추어서 벼슬을 하고 있으니, 신하 숫자를 채울 따름이라고 할 수 있다. 어찌 대신이라 이르겠는가?"

계자연이 공자가 유(由)와 구(求)를 가볍게 하는 뜻을 알지 못하고 물었다. "나아가고 그침에 만일 도를 지키지 못한다면 유와 구의 사람을 섬김이 장차 사람의 하는 바를 순종할 자입니까?" 계자연의 이 물음은 유와 구를 불의로써 협박하여 자기편을 삼으려 한 것이니 그의 마음을 알 수 있다. 공자가 또한 두 사람을 인정하면서 말하였다. "작은 일에 잘못함은 혹시 따르는 경우가 있을 것이지만, 만일 아비와 임금을 시해하는 것은 패역의 큰 것이라, 반드시 따르지 않을 것이다. 대개 군신의 의는 유와 구가 익히 들어서 알고 있는 바이니 반드시 보기를 밝게 하고 지키기를 굳게 하리라."

| 요지 |

이 장은 성인이 도적질을 막고 강상을 붙드는 마음을 보인 것이다. 위의 네 구절은 계자연이 유와 구를 빌어서 사람에게 자랑하는 까닭에 공자가 그들이 대신의 도를 잃어버림을 말한 것이고, 끝에 두 구절은 계자연이 유와 구에 의지하여 자신을 돕고자 하는 까닭에 공자가 또한 그들이 절개가 있음을 말하였으니, 응답하는 내용 가운데 계씨를 꺾는 마음을 알 수 있다.

24. 子路使子羔로 爲費宰한대 子曰 賊夫人之子로다 子路曰 有民人焉하며 有社稷焉하니 何必讀書然後에 爲學이리잇고 子曰 是故로 惡夫佞者하노라

| 언해 |

子路ㅣ 子羔로 히여곰 費宰를 삼은대 子ㅣ ᄀᆞᆯᄋᆞ샤ᄃᆡ 人의 子를 賊홈이로다 子路ㅣ ᄀᆞᆯ오ᄃᆡ 民人이 이시며 社稷이 이시니 엇디 반

ᄃᆞ시 書를 讀ᄒᆞᆫ 然後에 學을 ᄒᆞ리잇고 子ㅣ ᄀᆞᆯᄋᆞ샤ᄃᆡ 이런 故로 佞ᄒᆞᆫ 者를 惡ᄒᆞ노라

| 직역 |

자로가 자고를 비읍의 읍재로 삼자, 공자께서 말씀하셨다. "남의 아들을 해치는구나!" 자로가 말하였다. "백성이 있고 사직이 있으니, 하필 글을 읽은 뒤에야 학문을 하는 것이겠습니까?" 공자께서 말씀하셨다. "이런 까닭에 말재주 있는 자를 미워한다."

| 의해 |

자로가 계씨의 총재가 되었는데, 비 땅이 자주 반란을 일으켜 다스리기 어렵게 되자 자고를 천거하여 비 땅의 읍재를 삼고자 하였다. 자고는 비록 덕은 있으나 학문을 이루지 못한 까닭에 이치가 밝지 못하여 자주 반역하는 고을을 온전히 다스리기 어려웠다. 따라서 공자가 책망하여 말하였다. "자로의 일이 실상 남의 아들을 해롭게 한다. 이 사람이 비 땅의 읍재가 될 수 있겠느냐?" 자로가 말하였다. "선생님께서 남의 아들을 해롭게 한다 하심은 학문을 못하게 한다고 하시는 것입니다. 그러나 비 땅에도 벼슬 없는 백성도 있고 벼슬 있는 사람도 있어서 마땅히 다스릴 수 있고 토신의 사와 곡신의 직이 있어서 마땅히 섬길 수 있으니 백성을 다스리고 귀신을 섬겨서 날로 그 일을 익히면 스스로 이치에 밝게 될 것입니다. 이것이 곧 배움인데, 하필 장구의 글만 읽어야 학문이 됩니까? 그렇다면 자고가 벼슬한다고 해서 학문을 폐하는 것이 아니니, 그 사람을 해롭게 하는 것이 아닙니다." 자로가 자고를 부린 처음 뜻이 이렇지 않지만 자기가 잘못한 것을 고백하기를 싫어하여 억지로 말을 꾸며서 공자에게 대항한 것이다. 그런 까닭에 공자가 물리쳐 말하였다. "평일에 사람이 말치레하는 자를 미워하는 것은 바로 그 말이 속에서 나오지 않고 한갓 입으로만 나와서 사람을 기만하기 때문이다."

| 요지 |

이 장에서는 배울 학(學) 자가 중요하다. 위의 두 구절은 자로가 망령되게 배우지 않은 자를 들어 벼슬시키는 것에 대하여 그르다 하시고, 아래 두 구절은 자로가 망령되게 벼슬로써 배움이 된다고 대답한 것에 대하여 미워하신 것이니, 본래 배운 뒤에 정사에 들어갈 수 있음을 보인 것이다.

25. 子路曾晳冉有公西華 侍坐러니 子曰 以吾一日長乎爾나 毋吾以也하라 居則曰 不吾知也라하나니 如或知爾면 則何以哉오 子路率爾而對曰 千乘之國이 攝乎大國之間하여 加之以師旅요 因之以饑饉이어든 由也爲之면 比及三年하여 可使有勇이요 且知方也케호리이다 夫子哂之하시다 求아 爾는 何如오 對曰 方六七十과 如五六十에 求也爲之면 比及三年하여 可使足民이어니와 如其禮樂엔 以俟君子호리이다 赤아 爾는 何如오 對曰 非曰能之라 願學焉하노이다 宗廟之事와 如會同에 端章甫로 願爲小相焉하노이다 點아 爾는 何如오 鼓瑟希러니 鏗爾舍瑟而作하여 對曰 異乎三子者之撰호이다 子曰 何傷乎리오 亦各言其志也니라 曰 莫春者에 春服이 旣成이어든 冠者五六人과 童子六七人으로

욕 호 기 풍 호 무 우 영 이 귀 부 자 위 연 탄
浴乎沂하여 風乎舞雩하여 詠而歸호리이다 夫子喟然歎

왈 오 여 점 야 삼 자 자 출 증 석 후 증 석
曰 吾與點也하노라 三子者出커늘 曾晳이 後러니 曾晳

왈 부 삼 자 자 지 언 하 여 자 왈 역 각 언 기 지 야
曰 夫三子者之言이 何如하니잇고 子曰 亦各言其志也

이 의 왈 부 자 하 신 유 야 왈 위 국 이 례 기
已矣니라 曰 夫子何哂由也시니잇고 曰爲國以禮어늘 其

언 불 양 시 고 신 지 유 구 즉 비 방 야 여
言이 不讓이라 是故로 哂之호라 唯求則非邦也與잇가

안 견 방 육 칠 십 여 오 육 십 이 비 방 야 자 유 적 즉 비
安見方六七十과 如五六十而非邦也者리오 唯赤則非

방 야 여 종 묘 회 동 비 제 후 이 하 적 야 위 지 소
邦也與잇가 宗廟會同이 非諸侯而何오 赤也爲之小면

숙 능 위 지 대
孰能爲之大리오

| 언해 |

子路와 曾晳과 冉有와 公西華ㅣ 뫼셔 안잣더니 子ㅣ ᄀᆞᆯᄋᆞ샤ᄃᆡ 날로ᄡᅥ ᄒᆞᆫ날이 네게 長ᄒᆞ다 ᄒᆞ나 날로ᄡᅥ 말라 居ᄒᆞ야셔ᄂᆞᆫ ᄀᆞᆯ오ᄃᆡ 나를 아디 몯ᄒᆞᆫ다 ᄒᆞᄂᆞ니 만일 或 너를 알면 곧 엇디 ᄡᅥᄒᆞ료 子路ㅣ 率爾히 對ᄒᆞ야 ᄀᆞᆯ오ᄃᆡ 千乘ㅅ 나라히 大國 ᄉᆞ이예 攝ᄒᆞ야 師旅로ᄡᅥ 加ᄒᆞ고 飢饉으로ᄡᅥ 因ᄒᆞ얏거든 由ㅣ ᄒᆞ면 三年에 밋츰애 다ᄃᆞ라 可히 ᄒᆡ여곰 勇이 잇고 ᄯᅩ 方을 알게 호리이다 夫子ㅣ 哂ᄒᆞ시다 求아 너ᄂᆞᆫ 엇디료 對ᄒᆞ야 ᄀᆞᆯ오ᄃᆡ 方이 六七十과 혹 五六十에 求ㅣ ᄒᆞ면 三年에 밋츰애 다ᄃᆞ라 可히 ᄒᆡ여곰 民을 足게 ᄒᆞ려니와 만일 그 禮와 樂애ᄂᆞᆫ ᄡᅥ 君子를 俟호리이다 赤아 너ᄂᆞᆫ 엇디료 對ᄒᆞ야 ᄀᆞᆯ오ᄃᆡ 能ᄒᆞ노라 닐ᄋᆞᄂᆞᆫ 줄이 아니라 學홈을 願ᄒᆞ노이다 宗廟엣 일와 혹 會同에 端과 章甫로 小相이 되옴을 願ᄒᆞ노라 點아 너ᄂᆞᆫ 엇디료 瑟鼓홈이 希ᄒᆞ얏더니 鏗히 瑟을 舍ᄒᆞ고 닐어 對ᄒᆞ야 ᄀᆞᆯ오ᄃᆡ 三子者의 撰에셔 달오이다 子ㅣ ᄀᆞᆯᄋᆞ샤ᄃᆡ 므서

시 傷ᄒᆞ리오 ᄯᅩᄒᆞᆫ 각각 그 ᄠᅳᆺ을 닐올디니라 ᄀᆞᆯ오ᄃᆡ 莫春애 봄오시 이믜 일거든 冠ᄒᆞᆫ 者 五六人과 童子 六七人으로 沂예 浴ᄒᆞ야 舞雩에 風ᄒᆞ야 詠ᄒᆞ고 歸호리이다 夫子ㅣ 喟然히 嘆ᄒᆞ야 ᄀᆞᆯᄋᆞ샤ᄃᆡ 내 點을 與ᄒᆞ노라 三子ㅣ 出커ᄂᆞᆯ 曾晳이 後ᄒᆞ얏더니 曾晳이 ᄀᆞᆯ오ᄃᆡ 三子의 말이 엇더ᄒᆞ니잇고 子ㅣ ᄀᆞᆯᄋᆞ샤ᄃᆡ ᄯᅩᄒᆞᆫ 각각 그 ᄠᅳᆺ을 니를 ᄯᆞᄅᆞᆷ이니라 ᄀᆞᆯ오ᄃᆡ 夫子ㅣ 엇디 由를 哂ᄒᆞ시니잇고 ᄀᆞᆯᄋᆞ샤ᄃᆡ 나라ᄒᆞᆯ 홈이 禮로ᄡᅧ ᄒᆞ거ᄂᆞᆯ 그 말이 ᄉᆞ양티 아닌디라 이런 故로 哂호라 오직 求ᄂᆞᆫ 나라히 아니니잇가 어듸 方이 六七十과 五六十이오 나라히 아닌 者를 보리오 오직 赤은 나라히 아니니잇가 宗廟와 會同이 諸侯ㅣ 아니오 므섯고 赤이 小ㅣ 되면 뉘 能히 大ㅣ 되리오

| 직역 |

자로·증석·염유·공서화가 모시고 앉았는데, 공자께서 말씀하셨다. "내가 하루라도 너희들보다 나이가 많다고 하여 나를 어렵게 여기지 말라. 너희들이 평소 말하기를 '나를 알아주지 않는다'고 하는데, 만일 혹시라도 너희들을 알아준다면 어찌 하겠느냐?" 자로가 경솔하게 대답하였다. "천승의 나라가 큰 나라의 사이에 끼어 있어 전쟁이 일어나고 기근이 들어도 제가 다스리면 3년에 이르러 백성들을 용기가 있고 또 방향을 알게 할 수 있습니다." 공자께서 빙그레 웃으셨다. "구야! 너의 뜻은 어떠하냐?" 대답하여 말하였다. "사방 60리, 70리, 혹은 50리, 60리쯤 되는 나라를 제가 다스리면, 3년에 이르러 백성들을 풍족하게 할 수 있겠지만, 예악으로 말하면 군자를 기다리겠습니다." "적아, 너의 뜻은 어떠하냐?" 대답하여 말하였다. "제가 능하다는 말이 아니오라, 배우기를 원합니다. 종묘의 일과 또는 제후들이 회동할 때에 현단복을 입고 장보관을 쓰고 조금 돕고자 합니다." "점아, 너의 뜻은 어떠하냐?" 그는 비파 타기를 중간에 쉬더니 쨍그렁 하고 비파를 놓으며 일어나 대답하였다. "세 사람이 말한 것과는 다릅니다."

공자께서 말씀하셨다. "무엇이 해롭겠는가? 또한 각기 자기의 뜻을 말한 것이다." "늦봄에 봄옷이 만들어지면 갓을 쓴 어른 5, 6명과 동자 6, 7명과 함께 기수에서 목욕하고 무우에서 바람 쐬고 노래하면서 돌아오겠습니다." 공자께서 '아!' 하고 감탄하시며 말씀하셨다. "나는 점을 허여하겠다." 세 사람이 나가자, 증석이 뒤에 남았다가 말하였다. "저 세 사람의 말이 어떻습니까?" 공자께서 대답하셨다. "또한 각각 제 뜻을 말했을 뿐이다." "선생님께서는 어찌하여 유에 대하여 빙긋이 비웃으셨습니까?" "나라를 다스리는 것은 예로써 해야 하는데, 그의 말이 겸손하지 않았다. 그러므로 빙긋이 웃은 것이다." "구가 말한 것은 나라를 다스리는 일이 아닙니까?" "사방 60리, 70리 또는 50리, 60리가 되고서 나라가 아닌 것을 어디서 보겠느냐?" "적이 말한 것은 나라를 다스리는 일이 아닙니까?" "종묘의 일과 회동하는 일이 제후의 일이 아니고 무엇이겠느냐? 적이 작은 보좌원이 된다면 누가 능히 큰 보좌원이 될 수 있겠느냐?"

| 자해 |

曾晳 : 공자의 제자로, 이름은 점(點), 자는 석(晳)이며 증삼(曾參)의 아버지. • 攝 : 끼어 있음. • 師 : 군사. • 旅 : 군사. • 比 : 무렵. 정도에 이르름. • 哂 : 빙긋이 웃음. • 端 : 현단복. 제후가 입는 검은 빛의 예복. • 章甫 : 관의 일종. • 鏗 : 쇠 소리. • 莫 : 모(暮)와 통용. 음은 모. • 沂 : 노나라 남쪽에 있는 강. • 舞雩 : 기우제를 지내는 제단이 있는 곳.

| 의해 |

자로가 공자의 물음에 조금의 사양도 않고 나서서 대답하였다. "이제 천승의 나라가 큰 나라 사이에 끼어서 거동이 제약이 있어서 형세가 이미 어렵습니다. 또 전쟁이 날로 일어나고 기근으로 인하여 흉년이 들어 먹을 것이 없습니다. 이러한 어려운 나라를 제가 다스리게 되면 훌륭한 정사를 통해 백성이 사는 것을 편안히 하고 착한 가르침으로써 백성의 뜻을 착하게 하여 3년이면 백

성으로 하여금 모두 용감하게 싸우면 이기고 임금을 높이고 윗사람과 친하는 의로써 즐거워하여 죽기에 이르러서도 의연히 강하고 성대한 천승의 나라가 될 것입니다." 공자가 미소를 지었다.

◑ 공자가 말하였다. "구(求)야, 너의 뜻은 어떠하냐?" 구가 대답하였다. "유(由)의 임무는 제가 감당할 바가 아닙니다. 저는 사방 6, 70리와 혹 5, 60리의 작은 나라를 다스리게 되면 전답을 정리하고 농사일을 가르쳐서 그 재원을 열고 먹고 씀을 조절하여, 3년이면 백성을 풍족하게 하여 위로 부모를 섬기고 아래로 처자를 길러서 흉년과 풍년에 대비할 수 있도록 할 것입니다. 백성을 다스리는 데 이르러서는 이미 부유하거든 가르쳐서 도를 다 함이 될 것이지만 예로써 백성의 성품을 닦게 하고 악으로써 백성의 마음을 화하게 함은 반드시 성덕한 군자가 할 수 있을 것이니, 이러한 일은 제가 그 사람을 기다릴 것이오, 감히 억지로 하지 못할 것입니다."

◑ 공자가 말하였다. "적(赤)아, 너의 뜻은 어떠하냐?" 적이 대답하였다. "예와 악의 일은 제가 감히 잘한다고 못하지만 원컨대 배워서 그러한 일을 익히고자 합니다. 돌아보건대 예와 악이 가는 곳마다 없는 데가 없으나 종묘와 회동이 중요합니다. 종묘에는 제사의 일이 있고 또 제후가 천자를 뵐 때는 회동의 절차가 있으니 예와 악에 따라야 합니다. 이 때에 혹시 저를 쓰는 경우가 있으면 작은 현단(玄端)의 복(服)을 입고 장보(章甫)의 관(冠)을 쓰고 임금을 도와서 예를 행하는 소상이 되어 임금으로 하여금 신명에게 예를 잃지 않게 하고 그 의도를 살펴서 천자에게 예를 잃지 않게 하고 싶습니다."

◑ 공자가 말하였다. "점(點)아, 너의 뜻은 어떠한가?" 점이 이에 비파소리의 여운을 남기며 일어나서 대답하였다. "앞의 세 사람의 갖춘 바는 모두 세상에 쓰이는 뜻이나 저는 이와 다릅니다." 공자가 말하였다. "다름이 무엇이 문제인가? 각각 뜻이 있으니 너도 너의 뜻을 말하여라." 점이 대답하였다. "늦은 봄에 봄옷이 만

들어지면 관자 5, 6인과 6, 7인을 동반하여 기수에서 목욕하고 무우 사이에서 바람을 쏘이고 즐겁게 노래하고 돌아옴에 하늘의 때를 따르고 땅의 좋음을 타고 사람의 화합을 한가지로 하는 것이니, 이것이 저의 뜻일 따름입니다." 이 말은 그 처한 바 지위에서 그 일용의 떳떳함을 즐겨하고 남을 위하는 뜻은 없으나, 마음으로써 의론하면 진실로 천지의 만물을 내는 마음이요, 성인이 때를 따라서 만물을 기르는 일이니 어찌 남과 나, 안과 밖의 사이가 있겠는가? 공자가 그 말을 듣고 마음에 합하는 것이 있어서 탄식하여 말하였다. "나는 점의 뜻을 인정하노라."

◑ 제자들이 말을 마치고 나감에 증점이 홀로 남았을 때 점이 공자가 홀로 자기를 인정하시고 세 사람에게는 혹 빙긋이 웃고 혹 잠잠하였던 까닭을 물었다. "세 사람의 말한 바가 옳고 그르고 얻고 잃음이 과연 어떠합니까" 공자가 말하였다. "서너 명의 말이 비록 같지 않으나 각각 평일의 하는 바 뜻을 말할 따름이지 다른 말은 없다." 증점이 말하였다. "선생님께서 유독 유에게 빙긋이 웃으신 것은 어째서입니까?"

◑ 공자가 말하였다. "나라를 다스리는 자는 반드시 공경하고 사양하는 예로써 한 연후에 명분을 정하고 백성의 뜻을 화하게 할 수 있을 것인데 유의 말하는 사이에는 조금도 겸손함이 없으니 이미 예를 통달하지 못한 것이다. 이런 까닭에 빙긋이 웃었다."

◑ 공자의 이른바 사양하지 않는다는 것은 특히 말하는 사이에 사양하지 않았기 때문에 한 것이지, 그 나라의 다스림을 맡는 것을 사양하지 않는다고 한 것이 아니다. 그런데 증점이 오히려 그 이유를 알지 못하고 "자로가 이미 사양하지 않았기에 빙긋이 웃으셨습니까? 구가 말한 바도 나라 다스리는 것을 자처하고 사양하지 않았는데 어찌하여 빙긋이 웃음을 보이지 않았습니까?"라고 생각하고 물었다. "구가 말한 것은 나라 다스리는 것이 아닙니까?" 공자가 말하였다. "성왕이 나라를 세움에 모두 큰 나라는 아니었다. 저 천승의 나라는 진실로 큰 나라이다. 사방 6, 70리와

혹 5, 60리의 땅이 비록 적으나 어찌 나라가 아닌 것으로 보겠는가? 구가 맡은 바도 또한 나라를 다스리는 일이다."

◑ 증점이 염구를 보고 빙긋이 웃지 않으신 이유를 분명하게 묻지 않았기 때문에 공자도 염구를 빙긋이 웃지 않은 연고를 분명하게 대답하지 않았다. 따라서 증점은 공자의 비웃은 뜻을 마침내 알아내지 못하고 물었다. "적이 말한 것은 나라를 다스리는 것이 아니겠습니까?" 공자께서 말씀하셨다. "적이 말한 종묘와 회동이 제후의 제사와 조회하는 일이 아니고 무엇이냐? 적이 소상(小相)이 되기를 원하고 예악의 재주로써 작음이 되기를 원하니, 누가 그보다 더 큼이 있겠는가? 따라서 적의 맡은 바도 또한 나라를 다스리는 일이다."

| 요지 |

이 장은 모두 세상에 쓰이는 것을 주장을 삼았는데, 부분으로 나누어 보아야 한다. 첫머리 세 구절은 네 사람이 모여 있을 때 각각의 뜻을 말하게 한 것이고, 가운데 네 구절은 네 사람이 자신의 뜻을 말한 것을 홀로 인정한 바가 있는 것이며, 끝에 네 구절은 증점의 뜻을 분변하는 것에 근거하여 인정한 바가 있는 것이다. 대개 증점을 인정한 것은 세 사람의 뜻을 넓힌 것이고, 세 사람을 인정한 것은 증점의 뜻을 알차게 한 것이다. 모두 제자를 성취시켜 세상에 크게 쓰임이 있고, 사람들이 알아주는 것을 저버리는 일이 없기를 바란 것이다.

12. 안연(顏淵)

1. 顏淵이 問仁한대 子曰 克己復禮爲仁이니 一日克己復禮면 天下歸仁焉하나니 爲仁이 由己니 而由人乎哉아 顏淵이 曰 請問其目하노이다 子曰 非禮勿視하며 非禮勿聽하며 非禮勿言하며 非禮勿動이니라 顏淵이 曰 回雖不敏이나 請事斯語矣로리이다

| 언해 |

顏淵ㅣ 仁을 묻ᄌᆞ온대 子ㅣ ᄀᆞᆯᄋᆞ샤ᄃᆡ 己를 克ᄒᆞ야 禮예 復홈이 仁을 ᄒᆞ욤이니 一日에 己를 克ᄒᆞ야 禮예 復ᄒᆞ면 天下ㅣ 仁을 歸ᄒᆞᄂᆞ니 仁을 ᄒᆞ욤이 己를 말ᄆᆡ암ᄂᆞ니 人을 말ᄆᆡ암ᄂᆞ냐 顏淵이 ᄀᆞᆯ오ᄃᆡ 請컨댄 그 目을 몯좁노이다 子ㅣ ᄀᆞᆯᄋᆞ샤ᄃᆡ 禮 아니어든 視티 말며 禮 아니어든 聽티 말며 禮 아니어든 言티 말며 禮 아니어든 動티 말올띠니라 顏淵이 ᄀᆞᆯ오ᄃᆡ 回ㅣ 비록 敏티 몯ᄒᆞ나 請컨댄 이 말솜을 事호리이다

| 직역 |

안연이 인에 대하여 묻자, 공자께서 말씀하셨다. “자기의 사욕을 이겨 예에 돌아가는 것이 인을 행하는 것이니, 하루 동안이라도 자기의 사욕을 이겨 예에 돌아가면 천하가 인을 인정할 것이다.

인을 행하는 것은 자기로 말미암는 것이지, 남으로 말미암는 것이겠는가?" 안연이 말하였다. "그 조목을 묻겠습니다." 공자께서 말씀하셨다. "예가 아니면 보지 말며, 예가 아니면 듣지 말며, 예가 아니면 말하지 말며, 예가 아니면 움직이지 말 것이다." 안연이 말하였다. "제가 비록 민첩하지 못하지만 청컨대 이 말씀에 종사하겠습니다."

| 자해 |

仁 : 본심(本心)의 온전한 덕(德). • 克 : 이김. • 己 : 일신(一身)의 사욕(私慾). • 復 : 돌아감. • 禮 : 천리(天理)의 절문(節文). • 爲仁 : 그 마음의 덕을 온전히 하는 것. • 歸 : 허여함, 인정함. • 目 : 조목(條目). • 勿 : 금지사.

| 의해 |

이 장의 묻고 대답한 말은 성인과 현인이 심법을 서로 전하여 주는 간절하고 긴요한 말이다. 마음의 온전한 덕은 다 하늘의 이치에 근본한 것이지만 또한 제 몸의 사사로운 욕심으로 인하여 무너지지 않을 수가 없다. 그런 까닭에 인을 행하는 자가 반드시 제 몸의 사사로운 욕심을 이겨서 하늘의 이치의 절차와 문채로 돌아오면 일마다 모두 하늘의 이치이고, 이에 본마음의 덕이 내게 온전히 회복될 것이다. 그런 까닭에 안연이 인에 대하여 묻자 공자가 이같이 대답하였다. "사람이 하루라도 제 몸의 사사로운 욕심을 이겨서 예에 돌아오면 천하 사람이 그 사람의 어진 것을 인정해 준다"고 하였다. 이는 인을 행하는 효험이 매우 빠르고 지극히 큰 것을 말하는 것이다. 또 "인을 행하는 것이 제 몸으로 말미암는 것이요, 다른 사람을 말미암는 것이 아니다"라고 하니, 이것은 행하는 것이 나에게 어려움이 없음을 보인 것이다. 이렇게 날마다 이겨서 어려워하는 바가 없으면 자연히 사사로운 욕심이 다 없어지고 하늘의 이치가 홀로 행하여 인을 익숙하게 쓸 수가 있을 것이다. 공자가 이렇게 말한 후에 안연이 이 말을 듣고, 하늘

의 이치와 사람의 욕심의 경계가 분명한 까닭에 다시 의심하여 묻지 않고 곧 사욕을 이겨 예로 돌아가는 자세한 조목을 물으니, 공자가 네 가지 조목을 들어 말하였다. "사람이 보고 듣고 말하고 움직이는 데 예와 예 아닌 것이 있으니, 사람이 마땅히 행할 것은 다 예로 해야 할 것이다. 그런 까닭에 예가 아닌 것은 보지 말고 예가 아닌 것은 듣지 말고 예가 아닌 것은 말하지 말고 예가 아닌 것에는 움직이지 말라." 예가 아닌 것은 그치고 하지 않는 것이 곧 제 몸의 사욕을 이겨 예로 돌아오는 것이다. 예가 아닌 것을 보고 듣지 말라고 한 것은 물욕이 바깥에서 들어와서 내 마음을 움직이게 하는 것을 막으라는 말이고, 예가 아닌 것을 말하지 말고 움직이지 말라고 한 것은 사욕이 마음으로 좇아 나와서 바깥에 접하는 것을 삼가라는 말이다. 이와 같이 하면 안과 바깥이 서로 도와서 인을 행하는 공부가 극진해질 것이다. 그런 까닭에 지극히 밝은 이가 아니면 그 기미를 살피지 못할 것이고, 지극히 과감한 이가 아니면 그 결단에 이르지 못할 것이다.

| 요지 |

이 장은 다만 자기의 사욕을 이겨서 예에 돌아가는 것이 인을 행하는 것이 된다는 한 구절이 중요하고 또 자기의 사욕을 이긴다는 것이 중요하다. '자기의 사욕을 이긴다'는 구절은 인을 행하는 공부이고, '하루 동안이라도'라는 구절은 자기의 사욕을 이겨 예에 돌아가는 효험을 나타낸 것이고, '자기로 말미암는다'는 구절은 자기를 이겨 예에 돌아가는 기틀을 결단한 것이고, 조목은 곧 자기의 사욕을 이겨 예에 돌아가는 조목이다. 네 가지 예가 아닌 것은 곧 사욕이고, 네 가지 말라는 것은 곧 이기는 것이니, 예가 아닌 것을 이미 이기면 예에 돌아가고 인이 온전할 것이다.

2. 仲弓이 問仁한대 子曰 出門如見大賓하며 使民如承大祭하고 己所不欲을 勿施於人이니 在邦無怨하며 在家無怨이니라 仲弓이 曰 雍雖不敏이나 請事斯語矣로리이다

| 언해 |

仲弓이 仁을 묻ᄌᆞ온대 子ㅣ ᄀᆞᄅᆞ샤ᄃᆡ 門에 出홈애 大賓을 見홈 ᄀᆞᆮ티 ᄒᆞ며 民을 使호대 大祭를 承홈 ᄀᆞᆮ티 ᄒᆞ고 己의 欲티 아니ᄒᆞᄂᆞᆫ 바를 人의게 베프디 마를디니 邦의 이셔 怨이 업스며 家의 이셔 怨이 업ᄂᆞ니라 仲弓이 ᄀᆞᆯ오ᄃᆡ 雍이 비록 敏티 몯ᄒᆞ나 請컨댄 이 말ᄉᆞᆷ을 事호리이다

| 직역 |

중궁이 인에 대하여 묻자, 공자께서 말씀하셨다. "문을 나갔을 때에는 큰 손님을 뵌 듯이 하며, 백성에게 일을 시킬 때에는 큰 제사를 받들 듯이 하고, 자기가 하고자 하지 않는 것을 남에게 베풀지 말아야 하니, 이렇게 하면 나라에 있어도 원망함이 없으며, 집안에 있어도 원망함이 없을 것이다." 중궁이 말하였다. "제가 비록 민첩하지 못하지만 청컨대 이 말씀을 일삼겠습니다."

| 의해 |

사람이 문을 나가는 것은 보통의 일인데, 이제 공경하기를 큰 손님 보는 것 같이 하고, 백성을 부리는 것은 소홀히 하기 쉬운 것인데, 이제 공경하기를 큰 제사를 받들 듯하고, 내가 하고자 하지 않는 것을 남에게 베풀지 않는다는 것은 내 마음을 미루어서 남에게 미치는 것이다. 부유하고 오래 살고 편안한 것은 사람마다 하고자 하는 바이고, 죽고 망하고 가난하고 괴로운 것은 사람마

다 싫어하는 것이니, 하고자 하는 것은 다른 사람과 같이 하고 싫어하는 것은 다른 사람에게 베풀지 않는 것이 곧 내 마음을 미루어 가는 것이다. 사람이 마음 갖기를 이와 같이 하면 사사로운 뜻을 용납할 곳이 없어서 마음의 덕이 온전할 것이니 마음의 덕이 온전한 것이 곧 인이다. 그러므로 그 효험이 보이는 것이 나라에 있으면 나라 사람이 원망함이 없고, 집에 있으면 집 사람이 원망함이 없으니, 이는 내 공부의 효험이다. 만일 그렇지 못하면 내 공부가 충분하지 못한 것이니 공자가 중궁에게 이것을 살펴보라고 한 것이다. 그러므로 배우는 자가 공경을 주장하고 내 마음을 미루어 가는 공부에 종사하여 얻음이 있으면 장차 몸에 사사로운 욕심이 없는 지경에 이를 것이다. 중궁도 또한 이 말을 실천할 수 있다고 믿고 이 말에 종사하겠다고 한 것이다.

| 요지 |

이 장은 공자가 중궁에게 마음을 제재하는 도가 실상 경(敬)과 서(恕)를 체득하여 스스로 살피는 데 있음을 가르친 것이다.

3. 司馬牛問仁(사마우문인)한대 子曰(자왈) 仁者(인자)는 其言也訒(기언야인)이니라 曰(왈) 其(기)言也訒(언야인)이면 斯謂之仁矣乎(사위지인의호)잇가 子曰(자왈) 爲之難(위지난)하니 言之(언지)得無訒乎(득무인호)아

| 언해 |

司馬牛ㅣ 仁을 묻ᄌᆞ온대 子ㅣ ᄀᆞᆯᄋᆞ샤ᄃᆡ 仁ᄒᆞᆫ 者ᄂᆞᆫ 그 言이 訒ᄒᆞ니라 ᄀᆞᆯ오ᄃᆡ 言이 訒ᄒᆞ면 이 仁이라 닐으리잇가 子ㅣ ᄀᆞᆯᄋᆞ샤ᄃᆡ 爲홈이 어려우니 言홈이 시러곰 訒티 아니랴

| 직역 |

사마우가 인에 대하여 묻자, 공자께서 말씀하셨다. "인한 사람은 그 말하는 것이 조심스럽다." "그 말하는 것을 조심스럽게 하면 바로 인이라 이를 수 있습니까?" 공자께서 말씀하였다. "행하기가 어려우니, 말을 하는 데 조심하지 않을 수 있겠는가?"

| 자해 |

司馬牛 : 사마경(司馬耕), 자는 자우(子牛). 말이 많고 조급하였다고 함. 송나라 환퇴의 동생. • 訒 : 말을 함부로 하지 않고 조심하는 것.

| 의해 |

사마우가 인의 도를 공자에게 묻자 공자가 말하였다. "자네가 어찌하여 인한 자의 말을 보지 않느냐? 인한 사람은 말할 적에 참고 어려운 듯하여 경솔히 발하지 않으니 자네가 이에 삼가면 인을 하는 방법이 이 밖으로 나가지 않는다."

◑ 이에 사마우가 말하였다. "인의 도가 지극히 크니 그 말을 참고 어렵게 하면 이것을 인이라 할 수 있습니까?" 공자가 말하였다. "사람이 오직 마음을 놓는 까닭에 경솔한 뜻으로 함부로 하고 함부로 하는 까닭에 말을 방자하게 하여 거리낌이 없으니, 인한 사람은 일을 할 적에 반드시 성취하기 어려움을 염려하고 성취한 뒤에는 또 마치기 어려움을 염려하여 아무쪼록 도리에 합하게 하여 감히 경솔하게 못한다. 감히 어질게 못하는 자는 반드시 어질게 말하지 못하니 그 말을 참고 어렵게 하지 않으려 하나 그럴 수 있겠는가? 그러한 것을 자네가 쉽게 여기고 적다고 하는가?"

| 요지 |

이 장에서 말을 참고 어렵게 하는 것은 마음에 근본하는 것이다. 끝 대문에 말을 참고 어렵게 하는 연고를 말하니, '행하기가 어렵다'는 말이 이 장의 긴요한 말이다. 사마우가 말이 많고 조급하여 그 마음을 놓아서 인을 어기는 까닭에 물음에 근거하여 마음을

갖는 방법을 보인 것이다. 말을 참고 어렵게 하는 것이 인이 아니라, 그 말을 참고 어렵게 하는 마음이 곧 인이다.

사 마 우 문 군 자 자 왈 군 자 불 우 불 구 왈 불
4. 司馬牛問君子한대 子曰 君子는 不憂不懼니라 曰 不
우 불 구 사 위 지 군 자 의 호 자 왈 내 성 불 구 부
憂不懼면 斯謂之君子矣乎잇가 子曰 內省不疚어니 夫
하 우 하 구
何憂何懼리오

| 언해 |

司馬牛ㅣ 君子를 묻ᄌᆞ온대 子ㅣ ᄀᆞᆯᄋᆞ샤ᄃᆡ 君子ᄂᆞᆫ 憂티 아니ᄒᆞ며 懼티 아니 ᄒᆞᄂᆞ니라 ᄀᆞᆯ오ᄃᆡ 憂티 아니ᄒᆞ며 懼티 아니ᄒᆞ면 이 君子ㅣ라 닐으리잇가 子ㅣ ᄀᆞᆯᄋᆞ샤ᄃᆡ 內로 省ᄒᆞ야 疚티 아니ᄒᆞ거니 ᄆᆞᄉᆞᆷ 憂ᄒᆞ며 ᄆᆞᄉᆞᆷ 懼ᄒᆞ리오

| 직역 |

사마우가 군자에 대하여 묻자, 공자께서 말씀하셨다. "군자는 걱정하지 않으며 두려워하지 않는다." "근심하지 않으며 두려워하지 않으면 곧 군자라 이를 수 있습니까?" 공자께서 말씀하셨다. "안으로 반성하여 조그마한 허물도 없으니, 무엇을 근심하며 무엇을 두려워하겠는가?"

| 자해 |

疚 : 병통·결점의 뜻으로 음은 '구'.

| 의해 |

사마우가 물었다. "군자의 사람됨은 어떠합니까?" 공자가 말하였

다. "덕을 이룬 군자는 마음이 항상 태연하여, 일을 하지 않아도 근심하는 데 이르지 않고 일에 임하여 두려움이 많은 데 이르지 아니하여, 있는 곳을 따라 편안하다. 사람이 이와 같이 할 수 있으면 군자가 될 수 있을 것이다."

◑ 사마우가 "군자의 도가 큰데, 겨우 근심하지 않고 두려워하지 않는 것을 군자라고 이릅니까?"라고 하자, 공자가 말하였다. "자네는 쉽게 보지 말아라. 군자가 평일에 한 바를 안으로 마음에 살펴 잘못이 없으면 우러러 하늘에 부끄럽지 않고, 구부려 사람에게 부끄럽지 아니하여 천지 사이에 호연하다. 그런데 무엇을 근심하며 무엇을 두려워하겠는가? 이것이 도와 의를 스스로 닦는 실상이니 참으로 덕을 이룬 이가 아니면 하지 못할 것이다."

| 요지 |

이 장은 군자가 어디를 가든지 자득하지 않음이 없는 것을 보인 것이니, 다만 보이는 지경만 가지고 말한 것이다. 안으로 반성하여 조그마한 허물도 없다는 말이 이 한 장의 주장이니, 이것이 걱정하지 않으며 두려워하지 않는 근본이다. 환퇴가 난리를 일으켜 사마우가 항상 근심하고 두려워하는 까닭에 공자가 이를 고한 것이다.

5. 司馬牛憂曰(사마우우왈) 人皆有兄弟(인개유형제)어늘 我獨亡(아독무)로다 子夏曰(자하왈) 商(상)은 聞之矣(문지의)로니 死生(사생)이 有命(유명)이요 富貴在天(부귀재천)이라호라 君子(군자) 敬而無失(경이무실)하며 與人恭而有禮(여인공이유례)면 四海之內(사해지내) 皆兄弟也(개형제야)니 君子何患乎無兄弟也(군자하환호무형제야)리오

| 언해 |

司馬牛ㅣ 憂ᄒᆞ야 ᄀᆞ로ᄃᆡ 사ᄅᆞᆷ이 다 兄弟를 둣거늘 내 홀로 업도다 子夏ㅣ ᄀᆞ로ᄃᆡ 商은 드런노니 死와 生이 命이 잇고 富와 貴ㅣ 天에 잇다 호라 君子ㅣ 敬ᄒᆞ고 失ᄒᆞᆷ이 업스며 사ᄅᆞᆷ으로 더브러 恭호ᄃᆡ 禮ㅣ이시면 四海ㅅ 안히 다 兄弟니 君子ㅣ 엇디 兄弟 업슴을 患ᄒᆞ리오

| 직역 |

사마우가 걱정하면서 말하였다. "사람들은 모두 형제가 있는데 나만 없구나!" 자하가 말하였다. "나는 들으니, 살고 죽는 것은 명에 달려 있고, 부와 귀는 하늘에 달려 있다고 하였다. 군자가 공경하고 잘못이 없으며, 남과 더불어 공손하고 예가 있으면 사해의 안이 다 형제이니, 군자가 어찌 형제가 없음을 걱정하겠는가?"

| 의해 |

사마우가 근심하여 자하에게 말하였다. "사람들이 다 형제가 있어서 천륜의 즐거움을 이루는데, 내 홀로 형제 복이 없어 서로 편안하지 못하고, 비록 있으나 없는 것 같으니, 어떻게 하면 될까?" ◑ 자하가 말하였다. "내가 일찍이 선생님께 들었다. 사람이 누가 살기를 좋아하고 죽는 것을 싫어하지 않겠는가마는 그러나 죽고 사는 것은 날 때 처음에 부여받은 명이 있기 때문에 힘을 써도 얻지 못할 것이다. 사람이 누구든 부유하고 귀하게 되고자 하지 않겠는가마는, 그러나 부유하고 귀함은 하늘에 달려 있으니 힘을 써도 얻지 못할 것이다. 다만 마땅히 받아들일 따름이다. 군자가 진실로 명을 편안하게 여길 것이고, 또 마땅히 그 몸에 있는 것을 닦을 것이다. 공경하면 내가 허물이 없어서 스스로 사람의 사랑과 공경을 일으킬 것이고, 공손하면 남을 대접하는 것이 절도에 맞아서 스스로 사람의 사랑과 공경을 얻을 것이다. 그러면 사해 안이 다 나의 형제와 같으리니, 하물며 나의 형제가 어찌 서로 감

동하여 악함이 변하여 착함이 되지 않겠느냐? 그렇다면 군자가 어찌 형제 없음을 근심하겠는가?"

| 요지 |

이 장에서는 다만 나에게 있는 것을 다함이 중요하니, '공경하고 잘못이 없다'는 구절이 이 주장이다. 천명(天命)이 있다는 것을 알 수 있으면 형제 없는 것도 또한 천명임을 알 수 있다. 스스로 다할 것은 오직 공과 경에 있으니 사마우로 하여금 스스로 공과 경을 다하여 그 형제를 감화하게 하고자 하는 것이고, 자기의 형제는 놓아버리고 다른 사람을 형제로 삼게 하려고 한 것이 아니다.

자장 문명 자왈 침윤지참 부수지소 불행
6. 子張이 問明한대 子曰 浸潤之譖과 膚受之愬 不行

언 가위명야이의 침윤지참 부수지소 불행
焉이면 可謂明也已矣니라 浸潤之譖과 膚受之愬 不行

언 가위원야이의
焉이면 可謂遠也已矣니라

| 언해 |

子張이 明을 묻ᄌᆞ온대 子ㅣ ᄀᆞᆯᄋᆞ샤ᄃᆡ 浸潤ᄒᆞᄂᆞᆫ 讚과 膚의 受ᄒᆞᆫ 愬ㅣ 行티 몯ᄒᆞ면 可히 明이라 닐으리니라 浸潤ᄒᆞᄂᆞᆫ 讚과 膚의 受ᄒᆞᆫ 愬ㅣ 行티 몯ᄒᆞ면 可히 遠이라 닐으리니라

| 직역 |

자장이 현명함에 대하여 묻자, 공자께서 말씀하셨다. "서서히 젖어드는 참소와 피부로 받는 하소연이 행해지지 않는다면 현명하다고 이를 만하다. 서서히 젖어드는 참소와 피부로 받는 하소연이 행해지지 않는다면 아주 현명하다고 이를 만하다."

| 자해 |

浸潤 : 물이 부어지고 적셔지는데 점점 번져서 갑자기 하지 않음. • 譖 : 참소. • 膚受 : 피부로 받는 바의 이해(利害)가 몸에 간절함. • 愬 : 하소연.

| 의해 |

자장이 "어떠하여야 현명하다고 이를 수 있습니까?"라고 묻자, 공자가 말하였다. "이른바 현명하다는 것은 오직 인정의 살피기 어려운 바를 살피는 것일 따름이다. 사람을 참소하는 자가 그 말을 갑자기 하면 사람에게 깊이 들어가지 못하니, 오직 점점 물 젖듯이 하여야 깨닫지 못할 것이다. 그리하여 중상하는 꾀를 은미한 말과 냉담한 말 가운데 감추는 것을 물에 서서히 잠기는 것과 같이 하니, 이는 참소하는 데 교묘한 자이다. 원통함을 하소연하는 자는 그 말이 늘어져서는 사람을 움직일 수 없으므로 절박하게 말한다. 이는 하소연하는 데 교묘한 자이다. 이제 그 거짓을 알아서 저 참소하는 자와 하소연하는 자의 꾀를 행하지 못하게 하면 이는 두 가지 살피기 어려운 것을 살피는 것이니, 그 현명함을 볼 것이다. 자네가 현명함을 구하고자 하면 오히려 그 마음에 가리워진 것을 버리는 것이 좋을 것이다."

| 요지 |

이 장은 마음이 가리워지지 않는 것이 곧 현명함이라는 것을 보인 것이다. 자장이 바깥을 힘쓰고 고원한 것을 좋아하면서 인정은 도리어 살피지 못하는 까닭에 지극히 가까운 곳에서 현명함을 구하라고 한 것이다.

7. 子貢이 問政한대 子曰 足食足兵이면 民信之矣리라 子貢이 曰 必不得已而去인댄 於斯三者에 何先이리잇고 曰 去兵이니라 子貢이 曰 必不得已而去인댄 於斯二者에 何先이리잇고 曰 去食이니 自古皆有死어니와 民無信不立이니라

| 언해 |

子貢이 政을 묻ᄌᆞ온대 子ㅣ ᄀᆞᆯᄋᆞ샤ᄃᆡ 食을 足게 ᄒᆞ며 兵을 足게 ᄒᆞ면 民이 信ᄒᆞ리라 子貢이 ᄀᆞᆯ오ᄃᆡ 반ᄃᆞ시 시러곰 마디 몯ᄒᆞ야 去홀띤대 이 三者애 어늬를 몬져 ᄒᆞ리잇고 ᄀᆞᆯᄋᆞ샤ᄃᆡ 兵을 去홀띠니라 子貢이 ᄀᆞᆯ오ᄃᆡ 반ᄃᆞ시 시러곰 마디 몯ᄒᆞ야 去홀띤댄 이 二者애 어늬를 몬져 ᄒᆞ리잇고 ᄀᆞᆯᄋᆞ샤ᄃᆡ 食을 去홀띠니 녜로브터 다 死홈이 잇거니와 民이 信이 업스면 立디 몯ᄒᆞᄂᆞ니라

| 직역 |

자공이 정치에 대하여 묻자, 공자께서 말씀하셨다. "먹을 것을 풍족히 하고, 병력을 풍족히 하면 백성들이 믿을 것이다." 자공이 말하였다. "반드시 부득이해서 버린다면 이 세 가지 중에 무엇을 먼저 버려야 합니까?" 공자께서 말씀하셨다. "병력을 버려야 한다." 자공이 말하였다. "반드시 부득이해서 버린다면 이 두 가지 중에 무엇을 먼저 버려야 합니까?" 공자께서 말씀하셨다. "먹을 것을 버려야 하니, 예로부터 누구나 다 죽지만, 백성들이 믿어 주지 않으면 설 수 없는 것이다."

| 의해 |

자공이 정치하는 도를 묻자, 공자가 말하였다. "정치는 백성의 사는 것과 백성의 마음을 다스릴 따름이다. 먹는 것이 부족하면 백성 기르는 정치가 아니므로 반드시 백성을 위하여 밭과 집을 지으며 세금을 적게 거두어 백성으로 하여금 일정한 직업을 가지게 하면 창고가 가득 차서 먹을 것이 충분할 것이다. 군사라는 것은 백성을 보호하는 것이다. 군사가 충분하지 않으면 백성을 편안하게 하는 정치가 아니니 반드시 군사 연습을 때에 맞추어 하여 백성으로 하여금 용맹이 있고 방향을 알게 하면, 무력이 갖추어져서 군사가 충분할 것이다. 믿음이라는 것은 백성의 마음이다. 믿음직스럽지 않으면 백성을 교화하는 정치가 아니다. 반드시 백성을 위하여 예의를 밝히고 풍속을 도탑게 하여 백성으로 하여금 다 임금을 높이고 윗사람을 친애하는 마음이 있고 속이고 거짓말하고 떠나고 배반할 생각이 없어서 백성이 나를 믿게 하면 교화가 갖추어지고 정치하는 도를 얻을 것이니, 이것이 정치하는 떳떳한 법이다."

◑ 자공이 말하였다. "세 가지를 겸하면 진실로 좋은 정치가 되겠지만, 만일 일이 있어서 반드시 부득이하여 세 가지 중에 하나를 버려야 하면, 무엇을 먼저 버려야 합니까?" 공자가 말하였다. "먹을 것이 충분하여 백성이 믿으면 백성이 윗사람을 친애하여 손과 발이 머리와 눈을 막아주는 것 같이 할 것이다. 반드시 부득이하여 버려야 한다면, 군사를 혹 없앨 것이다."

◑ 자공이 또 물었다. "세 가지 중에서 군사를 버리는 것이 권도이겠지만, 만일 상황이 더욱 나빠져 반드시 부득이하여 이 두 가지 중에 또 하나를 버려야 한다면, 무엇을 먼저 버려야 합니까?" 공자가 말하였다. "백성이 믿으면 곧 나라가 있다. 반드시 먹은 후에 있는 것이 아니니 반드시 부득이하여 버려야 한다면 먹을 것을 혹 버릴 것이다. 그러나 먹을 것이 없으면 반드시 죽을 것이다. 죽고 사는 것은 떳떳한 이치이고 예로부터 있는 것으로 사람

이 반드시 면하지 못할 것이지만, 만일 백성에게 믿음이 없으면 천지 사이에 서지 못할 것이다. 반드시 백성으로 하여금 차라리 먹을 것이 없어 죽을지언정 그 임금을 높이고 윗사람을 친애하는 마음을 잃지 않게 할 것이니, 곧 그 정치의 중요한 것이 백성의 마음을 얻고 백성의 풍속을 착하게 하는 데 있음을 알아야 한다."

| 요지 |

공자 문하의 제자가 묻기를 잘하여 곧 궁구하여 끝까지 이르니, 이 장은 자공이 아니면 묻지 못할 것이고, 성인이 아니면 대답하지 못할 것이다. 인정으로써 말하면 군사와 먹는 것이 충분한 후에 백성이 믿을 것이고, 백성의 덕으로써 말하면 믿음은 본래 사람이 참으로 가지고 있는 것이니, 군사와 먹는 것이 앞서는 것이 아니다. 그러므로 정치를 하는 자가 마땅히 몸소 그 백성을 거느려서 죽음으로써 지킬 것이고, 위급하다고 버릴 수 있는 것이 아니다.

8. 棘子成이 曰 君子는 質而已矣니 何以文爲리요 子貢이 曰 惜乎라 夫子之說이 君子也나 駟不及舌이로다 文猶質也며 質猶文也니 虎豹之鞹이 猶犬羊之鞹이니라

| 언해 |

棘子成이 ᄀᆞᆯ오ᄃᆡ 君子ᄂᆞᆫ 質일ᄯᆞᄅᆞᆷ이니 엇디ᄡᅥ 文을 ᄒᆞ리오 子貢이 ᄀᆞᆯ오ᄃᆡ 惜홉다 夫子의 말ᄉᆞᆷ이 君子ㅣ나 駟도 舌에 밋디 몯ᄒᆞ리로다 文이 質ᄀᆞᆮᄐᆞ며 質이 文ᄀᆞᆮᄐᆞ니 虎豹의 鞹이 犬羊의 鞹ᄀᆞᆮᄐᆞ니라

| 직역 |

극자성이 말하였다. "군자는 바탕일 뿐이니, 꾸밈을 어디에 쓰겠는가?" 자공이 말하였다. "애석하다! 그 사람의 말이 군자다우나 네 말이 끄는 수레도 혓바닥을 따라잡지는 못하겠다. 꾸밈이 바탕과 같으며, 바탕이 꾸밈과 같은 것이니, 호랑이나 표범의 가죽은 개나 양의 가죽과 같은 것이다."

| 자해 |

棘子成 : 위나라의 대부. • 駟 : 네 마리의 말. 또는 네 마리의 말이 끄는 빠른 수레. • 鞹 : 털을 벗긴 날가죽. 음은 '곽'.

| 의해 |

극자성이 당시 사람의 꾸밈이 바탕을 이기는 것을 미워하여 말하였다. "지금 세상을 당하여 군자가 무너진 풍기를 돌이키려면 일을 대할 때에 오직 그 본바탕을 갖고 참 질박한 뜻을 잃지 아니할 따름이니 어찌 꾸며서 보기에 좋게만 하여 현란하게 하겠는가?"
◑ 자공이 말하였다. "아깝도다! 선생의 말이 근본을 높이고 말단을 억제한 것이니 이것이 군자의 뜻이다. 그러나 굽은 것을 바로잡으려다가 지나쳤다. 말이 이미 그릇되어 거두기가 어려우니, 네 마리 말이 끄는 수레도 혀에 미치지 못할 것이다.
◑ 천하의 일이 바탕이 없으면 서지 못하고 꾸밈이 없으면 행하지 못할 것이다. 꾸밈과 바탕이 서로 없으면 안 되는 것이 이와 같다. 또 꾸밈을 비유하면 털이오, 바탕을 비유하면 가죽이니, 꾸밈과 바탕이 다 있은 후에 군자와 소인을 분별할 수 있을 것이다. 가죽과 털이 다 있은 후에 호랑이, 표범과 개, 양을 구별할 수 있는 것과 같다. 만일 선생의 말과 같다면 이는 그 꾸밈을 버리고 홀로 바탕만 두는 것이니, 군자가 무엇으로 소인과 다르겠는가? 털을 다 버리고 가죽만 둔다면 호랑이, 표범과 개, 양의 가죽을 무엇으로 구별하겠는가? 이는 선생의 말이 실언이 된 것이다."

| 요지 |

이 장은 다 세상을 구원하는 것으로 의론을 세운 것이다. 극자성이 꾸밈이 날로 승함을 미워하여 꾸밈을 버리고 바탕을 두고자 한 것은 공자가 한 말 중에서 예는 차라리 검소하라고 한 뜻에 가깝고, 자공이 꾸밈을 두어서 바탕을 분별하고자 한 것은 공자의 말 중에서 꾸밈과 바탕이 잘 어우러진다는 뜻과 같으니, 다 바탕을 중요하게 여긴 것이다. 두 어진 이가 다 깊은 마음이 있으니, 논박할 것이 아니다.

9. 哀公이 問於有若曰 年饑用不足하니 如之何오 有若이 對曰 盍徹乎시니잇고 曰二도 吾猶不足이어니 如之何其徹也리오 對曰 百姓이 足이면 君孰與不足이며 百姓이 不足이면 君孰與足이리잇고

| 언해 |

哀公이 有若의게 무러 ᄀᆞᆯ오ᄃᆡ 年이 饑ᄒᆞ야 用이 足디 몯ᄒᆞ니 엇디ᄒᆞ료 有若이 對ᄒᆞ야 ᄀᆞᆯ오ᄃᆡ 엇디 徹티 아니 ᄒᆞ시ᄂᆞ니잇고 ᄀᆞᆯ오ᄃᆡ 二도 내 오히려 足디 몯ᄒᆞ거니 엇디 그 徹을 ᄒᆞ리오 對ᄒᆞ야 ᄀᆞᆯ오ᄃᆡ 百姓이 足ᄒᆞ면 君이 눌로 더브러 足디 몯ᄒᆞ시며 百姓이 足디 몯ᄒᆞ면 君이 눌로 더브러 足ᄒᆞ시리잇고

| 직역 |

애공이 유약에게 물었다. "해가 흉년이 들어서 재용이 부족하니, 어찌해야 하겠는가?" 유약이 대답하였다. "어찌하여 철법을 쓰지

않습니까?" 애공이 말하였다. "10분의 2도 내 오히려 부족한데, 어떻게 철법을 쓰겠는가?" 유약이 대답하였다. "백성이 풍족하면 임금께서 누구와 더불어 부족하실 것이며, 백성이 풍족하지 못하다면 임금께서 누구와 더불어 풍족하시겠습니까?"

| 자해 |

徹 : 10분의 1의 과세를 모두에게 통용시키는 것.

| 의해 |

애공이 유약에게 물었다. "지금 흉년이 들어 백성의 세금이 들어오지 않으니 나라의 용도가 매우 부족하다. 장차 어찌하면 용도를 풍족하게 할까?"

◑ 유약이 대답하여 말하였다. "우리 주나라 국초의 철법이 백성에게 십분의 일을 취하여도 국가의 용도가 항상 넉넉하였습니다. 임금은 어찌하여 이것을 행하지 않습니까?"

◑ 애공은 유약이 세금을 더 받고자 하는 뜻을 알아듣지 못하는 줄 알고 말하였다. "우리 노나라가 세금을 받은 이후로 벌써 십분의 이를 취하였는데도 한번 흉년을 만나면 국가의 용도가 오히려 부족한데 어찌하여 다시 철법을 행하여서 십분의 일을 취하겠는가?"

◑ 유약이 대답하여 말하였다. "선왕의 철법은 원래 위와 아래를 통하여 마련한 것이니, 임금과 백성은 한 몸입니다. 만일 철법을 행하여 정전이 고르고 봉록이 공평하여 다 풍족하면 백성이 산업을 이루어서 힘을 내어 나라에 제공하는 자가 많을 것입니다. 그러면 임금이 누구로 더불어 부족하겠습니까? 만일 철법을 행하지 아니하여 세금이 공평하지 않으면 쓰는 것이 한량이 없습니다. 그래서 백성에게 세금을 함부로 걷으면 필경 백성이 흩어져서 밭이 묵고 세금이 나올 데가 없을 것이니, 임금이 누구로 더불어 풍족하겠습니까? 임금과 백성의 관계가 이러하니 철법을 행하지 않을 수 없습니다."

| 요지 |

이 장은 나라를 풍족하게 하려면 마땅히 먼저 백성을 풍족하게 해야함을 보인 것이다. 애공은 뜻이 나라를 풍족하게 하는 데 있고, 유약은 뜻이 백성을 풍족하게 하는 데 있었다. 임금과 백성은 일체이므로 백성을 풍족하게 하는 것이 바로 나라를 풍족하게 하는 것이라고 이른 것이다.

10. 子張(자장)이 問崇德辨惑(문숭덕변혹)한대 子曰(자왈) 主忠信(주충신)하며 徙義崇德也(사의숭덕야)니라 愛之(애지)란 欲其生(욕기생)하고 惡之(오지)란 欲其死(욕기사)하나니 旣欲其生(기욕기생)이요 又欲其死(우욕기사)가 是惑也(시혹야)니라 誠不以富(성불이부)요 亦祗以異(역지이이)로다

| 언해 |

子張이 德을 崇ᄒᆞ며 惑을 辨홈을 묻ᄌᆞ온대 子ㅣ ᄀᆞᆯᄋᆞ샤ᄃᆡ 忠信을 主ᄒᆞ며 義예 徙홈이 德을 崇홈이니라 愛ᄒᆞᄂᆞᆫ 이란 그 살과뎌ᄒᆞ고 惡ᄒᆞᄂᆞᆫ 이란 그 죽과뎌ᄒᆞᄂᆞ니 이믜 그 살과뎌ᄒᆞ고 ᄯᅩ 그 죽과뎌 홈이 이 惑이니라 딘실로ᄡᅥ 富케 몯ᄒᆞ고 ᄯᅩᄒᆞᆫ 마치ᄡᅥ 異홈이로다 (16편 해석 : 진실로 富로ᄡᅥ ᄒᆞᄂᆞᆫ 줄이 아니라 ᄯᅩᄒᆞᆫ 다만 異로ᄡᅥ라 ᄒᆞ니)

| 직역 |

자장이 덕을 높이고, 의혹을 분별하는 것에 대하여 묻자, 공자께서 말씀하셨다. "충과 신을 위주로 하며 의로 옮아가는 것이 덕을 높이는 것이다. 사랑할 때에는 살기를 바라고, 미워할 때에는 죽

기를 바라니, 살기를 바라고 또 죽기를 바라는 것이 미혹이다. 진실로 부유하게도 하지 못하고, 또한 다만 이상함만 취할 뿐이다."

| 의해 |

자장이 물었다. "스스로 닦는 도는 마음을 다스리는 것이 우선이 됩니다. 덕이란 것은 이치를 마음에 얻은 것인데, 어떻게 높여서 높은 데로 나아가게 합니까? 혹 이런 것은 이치가 마음에서 가려진 것인데, 어떻게 분변하여 밝은 데로 나아가게 합니까?" 공자가 말하였다. "덕은 마음에 근본하여 일에 통한 것이니 반드시 안으로 충과 신을 위주로 하며 의에 옮겨서 그 일하는 사이에 한 터럭만큼도 이치에 합당하지 않음이 없게 할 것이니, 이 같으면 근본이 이미 굳고 덕을 세우는 터가 있어서 착한 행실이 날마다 쌓여서 덕에 나아가는 데 기초가 있고 덕이 장차 날로 고명한 데로 나갈 것이니 이것이 곧 높이는 일이다. 사람이 사랑하면 삶을 바라고 미워하면 죽음을 바라니, 당초에는 무슨 사랑으로 삶을 바라며 지금은 무슨 미움으로 또 죽기를 바라는가? 심하다, 그 미혹됨이여! 이것을 분별할 수 있으면 미혹을 버릴 수 있을 것이다."

◑ 정자가 "이 대문은 문장이 바뀐 것이다. 마땅히 제16편 계씨 제12장 '제 경공이 말 사천 마리를 갖고 있었는데'라는 문장 위에 있을 것이니, 이 아래 장에 또한 '제 경공'이라는 글자가 있는 것으로 인하여 그릇되었다"고 하니 마땅히 이 말에 의지하여 문장이 바뀐 것으로 보는 것이 옳다.

| 요지 |

이 장은 자장이 다만 높고 밝음을 요구하므로 공자가 자신에게 간절한 공부로 말해준 것이다.

11. 齊景公(제경공)이 問政於孔子(문정어공자)한대 孔子對曰(공자대왈) 君君臣臣父父子子(군군신신부부자자)니이다 公(공)이 曰(왈) 善哉(선재)라 信如君不君(신여군불군)하며 臣不臣(신불신)하며 父不父(부불부)하며 子不子(자부자)면 雖有粟(수유속)이나 吾得而食諸(오득이식저)아

| 언해 |

齊景公이 政을 孔子ㅅ긔 묻ᄌᆞ온대 孔子ㅣ 對ᄒᆞ야 ᄀᆞᆯᄋᆞ샤ᄃᆡ 君이 君ᄒᆞ며 臣이 臣ᄒᆞ며 父ㅣ 父ᄒᆞ며 子ㅣ 子홈이니이다 公이 ᄀᆞᆯ오ᄃᆡ 善ᄒᆞ다 진실로 만일 君이 君티 몯ᄒᆞ며 臣이 臣티 몯ᄒᆞ며 父ㅣ 父티 몯ᄒᆞ며 子ㅣ 子티 몯ᄒᆞ면 비록 粟이 이시나 내 시러곰 食ᄒᆞ랴

| 직역 |

제 경공이 공자에게 정치에 대하여 묻자, 공자께서 대답하셨다. "임금은 임금답고, 신하는 신하다우며, 아버지는 아버지답고, 자식은 자식다운 것입니다." 공이 말하였다. "좋습니다. 진실로 만일 임금이 임금답지 못하고, 신하가 신하답지 못하며, 아버지가 아버지답지 못하고, 자식이 자식답지 못하다면, 비록 곡식이 있더라도 내가 그것을 먹을 수 있겠습니까?"

| 자해 |

齊景公 : 기원 전 547년에서 490년까지 즉위했던 제나라의 임금. 성은 강(姜), 이름은 저구(杵臼).

| 의해 |

공자가 제나라에 있을 때, 제 경공이 정치에 대하여 공자에게 물었다.

◑ 공자가 대답하였다. "정치는 인륜을 바르게 하는 것을 우선으

로 삼습니다. 밖으로 조정에서는 임금이 임금답고 신하가 신하다우며, 안으로 가정에서는 아버지가 아버지답고 아들이 아들다움을 이루어서 인(仁)과 경(敬)과 효(孝)와 자(慈)가 각각 그 실상을 극진히 하는 것, 이것이 인도의 큰 길이고 정치의 근본입니다. 정치하는 도가 어찌 이에 더하겠습니까?"

◑ 공이 말씀을 듣고 말하였다. "좋다! 이 말이여! 진실로 만일 임금이 임금답지 못하고 신하가 신하답지 못하고 아비가 아비답지 못하고 아들이 아들답지 못하면 그 어찌 나라가 되겠는가? 비록 곡식이 있으나, 내 어찌 먹을 수 있겠는가?"

| 요지 |

이 장은 인륜을 밝히는 것이 다스리는 근본이 됨을 보인 것이다. 당시 경공이 정사를 잃어서 대부 진씨가 사사로운 은혜를 백성에게 후하게 베풀고, 경공이 또 첩이 많고, 태자를 세우지 않으니 군신, 부자 사이에 다 그 도를 잃었다. 그런 까닭에 공자가 이로써 고하였더니 경공이 공자의 말을 좋게 여기었으나 등용하지 못하였다. 그 후에 과연 태자를 정하지 못하여 진씨가 임금을 죽이고 나라를 빼앗는 화가 있게 되었다.

자왈 편언 가이절옥자 기유야여 자로
12. 子曰 片言에 可以折獄者는 其由也與인저 子路는
무숙락
無宿諾이러라

| 언해 |

子ㅣ ᄀᆞᆯᄋᆞ샤ᄃᆡ 片言애 可히 ᄡᅥ 獄을 折홀 者ᄂᆞᆫ 그 由ᅟᅵᆫ뎌 子路ᄂᆞᆫ 諾을 宿홈이 업더라

| 직역 |

공자께서 말씀하셨다. "한 마디 말로 옥사를 결단할 수 있는 자는 아마도 유일 것 같다. 자로는 승낙한 것을 묵혀 두는 일이 없더라."

| 자해 |

折 : 판결하는 것. • 獄 : 소송. • 宿 : 잠재우는 것.

| 의해 |

공자가 말하였다. "송사에 참과 거짓이 많이 섞여 있으니, 한 마디 말로 송사를 결단하여 굽고 곧은 것을 나누어 다시 다투어 송사하는 것이 없게 할 자는 우리 중유다."

◑ 문인이 공자의 말을 가지고 기록하여 말하였다. 자로가 평일에 사람됨이 사람에게 허락한 것이 있으면 반드시 말을 행하기에 급하여 지체하고 머물러 두는 일이 없어서 밤을 지내지 않고 곧 행하였다. 말을 행하여 속이지 않는 것은 충성과 믿음이고, 행하기에 급하여 지체하지 않는 것은 밝고 결단함이니, 충성스럽고 믿음직하면 사람이 차마 속이지 못하고 밝고 결단하면 사람이 능히 속이지 못한다. 그런 까닭에 사람이 스스로 믿어서 한 마디 말로 옥사를 결단할 수 있는 것이다.

| 요지 |

이 장은 사람이 마땅히 본래의 믿음을 가져야 함을 보인 것이다. 윗 구절은 공자가 자로가 본래 남에게 믿음직하게 함을 칭찬한 것이고, 아래 구절은 문인이 자로의 소양이 있음을 기록하여 밝힌 것이다.

자왈 청송 오유인야 필야사무송호

13. 子曰 聽訟이 吾猶人也나 必也使無訟乎인저

| 언해 |

子ㅣ 골ᄋᆞ샤ᄃᆡ 訟을 聽홈이 내 사ᄅᆞᆷ과 ᄀᆞᄐᆞ나 반ᄃᆞ시 ᄒᆡ여곰 訟을 업게 ᄒᆞ린뎌

| 직역 |

공자께서 말씀하셨다. “송사를 결단함은 나도 남과 같으나 반드시 송사가 없게 하겠다.”

| 의해 |

윗 사람이 되어서 백성의 송사를 인하여 잘잘못을 판단하고 참과 거짓을 결단하는 것은 공변되고 밝은 것이다. 나도 다른 사람과 같을 것이지만, 그러나 이는 그 뜻을 다스리고 그 흐름을 막을 따름에 지나지 않는다. 반드시 그 근본을 바르게 하고 그 근원을 밝혀서 백성으로 하여금 감화할 줄을 알아서 자연히 송사가 없는 것이 귀한 것이 되니, 덕으로 인도하고 예로 가지런히 하는 일을 급히 할 것이다.

| 요지 |

이 장은 공자가 옛적의 형벌은 형벌이 없게 하는 것을 기약했던 덕화임을 생각한 것이다. 내가 남과 같다는 구절은 송사를 듣는 것이 어렵지 않고 또 귀할 것이 없다는 것을 보인 것이고, ‘반드시’라는 말은 ‘반드시 이와 같아야 귀할 수 있음’을 보인 것이다.

14. 子張(자장)이 問政(문정)한대 子曰(자왈) 居之無倦(거지무권)하며 行之以忠(행지이충)이니라

| 언해 |

子張이 政을 묻ᄌᆞ온대 子ㅣ 골ᄋᆞ샤ᄃᆡ 居ᄒᆞ욤을 倦홈이 업스며 行

호ᄃᆡ 忠으로ᄡᅥ 홀ᄯᅵ니라

| 직역 |

자장이 정치에 대하여 묻자, 공자께서 말씀하셨다. "가만히 있을 때에는 게으름이 없으며, 행할 때에는 성실한 마음으로 한다."

| 자해 |

居 : 마음에 보존함. • 行 : 일에 나타남.

| 의해 |

자장이 정치하는 도를 물으니 공자가 말하였다. "정치하는 도는 다른 것이 없다. 성실함으로 하면 다할 것이다. 정치를 마음에 두고 주장하는 것을 거함이라 하니, 거하기만 하고 혹 오래 가지지 못하면 이것은 중단이 있는 성실이다. 반드시 마음에 둔 것을 끝이 처음과 같아서 처음 벼슬함으로부터 벼슬을 이룬 데까지 이 마음을 바꾸지 않으면 반드시 해이한 뜻이 없어서 정치가 자연히 떳떳함이 있을 것이다. 이 정치를 일에 드러내어 베푸는 것을 행함이라 하니, 행함이 실상 마음에 근본하지 않으면 거짓 없는 성실이 아니다. 반드시 일에 둔 것을 안팎이 같게 할 것이니 예악과 문장이 다 내 마음에서 발하는 것이고, 기강과 법도가 다 내 마음을 미룬 것이다. 한갓 바깥을 꾸미는 도구가 되지 않고 정치가 다 실상이 될 것이니 체와 용이 한 성실뿐이면 정치하는 도가 어찌 이에 더하겠는가?"

| 요지 |

이 장은 정치를 하는 데 성실이 귀함을 의론한 것이다. 자장이 인이 적고 성실함이 없어서 백성을 사랑함에 반드시 게으르게 하여 마음을 극진히 하지 않는 까닭에 이것으로써 고한 것이다.

15. 子曰(자왈) 博學於文(박학어문)이요 約之以禮(약지이례)면 亦可以弗畔矣夫(역가이불반의부)인저

| 직역 |

공자께서 말씀하셨다. "군자가 문을 널리 배우고 예로 단속하면 또한 어긋나지 않을 수 있을 것이로다."

※ 중복된 문장. 「雍也」 25 참조.

16. 子曰(자왈) 君子(군자)는 成人之美(성인지미)하고 不成人之惡(불성인지악)하나니 小人(소인)은 反是(반시)니라

| 언해 |

子ㅣ 갈ㅇ샤ᄃᆡ 君子ᄂᆞᆫ 사ᄅᆞᆷ의 美를 일우고 사ᄅᆞᆷ의 惡을 일우디 아니ᄒᆞᄂᆞ니 小人은 이에 反ᄒᆞ니라

| 직역 |

공자께서 말씀하셨다. "군자는 남의 아름다운 점을 이루어 주고, 남의 나쁜 점을 이루어 주지 않지만, 소인은 이와 반대이다."

| 자해 |

成 : 이끌어 주고 권장하여 그 일을 이루는 것.

| 의해 |

군자는 마음을 쓰는 것이 근본적으로 도탑고 좋아하는 것이 또

착한 데 있다. 그러므로 사람의 착한 것을 보면 그 착한 일이 이루어지기 전에 붙들어 주어서 나아가도록 인도하고, 착한 일이 이루어져 갈 때에 칭찬하고 권하여 그 뜻을 굳게 하여 기어코 성취하게 한다. 또 사람의 악한 것을 보면 경계하고 바르게 하여 징계할 바를 알게 하고, 막아서 악한 것을 이루지 못하게 한다. 그러나 소인은 이와 거꾸로 마음이 근본적으로 각박하고 좋아하는 것이 또 악한 데 있다. 그러므로 악한 사람의 마음에 영합하여 사람의 악한 일을 이루게 하고, 착한 일을 시기하고 훼방하여 착한 일을 이루지 못하게 한다. 군자는 홀로 군자 되기를 부끄러워하고 소인은 같이 소인 되기를 좋아하니, 이런 까닭에 천하에 군자가 없을 수가 없고 소인도 없지 못할 것이다.

| 요지 |

이 장은 군자와 소인의 사람 대접하는 마음이 각각 같지 않음을 보인 것이다. 군자와 소인의 마음이 도탑고 각박함이 같지 않고, 또 그 좋아하는 것이 착하고 악한 데 있는 차이가 있는 것이다.

17. 季(계)康(강)子(자) 問(문)政(정)於(어)孔(공)子(자)한대 孔(공)子(자)對(대)曰(왈) 政(정)者(자)는 正(정)也(야)니
子(자)帥(솔)以(이)正(정)이면 孰(숙)敢(감)不(부)正(정)이리오

| 언해 |

季康子ㅣ 政을 孔子ㅅ긔 묻ᄌᆞ온대 孔子ㅣ 對ᄒᆞ야 ᄀᆞᆯᄋᆞ샤ᄃᆡ 政은 正홈이니 子ㅣ 帥호ᄃᆡ 正으로ᄡᅥ ᄒᆞ면 뉘 敢히 正티 아니ᄒᆞ리오

| 직역 |

계강자가 공자에게 정치에 대해 묻자, 공자께서 대답하셨다. "정치란 바르게 하는 것이니, 그대가 바름으로써 솔선수범한다면 누가 감히 바르지 않겠는가?"

| 의해 |

계강자가 정치의 도를 공자에게 묻자 공자가 대답하였다. "정치하는 도를 알고자 한다면 '정'의 뜻에 대하여 어찌 생각하지 않겠는가? 정이라는 것은 바르게 하는 것이니 사람의 바르지 못한 것을 바르게 하여 바른 데로 돌아가게 하는 것이다. 그러나 자기가 바르지 못하고 사람을 바르게 할 수 있는 자가 없다. 이제 그대는 사람을 바르게 하는 책임이 있는데 만일 스스로 그 몸을 바르게 하여 분수에 편안히 하고 이치를 좇아서 바름으로써 거느리면 사람이 보고 감동하여 누가 감히 법을 어기고 기강을 어지럽게 하여 그 바른 데로 돌아오지 않을 자가 있겠는가?"

| 요지 |

노나라 중엽부터 정치를 대부가 담당하고 그 가신이 고을에 웅거하여 배반하여 바르지 못함이 심하였다. 공자가 이것으로써 말한 것은 계강자로 하여금 바른 것으로 세 대부 집안의 바르지 못함을 고치게 하려고 한 것이다. 그런데 계강자가 이욕에 빠져서 하지 못하였으니 안타깝다.

18. 季康子患盜[계강자환도]하여 問於孔子[문어공자]한대 孔子對曰[공자대왈] 苟子之不欲[구자지불욕]이면 雖賞之[수상지]라도 不竊[부절]하리라

| 언해 |

季康子ㅣ 盜를 患ᄒᆞ야 孔子ㅅ긔 묻ᄌᆞ온대 孔子ㅣ 對ᄒᆞ야 ᄀᆞᆯᄋᆞ샤ᄃᆡ 진실로 子ㅣ 欲디 아니ᄒᆞ면 비록 賞ᄒᆞ야도 竊티 아니ᄒᆞ리라

| 직역 |

계강자가 도둑을 걱정하여 공자께 대책을 묻자, 공자께서 대답하셨다. "진실로 그대가 탐욕을 부리지 않는다면 비록 상을 준다 하더라도 도둑질하지 않을 것이다."

| 의해 |

계강자가 나라 안에 도적이 많음을 근심하여 공자에게 방지할 방법을 구하자, 공자가 말하였다. "윗사람은 아랫사람을 거느린다. 진실로 그대가 위에 있어서 마음을 맑게 하고 절조를 가다듬어 나라에서도 탐욕을 부리지 않고 집에서도 빼앗지 않으면 백성이 윗사람이 이익을 탐하지 않는 것을 보고 또한 이익을 탐하지 않는 것이 귀한 줄 알 것이다. 백성이 이익을 탐하지 않는 것이 귀한 줄 알면 비록 상주고 꾀어서 도적질을 하라 하더라도 백성이 부끄러워서 즐겨하지 않을 것인데, 하물며 법이 있어서 다스리니 무슨 도적을 근심하겠는가?" 계씨가 나라에 있어서는 나라 권세를 도적질하고 집에 있어서는 적자(嫡子)의 계통을 빼앗은 까닭에 공자가 탐욕을 부리지 말라고 깨우쳐 주었으니 그 뜻이 깊다.

| 요지 |

이 장에서 계강자가 묻는 것은 법으로 도적을 그치게 하는 데 있고 공자의 대답은 마음으로 도적을 그치게 하는 데 있었다. 도적질할 마음이 탐욕으로부터 일어나는 까닭에 탐욕을 부리지 않는 것이 귀하다고 한 것이다.

19. 季康子 問政於孔子曰 如殺無道하여 以就有道인댄 何如하니잇고 孔子對曰 子爲政에 焉用殺이리오 子欲善이면 而民이 善矣리니 君子之德은 風이요 小人之德은 草라 草上之風이면 必偃하나니라

| 언해 |

季康子ㅣ 政을 孔子ㅅ긔 묻ᄌᆞ와 ᄀᆞᆯ오ᄃᆡ 만일 道업슨 이를 殺ᄒᆞ야 ᄡᅥ 道인ᄂᆞᆫ ᄃᆡ 就ᄒᆞ게 홀딘댄 엇더 ᄒᆞ니잇고 孔子ㅣ 對ᄒᆞ야 ᄀᆞᆯᄋᆞ샤ᄃᆡ 子ㅣ 政을 홈애 엇디 殺을 ᄡᅳ리오 子ㅣ 어딜고져 ᄒᆞ면 民이 어딜리니 君子의 德은 ᄇᆞᄅᆞᆷ이오 小人의 德은 풀이라 풀에 ᄇᆞᄅᆞᆷ이 더으면 반ᄃᆞ시 偃ᄒᆞᄂᆞ니라

| 직역 |

계강자가 공자께 정치에 대하여 물었다. "만일 무도한 자를 죽여서 도가 있는 데로 나아가게 하면 어떻습니까?" 공자께서 대답하셨다. "그대가 정치를 하면서 어찌 죽이는 일을 하겠는가? 그대가 선을 하고자 하면 백성들은 선해지는 것이니, 군자의 덕은 바람이요, 소인의 덕은 풀이다. 풀 위에 바람이 불면 풀은 반드시 쓰러진다."

| 의해 |

계강자가 정치에 대하여 공자에게 물었다. "백성의 풍속이 각박하여 무도한 사람이 많으니, 저 무도한 사람을 죽여서 백성으로 하여금 징계할 바를 알아서 도가 있는 데로 나아가게 하면 어떻겠습니까?" 공자가 대답하였다. "교화는 위로부터 하니 정치에 달려 있다. 백성의 착하고 착하지 않음이 그대에게 있을 따름이니,

또한 어찌 죽이는 것을 쓰겠는가? 다만 그대의 반드시 착하려 하는 마음이 순전하고 독실하여 정치를 하고 가르치는 사이에 발현되어 몸소 행하여 인도하면 백성이 장차 덩달아 크게 변하여 스스로 무도하지 않고 착한 데로 돌아올 것이다. 위에 있는 군자는 지위가 높아서 인도하기가 쉬우니, 그 덕의 감화하는 것이 바람과 같고 아래에 있는 소인은 지위가 낮아서 좇기가 쉬우니, 그 덕에 응하는 것이 풀과 같다. 풀 위에 바람을 더하면 반드시 쓰러지니, 군자의 덕택을 입으면 반드시 순종할 것이다. 그러므로 백성이 좇지 않는 것은 또한 나의 착하고자 하는 정성이 도탑지 못해서일 따름이니, 어찌 죽이는 것으로 정치를 하겠는가?"

| 요지 |

이 장에서 계강자의 뜻은 형벌로 백성을 다스리고자 하는 것이고, 공자의 뜻은 착함으로 백성을 거느리고자 하는 것이다. 착함으로써 죽이려고 하는 것을 막은 것이니, 바로 덕으로써 형벌을 바꾸고자 하는 뜻이다.

20. 子張(자장)이 問(문) 士何如(사하여)라야 斯可謂之達矣(사가위지달의)니잇고 子曰(자왈)
何哉(하재)오 爾所謂達者(이소위달자)여 子張(자장)이 對曰(대왈) 在邦必聞(재방필문)하며 在(재)
家必聞(가필문)이니이다 子曰(자왈) 是(시)는 聞也(문야)라 非達也(비달야)니라 夫達也(부달야)
者(자)는 質直而好義(질직이호의)하며 察言而觀色(찰언이관색)하여 慮以下人(려이하인)하나니
在邦必達(재방필달)하며 在家必達(재가필달)이니라 夫聞也者(부문야자)는 色取仁而(색취인이)
行違(행위)요 居之不疑(거지불의)하나니 在邦必聞(재방필문)하며 在家必聞(재가필문)이니라

| 언해 |

子張이 묻ᄌᆞ오대 士ㅣ 엇더ᄒᆞ야야 이에 可히 達이라 니ᄅᆞ리잇고 子ㅣ ᄀᆞᆯᄋᆞ샤ᄃᆡ 엇디오 네 닐온밧 達이여 子張이 對ᄒᆞ야 ᄀᆞᆯ오ᄃᆡ 나라해 이셔도 반ᄃᆞ시 聞ᄒᆞ며 집의 이셔도 반ᄃᆞ시 聞홈이니이다 子ㅣ ᄀᆞᆯᄋᆞ샤ᄃᆡ 이ᄂᆞᆫ 聞이라 達이 아니니라 達이란 거슨 質ᄒᆞ며 直ᄒᆞ고 義를 됴히 더기며 말ᄉᆞᆷ을 ᄉᆞᆯ피며 ᄂᆞᆾ비ᄎᆞᆯ 보와 慮ᄒᆞ야 ᄡᅥ 사ᄅᆞᆷ의게 下ᄒᆞᄂᆞ니 邦애 이셔도 반ᄃᆞ시 達ᄒᆞ며 家애 이셔도 반ᄃᆞ시 達ᄒᆞ나니라 聞이란 거슨 色으로 仁을 取호ᄃᆡ 行이 違ᄒᆞ고 居ᄒᆞ야 疑티 아니ᄒᆞᄂᆞ니 邦에 이셔도 반ᄃᆞ시 聞ᄒᆞ며 家에 이셔도 반ᄃᆞ시 聞ᄒᆞᄂᆞ니라

| 직역 |

자장이 물었다. “선비가 어떠하여야 통달한 사람이라 이를 수 있습니까?” 공자께서 말씀하셨다. “무엇인가? 네가 말하는 통달한 사람이란 것이.” 자장이 대답하였다. “나라에 있어도 반드시 소문이 나며, 집안에 있어도 반드시 소문이 나는 것입니다.” 공자께서 말씀하셨다. “그것은 소문난 사람이지 통달한 사람은 아니다. 통달한 사람이란 질박하며 정직하고 의를 좋아하며, 남의 말을 살피고 얼굴빛을 보아 생각해서 몸을 낮추는 것이니, 나라에 있어서도 반드시 통달하며, 집안에 있어서도 반드시 통달하게 되는 것이다. 소문난 사람이란 얼굴빛은 인을 취하나 행실은 위배되며 자처하여 의심하지 않으니, 나라에 있어도 반드시 소문이 나며, 집에 있어도 반드시 소문이 난다.”

| 자해 |

達 : 덕이 남에게 믿어져서 행함에 언지 못함이 없음. • 聞 : 명예가 드러남.

| 의해 |

자장이 물었다. “선비가 되어서 통달한 것을 귀중하게 여기며 통달함을 이루는 데에는 반드시 도가 있을 것인데, 알지 못하겠습니다. 어떻

게 이 행동이 통하지 않음이 없어야 통달이라고 말하는 것입니까?"

◑ 자장은 본래 꾸미는 데 힘쓰는 사람이다. 공자가 이미 그가 묻는 통달이 반드시 통달이 아님을 안 까닭에 뒤집어서 물었다. "어떤 것이냐? 너의 뜻에 이른바 통달이라고 하는 것이!"

◑ 자장이 대답하였다. "사람이 오직 명예가 드러나지 않는 까닭으로 행하는 일이 막히는 데가 많으니, 만일 선비가 나라에 있으면 나라에서 반드시 소문이 나고 선비가 집에 있으면 집에서 반드시 소문이 날 것이니, 그 통달을 알 수 있습니다."

◑ 공자가 꺾어 일렀다. "자네 말과 같으면 이 명예는 통달이 아니다. 통달이라는 것은 내가 속에 덕이 있어서 바깥에 자연히 통달하여 가는 것이고, 명예라고 하는 것은 오직 남이 들어서 나를 알아주기를 요구하는 것이니 같지 못할 것이다.

◑ 이른바 통달이란 남이 알아주는 데 마음을 두는 것이 아니라 마음에 충신(忠信)을 두는 것이다. 질박하고 정직하여 편벽됨이 없고 또 옳은 것을 좋아하여 행하는 일이 반드시 이치에 합하는 것을 추구하는 것이니, 그 마음을 세우고 일을 행함에 착함이 이와 같다. 또 감히 스스로 옳은 체하지 않고 남과 사귈 때에 자세하고 온화하여 남의 말을 살피며 남의 얼굴빛을 보아서 이것으로 내 맘과 행실이 의리에 합하였나 살핀다. 또 반드시 제 몸을 낮게 가지고 남에게 겸손하여 조금이라도 자신을 자랑하고 남에게 과장하는 뜻이 없으니, 남을 접하고 몸을 처하는 데 삼가는 것이 또 이와 같다. 이것이 다 마음에 덕을 닦아서 남이 알아주기를 구하지 않는 일이다. 그러나 덕을 내 몸에 닦으면 사람이 자연히 믿을 것이니 이로 말미암아 나라에 있으면 반드시 윗사람에게 신임을 얻고 백성을 다스려서 덕이 나라 안에서 통달할 것이고, 집에 있으면 어버이에게 순종하고 벗에게 믿음직해서 집안에서 통달하여 행하는 바가 스스로 막힐 데가 없을 것이다. 통달이란 진실로 이러한 것이다.

◑ 소문이란 통달의 실상이 크고 소리가 장한 것과 다르다. 다만 얼굴빛을 잘 꾸며 인을 취하여 밖에 꾸민 바는 군자와 흡사하나

그 행하는 바를 상고하면 다 인과 상반되어 질박하고 정직하여 의를 좋아하는 자와 다르다. 또 스스로 옳은 체하고 꺼리는 바가 없어서 거처함에 전혀 의심하는 뜻이 없으니, 이것은 실상을 힘쓰지 않고 전혀 이름 구하기만 힘쓰는 자이다. 그런 까닭에 또한 세상을 속이고 이름을 도적질하여 나라에 있으면 나라에 소문이 나고 집에 있으면 집에 들려서 헛된 명예가 날마다 높되 실상 덕은 더욱 병드니 소문이라는 것은 진실로 이러한 것이다. 그 구별이 다만 성실과 거짓에 있을 따름인데, 자네가 어찌하여 잘못 통달이라 하고 살피지 않느냐?"

| 요지 |

이 장은 소문과 통달의 구별이 성실과 거짓에 있음을 보인 것이다. 통달이라는 것은 자신을 위하여 덕을 닦아서 이름을 구하지 않아도 이름이 자연히 나타나는 것이고, 소문이라는 것은 사람을 위하여 덕을 꾸며서 그 이름을 구하면 이름이 또한 나타나는 것이니 서로 같은 듯하나 실상은 다르다. 자장이 꾸미는 데 힘쓰기 때문에, 묻는 것은 통달에 있으나 대답은 소문에 있으니 그 성실과 거짓의 구별을 알지 못하는 것이다. 공자의 말은 모두 '실상에 힘쓰고 이름에 힘쓰지 말라'는 뜻이다.

21. 樊遲從遊於舞雩之下러니 曰 敢問崇德修慝辨惑하노이다 子曰 善哉라 問이여 先事後得이 非崇德與아 攻其惡이요 無攻人之惡이 非修慝與아 一朝之忿으로 忘其身하여 以及其親이 非惑與아

| 언해 |

樊遲ㅣ 舞雩아래 從遊ᄒᆞ더니 ᄀᆞᆯ오ᄃᆡ 敢히 德을 崇ᄒᆞ며 慝을 修ᄒᆞ며 惑을 辨홈을 묻ᄌᆞᆸ노이다 子ㅣ ᄀᆞᆯᄋᆞ샤ᄃᆡ 善타 물옴이여 일을 몬져ᄒᆞ고 得을 後애 홈이 德을 崇홈이 아니가 그 惡을 攻ᄒᆞ고 人의 惡을 攻티 아니홈이 慝을 修홈이 아니가 一朝엣 忿으로 그 몸을 니저 ᄡᅧ 그 어버의게 밋게 홈이 惑이 아니가

| 직역 |

번지가 공자를 따라 무우 아래서 놀면서 말하였다. "감히 덕을 높이며, 사특함을 닦아내며, 미혹을 분별하는 것에 대하여 묻겠습니다." 공자께서 말씀하셨다. "좋다! 네 질문이여. 일을 먼저 하고 소득을 뒤에 함이 덕을 높이는 것이 아니겠는가? 자기의 악함을 다스리고 남의 악함을 다스리지 않는 것이 사특함을 닦아내는 것이 아니겠는가? 하루아침의 분노로 자신을 잊어서 부모에게까지 미치게 하는 것이 미혹이 아니겠는가?"

| 자해 |

慝 : 악이 마음에 숨어 있는 것. • 修 : 다스려 제거함. • 先事後得 : 어려움을 먼저 하고 소득을 뒤에 함.

| 의해 |

공자가 무우 아래에서 노닐 때에, 번지가 좇아서 노닐면서 물었다. "이 마음에 있는 것을 덕이라고 하는데 어떻게 쌓아서 높이며, 악한 것이 마음에 있는 것을 사특이라고 하는데 어떻게 밝혀서 분별합니까? 감히 선생님께 묻습니다."

◑ 공자가 말하였다. "좋다! 그 물음이여! 덕은 다른 것이 아니라 내 마음의 이치다. 사람이 일을 하고 그 공효를 기다리니, 만일 어려운 일을 먼저 하고 그 뒤에 공효를 얻는다면 심지가 전일하여 본심의 착함이 장차 날로 쌓이나 스스로 알지 못할 것이니 이것이 덕을 높이는 것이 아니겠는가? 사특은 다름이 아니라 내 마

음의 악함이니, 만일 그 몸에 있는 악을 치는데 전력하여 남의 악한 것을 볼 겨를이 없다면 스스로 다스리는 것이 진실로 간절하여 몸에 조금의 그른 것도 있지 않을 것이니, 이것이 사특을 닦는 것이 아니겠는가? 하루아침의 분노는 한 번 참으면 몸을 보전할 수 있고 어버이를 온전히 할 수 있는데, 스스로 참지 못하여 화가 어버이에게 미치더라도 돌아보지 않으니 미혹이 심한 것이 아니겠는가? 미혹을 분별하면 스스로 분노를 징계할 줄을 알 것이니, 어찌 다른 데서 구하겠는가?"

| 요지 |

이 장에서는 마음 심(心)이라는 글자가 중요하다. 덕을 높이는 것은 내 마음에 있는 하늘의 이치를 온전히 하는 것이고, 사특을 닦고 의혹을 분별하는 것은 내 마음에 있는 인욕을 막는 것이다. 그런 까닭에 공자가 그 몸을 위하는 데 간절함을 좋게 여겨서 아래 대문에서 자세히 고해 주었다.

22. 樊遲問仁한대 子曰 愛人이니라 問知한대 子曰 知人이니라 樊遲未達이어늘 子曰 擧直錯諸枉이면 能使枉者直이니라 樊遲退하여 見子夏曰 鄕也에 吾見於夫子而問知호니 子曰 擧直錯諸枉이면 能使枉者直이라하시니 何謂也요 子夏曰 富哉라 言乎여 舜有天下에 選於衆하사 擧皐陶하시니 不仁者遠矣요 湯有天下에 選於衆하사 擧伊尹하시니 不仁者遠矣니라

| 언해 |

樊遲ㅣ 仁을 묻ᄌᆞ온대 子ㅣ ᄀᆞᄅᆞ샤ᄃᆡ 사ᄅᆞᆷ을 ᄉᆞ랑홈이니라 知를 묻ᄌᆞ온대 子ㅣ ᄀᆞᄅᆞ샤ᄃᆡ 사ᄅᆞᆷ을 알옴이니라 樊遲ㅣ 達티 몯ᄒᆞ거늘 子ㅣ ᄀᆞᄅᆞ샤ᄃᆡ 直ᄒᆞᆫ 이를 擧ᄒᆞ고 모든 枉ᄒᆞᆫ 이를 錯ᄒᆞ면 能히 枉ᄒᆞᆫ 이로 ᄒᆞ여곰 直게 ᄒᆞᄂᆞ니라 樊遲ㅣ 믈러 子夏를 보와 ᄀᆞᆯ오ᄃᆡ 아래 내 夫子ㅅ긔 뵈ᄋᆞ와 知를 묻ᄌᆞ오니 子ㅣ ᄀᆞᄅᆞ샤ᄃᆡ 直ᄒᆞᆫ 이를 擧ᄒᆞ고 모든 枉ᄒᆞᆫ 이를 錯ᄒᆞ면 能히 枉ᄒᆞᆫ 이로 ᄒᆞ여곰 直게 ᄒᆞᆫ다 ᄒᆞ시니 엇디 니ᄅᆞ심고 子夏ㅣ ᄀᆞᆯ오ᄃᆡ 富타 말ᄉᆞᆷ이여 舜이 天下를 두심애 衆에 選ᄒᆞ샤 皐陶를 擧ᄒᆞ시니 仁티 아니ᄒᆞᆫ 者ㅣ 遠ᄒᆞ고 湯이 天下를 두심애 衆에 選ᄒᆞ샤 伊尹을 擧ᄒᆞ시니 仁티 아니ᄒᆞᆫ 者 遠ᄒᆞ니라

| 직역 |

번지가 인에 대하여 묻자, 공자께서 말씀하셨다. "사람을 사랑하는 것이다." 지에 대하여 묻자, 공자께서 말씀하셨다. "사람을 아는 것이다." 번지가 알아듣지 못하자, 공자께서 말씀하셨다. "곧은 사람을 들어 쓰고 모든 굽은 사람을 버리면 굽은 사람으로 하여금 곧게 할 수 있는 것이다." 번지가 물러가서 자하를 만나보고 물었다. "지난 번에 선생님을 뵙고 지에 대하여 물었더니, 선생님께서 '곧은 사람을 들어 쓰고 모든 굽은 사람을 버리면 굽은 사람으로 하여금 곧게 할 수 있다' 하셨으니, 무슨 말씀인가?" 자하가 말하였다. "넉넉하다. 그 말씀이여! 순임금이 천하를 소유하실 때 여러 사람들 중에서 선발하여 고요를 들어 쓰시니, 불인한 자들이 멀리 사라졌고, 탕임금이 천하를 소유함에 여러 사람들 중에 선발하여 이윤을 들어 쓰시니, 불인한 자들이 멀리 사라졌다."

| 자해 |

皐陶 : 순임금의 신하. • 湯 : 혁명을 일으켜 하왕조를 멸망시키고 은왕조를 세운 임금. • 伊尹 : 탕(湯)과 그의 아들 태갑(太甲)을 보좌하여 은왕조를 성

립시킨 명재상.

| 의해 |

번지가 물었다. "어떤 것이 인이 됩니까?" 공자가 말하였다. "인이란 글자는 사람을 사랑하는 것이니, 모든 사람을 다 사랑하여 기르는 것이다." 또 물었다. "어떤 것이 지가 됩니까?" 공자가 말하였다. "지란 글자는 사람을 아는 것이니, 옳고 그름, 현명함과 어리석음을 거울처럼 보는 것이다."

◑ 번지는 공자의 말을 듣고 그 뜻을 깨닫지 못하였다. 사람을 사랑하면 분별하지 않고 사랑해야 하는데, 사람을 알면 분별이 없을 수 없고 분별한다면 착하고 착하지 못한 자를 분별하여 착한 자를 사랑하고 착하지 아니한 자를 사랑하지 않을 것이니, 사람을 사랑하는 데 해가 없지 않을 것이다. 이와 같이 인과 지가 상반이 되는 까닭에 의심하고 통달하지 못한 것이다.

◑ 공자가 말하였다. "자네가 곧은 사람을 들고 굽은 사람을 버리는 도를 보지 못하였느냐? 진실로 바르고 곧은 사람을 알아서 들어 쓰고 간사하고 굽은 자를 알아서 버리고 쓰지 않으면, 들고 놓음이 이미 밝아서 권하고 징계함이 각각 마땅하여 장차 굽은 사람이 감동하여 악한 것을 버리고 착한 것을 좇아서 굽은 사람이 다 곧은 사람이 될 것이니 이치가 서로 이루어 주는 것이 이와 같다."

◑ 번지가 감히 많이 묻지 못하여 드디어 물러가서 자하를 보고 말하였다. "저번에 내가 선생님을 뵙고 지에 대하여 물으니, 선생님께서 말씀하시기를 '곧은 사람을 들어 쓰고 모든 굽은 사람을 버리면 굽은 사람으로 하여금 곧게 할 수 있다' 하시니, 과연 어떤 것을 이르신 것인가?"

◑ 자하가 한번 그 말을 듣고 문득 탄식하여 말하였다. "포함한 바가 풍부하다. 선생님의 말씀이여! 한편으로 떨어지지도 않고 한 모퉁이에 막히지도 않으니 어찌 다만 지만 말씀하실 뿐이겠는가?

성인의 말씀의 풍부함을 지나간 일에서 보면 알 수 있을 것이다. 옛적에 순임금이 천하를 소유함에 여러 사람 가운데서 고요의 곧음을 알고 이에 들어서 벼슬을 주셨는데, 이로 말미암아 천하 사람이 제가 선발에 참여하지 못함을 부끄러워하여 드디어 감화하여 인한 자가 되니 인하지 않은 자는 다 멀리 간 것 같았다. 탕이 천하를 소유함에 여러 사람 가운데 가려서 이윤의 곧음을 알고 이에 들어서 정승을 삼으니, 이로 말미암아 천하 사람이 제가 선발에 참여하지 못함을 부끄러워하여 드디어 감화하여 인한 자가 되니 인하지 않은 자는 다 멀리 간 것 같았다. 선생님의 말씀이 자못 이와 같으니 어찌 지에만 그칠 뿐이겠는가?"

| 요지 |

이 장은 인과 지가 서로 이루어주는 묘함을 보인 것이다. 중점이 지에 있으니 인에 어그러지지 않고 인을 이루는 것이다. 그런 까닭에 끝에 순과 탕의 일을 말하여 증거한 것이다.

23. 子貢(자공)이 問友(문우)한대 子曰(자왈) 忠告而善道之(충곡이선도지)호되 不可則(불가즉) 止(지)하여 無自辱焉(무자욕언)이니라

| 언해 |

子貢이 友를 묻ᄌᆞ온대 子ㅣ ᄀᆞᆯᄋᆞ샤ᄃᆡ 忠히 告ᄒᆞ고 善히 道호ᄃᆡ 可티 아니커든 止ᄒᆞ야 ᄉᆞᄉᆞ로 辱디 마롤띠니라

| 직역 |

자공이 벗에 대하여 묻자, 공자께서 말씀하셨다. "진심으로 말해

주고 잘 인도하다가 안 되면 그만두어서 스스로를 욕되게 하지 말아야 한다."

| 의해 |

자공이 벗을 사귀는 도를 묻자 공자가 말하였다. "벗은 인을 돕는 자이니, 착한 것을 권하고 허물을 바로잡을 때, 나의 성실한 마음을 다하여 고하되 듣는 사람에게 거스르지 않도록 해야 할 것이다. 이렇게 하는데 오히려 살필 줄 모르면 내 말이 행해지지 못할 것이다. 그런데도 자주 말하면 반드시 멀어질 것이니 그치고 말하지 않아서 스스로 욕을 취하지 않으면 벗을 사귀는 의가 온전할 것이다."

| 요지 |

이 장은 벗을 사귀는 도리를 밝힌 것이다. 벗을 사귀는 데 마땅히 성실하게 해야 하니, '충고(忠告)'라는 두 글자가 중요하다. 잘 인도한다는 것은 충고하는 말을 잘하는 것이다. 만일 내 말이 행해지지 못하면 또한 그치는 것은 그 충고를 온전히 하는 것이다.

24. 曾子曰(증자왈) 君子(군자)는 以文會友(이문회우)하고 以友輔仁(이우보인)이니라

| 언해 |

曾子ㅣ ᄀᆞᆯᄋᆞ샤ᄃᆡ 君子ᄂᆞᆫ 文으로ᄡᅥ 友를 會ᄒᆞ고 友로ᄡᅥ 仁을 輔ᄒᆞᄂᆞ니라

| 직역 |

증자가 말하였다. "군자는 문으로써 벗을 모으고, 벗으로써 인을

돕는다."

| 의해 |

증자가 말하였다. "군자의 학문이 벗을 기다려서 이루지 않음이 없다. 문이라는 것은 도가 흩어져서 다른 것이고 도는 강습함으로써 더욱 밝아지는 것이다. 군자가 벗을 모으는 것은 한갓 모을 뿐만 아니라 글로써 모으는 것이다. 혹 더불어 시(詩)와 서(書)로 예를 상고하고 혹 더불어 사물로 이치를 궁구하여 참고하고 연구하면 도가 더욱 밝을 것이다. 군자가 인을 행하는 것은 혼자 하는 것이 아니라 벗으로써 돕는 것이다. 착함이 있으면 서로 권하고 잘못이 있으면 서로 바르게 하여 버리고 쓸고 쪼고 갈면 덕이 날마다 나아갈 것이다. 도를 밝히고 덕에 나아가는 것이 다 벗에게 힘입는 것이 이와 같으니 벗이 삶에서 참 크다."

| 요지 |

이 장은 사람이 벗을 취하는 유익함을 보인 것이니, 다만 벗이라는 글자가 중요하다.

13. 자로(子路)

1. 子路問政한대 子曰 先之勞之니라 請益한대 曰 無倦이니라

| 언해 |

子路ㅣ 政을 묻ᄌᆞ온대 子ㅣ ᄀᆞᆯᄋᆞ샤ᄃᆡ 先ᄒᆞ며 勞홀띠니라 더음을 請ᄒᆞᆫ대 ᄀᆞᆯᄋᆞ샤ᄃᆡ 倦티 마롤띠니라

| 직역 |

자로가 정치에 대하여 묻자, 공자께서 말씀하셨다. "솔선할 것이며 부지런히 해야 한다." 더 자세히 말씀해 주시기를 청하자 "게을리 하지 말아야 한다"고 하셨다.

| 의해 |

자로가 정치의 도리에 대하여 묻자 공자가 말하였다. "정치란 내 몸에 근본하여 백성을 다스리는 것일 따름이니, 백성이 행하기 이전에 내 자신이 먼저 해야 한다. 백성으로 하여금 그 어버이를 어버이로 섬길 줄 알게 하려면 내가 공손함으로써 먼저 할 것이니, 그러면 착한 행실이 일어나지 않을 리가 없을 것이다. 또 백성의 일을 스스로 부지런히 할 것이니, 각지를 다니며 농사와 뽕나무 심는 일을 권하면 잘 되지 않는 일이 없을 것이다."

◑ 자로는 정치하는 일에 조건이 많다고 생각하여 더 가르쳐 주기

를 청하였다. 공자는 자로가 용맹을 좋아하는 사람이므로 오래 견뎌내지 못할 것이라고 생각하여 말하였다. "너는 오직 먼저 하고 부지런히 하는 것을 오래 유지하여 끝내 게으름이 없게 해야 한다. 백성의 행실이 이미 좋아졌더라도 더욱 더 먼저 하며 백성의 일이 이미 이루어졌더라도 더욱 부지런히 할 것이니, 이러하면 정치가 극진하지 않음이 없을 것이다."

| 요지 |

이 장의 머리 문장은 정치가 몸에 근본한다는 것을 말하였고, 아래 문장은 정치를 하는 데 오래도록 게으름이 없기를 구한 것이다.

2. 仲弓(중궁)이 爲季氏宰(위계씨재)하여 問政(문정)한대 子曰(자왈) 先有司(선유사)요 赦小過(사소과)하며 擧賢才(거현재)니라 曰(왈) 焉知賢才而擧之(언지현재이거지)리잇고 曰(왈) 擧爾所知(거이소지)면 爾所不知(이소부지)를 人其舍諸(인기사저)아

| 언해 |

仲弓이 季氏의 宰 되야 政을 묻ᄌᆞ온대 子ㅣ ᄀᆞᆯᄋᆞ샤ᄃᆡ 有司의게 몬져 ᄒᆞ고 젹은 허물을 赦ᄒᆞ며 賢과 才ᄅᆞᆯ 擧ᄒᆞᆯ띠니라 ᄀᆞᆯ오ᄃᆡ 엇지 賢과 才를 아라 擧ᄒᆞ리잇고 ᄀᆞᆯᄋᆞ샤ᄃᆡ 네 아ᄂᆞᆫ 바ᄅᆞᆯ 擧ᄒᆞ면 네 아디 몯ᄒᆞᄂᆞᆫ 바ᄅᆞᆯ 사ᄅᆞᆷ이 그 舍ᄒᆞ랴

| 직역 |

중궁이 계씨의 가신이 되어 정치에 대하여 묻자, 공자께서 말씀하셨다. "유사에게 먼저 하게하고 작은 허물을 용서해 주며, 어진 이와 유능한 이를 등용해야 한다." "어떻게 어진 이와 유능한 이

를 알아 등용합니까?" 하고 묻자, 말씀하셨다. "네가 아는 자를 등용하면 네가 미처 모르는 자를 남들이 내버려 두겠느냐?"

| 자해 |

舍 : 버림. 버려둠. 捨와 통용. • 諸 : 之乎의 뜻. 음은 '저'.

| 의해 |

중궁이 계씨의 재(宰)가 되어 정치에 대하여 공자에게 묻자 답하였다. "정치를 하는 데 큰 원칙이 있으니 일을 반드시 유사에 맡겨 먼저 하게 하고서 그 성공 여부를 살핀다면 몸이 수고롭지 않고 일이 다 될 것이다. 큰 죄는 징계하지 않을 수 없으나, 백성의 작은 허물은 너그럽게 용서하여 스스로 새롭게 하는 길을 열어주면 형벌이 지나치지 않아서 사람들이 기뻐할 것이다. 덕이 있고 재주가 있는 자는 들어 쓰면 유사가 다 적당한 사람을 얻어서 정사가 더욱 닦일 것이다. 정치가 어찌 이 밖에 있겠는가?"

◑ 중궁이 또 물었다. "한 사람이 듣고 보는 것이 한계가 있으니, 어떻게 어진 이와 재주 있는 이를 다 알아서 쓰겠습니까?" 공자가 말하였다. "이른바 어진 이와 재주있는 이를 어떻게 반드시 내가 다 알아서 쓰겠는가? 네가 비록 다 알지 못하더라도 어찌 이미 아는 이가 없겠는가? 그들을 먼저 쓰라. 모든 사람이 훌륭한 덕을 좋아하는데, 어찌 훌륭한 덕을 가진 사람을 놓아두고 쓰지 않겠는가? 어찌 어진 이와 재주 있는 이를 다 알지 못하고 다 쓰지 못한다고 근심하겠는가?"

| 요지 |

이 장은 정치를 하는 데 마땅히 큰 원칙을 알아야 한다는 것을 보여준 것이다. 머리 문장은 정치하는 큰 원칙을 고해준 것이고, 다음 문장은 어질고 재주 있는 이를 쓰는 큰 원칙을 고해준 것이다.

3. 子路曰 衛君이 待子而爲政하시나니 子將奚先이시리잇고 子曰 必也正名乎인저 子路曰 有是哉라 子之迂也여 奚其正이시리잇고 子曰 野哉라 由也여 君子於其所不知에 蓋闕如也니라 名不正則言不順하고 言不順則事不成하고 事不成則禮樂이 不興하고 禮樂이 不興則刑罰이 不中하고 刑罰이 不中則民無所措手足이니라 故로 君子名之인댄 必可言也며 言之인댄 必可行也니 君子於其言에 無所苟而已矣니라

| 언해 |

子路ㅣ ᄀᆞᆯᄋᆞᄃᆡ 衛君이 子를 기드려 政을 ᄒᆞ려 ᄒᆞ시ᄂᆞ니 子ㅣ 쟝ᄎᆺ 므서슬 몬져 ᄒᆞ시리잇고 子ㅣ ᄀᆞᆯᄋᆞ샤ᄃᆡ 반ᄃᆞ시 名을 正ᄒᆞᆯ띤뎌 子路ㅣ ᄀᆞᆯᄋᆞᄃᆡ 이러홈이 잇다 子의 迂ᄒᆞ심이여 엇디 그 正ᄒᆞ시리잇고 子ㅣ ᄀᆞᆯᄋᆞ샤ᄃᆡ 野ᄒᆞ다 由ㅣ여 君子ㅣ 그 아디 몯ᄒᆞᄂᆞᆫ 바애 闕ᄒᆞᄂᆞ니라 名이 正티 아니ᄒᆞᆫ則 言이 順티 아니ᄒᆞ고 言이 順티 아니ᄒᆞᆫ則 事ㅣ成티 몯ᄒᆞ고 事ㅣ成티 몯ᄒᆞᆫ則 禮樂이 興티 몯ᄒᆞ고 禮樂이 興티 몯ᄒᆞᆫ則 刑罰이 中티 몯ᄒᆞ고 刑罰이 中티 몯ᄒᆞᆫ則 民이 手足을 措ᄒᆞᆯ 빼 업ᄂᆞ니라 故로 君子ㅣ 名ᄒᆞᆯ띤댄 반ᄃᆞ시 可히 言ᄒᆞᆯ 꺼시며 言ᄒᆞᆯ띤댄 반ᄃᆞ시 可히 行ᄒᆞᆯ 꺼시니 君子ㅣ 그 言에 苟ᄒᆞᆫ 배 업슬 ᄯᆞᄅᆞᆷ이니라.

| 직역 |

자로가 말하였다. "위나라 임금이 선생님을 맞이하여 정치를 하

려고 하십니다. 선생님께서는 장차 무엇을 먼저 하시렵니까?" 공자께서 대답하셨다. "반드시 이름을 바로잡겠다." 자로가 말하였다. "이러하십니다! 선생님이 실정을 모르시는 것이! 어떻게 바로잡으려 하십니까?" 공자께서 말씀하셨다. "촌스럽구나! 유(由)여! 군자는 자기가 알지 못하는 것에 대하여서는 말하지 않는 것이다. 이름이 바르지 못하면 말이 순조롭지 못하고, 말이 순조롭지 못하면 일이 이루어지지 못하고, 일이 이루어지지 못하면 예악이 일어나지 못하고, 예악이 일어나지 못하면 형벌이 알맞지 못하고, 형벌이 알맞지 못하면 백성들이 손발을 둘 곳이 없어진다. 그러므로 군자가 이름을 붙이면 반드시 말할 수 있으며, 말할 수 있으면 반드시 행할 수 있는 것이니, 군자는 그 말에 구차함이 없을 뿐이다."

| 자해 |

迂 : 사정과 거리가 멂을 이름. • 闕如 : 말하지 않고 가만히 있는 모양. • 野 : 비속(鄙俗)함. • 闕疑 : 의심스러운 것을 그대로 놓아둠.

| 의해 |

공자가 당시에 초나라에서 위나라로 돌아오자, 자로는 공자가 장차 위나라에서 벼슬을 할까 하여 이에 물었다. "위나라 임금이 만일 벼슬을 주어서 선생님을 기다려 정치를 하신다면 선생님께서는 마땅히 무엇을 먼저 하시겠습니까?"

◑ 공자가 말하였다. "정치는 인륜을 바르게 하는 것보다 더 큰 것이 없으니, 나로 하여금 위나라에서 정사를 하게 하면, 반드시 먼저 그 아비와 아들과 할아비와 손자의 이름을 바르게 하여 이름으로 하여금 그 실상에 맞게 할 것이다."

◑ 자로가 이 말을 듣고 그 뜻을 깊이 생각하지도 않고 경솔하게 대답하였다. "선생님이 실정을 모르십니다! 정치를 할 때 스스로 급히 힘쓸 것이 있으니, 오직 오늘날에 마땅히 행할 것을 취하여

행해야 할 것인데, 어찌 반드시 이름을 바르게 하는 것을 먼저 하겠습니까?"

◑ 공자가 말하였다. "거칠구나! 유(由)여! 군자가 이치에 의심이 나서 알지 못하는 것은 놓아두고 말하지 않고, 상고하여 물어야 할 것인데, 어찌 경솔히 대답하는가?

◑ 내가 먼저 이름을 바르게 하고자 하는 것이 어찌 실정을 모르는 것이냐? 이름이란 모든 교화의 근원이 되는데, 한번 바르지 못하면 그 폐단이 말하지 못할 정도이다. 이름이란 그 실상을 이름지은 것이다. 만일 이름이 한번 바르지 못하면 말하는 사이에 막혀서 말이 순조롭지 않을 것이오, 말이 순조롭지 않으면 어찌 정치를 하겠는가? 그러므로 일을 이루지 못할 것이다.

◑ 일을 이루지 못할 지경에 이르면 일마다 거꾸로 되어 차례가 없을 것이고, 어긋나고 다투어 조화롭지 못하여 예와 악이 일어나지 못할 것이다. 예와 악이 일어나지 못하면 정치를 하는 것이 모두 사사로운 뜻이어서 거꾸로 행하고 거슬러 베풀어서, 형벌이 악한 사람에게 가해지지 않아서 맞지 않을 것이다. 형벌이 맞지 않으면 백성이 착한 일을 하고자 하더라도 마침내 형벌을 면하지 못할 것이고, 악한 일을 하고자 하더라도 피할 길을 알지 못할 것이니, 장차 어느 곳에 수족을 놓겠는가? 이름이 한번 바르지 못하면 폐단이 드디어 이에 이를 것이니, 이름을 바르게 하지 않을 수 있겠는가?

◑ 그러므로 군자가 정치를 할 때, 이름이 바르지 않으면 말이 순조롭지 않을 것을 알기 때문에 이름을 지으면 반드시 맞게 하여 말하는 것이니, 만일 말을 못할 것 같으면 감히 이름을 짓지 못할 것이다. 말이 순조롭지 않으면 일이 이루지 못할 것을 알기 때문에 말하면 반드시 순조롭게 행하는 것이니, 만일 행하지 못할 것 같으면 감히 말을 못할 것이다. 반드시 말할 만하고 반드시 행할 만한 것은 감히 구차스럽게 하지 않는 도이다. 군자가 이름에 맞게 하는 말에 힘써 실상에 마땅함을 구하여 구차한 바가 없을 따름이니, 이름에 한 일이 구차하면 나머지가 다 구차하고 이름에

한 일이 구차하지 않으면 나머지가 다 구차하지 않을 것이다. 그런데 정치를 할 때 반드시 먼저 이름을 바르게 하는 것이 어찌 실정을 모르는 것이냐?"

| 요지 |

이 장은 정명(正名) 두 글자가 주장이다. 앞의 두 문장은 위나라 정사에 있어 먼저 이름을 바르게 할 것을 말한 것이고, 아래는 자로가 자기를 우활하다고 여김으로 인해 이름을 마땅히 바르게 해야 한다는 것을 자세히 보인 것이다.

4. 樊遲 請學稼한대 子曰 吾不如老農호라 請學爲圃한대 曰 吾不如老圃호라 樊遲出커늘 子曰 小人哉라 樊須也여 上이 好禮則民莫敢不敬하고 上이 好義則民莫敢不服하고 上이 好信則民莫敢不用情이니 夫如是則四方之民이 襁負其子而至矣리니 焉用稼리오

| 언해 |

樊遲ㅣ 稼롤 學ᄒᆞ야지라 請ᄒᆞᆫ대 子ㅣ ᄀᆞᄅᆞ샤ᄃᆡ 내 老農만 ᄀᆞᆮ디 몯호라 圃ᄒᆞ욤을 學ᄒᆞ야지라 請ᄒᆞᆫ대 ᄀᆞᄅᆞ샤ᄃᆡ 내 老圃만 ᄀᆞᆮ디 몯호라 樊遲ㅣ 出커늘 子ㅣ ᄀᆞᄅᆞ샤ᄃᆡ 小人이라 樊須ㅣ여 上이 禮를 됴히 너기면 民이 敢히 敬티 아니ᄒᆞᆯ 이 업고 上이 義를 됴히 너기면 民이 敢히 服디 아니ᄒᆞᆯ 니 업고 上이 信을 됴히 너기면 民이 敢히 情을 ᄡᅳ디 아니ᄒᆞᆯ 이 업ᄉᆞ리니 이러ᄐᆞᆺ ᄒᆞ면 四方의 民이 그 子롤 襁으로 負ᄒᆞ야 니르리니 엇디 稼를 ᄡᅳ리오

| 직역 |

번지가 곡식 가꾸는 일을 배우기를 청하자 공자께서 말씀하셨다. "나는 곡식 가꾸는 늙은 농부만 못하다." 채소 가꾸는 일을 배우기를 청하자 말씀하셨다. "나는 채소 가꾸는 늙은 농부만 못하다." 번지가 나가자 공자께서 말씀하셨다. "소인이구나! 번수여! 윗사람이 예를 좋아하면 백성들이 윗사람을 공경하지 않는 이가 없고, 윗사람이 의를 좋아하면 백성들이 복종하지 않는 이가 없고, 윗사람이 믿음을 좋아하면 백성들이 감히 진실하게 하지 않을 수 없는 것이다. 이렇게 되면 사방의 백성들이 아이를 포대기에 업고 올 것이니, 어찌 몸소 농사지을 필요가 있겠는가?"

| 자해 |

稼 : 곡식을 심는 것. • 圃 : 채소를 심는 것. • 襁 : 어린아이를 업을 때 두르는 포대기.

| 의해 |

번지가 근본을 힘쓰고 농사에 부지런한 것은 떳떳한 도리라고 생각하여 곡식 가꾸는 일을 배우기를 청하니 공자가 말하였다. "오직 곡식을 가꾸면서 늙은 자라야 곡식 가꾸는 데 정밀하니 내가 곡식 가꾸는 늙은 농부만 같지 못하다. 어찌 자네를 위하여 곡식 가꾸는 일을 말할 수 있겠는가?" 번지가 또 채소 가꾸는 일을 배우기를 청하니 공자가 말하였다. "이것도 또한 채소를 가꾸면서 늙은 자라야 채소 가꾸는 데 정밀하니 내가 채소 가꾸는 늙은 농부만 같지 못하다. 어찌 자네를 위하여 채소 가꾸는 일을 말하겠는가?"

◑ 번지가 두 번 물음에 공자가 두 번 거절하기를 이와 같이 한 것은 뜻이 있는 것이었다. 그런데 번지가 다시 묻지 못하고 나가니, 공자가 마침내 깨닫지 못할까 두려워하여 또 책망하여 말하였다. "곡식 가꾸는 것과 채소 가꾸는 일은 백성의 일인데, 번수가 그 일을 배우고자 하니, 소인이로구나!

◑ 윗사람이 진실로 예를 좋아하여 씩씩한 몸가짐을 하면 백성이 감히 공경하지 않을 리 없고, 윗사람이 진실로 의를 좋아하여 행한 바가 마땅한 데 부합하면 백성이 감히 복종하지 않을 리 없고, 윗사람이 진실로 믿음을 좋아하여 지성으로 사람을 접하면 백성이 감히 진실하지 않을 리 없다. 예와 의와 신이 위에서 극진하면 사방의 백성이 다 듣고 사모하여 그 아들을 등에 지고 이르러서 스스로 돌아와 윗사람을 위하여 밭을 갈고 곡식을 심어줄 것이니, 어찌 스스로 갈고 심겠는가?"

| 요지 |

이 장에서 번지가 성인의 문하에서 노닐면서도 곡식과 채소를 가꾸는 것에 대하여 물으니 뜻이 비루하기 때문에 말하여 물리칠 만한 데도, 그가 나가기를 기다려서 그 그른 것을 말한 것은 어째서인가? 공자가 스스로 말하기를 곡식이나 채소를 가꾸는 농부만 같지 못하다고 하였으니 완곡하게 거절한 것인데, 번지가 더 이상 묻지 못하고 또 돌이켜 생각하지 못하는 까닭에 다시 말을 하지 않았다. 그러나 그가 마침내 깨닫지 못하고 곡식이나 채소를 가꾸는 농부에게 배우려고 한다면 그 잘못이 더욱 커지기 때문에 다시 말하여 전에 말한 것이 뜻이 있음을 알게 한 것이다.

자왈 송시삼백 수지이정 부달 시어사방
5. 子曰 誦詩三百호대 授之以政에 不達하며 使於四方
불능전대 수다 역해이위
에 不能專對하면 雖多나 亦奚以爲리오

| 언해 |

子ㅣ ᄀᆞᆯᄋᆞ샤ᄃᆡ 詩 三百을 誦호ᄃᆡ 政으로뻐 授홈애 達티 몯ᄒᆞ며

四方에 使홈애 能히 專對티 몯ᄒᆞ면 비록 多ᄒᆞ나 ᄯᅩ ᄆᆞ서싀 ᄡᅳ리오

| 직역 |

공자께서 말씀하셨다. "『시경』 3백 편을 외우더라도 정치를 맡겼을 때 제대로 해내지 못하고, 사방에 사신으로 나가 혼자서 대처하지 못한다면, 비록 많이 외운다 한들 어디에 쓰겠는가?"

| 자해 |

專 : 홀로.

| 의해 |

시의 쓰임이 한량이 없어서 간사하고 바르고 괴롭고 즐거운 인정이 모두 시에 보인다. 간사하고 괴로운 것은 이것으로 풍속의 쇠함이 잘못된 정치에 근원한다는 것을 알 수 있다. 여기서 바르고 즐거운 풍속의 성함이 훌륭한 정치에 근원한다는 것을 알 수 있다. 그런 까닭에 시를 읽어서 잘하여 성한 것을 본받고 잘못하여 쇠한 것을 경계해야 하니, 정치에 통한다. 시의 언사가 곱고 곡진하며 비유하여 깨우치고 곧바로 말하지 않은 것이 많다. 사신이란 임금의 명을 전하는 사람이기 때문에 말하기가 가장 어려우니, 조금 부드러우면 약하여 상대방에게 업신여김을 받고 조금 강직하면 상대방을 노하게 하여 화를 나라에 끼칠까 두렵다. 그런 까닭에 시를 읽어서 체득하면 순하고 바름이 체통을 얻어서 임금의 명을 욕되게 하지 않고 홀로 대답할 수 있는 것이다. 만일 시 300편을 다 외우면 많다고 말할 수 있으니, 마땅히 정사에 통달하고 말을 할 수 있는 것이다. 이에 정사를 맡겼으나 정사에 통달하지 못하고, 사방에 사신으로 나가 혼자서 대처하지 못한다면 이는 한갓 외우기만 하고 마음에 체득하지 못한 것이니, 시를 많이 외웠다고 한들 또한 어디에 쓰겠는가?

| 요지 |

이 장은 시를 배움에 마음으로 얻어서 실제로 쓰는 것이 귀하다는 것을 말하고 있다. 시는 근본적인 쓰임이 있기 때문에 체득하여 잘 응용해서 쓰라는 말이다.

6. 子曰(자왈) 其身(기신)이 正(정)이면 不令而行(불령이행)하고 其身(기신)이 不正(부정)이면 雖令不從(수령부종)이니라

| 언해 |

子ㅣ ᄀᆞᆯᄋᆞ샤ᄃᆡ 그 몸이 正ᄒᆞ면 令티 아니ᄒᆞ야도 行ᄒᆞ고 그 몸이 正티 아니ᄒᆞ면 비록 令ᄒᆞ나 좃디 아니ᄒᆞᄂᆞ니라

| 직역 |

공자께서 말씀하셨다. "그 몸이 바르면 명령하지 않아도 행해지고, 그 몸이 바르지 않으면 비록 명령한다 하더라도 따르지 않는다."

| 의해 |

윗사람이 백성을 가르치는 것은 명령에 달려 있지 않고 자신에게 달려 있다. 만일 위에 있는 자가 윤리를 다 하고 언동을 삼가면, 그 몸이 바르기 때문에 표준이 있어서 비록 반드시 명령하여 몰아서 부리지 않아도 백성이 스스로 좇아서 교화가 행해지지 않음이 없을 것이다. 만일 그 몸이 바르지 않고 한갓 말로써 가르치면 비록 명령이 순순하고 간절하더라도 나를 좇아서 바르지 않을 것이다. 그러므로 사람을 바르게 하는 것은 반드시 몸을 바르게 하

는 것으로부터 시작된다.

| 요지 |

이 장은 당시에 위에 있는 사람이 법령에는 자세하고 몸소 행하는 데는 소홀했기 때문에 말한 것이다. 백성을 가르치는 자가 마땅히 몸으로 먼저 해야 함을 보인 것이다.

7. 子曰 魯衛之政이 兄弟也로다

| 언해 |

子ㅣ ᄀᆞᆯᄋᆞ샤ᄃᆡ 魯와 衛ㅅ政이 兄弟로다

| 직역 |

공자께서 말씀하셨다. "노나라와 위나라의 정치는 형제로다!"

| 의해 |

노나라와 위나라는 원래 형제의 나라이다. 이제 그 기강과 법도를 말하면 또한 바로 형제와 같다.

| 요지 |

이 장은 공자가 노나라와 위나라의 쇠함을 탄식한 것이다. 형제라고 한 것은 서로 같아서 우열이 없다는 것이다.

8. 子謂衛公子荊하사대 善居室이로다 始有에 曰 苟合矣라하고 少有에 曰 苟完矣라하고 富有에 曰 苟美矣라하니라

| 언해 |

子ㅣ 衛ㅅ公子 荊을 닐ᄋᆞ샤ᄃᆡ 室에 居홈을 善히 ᄒᆞᄂᆞ다 비로소 둠애 ᄀᆞᆯ오ᄃᆡ 잠싼 合ᄒᆞ다 ᄒᆞ고 젹이 둠애 ᄀᆞᆯ오ᄃᆡ 잠싼 完ᄒᆞ다 ᄒᆞ고 富히 둠애 ᄀᆞᆯ오ᄃᆡ 잠싼 美ᄒᆞ다 ᄒᆞ니라

| 직역 |

공자께서 위나라의 왕자 형(荊)을 두고 논평하셨다. "그는 집에 거처하기를 잘하였다. 처음 갖추어졌을 때에 말하기를 '그런대로 모여졌다'라고 하였고, 조금 갖추어졌을 때에 말하기를 '그런대로 완비되었다'라고 하였고, 많이 갖추어졌을 때 말하기를 '그런대로 아름답다'라고 하였다."

| 자해 |

公子荊 : 위(衛)나라 대부. • 苟 : 그런대로 대강. • 合 : 모음. • 完 : 갖춤.

| 의해 |

공자가 대대로 녹을 먹는 집이 세력을 믿고 사치가 많음을 개탄하여 왕자 형을 일컬어 준칙을 보인 것이다. "위나라 왕자 형이란 자가 있으니 대대로 녹을 먹는 집의 아들이고 대부 벼슬을 하였는데 거처하기를 잘하여 편안하고 담박한 풍치가 있었다. 무엇으로 그가 잘하는 것을 볼 것인가? 왕자 형이 본래 집 살림을 마음에 두지 않아서 기물과 용도를 갖추어 처음 둘 때, 다른 사람 같으면 반드시 구비한 후에 유쾌할 것인데 형은 이르기를 '이제 그

런 대로 모았다'라고 하였다. 점점 갖추어 조금 있을 적에 다른 사람 같으면 반드시 다 갖춘 후에 유쾌할 것인데 형은 '이제 그런 대로 완비하였다'고 하였다. 많이 갖추었을 적에 다른 사람 같으면 정미한 후에 유쾌할 것인데 형은 '이제 그런대로 빛나고 아름답다'라고 하였다. 그 차례를 좇아서 절차가 있는 것이 이미 세간을 늘이는 것으로 스스로 능력이 있는 체하지 않는 것을 알 수 있겠고, 또 재물이 많은 것에 스스로 얽매이지 않은 것을 알 수 있겠다. 부유하면서도 교만하지 않고, 가득하면서도 넘치지 않으니 어질지 않고서야 그럴 수 있겠는가? 이것이 집에 거처하는 도리이다."

| 요지 |

이 장은 공자가 위나라 대부의 일을 취하여 세상을 풍자한 것이다. 당시 대대로 녹을 먹는 집이 세력을 믿고 사치하여 풍속을 이루었는데, 왕자 형이 홀로 그렇지 않은 까닭에 공자가 칭찬한 것이다.

9. 子適衛(자적위)하실새 冉有僕(염유복)이러니 子曰(자왈) 庶矣哉(서의재)라 冉有曰(염유왈) 既庶矣(기서의)어든 又何加焉(우하가언)이리잇고 曰(왈) 富之(부지)니라 曰(왈) 既富矣(기부의)어든 又何加焉(우하가언)이리잇고 曰(왈) 教之(교지)니라

| 언해 |

子ㅣ 衛예 適ᄒᆞ실ᄉᆡ 冉有ㅣ 僕ᄒᆞ얏더니 子ㅣ ᄀᆞᆯᄋᆞ샤ᄃᆡ 庶ᄒᆞ다 冉有ㅣ ᄀᆞᆯ오ᄃᆡ 이믜 庶커든 ᄯᅩ 므스 거ᄉᆞᆯ 加ᄒᆞ리잇고 ᄀᆞᆯᄋᆞ샤ᄃᆡ 富케 ᄒᆞᆯ띠니라 ᄀᆞᆯ오ᄃᆡ 이믜 富커든 ᄯᅩ 므스 거ᄉᆞᆯ 加ᄒᆞ리잇고 ᄀᆞᆯᄋᆞ

샤ᄃᆡ 教홀띠니라

| 직역 |

공자께서 위나라에 가실 때에 염유가 수레를 몰았다. 공자께서 말씀하셨다. "백성들이 많기도 하구나!" 염유가 말하였다. "이미 백성들이 많으면 또 무엇을 더하여야 합니까?" 공자께서 말씀하셨다. "부유하게 해 주어야 한다." 말하기를 "이미 부유해지면 또 무엇을 더하여야 합니까?" 하자, 말씀하셨다. "가르쳐야 한다."

| 자해 |

僕 : 수레를 모는 것. 음은 복. • 庶 : 수가 많다는 뜻. 음은 '서'.

| 의해 |

공자가 위나라에 갈 때 염유가 수레를 몰고 갔다.

◑ 공자가 위나라의 인민을 보고 감탄하여 말하였다. "어찌 이리 인구가 많은가!" 백성이 이미 많아서 은택을 멀리 베풀만함을 감탄하고 또한 다스리는 법이 없어 한갓 이 백성을 저버림을 탄식한 것이다.

◑ 염유가 "나라를 가진 자가 진실로 백성이 많아지면 마땅히 그 많은 것을 보존할 것을 생각해야 하니, 이미 많아졌다면 마땅히 무슨 도로써 더 하겠습니까?"라고 하자, 공자가 말하였다. "백성이 많고 부유하지 못하면 삶을 윤택하게 할 수 없어서 많은 것을 보존하지 못할 것이다. 반드시 밭과 집을 마련하고 세금을 적게 하여 부유하게 한 후에야 많은 것을 길이 보존할 수 있을 것이다."

◑ 염유가 "나라를 가진 자가 진실로 백성을 부유하게 하고자 하나 또한 거기에 그칠 뿐이 아니니, 이미 부유하게 되었다면 무슨 도로써 더 하겠습니까?"라고 하자, 공자가 말하였다. "부유하게 하고 가르치지 않으면 그 덕을 바르게 할 수 없어서 부유함을 보

존할 수 없을 것이고 많은 것도 또한 보존하지 못할 것이다. 반드시 학교를 세워서 예와 의를 밝혀서 가르친 후에야 많은 것과 부유함을 오래 보존할 수 있다."

◑ 한번 문답하는 사이에 왕도의 큰 조건을 다 언급했으니, 성인이 백성을 사랑하는 뜻이 한이 없고 베푸는 데 차례가 있는 것을 알겠다.

| 요지 |

이 장은 위나라 백성의 마음을 감동시켜 왕도의 온전함을 보전하기를 바란 것이다.

10. 子曰(자왈) 苟有用我者(구유용아자)면 朞月而已(기월이이)라도 可也(가야)니 三年(삼년)이면 有成(유성)이리라

| 언해 |

子ㅣ 골ᄋᆞ샤ᄃᆡ 진실로 나를 ᄡᅳ 리 이시면 朞月 ᄯᆞ롬이라도 可ᄒᆞ리니 三年이면 成홈이 이시리라

| 직역 |

공자께서 말씀하셨다. "진실로 나를 쓰는 자가 있다면 일 년만 하더라도 괜찮을 것이니, 삼 년이면 이루어짐이 있을 것이다."

| 자해 |

朞月 : 만 1년. 1년의 12개월을 일주(一周)하는 것. • 可 : 겨우. • 有成 : 치적이 이루어지는 것.

| 의해 |

공자가 느낀 바가 있어 말하였다. "지금 세상에 나를 쓸 자가 없다. 진실로 어떤 사람이 있어서 우리 도가 행하기 어렵다고 근심하지 않고 나라를 들어 좇아서 나를 쓸 수 있다면, 비록 일 년이라도 그 동안에 나라의 정사에 폐단이 있는 것은 고치고 무너진 것은 일으켜서 점점 다스려서 거의 볼만할 것이다. 만일 나를 삼 년 동안 쓴다면 재물이 풍족하고 군사가 강하고 교화가 행해지고 민심이 복종하여 다스린 공이 이미 드러나고 다스리는 도가 크게 갖추어져 이룸이 있을 것이다. 그러나 나를 쓰는 이가 없는데 어찌하겠는가!"

| 요지 |

이 장은 공자가 세상에 쓰이고자 해서 자신을 등용할 경우에 대하여 스스로 그 효험의 빠름을 말한 것이다. 그러므로 이것은 쓰는 자가 의심하는 마음을 가질 필요가 없음을 보인 것이다.

11. 子曰(자왈) 善人(선인)이 爲邦百年(위방백년)이면 亦可以勝殘去殺矣(역가이승잔거살의)라하니 誠哉(성재)라 是言也(시언야)여

| 언해 |

子ㅣ ᄀᆞᆯᄋᆞ샤ᄃᆡ 善人이 邦을 홈이 百年이면 ᄯᅩᄒᆞᆫ 可히 ᄡᅥ 殘을 勝ᄒᆞ며 殺을 去ᄒᆞ리라 ᄒᆞ니 誠ᄒᆞ다 이말이여

| 직역 |

공자께서 말씀하셨다. "'선한 사람이 나라를 다스리기를 백 년 동

안 하면 또한 잔인한 사람을 교화시키고 죽이는 일을 없앨 수 있다'라고 하니, 참으로 옳다! 이 말이여!"

| 의해 |

공자가 착한 사람의 다스림을 보고자 하여 말하였다. "옛말에 '착한 사람이 나라를 다스려 여러 대를 이어서 백 년에 이르면 착함이 백성을 점점 깊이 물들여 잔인한 사람을 교화하여 다 착한 데로 돌아와서 백성에게 극한 악과 큰 죄가 없어서 형벌과 죽임을 쓰지 않는다'고 하였다. 이제 보니 진실하도다! 이 말이여! 참으로 이치가 있다. 내가 착한 사람이 나라를 다스리는 것을 보고 싶다."

| 요지 |

이 장은 공자가 당시의 윗사람이 죽임으로써 잔인함을 금할 줄만 알고 착함으로써 잔인함을 없게 할 줄 모르는 것을 보고, 착한 사람이 오래 다스려서 교화하는 것을 생각한 것이다.

12. 子曰(자왈) 如有王者(여유왕자)라도 必世而後仁(필세이후인)이니라

| 언해 |

子ㅣ ᄀᆞᆯᄋᆞ샤ᄃᆡ 만일애 王者ㅣ 이실띠라도 반ᄃᆞ시 世ㄴ後에 仁ᄒᆞᄂᆞ니라

| 직역 |

공자께서 말씀하셨다. "만일 왕업을 이루는 자가 있다 하더라도 반드시 한 세대가 지난 뒤에야 인해질 것이다."

| 자해 |

王者 : 왕도정치를 실현하는 사람.

| 의해 |

세상에서 다스림을 말하는 사람은 모두 왕의 인을 말하지만 인이라는 것은 쉽게 말할 수 없다. 만일 성인이 있어 천명을 받아 일어나서 왕이 되어 덕스러운 교화가 천하에 두루 미쳐 모든 사람이 착하게 하려면 반드시 인한 마음과 인한 정치로 인도하여 한 세대가 된 뒤에라야 천하가 한결같이 인한 데로 돌아올 것이다. 어찌 빠른 효험을 바라겠는가? 그러므로 다스림은 지극한 인을 최고로 삼고 인은 반드시 한 세대로 기약을 한다. 하루아침에 효험을 바라는 자는 비루하다.

| 요지 |

이 장은 왕의 다스림이 빠른 공효가 없는 것을 보인 것이니, '만일 있다 하더라도' 라는 말은 사모하고 바라는 뜻이 있는 것이다. 왕이 아니면 천하를 다스리지 못하고 오래도록 하지 않으면 왕도를 이루지 못함을 알게 하고자 한 것이다.

13. 子曰 苟正其身矣면 於從政乎에 何有며 不能正其身이면 如正人에 何오

| 언해 |

子ㅣ ᄀᆞᆯᄋᆞ샤ᄃᆡ 진실로 그 身을 正ᄒᆞ면 政을 從홈애 므스 거시 이시며 能히 그 身을 正티 몯ᄒᆞ면 人을 正홈애 엇디료

| 직역 |

공자께서 말씀하셨다. "진실로 자신을 바르게 하면 정치를 하는 데에 무슨 어려움이 있겠으며, 자신을 바르게 할 수 없다면 남을 바르게 하는 것을 어떻게 할 수 있겠는가?"

| 의해 |

정치는 다 자신에 근본하니 진실로 그 자신을 바르게 하여 예법을 지키며 윗사람을 돕고 백성을 거느리면 장차 형체가 단정함에 그림자가 바른 것과 같을 것이다. 그렇게 하면 명령이 곧 행해질 것이니 대부가 되어서 정치를 하는 데 무슨 어려움이 있겠는가? 만일 그 자신을 바르게 하지 못하면 간사한 것으로 서로 인도할 것이니, 다른 사람을 어떻게 바르게 하겠는가? 정치를 하는 사람이 자신을 바르게 하는 것이 중요하다는 것을 알겠다.

| 요지 |

이 장은 훌륭한 다스림을 돕는 근본을 보인 것이다.

염 자 퇴 조 　 자 왈 　 하 안 야 　 대 왈 　 유 정 　 자
14. 冉子退朝어늘 子曰 何晏也오 對曰 有政이러이다 子
왈 　 기 사 야 　 여 유 정 　 수 불 오 이 　 오 기 여 문 지
曰 其事也로다 如有政인댄 雖不吾以나 吾其與聞之니라

| 언해 |

冉子ㅣ 朝로셔 退ᄒᆞ야늘 子ㅣ ᄀᆞᆯᄋᆞ샤ᄃᆡ 엇디 晏ᄒᆞ뇨 對ᄒᆞ야 ᄀᆞᆯ오ᄃᆡ 政이 잇데이다 子ㅣ ᄀᆞᆯᄋᆞ샤ᄃᆡ 그 事ㅣ로다 만일에 政이 이실띤댄 비록 나ᄅᆞᆯ ᄡᅳ디 아니ᄒᆞ나 내 그 與ᄒᆞ야 聞ᄒᆞᆯ이니라.

| 직역 |

염자가 조정에서 물러 나오자, 공자께서 말씀하셨다. "어찌하여 늦었는가?" 대답하여 말하였다. "정치하는 일이 있었습니다." 공자께서 말씀하셨다. "그것은 사사로운 일이었을 것이다. 만일 정치하는 일이 있었다면 비록 나를 쓰지 않았으나 내가 참여하여 들었을 것이다."

| 자해 |

朝 : 계씨(季氏)가 사사로이 조회 받는 곳. • 晏 : 늦음. • 政 : 국정(國政). • 事 : 집안 일. • 以 : 등용.

| 의해 |

염유가 계씨의 재(宰)가 되어 사사로이 조회로부터 물러나와서 공자를 만나니 공자가 말하였다. "조회에서 물러나오는 것이 일정한 시간이 있는데 오늘은 어찌하여 늦었는가?" 염유가 대답하였다. "마침 나라에 정사가 있어 의논한 까닭에 늦었습니다." 공자가 말하였다. "그것이 반드시 계씨의 집안 일일 것이다. 만일 이 나라의 정사라면 내가 이전에 대부였기 때문에 지금 비록 쓰이지 않았더라도 예에 따르면 참여하여 듣게 되어 있다. 그런데 이제 내가 듣지 못하였으니, 나라의 정사가 아닌 것이 분명하다."

| 요지 |

계씨가 나라의 정사를 나라의 조정에서 의논하지 않고 홀로 가신을 데리고 자기 집에서 사사로이 꾀하였다. 그런 까닭에 공자가 이와 같이 말하니, 명분을 바르게 하고 계씨를 꺾고 염유를 가르친 뜻이 깊다.

15. 定公이 問 一言而可以興邦이라하나니 有諸잇가 孔子對曰 言不可以若是其幾也어니와 人之言曰 爲君難하며 爲臣不易라하나니 如知爲君之難也인댄 不幾乎一言而興邦乎잇가 曰 一言而喪邦이라하나니 有諸잇가 孔子對曰 言不可以若是其幾也어니와 人之言曰 予無樂乎爲君이요 唯其言而莫予違也라하나니 如其善而莫之違也인댄 不亦善乎잇가 如不善而莫之違也인댄 不幾乎一言而喪邦乎잇가

| 언해 |

定公이 묻ᄌᆞ오ᄃᆡ 一言에 可히 ᄡᅧ 邦을 興ᄒᆞ리라 ᄒᆞᄂᆞ니 인ᄂᆞ니잇가 孔子ㅣ 對ᄒᆞ야 ᄀᆞᆯᄋᆞ샤ᄃᆡ 言을 可히 ᄡᅧ 이러ᄐᆞ시 그 幾티 몯ᄒᆞᆯ 꺼시어니와 人의 言에 ᄀᆞᆯ오ᄃᆡ 君되옴이 어려오며 臣되옴이 쉽디 아니타 ᄒᆞ나니 만일에 君되옴이 어려온 줄을 알띤댄 一言에 邦을 興홈을 幾티 아니ᄒᆞ리잇가 ᄀᆞᆯᄋᆞ샤ᄃᆡ 一言에 邦을 喪ᄒᆞ리라 ᄒᆞᄂᆞ니 인ᄂᆞ니잇가 孔子ㅣ 對ᄒᆞ야 ᄀᆞᆯᄋᆞ샤ᄃᆡ 言을 可히 ᄡᅧ 이러ᄐᆞ시 그 幾티 몯ᄒᆞᆯ 꺼시어니와 人의 言애 ᄀᆞᆯ오ᄃᆡ 내 君되옴을 樂홈이 업고 오직 그 言홈애 나ᄅᆞᆯ 違티 말라 ᄒᆞ나니 만일에 그 善커든 違티 아니ᄒᆞᆯ띤댄 ᄯᅩᄒᆞᆫ 善티 아니ᄒᆞ리잇가 만일에 善티 아니커든 違티 아니ᄒᆞᆯ띤댄 一言에 邦을 喪홈을 幾티 아니ᄒᆞ리잇가

| 직역 |

정공이 물었다. "한 마디 말로 나라를 일으킬 것이라 하니, 그러

한 것이 있습니까?" 공자께서 대답하셨다. "말은 이와 같이 기약할 수는 없지만, 사람들 말에 '임금 노릇하기가 어려우며 신하 노릇하기가 쉽지 않다'고 하였으니, 만일 임금 노릇하기 어려움을 안다면 한 마디 말로 나라를 일으키는 것을 기약할 수 없겠습니까?" 정공이 말하였다. "한 마디 말로 나라를 잃을 것이라 하니, 그러한 것이 있습니까?" 공자께서 대답하셨다. "말은 이와 같이 기약할 수는 없지만, 사람들 말에 '나는 임금 노릇을 하는 데 다른 것은 즐겁지 않으니, 내 말을 따르기만 하고 나를 어기지 말라'고 하였으니, 만일 선한 말을 어기지 않는다면 좋지 않겠습니까? 만일 선하지 않은 말을 어기지 않는다면 한 마디 말로 나라를 잃게 됨을 기약할 수 없겠습니까?"

| 자해 |

幾 : 기약함.

| 의해 |

정공이 공자에게 물었다. "나라가 착한 말로 말미암아 다스림에 이른다지만, 알지 못하겠습니다. 한 마디 말이 나라를 일으킬 수 있다고 하니 그럴 수 있습니까?" 공자가 대답하였다. "한 마디 말이 매우 작으니 진실로 이같이 나라를 일으키는 효험이 있다고는 할 수 없습니다.

◑ 그러나 또한 그런 것이 있습니다. 일찍이 사람들의 말을 들으니 '임금이 되어서 다스리는 데 그 책임이 매우 어렵고, 신하가 되어서 다스리는 일을 돕는 데 그 책임이 또한 쉽지 않다'라고 합니다.

◑ 이 임금되기 어렵다는 한 마디 말로 인하여 그 어려움을 알 수 있습니다. 반드시 전전긍긍하여 한 일도 감히 소홀히 하지 않으면 천명이 올 것이고 인심이 굳을 수 있을 것입니다. 그렇다면 임금되기 어렵다는 한 마디 말이 나라를 일으킬 수 있지 않겠습니까?"

◑ 정공이 또 물었다. "나라가 착하지 않은 말로 인하여 화에 이른

다지만, 알지 못하겠습니다. 한 마디 말로 나라를 잃어버릴 수 있다고 하니 그럴 수 있습니까?" 공자가 대답하였다. "한 마디 말이 매우 작으니 진실로 이같이 나라를 잃어버리는 화가 있다고는 할 수 없습니다.

◑ 그러나 또한 그런 것이 있습니다. 일찍이 사람들의 말을 들으니 '내가 임금 노릇 하는 것이 다른 것은 즐거울 것이 없고, 오직 나의 말이 한 번 나가면 신하와 백성이 감히 어기지 못하니, 이것이 곧 임금 노릇하는 즐거움이다'라고 합니다.

◑ 만일 그 임금의 말이 착하여 사람이 어기지 않는다면 훌륭한 다스림에 이를 것이니 또한 좋습니다. 그러나 만일 그 임금의 말이 착하지 않아서 백성에게 해가 있고 나라에 손해가 있는데도 사람이 어기지 않는다면 충성된 말이 귀에 이르지 않을 것입니다. 그렇게 되면 임금이 날마다 교만하고 신하가 날마다 아첨하여 나라를 보존하지 못할 것입니다. 그렇다면 어기지 않는다는 한 마디 말로 나라를 잃어버릴 수 있지 않겠습니까? 임금이 더욱 힘써 흥하는 바를 살피고 망하는 바를 경계하는 것이 좋을 것입니다."

| 요지 |

이 장은 나라가 흥하고 망함이 임금의 마음이 공경하느냐 방자하느냐에 따라 결정됨을 말한 것이니, 공경과 방자함이 흥하고 망함에 관계되는 것이 이와 같다.

16. 葉公(섭공)이 問政(문정)한대 子曰(자왈) 近者說(근자열)하며 遠者來(원자래)니라

| 언해 |

葉公이 政을 묻ᄌᆞ온대 子ㅣ ᄀᆞᆯᄋᆞ샤ᄃᆡ 갓가온 者ㅣ 깃버ᄒᆞ며 먼

者ㅣ 오미니라

| 직역 |

섭공이 정치에 대하여 묻자, 공자께서 말씀하셨다. "가까이 있는 자들은 기뻐하고, 먼 곳에 있는 자들은 오는 것이다."

| 의해 |

초나라의 현령인 섭공이 정치에 대하여 공자에게 물었다.

◑ 공자가 말하였다. "백성으로서 내 지경 안에 있어서 가까운 자가 은택을 입어서 감동하고 기뻐하니, 가까운 사람을 기르는 정치를 알 수 있다. 백성으로서 내 지경 밖에 있어서 먼 자가 소문을 듣고 와서 의탁하니, 먼 사람을 품는 정치를 알 수 있다."

| 요지 |

이 장은 정치는 민심을 얻는 것을 근본으로 한다는 것을 보여준 것이다. 공자가 섭공으로 하여금 민정을 살펴서 스스로 상고하게 한 것이다.

17. 子夏爲莒父宰라 問政한대 子曰 無欲速하며 無見小利니 欲速則不達하고 見小利則大事不成이니라

| 언해 |

子夏ㅣ 莒父宰ㅣ 되연ᄂᆞ디라 政을 묻ᄌᆞ온대 子ㅣ ᄀᆞᆯᄋᆞ샤ᄃᆡ 速고쟈티 말며 小利를 보디 마를띠니 速고져 ᄒᆞ면 達티 몯ᄒᆞ고 小利를 보면 大事ㅣ 이디 몯ᄒᆞᄂᆞ니라

| 직역 |

자하가 거보읍의 읍재가 되어 정치에 대하여 묻자, 공자께서 말씀하셨다. "속히 하려고 하지 말고, 조그만 이익을 보지 말아야 한다. 속히 하려고 하면 잘 되지 않고, 조그만 이익을 보면 큰 일이 이루어지지 않는다."

| 자해 |

莒父 : 노(魯)나라 읍(邑) 이름.

| 의해 |

자하가 노나라 거보 고을의 재가 되어 정치에 대하여 묻자 공자가 말하였다. "정치를 하는 데 두 가지 폐단이 있다. 이제 막 일을 시작하면서 곧 그 효험을 빨리 하고자 바라는 마음이니, 자네가 정치를 하거든 빨리 하고자 하지 말고 조용히 오래도록 하는 것이 좋다. 가까운 데 익숙하여 편한 것을 따지면 이것이 작은 이익를 보는 것이니, 자네가 정치를 하거든 반드시 이익을 보지 말고 뜻과 규모를 크게 갖는 것이 좋다. 정치는 통달함을 기약하지만 반드시 점차적으로 해야 통달할 수 있다. 만일 일을 빨리 이루고자 하면 갑작스러워 차례가 없어서 혹 세력에 거리끼며 혹 베푸는 것이 미치지 못하여 도리어 통달하지 못할 것이다. 정치는 크게 이루는 것을 기약하니, 반드시 뜻을 크게 가져 작은 일에 구애받지 말아야 한다. 만일 작은 이익을 보면 뜻이 만족하기가 쉽고 성취한 바가 적어서 은택을 멀리 베풀지 못하고 덕스러운 교화를 널리 펴지 못하여 큰 일을 이루지 못할 것이다. 경계하지 않을 수 있겠는가?"

| 요지 |

이 장은 자하의 뜻이 작으므로 공자가 멀고 넓고 오래되고 큰 왕도를 기약하여 빨리 하려고 하지 말라는 구절로 경계하고, 아래

에서는 마땅히 경계해야 하는 까닭을 말한 것이다.

18. 葉公이 語孔子曰 吾黨에 有直躬者하니 其父攘羊이어늘 而子證之하니이다 孔子曰 吾黨之直者는 異於是하니 父爲子隱하며 子爲父隱하나니 直在其中矣니라

| 언해 |

葉公이 孔子끠 語ᄒᆞ야 ᄀᆞᆯ오ᄃᆡ 우리 黨에 躬을 直히 ᄒᆞᆫ 者ㅣ 인ᄂᆞ니 그 父ㅣ 羊을 攘ᄒᆞ야ᄂᆞᆯ 子ㅣ 證ᄒᆞ니이다 孔子ㅣ ᄀᆞᆯᄋᆞ샤ᄃᆡ 우리 黨에 直ᄒᆞᆫ 者ᄂᆞᆫ 이에 다ᄅᆞ니 父ㅣ 子를 爲ᄒᆞ야 隱ᄒᆞ며 子ㅣ 父를 爲ᄒᆞ야 隱ᄒᆞᄂᆞ니 直이 그 中에 인ᄂᆞ니라

| 직역 |

섭공이 공자께 말하였다. "우리 고을에 정직하게 행동하는 자가 있으니, 그의 아버지가 양을 가로채자, 아들이 그것을 증명하였습니다." 공자께서 말씀하셨다. "우리 고을의 정직한 자는 이와 다르다. 아버지는 자식을 위해 숨겨주고 자식은 아버지를 위해 숨겨주니, 정직함은 그 가운데 있는 것이다."

| 자해 |

直躬 : 몸을 정직(正直)하게 행동하는 자. • 攘 : 계기가 있어 훔치는 것.

| 의해 |

섭공이 공자에게 말하였다. "우리 고을에 몸을 곧게 행하여 사사로이 편들지 않는 자가 있으니, 아버지가 남의 양을 가로채자 아

들이 그 일을 증명하였습니다. 아버지와 아들 사이인데도 오히려 이와 같으니 그 곧음이 어떠합니까?"

◑ 공자가 말하였다. "우리 고을의 곧은 자는 자못 그와 다르다. 아버지가 아들을 위하여 그 허물을 숨기고 아들이 아버지를 위하여 그 허물을 숨겨서 사람에게 들리지 않는다. 아버지와 아들 사이는 은혜를 위주로 하니, 은혜를 온전히 하는 것이 이치상 마땅한 일이다. 이치를 따라 행하면 곧은 것이 서로 숨겨주는 가운데 있는 것이다."

| 요지 |

섭공은 곧은 것을 행위로 의론하고 공자는 곧은 것을 마음으로 의론하였다. 천리와 인정은 조금이라도 참된 마음의 바깥에 있지 않다.

19. 樊遲問仁한대 子曰 居處恭하며 執事敬하며 與人忠을 雖之夷狄이라도 不可棄也니라

| 언해 |

樊遲ㅣ 仁을 묻ᄌᆞ온대 子ㅣ 골ᄋᆞ샤ᄃᆡ 居處에 恭ᄒᆞ며 事를 執홈이 敬ᄒᆞ며 人을 與홈이 忠홈을 비록 夷狄에 갈띠라도 可히 棄티 몯 ᄒᆞᆯ 꺼시니라

| 직역 |

번지가 인에 대하여 묻자, 공자께서 대답하셨다. "거처할 적에 공손히 하며, 일을 집행할 적에 경건히 하며, 사람을 대할 적에 충

성되게 하여야 한다. 이것은 비록 이적의 나라에 가더라도 버려서는 안 된다."

| 의해 |

번지가 인에 대하여 묻자 공자가 말하였다. "인이라는 것은 어느 때든지 어느 곳이든지 다 있으니 인을 행하는 자는 또한 이 이치를 마음에 새겨서 잊어버리지 않을 따름이다. 거처할 때에는 마음이 짓는 바가 없고 반드시 엄숙하고 공손히 하여 게으르고 한가함이 없어야 한다. 일이 있을 때에는 이 마음이 일에 응하는 것을 연구하여 반드시 공경하고 삼가서 게으르고 소홀함이 없어야 한다. 사람을 접대할 때에는 이 마음이 사람 보기를 내 몸과 같이 하여 반드시 충성을 다하여 감히 속이거나 거짓이 없어야 한다. 이러한 마음을 잃지 말아서 비록 이적에게 가더라도 버리지 않아야 한다. 이 마음을 항상 갖고 있으면 언제 어디에서나 인이 그 가운데 있다"

| 요지 |

인의 도가 항상 마음을 두는 데 있다는 말이다.

20. 子貢(자공)이 問曰(문왈) 何如(하여)라야 斯可謂之士矣(사가위지사의)잇고 子曰(자왈) 行(행)
己有恥(기유치)하며 使於四方(시어사방)하여 不辱君命(불욕군명)이면 可謂士矣(가위사의)니라
曰(왈) 敢問其次(감문기차)하노이다 曰(왈) 宗族(종족)이 稱孝焉(칭효언)하며 鄕黨(향당)이 稱(칭)
弟焉(제언)이니라 曰(왈) 敢問其次(감문기차)하노이다 曰(왈) 言必信(언필신)하며 行必(행필)
果(과) 硜硜然小人哉(갱갱연소인재)나 抑亦可以爲次矣(억역가이위차의)니라 曰(왈) 今之從(금지종)

> 政者는 何如하니잇고 子曰 噫라 斗筲之人을 何足算也리오
> (정자 하여 / 자왈 희 / 두소지인 / 하족산야)

| 언해 |

子貢이 묻ᄌᆞ와 ᄀᆞᆯ오ᄃᆡ 엇더ᄒᆞ야아 이에 可히 士ㅣ라 닐ᄋᆞ리잇고 子ㅣ ᄀᆞᆯᄋᆞ샤ᄃᆡ 己를 行홈이 恥 이시며 四方에 使ᄒᆞ야 君命을 辱디 아니ᄒᆞ면 可히 士ㅣ라 닐롤띠니라 ᄀᆞᆯ오ᄃᆡ 敢히 그 次를 묻ᄌᆞᆸ노이다 ᄀᆞᆯᄋᆞ샤ᄃᆡ 宗族이 孝ㅣ라 稱ᄒᆞ며 鄕黨이 弟ㅣ라 稱홈이니라. ᄀᆞᆯ오ᄃᆡ 敢히 그 次를 묻ᄌᆞᆸ노이다 ᄀᆞᆯᄋᆞ샤ᄃᆡ 言을 반ᄃᆞ시 信ᄒᆞ며 行을 반ᄃᆞ시 果홈이 硜硜ᄒᆞᆫ 小人이나 ᄯᅩᄒᆞᆫ 可히 ᄡᅧ 次ㅣ 될이니라. ᄀᆞᆯ오ᄃᆡ 이제 政을 從ᄒᆞᄂᆞᆫ 者ᄂᆞᆫ 엇더ᄒᆞ니잇고 子ㅣ ᄀᆞᆯᄋᆞ샤ᄃᆡ 噫라 斗筲ㅅ人을 엇디 足히 算ᄒᆞ리오

| 직역 |

자공이 물었다. "어떠하여야 선비라고 할 수 있습니까?" 공자께서 말씀하셨다. "자기 혼자의 행동에 대하여 부끄러워함이 있으며 사방에 사신으로 가서 임금의 명을 욕되게 하지 않으면 선비라 이를 만하다." 말하기를 "감히 그 다음을 묻겠습니다" 하자, 말씀하셨다. "종족들이 효성스럽다고 칭찬하고 향당에서 공손하다고 칭찬하는 인물이다." 말하기를 "감히 그 다음을 묻겠습니다" 하자, 말씀하셨다. "말을 하면 반드시 믿을 수 있게 하고 행동은 반드시 앞뒤가 맞게 하는 것은 자잘한 소인이지만, 그래도 또한 그 다음이 될 만하다." 말하기를 "지금 정사에 종사하는 자들은 어떻습니까?" 하자, 공자께서 말씀하셨다. "아! 한 말이나 한 말 두 되 정도의 사람들을 어찌 족히 헤아리리오?"

| 자해 |

使 : 심부름가다. 음은 '시'. • 硜硜然 : 융통성이 없이 딱딱한 모양. • 筲 : 한

말 두 되가 들어가는 대로 만든 그릇. 음은 '소'.

| 의해 |

자공이 물었다. "선비가 백성의 머리에 있으니 과연 어떠하여야 그 이름이 부끄럽지 않아 선비라고 이를 수 있겠습니까?" 공자가 말하였다. "선비는 몸을 지키는 것으로 근본을 삼고 또한 사방에 사신으로 나가 임금이 나에게 명한 책임을 욕되게 하지 않으면 그 재주가 또 가히 쓸 만하여 선비라고 할 만하다."

◑ 자공이 또 말하였다. "온전한 재주를 가진 사람은 많지 않을 것이니, 감히 그 다음 선비에 대하여 묻습니다." 공자가 말하였다. "선비가 진실로 재주와 뜻을 겸비함이 귀하지만, 차라리 재주가 부족한 것이 나을 것이다. 이제 어떤 사람이 사랑하고 공경하는 실상을 다하여 안으로 종족이 그 효도를 일컫고 밖으로 향당이 그 공손을 일컬으면 이는 재주는 부족하지만 큰 근본은 선 자이다. 그러니 또한 선비의 다음이 될 수 있을 것이다."

◑ 자공이 또 말하였다. "효도와 공손 또한 다 하기 어려운 것이니, 감히 그 다음 선비에 대하여 묻습니다." 공자가 말하였다. "말과 행실은 사람의 큰 일이니, 방자한 것보다는 차라리 단속하는 것이 나을 것이다. 이제 어떤 사람이 말할 때 믿음이 귀한 줄 알아서, 다 이치에 합하지 않더라도 또한 반드시 믿음직스러우며, 행할 때 과단성이 귀한 줄 알아서 다 이치에 합하지 않더라도 또한 반드시 과단성 있게 한다면 또한 그 다음이 될 것이다."

◑ 자공이 또 물었다. "지금 정치를 담당하여 대부가 된 자는 어떠합니까? 또한 선비가 될 만합니까?" 공자가 말하였다. "슬프다, 이 한 말 정도 되는 사람들은 비루하고 잘고 악착 같아서 기량이 부족하다. 본말이 볼 것이 없고 언행 또한 취할 것이 없으니, 어찌 셀 것이 있겠는가?"

| 요지 |

이 장은 성인이 절개를 취하는 뜻을 보인 것이다. 재주와 절개를

겸비하는 것은 진실로 선비 가운데 가장 뛰어난 자이다. 그 다음은 차라리 재주가 없을지언정 절개가 있어야 한다. 이것은 성인이 선비를 의론한 뜻이다.

21. 子曰 不得中行而與之인댄 必也狂狷乎인저 狂者는 進取요 狷者는 有所不爲也니라

| 언해 |

子ㅣ ᄀᆞᆯᄋᆞ샤ᄃᆡ 中行을 得ᄒᆞ야 與티 몯홀띤댄 반ᄃᆞ시 狂과 狷인저 狂ᄒᆞᆫ 이ᄂᆞᆫ 進ᄒᆞ야 取ᄒᆞ고 狷ᄒᆞᆫ 이ᄂᆞᆫ ᄒᆞ디 아닐빼 인ᄂᆞ니라

| 직역 |

공자께서 말씀하셨다. "중도를 실천하는 선비를 얻어 그와 함께 할 수 없다면 반드시 뜻이 큰 사람이나 뜻이 굳센 사람과 더불어 할 것이다. 뜻이 큰 사람은 적극적으로 나아가고 뜻이 굳센 사람은 하지 않는 바가 있다."

| 자해 |

行 : 도(道). • 狂者 : 뜻은 지극히 높으나 행동이 말을 가리지 못하는 사람. • 狷者 : 지식은 미치지 못하나 지킴〔행동〕은 유여(有餘)한 사람.

| 의해 |

공자가 말하였다. "세상에 중도를 실천하는 선비가 있으면 내가 그에게 도를 전하고자 한다. 그런데 지금 중도를 실천하는 사람을 얻지 못하니, 나와 더불어 할 자는 반드시 선비 가운데 뜻이

크고 뜻이 굳센 사람이구나! 내가 뜻이 큰 사람과 뜻이 굳센 사람을 취하는 것은 어째서인가? 뜻이 큰 사람은 뜻이 지극히 높은 데 나아가고자 하는 것이 있어서 착한 것을 취할 것이다. 뜻이 굳센 사람은 절개를 지키는 것이 넉넉하여 착하지 않은 일을 단연코 하지 않을 것이다. 그들의 지나치고 모자라는 것에 대하여 격동시키고 가다듬고 마름질하여 이루는 가르침을 더할 것이니, 중도로 행하는 선비 이외에 이 사람들 말고 누구와 더불어 하겠는가?"

| 요지 |

공자가 도를 전하기 위하여 중도를 실천하는 선비를 얻고자 하였지만 얻지 못하였기 때문에 뜻이 큰 사람과 뜻이 굳센 사람을 얻고자 생각한 것이다.

22. 子曰 南人이 有言曰 人而無恒이면 不可以作巫醫라하니 善夫라 不恒其德이면 或承之羞라하니 子曰 不占而已矣니라

| 언해 |

子ㅣ ᄀᆞᆯᄋᆞ샤ᄃᆡ 南人이 言을 두어 ᄀᆞᆯ오ᄃᆡ 人이오 恒이 업스면 可히 뻐 巫와醫도 되디 몯ᄒᆞ리라 ᄒᆞ니 善ᄒᆞ다 그 德을 恒티 아니ᄒᆞ면 或이 羞를 承ᄒᆞ리라 ᄒᆞ니 子ㅣ ᄀᆞᆯᄋᆞ샤ᄃᆡ 占티 아니ᄒᆞᆯ ᄯᆞᄅᆞᆷ이니라.

| 직역 |

공자께서 말씀하셨다. "남쪽 나라 사람들의 말에 '사람이 일정한

마음이 없으면 무당이나 의원도 될 수 없다'라고 하니, 좋은 말이다!" (『주역』에) "그 마음가짐을 일정하게 가지지 않으면 간혹 부끄러운 일을 당하게 된다"라고 하였는데, 공자께서 말씀하셨다. "점괘를 보지 않았을 따름이다."

| 자해 |

南人 : 남쪽 나라 사람. • 恒 : 항상 하고 오래함.

| 의해 |

남쪽 나라 사람들이 "사람이 마음을 세우고 행실을 짓는 것이 일정하고 오랜 도가 없으면 내게 있는 것을 지킬 수 없을 것이니 어디에 쓸 수 있겠는가? 무당과 의원도 될 수 없을 것이다. 무당은 귀신을 사귀는 사람이니 일정한 마음이 없으면 성의가 부족하여 귀신이 제사를 받지 않을 것이고, 의원은 질병을 다스리는 사람이니 일정한 마음이 없으면 의업이 정밀하지 않아서 감히 사람의 생사의 문제를 맡길 수 없을 것이다"라고 하니, 이 말이 참 좋다!

◑『주역』 항괘(恒卦)에 "사람이 만일 덕행이 일정하지 않아서 스스로 서로 어기고 어지러우면 다만 안으로 살펴 병통이 많을 뿐 아니라 장차 바깥에서 업신여김을 당하여 부끄러운 일이 있을 것이다"라고 하였다.

◑ 공자가 이 구절에 대하여 말하였다. "일정한 마음이 없어서 부끄러움을 취하는 것에 대하여서는『주역』에 밝은 가르침이 있는데도 오히려 일정한 마음이 없는 자가 많은 것은 또한 이 점을 보지 않았기 때문이다. 진실로 이 점을 본다면 일정한 마음이 없는 것이 부끄러운 줄 알아서 경계할 줄을 알 것이다. 어찌 일정한 마음이 없는 데 이르겠는가?"

| 요지 |

이 장은 일정한 마음이 없는 자는 무당과 의원도 되지 못하고 또

부끄러운 욕도 면하지 못할 것이므로 사람이 반드시 일정한 마음을 가져야 한다는 것을 보인 것이다.

23. 子曰 君子는 和而不同하고 小人은 同而不和니라

| 언해 |

子ㅣ ᄀᆞᆯᄋᆞ샤ᄃᆡ 君子ᄂᆞᆫ 和ᄒᆞ고 同티 아니ᄒᆞ고 小人은 同ᄒᆞ고 和티 아니ᄒᆞᄂᆞ니라

| 직역 |

공자께서 말씀하셨다. "군자는 조화를 이루고 뇌동하지 않으며, 소인은 뇌동하고 조화를 이루지 못한다."

| 자해 |

和 : 거슬리고 비틀어진 마음이 없는 것. • 同 : 아당(阿黨)하는 뜻이 있는 것.

| 의해 |

군자와 소인의 차이는 공변됨과 사사로움의 차이일 뿐이다. 군자의 마음은 공변되어 다른 사람 보기를 자신과 같이 하여 상대에 거스름이 없어서 진실로 그 조화를 극진히 하지만, 오직 이치만 보고 옳고 그름을 가리어 구차하게 다른 사람과 뇌동하려고 하지 않는다. 소인의 마음은 사사로워서 가까이하는 것을 기뻐하고 아첨을 하여 항상 뇌동하지만, 각각 이익을 따라서 시기하고 각박함을 즐겨하고 무리와 조화롭게 거처하지 못하여 바깥은 서로 같으나 안은 실상 같지 않음이 이와 같다.

| 요지 |

이 장은 군자와 소인이 마음을 쓰는 것이 같지 않기 때문에 다른 사람과 교제하는 것이 또한 다름을 밝힌 것이다. 조화라고 하는 것은 이치에 조화하는 것이고, 뇌동하는 것은 사사로움을 함께 하는 것이다. 이치에 조화하면 구차스럽게 뇌동하지 않고, 사사로움을 함께 하면 조화롭지 못한다.

24. 子貢이 問曰 鄕人이 皆好之면 何如니잇고 子曰 未可也니라 鄕人이 皆惡之면 何如니잇고 子曰 未可也니라 不如鄕人之善者 好之요 其不善者 惡之니라

| 언해 |

子貢이 묻ᄌᆞ와 ᄀᆞᆯ오ᄃᆡ 鄕人이 다 됴히 너기면 엇더ᄒᆞ니잇고 子ㅣ ᄀᆞᆯᄋᆞ샤ᄃᆡ 可티 아니ᄒᆞ니라 鄕人이 다 아쳐ᄒᆞ면 엇더ᄒᆞ니잇고 子ㅣ ᄀᆞᆯᄋᆞ샤ᄃᆡ 可티 아니ᄒᆞ니라 鄕人의 善ᄒᆞᆫ 者ㅣ 됴히 너기고 그 善티 아니ᄒᆞᆫ 者ㅣ 아쳐홈만 ᄀᆞᆮ디몯ᄒᆞ니라

| 직역 |

자공이 물었다. "고을 사람들이 모두 좋아하면 어떻습니까?" 공자께서 말씀하셨다. "안 된다." "고을 사람들이 모두 미워하면 어떻습니까?" 공자께서 말씀하셨다. "안 된다. 고을 사람 중에 선한 자가 좋아하고, 선하지 못한 자가 미워하는 것만 못하다."

| 자해 |

惡 : 미워하다. 음은 '오'.

| 의해 |

자공이 물었다. "사람이 어렸을 때부터 장성하기에 이르도록 자세하게 아는 자가 고향 사람만한 이가 없습니다. 여기에 한 사람이 있는데 한 고을 사람들이 다 좋아하면 어떠하겠습니까? 어질다고 할 수 있겠습니까?" 공자가 대답하였다. "안 된다. 아마도 같이 더러운 데로 흘러 합하였기 때문일 것이다."

자공이 또 물었다. "한 고을 사람이 다 미워하면 어떠합니까? 아마도 도가 높아서 훼방을 당하는 것이 아니겠습니까? 그러니 어질다고 할 수 있겠습니까?" 공자가 말하였다. "안 된다. 아마도 이 세상을 속이고 풍속에 어그러졌기 때문일 것이다. 한 고을 사람이 다 종류에 따라 좋아하고 미워하는 것만 같지 못하다. 착한 자가 자기와 같다고 하여 좋아하면 이는 그 사람의 뜻과 행실이 군자에게 믿음직하여 좋아할 실상이 있는 것이고, 착하지 않은 자가 자기와 다르다고 하여 미워하면 이는 그 마음의 곧은 것이 또 구차하게 소인과 같지 않아서 비루한 행실이 없는 것이다. 그런즉 그가 반드시 어진 사람이라는 것을 알 수 있다."

| 요지 |

이 장은 군자와 소인이 마음을 써서 사람을 대접하는 것이 같지 않음을 밝힌 것이다.

25. 子曰 君子는 易事而難說也니 說之不以道면 不說也오 及其使人也하얀 器之니라 小人은 難事而易說也니 說之雖不以道라도 說也오 及其使人也하얀 求備焉이니라

| 언해 |

子ㅣ ᄀᆞᆯᄋᆞ샤ᄃᆡ 君子ᄂᆞᆫ 事홈이 쉽고 說케 홈이 어려우니 說케 홈을 道로ᄡᅥ 아니ᄒᆞ면 說티 아니ᄒᆞ고 그 人을 事홈애 미처ᄂᆞᆫ 器로 ᄒᆞᄂᆞ니라 小人ᄋᆞᆫ 事홈이 어렵고 說케 홈이 쉬우니 說케 홈을 비록 道로ᄡᅥ 아니ᄒᆞ야도 說ᄒᆞ고 그 人을 使홈애 미처ᄂᆞᆫ 備홈을 求ᄒᆞᄂᆞ니라

| 직역 |

공자께서 말씀하셨다. "군자는 섬기기는 쉬워도 기쁘게 하기는 어렵다. 기쁘게 하기를 도로써 하지 않으면 기뻐하지 않고, 사람을 부림에 있어서는 그릇에 따라 한다. 소인은 섬기기는 어려워도 기쁘게 하기는 쉽다. 기쁘게 하기를 비록 도에 맞게 하지 않더라도 기뻐하지만, 사람을 부림에 있어서는 다 갖출 것을 요구한다."

| 의해 |

군자는 섬기기는 쉬워도 기쁘게 하기는 어려운 것은 어째서인가? 군자의 마음은 공변되고 용서하니 공변되면 도만 보고 욕심은 보지 않기 때문에, 만일 아첨하여 따르고 뜻을 맞추어서 기쁘게 하기를 도로써 하지 않으면 반드시 거절하여 기뻐하지 않을 것이다. 기쁘게 하는 것이 또한 어렵지 않겠는가? 사람 부리는 데 이르러서는 용서하는 마음으로 대접하여 재목에 어울리게 부려서 잘한 것이 있으면 다 취하니, 섬기기가 또한 쉽지 않은가? 소인은 섬기기는 어려워도 기쁘게 하기는 쉬운 것은 어째서인가? 소인의 마음은 사사롭고 각박하니 사사로우면 욕심만 보고 도는 보지 않기 때문에 만일 기쁘게 하기를 도로써 하지 않더라도 제가 또한 기뻐할 것이다. 기쁘게 하는 것이 또한 쉽지 않겠는가? 사람을 부리는 데 미쳐서는 각박한 마음으로 대접하여 사람에게 재주를 구비하기를 요구하고 책망하지 않을 때가 없으니, 섬기기가

또한 어렵지 않겠는가? 사람을 쓰는 자가 한 생각 사이에 서로 바뀌는 것이 이와 같은 것이다.

| 요지 |

이 장은 군자와 소인의 같지 않음을 밝힌 것이니, 군자는 공변되고 용서하며, 소인은 사사롭고 각박하다.

26. 子曰 君子는 泰而不驕하고 小人은 驕而不泰니라

| 언해 |

子ㅣ ᄀᆞᆯᄋᆞ샤ᄃᆡ 君子ᄂᆞᆫ 泰ᄒᆞ고 驕티 아니ᄒᆞ고 小人은 驕ᄒᆞ고 泰티 아니ᄒᆞᄂᆞ니라

| 직역 |

공자께서 말씀하셨다. "군자는 태연하고 교만하지 않고, 소인은 교만하고 느긋하지 못하다."

| 의해 |

군자와 소인의 기상이 다 마음에 근본하여 밖에 드러나는 것이다. 편안하게 자연스러운 것으로부터 말하면 태연함이 되고, 사치스럽게 방자한 것으로부터 말하면 교만이 된다. 군자는 오직 이치를 좇아서 부끄럽지 않고 병통이 없어서 자연스러운 까닭에 바깥이 항상 펴지고 느긋하니, 이 몸을 사랑하고 남에게 거만하여 혹 교만하고 방자함에 이르지 않는다. 소인은 오직 욕심을 부려서 뜻이 차고 기운이 넘쳐서 항상 스스로 자랑하는 까닭에 바깥이 항상 교만하여 펴지고 편안함이 없다. 그 마음을 쓰는 것이

다른 까닭에 기상이 같지 않음이 이와 같다.

| 요지 |

이 장은 군자와 소인의 처신이 같지 않음을 밝힌 것이다. 태연함과 교만함이 기상으로 보면 자취는 서로 비슷하지만 실상은 같지 않은 까닭에 공자가 분별한 것이다. 그 차이는 마음이 이치를 좇느냐 욕심을 좇느냐에 달려 있다.

자왈 강의목눌 근인

27. 子曰 剛毅木訥이 近仁이니라

| 언해 |

子ㅣ ᄀᆞᆯᄋᆞ샤ᄃᆡ 剛과 毅와 木과 訥이 仁에 갓가오니라

| 직역 |

공자께서 말씀하셨다. "강하고 굳세며 질박하고 어눌함이 인에 가깝다."

| 자해 |

木 : 질박함. • 訥 : 어눌함.

| 의해 |

인이 비록 사람의 마음에 진실로 있는 바이지만, 또한 기질에 얽매이지 않을 수 없다. 기질이 강하고 기운이 굳세며 모양이 질박하고 언어가 어눌한 네 가지 바탕이 인에 가깝다. 인은 욕심이 없는 것이다. 강하고 굳세면 욕심에 굽히지 않고 인이 안에 있으니, 질박하고 어눌하여 밖으로 달리지 않는다면 어찌 인과 서로 가깝

지 않겠는가? 이 바탕으로 말미암아 학문으로 채우면 인과 더불어 하나가 될 것이다.

| 요지 |

이 장은 사람이 마땅히 천품을 온전히 하여 인을 구해야 한다는 것을 보인 것이다.

28. 子路(자로) 問曰(문왈) 何如(하여)라야 斯可謂之士矣(사가위지사의)니잇고 子曰(자왈) 切切偲偲(절절시시)하며 怡怡如也(이이여야)면 可謂士矣(가위사의)니 朋友(붕우)엔 切切偲偲(절절시시)오 兄弟(형제)엔 怡怡(이이)니라

| 언해 |

子路ㅣ 묻ᄌᆞ와 ᄀᆞᆯ오ᄃᆡ 엇더ᄒᆞ야아 이에 可히 士ㅣ라 닐ᄋᆞ리잇고 子ㅣ ᄀᆞᆯᄋᆞ샤ᄃᆡ 切切ᄒᆞ며 偲偲ᄒᆞ며 怡怡ᄐᆞᆺᄒᆞ면 可히 士ㅣ라 닐올 띠니 朋友에는 切切ᄒᆞ며 偲偲ᄒᆞ고 兄弟에는 怡怡홀띠니라

| 직역 |

자로가 물었다. "어떠하여야 선비라고 이를 만합니까?" 공자께서 대답하셨다. "간절하고 자상하게 권면하며 화락하면 선비라고 이를 만하다. 친구 사이에는 간절하고 자상하게 권면하며 형제 사이에는 화락하여야 한다."

| 자해 |

切切 : 절실함. • 偲偲 : 자상한 모양. • 怡怡 : 화열한 모양.

| 의해 |

자로가 물었다. "어떠하여야 선비라고 할 만합니까?" 공자가 말하였다. "선비의 성질은 중화가 귀중하니 반드시 그 사람과 내가 서로 접할 때 간절하고 자상하고 화락해야 한다. 그 기상이 이와 같으면 함양에 근본이 있어서 선비라 할 수 있을 것이다. 이 세 가지는 다 빠뜨릴 수 없는 것이지만, 실천할 때 혼동해서는 안 되는 것이다. 친구에게는 허물을 바르게 하고자 권하여 간절하고 자상하게 하며, 형제에게는 서로 좋아하고 허물하지 않아 화락하게 해야 한다. 친구는 의로 합하고 형제는 은혜로 합하였기 때문에 은혜와 의를 겸하여 베푸는 것이 각각 마땅하면 선비의 도가 어찌 이에 더하겠는가?"

| 요지 |

간절하고 자상하며 화락한 이 세 가지는 자로에게 부족한 것이다. 그러므로 이와 같이 말하고, 또 실천하는 데 혼동할까 걱정한 까닭에 형제와 친구를 또 분별하여 말한 것이다.

자왈 선인 교민칠년 역가이즉융의
29. 子曰 善人이 敎民七年이면 亦可以卽戎矣니라

| 언해 |

子ㅣ ᄀᆞᆯᄋᆞ샤ᄃᆡ 善人이 民 가ᄅᆞ침이 七年이면 ᄯᅩᄒᆞᆫ 可히 ᄡᅥ 戎에 卽ᄒᆞ리니라

| 직역 |

공자께서 말씀하셨다. "선한 사람이 7년 동안 백성을 가르치면 또한 군대에 가게 할 수 있다."

| 자해 |

卽 : 나아감. • 戎 : 전쟁. 음은 '융'.

| 의해 |

선한 사람의 도는 사랑하고 불쌍하게 여겨 민심을 굳게 한다. 백성에게 효제충신(孝悌忠信)의 행실을 가르쳐서 그 성품을 기르고, 농사를 가르쳐서 삶을 윤택하게 하고, 군사를 가르쳐서 재주를 익숙하게 한다. 대략 7년이 되면 백성이 윗사람을 친애하고 관장을 위해 죽을 줄 알아서, 일이 있으면 군대에 나아갈 수 있다. 선한 사람이 백성을 가르치는 효험이 대략 이와 같다.

| 요지 |

이 장은 공자가 선한 사람의 덕스러운 교화를 깊이 인정한 것이고, 단지 군대에 나아가는 것을 위하여 말한 것이 아니다.

30. 子曰(자왈) 以不敎民戰(이불교민전)이면 是謂棄之(시위기지)니라

| 언해 |

子ㅣ ᄀᆞᆯᄋᆞ샤ᄃᆡ ᄀᆞᄅᆞ치디 아니ᄒᆞᆫ 民으로ᄡᅥ 戰ᄒᆞ면 이 닐온 ᄇᆞ림이니라

| 직역 |

공자께서 말씀하셨다. "가르치지 않은 백성을 써서 전쟁을 한다면, 이것을 일러 백성을 버리는 행위라고 한다."

| 의해 |

전쟁은 위험한 일이다. 만일 평일에 백성에게 효제충신과 농사와

군사를 가르치지 않고서 급히 싸움에 쓰면 방향을 알지 못하여 죽을 따름이다. 이것을 일러 백성을 버리는 행위라고 한다.

| 요지 |

이 장은 백성을 가르치지 않으면 안 된다는 것을 보인 것이다.

14. 헌문(憲問)

1. 憲(헌)이 問恥(문치)한대 子曰(자왈) 邦有道(방유도)에 穀(곡)하며 邦無道(방무도)에 穀(곡)이 恥也(치야)니라

| 언해 |

憲이 恥를 묻ᄌᆞ온대 子ㅣ ᄀᆞᆯᄋᆞ샤ᄃᆡ 邦이 道 이숌애 穀만 ᄒᆞ며 邦이 道ㅣ 업숨애 穀만 홈이 恥ㅣ니라

| 직역 |

원헌이 부끄러움에 대하여 묻자, 공자께서 대답하셨다. "나라에 도가 있을 때에 녹봉만 받아먹으며, 나라에 도가 없을 때에 녹봉만 받아먹는 것이 부끄러운 일이다."

| 자해 |

憲 : 원사(原思)의 이름. 자는 자사(子思). • 穀 : 녹(祿).

| 의해 |

헌이 "세상 사이에 무슨 일이 가장 부끄럽다고 할 수 있습니까?" 라고 묻자, 공자가 그 지킴이 있음을 가지고 업적이 있도록 하라고 대답하였다. "사군자(士君子)가 몸을 천지 사이에 세움에 지킴이 있는 것이 귀하고 또 함이 있는 것이 귀하니, 만일 나라에 도가 있는데 업적이 있지 못하고 다만 임금의 녹봉만 먹을 줄 알면

비록 도를 굽힘이 아니나 공연히 녹봉만 먹는 부끄러움을 면치 못할 것이다. 나라에 도가 없는데 거두지 못하고 오히려 임금의 녹봉만 먹으면 한갓 자리만 탐한 것이니 부끄러운 일이다."

| 요지 |

이 장은 뜻이 '유도(有道)'라는 것에 중요함이 있으니 원헌은 지킴이 부족한 것을 근심하지 않고 재주가 족하지 않음을 근심하였기 때문에 이와 같이 말한 것이다.

2. 克伐怨欲(극벌원욕)을 不行焉(불행언)이면 可以爲仁矣(가이위인의)잇가 子曰(자왈) 可以(가이) 爲難矣(위난의)어니와 仁則吾不知也(인즉오부지야)케라

| 언해 |

克과 伐과 怨과 欲을 行티 몯게 ᄒᆞ면 可히 ᄡᅧ 仁이라 ᄒᆞ리잇가 子ㅣ ᄀᆞᆯᄋᆞ샤ᄃᆡ 可히 ᄡᅧ 어렵다 ᄒᆞ려니와 仁ᄋᆞᆫ 내 아디 몯게라

| 직역 |

"이기려는 것, 자랑하는 것, 원망하는 것, 욕심을 부리는 것을 하지 않으면 인이라고 말할 수 있습니까?" 공자께서 말씀하셨다. "어렵다고 할 수는 있으나, 인(仁)인지는 내가 알지 못하겠다."

| 자해 |

克 : 이기기를 좋아함. • 伐 : 스스로 자랑하는 것. • 怨 : 분하게 여기고 원망함. • 欲 : 탐욕.

| 의해 |

헌이 또 물었다. “사람의 마음이 지극히 허하나 물욕(物欲)이 가려서 사사로움이 나옵니다. 이기려는 것, 자랑하는 것, 원망하는 것, 욕심부리는 것 네 가지는 다 마음의 사사로움이니, 그 병을 알아서 금하여 행하지 못하게 하면 사사로운 생각이 이미 막혀 천리가 저절로 거기에 있을 것입니다. 생각건대, 그것이 인이 될 수 있습니까?”

◑ 공자가 말하였다. “범상한 사람의 뜻은 네 가지 마음이 가운데 싹이 나면 반드시 밖에 행하여 스스로 억제하지 못하는데, 이제 억제하여 밖에 행하지 못하게 하니 일정한 지킴이 있는 자가 아니면 못할 것이라 어렵다고 할 수 있으나, 만일 인이라고 하면 내 알 수 없다.”

| 요지 |

이 장은 인이라는 것은 사사로움을 억제하는 데 있지 않고 사사로움이 없는 데 있음을 보인 것이다. 사사로움이 없음을 인이라 하고, 사사로움이 있어서 제어하여 행하지 못하게 함은 인이 되지 못한다.

자왈 사이회거 부족이위사의

3. 子曰 士而懷居면 不足以爲士矣니라

| 언해 |

子ㅣ ᄀᆞᆯᄋᆞ샤ᄃᆡ 士ㅣ오 居을 懷ᄒᆞ면 足히 ᄡᅧ 士ㅣ라 ᄒᆞ디 몯ᄒᆞᆯ 꺼시니라

| 직역 |

공자께서 말씀하셨다. "선비로서 편안하기를 생각하면 선비라고 할 수 없다."

| 자해 |

居 : 마음에 편안한 곳.

| 의해 |

"선비된 자가 이치의 편안함을 좇지 않고 오직 사정의 편안함을 좇으면 안으로 덕을 손상하고 바깥으로 업(業)을 폐할 것이니 어찌 선비가 될 수 있겠는가?"라고 말한 것이다.

| 요지 |

이 장은 선비된 자가 마땅히 마음에 얽매임이 없어야 함을 보인 것이니, 선비라고 할 수 없다는 것은 편안함을 생각하지 말라는 것이다.

4. 子曰(자왈) 邦有道(방유도)엔 危言危行(위언위행)하고 邦無道(방무도)엔 危行言(위행언) 孫(손)이니라

| 언해 |

子ㅣ ᄀᆞᆯᄋᆞ샤ᄃᆡ 邦이 道 이숌앤 言을 危히 ᄒᆞ며 行을 危히 ᄒᆞ고 邦이 道ㅣ 업슴앤 行을 危히 ᄒᆞ고 言ᄋᆞᆫ 孫히 홀띠니라

| 직역 |

공자께서 말씀하셨다. "나라에 도가 있을 때에는 말을 추상같이 하고 행실을 꼿꼿하게 하지만, 나라에 도가 없을 때에는 행실은 꼿꼿하게 하되 말은 공손하게 하여야 한다."

| 자해 |

危 : 높은 것. • 孫 : 낮추고 순한 것.

| 의해 |

군자는 때에 따라 도를 마땅히 해야 하는 것이다. 만일 나라에 도가 있어 임금이 밝고 신하가 어질어 때가 곧은 것을 용납할 만하면, 말을 고상하게 하여 옳고 그른 것을 밝히고 간사하고 바른 것을 분변하여 사람이 감히 말하지 못할 것을 말하고 행실을 높이 하여 취하고 주는 것에 엄하게 하며 가고 나오는 것을 조촐하게 하여 사람이 감히 행하지 못할 것을 행한다.

◑ 만일 나라에 도가 없어서 임금이 어둡고 신하가 아첨하여 때가 그 곧은 것을 용납하지 못하면, 행실만 고상하게 할 것이니 행실은 몸을 추스르는 것이다. 마침내 변할 이치가 없겠지만 말에 이르러서는 상대의 형편을 따르는 것이다. 혹 마땅히 낮추고 순응할 때가 있으니 아첨하여 종속하는 것이 아니라 해를 멀리할 따름이다.

| 요지 |

이 장은 대체로 군자가 세상에 처하는 도를 의론한 것이다. 행실을 제어하고 절제함을 높이지 않을 때가 없는 것은 군자가 몸을 지키는 절개이고, 말을 냄에 공손함이 있음은 군자가 몸을 보존하는 지혜이다.

자왈 유덕자 필유언 유언자 불필유덕
5. 子曰 有德者는 必有言이어니와 有言者는 不必有德

인자 필유용 용자 불필유인
이니라 仁者는 必有勇이어니와 勇者는 不必有仁이니라

| 언해 |

子ㅣ ᄀᆞᆯᄋᆞ샤ᄃᆡ 德을 둔ᄂᆞᆫ 者ᄂᆞᆫ 반ᄃᆞ시 言을 둣거니와 言을 둔ᄂᆞᆫ 者ᄂᆞᆫ 반ᄃᆞ시 德을 두디 몯ᄒᆞᄂᆞ니라 仁ᄒᆞᆫ 者ᄂᆞᆫ 반ᄃᆞ시 勇을 둣거니와 勇ᄒᆞᆫ 者ᄂᆞᆫ 반ᄃᆞ시 仁을 두디 몯ᄒᆞᄂᆞ니라

| 직역 |

공자께서 말씀하셨다. "덕이 있는 자는 반드시 말을 하지만, 말을 하는 자가 반드시 덕이 있는 것은 아니다. 인한 사람은 반드시 용기가 있지만, 용기가 있는 자가 반드시 인이 있는 것은 아니다."

| 의해 |

이치를 얻는 것이 덕이 되니 덕이 있는 자는 의리가 가운데 쌓여서 비록 침묵하여 드러나지 않으나, 의론을 세울 때는 자연히 꽃답고 빛남이 밖에 발하여 이치에 순하고 문채를 이루니 내 반드시 말이 있을 것을 알 것이다. 만일 한갓 말만 있는 자는 말과 의론이 다 그 가운데서 나오지 않고 혹시 말재주로만 하는 것일 수 있으니 반드시 덕이 있는 것은 아니다. 마음의 사사로움이 없음이 인(仁)이 되니 인한 자는 마음에 사사로운 막힘이 없어서 비록 순하여 그 용맹이 드러나지 않으나, 일을 맡기면 자연히 옳은 것을 봄에 바른 기운이 막히는 경우가 없다. 따라서 내 반드시 용맹이 있을 줄 알겠지만 만일 한갓 용맹만 있는 자는 판단하고 용감함이 반드시 바른 이치를 뽐내지 못하고 혹시 혈기가 더해져서 발하는지 모르겠으니 반드시 인을 따른다고 믿을 수는 없다.

| 요지 |

이 장은 안으로는 바깥을 겸하되 바깥으로는 안을 믿을 수 없음을 보인 것이다. 몸을 닦고자 하는 자라면 중요한 것이 무엇인지를 알아서 다만 말과 용맹만을 구하지 말아야 한다. 사람을 보는 자는 숭상할 것이 무엇인가를 알아서 말과 용맹을 가지고 덕과 인을 믿어서는 안된다.

6. 南宮适(남궁괄)이 問於孔子曰(문어공자왈) 羿(예)는 善射(선사)하고 奡(오)는 盪舟(탕주)호대 俱不得其死(구부득기사)어늘 然禹稷(연우직)은 躬稼而有天下(궁가이유천하)하시니이다 夫子(부자) 不答(부답)이러시니 南宮适(남궁괄)이 出(출)커늘 子曰(자왈) 君子哉(군자재)라 若人(약인)이여 尙德哉(상덕재)라 若人(약인)이여

| 언해 |

南宮适이 孔子씌 묻ᄌᆞ와 ᄀᆞᆯ오ᄃᆡ 羿ᄂᆞᆫ 射를 善ᄒᆞ고 奡ᄂᆞᆫ 舟를 盪호ᄃᆡ 다 그 死를 得디 몯ᄒᆞ야늘 그러나 禹와 稷은 몸소 稼호ᄃᆡ 天下를 두시니이다 夫子ㅣ 答디 아니ᄒᆞ더시니 南宮适이 出커늘 子ㅣ ᄀᆞᆯᄋᆞ샤ᄃᆡ 君子ㅣ라 이러ᄐᆞᆺᄒᆞᆫ 사ᄅᆞᆷ이여 德을 尙ᄒᆞᄂᆞ다 이러ᄐᆞᆺᄒᆞᆫ 사ᄅᆞᆷ이여

| 직역 |

남궁괄이 공자께 물었다. "예는 활을 잘 쏘았고, 오는 육지에서 배를 밀고 다녔지만, 모두 제 명에 죽지 못하였습니다. 그러나 우와 직은 몸소 농사를 지었는데도 천하를 소유하셨습니다." 공자께서 대답하지 않으시더니, 남궁괄이 밖으로 나가자, 공자께서

말씀하셨다. "군자로구나! 이 같은 사람이여! 덕을 숭상하는구나, 이 같은 사람이여!"

| 자해 |

南宮适 : 남궁(南宮)은 성, 괄(适)은 이름, 자는 자용(子容). • 羿 : 유궁(有窮)의 임금. 활을 잘 쏘았음. • 奡 : 한착(寒浞)의 아들. 힘이 세어 육지에서 배를 끌고 다녔다고 함. • 盪 : 미는 것. 음은 '탕'. • 俱 : 함께. • 稷 : 우임금과 함께 백성들의 식량을 해결한 사람.

| 의해 |

남궁괄이 공자에게 물었다. "일찍이 들으니 유궁 나라 임금 예가 활쏘기를 잘하여 하의 위(位)를 뺏고, 예의 신하 한착의 아들 오는 힘이 세어서 육지에서 배를 움직일 수 있었습니다. 그러나 예는 한착에게 죽게 되고 오는 하후 소강에게 버림을 받게 되니 이 두 자의 강한 힘이 이와 같았지만 다 제 명대로 죽지 못했습니다. 그러나 우는 수토를 평정하고 직은 백곡을 뿌려서 근로하고 몸소 밭을 갊이 이와 같았습니다. 그러나 우는 순임금의 선위(禪位)를 받고 직의 자손은 문무에 이르러 왕업을 이루고 천하를 소유하였으니 흥망과 득실의 연고가 과연 어디 있습니까?" 남궁괄의 뜻은, 예와 오를 그때에 권력 있는 자에게 비유하고 우임금과 직으로써 공자에게 비유하여 권력은 믿을 수 없으나 덕은 숭상할 만한 것이라 한 것이다. 공자가 흥하고 망하는 이치는 믿을 수 있으나, 흥하고 망하는 운수는 기필할 수 없는 까닭에 대답하지 않은 것인데 남궁괄이 또한 속으로 집착한 것이다. 공자가 이에 찬미하였다. "괄의 뜻이 권력을 천하게 여기고 덕 있는 것을 귀하게 여기는 데 있으니 그 말에 나아가 그 행실을 보면 참으로 군자다. 이러한 사람이여! 어찌하여 그 사람의 인품이 이와 같이 높은가? 그 말에 나아가 그 마음을 살피면 덕을 숭상하는구나! 이 사람이여, 어찌 마음이 이와 같이 정대한가? 어찌 때를 따르는 자에게 비할 것인가?"

| 요지 |

이 장은 성인과 현인이 한가지로 덕을 숭상하는 뜻을 보여준 것이다. 괄이 덕과 힘을 함께 질문하였는데, 공자는 다만 그 덕을 숭상함을 아름답게 여기고, 힘을 배척하고 덕을 숭상하는 뜻을 스스로 보인 것이다.

7. 子曰(자왈) 君子而不仁者(군자이불인자)는 有矣夫(유의부)어니와 未有小人而仁者也(미유소인이인자야)니라

| 언해 |

子ㅣ ᄀᆞᆯᄋᆞ샤ᄃᆡ 君子ㅣ오 仁티 몯ᄒᆞᆫ 者ᄂᆞᆫ 잇거니와 小人이오 仁ᄒᆞᆫ 者ᄂᆞᆫ 잇디 아니ᄒᆞ니라

| 직역 |

공자께서 말씀하셨다. "군자로서 인하지 못한 자는 있어도 소인으로서 인한 자는 있지 않다."

| 의해 |

인은 이 하늘의 이치의 순전함이요, 한 터럭만큼도 인욕의 사사로움이 없는 것이다. 조금이라도 간단함이 있으면 인이 아니다. 군자도 인에 뜻을 두지만 잠깐의 사이라도 마음이 있지 않아서 혹 인하지 못함이 있겠지만, 소인은 본 마음을 이미 잃어서 비록 하늘의 이치가 다시 맹동할 때가 있더라도 사사로운 욕심이 가리는 것을 이기지 못하여 진실로 인한 것이 없다.

| 요지 |

이 장은 군자를 권면하고 소인을 징계하여 인을 온전히 하는 것이 어려움을 보인 것이다.

자 왈 애 지 능 물 로 호 충 언 능 물 회 호
8. 子曰 愛之란 能勿勞乎아 忠焉이란 能勿誨乎아

| 언해 |

子ㅣ ᄀᆞᆯᄋᆞ샤ᄃᆡ 愛ᄒᆞ야란 能히 勞케 말랴 忠ᄒᆞ야란 能히 誨티 말랴

| 직역 |

공자께서 말씀하셨다. "사랑한다면 수고롭게 하지 않을 수 있겠는가? 충성한다면 깨우쳐 주지 않을 수 있겠는가?"

| 의해 |

아비로서 아들을 사랑하지 않는 자가 없으나, 사랑하려면 그 용렬하고 어리석은 것으로써 아들을 기대하지 말고 반드시 그 어질고 지혜로움으로써 아들을 기대하여야 한다. 그러므로 모든 일에 성취를 타이르고 실패를 경계하는 것이 한결같이 수고로운 데로 나와서 비록 수고롭게 하지 않으려고 하나 사랑하는 마음이 어찌 멈출 수 있겠는가? 신하가 임금에게 충성하지 않음이 없으나 과연 충성할 것이면 그 임금이 중등 임금 되기를 희망하지 않고 반드시 성인다운 임금 되기를 바랄 것이니, 착함을 베풀고 간사함을 막는 것을 가지고 한결같이 가르침에 나갈 것이다. 비록 가르치지 말고자 하나 그 충성하는 마음이 어찌 멈출 수 있겠는가! 아비와 신하된 자가 각각 그 도를 다하고 아들과 임금된 자가 각각 그 정을 실천할 것이다.

| 요지 |

이 장은 세상에 충성하고 사랑할 줄만 알고, 충성하고 사랑함을 행할 바를 알지 못하는 것 때문에 말한 것이다.

9. 子曰(자왈) 爲命(위명)에 裨諶(비침)이 草創之(초창지)하고 世叔(세숙)이 討論之(토론지)하고 行人子羽(행인자우)가 修飾之(수식지)하고 東里子産(동리자산)이 潤色之(윤색지)하니라

| 언해 |

子ㅣ 골ᄋᆞ샤ᄃᆡ 命을 ᄒᆞᆷ애 裨諶이 草創ᄒᆞ고 世叔이 討論ᄒᆞ고 行人인 子羽ㅣ 修飾ᄒᆞ고 東里ㅅ子産이 潤色ᄒᆞ니라

| 직역 |

공자께서 말씀하셨다. "외교문서를 만들 때에 비침이 초고를 만들고, 세숙이 따져 보고, 행인인 자우가 꾸미고 동리의 자산이 윤색을 하였다."

| 자해 |

命 : 외교문서. • 裨諶 : 정나라의 대부. • 草 : 대략. • 創 : 처음 만드는 것. • 世叔 : 유길(游吉). 『춘추전(春秋傳)』에는 자태숙(子大叔)으로 되어 있음. • 討 : 연구하는 것. • 論 : 강론하는 것. • 行人 : 사신(使臣)의 임무를 맡은 벼슬. • 子羽 : 공손휘(公孫揮). • 修飾 : 보충하고 삭제하는 것. • 東里 : 자산(子産)이 거주하던 곳. • 潤色 : 문채를 더하는 것.

| 의해 |

나라의 외교를 맡은 사람은 믿음을 강구하고 화목을 닦아 이웃 나라를 사귀는 것이다. 정나라는 작은 나라로 큰 나라를 섬기는

데, 그 교섭이 더욱 신중하여, 정나라가 교섭하는 문서를 만들 적에 비침이 꾀를 잘하므로 기초하여 규모의 큰 뜻을 세웠다. 그러나 의사를 결단하고 증거하는 것이 없을까 두려워하여 세숙이 널리 들었던 것을 가지고 전고(典古)를 토론하고 궁구하여 합당함을 구하고 의리를 강론하여 마땅함을 구하게 하였다. 그러나 그 글의 뜻이 적당하지 못할까 두려워하여 행인인 자우의 잘 깎아 고치는 솜씨로 닦아서 너무 번거로운 것을 버리고 너무 간략한 것은 더하였다. 그러나 문채가 혹 볼 것이 없을까 하여 동리의 자산으로 하여금 윤색하도록 하여 그 글자와 구절을 새롭게 하고 속된 것을 바꾸어서 아담하게 하였으니, 이에 외교문서를 이룬 것이다. 하나의 외교문서를 가지고 정나라에서 네 사람이 각각 그 장점을 다 발휘하니, 이로써 교섭에 실패한 일이 적었던 것이다.

| 요지 |

이 장은 정나라의 외교문서 작성을 잘하는 것에서 시작해서 사람을 쓰는 효험을 보인 것이 또한 네 사람이 나라를 위해 몸바치는 공변이 됨을 밝힌 것이다.

10. 或이 問子產한대 子曰 惠人也니라 問子西한대 曰 彼哉彼哉여 問管仲한대 曰 人也 奪伯氏駢邑三百하야늘 飯疏食沒齒호대 無怨言하니라

| 언해 |

或이 子產을 묻ᄌᆞ온대 子ㅣ ᄀᆞᆯᄋᆞ샤ᄃᆡ 惠ᄒᆞᆫ 人이니라 子西를 묻ᄌᆞ온대 ᄀᆞᆯᄋᆞ샤ᄃᆡ 뎌여 뎌여 管仲을 묻ᄌᆞ온대 ᄀᆞᆯᄋᆞ샤ᄃᆡ 人이 伯氏의

騈邑 三百을 아사놀 疏食를 飯ᄒᆞ야 齒ㅣ 沒호ᄃᆡ 怨ᄒᆞᄂᆞᆫ 말이 업ᄉᆞ니라

| 직역 |

어떤 사람이 자산에 대하여 물으니, 공자께서 대답하셨다. "은혜로운 사람이다." 자서에 대하여 물으니, 대답하셨다. "그 사람! 그 사람!" 관중에 대하여 물으니, 대답하셨다. "그 사람이 백씨의 병읍 삼백 호를 빼앗았는데, 백씨는 거친 밥을 먹으며 평생을 마칠 때까지 원망하는 말이 없었다."

| 자해 |

子西 : 초나라의 공자 신(申). 소왕(昭王)의 동생으로서 국무총리격 영윤(令尹)이었음. • 伯氏 : 제나라의 대부. • 騈邑 : 지명. • 三百 : 삼백 호. • 齒 : 나이.

| 의해 |

어떤 사람이 자산의 사람됨을 물으니 공자가 말하였다. "자산의 덕택을 정나라에서 노래하고 칭송하니 그는 백성을 사랑한 사람이다." 자산의 정사가 전부 너그럽다고는 할 수 없으나 그 마음은 한결같이 사람 사랑을 주장하는 까닭에 공자가 백성을 사랑한 사람이라고 한 것이다.

◑ 또 초나라 대부 자서를 묻자 공자가 대답하였다. "그 사람! 그 사람!" 거듭 말하여 제외하였으니 그 사람의 경중을 들어 말할 것이 없다는 것이다.

◑ 관중에 대하여 묻자 공자가 말하였다. "이 사람은 공이 사람을 심복하게 할 자이다. 관중이 환공을 도왔는데, 환공이 그 공이 있는 것을 가지고 대부 백씨의 식읍 병땅 300호를 빼앗아 관중에게 주니 백씨가 뒤에 궁곤하여 추한 밥을 먹고 죽을 때까지 이르렀으나 일찍이 원망하는 말이 없었다. 이것은 저의 죄가 마땅히 내

어 좇길 만한 것을 스스로 알고 관중에게 공이 있는 것에 심복한 까닭에 이와 같이 한 것이다. 이것을 보아 관중의 사람됨을 알 수 있을 것이다. "

| 요지 |

이 장은 성인이 인물을 평론하여 포폄함이 각각 사사로운 뜻이 없다는 것을 말하고 있다. 특히 질문에 따라 대답함에 각각 그 사람을 따라서 한 글자로 포폄의 뜻을 붙였다.

자왈 빈이무원 난 부이무교 이

11. 子曰 貧而無怨은 難하고 富而無驕는 易하니라

| 언해 |

子ㅣ ᄀᆞᆯᄋᆞ샤ᄃᆡ 貧ᄒᆞ고 怨홈이 업슴ᄋᆞᆫ 어렵고 富ᄒᆞ고 驕홈이 업슴ᄋᆞᆫ 쉬오니라

| 직역 |

공자께서 말씀하셨다. "가난하면서 원망이 없기는 어렵고, 부자이면서 교만이 없기는 쉽다."

| 자해 |

易 : 쉬움. 음은 '이'.

| 의해 |

사람의 정이 가난한 경우에 있으면 원망하고 한탄함이 많을 것인데, 이에 태연히 있고 조금도 원망하는 마음이 없으면 이것은 의명(義命)에 편안하여 일정한 소견이 있음이다. 이는 일정한 지킴이 있지

않으면 능하지 못할 것이니 이것이 실상 사람의 어려운 것이다. 사람의 정이 풍부한 경우에 있으면 교만하고 안일한 마음이 나기 쉬우나 조금 의리를 아는 사람은 분수에 편안하고 스스로 지켜서 태연히 처하여 교만하고 방자한 데 이르지 않을 것이니, 오히려 사람이 하기 쉬운 것이다. 떳떳한 정은 이와 같으니 마땅히 그 어려운 것에 힘쓰고 그 쉬운 것을 소홀히 하지 않아야 한다.

| 요지 |

이 장은 떳떳한 정과 일의 추세에 대하여 말한 것이다. 윗 구절이 중요하므로 아래 구절을 크게 대비시켜볼 필요는 없다.

12. 子曰(자왈) 孟公綽(맹공작)이 爲趙魏老則優(위조위로즉우)어니와 不可以爲滕薛(불가이위등설) 大夫(대부)니라

| 언해 |

子ㅣ ᄀᆞᆯᄋᆞ샤ᄃᆡ 孟公綽이 趙魏ㅅ 老ㅣ 되면 優ᄒᆞ려니와 可히 ᄡᅥ 滕薛ㅅ 대부는 되디 몯ᄒᆞ리니라

| 직역 |

공자께서 말씀하셨다. "맹공작은 조씨와 위씨의 가신이 되기에는 넉넉하지만 등나라와 설나라의 대부가 될 수는 없다."

| 자해 |

孟公綽 : 노나라의 대부. • 趙 : 진(晉)나라의 경(卿). • 魏 : 진(晉)나라의 경(卿). • 滕 : 춘추시대 제후국 중의 하나. • 薛 : 춘추시대 제후국 중의 하나.

| 의해 |

사람의 재목과 그릇은 각각 마땅한 바가 있으니 맹공작과 같은 사람은 가신의 어른이 되면, 비록 진나라 경벼슬인 조씨와 위씨의 집이 크나 저 사람의 자격이 남음이 있다. 만일 나라의 대부를 삼으면 비록 등나라와 설나라같이 작은 나라라 하더라도 그 정사가 번다하여 정벌(征伐)과 조빙(朝聘)의 일을 하지 않을 수 없을 것이다. 그 번다함을 다스리고 또 번극함을 처리할 재목이 아니면 맡기는 것을 이겨내지 못할 것이니 저 맹공작이 이런 사람이다. 맹공작은 청렴하고 고요하여 욕심이 적으나 재주는 모자라는 사람이기 때문에 사람을 쓰는 자가 재목을 가지고 그릇으로 쓰는 것이 중요하다.

| 요지 |

이 장은 공자가 은연히 노나라의 사람 씀이 잘못되었음을 기롱한 것이다. 공작은 본래 노나라 대부인데, '등나라와 설나라의 대부가 되어서는 안된다'고 하니 그가 노나라 대부가 될 수 없다는 것은 더욱 분명하다.

13. 子路問成人한대 子曰 若臧武仲之知와 公綽之不欲과 卞莊子之勇과 冉求之藝에 文之以禮樂이면 亦可以爲成人矣니라 曰 今之成人者는 何必然이리오 見利思義하며 見危授命하며 久要에 不忘平生之言이면 亦可以爲成人矣니라

| 언해 |

子路ㅣ 成人을 묻ᄌᆞ온대 子ㅣ ᄀᆞᆯᄋᆞ샤ᄃᆡ 臧武仲의 知와 公綽의 欲디 아니홈과 卞莊子의 勇과 冉求의 藝예 文호ᄃᆡ 禮樂으로ᄡᅥ ᄒᆞ면 ᄯᅩᄒᆞᆫ 可히ᄡᅥ 成人이 될이니라 ᄀᆞᆯᄋᆞ샤ᄃᆡ 이젯 成人은 엇디 반ᄃᆞ시 그러리오 利를 보고 義를 思ᄒᆞ며 危를 보고 命을 授ᄒᆞ며 久要애 平生 말을 닛디 아니ᄒᆞ면 ᄯᅩᄒᆞᆫ 可히 ᄡᅥ 成人이 될지니라

| 직역 |

자로가 성인에 대하여 물으니, 공자께서 대답하셨다. "만일 장무중의 지혜와 공작의 탐욕하지 않음과 변장자의 용기와 염구의 재주에 예악으로 문채를 내면 이 역시 성인이 될 수 있을 것이다." 다시 말씀하셨다. "지금의 성인은 어찌 반드시 그러하겠는가? 이익을 보고 의를 생각하며, 위태로움을 보고 목숨을 바치며, 오래된 약속에 평소의 말을 잊지 않는다면 이 또한 성인이 될 수 있을 것이다."

| 자해 |

成 : 완성된 것. • 臧武仲 : 노나라의 대부 장손흘(臧孫紇). • 卞莊子 : 변(卞)은 노나라에 있는 읍명. 장자(莊子)는 변읍(卞邑)의 대부. • 授命 : 목숨을 아끼지 않고 남에게 줌. • 舊要 : 오래된 약속. • 平生 : 평소.

| 의해 |

자로가 완전한 사람이 되는 도리를 묻자 공자가 말하였다. "사람의 자품이 편벽되고 하자가 있으면 완전한 사람이 될 수 없을 것이니, 예컨대 장무중의 밝은 지혜와 맹공작의 욕심내지 않는 것과 변장자의 강한 용맹과 염구의 재예(才藝)가 많은 것은 각각 편벽된 바가 있는 까닭에 이 장점을 겸하여 네 가지가 서로 의존한다고 하더라도 오히려 도에 합하지 못할 것이다. 반드시 예악으로써 문채를 내되 예로써 절차하여 그 중(中)에 지나치고 바른 것을 잃

어버린 편벽된 것을 버려 마땅한 곳으로 돌아오게 하고, 악(惡)을 변화시켜 어그러지고 과격한 병통을 버리고 화평함에 맞게 하면 재주가 완전하고 덕이 갖추어져 혼연하고 순수하여 성인이 되는 것이 또한 가능할 것이다."

◑ 공자가 말하였다. "이른바 성인이라는 것은 모든 착한 것을 겸하여 한 가지 흠도 없음을 말한다. 그러나 이제 세상에서 성인이라 이름하는 자가 어찌 반드시 모든 아름다운 것을 겸하여 갖춘 자이겠는가? 오직 이(利)를 볼 때에 의리를 생각하고 재물에 임하여서는 구차하게 얻음이 없으며 위태로움을 당하여 생명을 주어서 구차하게 면함이 없으며 사람과 더불어 오래된 약속을 어기지 아니하여 시종이 한결같이 변치 않을 수 있으면 이것은 충성과 믿음직한 실상이 있는 것이다. 비록 그 재주와 지혜와 예악이 갖추어지지 못한 바가 있더라도 근본이 이지러지지 않아서 세속적 이익만 따르고 해를 피하여 언약을 이행하지 않는 자와 비교하면 크게 간격이 있는 것이다. 그리하여 또한 성인답게 될 것이니 이로 말미암아 더 나아가면 성인에 미칠 수 있을 것이니 유(由)는 그 점을 힘써야 한다."

| 요지 |

이 장은 윗 구절은 자로에게 인도(仁道)의 온전함을 말해 주었고, 아래 구절은 자로에게 사람의 도가 중하다는 것을 말해준 것이다.

자문공숙문자어공명가왈 신호부자 불언불소
14. 子問公叔文子於公明賈曰 信乎夫子가 不言不笑

불취호 공명가대왈 이고자과야 부자 시연
不取乎아 公明賈對曰 以告者過也로소이다 夫子 時然

後言이라 人不厭其言하며 樂然後笑라 人不厭其笑하며 義然後取라 人不厭其取하나니이다 子曰 其然가 豈其然乎리오

| 언해 |

子ㅣ 公叔文子를 公明賈의게 물어 ᄀᆞᆯᄋᆞ사ᄃᆡ 진실로 夫子ㅣ 言티 아니ᄒᆞ며 笑티 아니ᄒᆞ며 取티 아니ᄒᆞ나냐 公明賈ㅣ 對ᄒᆞ야 ᄀᆞᆯ오ᄃᆡ뼈 告ᄒᆞᆫ 者ㅣ 過ᄒᆞ도소이다 夫子ㅣ 時ᅟᅵᆫ 然後에 言ᄒᆞᄂᆞᆫ디라 人이 그 言을 厭티 아니ᄒᆞ며 樂ᄒᆞᆫ 然後에 笑ᄒᆞᄂᆞᆫ디라 人이 그 笑를 厭티 아니ᄒᆞ며 義ᅟᅵᆫ 然後에 取ᄒᆞᄂᆞᆫ디라 人이 그 取홈을 厭티 아니ᄒᆞᄂᆞ니이다 子ㅣ ᄀᆞᆯᄋᆞ샤ᄃᆡ 그 그러ᄒᆞᆫ가 엇디 그 그러ᄒᆞ리오

| 직역 |

공자께서 공숙문자의 인품을 공명가에게 물으셨다. "참으로 부자께서는 말씀하지 않고 웃지 않고 취하지 않으시는가?" 공명가가 대답하였다. "말씀하는 자가 지나쳤습니다. 부자는 때에 맞은 뒤에야 말씀하므로 사람들이 그의 말을 싫어하지 않으며, 즐거운 뒤에야 웃으므로 사람들이 그의 웃음을 싫어하지 않으며, 의에 맞은 뒤에야 취하므로 사람들이 그의 취함을 싫어하지 않는 것입니다." 공자께서 말씀하셨다. "그러할까? 어찌 그러하겠는가!"

| 자해 |

公叔文子 : 위(衛)나라 대부(大夫) 공손지(公孫枝). • 公明賈 : 공명(公明)은 성(姓)이고 가(賈)는 이름. 역시 위나라 사람. • 厭 : 많은 것을 괴로워하여 싫어함.

| 의해 |

옛적에 공숙문자를 일컬어 사람이 말을 않고 웃지 않으며 취하지 않는다고 하였는데, 공자가 의심하여 공명가에게 물었다. "참으로 자네의 부자는 말도 않고 웃지도 않고 취하지도 않느냐? 자네는 위나라 사람이라 반드시 듣고 봄에 자세히 알 것이다." 공자의 이 물음은 그 중도에 지나쳐서 인정(人情)에 가깝지 않음을 의심한 것이다.

◑ 공명가가 대답하였다. "고한 자가 지나쳤습니다. 이것은 인정에 가깝지 않은 의론입니다. 대개 말이 많은 자는 남이 반드시 그 말을 싫어하는데 우리 부자는 평일에 때가 마땅히 말해야 할 만한 후에 말하기 때문에 남이 다 그 말을 싫어하지 않아서 비록 말하나 실상은 말하지 않은 것과 같습니다. 구차하게 웃는 자는 남이 반드시 그 웃는 것을 싫어하는데 우리 부자는 즐거움이 마땅히 웃어야 할 만한 후에 웃습니다. 남이 다 그 웃는 것을 싫어하지 않아서 비록 웃으나 실상은 웃지 않는 것과 같으며 취하기를 진정으로 하는 자는 남들이 반드시 그 취함을 싫어하거늘 우리 선생님은 의가 마땅히 취할 만한 후에 취하기 때문입니다. 남들이 다 그 취함을 싫어하지 않아서 비록 취하나 실상 취하지 않음과 같습니다. 그런 까닭에 남이 이로써 칭찬합니다." 그러나 사람이 문자를 칭찬함은 인정에 지나침이요, 공명가의 문자를 칭찬함은 시중(時中)을 한다는 것이니, 그런 까닭에 공자가 그 말을 의심하여 말하였다. "그러할까? 어찌 그러하겠는가!" 곧 그러지 않음을 물리치지도 않고 또한 가볍게 그러함을 믿지도 않으니 공자의 충후(忠厚)한 뜻을 볼 수 있다.

| 요지 |

이 장은 윗 문장은 사람들이 문자(文子)를 칭찬함을 가지고 물어서 인정(人情)에 지나침이 중도(中道)가 아님을 알게 한 것이고, 아래 문장은 문자를 지나치게 인정하기 때문에, 의심하여 시중(時中)의 도가 쉽지 않음을 알게 한 것이다.

15. 子曰 臧武仲이 以防으로 求爲後於魯하니 雖曰不要君이나 吾不信也하노라

| 언해 |

子ㅣ ᄀᆞᆯᄋᆞ샤ᄃᆡ 臧武仲이 防으로ᄡᅥ 後 삼음을 魯애 求ᄒᆞ니 비록 ᄀᆞᆯ오ᄃᆡ 君을 要티 아니타 ᄒᆞ나 내 밋디 아니ᄒᆞ노라

| 직역 |

공자께서 말씀하셨다. "장무중이 방읍을 가지고 노나라에게 후계자를 세워줄 것을 요구하였으니, 비록 임금을 협박하지 않았다고 말하나, 나는 믿지 않는다."

| 자해 |

防 : 지명(地名). 장무중(臧武仲)이 봉해진 고을. • 要 : 믿는 것이 있으면서 요구하는 것. 협박하는 것.

| 의해 |

무중이 죄를 지어 주 땅으로 달아나니 후계자를 세우는 것은 노나라 임금이 주장할 것이요, 무중이 마음대로 할 바 아니다. 만일 선조를 제사지내지 않을 수 없다면 노나라에 돌아와서 몸소 청하는 것이 옳고, 그렇지 않으면 주 땅에서 대죄(待罪)하여 말로써 청하는 것이 옳거늘, 먼저 방(防) 땅을 근거지로 스스로 웅거하여 노나라 임금에게 후계자를 세워달라고 협박하여 만일 요청한 것을 따르지 않으면 고을에 웅거하여 반항할 뜻을 보인 것이니, 이것은 임금에게 좇지 않을 수 없도록 한 것이다.

| 요지 |

이 장은 공자가 무중이 임금을 업신여기는 마음을 꾸짖은 것이

다. 머리 구절은 이 죄목을 말함이요, 아래 구절은 상황을 판단한 것이다.

16. 子曰(자왈) 晉文公(진문공)은 譎而不正(휼이부정)하고 齊桓公(제환공)은 正而不譎(정이불휼)하니라

| 언해 |

子ㅣ 골ᄋᆞ샤ᄃᆡ 晉文公ᄋᆞᆫ 譎ᄒᆞ고 正티 아니ᄒᆞ고 齊桓公은 正ᄒᆞ고 譎티 아니ᄒᆞ니라

| 직역 |

공자께서 말씀하셨다. "진문공은 속이고 바르지 않으며, 제환공은 바르고 속이지 않았다."

| 자해 |

晉文公 : 이름은 중이(重耳). • 齊桓公 : 이름은 소백(小白). • 譎 : 속임.

| 의해 |

오패가 서로 일어남에 제환공과 진문공이 성하였으니 비록 다 힘을 빌어 일을 행하여 심술이 한결같이 정대하지 못하였으나 그 일을 행하는 사이에 오히려 전자가 후자보다 나은 것은 있다. 일찍이 보건대 진문공이 행한 일은 자취가 어둡고 기만한 꾀로 이기는 경우가 많았다. 초나라가 송나라를 칠 적에 조나라와 위나라를 쳐서 초나라의 구원하는 군사를 오게 하여 초나라가 송나라에서 물러가도록 했다. 조나라와 위나라를 회복하여 두 나라의

사귐을 막고 온 땅에 모일 때에는 신하로써 임금을 부르고, 덕천에서 맹세할 때에는 아랫사람으로서 윗사람을 업신여기니, 이것이 다 속이고 바르지 않음이다. 또 일찍이 제환공이 행한 일은 거동이 광명하여 속이는 도를 쓰지 않은 것이 많으니, 초나라가 항복하지 않자 천자에게 제수(祭需)를 바치지 않음을 따져서 천자를 높이는 의로써 책망하고 초나라가 항복하자 소릉으로 군사를 물려서 초나라 사신을 예로 대접하고, 규구에 모였을 적에 왕자의 큰 금법(禁法)을 밝히고 수구(首丘)에서 맹세할 때에는 세자를 세우는 큰 법을 정하였으니, 그것은 오히려 바르고 속이지 않은 것이다. 따라서 환공은 일에 바른 것으로 그 마음의 사사로움을 꾸미고, 문공은 마음의 거짓으로 그 일에 속임을 행하니 비록 공과 죄가 같으나 그 우열에는 반드시 분별이 있는 것이다.

| 요지 |

이 장은 공자가 제환공과 진문공의 은미한 일을 드러낸 것이다. 사람이 이공(二公)이 제후들을 제압함 같은 것은 알고 그 처사가 바르고 속이는 것이 있음은 알지 못하는 까닭에 드러낸 것이다. 그러나 바르고 속이는 것은 일을 가지고 말한 것이요, 마음을 가지고 말한 것은 아니니, 마음을 가지고 말하면 다 바르지 않다.

17. 子路曰(자로왈) 桓公(환공)이 殺公子糾(살공자규)하거늘 召忽(소홀)은 死之(사지)하고 管仲(관중)은 不死(불사)하니 曰(왈) 未仁乎(미인호)인저 子曰(자왈) 桓公(환공)이 九合諸侯(규합제후)호대 不以兵車(불이병거)는 管仲之力也(관중지력야)니 如其仁如其仁(여기인여기인)이리오

| 언해 |

子路ㅣ 골오뒤 桓公이 公子糾를 殺ᄒᆞ야늘 召忽은 死ᄒᆞ고 管仲은 死티 아니ᄒᆞ니 골오뒤 仁티 몯ᄒᆞᆫ뎌 子ㅣ 골ᄋᆞ샤뒤 桓公이 諸侯를 九合호뒤 兵車로ᄡᅥ 아니홈은 管仲의 力이니 뉘 그 仁 ᄀᆞᄐᆞ리오 뉘 그 仁 ᄀᆞᄐᆞ리오

| 직역 |

자로가 말하였다. "환공이 공자 규를 죽이자, 소홀은 죽었고, 관중은 죽지 않았으니, 관중은 인하지 못한 것 같습니다." 공자께서 말씀하였다. "환공이 제후들을 규합하되, 병거를 쓰지 않은 것은 관중의 힘이었으니, 누가 그의 인만 하겠는가? 누가 그의 인만 하겠는가?"

| 자해 |

九 : 감독함. 규(糾)와 같은 뜻임. • 如其仁 : 누가 그의 인(仁)만 하겠는가?

| 의해 |

자로가 공자에게 물었다. "신하가 임금을 섬기되 죽고 사는 것으로써 하니 관중과 소홀은 공자 규를 도왔던 자들입니다. 제환공이 노나라로 하여금 공자 규를 죽이도록 함에 소홀은 죽었으니 몸을 죽여서 인을 이루었다 할 수 있을 것이고, 관중은 홀로 죽지 않고 그 임금을 잊어버리고 원수를 섬겼으니 잔인한 마음이 이치를 해롭게 함이 심하기 때문에, 관중은 인하지 못한 것 같습니다." ◑ 공자가 말하였다. "네가 관중이 죽지 않음을 가지고 인하지 못한 것 같다고 하니 그가 죽지 않고 제환공을 도와 인의 공을 거두었음을 어찌 알겠는가? 그때 주나라가 쇠하고 이적(夷狄)이 성함에 제환공이 제후를 규합하여 이적을 물리치고 주나라를 높일 때 신의로써 사람을 복종하게 하고 군사의 위력으로써 하지 않음은 다 관중 덕분이다. 대체로 위엄과 힘을 빌지 않아 죽이고 상한 바

가 없다면 그 덕택이 사람에게 미침이 또한 인자의 공이니, 누가 그 인과 같겠는가? 누가 그 인과 같겠는가? 그러므로 공자 규를 위하여 죽지 않은 일로써 그것을 병통으로 여길 것이 아니다."

| 요지 |

이 장에서 자로가 관중이 죽지 않은 것을 책망함은 마음에 나아가서 인을 의론한 것이다. 공자는 죽지 않은 몸을 머물러서 이로움이 백성에 미치고 천하의 유익함을 말한 것이니, 이것은 공로에 나아가서 인을 보인 것이다.

18. 子貢이 曰 管仲은 非仁者與인저 桓公이 殺公子糾이어늘 不能死요 又相之온여 子曰 管仲이 相桓公覇諸侯하여 一匡天下하니 民到于今히 受其賜하나니 微管仲이면 吾其被髮左衽矣러니라 豈若匹夫匹婦之爲諒也하여 自經於溝瀆而莫之知也이리오

| 언해 |

子貢이 ᄀᆞᆯ오ᄃᆡ 管仲은 仁ᄒᆞᆫ 者ㅣ 아닌뎌 桓公이 公子糾를 殺ᄒᆞ야ᄂᆞᆯ 能히 死티 몯ᄒᆞ고 ᄯᅩ 相ᄒᆞ온여 子ㅣ ᄀᆞᆯᄋᆞ샤ᄃᆡ 管仲이 桓公을 相ᄒᆞ야 諸侯에 覇ᄒᆞ야 天下를 一匡ᄒᆞ니 民이 이제 니르히 그 賜를 受ᄒᆞᄂᆞ니 管仲이 업스면 우리 그 髮을 被ᄒᆞ며 衽을 左ᄒᆞ리러니라 엇디 匹夫匹婦의 諒을 ᄒᆞ야 스스로 溝瀆에 經ᄒᆞ야 사ᄅᆞᆷ이 아디 몯홈 ᄀᆞᄐᆞ리오

| 직역 |

자공이 말하였다. "관중은 인한 사람이 아닌 것 같습니다. 환공이 공자 규를 죽였는데, 죽지 못하고 또 환공을 도와주었으니!" 공자께서 말씀하셨다. "관중이 환공을 도와 제후의 패자가 되어 한번 천하를 바로잡아, 백성들이 지금까지 그 혜택을 받고 있으니, 관중이 없었다면 우리는 머리를 풀고 옷깃을 왼편으로 하는 오랑캐가 되었을 것이다. 어찌 필부(匹夫)·필부(匹婦)들이 조그마한 신의를 위하여 스스로 도랑에서 목매어 죽어 남이 알아주는 이가 없는 것과 같겠는가?"

| 자해 |

霸 : 우두머리. 패(伯)와 같음. • 匡 : 바로잡음. • 諒 : 작은 신의(信義). • 經 : 목을 맴. • 莫之知 : 사람들이 알지 못함.

| 의해 |

자공이 말하였다. "관중은 인한 자가 아닌 것 같습니다. 공자 규는 관중이 당초 섬기던 임금입니다. 환공이 공자 규를 죽였으니 환공은 이에 관중의 원수입니다. 관중이 죽지 못하면 말 것이지, 이에 또 환공을 섬겨서 정승이 되니 임금을 잊고 원수를 섬기니 마음이 잔인하고 이치에 해롭습니다. 인한 자도 진실로 이 같습니까?"

◑ 자공이 관중의 죄가 무겁고 또 정승까지 하였다고 하므로 공자가 정승을 하였다는 말을 이어서 풀이하였다. "자네가 관중이 환공의 정승을 함으로써 인이 아니라고 하지만, 어찌 그가 환공을 도와서 큰 공이 있는 것을 알겠느냐? 주나라가 동천(東遷)할 때부터 왕실이 미약하고 이적이 성하여 천하가 바르지 않음이 심하였다. 관중이 환공을 도와서 40년의 나라 정사를 경영하여 드디어 그 임금이 제후의 으뜸이 되어 주나라를 높이고 이적을 물리쳐서 천하의 어지러움이 이에 한번 바르게 되었다. 오직 당시의 임금뿐이 아니라 백성이 지금에 이르도록 오히려 바로잡아 줌을

받아 예악과 의관이 성하였으니, 당시에 만일 관중이 없었으면 중국이 다 이적에 빠졌을 것이다. 아울러 우리도 이제 같이 머리를 풀고 옷깃을 왼쪽으로 하는 오랑캐가 되었을 것이다. 관중이 환공을 도와서 이룬 큰 공이 이와 같다.

◑ 따라서 관중이 죽지 않음은 뜻이 있다. 죽지 않고 환공을 도와 공이 천하에 있고 이름이 후세에 전하였으니 어찌 지아비와 지어미가 서로 믿는 것과 같이 한 몸에 자그마한 믿음을 잡아서 조금 분격함이 있으면 드디어 먼 생각을 잊어버리고 개천과 구덩이 가운데 스스로 목매달아 천하의 후세 사람이 혹 알 사람이 없는 것과 같겠는가? 관중이 죽지 않음은 이에 도모한 바가 커서 필부의 소견과 같지 않았으니 사(賜)는 또한 환공을 도운 공을 기록함이 옳다."

| 요지 |

이 장에서 자공이 관중을 책망함에 중요한 것은 환공을 도운 데 있다. 공자는 환공을 도운 데 나아가서 그 공로의 큰 것을 밝혀서 그 인을 보이고 끝 구절에는 뒤집어 말하여 바로 환공을 도운 것이 큰 공이 되고 규에게 죽는 것이 작은 절개가 됨을 밝혀서 인에 해로울 것이 없음을 보인 것이다.

19. 公叔文子之臣大夫僎(공숙문자지신대부선)이 與文子(여문자)로 同升諸公(동승저공)이러니 子聞之(자문지)하시고 曰(왈) 可以爲文矣(가이위문의)로다

| 언해 |

公叔文子의 臣 대부 僎이 文子로 더브러 ᄒᆞᆫ가지로 公에 升ᄒᆞ얏더

니 子ㅣ 들ᄋᆞ시고 ᄀᆞᆯᄋᆞ샤ᄃᆡ 可히 ᄡᅥ 文이라 ᄒᆞ리로다

| 직역 |

공숙문자의 가신인 대부 선이 문자와 함께 공조(公朝)에 올랐다. 공자께서 들으시고 말씀하셨다. "시호를 문(文)이라고 할 만하다."

| 자해 |

臣 : 가신(家臣). • 公 : 공조(公朝).

| 의해 |

공숙문자의 가신 대부 선이라는 자가 문자와 더불어 같이 공조에 올라서 동렬(同列)이 되니 문자가 그 어짊을 가지고 천거한 것이다. 이는 다만 사람으로서 임금을 섬기는 의(義)만 알고 가신이 자기의 지위와 같아지는 것은 염두에 두지 않은 것이니 문자의 어짊이 이와 같다.

◑ 공자가 문자가 이미 죽은 후에 선을 천거한 일이 있음을 듣고 말하였다. "문은 아름다운 시호다. 문자가 분수를 잊고 어진 이를 천거하니 그 한 바가 이 같으니 또한 문이 될 만하다. 그 시호에 무엇이 부끄럽겠는가?"

| 요지 |

이 장은 어진 이를 천거하는 것이 진실로 어렵거니와 명분을 잊고 어진 이를 천거함은 더욱 어려움을 보인 것이다. 다만 그 일만 취한 것이요, 시호 짓는 법을 해석한 것은 아니다.

20. 子言衛靈公之無道也러시니 康子曰 夫如是로대 奚而不喪이니잇고 孔子曰 仲叔圉는 治賓客하고 祝鮀는 治宗廟하고 王孫賈는 治軍旅하니 夫如是니 奚其喪이리오

| 언해 |

子ㅣ 衛靈公의 道업슴을 닐ᄋᆞ더시니 康子ㅣ ᄀᆞ로ᄃᆡ 이러ᄐᆞᆺ호ᄃᆡ 엇디 喪티 아니ᄒᆞᄂᆞ니잇고 孔子ㅣ ᄀᆞᄅᆞ샤ᄃᆡ 仲叔圉ᄂᆞᆫ 賓客을 다ᄉᆞ리고 祝鮀ᄂᆞᆫ 宗廟를 다ᄉᆞ리고 王孫賈ᄂᆞᆫ 軍旅를 다ᄉᆞ리니 이러ᄐᆞᆺᄒᆞ니 엇디 그 喪ᄒᆞ리오

| 직역 |

공자가 위령공의 무도함을 말씀하시니, 강자가 말하였다. "이와 같은데도 어찌하여 지위를 잃지 아니합니까?" 공자께서 말씀하셨다. "중숙어는 빈객을 다스리고 축타는 종묘를 다스리고, 왕손가는 군대를 다스립니다. 이와 같으니 어찌 그 지위를 잃겠습니까?"

| 자해 |

喪 : 지위를 잃는 것. • 仲叔圉 : 위나라 신하 공문자(孔文子).

| 의해 |

공자가 위령공의 무도함을 말하자 계강자가 말하였다. "위령공의 무도함이 이와 같은데도 어찌 임금의 지위를 잃지 않습니까?" 공자가 말하였다. "위령공이 도는 없지만 사람의 재목을 가려 써서 중숙어의 경우 언어를 잘하기 때문에 외국 빈객의 교제를 맡게 하고, 축타는 예절에 밝아서 종묘 제사의 예절을 맡게 하였다. 또한 왕손가는 군사 일에 익숙하여 군사 훈련을 맡게 하였다. 빈객

의 교제에 사람을 얻으면, 이웃 나라와의 교섭함에 실례가 없어서 나라 사이의 혼란이 없을 것이고, 종묘를 받듬에 제사지내는 절차가 정숙하고 희생이 살져서 귀신과 사람이 서로 기뻐할 것이고, 군사를 다스림에 적재적소의 사람을 얻으면 늦고 급함에 방비가 있어서 적국이 감히 엿보지 못할 것이다. 이 세 가지가 다 나라의 큰 일인데 다 그 적당한 사람을 얻음이 이 같으니 어찌 그 지위를 잃어버리겠는가?"

| 요지 |

사람을 씀에 있어서는 각각 그 재주에 합당한 것을 소중히 여긴다. 윗 대문에 '이와 같다〔夫如是〕'고 한 것은 무도함을 가리킨 것이고, 아래 대문에 '이와 같다〔夫如是〕'고 한 것은 사람 씀을 가리킨 것이다.

자왈 기언지부작 즉위지야 난

21. 子曰 其言之不怍이면 則爲之也 難하니라

| 언해 |

子ㅣ ᄀᆞᆯᄋᆞ샤ᄃᆡ 그 言ᄒᆞᆷ이 怍디 아니ᄒᆞ면 곧 ᄒᆞᆷ이 어려우니라

| 직역 |

공자께서 말씀하셨다. "말하는 것을 부끄러워하지 않으면 실천하기 어렵다."

| 의해 |

사람이 반드시 하려는 것이 있으면 반드시 그 능히 하고 못할 것을 헤아린 후에 말할 것이다. 만일 감히 큰 말로 스스로 허풍을

떠는 것이 너무 지나치되 조금도 부끄러운 마음이 없으면, 이러한 사람은 당초 말할 때에 이미 반드시 하려는 뜻이 없는 것이니, 그 말의 실천이 어찌 어렵지 않겠는가?

| 요지 |

이 장은 부끄러움 없이 하는 말을 가지고 사람이 반드시 실천할 말을 표현하도록 한 것이다.

22. 陳成子弑簡公이어늘 孔子沐浴而朝하사 告於哀公曰 陳恒이 弑其君하니 請討之하소서 公曰 告夫三子하라 孔子曰 以吾從大夫之後라 不敢不告也호니 君曰 告夫三子者온여 之三子하여 告하신대 不可라하거늘 孔子曰 以吾從大夫之後라 不敢不告也니라

| 언해 |

陳成子ㅣ 簡公을 弑ᄒᆞ야ᄂᆞᆯ 孔子ㅣ 沐浴ᄒᆞ시고 朝ᄒᆞ샤 哀公ᄭᅴ 告ᄒᆞ야 ᄀᆞᆯᄋᆞ샤ᄃᆡ 陳恒이 그 君을 弑ᄒᆞ니 請컨댄 討ᄒᆞ쇼셔 公이 ᄀᆞᆯᄋᆞ샤ᄃᆡ 三子에게 告ᄒᆞ라 孔子ㅣ ᄀᆞᆯᄋᆞ샤ᄃᆡ 내 대부의 後에 從홈으로뻐라 敢히 告티 아니티 몯호니 君이 ᄀᆞᆯᄋᆞ샤ᄃᆡ 三子의게 告ᄒᆞ라 ᄒᆞ시고녀 三子의게 가 告ᄒᆞ신대 可티 아니ᄐᆞ ᄒᆞ야ᄂᆞᆯ 孔子ㅣ ᄀᆞᆯᄋᆞ샤ᄃᆡ 내 대부의 後에 從홈으로뻐라 敢히 告티 아니티 몯ᄒᆞ예니라

| 직역 |

진성자가 간공을 시해하자, 공자가 목욕하고 조회하시어 애공께

아뢰셨다. "진항이 그 군주를 시해하였으니, 토벌하소서." 애공이 말하였다. "저 세 대부에게 말하라." 공자께서 말씀하셨다. "내가 대부의 뒤를 따랐기 때문에 감히 아뢰지 않을 수 없었는데, 임금께서는 저 세 대부에게 말하라 하시는구나." 세 대부에게 가서 말씀하자, 안 된다고 하니, 공자께서 말씀하셨다. "내가 대부의 뒤를 따랐기 때문에 감히 말하지 않을 수 없었다."

| 자해 |

陳成子 : 제(齊)나라 대부(大夫). 이름은 항(恒). • 簡公 : 제나라 군주. 이름은 임(壬).

| 의해 |

제나라 대부 진성자 항(恒)이 그 임금 간공을 죽였다. 이때 공자가 사구 벼슬을 사직하고 퇴거하였다가 이 말을 듣고 이것은 중대한 일이니 소홀히 할 수 없다고 생각하여 목욕재계한 후에 조회하여 노나라 애공에게 말하였다. "진항이 그 임금을 죽였으니 이는 인륜의 큰 변입니다. 비록 제나라의 어지러운 도적이나, 실상은 천하의 제일 큰 악한 죄를 범한 자입니다. 우리 노나라가 이웃 나라의 의가 있으니 청컨대 군사를 일으켜 치십시오." 역적을 칠 수 있는 권한을 노나라에 주어 큰 의리를 가지고 천하에 펴고자 한 것이다.

◑ 이때 노나라의 정사는 맹손 • 숙손 • 계손, 세 집이 권력을 독점하여 애공이 정토(征討)의 권한을 스스로 마음대로 하지 못하고 공자로 하여금 세 대부에게 고하라고 하였다.

◑ 공자가 나와 스스로 말하였다. "임금과 신하는 인륜의 큰 것이요, 역적을 치는 것은 의리의 큰 것이니 매인 바가 극히 중대하다. 내가 일찍이 대부의 뒤를 좇아서 마땅히 더불어 나라 정사를 꾀할 것이니 비록 고하지 않고자 하나 감히 그만두지 못하였다. 예(禮)에 따르면 나는 마땅히 임금에게 고할 것이고, 임금은 마땅히 삼자에게 고할 것이 아닌데 이에 삼자에게 스스로 명하지 않

고 나로 하여금 가서 세 대부에게 고하라 하니 어찌된 것인가?"
☯ 노나라의 세 집은 곧 제나라의 진항과 같은 마음이므로 반드시 치고자 않을 줄을 알았다. 그러나 어쩔 수 없이 공자가 군명(君命)이 중함으로 가서 고하였더니 삼자가 과연 옳지 않다 하니, 다시 말하였다. "임금과 신하는 인륜의 큰 것이고 역적을 치는 것은 큰 의리이다. 내 대부 벼슬의 뒤를 좇았기 때문에 마땅히 나라 정사에 참여하여 꾀하므로 감히 세 대부에게 고하지 않을 수 없다. 고하여도 옳지 않다 하니 내 어찌 억지로 할 수 있겠는가? 슬프도다."

| 요지 |

공자가 토벌을 청함은 당당히 군신의 의리를 바르게 하기 위한 것이었다. 만일 이것을 빌어서 노나라를 바르게 하였다고 말한다면 도리어 적은 것이다.

23. 子路問事君(자로문사군)한대 子曰(자왈) 勿欺也(물기야)요 而犯之(이범지)니라

| 언해 |

子路ㅣ 君 事홈을 묻ᄌᆞ온대 子ㅣ ᄀᆞᆯᄋᆞ샤ᄃᆡ 欺티 말오 犯홀띠니라

| 직역 |

자로가 임금 섬기는 것에 대하여 묻자, 공자께서 대답하셨다. "속이지 말고 얼굴을 대놓고 간쟁해야 한다."

| 자해 |

犯 : 임금의 얼굴에 대놓고 간쟁하는 것.

| 의해 |

자로가 임금 섬기는 도를 묻자 공자가 말하였다. "임금을 섬기되 정성과 곧음을 그 도로 삼으니 평일에 임금에게 충성하고 나라를 사랑하는 마음으로 근본을 삼아 말을 내고 힘을 베풀어 반드시 안으로는 그 마음을 다하고 밖으로는 그 직분을 다하여 터럭 끝만큼도 임금을 속일 마음을 두지 않는다. 또한 임금이 혹 도를 향하되 인에 뜻을 두지 않거든 반드시 얼굴빛을 범하여 간하되 비록 임금의 노여움을 만나더라도 그것을 조금도 꺼리지 않으면 임금을 섬기는 도리가 여기에 다하였다 할 것이다."

| 요지 |

이 장은 순전한 신하의 마음이 속이지 않음과 자못 범하는 데 있음을 보인 것이다. 범하는 것은 자로에게 있어 어려운 바가 아니고, 속이지 않음으로 어려움을 삼는 까닭에 공자가 속이지 않음을 먼저 하고 범함을 뒤에 한 것이다.

24. 子曰(자왈) 君子(군자)는 上達(상달)하고 小人(소인)은 下達(하달)이니라

| 언해 |

子ㅣ ᄀᆞᆯᄋᆞ샤ᄃᆡ 君子ᄂᆞᆫ 우흐로 達ᄒᆞ고 小人ᄋᆞᆫ 아래로 達ᄒᆞᄂᆞ니라

| 직역 |

공자께서 말씀하셨다. "군자는 위로 통달하고, 소인은 아래로 통달한다."

| 의해 |

군자와 소인의 인품이 같지 않고 그 통하는 것이 또한 다르다. 군

자는 위로 통하고 소인은 아래로 통하니 하늘의 이치는 본래 높고 밝으니 군자는 이치를 좇아서 이미 위로 향하기 때문에 이로 말미암아 점점 나아간다. 그리하여 더욱 고명하여 곧 이치가 지극한 곳에 이를 것이니, 이것이 위로 통함이 아니겠는가? 사람의 욕심은 근본이 더럽고 낮으니, 소인은 욕심을 좇아 이미 아래로 가기 때문에 이로 말미암아 점점 나아가니 더욱 골몰하여 더러운 데에 빠져서 사람의 욕심의 지극한 곳에 이를 것이니, 이것이 아래로 통함이 아니겠는가? 배우는 자가 어찌 지향할 바를 삼가지 않을 수 있겠는가?

| 요지 |

이 장은 군자와 소인의 자취가 다름을 밝힌 것이다.

자 왈 고 지 학 자 위 기 금 지 학 자 위 인

25. 子曰 古之學者는 爲己러니 今之學者는 爲人이로다

| 언해 |

子ㅣ ᄀᆞᆯᄋᆞ샤ᄃᆡ 녯 學ᄒᆞᄂᆞᆫ 者ᄂᆞᆫ 己를 爲ᄒᆞ더니 이젯 學ᄒᆞᄂᆞᆫ 者ᄂᆞᆫ 人을 爲ᄒᆞᄂᆞᆺ다

| 직역 |

공자께서 말씀하셨다. "옛날에 배우는 자들은 자신을 위한 학문을 하였는데, 지금에 배우는 자들은 남을 위한 학문을 한다."

| 의해 |

이 학(學)은 같지만 배우는 사람이 마음 쓰는 것이 같지 않으니, 옛적에 배우는 자는 도를 밝히고 덕에 나아가 그 마음이 몸에 배기

를 구하였다. 반면에 지금 배우는 자는 도를 밝히고 덕에 나아가나 남이 알아주기를 구하니, 그 안팎과 실상이 다름이 이와 같다.

| 요지 |

이 장은 옛날과 지금 배우는 자의 마음을 쓰는 것이 다름을 보인 것이다.

26. 蘧伯玉이 使人於孔子어늘 孔子가 與之坐而問焉曰 夫子는 何爲오 對曰 夫子가 欲寡其過而未能也니이다 使者가 出커늘 子曰 使乎使乎여

| 언해 |

蘧伯玉이 사ᄅᆞᆷ을 孔子ᄭᅴ 블여ᄂᆞᆯ 孔子ㅣ 더블어 坐ᄒᆞ야 물어 ᄀᆞᆯᄋᆞ샤ᄃᆡ 夫子ᄂᆞᆫ 므스 일 ᄒᆞᄂᆞ뇨 對ᄒᆞ야 ᄀᆞᆯ오ᄃᆡ 夫子ㅣ 그 過를 寡코져 호ᄃᆡ 能티 몯ᄒᆞᄂᆞ니이다 使者ㅣ 出커ᄂᆞᆯ 子ㅣ ᄀᆞᆯᄋᆞ샤ᄃᆡ 使ㅣ여 使ㅣ여

| 직역 |

거백옥이 사람을 보내 공자께 문안드리니, 공자께서 그와 함께 앉아 물으시기를 "부자께서는 무엇을 하시는가?" 하시자, 대답하기를 "부자께서는 허물을 적게 하려고 하시지만 아직 능하지 못하십니다"라고 하였다. 심부름꾼이 나가자, 공자께서 말씀하셨다. "훌륭한 심부름꾼이구나! 훌륭한 심부름꾼이구나!"

| 자해 |

蘧伯玉 : 위(衛)나라 대부. 이름은 원(瑗).

| 의해 |

거백옥은 위나라의 어진 대부이다. 공자가 위나라에 있을 때, 일찍이 그 집에 머물렀는데 이미 노나라로 돌아옴에 하루는 거백옥이 사람을 공자에게 보내 문후하였다.

◑ 공자가 그 주인에게 경의를 표하여 그 보낸 사람과 같이 앉아서 물었다. "그대 선생님은 요즈음 무엇을 하시는가?" 이에 대답하였다. "우리 선생님은 다른 것을 하심이 없고 오직 일상 생활에 허물을 적게 하고자 하여 힘써 스스로 닦지만 하고자 하는 바와 같지 못합니다." 이 심부름꾼의 말로 보면 허물을 적게 하고자 함은 곧 스스로 옳은 체 하지 않음이요, 몸이 능하다고 이르지 않음은 스스로 만족하게 여기지 않음이니, 이는 몸을 닦음이 항상 미치지 못할 것 같이 하는 마음이니 착한 데 나감이 어찌 다함이 있겠는가? 심부름꾼이 나가자 공자가 그 말을 아름답게 여기어 깊이 칭찬하여 말하였다. "참 심부름꾼답다! 참 심부름꾼답다! 거백옥의 어짐이 아니면 이와 같이 마음을 가다듬지 못할 것이요! 또한 심부름꾼의 어짐이 아니면 거백옥의 마음을 이와 같이 알지 못할 것이다."

| 요지 |

성인과 현자는 마음으로 사귄다. 심부름꾼이 자기의 마음을 말할 수 있었던 까닭에 공자가 또한 마음에 합하여 탄미한 것이다.

자 왈 부 재 기 위 불 모 기 정

27. 子曰 不在其位하얀 不謀其政이니라

| 직역 |

공자께서 말씀하셨다. "그 지위에 있지 않으면 그 정사를 도모하지 않는다."

※ 중복된 문장. 「泰伯」 14 참조.

증자왈 군자 사불출기위

28. 曾子曰 君子는 思不出其位니라

| 언해 |

曾子ㅣ ᄀᆞᆯᄋᆞ샤ᄃᆡ 君子ᄂᆞᆫ 思ㅣ 그 位예 出티 아니ᄒᆞᄂᆞ니라

| 직역 |

증자가 말하였다. "군자는 생각이 그 지위를 벗어나지 않는다."

| 의해 |

증자가 『주역』 간괘(艮卦) 상사(象辭)를 가지고 말하였다. "마음에 사모하는 바를 생각이라고 하고, 몸의 처한 바를 지위라고 하니 지위의 안만을 마땅히 생각할 것이요, 지위 밖을 생각해서는 안될 것이다. 이런 까닭에 군자가 간괘의 그치는 형상을 보아서 아침과 저녁에 생각하는 것이 다만 지위 안에 있고 지위 밖에 있지 않으니 지위에 해당되지 않은 것은 생각에 두지 않는 것이다. 오직 몸에 마땅히 다할 바 도리를 따라 돌이켜 마음에 구할 따름이니, 어찌 밖을 사모할 생각이 있겠는가?"

| 요지 |

이 장은 군자가 그칠 줄 아는 것을 보인 것이니, 위는 곧 처소요, 생각이 벗어나지 않음은 곧 처소에 그침이다.

29. 子曰(자왈) 君子(군자)는 恥其言而過其行(치기언이과기행)이니라

| 언해 |

子ㅣ ᄀᆞᆯᄋᆞ샤ᄃᆡ 君子ᄂᆞᆫ 그 言을 恥ᄒᆞ고 그 行을 過ᄒᆞᄂᆞ니라

| 직역 |

공자께서 말씀하셨다. "군자는 말을 조심하고 행실을 말보다 앞서게 한다."

| 자해 |

恥 : 감히 다하지 못함. • 過 : 남음이 있고자 함.

| 의해 |

말은 하기가 쉽고 극진히 실천하기가 어렵기 때문에 그 말을 부끄러운 듯 표현하고 그 말에 대한 실천을 부족함이 없도록 하는 것이니, 이것이 군자다운 것이다.

| 요지 |

이 장에서는 군자가 가벼운 것을 바로잡고 게으른 것을 경계하는 마음을 볼 수 있다.

30. 子曰(자왈) 君子道者三(군자도자삼)에 我無能焉(아무능언)호니 仁者(인자)는 不憂(불우)하고 知者(지자)는 不惑(불혹)하고 勇者(용자)는 不懼(불구)니라 子貢曰(자공왈) 夫子(부자)가 自道也(자도야)샷다

| 언해 |

子ㅣ ᄀᆞᆯᄋᆞ샤ᄃᆡ 君子의 道ㅣ 三애 내 能홈이 업소니 仁ᄒᆞᆫ 者ᄂᆞᆫ 憂티 아니ᄒᆞ고 知ᄒᆞᆫ 者ᄂᆞᆫ 惑티 아니ᄒᆞ고 勇ᄒᆞᆫ 者ᄂᆞᆫ 懼티 아니ᄒᆞᄂᆞ니라 子貢이 ᄀᆞᆯ오ᄃᆡ 夫子ㅣ 스스로 닐음이샷다

| 직역 |

공자께서 말씀하셨다. "군자의 도가 세 가지인데, 나는 능한 것이 없다. 인한 사람은 근심하지 않고, 지혜로운 사람은 의심하지 않고, 용기있는 사람은 두려워하지 않는다." 자공이 말하였다. "선생님께서 스스로 하신 겸손의 말씀이시다."

| 의해 |

공자가 말하였다. "군자가 덕을 몸에 갖추어서 도가 된 것이 셋이니, 이것을 내게 돌이켜 봄에 못하는 것이 세 가지가 있으니 그것들은 무엇인가? 인(仁)·지(知)·용(勇)이 이것들이다. 인한 자는 이치가 사사로움을 이길 수 있으므로 순조롭거나 거슬리는 상황에 있어도 마음에 근심하지 않고, 지혜로운 자는 이치에 밝게 비쳐서 일과 물건을 만남에 마음에 미혹되지 않으며, 용기있는 자는 기운이 도와 의(義)에 합하여 책임이 중대하여도 두렵지 않을 수 있으니, 내가 군자의 세 가지 도에 다 능하지 못하니 감히 힘쓰지 않을 수 있겠는가?"

◑ 자공이 말하였다. "특별히 선생님이 스스로 성인인 체하지 않고 스스로 말함이 이와 같으니, 내 입장에서 보면 선생님이 이 세 가지에 넉넉히 남음이 있는데 어찌 군자의 도에 능하지 못하겠는가?"

| 요지 |

이 장은 공자가 도를 바라보면서도 보지 못한 것 같이 한 마음을 나타낸 것이다.

31. 子貢이 方人하더니 子曰 賜也는 賢乎哉아 夫我則不暇로라

| 언해 |

子貢이 人을 方ᄒᆞ더니 子ㅣ ᄀᆞᆯᄋᆞ샤ᄃᆡ 賜ᄂᆞᆫ 賢ᄒᆞ냐 나ᄂᆞᆫ 暇티 몯ᄒᆞ노라

| 직역 |

자공이 인물을 비교하니, 공자께서 말씀하셨다. "사는 어진가 보다. 나는 그럴 겨를이 없다."

| 자해 |

方 : 비교하는 것. • 乎哉 : 의문사.

| 의해 |

자공이 평일에 사람을 비교하여 우열을 가리기를 좋아하였는데, 이것은 제 몸을 닦는 것을 간절히 힘쓴 것이 아니어서 공자가 부드러운 말로 경계하여 말하였다. "사람을 비교하는 일은 오직 제 몸을 다스림이 이미 넉넉한 자라야 할 수 있는데 사(賜)가 이것을 힘쓰니 사는 어진가보다. 공부 역량이 마땅히 남음이 있어야 한다. 만일 나라면 사람의 길고 짧음을 비교할 겨를이 없으니, 사는 이 점을 아느냐, 모르느냐?"

| 요지 |

이 장은 배우는 자가 마땅히 먼저 스스로 다스려야 하니 모두 사람을 비교하는 것을 모자라는 것으로 여긴 뜻이다.

32. 子曰(자왈) 不患人之不己知(불환인지불기지)요 患其不能也(환기불능야)니라

| 언해 |

子ㅣ 골ㅇ샤ᄃᆡ 人의 己ᄅᆞᆯ 아디 몯홈을 患티 말고 그 能티 몯홈을 患ᄒᆞᆯ띠니라

| 직역 |

공자께서 말씀하셨다. "남이 나를 알아주지 않는 것을 걱정하지 말고, 자신의 능하지 못함을 걱정해야 한다."

| 의해 |

공자가 말하였다. "세상에 남이 알아주지 않음을 근심하지 말고 오직 배워서 이치를 밝히지 못하고 행하여 실상을 실천하지 못하는 것을 근심거리로 삼으라."

| 요지 |

이 장은 네 번 보이는데, 그 글이 각각 다르니 성인이 한 가지 일을 여러 번 말한 것은 그 간곡한 뜻을 보인 것이다.

33. 子曰(자왈) 不逆詐(불역사)하며 不億不信(불억불신)이나 抑亦先覺者(억역선각자)가 是賢乎(시현호)인저

| 언해 |

子ㅣ 골ㅇ샤ᄃᆡ 詐를 逆디 아니ᄒᆞ며 不信을 億디 아니ᄒᆞᆯ 꺼시나

ᄯᅩᄒᆞᆫ 몬져 覺ᄒᆞᄂᆞᆫ 者ㅣ 이 賢인저

| 직역 |

공자께서 말씀하셨다. "남이 나를 속일까 미리 짐작하지 않고, 남이 나를 믿어주지 않을까 억측하지 않는다. 그러나 또한 먼저 깨달은 자가 어진 것이다."

| 의해 |

사람의 마음이 점점 거짓하여 나를 속이고 믿지 않아서 나를 의심하는 자는 또한 반드시 사세(事勢)에 있을 것이다. 다만 세상에서 이것을 방비(防備)함을 과도하고 세밀하게 하는 자는 필경 억측하는 사사로운 뜻이 많으니 이것은 이치에 맞게 깨달은 것이 아니다. 예를 들자면, 여기에 사람이 있다고 할 때 당초 그 사람이 나를 속이리라 미리 짐작하지도 않으며 그 사람이 나를 의심한다고 미리 억측하지도 않는다. 그 사람이 의심하는지의 여부와 속이는지의 여부가 내 앞에 당도할 때 자연스레 먼저 깨닫는 자의 심지가 광명하여 물건이 그 비치는 데 도망하지 못할 것이니, 이런 사람이 어찌 어질지 않겠는가를 말한 것이다.

| 요지 |

이 장은 남이 칭찬하는 것을 가지고 밝음을 삼는 자를 위하여 말한 것이니 모두 자연히 밝음을 귀중하게 여긴 것이다.

미생묘 위공자왈 구 하위시서서자여 무내
34. 微生畝가 謂孔子曰 丘는 何爲是栖栖者與아 無乃
위녕호 공자왈 비감위녕야 질고야
爲佞乎아 孔子曰 非敢爲佞也라 疾固也니라

| 언해 |

微生畝ㅣ 孔子ㅅ긔 닐어 ᄀᆞᆯ오ᄃᆡ 丘ᄂᆞᆫ 엇디 이 栖栖ᄒᆞ욤을 ᄒᆞᄂᆞ뇨 아니 佞을 ᄒᆞᄂᆞ냐 孔子ㅣ ᄀᆞᆯᄋᆞ샤ᄃᆡ 敢히 佞을 ᄒᆞᄂᆞᆫ 줄이 아니라 固를 疾홈이니라.

| 직역 |

미생묘가 공자께 말하였다. "그대는 어찌하여 이리도 연연해 하는가? 말재주를 구사하는 것이 아닌가?" 공자께서 말씀하셨다. "제가 감히 말재주를 구사하는 것이 아니라, 고집 불통을 미워하는 것입니다."

| 자해 |

微生畝 : 미생(微生)은 성이고 묘(畝)는 이름인데 '무'로 읽기도 함. • 栖栖 : 연연해하는 것. • 爲佞 : 말을 잘해서 사람을 기쁘게 하기를 힘쓰는 것. • 疾 : 미워하는 것. • 固 : 한 가지를 고집하여 변통하지 못하는 것.

| 의해 |

미생묘가 공자에게 말하였다. "때가 불가능하면 그만두어야 하는 것인데, 그대는 어찌 그리 연연하여 돌아다니는가? 혹시 말만 잘하고 아첨하여 세상에서 그대를 쓰기를 요구하는 것이 아닌가?" ◑ 공자가 대답하였다. "사람이 몸을 세우고 사람을 대접함에 스스로 중도가 있으니 내가 연연하여 돌아다님은 감히 부드럽고 아첨하여 세상에 쓰이기를 바라는 것이 아니라, 고집이 너무 심하여 세상에 쓰일 수 있도록 통하지 못함을 미워하는 것입니다."

| 요지 |

이 장은 미생묘가 '한갓 도가 없으면 숨는다'고 한 말에 고집하여 성인이 도로써 천하를 바꾸고자 하는 마음은 알지 못하니 '고집함을 미워한다'고 한 것은 심사(心事)를 밝힌 것이지, 미생묘의 고집을 미워한 것이 아니다.

자왈 기 불칭기력 칭기덕야
35. 子曰 驥는 不稱其力이라 稱其德也니라

| 언해 |

子ㅣ ᄀᆞᆯᄋᆞ샤ᄃᆡ 驥ᄂᆞᆫ 그 力을 稱ᄒᆞᆫ 거시 아니라 그 德을 稱ᄒᆞᆷ이니라.

| 직역 |

공자께서 말씀하셨다. "훌륭한 말〔馬〕에 대하여 그 힘을 칭찬하는 것이 아니라, 그 능력을 칭찬하는 것이다."

| 의해 |

공자가 말하였다. "같은 말이지만 말 가운데 훌륭한 것이 기마가 되니, 기마는 아름다운 이름이다. 기마가 힘이 없는 것은 아니지만 '기마'라는 이름을 얻은 것은 그 힘이 무거운 것을 싣고 먼 곳에 도달할 수 있음을 말하는 것이 아니라, 그 덕이 길들고 훌륭함을 가지고 말하는 것이다. 저 군자가 재주가 없는 것은 아니나 그 군자라는 이름을 얻은 것은 재주 때문이 아니라, 덕을 가지고 말하는 것이니 또한 이와 같다."

| 요지 |

이 장은 재주와 덕의 경중(輕重)을 가지고 사람을 권면한 것이다.

혹 왈 이덕보원 하여 자왈 하이보덕
36. 或이 曰 以德報怨이 何如하니잇고 子曰 何以報德고
이직보원 이덕보원
以直報怨이요 以德報德이니라

| 언해 |

或이 ᄀᆞᆯ오ᄃᆡ 德으로ᄡᅥ 怨을 報ᄒᆞᆷ이 엇더ᄒᆞ니잇고 子ㅣ ᄀᆞᆯᄋᆞ샤ᄃᆡ 므서스로ᄡᅥ 德을 報ᄒᆞ료 直으로ᄡᅥ 怨을 報ᄒᆞ고 德으로ᄡᅥ 德을 報ᄒᆞᆯ띠니라

| 직역 |

어떤 사람이 말하였다. "덕으로 원망을 갚는 것이 어떻습니까?" 공자께서 말씀하셨다. "그럼 무엇으로 덕을 갚을 것인가? 정직으로 원망을 갚고, 덕으로 덕을 갚아야 한다."

| 의해 |

어떤 사람이 인정의 원수와 원망이 서로 같은 것을 말하였다. "사람이 은혜와 원망의 마음이 너무 밝은 까닭에 충후한 마음이 날로 얇아지니, 만일 사람이 나에게 원망이 있는 자를 마침내 잊어버리는 것과 같이 하고 덕으로써 갚으면 어떠합니까?"

◑ 공자가 말하였다. "갚는 것은 공평함이 귀중하다. 만일 덕으로써 원망을 갚으면 후한 것 같으나 이 이상의 덕을 갚는 조건이 없어진다. 이것이 덕에는 박하고 원망에는 후한 것이다.

◑ 대체로 덕 있고 원망도 있음은 사람의 정서상 잊지 못할 것이나, 갚는 바에는 각각 마땅한 바가 있다. 반드시 나에게 원망이 있는 자를 곧은 것으로 갚되 사랑하고 미워하고 취하고 놓는 것을 한결같이 이치의 당연함으로 하여야 할 것이다. 사사로운 원망을 품어서 착함을 인정하는 공변된 마음을 어둡게 하지 말며 또한 사사로운 혐의를 피하여 악한 것을 제거하는 공변된 법을 버리지 않으면 비록 원망을 갚는다 하더라도 공평하고 충후함에 해되지 않는다. 덕에 이르러서는 크고 적은 것을 막론하고 마땅히 갚아야 할 것이니, 덕으로써 갚음이 옳다. 만일 반드시 덕으로써 원망을 갚으면 사사로운 뜻으로 하는 것이요, 천리의 정대함은 아니다."

| 요지 |

이 장은 말이 명백하고 간략해서 그 뜻의 곡절(曲折)과 반복이 하늘의 조화(造化)가 간이하여 알기 쉬운 것 같지만, 미묘함이 끝이 없으니 배우는 자가 마땅히 자세히 살펴야 한다.

37. 子曰 莫我知也夫인저 子貢이 曰 何爲其莫知子也잇고 子曰 不怨天하며 不尤人이요 下學而上達하노니 知我者는 其天乎인저

| 언해 |

子ㅣ ᄀᆞᆯᄋᆞ샤ᄃᆡ 날 알 리 업슨뎌 子貢이 ᄀᆞᆯ오ᄃᆡ 엇디 그 子를 알 리 업ᄉᆞ니잇고 子ㅣ ᄀᆞᆯᄋᆞ샤ᄃᆡ 天을 怨티 아니ᄒᆞ며 人을 尤티 아니ᄒᆞ고 下로 學ᄒᆞ야 上으로 達ᄒᆞ노니 나를 아ᄂᆞᆫ 者ᄂᆞᆫ 그 天인저

| 직역 |

공자께서 말씀하셨다. "나를 알아주는 이가 없구나!" 자공이 말하였다. "어찌하여 선생님을 알아주는 이가 없는 것입니까?" 공자께서 말씀하셨다. "하늘을 원망하지 않으며 사람을 탓하지 않고, 아래로 배워서 위로 통달하니, 나를 알아주는 것은 하늘인가 보다!"

| 의해 |

당시에 오직 문인들만 공자를 알았던 것이 아니라 세상 사람들도 성인이라고 이르는데, 공자가 홀연히 탄식하였다. "세상 사람이 나를 알지 못한다."

◑ 자공이 이상하게 여겨 물었다. "선생님의 도덕이 높고 커서 알아주는 사람이 있거늘, 어찌하여 선생님을 알지 못한다 하십니까?" 이에 공자가 대답하였다. "대개 사람이 이상한 것을 세워서 높은 체하여야 비로소 사람이 알아줄 수 있을 것인데, 이제 내가 하는 바는 이와 다르다. 저 궁하고 영달하는 것은 하늘에 달려 있다. 내가 궁함을 만난 것은 하늘에서 얻지 못함이나 또한 내 몸의 부족함이 있나 하여 돌이켜 구할 뿐이다. 어찌 감히 하늘을 원망하겠는가? 쓰이고 쓰이지 않는 것이 남에게 달려 있다. 내가 쓰이지 못함을 만났으니 오직 내 몸의 부족함이 있나 하여 돌이켜 구할 뿐이다. 어찌 감히 사람을 원망하겠는가? 다만 일상생활에 힘써 사람의 일에 가까운 것을 행하여 이치를 알지 못하면 반드시 마땅히 알아야 할 것을 구하고, 일에 능하지 못하면 반드시 마땅히 행해야 할 것을 구하였다. 다만 평이하고 가까운 곳에 대하여 공부하여 이치는 깊이 나아가는 데서 얻고 도는 참으로 깨인 데서 화(和)하여 자연히 아는 것이 날로 정교하여 지극한 데 이르며 행하는 것이 날로 전진하여 행함을 다하는 데 이르러서 위로 높고 밝은 데 도달하였으니, 다른 사람보다 심히 다른 것 없이 아는 것을 이루었다. 따라서 나를 아는 자는 오직 저 하늘인가 보다!"

| 요지 |

이 장은 공자가 몸에 돌이키는 학문으로 자공에게 보인 것이니 나를 아는 것은 이 마음이 서로 가만히 부합함을 이른다. 나를 안다는 구절은 바로 첫 구절과 서로 응하니 하늘이 안다는 것은 바로 나를 알지 못한다는 것이다.

38. 公伯寮ㅣ 愬子路於季孫이어늘 子服景伯이 以告曰 夫子 固有惑志於公伯寮하나니 吾力이 猶能肆諸市朝니이다 子曰 道之將行也與도 命也며 道之將廢也與도 命也니 公伯寮 其如命에 何리오

| 언해 |

公伯寮ㅣ 子路를 季孫의게 愬ᄒᆞ야ᄂᆞᆯ 子服景伯이 뻐 告ᄒᆞ야 ᄀᆞᆯ오ᄃᆡ 夫子ㅣ 진실로 公伯寮의게 惑志를 둔ᄂᆞ니 내 힘이 오히려 能히 市朝애 肆홀이이다 子ㅣ ᄀᆞᆯᄋᆞ샤ᄃᆡ 道의 쟝ᄎᆞᆺ 行홈도 命이며 道의 장ᄎᆞᆺ 廢홈도 命이니 公伯寮ㅣ 그 命에 엇디리오

| 직역 |

공백료가 자로를 계손에게 참소하니, 자복경백이 공자께 말하였다. "계손이 진실로 공백료의 말에 미혹되고 있는데, 내 힘이 그래도 공백료의 시신을 거리에 늘어놓을 수 있습니다." 공자께서 말씀하셨다. "도가 장차 행해지는 것도 명이며 도가 장차 폐해지는 것도 명이니, 공백료가 그 명을 어떻게 하겠는가?"

| 자해 |

公伯寮 : 노나라 사람. • 子服景伯 : 노나라 대부. 자복(子服)은 성, 경(景)은 시호, 백(伯)은 자. • 夫子 : 계손(季孫)을 가리킴. • 肆 : 시신을 늘어놓는 것.

| 의해 |

자로가 계씨의 가신이 되었더니 노나라 사람 공백료가 자로를 계손에게 참소하니 자복경백이 마음에 불평하여 그 일을 공자에게 고하여 말하였다. "계손이 공백료의 말에 혹한 뜻이 있어 자로를

의심하니 참소하고 간사함이 바른 것을 해롭게 하면 법에 용납되지 못할 것입니다. 내 권력으로써 오히려 공백료를 죽여 그 시신을 길거리에 늘어놓아 어진 사람을 모함한 죄를 바로잡을 것입니다."
◑ 공자가 말하였다. "군자가 도를 안고 세상에 쓰이기를 바라지만 세상이 믿고 쓸 수 있으면 도가 장차 행하여질 것이고, 명(命)이 통하는 것이며, 세상이 믿고 쓰지 않으면 도가 장차 폐하여질 것이고 명이 막힐 것이니 다 사람이 할 수 있는 바가 아니다. 자로가 오늘에 진실로 명이 있으니 명이 과연 통하였으면 비록 참소하더라도 패하게 하지 못할 것이요, 명이 과연 막혔으면 비록 참소를 하지 않더라도 또한 흥하게 못할 것이니 공백료가 그 명을 어찌하겠는가?"

| 요지 |

이 장은 공자가 경백을 깨닫게 하고 자로를 편안하게 하고 백료를 경계한 것이다. 성인이 이(利)와 해(害)를 명(命)으로 결단할 필요도 없이 태연하였음을 나타낸 것이다.

39. 子曰 賢者는 辟世하고 其次는 辟地하고 其次는 辟色하고 其次는 辟言이니라

| 언해 |

子ㅣ ᄀᆞᆯᄋᆞ샤ᄃᆡ 賢ᄒᆞᆫ者ᄂᆞᆫ 世를 辟ᄒᆞ고 그 次ᄂᆞᆫ 地을 辟ᄒᆞ고 그 次ᄂᆞᆫ 色을 辟ᄒᆞ고 그 次ᄂᆞᆫ 言을 辟ᄒᆞᄂᆞ니라

| 직역 |

공자께서 말씀하셨다. "현명한 사람은 세상을 피하고, 그 다음은

어지러운 지방을 피하고, 그 다음은 얼굴빛을 보고 피하고, 그 다음은 말을 듣고 피한다."

| 의해 |

공자가 말하였다. "어진 사람이 세상에서 벗어나거나 머물고 가거나 나아감은 오직 그 만나는 때의 처한 바의 마땅함에 따른다.

◑ 그 다음은 이 땅의 무도함을 보고 피하여 다른 나라로 가는 것이다.

◑ 그 다음은 혹 나라 임금의 대접하는 예(禮)의 모양이 쇠하여 그 뜻이 내게 있지 않으면 버리고 가는 것이니 이것은 잘못된 것을 피함이다.

◑ 그 다음은 임금에게 의견을 말하였다가 만일 의론이 합치되지 않으면 내 말이 행해지지 않음을 알고 버리고 가는 것이니 이것은 말을 피하는 것이다. 때를 만나는 바가 같지 않으므로 처하는 바가 다름이 이와 같으니, 이것이 다 도를 귀중히 여겨 가벼이 세상을 좇지 않음이다. 세상에 이러한 사람이 있으면 세도(世道)의 쇠함을 알 수 있을 것이다."

| 요지 |

이 장은 출처와 거취에 나아가서 때를 따라가는 의리를 보인 것이다.

40. 子曰 作者七人矣로다

(자왈 작자칠인의)

| 언해 |

子ㅣ ᄀᆞᆯᄋᆞ샤ᄃᆡ 作ᄒᆞᆫ 者ㅣ 七人이로다

| 직역 |

공자께서 말씀하셨다. "일어나 은둔한 자가 일곱 사람이다."

| 의해 |

군자의 한 몸은 이 세상과 더불어 상관된 것이다. 그러므로 군자의 나아가고 처함을 가지고 세도(世道)의 성대하고 쇠퇴함을 점칠 수 있을 것이다. 이제 일어나서 숨으러 간 자가 일곱 사람이 있으면 많지 않은 것이 아니니 세도를 어떻게 근심할 것인가?

| 요지 |

이 장은 공자가 세도의 쇠함을 개탄한 것이니, 개탄한 말에 하늘과 땅이 닫혀 어진 사람이 숨는다는 감동이 있다.

자로 숙어석문 신문 왈 해자 자로왈
41. 子路가 宿於石門이러니 晨門이 曰 奚自오 子路曰
자공씨 왈 시 지기불가이위지자여
自孔氏로라 曰 是가 知其不可而爲之者與아

| 언해 |

子路ㅣ 石門에 宿ᄒᆞ더니 晨門이 ᄀᆞᆯ오ᄃᆡ 어ᄃᆡ로브터오 子路ㅣ ᄀᆞᆯ오ᄃᆡ 孔氏로브터로라 ᄀᆞᆯ오ᄃᆡ 이 그 可티 아닌 줄을 알오ᄃᆡ ᄒᆞᄂᆞᆫ 者가

| 직역 |

자로가 석문에서 유숙하였는데, 문지기가 묻기를 "어디에서 왔는가?"라고 하자, 자로가 "공씨에게서 왔오"라고 대답하였다. 그는 말하기를, "바로 불가능한 줄을 알면서도 하는 자 말인가?"라고 하였다.

| 자해 |

石門 : 지명. • 晨門 : 새벽에 성문을 열어주는 것을 맡은 자. 아마도 현자(賢者)로서 관문을 지키는 직업에 은둔한 자인 듯하다. • 自 : ~로부터.

| 의해 |

자로가 공자를 따라 다닐 때에 석문(石門)이라는 땅에서 우연히 잤는데 새벽에 문지기가 물었다. "어디로부터 나오느냐?" 자로의 "공자 문하"라는 말에 문지기는 말하였다. "저 공씨(孔氏)는 바로 시간적 조건상 할 수 없는 것을 알고도 부지런히 이리저리 왔다 갔다하며 무언가를 하고자 하는 자이구나! 자네가 좇아다님에 또한 수고가 심하다."

| 요지 |

이 장은 분명히 공자가 '하지 못할 것을 억지로 하려 한다'고 한 것이다. 현자(賢者)로 말하면 천하에 하지 못할 때가 있으니 이것은 재주와 힘이 한정이 있기 때문이다. 성인은 천하에 하지 못할 때가 없으니, 그 도가 가능하지 않은 것이 없기 때문이다.

42. 子擊磬於衛러시니 有荷蕢而過孔氏之門者 曰 有心哉라 擊磬乎여 旣而曰 鄙哉라 硜硜乎여 莫己知也어든 斯已而已矣니 深則厲요 淺則揭니라 子曰 果哉라 末之難矣니라

| 언해 |

子ㅣ 磬을 衛예셔 擊ᄒᆞ더시니 蕢를 荷ᄒᆞ고 孔氏의 門에 過ᄒᆞᄂᆞᆫ

者ㅣ 이셔 ᄀᆞᆯ오ᄃᆡ 有心ᄒᆞ다 磬을 擊홈이여 이윽고 ᄀᆞᆯ오ᄃᆡ 鄙ᄒᆞ다 硜硜홈이여 己를 알 리 업거든 이에 말ᄯᆞᄅᆞᆷ이니 深ᄒᆞᆫ則 厲ᄒᆞ고 淺ᄒᆞᆫ則 揭홀띠니라 子ㅣ ᄀᆞᆯᄋᆞ샤ᄃᆡ 果ᄒᆞ다 難홈이 업ᄉᆞ니라

| 직역 |

공자께서 위나라에서 경쇠를 치셨는데, 삼태기를 메고 공씨의 문 앞을 지나가는 자가 듣고서 말하였다. "마음이 천하에 있구나! 경쇠를 두들김이여!" 조금 있다가 말하였다. "비루하다! 너무도 단단하구나! 자신을 알아주지 않으면 그만두어야 할 것이니, 물이 깊으면 옷을 입고 건너고, 얕으면 옷을 걷고 건너야 하는 것이다." 공자께서 말씀하셨다. "과감하구나! 그것은 어려울 것이 없다."

| 자해 |

磬 : 악기(樂器). • 荷 : 메는 것. • 蕢 : 풀〔짚〕로 만든 그릇. • 硜硜 : 돌 소리. 전일(專一)하고 확고함. • 厲 : 옷을 입고 물을 건넘. • 揭 : 옷을 걷고 물을 건넘. • 果哉 : 세상을 잊는 데 과감함을 탄식한 것. • 末 : 없음.

| 의해 |

성인은 하루라도 천하를 잊지 않는다. 그러므로 공자가 위나라에 있을 때에 우연히 경쇠를 쳐서 그 세상을 근심하는 마음을 그 소리에 담았더니 이에 숨어 지내던 선비가 삼태기를 매고 공자가 있는 문을 지나다가 그 소리를 듣고 알아차려 말하였다. "세상에 의미심장함이 있도다! 이 사람의 경쇠 침이여."

◑ 조금 있다가 다시 비웃어 말하였다. "더럽다! 그 소리의 경경함이여! 어찌 고집하여 때의 마땅함을 알지 못하는가? 군자는 때를 보아서 움직이니 세상이 만일 나를 알지 못하여 쓰지 않거든 그칠 따름이요, 몸을 깨끗이하여 가는 것이 옳다. 나는 듣건대 물을 건너는 자가 물이 깊으면 옷을 입고 그냥 건널 것이요, 물이 옅으

면 옷을 걷고 건넌다 하니, 물을 건너는 자가 반드시 물의 깊고 옅음을 보아 옷을 벗거나 걷어야 할 것이다. 군자가 세상에 처하여 마땅히 때의 다스리고 어지러움을 보아서 나아가고 물러감을 결정하여야 할 것인데, 이제 사람이 나를 알지 못함에도 불구하고 그만두지 않으니 어찌 그 깊고 옅음에 마땅함을 알지 못하는가?"

◑ 공자가 그 말을 듣고 탄식하여 말하였다. "이 사람이 세상을 과연 잊어버린 것인가? 과연 세상을 잊어버리고 가기를 결단하고 돌아오지 않는 것은 조금 제 몸을 깨끗이 할 줄 아는 사람은 다 잘하여 어려울 것이 없다. 그러나 오직 이 세상은 나를 잊어버릴 때가 있으되 나는 어느 때이든 세상을 근심하는 생각이 있어서 반드시 이 천하에 도가 없음을 도가 있음으로 바꾸고자 하는 것이니, 이것이 어려운 바이다. 말 것을 말지 않는다는 것을 가지고 나를 의론하는 자도 또한 내 마음을 알지 못한다."

| 요지 |

이 장에서는 성인이 하루라도 천하를 잊지 않음을 보아야 한다. 삼태기를 맨 사람이 성인이 천하에 마음이 있음을 기롱하자 공자가 무심하지 못함을 말씀한 것이다.

43. 子張(자장)이 曰(왈) 書云(서운) 高宗(고종)이 諒陰三年(양암삼년)을 不言(불언)이라하니
何謂也(하위야)잇고 子曰(자왈) 何必高宗(하필고종)이리요 古之人(고지인)이 皆然(개연)하니
君薨(군훙)커시든 百官(백관)이 總己(총기)하여 以聽於冢宰三年(이청어총재삼년)하니라

| 언해 |

子張이 ᄀᆞᆯ오ᄃᆡ 書에 닐오ᄃᆡ 高宗이 諒陰에 三年을 言티 아니타

ᄒᆞ니 엇디 닐옴이니잇고 子ㅣ ᄀᆞᆯᄋᆞ샤ᄃᆡ 엇디 반ᄃᆞ시 高宗ᄲᅮᆫ이리오 녯 사ᄅᆞᆷ이 다 그러ᄒᆞ니 君이 薨커시든 百官이 己를 總ᄒᆞ야 ᄡᅥ 冢宰의게 聽홈을 三年ᄒᆞ니라

| 직역 |

자장이 말하였다. "『서경』에 이르기를 '고종이 양암에서 삼 년 동안 말하지 않았다'고 하니, 무엇을 말하는 것입니까?" 공자께서 말씀하셨다. "하필 고종 뿐이겠는가? 옛사람이 다 그러하였으니, 군주가 죽으면 백관들은 자기의 직책을 총괄하여 총재에게 명령을 듣기를 삼 년 동안 하였다."

| 자해 |

高宗 : 상왕(商王)인 무정(武丁). • 諒陰(양암) : 천자가 거상(居喪)〔집상(執喪)〕하는 곳의 명칭. • 總己 : 자기의 직책을 총괄하는 것. • 冢宰 : 태재(太宰).

| 의해 |

자장이 물었다. "『서경』에 이르기를 '상나라 임금 소흘이 죽자 그 아들 고종이 거상함에 3년을 말하지 않았다'고 하니, 저 임금이 3년을 말하지 않으면 명령이 어디서 나오며 신하가 어디 가서 받겠습니까?"

◑ 공자가 말하였다. "거상(居喪) 3년에 말하지 않음은 상나라 고종만 그런 것이 아니라 옛적의 임금은 다 그러하였다. 옛 예(禮)를 상고해 보면 임금이 죽으면 그 아들된 임금이 여막에 거하여 상사를 지키고 몸소 정사를 하지 않아서 백관들은 다 각각 자기의 직무를 가지고 총재(冢宰)에게 처분을 들었다. 이 같이 한 것은 3년 동안은 이미 총재에게 부탁했기 때문이다. 아들 임금이 비록 말하지 않았으나 나라 일에 대하여 무엇을 근심하겠는가? 이 때문에 3년을 말하지 않은 것이다."

| 요지 |

이 장은 자장이 임금이 삼 년 동안 말하지 않는 것에 대하여 의심하는 까닭에 공자가 옛 법으로 설명한 것이다.

44. 子曰 上이 好禮則民易使也니라

| 언해 |

子ㅣ ᄀᆞᆯᄋᆞ샤ᄃᆡ 上이 禮를 好ᄒᆞ면 民을 使ᄒᆞᆷ이 易ᄒᆞ니라

| 직역 |

공자께서 말씀하셨다. "윗사람이 예를 좋아하면 백성을 부리기 쉽다."

| 의해 |

공자가 말하였다. "나라는 예(禮)로써 다스리는 것이니 윗 사람 된 자가 과연 마음으로 좋아하여 몸을 닦음에 보고 듣고 말하고 움직임을 반드시 예로써 하고, 정사를 시행함에 있어 지방을 가르치고 풍속을 바르게 함을 반드시 예로써 하게 된다. 그러면 백성이 아래에서 보아 감동한 자가 강요를 기다릴 것 없이 스스로 윗사람의 명령을 따르니 부리기 쉽다."

| 요지 |

이 장은 임금이 몸으로써 법칙을 실천하고자 하는 뜻이니, 정신이 오로지 좋을 '호(好)'자에 있다.

45. 子路問君子한대 子曰 修己以敬이니라 曰 如斯而已乎잇가 曰 修己以安人이니라 曰 如斯而已乎잇가 曰 修己以安百姓이니 修己以安百姓은 堯舜도 其猶病諸시니라

| 언해 |

子路ㅣ 君子를 묻ᄌᆞ온대 子ㅣ ᄀᆞᆯᄋᆞ샤ᄃᆡ 己를 修호ᄃᆡ 敬으로ᄡᅥ 홀띠니라 ᄀᆞᆯ오ᄃᆡ 이럿ᄐᆞᆺ 홀ᄯᆞᄅᆞᆷ이니잇가 ᄀᆞᆯᄋᆞ샤ᄃᆡ 己를 修ᄒᆞ야 ᄡᅥ 人을 安홀띠니라 ᄀᆞᆯ오ᄃᆡ 이럿ᄐᆞᆺ 홀ᄯᆞᄅᆞᆷ이니잇가 ᄀᆞᆯᄋᆞ샤ᄃᆡ 己修ᄒᆞ야 ᄡᅥ 百姓을 安홀띠니 己를 修ᄒᆞ야 ᄡᅥ 百姓을 安홈은 堯舜도 그 오히려 病ᄒᆞ시니라

| 직역 |

자로가 군자에 대하여 물으니, 공자께서 "경으로 몸을 닦는 것이다"라고 하셨다. 자로가 "이와 같을 뿐입니까?"라고 하자, "몸을 닦아서 사람을 편안하게 하는 것이다"라고 대답하셨다. 다시 "이와 같을 뿐입니까?"라고 묻자, 말씀하셨다. "몸을 닦아서 백성을 편안하게 하는 것이니, 몸을 닦아서 백성을 편안하게 하는 것은 요·순도 오히려 부족하게 여기셨다."

| 의해 |

자로가 물었다. "어떻게 하여야 군자가 됩니까?" 공자가 말하였다. "사람의 덕(德)을 이루는 것은 마음의 바깥에서 하지 않으니 군자라 말하는 것은, 오직 몸을 닦는 공부에 있다. 그 몸을 닦음이 공경을 주로 하여 경계하고 삼가하여 조금도 게으르게 할 때

가 없으면 하늘의 이치가 있고, 사람의 욕심이 막혀서 덕이 이루어지지 않음이 없을 것이니 이것이 군자되는 것이다. 공경이라는 것은 움직이고 고요함을 겸하고 안과 밖을 합하고 위와 아래를 통하여 집을 가지런히 하고 나라를 다스리고 천하를 편하게 하는 근본이다."

◑ 자로가 이것을 깨닫지 못하고 대수롭지 않게 여기어 말하였다. "군자의 도가 큰데 겨우 이와 같을 따름입니까?" 공자가 말하였다. "내 몸 이외에 사람이 있으니 내 몸으로 사람을 보면 나의 도가 곧 저 사람의 도이다. 과연 공경이 지극함에 이르러서 고요함에 비우고 움직임에 곧아서 베풂이 이치에 해당하지 않는 것이 없다. 한 공경에 채운 바가 자연히 만물에까지 미치니, 비록 사람을 편안히 하는 것도 이것을 벗어나지 않는다." 자로가 또 물었다. "군자의 씀이 넓은데, 이같이 저 사람과 나의 두 사람에게만 제한될 뿐입니까?" 공자가 말하였다. "사람에게 다하면 백성이 되니 몸으로써 백성을 보면 몸의 도가 곧 백성의 도이다. 과연 공경이 그 지극한 데 이르고 하는 것이 이치에 마땅하면 한 공경의 미친 바가 물건에 입히지 않음이 없어서 비록 백성을 편안히 하는 것도 이것을 벗어나지 않을 것이다. 그런 까닭에 몸을 닦아서 백성을 편안하게 하는 공이 지극히 크기 때문에 비록 요순 같은 임금의 마음이라도 오히려 이것을 잘하지 못할까 걱정하여 감히 스스로 이미 다스리고 이미 편안하게 하였다고 하지 못하였을 것이다. 따라서 몸 닦기를 공경으로써 하면 군자다운 것이 아니겠는가?"

| 요지 |

이 장은 다만 몸 닦기를 공경으로써 한다는 구절이 중요하다. 몸 닦기를 공경으로 하면 사람을 편안하게 하고 백성을 편안하게 함이 다 그 안에 있다.

원양 이사 자왈 유이불손제 장이무술언
46. 原壤이 夷俟러니 子曰 幼而不孫弟하며 長而無述焉

노이불사 시위적 이장고기경
이요 老而不死가 是爲賊이라하시고 以杖叩其脛하시다

| 언해 |

原壤이 夷ᄒᆞ야 俟ᄒᆞ더니 子ㅣ ᄀᆞᆯᄋᆞ샤ᄃᆡ 졈어셔 孫弟티 아니ᄒᆞ며 ᄌᆞ라 述홈이 업고 늙오ᄃᆡ 死티 아니홈이 이 賊이라 ᄒᆞ시고 杖으로ᄡᅥ 그 脛을 叩ᄒᆞ시다

| 직역 |

원양이 걸터앉아 기다리니, 공자께서 말씀하시기를 "어려서는 공손하지 못하고, 장성해서는 칭찬할 만한 일이 없고, 늙어서도 죽지 않는 것이 바로 해로움이다"라고 하시고, 지팡이로 그의 정강이를 두드리셨다.

| 자해 |

原壤 : 공자의 친구. • 夷 : 걸터앉음. • 俟 : 기다림. • 述 : 칭찬. • 賊 : 사람을 해침. • 脛 : 정강이.

| 의해 |

원양은 공자의 친구인데 공자가 왔다는 소식을 듣고 이에 두 발을 펴고 키처럼 걸터앉아서 기다리자 공자가 그 무례함을 보고 책망하여 말하였다. "사람이 세상에 태어나 어려서는 어른이 위에 있으니 마땅히 공손할 것이요, 자라서는 마땅히 스스로 서서 사람으로 하여금 칭찬하는 바가 있게 할 것이다. 그런데 너는 어려서 어른에게 공손하지 않고 자라선 덕행이 칭찬할 것이 없으니, 이제 늙어서는 빨리 죽어서 오래 세상에 머물러서 풍속의 좀

이 되는 것을 면하는 것만도 못하다. 또 죽지도 않고 예법도 좇지 않으며 떳떳함을 잃고 윤리를 어지럽게 하니 이는 풍속에 해가 될 따름이다." 또한 지팡이로 정강이를 조금 쳐서 걸터앉지 못하게 한 것이다.

| 요지 |

이 장은 공자가 친구를 대접하는 도를 보인 것이다. 위의 세 구절은 이미 지나간 것을 책망한 것이고, 정강이를 친 것은 장래를 경계한 것이다.

47. 闕黨童子(궐당동자)가 將命(장명)이어늘 或(혹)이 問之曰(문지왈) 益者與(익자여)잇가 子(자)曰(왈) 吾見其居於位也(오견기거어위야)하며 見其與先生幷行也(견기여선생병행야)호니 非求益者也(비구익자야)라 欲速成者也(욕속성자야)니라

| 언해 |

闕黨앳 童子ㅣ 命을 將ᄒᆞ거ᄂᆞᆯ 或이 묻ᄌᆞ와 ᄀᆞᆯ오ᄃᆡ 益ᄒᆞᄂᆞᆫ 者ㅣ니잇가 子ㅣ ᄀᆞᆯᄋᆞ샤ᄃᆡ 내 그 位에 居홈을 見ᄒᆞ며 그 先生으로 더브러 ᄀᆞᆯ와 行홈을 見호니 益을 求ᄒᆞᄂᆞᆫ 者ㅣ 아니라 섈리 일고쟈 ᄒᆞᄂᆞᆫ 者ㅣ니라

| 직역 |

궐 고을의 동자가 공자의 명령을 전달하는 일을 맡아보자, 어떤 사람이 "학문이 진전된 자이기 때문입니까?"라고 물었다. 공자께서 말씀하셨다. "내 그가 자리에 앉아 있는 것을 보았으며 선생과 나란히 걸어다니는 것을 보았으니, 학문에 진전을 구하는 자가

아니라, 빨리 이루고자 하는 자이다."

| 자해 |

闕黨 : 당(黨)〔행정구역 단위〕의 이름. • 童子 : 관례(冠禮)를 하지 않은 자의 칭호. • 將命 : 손님과 주인의 말을 전달하는 것.

| 의해 |

고을의 동자가 공자에게 와서 배웠다. 공자가 손님과 주인의 오고 가는 명을 전하게 하였으니 뜻이 있었다. 어떤 사람이 알지 못하고 공자에게 물었다. "명을 전함이 쉬운 일이 아니니, 이것이 반드시 동자의 학문이 진취가 있는 까닭에 이렇게 사랑하시는 것입니까?" 공자가 말하였다. "아니다. 예에 따르면 동자는 마땅히 모퉁이로 앉아야 하는데, 이 동자는 바른 자리에 앉으니 모퉁이로 앉는 예를 좇지 않은 것이다. 동자는 마땅히 선생을 뒤따라 가야 하는데 이 동자를 또 보니 선생과 더불어 어깨를 견주어 가니 따라 다니는 예를 좇지 않은 것이다. 등급을 넘는 뜻이 있고 스스로 낮추는 마음이 없으니 이것은 겸손히 받음으로써 학문에 나아가고 더함을 구하는 것이 아니다. 이에 빨리 성인의 항렬로 나가고자 하는 것이다. 내가 이리하여 명을 전하여 응대하고 진퇴하는 일을 먼저 하여 사랑하고 공경하는 뜻을 자라게 하고 거만하고 게으른 싹을 막아 순서를 좇아 나아가게 하는 것이니 어찌 사랑하여 다르게 하겠는가?"

| 요지 |

이 장은 예(禮)라는 글자를 주안점으로 삼은 것이다. 동자가 예를 좇지 않는 까닭에 공자가 예를 익히게 한 것이다. 예를 익히는 동안에 그 교만함을 씻고 덕성을 기르는 뜻이 있으니, 한갓 거동과 문채로 중요함을 삼는 것이 아니다.

15. 위령공(衛靈公)

1. 衛靈公(위령공)이 問陳於孔子(문진어공자)한대 孔子對曰(공자대왈) 俎豆之事(조두지사)는 則(즉) 嘗聞之矣(상문지의)어니와 軍旅之事(군려지사)는 未之學也(미지학야)라하시고 明日(명일)에 遂行(수행)하시다 在陳絶糧(재진절량)하니 從者病(종자병)하여 莫能興(막능흥)이러니 子路慍見曰(자로온현왈) 君子亦有窮乎(군자역유궁호)잇가 子曰(자왈) 君子(군자)는 固窮(고궁)이니 小人(소인)은 窮斯濫矣(궁사람의)니라

| 언해 |

衛靈公이 陳을 孔子끠 묻ᄌᆞ온대 孔子ㅣ 對ᄒᆞ야 ᄀᆞᆯᄋᆞ샤ᄃᆡ 俎豆의 事ᄂᆞᆫ 일즉 드럿거니와 軍旅의 事ᄂᆞᆫ 學디 몯ᄒᆞ얀노이다 ᄒᆞ시고 明日에 드듸여 行ᄒᆞ시다 陳에 겨셔 糧이 絶ᄒᆞ니 從者ㅣ 病ᄒᆞ야 能히 興티 몯ᄒᆞ더니 子路ㅣ 慍ᄒᆞ야 見ᄒᆞ야 ᄀᆞᆯ오ᄃᆡ 君子ㅣ ᄯᅩᄒᆞᆫ 窮홈이 인ᄂᆞ니잇가 子ㅣ ᄀᆞᆯᄋᆞ샤ᄃᆡ 君子ㅣ 진실로 窮ᄒᆞᄂᆞ니 小人은 窮ᄒᆞ면 이에 濫ᄒᆞᄂᆞ니라

| 직역 |

위나라 영공이 공자께 진치는 법에 대하여 묻자, 공자께서 "제사에 대한 일은 일찍이 들었지만, 군사에 관한 일은 배우지 못하였습니다"라고 하시고, 다음날 드디어 떠나셨다. 진나라에 있을 때에 양식이 떨어지자, 따르던 사람들이 병들어 일어나지 못하였

다. 자로가 성난 얼굴로 공자를 뵙고, "군자도 궁할 때가 있습니까?"라고 묻자, 공자께서 말씀하셨다. "군자는 진실로 궁한 것이니, 소인은 궁하면 넘친다."

| 자해 |

陳 : 군대의 항오(行伍 : 대열).

| 의해 |

위령공이 군대에서 진치는 일에 대하여 묻자 공자가 대답한 것이다. 공자는 어려서부터 예를 익혔다. 그러므로 예법에 대하여서는 들은 것이 있고, 또 말해 줄 수 있지만 군사에 관한 일은 배우지 못했다고 말하고 다음날 바로 떠났다. 이는 곧 위령공이 무도한 임금이고, 또 정벌에만 관심이 있는 사람이었으므로 더 이상 이와 같은 인물과는 함께 뜻을 펼치기에는 부족하다고 생각한 것이다. 이것이 바로 성인이 빠르게 할 만한 일은 빠르게 행한 것의 대표적인 예라고 할 수 있다.

◑ 공자가 위나라를 버리고 진나라로 갈 때, 진나라 땅에 이르러 진나라와 채나라의 대부가 공자가 초나라로 가는 것을 막으려고 군사를 보내 공자를 포위하였다. 양식이 끊어진 지 7일이 되어 공자를 따라온 사람들이 다 병들어 일어나지 못하였다. 이에 자로가 노여워하는 얼굴빛으로 공자에게 "군자는 도덕이 몸에 있으면 마땅히 하늘이 돕고 사람이 도와서 궁하지 않아야 할 것인데, 어찌 이렇게 궁합니까?"라고 하자, 공자는 말하였다. "재앙과 복 · 얻음과 잃음은 나에게 달려 있지 않다. 이런 궁할 때가 있으면 군자는 굳게 지키지만 소인은 궁하면 넘쳐서 잘못된 일을 한다."

| 요지 |

이 장은 앞의 한 단락에서는 성인의 거취의 의리를 볼 수 있고, 뒤의 한 단락에서는 성인이 곤란한 데 처하는 도리를 볼 수 있다.

오직 결단해서 행함이 어렵지 않기 때문에 곤란한 데 처해도 어렵지 않은 것이다.

2. 子曰 賜也야 女以予로 爲多學而識之者與아 對曰 然하이다 非與잇가 曰非也라 予는 一以貫之니라

| 언해 |

子ㅣ ᄀᆞᆯᄋᆞ샤ᄃᆡ 賜아 네 나로ᄡᅥ 해 學ᄒᆞ야 識ᄒᆞᄂᆞᆫ 者ㅣ라 ᄒᆞᄂᆞ냐 對ᄒᆞ야 ᄀᆞᆯ오ᄃᆡ 그러ᄒᆞ이다 아니니잇가 ᄀᆞᆯᄋᆞ샤ᄃᆡ 아니라 나ᄂᆞᆫ 一이ᄡᅥ 貫ᄒᆞ얀ᄂᆞ니라

| 직역 |

공자께서 말씀하셨다. "사야! 너는 내가 많이 배우고 그것을 기억하는 자라고 여기느냐?" 자공이 대답하였다. "그렇습니다. 아닙니까?" 공자께서 말씀하셨다. "아니다. 나는 하나의 이치로 모든 일을 꿰뚫은 것이다."

| 자해 |

女 : 너. 여(汝)와 같음.

| 의해 |

자공의 학문 태도는 오직 많이 아는 것에만 힘썼으므로 장차 터득하는 것이 있을 듯하였다. 그러므로 공자는 자공에게 자신이 천하 사물의 모든 이치를 아는 것이 많이 듣고 본 것을 마음에 기억하여 잊어버리지 않기 때문인 줄 아느냐고 물어본 것이다. 이

에 자공은 공자가 천하의 이치를 모두 알고 있는 것은 많이 배워서 기억하고 있기 때문이라고 대답한 것이다.

◑ 그러나 공자의 학문 태도는 자공이 생각하고 있는 것과는 달랐다. 공자는 많이 배워서 기억하고 있는 것이 아니다. 천하의 모든 이치는 하나의 근원에서 나온다. 따라서 이 한 가지 도리를 가지고 꿰어 통하면 모든 일에 다 통하므로 모르는 것이 없는 것이다. 공자의 말에는 학문의 태도는 오로지 많이 배워서 기억하는 데에만 힘쓰는 데 있는 것이 아니라 근본을 알아야 한다는 뜻이 포함되어 있다.

| 요지 |

이 장은 배움이란 반드시 근본을 알아야 하는 것임을 보여주고 있다. 일관을 중시하고 앎을 주장해서 말한 것이고, 끝 단락에서는 앎의 근본을 알 수 있다.

자 왈 유 지 덕 자 선 의
3. 子曰 由아 知德者鮮矣니라

| 언해 |

子ㅣ 골ᄋ샤ᄃᆡ 由아 德을 아는 者ㅣ 젹으니라

| 직역 |

공자께서 말씀하셨다. "유야! 덕을 아는 자가 드물다."

| 의해 |

의리를 몸에 얻는 것을 덕이라고 한다. 따라서 만일 이 덕이 실제로 있어서 그 맛을 안다면 마음 가운데 일정한 주관이 있어서 죽

음과 삶, 재앙과 복, 얻음과 잃음이 지조를 어지럽게 하지 못한다. 그러나 이러한 사람은 참으로 드물다. 따라서 여기서 공자가 유에게 한 말은 군자란 덕을 알고 그것을 진취시키는 데 힘써야 한다는 의미에서 한 말이다.

| 요지 |

이 장에서 덕을 아는 사람이 적다고 한 것은 실천하는 것이 지극하지 못해서 그 맛을 참으로 알지 못한다는 것을 의미한다. 따라서 공자는 이 말을 함으로써 자로로 하여금 덕에 나아가도록 권면한 것이다.

자왈 무위이치자 기순야여 부하위재
4. 子曰 無爲而治者는 其舜也與신져 夫何爲哉시리요
공기정남면이이의
恭己正南面而已矣시니라

| 언해 |

子ㅣ ᄀᆞᆯᄋᆞ샤ᄃᆡ ᄒᆞ욤 업시 治ᄒᆞᆫ 者ᄂᆞᆫ 그 舜이신뎌 므스 일을 ᄒᆞ시리오 己를 恭ᄒᆞ고 正히 南面ᄒᆞ실 ᄯᆞᄅᆞᆷ이시니라

| 직역 |

공자께서 말씀하셨다. "인위적으로 하지 않고 다스리신 자는 순임금이신가 보다! 무엇을 하셨겠는가? 몸을 공손히 하고 바르게 남면을 하셨을 뿐이다."

| 자해 |

無爲而治 : 성인의 덕에 백성이 교화되어, 제어하기를 필요로 하지 않음.

| 의해 |

옛날부터 제왕의 다스림에 이른 사람은 많지만 대체로 인위적인 다스림이었다. 덕이 성하고 임금 노릇을 한 것이 융성하여 인위적으로 하지 않고 천하를 다스린 자는 순이다. 순은 덕이 성하기 때문에 백성이 저절로 교화되어 정치가 인위적으로 행해지지 않았다. 또 순은 요임금 같은 어진 임금의 뒤를 잇고 인재를 얻어 각각의 사람에게 마땅한 직분을 맡겼으니, 인위적인 모습이 보이지 않았다. 다만 공경스러운 덕의 기상이 밖에 드러나, 몸을 공손히 하고 엄숙하게 위에 있으면서 임금 노릇을 할 뿐이었다. 순에게서 보이는 것은 오직 몸을 공손히 하는 기상이었을 뿐이니, 여기에서 순의 무위를 더욱 볼 수 있다.

| 요지 |

이 장에서 공자는 순임금의 인위가 없는 다스림을 극히 사모하고 있음을 알 수 있다. 인위가 없이 다스린다는 것은 성인의 덕이 성해서 백성이 저절로 교화되고 정치적 인위를 기다리지 않는 것이다. 특히 순임금은 요임금 같은 성인의 뒤를 잇고 또 인재를 얻어 각각 직분에 마땅한 일을 맡겼으니, 더욱이 그 인위적인 자취를 찾아볼 수 없는 것이다.

5. 子張이 問行한대 子曰 言忠信하며 行篤敬이면 雖蠻貊之邦이라도 行矣어니와 言不忠信하며 行不篤敬이면 雖州里나 行乎哉아 立則見其參於前也요 在輿則見其倚於衡也니 夫然後行이니라 子張이 書諸紳하니라

| 언해 |

子張이 行홈을 묻ᄌᆞ온대 子ㅣ ᄀᆞᆯᄋᆞ샤ᄃᆡ 言이 忠信ᄒᆞ며 行이 篤敬ᄒᆞ면 비록 蠻貊ㅅ 邦이라도 行ᄒᆞ려니와 言이 忠信티 몯ᄒᆞ며 行이 篤敬티 몯ᄒᆞ면 비록 州里나 行ᄒᆞ랴 立ᄒᆞᆫ則 그 前애 參홈을 見ᄒᆞ고 輿에 이신즉 그 衡에 倚홈을 見홀띠니 그런 後에 行ᄒᆞᄂᆞ니라 子張이 紳에 書ᄒᆞ니라

| 직역 |

자장이 행실에 대하여 묻자, 공자께서 말씀하셨다. "말이 충실하고 믿음직스러우며 행실이 돈독하고 경건하면 비록 오랑캐의 나라라 하더라도 행해질 수 있지만, 말이 충실하고 믿음직스럽지 못하고 행실이 돈독하고 경건하지 못하면 고을과 마을에서라도 행해질 수 있겠는가? 일어서면 그것이 앞에 있는 것을 볼 수 있고, 수레에 있으면 그것이 멍에에 기대어 있는 것을 볼 수 있어야 하니, 이와 같은 뒤에야 행해질 수 있는 것이다." 자장이 이 말씀을 띠에 썼다.

| 자해 |

蠻 : 남쪽 오랑캐. • 貊 : 북쪽 오랑캐.

| 의해 |

말과 행실은 사람에게 무엇보다도 중요하다. 따라서 진실로 말을 충실히 하고 믿음직스럽게 하여 실질이 있으며, 행실이 돈독하고 경건하여 떳떳함이 있어야 한다. 말과 행실이 다 성실해야 하는데 오직 성실하면 상대까지도 감동한다. 따라서 성실하기만 하다면 비록 오랑캐의 나라라 할지라도 무엇을 행하든 거리낌이 없을 것이다. 하지만 만일 말이 충실하지 못하고 허탄한 데 힘을 쓰며, 행실이 돈독하고 경건하지 못하고 오직 현란하게 꾸미기만 일삼으면 이것은 말과 행실이 다 성실하지 못한 것이다. 성실하지 못

하면 어떤 일을 하든 반드시 허물과 뉘우침이 있게 된다. 그러므로 성실하지 못한 말과 행실은 비록 가까운 고을과 마을에서라도 행할 수 없으니, 먼 곳에서는 더더욱 행할 수 없다. 그러므로 행하는 도리는 오직 충실하고 믿음직스러우며, 돈독하고 경건함에 힘쓰는 데 있다.

◑ 충실과 믿음직스러움, 돈독함과 경건함은 지극히 정성을 들여야 생겨나는 것이다. 항상 마음을 단속해서 이 도리를 떠나지 않아야 한다. 그리하여 서 있을 때는 충실과 믿음직스러움, 돈독함과 경건함의 이치가 내 눈 앞에 마주 보이고, 수레를 타고 있을 때에는 수레 멍에에 이 이치가 있는 것을 보아야 한다. 이와 같이 해야 말이 모두 충실하고 믿음직스러우며 행실이 모두 돈독하고 경건해질 수 있다. 내 마음도 이 이치이고 다른 사람의 마음도 또한 이 이치이다. 따라서 내 마음을 다하면 다른 사람의 마음에 통하여 멀고 가까운 곳을 막론하고 다 행할 수 있을 것이다.

◑ 자장은 이와 같은 공자의 말을 큰 띠에 써서 항상 보고 경계하여 잊지 않고자 하였다.

| 요지 |

이 장은 이롭게 여겨 행하는 도리가 정성에 달려 있음을 보여주고 있다. 충실과 믿음직스러움, 돈독함과 경건함은 모두 성실이다. 앞에 참여한 것과 멍에에 의지한 것은 공부가 순수하고 익숙해져서 어느 때든지 어느 곳이든지 성실이 있음을 말한 것이다. 앞 구절에서 행하고 행하지 못한다고 한 것은 의리를 의론한 것이고, 다음 구절에서 그런 다음에 행한다고 한 것은 공부에 착수하는 것을 가르쳐서 반드시 이와 같이 한 다음에 행할 수 있다는 것을 보인 것이다.

6. 子曰 直哉라 史魚여 邦有道에 如矢하며 邦無道에 如矢로다 君子哉라 蘧伯玉이여 邦有道則仕하고 邦無道則可卷而懷之로다

(자왈 직재 사어 방유도 여시 방무도 여시 군자재 거백옥 방유도즉사 방무도 즉가권이회지)

| 언해 |

子ㅣ ᄀᆞᆯᄋᆞ샤ᄃᆡ 直ᄒᆞ다 史魚ㅣ여 邦이 道ㅣ 이숌애 矢 ᄀᆞᆮᄐᆞ며 邦이 道ㅣ 업슴에 矢 ᄀᆞᆮ도다 君子ㅣ라 蘧伯玉이여 邦이 道ㅣ 이신則 仕ᄒᆞ고 邦이 道ㅣ 업ᄉᆞᆫ則 可히 卷ᄒᆞ야 懷ᄒᆞ리로다

| 직역 |

공자께서 말씀하셨다. "정직하다! 사어여! 나라에 도가 있을 때에도 화살처럼 곧으며, 나라에 도가 없을 때에도 화살처럼 곧았도다! 군자답다! 거백옥이여! 나라에 도가 있으면 벼슬하고, 나라에 도가 없으면 거두어 속에 감출 수 있도다!"

| 자해 |

史魚 : 사(史)는 벼슬 이름. 어(魚)는 위나라 대부인데 이름은 추(鰌). • 卷 : 거둠. • 懷 : 감춤.

| 의해 |

사어의 사람 됨됨이는 굳세고 바르게 해서 아첨함이 없었다. 그리하여 나라에 도가 있을 때에도 곧은 말로 극진히 간해서 숨기는 것이 없었다. 그 곧음이 화살 같아서 임금 역시 큰 허물이 없다고 여겨 그를 받아들였는데, 그는 이것을 기뻐하기는 하였지만 구차하게 편안할 것을 구하지는 않았다. 또한 나라에 도가 없을 때에도 곧은 말로 극진히 간해서 조금도 굽힘이 없었으니, 그 곧

음 역시 화살 같아서 자기 몸의 화나 근심을 생각해서 절개를 변하거나 다른 사람을 따르지 않았다. 다스려지고 어지러움을 막론하고 반드시 자신의 뜻과 절개를 굽히지 않는 사어의 사람 됨됨이를 칭찬한 것이다.

◑ 거백옥은 행실을 제재하고 의에 합해서 군자의 덕이 있었다. 그리하여 그는 나라에 도가 있으면 벼슬 자리에 나아가 뜻을 행하고, 나라에 도가 없으면 조용히 물러가 스스로를 감추었다. 나라가 다스려지고 어지러움에 따라 자신이 나아가고 물러남을 정하는 것은 진실로 덕을 이룬 군자만이 가능한 일이다.

| 요지 |

이 장은 공자가 두 대부의 어짐을 드러내었다. 한 사람은 때를 따라 절개를 바꾸지 않았다고 하고, 또 한 사람은 때를 보아서 뜻을 행하였다고 하였는데, 이것은 그들 행실의 아름다움을 드러낸 것이지 높고 낮음을 평론한 것은 아니다.

자왈 가여언이불여지언 실인 불가여언이
7. 子曰 可與言而不與之言이면 失人이요 不可與言而
여지언 실언 지자 불실인 역불실언
與之言이면 失言이니 知者는 不失人하며 亦不失言이니라

| 언해 |

子ㅣ ᄀᆞᆯᄋᆞ샤ᄃᆡ 可히 더브러 言ᄒᆞ얌즉 호ᄃᆡ 더브러 言티 아니ᄒᆞ면 人을 失홈이오 可히 더브러 言ᄒᆞ얌즉디 아니호ᄃᆡ 더브러 言ᄒᆞ면 言을 失홈이니 知ᄒᆞᆫ 者ᄂᆞᆫ 人을 失티 아이ᄒᆞ며 ᄯᅩᄒᆞᆫ 言을 失티 아니ᄒᆞᄂᆞ니라

| 직역 |

공자께서 말씀하셨다. "더불어 말할 만한데도 더불어 말하지 않으면 사람을 잃는 것이요, 더불어 말할 만하지 못한데도 더불어 말하면 말을 잃는 것이니, 지혜로운 자는 사람을 잃지 아니하며 또한 말을 잃지 않는다."

| 의해 |

말은 사람에 따라서 하는 것이다. 다른 사람이 내 말을 옳게 여겨 받아들일 수 있으며, 말을 듣고 깨달을 수 있는 사람이라면 더불어 말할 만하다. 그런데 더불어 말하지 않으면 이것은 더불어 말할 만한 사람을 홀대한 것이므로 사람을 잃는 것이다. 다른 사람이 나의 말을 거절해서 듣지 않고 또 듣더라도 깨닫지 못하면 이는 더불어 말할 만한 사람이 아니다. 그런데도 그런 사람과 더불어 말하면 이는 쓸데 있는 말을 쓸 데 없는 곳에 베푸는 것이니, 곧 말을 잃어버리는 것이다. 그러므로 지혜가 있는 사람은 식견이 고명하여 미리 사람의 마음을 헤아려서 말할 만한 곳에 말하기 때문에 사람을 잃지 않고, 더불어 말할 만하지 못한 곳에는 말하지 않기 때문에 말을 잃지 않는다. 말하고 하지 않는 것이 각각 마땅하니 이것이 본받을 만하다. 말로 사람을 가르치려면 우선 지혜 있는 사람이 되기를 구해야 한다.

| 요지 |

이 장에서는 말하는 것과 묵묵히 있는 도리를 말함으로써 사람을 알아보는 지혜의 중요성에 대하여 설명하고 있다. 위의 네 구절은 지혜롭지 못한 실수에 대하여 말한 것이고 아래 두 구절은 지혜가 있어서 실수가 없는 것을 말한 것이다.

자왈 지사인인 무구생이해인 유살신이성 인

8. 子曰 志士仁人은 無求生以害仁이요 有殺身以成仁이니라

| 언해 |

子ㅣ ᄀᆞᆯᄋᆞ샤ᄃᆡ 志士와 仁人은 生을 求ᄒᆞ야 뻐 仁을 害홈이 업고 身을 殺ᄒᆞ야 뻐 仁을 成홈이 인ᄂᆞ니라

| 직역 |

공자께서 말씀하셨다. "뜻 있는 선비와 인한 사람은 삶을 구하여 인을 해치지 않고, 몸을 죽여 인을 이루는 경우는 있다."

| 자해 |

志士 : 뜻있는 선비. • 仁人 : 덕을 이룬 사람.

| 의해 |

사람은 사는 것을 욕심내지만 사는 것보다 더 욕심내야 할 것이 있으니 곧 인이다. 죽음을 맞이하였을 때 그 인을 잃고 돌아보지 않는 사람은 뜻이 서지 못하고 인이 온전하지 못하다. 오직 뜻있는 선비와 인한 사람이라야 그 마음이 인에 있기 때문에 이해가 마음을 빼앗지 못한다. 마땅히 죽을 곳에서는 죽을지라도 결코 구차하게 삶을 구해서 나의 인을 해치지 않고, 차라리 몸을 죽여서 나의 인을 이룰 따름이다. 삶을 도적질하고 인을 해치는 자는 뜻있는 선비와 인한 사람을 보면 또한 부끄러운 줄 알아야 할 것이다.

| 요지 |

이 장은 마음의 덕을 온전히 해야 한다는 것을 말하고 있다. 뜻있

는 선비는 인에 뜻이 있고, 인한 사람은 인과 더불어 하나가 된 사람이니 모두 마음을 쓰는 것이 인을 주로 삼는다. 살고 죽는 것을 가지고 마음이 동요되어 인을 해쳐서는 안된다. 삶을 구하여 인을 해쳐서는 안되고, 몸을 죽여서라도 인을 이루는 것이다. 두 구절이 하나는 바로 말하고 하나는 뒤집어 말한 것은 반드시 그러하다는 것을 결론적으로 말하기 위한 것이지, 살지 말고 죽어야 한다고 한정한 것은 아니다.

9. 子貢(자공)이 問爲仁(문위인)한대 子曰(자왈) 工欲善其事(공욕선기사)인댄 必先利其器(필선화기기)니 居是邦也(거시방야)하여 事其大夫之賢者(사기대부지현자)하며 友其士之仁者(우기사지인자)니라

| 언해 |

子貢이 仁 ᄒᆞ욤을 묻ᄌᆞ온대 子ㅣ ᄀᆞᆯᄋᆞ샤ᄃᆡ 工이 그 事를 善코쟈 홀띤댄 반ᄃᆞ시 몬져 그 器를 利케 ᄒᆞᄂᆞ니 이 邦애 居ᄒᆞ야 그 대부의 賢ᄒᆞᆫ 者를 事ᄒᆞ며 그 士의 仁ᄒᆞᆫ 者를 友홀띠니라

| 직역 |

자공이 인을 행하는 것에 대하여 묻자, 공자께서 말씀하셨다. "기술자가 일을 잘하려면 반드시 먼저 연장을 예리하게 만들어야 하는 것이니, 이 고을에 살면서 대부 중에서 어진 자를 섬기며, 선비 중에서 인한 자를 벗삼아야 한다."

| 의해 |

기술자들이 자신의 일을 잘 하려면 반드시 먼저 쓰는 기구를 예

리하게 해야 하는데, 기술자는 연장에 의지하기 때문이다. 인을 행하는 것 역시 이와 같아서 먼저 의지하는 것이 있다. 군자가 한 나라에 거처할 때 위로는 대부가 있으니 반드시 그 중에서 어진 사람을 스승으로 섬기며, 아래로 선비가 있으니 반드시 그 중에서 인한 사람을 사귀어야 한다. 대부 중에서 어진 사람을 섬기는 것은 그를 보고 본받아서 어려워하고 조심하는 마음을 일으키려고 하는 것이며, 선비 중에서 인한 사람을 벗하는 것은 서로 도와주는 것이 있어서 힘쓰고 가다듬는 뜻이 생기게 하기 위한 것이니, 이는 모두 인을 추구하는 데 힘쓰는 것이다.

| 요지 |

이 장에 의하면 인을 행하는 대상으로서 대부와 선비가 중요한 것이 아니라 섬기고 벗하는 참 마음이 중요한 것이다. 자공은 항상 자기보다 못한 사람을 좋아하기 때문에 섬기고 벗하는 사람이 다 어진 사람은 아니었다. 그러므로 어진 사람을 섬기고 인한 사람을 벗하는 것을 가지고 말한 것이다.

10. 顏淵(안연)이 問爲邦(문위방)한대 子曰(자왈) 行夏之時(행하지시)하며 乘殷之輅(승은지로)하며 服周之冕(복주지면)하며 樂則韶舞(악즉소무)요 放鄭聲(방정성)하며 遠佞人(원녕인)이니 鄭聲(정성)은 淫(음)하고 佞人(녕인)은 殆(태)니라

| 언해 |

顏淵이 邦 ᄒᆞ욤을 묻ᄌᆞ온대 子ㅣ ᄀᆞᆯᄋᆞ샤ᄃᆡ 夏ㅅ時를 行ᄒᆞ며 殷ㅅ 輅를 乘ᄒᆞ며 周ㅅ冕을 服ᄒᆞ며 樂인則 韶舞ㅣ오 鄭聲을 放ᄒᆞ며 佞人을 遠홀띠니 鄭聲은 淫ᄒᆞ고 佞人은 殆ᄒᆞ니라

| 직역 |

안연이 나라를 다스리는 것에 대하여 묻자, 공자께서 말씀하셨다. "하나라의 책력을 행하며, 은나라의 수레를 타며, 주나라의 면류관을 쓰며, 음악은 소·무를 연주해야 하고, 정나라 음악을 추방해야 하며 말재주 있는 사람을 멀리해야 하니, 정나라 음악은 음탕하고 말 잘하는 사람은 위태로운 것이다."

| 의해 |

안연이 왕을 도울만한 재주가 있고 세상에 쓰이는 데 뜻이 있어서 나라를 다스리는 도리에 대하여 묻자 공자가 대답한 것이다. 천하를 다스리려면 먼저 때를 바르게 해야 한다. 그러나 하·은·주 삼대가 정삭(正朔)이 같지 않았다. 하늘은 자(子)에 열리고 땅은 축(丑)에 열리고 사람은 인(寅)에 생겼기 때문에 이것을 따라서 하나라는 인의 달로 정월을 삼았는데 오늘날의 음력 정월에 해당하며, 이것은 사람에게 응한 것이다. 은나라는 축의 달을 정월로 삼았는데 오늘날의 음력 12월에 해당하며, 이것은 땅에 응한 것이다. 주나라는 자의 달을 정월로 삼았는데 오늘날의 음력 11월에 해당하며, 이것은 하늘에 응한 것이다. 여기서 삼대의 정삭 가운데 오직 하나라의 책력이 가장 적당하다고 볼 수 있다. 인의 달로 정월을 삼으면 네 계절의 순서가 적중한다. 따라서 책력을 행하고 때를 밝히는 데는 하나라의 정삭을 행하는 것이 가장 적당하다고 할 수 있다.

◑ 은나라는 수레를 나무로 제조하고, 주나라는 금과 옥으로 장식하였다. 나무로 제조한 수레는 검소하고 질박하며 금과 옥으로 장식한 수레는 사치스럽고 파손되기 쉽다. 따라서 수레를 타는 일은 검소하고 질박한 은나라의 수레를 타는 것이 마땅하다.

◑ 천자가 쓰는 면류관은 황제, 헌원씨 때로부터 있었으나 문채가 나타나지 못하였고, 오직 주나라 면류관의 제도가 잘 갖추어져 화려하고도 사치스럽지 않으므로 주나라의 면류관을 써야 한다.

◑ 제왕의 음악 중에 선하고 아름다움에 있어 완벽을 갖춘 것은 순임금의 음악이라고 할 수 있다. 따라서 음악은 순임금의 소(韶)와 아울러 그 무(舞)를 취해야 한다.

◑ 정나라의 음악은 버리고 듣지 말아야 하며, 아첨하고 말 잘하는 사람은 멀리 물리쳐야 한다. 정나라 음악은 사람의 마음을 음탕하게 하고, 아첨하고 말 잘하는 사람은 나라를 위태하게 하니, 경계해서 법을 보존하면 나라를 다스리는 도를 다했다고 할 수 있다.

| 요지 |

이 장에서 위의 네 단락은 나라를 다스리는 큰 법이니, 만세에 바꾸지 못할 떳떳한 법칙이다. 끝의 네 단락은 나라를 다스리는 데 있어서 큰 경계이니, 임금의 마음에 근본해서 해로운 것은 버려야 한다. 이것은 안자에게 왕도의 큰 것을 보여준 것이니, 마땅히 본받을 것과 경계할 것을 특별히 들어서 보여준 것이다. 그러나 위에서 열거한 옛날의 네 나라에서 따를 것이 겨우 이 네 가지뿐이고, 해로운 것이 겨우 이 두 가지뿐이라는 말은 아니다.

11. 子曰(자왈) 人無遠慮(인무원려)면 必有近憂(필유근우)니라

| 언해 |

子ㅣ ᄀᆞᆯᄋᆞ샤ᄃᆡ 人이 遠慮ㅣ 업ᄉᆞ면 반ᄃᆞ시 近憂ㅣ 인ᄂᆞ니라

| 직역 |

공자께서 말씀하셨다. "사람이 멀리 생각하는 것이 없으면 반드시 가까운 근심이 있다."

| 의해 |

사람이 한 가지 일을 경영할 때에는 반드시 환란과 해로움이 있을까 없을까 하는 것을 두 세 번 생각해서 환란과 해로움이 있을 것 같으면 하지 말고 환란과 해로움이 없을 것 같으면 해야 한다. 이와 같이 하면 생각이 주밀하고 매사에 실패가 없어서 후환이 없겠지만, 눈앞의 일을 임시로 처리하는 것이 편안한 것만 보고 후환을 생각하지 않으면 일도 이루지 못하고 환란이 있을 것이다. 그러므로 사람이 멀리 생각하지 않으면 반드시 가까운 근심이 있을 것이라고 한 것이다.

| 요지 |

이 장은 공자가 근심을 예방하는 도리를 말한 것이다. 먼 것을 염려한다는 것은 먼 것을 가져다가 생각하는 것이 아니라, 경영하는 일을 만리 밖이나 백 년 후라도 편안하고 일이 없게 하는 것이다. 염려하는 것이 일의 형편에 있지 않고 이치에 있는 것이다.

12. 子曰(자왈) 已矣乎(이의호)라 吾未見好德(오미견호덕)을 如好色者也(여호색자야)케라

| 언해 |

子ㅣ ᄀᆞᆯᄋᆞ샤ᄃᆡ 말올띠라 德 好홈을 色 好홈 ᄀᆞᆮ티 ᄒᆞᄂᆞᆫ 者를 見티 몯게라

| 직역 |

공자께서 말씀하셨다. “그만인가 보구나! 내가 덕을 좋아하기를 여색을 좋아하듯이 하는 자를 보지 못하였다.”

| 의해 |

진실로 덕을 좋아하는 사람을 보기 어렵다는 것은 이미 알고 있었다. 그래도 혹시라도 덕을 좋아하기를 여색을 좋아하는 것과 같이 하는 사람이라도 있지 않을까 기대했는데, 결국 그러한 사람조차 찾아볼 수 없음을 탄식한 말이다.

| 요지 |

이전에 공자가 말한 '내가 … 보지 못하였다'고 한 것은 그래도 볼 수 있을까 바라는 마음에서 말한 것인데, 여기서 '그만인가 보구나!'라고 한 것은 바라던 것이 아예 끊어짐을 말한 것이다.

13. 子曰 臧文仲은 其竊位者與인저 知柳下惠之賢而 不與立也로다

| 언해 |

子ㅣ ᄀᆞᆯᄋᆞ샤ᄃᆡ 臧文仲은 그 位를 竊ᄒᆞᆫ 者ㄴ뎌 柳下惠의 賢을 알오ᄃᆡ 더브러 立ᄒᆞ디 아니ᄒᆞ도다

| 직역 |

공자께서 말씀하셨다. "장문중은 그 지위를 도적질한 자인 것 같다. 유하혜가 현명한 것을 알고서도 함께 조정에 서지 아니하였도다!"

| 자해 |

柳下惠 : 노나라 대부. 성은 전(展), 이름은 획(獲), 자는 금(禽), 혜(惠)는 그의 시호. • 柳下 : 녹받는 고을 이름. • 與立 : 함께 조정에 섬.

| 의해 |

장문중에 대하여서 사람들이 모두 어진 대부라고 칭찬하는데, 공자가 보기엔 벼슬을 도적질해서 차지한 사람이다. 군자는 윗자리에 거하면서 자기의 직무만 할 뿐 아니라 천하의 어진 사람이 있으면 그를 천거하여 함께 조정에 나아가야 하는 것인데, 장문중은 유하혜가 어진 것을 알고도 임금에게 천거하여 함께 조정에 서지 않았다. 어진 것을 알지 못했으면 어쩔 수 없지만 어진 것을 알고도 천거하지 않았으니, 이것은 장문중의 마음에 몰래 혼자만 벼슬 자리를 차지하여 자기 한 사람의 사유로 삼으려는 의도가 있었던 것이다. 이는 장문중이 벼슬이란 나라의 어진 사람을 대접하는 공기(公器)인 줄 알지 못한 것이다. 그러므로 공자는 이것을 자리를 도적질한 것이라고 말한 것이다.

| 요지 |

이 장에서 공자가 장문중이 자리를 도적질하였다고 한 말은 장문중이 어진 사람을 은폐하고 쓰지 않은 마음을 책망한 것이다. 자리를 도적질했다는 것은 남의 벼슬을 도적질했다는 말이다. 장문중은 만일 어진 사람을 쓰면 자기의 단점이 드러나서 임금이 자기의 벼슬을 빼앗아 어진 사람에게 줄까 두려워했다. 그러므로 공자가 장문중이 유하혜가 어진 것을 잘 알고도 임금에게 천거해서 조정에 같이 서지 않았으니, 이것은 자리를 도적질한 것이라고 비난한 것이다.

14. 子曰 躬自厚而薄責於人이면 則遠怨矣니라

| 언해 |

子ㅣ ᄀᆞᆯᄋᆞ샤ᄃᆡ 躬을 스스로 厚히 ᄒᆞ고 人을 責홈을 薄히 ᄒᆞ면 곧

怨을 遠ᄒᆞᄂᆞ니라

| 직역 |

공자께서 말씀하셨다. "자신을 책망하기를 두텁게 하고, 남을 책망하기를 가볍게 한다면 원망을 멀리할 것이다."

| 의해 |

사람을 대함에 있어 잘못이 있을 경우, 자책함에 있어서는 가볍게 하고 남에 대한 책망을 두텁게 하면 원망이 생긴다. 진실로 자기 자신이 마땅히 해야 할 일을 행하여 만일 내 자신에게 잘못이 있으면 용서 없이 자기 자신을 책망하기를 두텁게 하고, 다른 사람의 잘못에 대하여서는 가볍게 책망한다면 자신의 잘못이 확실히 고쳐지고 다른 사람에 대한 원망은 없을 것이다.

| 요지 |

이 장은 몸을 닦고 세상을 착하게 하는 학문을 보여준 것이다. 몸을 닦는 것이 곧 세상을 착하게 하는 것이다. 그러므로 멀리한다는 것으로 증거를 삼은 것이지 이것을 가지고 원망을 그치게 하는 것은 아니다. 중요한 것은 나 자신을 책망하는 것을 두텁게 하는 것이니, 다른 사람에 대한 책망을 가볍게 하는 것이 곧 나 자신을 책망하기를 두텁게 하는 가운데 있는 것이다.

자왈 불왈여지하여지하자 오말여지하야이의
15. 子曰 不曰如之何如之何者는 吾末如之何也已矣니라

| 언해 |

子ㅣ ᄀᆞᆯᄋᆞ샤ᄃᆡ 엇디려뇨 엇디려뇨 아니ᄒᆞᄂᆞᆫ 者는 내 엇디려뇨 홈

이 업슬 ᄯᆞ롬이니라

| 직역 |

공자께서 말씀하셨다. "'어찌할까? 어찌할까?' 하고 말하지 않는 자는 나도 어찌할 수가 없을 뿐이다."

| 의해 |

천하의 일은 모두 삼가는 데서 이루어지고 소홀히 하는 데서 어긋난다. 그러므로 사람이 하나의 일을 시작할 때 처음부터 생각해서 '저 일을 마땅히 어떻게 할 것인가?'라고 말하여 다른 사람의 말도 들어본다면, 그 일을 도모함이 반드시 잘될 수 있을 것이다. 그러나 만일 일에 임해서 경솔한 뜻으로 함부로 행하여 어떻게 할 것인가를 생각하지 않는 사람은 그 일이 반드시 실패할 것이다. 그러므로 그런 사람이라면 공자 역시 구해줄 수 없고 또한 어찌할 수도 없을 따름이라고 한 것이다.

| 요지 |

이 장은 일을 처리함에 있어 마땅히 자세히 해야 한다는 것을 보여주고 있다. '어찌할까? 어찌할까?' 한다는 것은 충분히 생각하고 삼가서 한다는 뜻이다. 일을 처리하기를 이렇게 삼가지 않으면 비록 성인이라도 그 사람을 위하여 계책을 세워줄 수 없다.

16. 子曰 群居終日에 言不及義요 好行小慧면 難矣哉라

| 언해 |

子ㅣ ᄀᆞᆯᄋᆞ샤ᄃᆡ 모다 居ᄒᆞ야 日을 終홈애 言이 義에 及디 아니ᄒᆞ

고 小慧를 行홈을 好ᄒ면 어렵다

| 직역 |

공자께서 말씀하셨다. "여럿이 거처하며 하루를 마치면서도 말이 의리에 미치지 못하고, 작은 지혜를 행하기 좋아한다면 환난이 있을 것이다."

| 자해 |

小慧 : 사사로운 지혜.

| 의해 |

사람이 반드시 수업을 공경히 하고, 여럿이 같이 의를 행하기를 즐기면 진보할 수 있을 것이다. 만일 여럿이 있으면서 날이 다가도록 지껄이고 잡스럽게 행동해서 서로 대화를 나누면서도 그 말이 의리에 미치지 않고, 또 함께 간사함을 행하여 작은 지혜를 행하기를 좋아하면 방탕한 마음이 자라게 된다. 그렇게 되면 험한 일을 행하면서 요행을 바라는 마음이 생겨나게 되니 사람되기가 어렵다.

| 요지 |

이 장은 벗과 함께 즐김에 있어 해가 되는 것에 대하여 말하였다. 여럿이 모여서 종일토록 서로 학문을 강론해서 인을 행하지 않고, 사사로운 지혜를 행하기를 좋아한다면 말과 행실이 모두 하늘의 이치에 있지 않기 때문에 유익함이 없고 손해가 있을 것이다. 그러므로 어렵다고 말한 것은 장차 근심이 있을 것이라고 경계하여 깨우쳐 준 것이다.

17. 子曰(자왈) 君子(군자)는 義以爲質(의이위질)이요 禮以行之(예이행지)하며 孫以出之(손이출지)하며 信以成之(신이성지)하나니 君子哉(군자재)라

| 언해 |

子ㅣ ᄀᆞᆯᄋᆞ샤ᄃᆡ 君子ㅣ 義로ᄡᅥ 質을 삼고 禮로ᄡᅥ 行ᄒᆞ며 孫으로ᄡᅥ 出ᄒᆞ며 信으로ᄡᅥ 成ᄒᆞᄂᆞ니 君子ㅣ라

| 직역 |

공자께서 말씀하셨다. "군자는 의로 바탕을 삼고, 예로 행하며, 공손으로 표출하며, 믿음으로 이루니, 이것이 군자이다."

| 자해 |

孫 : 겸손. 손(遜)과 같음.

| 의해 |

사람이 일을 처리함에 모두 다 잘하기는 어렵다. 오직 군자는 의를 잡아서 일을 헤아림에 이 일이 의에 합당하면 이것으로 바탕을 삼는다. 또 일이 비록 마땅히 행해야 할 것이라 하더라도 곧바로 행하지 말고 반드시 너무 지나친 것은 예로써 절제하고 미치지 못한 것은 꾸며서 행해야 한다.

◑ 그러나 예라는 것은 낮추고 공손한 뜻이 없으면 비록 절차가 있고 문채가 있더라도 억지로 하는 수고로움을 면하지 못하고, 자연스러움과 적중함도 없다. 그러므로 예라는 것은 공손함으로 표출하는 것이 귀하다.

◑ 이것이 또 털끝만큼도 거짓이 없고 처음부터 끝까지 성실한 마음과 성실한 이치로 관철되어 믿음으로 이루어지면 일을 마름질

하는 원칙을 얻고 또 모든 착함을 겸하게 된다. 이것을 가지고 천하의 일을 처리하면 어느 곳에 가더라도 마땅하지 않음이 없을 것이다. 이것은 덕을 이룬 사람만이 할 수 있는 것이니 이러한 사람이야말로 참된 군자인 것이다.

| 요지 |

이 장은 군자가 일을 처리하는 법에 대하여 말한 것이다. 군자가 의로 바탕을 삼아 예로 행하고, 공손으로 나아가고 믿음으로 이룬다는 네 구절이 다 한 가지 일이지만 의로 근본을 삼는 것이다.

자왈 군자 병무능언 불병인지불기지야

18. 子曰 君子는 病無能焉이요 不病人之不己知也니라

| 언해 |

子ㅣ ᄀᆞᆯᄋᆞ샤ᄃᆡ 君子ᄂᆞᆫ 能 업슴을 病ᄒᆞ고 人의 己 아디 몯홈을 病티 아니ᄒᆞᄂᆞ니라

| 직역 |

공자께서 말씀하셨다. "군자는 자기의 무능을 병으로 여기고, 남이 자신을 알아주지 못함을 병으로 여기지 않는다."

| 의해 |

군자의 배움은 자신을 위한 것이다. 자기 자신을 살펴 도가 밝지 못하고 덕이 서지 못했으면 이것은 자신의 능력이 없는 것이므로 군자는 이것을 깊이 병통으로 여긴다. 자신에게 능력이 있는데도 다른 사람들이 자기를 알아주지 않는 것은 자신에게 손해될 것이 없기 때문에 군자는 이것을 병통으로 여기지 않는다. 군자가 자

신을 위하는 마음이 이와 같다.

| 요지 |

이 장은 군자가 자신을 위하는 학문에 대하여 언급한 것이다. 군자라고 말했으면서도 무능하다고 했는데, 이 말은 능력이 없다는 것이 아니다. 군자로서 스스로 능력이 있다고 생각하면 군자가 되기에 부족하다. 그러므로 군자는 항상 자신이 무능하다고 생각해서 덕에 나아가기를 그만두지 아니하여 덕을 이루는 것이다.

자 왈 군 자 질 몰 세 이 명 불 칭 언

19. 子曰 君子는 疾沒世而名不稱焉이니라

| 언해 |

子ㅣ ᄀᆞᆯᄋᆞ샤ᄃᆡ 君子는 世ㅣ 沒토록 名이 稱티 몯홈을 疾ᄒᆞᄂᆞ니라

| 직역 |

공자께서 말씀하셨다. "군자는 일생을 마치도록 이름이 일컬어지지 못하는 것을 싫어한다."

| 자해 |

疾 : 미워함.

| 의해 |

군자는 다른 사람에게 이름이 일컬어지기를 추구하지 않는다. 그러나 이름이라는 것은 실상을 가리키는 것이니, 만일 자기의 일생을 마치도록 이름이 없다면 이것은 착한 일을 한 실상이 없다는 것을 알 수 있다. 그러므로 군자는 또한 미리 깊이 이것을 미

위하여 때에 맞추어 덕에 나아가야 한다.

| 요지 |

이 장은 공자가 사람을 권면하여 때에 맞추어 덕을 닦도록 한 것이니, 미워하는 것은 이름이 없는 것을 미워하는 것이 아니라 실상이 없음을 미워하는 것이다.

20. 子曰 君子는 求諸己요 小人은 求諸人이니라

| 언해 |

子ㅣ ᄀᆞᆯᄋᆞ샤ᄃᆡ 君子ᄂᆞᆫ 己에 求ᄒᆞ고 小人은 人에 求ᄒᆞᄂᆞ니라

| 직역 |

공자께서 말씀하셨다. "군자는 자신에게서 찾고, 소인은 남에게서 찾는다."

| 의해 |

군자와 소인은 인품이 같지 않기 때문에 마음 쓰는 것도 같지 않다. 군자는 자기 자신을 위하는 데 마음을 쓰고 남에게 구하는 것이 없다. 그러므로 도가 능하지 못한 것이 있으면 자기 자신을 스스로 꾸짖고, 행하여 얻지 못함이 있으면 자신을 돌아보아 살핀다. 그러므로 다른 사람을 원망하지 않는다. 소인은 이와 달리 자기의 이름을 이루지 못하면 다른 사람을 책망하고 조금도 자기 자신을 살피는 마음이 없다. 그러므로 자신에게서 구하면 덕이 날로 진취하고 남에게 구하면 욕심이 날로 방자하게 되니, 군자와 소인의 분별이 이와 같은 것이다.

| 요지 |

이 장은 군자와 소인의 마음 쓰는 것이 같지 않음을 분변한 것이다. 사람으로 하여금 자기 자신에게서 구하고 다른 사람에게 구하지 않도록 경계한 것이다.

자왈 군자 긍이부쟁 군이부당
21. 子曰 君子는 矜而不爭하며 群而不黨이니라

| 언해 |

子ㅣ ᄀᆞᆯᄋᆞ샤ᄃᆡ 君子ᄂᆞᆫ 矜ᄒᆞ고 爭티 아니ᄒᆞ며 羣ᄒᆞ고 黨티 아니ᄒᆞᄂᆞ니라

| 직역 |

공자께서 말씀하셨다. "군자는 씩씩하지만 다투지 않으며, 무리를 짓지만 편당을 짓지 않는다."

| 자해 |

矜 : 씩씩하게 자기 몸을 가짐.

| 의해 |

사람이 몸가짐을 씩씩하게 하면 다른 사람과 끊어져서 다툼을 일으키기 쉽고, 무리와 함께 처하면 다른 사람을 따라서 편당을 만들기 쉽다. 그러므로 군자는 엄하고 씩씩한 몸가짐을 하면서도 나에게 있는 것을 바르게 하고, 자기 자신과 남을 차별하지 않기 때문에 옳으니 그러니 다투어 화평을 잃지 않는다. 씩씩하고 다투지 않는다는 것은 무리와 불화하는 것이 아니다. 이것은 몸가짐의 바름을 잃지 않고 또 구차하게 다른 사람을 따라 공변됨을

잃지 않는다는 것이다. 편당을 짓지 않는 것은 군자가 자기 자신과 다른 사람을 모두 착하게 하는 것이다.

| 요지 |

이 장은 군자가 몸소 무리에 처하는 도를 말한 것이다. 위 구절은 몸소 다른 사람을 잃지 않는 것이고, 아래 구절은 무리에 처하여 자기 스스로를 잃지 않는 것이다.

22. 子曰(자왈) 君子(군자)는 不以言擧人(불이언거인)하며 不以人廢言(불이인폐언)이니라

| 언해 |

子ㅣ 골ᄋᆞ샤ᄃᆡ 君子ᄂᆞᆫ 言으로ᄡᅥ 人을 擧티 아니ᄒᆞ며 人으로ᄡᅥ 言을 廢티 아니ᄒᆞᄂᆞ니라

| 직역 |

공자께서 말씀하셨다. "군자는 말을 잘한다고 해서 그 사람을 들어 쓰지 않으며, 사람이 나쁘다 하여 그의 좋은 말을 버리지 않는다."

| 의해 |

군자는 사람을 쓰고 말을 취하는 권한을 가진 사람이다. 사람을 쓸 때에는 주로 실상을 잘 살핀다. 말이 좋다고 해서 갑자기 그 사람을 쓰지 못하는 것은 사람의 행동이 말에 미치지 못하는 경우가 많기 때문이다. 말을 들을 때에는 널리 취하는 것을 주로 한다. 그런데 사람이 악하다고 해서 그 말의 좋은 점을 버리지 않는 것은 한 마디 좋은 말이라도 스스로 없앨 수 없기 때문이다. 사람을 등용하고 좋은 말을 채택함에 있어 군자의 마음이 지극히 공

정하고 가리움이 없는 것이 이와 같다.

| 요지 |

이 장은 군자가 사람을 쓰고 말을 듣는 도리에 대하여 말한 것이다. 사람을 쓸 때 그 사람의 말만 듣고서 그를 쓰지 않는다면 언제나 착한 사람을 얻고, 악한 사람일 경우 그를 버리더라도 그의 좋은 말은 버리지 않으면 착한 말은 없어지지 않는다. 위 구절은 중요한 것이 사람을 쓰는 데 있고, 아래 구절은 중요한 것이 말을 듣는 데 있으니, 군자의 지극히 공정하고 밝음이 이와 같다.

23. 子貢이 問曰 有一言而可以終身行之者乎잇가 子曰 其恕乎인저 己所不欲을 勿施於人이니라

| 언해 |

子貢이 묻ᄌᆞ와 ᄀᆞᆯ오ᄃᆡ 一言이오 可히 ᄡᅧ 身이 終토록 行ᄒᆞ얌 즉ᄒᆞᆫ 者ㅣ 잇ᄂᆞ니잇가 子ㅣ ᄀᆞᆯᄋᆞ샤ᄃᆡ 그 恕인저 己의 欲디 아니ᄒᆞᄂᆞᆫ 바를 人의게 施티 말올띠니라

| 직역 |

자공이 "한 말씀으로써 종신토록 행할 만한 것이 있습니까?" 하고 묻자, 공자께서 말씀하셨다. "서(恕)인 것 같다. 자기가 하고자 하지 않는 것을 남에게 베풀지 말라는 것이다."

| 의해 |

평생토록 행해야 할 이치를 구한다면 그것은 서(恕)일 것 같다.

평생 서로 더불어 접촉하고 행하는 것은 사람이고, 또 나와 다른 사람과 서로 같은 것은 마음이다. 서를 행하면 자기 자신의 입장에서 다른 사람의 마음을 헤아리게 된다. 그리하여 자기 마음에 하고 싶지 않는 것은 다른 사람도 좋아하지 않을 것이므로 다른 사람에게 베풀지 않게 된다. 이렇게 하면 다른 사람과 자기 자신 사이에 간격이 없게 된다. 이와 같이 서란 자신과 세상에 다 마땅한 이치이니, 이것은 평생토록 행하여도 좋은 것이다.

| 요지 |

이 장은 몸을 움직이는 데 중요함이 있다는 것을 보인 것이다. 자공의 질문은 중요함을 알고 있기 때문에 공자가 인을 구하는 방법으로 말해 준 것이다. 이것을 미루어 극진히 하면 성인의 무아(無我)의 경지도 이 밖에 있는 것이 아니다. 따라서 이것을 평생토록 행하는 것이 또한 마땅하다고 할 수 있다.

자왈 오지어인야 수훼수예 여유소예자
24. 子曰 吾之於人也에 誰毁誰譽리요 如有所譽者면
기유소시의 사민야 삼대지소이직도이행야
其有所試矣니라 斯民也는 三代之所以直道而行也니라

| 언해 |

子ㅣ ᄀᆞᆯᄋᆞ샤ᄃᆡ 내 人에 누를 毁ᄒᆞ며 누를 譽ᄒᆞ리오 만일에 譽ᄒᆞ논 배 이시면 그 試ᄒᆞᆫ 배 인ᄂᆞ니라 이 民은 三代의 直道로ᄡᅥ 行ᄒᆞ던 배니라

| 직역 |

공자께서 말씀하셨다. "내가 남에 대하여서 누구를 훼방하고 누

구를 칭찬하겠는가? 만일 칭찬하는 바가 있으면 시험해 본 바가 있는 것이다. 이 백성이란 삼대 시대에 도를 바르게 하여 시행한 백성이기 때문이다."

| 자해 |

毁 : 남의 악을 말하면서 그 참모습을 덜어내는 것. • 譽 : 남의 선을 칭찬하면서 그 실제보다 지나치게 하는 것.

| 의해 |

천하에는 본래 옳고 그른 것이 있지만 사람들은 대부분 자기가 좋아하는 것을 따른다. 그러므로 공자는 사람에게 악한 것이 있으면 언제나 그것을 지적하여 징계하였다. 그러나 그 악함을 말하는 데 있어서 만일 그 참됨을 손상시킴이 있으면 이것은 곧 헐뜯는 것이다. 따라서 공자는 이와 같은 비방은 하지 않았다. 또한 공자는 사람에게 착함이 있으면 그것을 칭찬하여 권장하지 않음이 없었다. 그러나 칭찬이 만일 실상을 지나치게 되면 이것은 곧 찬양하는 것이니 공자는 이러한 일 역시 하지 않았다. 공자는 칭찬할 만한 사람이 있으면 반드시 그 사람의 천품과 뜻을 둔 바를 시험하여 장래에 그렇게 할 수 있음을 안 후에 칭찬했다. 이것은 칭찬하더라도 실상을 지나치는 것이 아니다. 이와 같이 공자는 실상에 지나치는 칭찬도 하지 않았으며, 실상에 지나치는 헐뜯는 말도 하지 않았다.

◑ 그러나 공자가 사람을 헐뜯거나 지나치게 칭찬하는 것이 없었던 것은 당시의 백성들이 곧 하나라, 은나라 그리고 주나라, 삼대의 임금이 착한 것은 상주고 악한 것은 벌주는 곧은 도로 다스린 백성이기 때문이다. 삼대의 임금은 정사를 행할 때 착한 것을 착하게 여기고 악한 것을 미워함에 있어 항상 곧은 도로써 하였으며, 옳고 그른 실상을 조금도 그릇되게 한 것이 없다. 공자와 같은 성인의 입장에서는 옛 도를 행하고자 하면서 옳고 그른 실상을 그릇되게 하여 제멋대로 헐뜯거나 칭찬하는 것이 없는 것이다.

| 요지 |

이 장은 곧은 도로써 세상을 유지하는 것에 대하여 말하였다. 당시 사람들이 자기가 사랑하거나 미워하는 것을 근거로 남을 헐뜯거나 칭찬했다. 그러므로 옳고 그른 것에 대한 도가 밝지 못하였으므로 이 말을 한 것이다. 본문의 앞 부분은 공자가 옳고 그름을 공정하게 처리하였음을 밝힌 것이고, 뒷 부분은 천하에 본디 옳고 그름에 대한 공정한 마음이 있음을 밝힌 것이다. 모든 사람에게는 곧은 도가 있다. 그러므로 아무리 실상이 없는 헐뜯는 말이나 칭찬을 하려고 해도 할 수 없음을 밝힌 장이다.

자왈 오유급사지궐문야 유마자차인승지
25. 子曰 吾猶及史之闕文也와 有馬者借人乘之러니
금무의부
今亡矣夫인저

| 언해 |

子ㅣ ᄀᆞᆯᄋᆞ샤ᄃᆡ 내 오히려 史의 文을 闕홈과 馬 둔ᄂᆞᆫ 者ㅣ 人을 빌여 乘ᄒᆞ욤을 及호니 이제 업슨뎌

| 직역 |

공자께서 말씀하셨다. "나는 오히려 사관들이 글을 빼놓고 기록하지 않는 것과, 말을 소유한 자가 남에게 빌려주어 타게 하는 것을 보았는데, 지금에는 그것도 없어졌구나!"

| 의해 |

사람의 마음을 보면 세상의 도를 알 수 있다. 공자는 예전에는 오히려 옛 사람의 좋은 풍속이 있는 것을 보았다. 역사를 기술하는

사람은 증거가 진실하지 못하고, 듣고 본 것이 확실하지 않으면 놔두고 기록하지 않아서 자기의 의견대로 기록하지 않았다. 또 말을 가진 사람은 다른 사람에게 빌려주어 타게 해서 자기의 물건이라고 아끼지 않아서 돈독한 도리가 있었다. 그런데 지금은 시속이 날마다 변해서 엷어져 조금도 도타운 풍속이 없으므로 공자가 이것을 탄식한 것이다.

| 요지 |

사관이 글을 기록하지 않고 놓아 둔 것은 조정에 오히려 믿을만한 역사서가 있기 때문이고, 말을 다른 사람에게 빌려주는 것은 세상에 순후한 풍속이 있기 때문이다. 이와 같은 것은 모두 사람의 마음이 예에 가까운 것이다. 그런데 지금은 이 두 가지 일이 모두 없으니 사람의 마음이 이전 같지 않은 것이다. 그러므로 공자는 이것을 탄식하여 사람으로 하여금 돈독함을 숭상하게 한 것이다.

자왈 교언 난덕 소불인즉란대모

26. 子曰 巧言은 亂德이요 小不忍則亂大謀니라

| 언해 |

子ㅣ ᄀᆞᆯᄋᆞ샤ᄃᆡ 巧ᄒᆞᆫ 言은 德을 亂ᄒᆞ고 小를 忍티 몯ᄒᆞ면 大謀를 亂ᄒᆞᄂᆞ니라

| 직역 |

공자께서 말씀하셨다. "교묘한 말은 덕을 어지럽히고, 작은 것을 참지 못하면 큰 계책을 어지럽힌다."

| 의해 |

올바른 곳에서 나온 이치를 몸에 지키는 것이 덕이다. 그러므로 옳고 그른 것이 모두 일정한 이치가 있다. 말을 교묘하게 하는 사람은 옳은 것을 그르다고 하고 그른 것을 옳다고 한다. 그런데 그러한 사람의 말은 이치에 가깝기 때문에 듣는 사람도 옳고 그름을 분별하기가 힘들다. 그리하여 교묘한 말에 의혹되어 심지가 일정하지 못하게 되니, 교묘한 사람의 말은 사람으로 하여금 바른 이치를 잃게 하는 것이다. 이것이 바로 덕을 어지럽힌다는 것이다. 큰 일을 도모하는 사람은 참을성이 있어야 일을 성취할 수 있다. 만일 작은 일을 참지 못하고, 혹 일의 상황에 끌려가 과단성 있게 하지 못하거나 혹 분한 일에 격동해서 경솔하게 결단하면 일을 성취하지 못한다. 이것이 큰 계책을 어지럽힌다는 말이다. 그러므로 교묘한 말을 마땅히 멀리 해야 하며, 작은 일을 참지 못하는 마음을 억제해야 하는 것이다.

| 요지 |

이 장은 덕을 세우고 공을 세우는 사람은 기미를 살피지 않으면 안 된다는 것을 보여주고 있다. 교묘한 말을 듣고 그 지키는 바를 잃어버리는 것은 마음이 이치에 밝지 못해서 말을 알지 못하기 때문이다. 만일 이치를 밝히면 덕을 어지럽히는 일이 없을 것이다. 굳게 참지 못하는 것은 기운이 부족한 것이고 용납하여 참지 못하는 것은 기운이 가득차서 그런 것이니, 기운을 기른다면 어지럽게 하는 것이 없을 것이다.

자왈 중오지 필찰언 중호지 필찰언
27. 子曰 衆惡之라도 必察焉하며 衆好之라도 必察焉이니라

| 언해 |

子ㅣ 갈ᄋᆞ샤ᄃᆡ 衆이 惡ᄒᆞ야도 반ᄃᆞ시 察ᄒᆞ며 衆이 好ᄒᆞ야도 반ᄃᆞ시 察홀띠니라

| 직역 |

공자께서 말씀하셨다. "여러 사람이 미워하더라도 반드시 살펴보며, 여러 사람이 좋아하더라도 반드시 살펴보아야 한다."

| 의해 |

오직 인(仁)한 사람만이 올바로 좋아하고 미워할 수 있다. 모든 사람이 어떤 한 사람을 미워하더라도 내가 반드시 살펴보는 것은 그 사람의 행동이 착하지 못한 것 같지만 뜻은 취할 만한 것이 있을 수 있기 때문이다. 여러 사람이 그 취할 만한 것을 가볍게 보아 미워하는 것일 수도 있으므로 여러 사람이 미워한다고 해서 반드시 그 사람을 악하다고 할 수 없다. 또 모두 어떤 한 사람을 좋아하더라도 내가 반드시 살펴보는 것은 그 사람의 행동이 공변된 것 같지만 그 마음이 성실하지 못해서 여러 사람을 미혹한 것인지 알지 못하므로 내가 여러 사람이 좋아한다고 해서 저 사람을 착하다고 할 수 없기 때문이다. 여러 사람을 살펴서 여러 사람을 따르지 않으면 거의 좋아하고 미워하는 것이 바름을 얻어 사람을 잃지 않을 수 있을 것이다.

| 요지 |

이 장은 좋아하거나 미워함에 있어 대중의 뜻이라고 해서 무조건 따르지 않고, 취하고 놓는 것에 일정한 법칙이 있다는 것에 대하여 말한 것이다. 오직 어진 사람이라야 사람을 좋아하거나 미워할 수 있다. 보통사람이 좋아하고 미워하는 것을 살피지 않으면 사사로운 감정이 가린 것이 있을 수도 있다.

28. 子曰(자왈) 人能弘道(인능홍도)요 非道弘人(비도홍인)이니라

| 언해 |

子ㅣ ᄀᆞᆯᄋᆞ샤ᄃᆡ 人이 能히 道를 弘ᄒᆞ고 道ㅣ 人을 弘홈이 아니니라

| 직역 |

공자께서 말씀하셨다. "사람이 도를 넓히는 것이지, 도가 사람을 넓히는 것은 아니다."

| 자해 |

弘 : 넓히고 크게 함.

| 의해 |

도란 사람을 세우는 이치이고, 사람은 도를 싣는 그릇이므로 도와 사람은 서로 떠나지 못한다. 그러나 도의 분량이 본래 크지만 사람의 마음 가운데 감추어져 있을 때에는 지극히 적다. 그러므로 오직 사람은 아는 것을 이루고, 힘써 행하는 공부를 더해서 본체가 내 몸에 서고 도의 쓰임이 천하에 밝아지게 해야 한다. 그리하여 몸을 닦고 집을 가지런히 하고 나라를 다스리고 천하를 평화롭게 함으로부터 극진한 데 이르러서 하늘과 땅에 참여하여 조화를 도와 하늘과 땅의 자리가 정해지고 만물을 기르는 데 이르러야 도의 분량이 가득하게 된다. 그러므로 이 도를 크게 하는 것이 바로 사람인 것이다. 만일 도가 마음에 갖추어짐에 그 본체가 한이 없다고 해서, 사람이 힘을 쓰지 않으면서 저절로 도의 본체가 확립되고 작용이 행해져서 고명하고 광대한 지경에 이르기를 바란다면 결코 그런 이치는 없는 것이다. 도가 사람을 크게 할 수

는 없다. 그러므로 도를 크게 하는 책임이 사람에게 있으니, 한갓 도에게 미룰 수 없는 것이다.

| 요지 |

이 장은 공자가 사람이 도를 넓힐 것을 요구하는 것에 대하여 말하고 있다. 사람 밖에 도가 없고 도 밖에 사람이 없다. 그러나 사람의 마음은 깨달음이 있고 도의 본체는 하는 것이 없다. 그러므로 사람이 도를 크게 할 수 있는 것이지 도가 사람을 크게 하는 것이 아니다.

29. 子曰(자왈) 過而不改(과이불개) 是謂過矣(시위과의)니라

| 언해 |

子ㅣ ᄀᆞᆯᄋᆞ샤ᄃᆡ 過ㅣ오 改티 아니홈이 이 닐온 過ㅣ니라

| 직역 |

공자께서 말씀하셨다. "허물이 있어도 고치지 않는 것을 진짜 허물이라고 한다."

| 의해 |

사람이라면 누구나 허물이 있기 마련이다. 하지만 허물이 있더라도 고칠 수 있으면 허물이 없는 데로 돌아올 수 있다. 그러나 만일 그른 것을 계속하고 허물을 꾸며서 고치기를 꺼린다면 이것은 무의식적으로 잘못한 것이라 할지라도 도리어 의도적인 잘못이 된다. 이것을 진짜 허물이라고 할 수 있으니 경계해야 하는 것이다.

| 요지 |

이 장의 요지는 사람으로 하여금 급히 허물을 고치게 하는 데 있지, 허물을 고치면 그 허물 자체가 지장이 없다는 것을 말하는 것이 아니다.

30. 子曰(자왈) 吾嘗終日不食(오상종일불식)하며 終夜不寢(종야불침)하야 以思(이사)호니 無益(무익)이라 不如學也(불여학야)로다

| 언해 |

子ㅣ ᄀᆞᆯᄋᆞ샤ᄃᆡ 내 일즉 日이 終토록 食디 아니ᄒᆞ며 夜ㅣ 終토록 寢티 아니ᄒᆞ야 ᄡᅧ 思호니 益이 업슨디라 學홈만 ᄀᆞᆮ디 몯ᄒᆞ도다

| 직역 |

공자께서 말씀하셨다. "내 일찍이 종일토록 밥을 먹지 않으며 밤새도록 잠을 자지 않고서 생각하니, 유익함이 없었다. 배우는 것만 같지 못하였다."

| 의해 |

천하의 이치는 생각하지 않으면 얻지 못한다고 해서 먹지도 않고 자지도 않으면서 이치를 생각해 찾는다면 생각이 지극하다고 할 수 있을 것이다. 그러나 아무것도 하지 않고 생각하기만 하면 의지할 데가 없으므로 궁구해도 유익함이 없다. 이것은 옛 것을 좋아하고 민첩하게 구하며 일에 나아가서 이치를 구하여 아는 것을 이루고 힘써 행하는 공부를 다해서 실상을 얻는 것만 같지 못하다. 그러므로 배우는 것을 그만두어서는 안된다. 다만 생각만 하

는 사람은 반드시 배우는 것으로 돌아와야 한다.

| 요지 |

이 장은 생각만 하고 배우지 않는 사람을 위하여 말한 것이다. 그러나 이 장은 또한 생각만 하고 배움을 버려서는 안된다는 것을 말한 것이지, 배우기만 하고 생각함을 버리라고 한 것은 아니다.

31. 子曰 君子는 謨道요 不謀食하나니 耕也에 餒在其中矣요 學也에 祿在其中矣니 君子는 憂道요 不憂貧이니라

| 언해 |

子ㅣ ᄀᆞᆯᄋᆞ샤ᄃᆡ 君子ᄂᆞᆫ 道ᄅᆞᆯ 謀ᄒᆞ고 食을 謀티 아니ᄒᆞᄂᆞ니 耕홈애 餒가 그 中에 잇고 學홈애 祿이 그 中에 잇ᄂᆞ니 君子ᄂᆞᆫ 道ᄅᆞᆯ 憂ᄒᆞ고 貧을 憂티 아니ᄒᆞᄂᆞ니라

| 직역 |

공자께서 말씀하셨다. "군자는 도를 도모하고 먹을 것을 도모하지 않는다. 밭을 갈아도 굶주림이 그 가운데에 있고, 학문을 해도 봉록이 그 가운데 있는 것이니, 군자는 도를 걱정하고 가난을 걱정하지 않는다."

| 의해 |

군자의 학문에 있어 종일토록 생각하는 것은 마땅히 알아서 행해야 할 도를 꾀하여 얻는 것일 뿐이다. 군자의 학문은 결코 먹을 것을 구해서 사는 데 의지할 것을 얻고자 하는 것이 아니다. 먹을

것을 얻고 얻지 못하는 것은 꾀하고 꾀하지 않는 데 있는 것이 아니다. 사람이 밭을 가는 것은 먹을 것을 꾀하는 것이지 굶주리려고 하는 것은 아니다. 그러나 풍년과 흉년을 마음대로 할 수 없기 때문에 굶주림이 그 가운데 있다. 사람이 배우는 것은 도를 구하기 위한 것이지 벼슬해서 봉록을 위한 것은 아니다. 그러나 배운 것이 지극하면 임금이 찾아서 벼슬을 시키므로 봉록이 그 가운데에 있다. 배움에 봉록을 얻는 이치가 있는 것이 이와 같지만 군자의 마음은 조금도 봉록을 얻기 때문에 배우는 것이 아니다. 군자는 오직 도를 행하기 어려운 것과 다하기 어려운 것을 알 뿐이며, 도를 얻지 못하는 것을 근심할 뿐이다. 따라서 군자는 봉록을 얻지 못해서 가난하게 될 것을 근심하지 않는다. 군자가 오직 도를 근심하고 가난한 것을 근심하지 않는 것은 도를 꾀하고 먹을 것을 꾀하지 않기 때문이다. 군자가 순전히 도에 마음을 두는 것이 이와 같다.

| 요지 |

이 장은 군자의 순수한 마음의 학문을 드러내서 사람을 권면하여 도에 전심하게 한 뜻을 담고 있다.

32. 子曰 知及之오도 仁不能守之면 雖得之나 必失之니라 知及之하며 仁能守之오도 不莊以涖之則民不敬이니라 知及之하며 仁能守之하며 莊以涖之오도 動之不以禮면 未善也니라

| 언해 |

子ㅣ 갈ᄋᆞ샤ᄃᆡ 知 及ᄒᆞ고도 仁이 能히 守티 몯ᄒᆞ면 비록 得ᄒᆞ나 반ᄃᆞ시 失ᄒᆞᄂᆞ니라 知 及ᄒᆞ며 仁이 能히 守ᄒᆞ고도 莊으로ᄡᅥ 涖티 아니ᄒᆞ면 民이 敬티 아니ᄒᆞᄂᆞ니라 知 及ᄒᆞ며 仁이 能히 守ᄒᆞ며 莊으로ᄡᅥ 涖ᄒᆞ고도 動ᄒᆞᄃᆡ 禮로ᄡᅥ 아니ᄒᆞ면 善티 몯ᄒᆞ니라

| 직역 |

공자께서 말씀하셨다. "지혜가 거기에 미치더라도 인이 그것을 지켜내지 못하면 비록 얻더라도 반드시 잃는다. 지혜가 거기에 미치며 인이 그것을 지켜내더라도 씩씩함으로 백성들에게 임하지 않으면 백성들이 그를 공경하지 않는다. 지혜가 미치며 인이 지켜내며 장엄함으로 백성들에게 임하더라도 백성들을 움직이기를 예로써 하지 않는다면 선하지 못하다."

| 자해 |

涖 : 임함, 다다름.

| 의해 |

배움은 온전한 공이 있는 것을 귀하게 여긴다. 만일 자질이 밝고 민첩하며 학문의 공이 몸을 닦고 사람을 다스리는 이치에 깊으면 제대로 안다고 할 수 있다. 따라서 반드시 심덕의 인(仁)이 그 아는 것을 힘써 행하여 오래도록 유지하면 아는 이치가 자연히 나에게 있어서 잃어버리지 않을 것이다. 인이 온전하지 못해서 사사로운 욕심이 생기고 공부가 중간에 끊어져서 아는 이치를 지킬 수 없으면 비록 이 이치를 이미 알고 또 얻었다고 하더라도 결국 참된 심덕이 아니다. 그러므로 반드시 잃어버려 실상을 자신에게 보존하지 못할 것이니, 지혜가 아는 데에 미치고 또 더욱 인을 지켜야 한다.
◑ 만일 지혜가 아는 데 미치고 또 인을 지킬 수 있으면, 덕이 내 몸에 이루어져 큰 근본이 세워진 것이다. 그러나 군자의 배움은

안과 밖이 하나로 합쳐 있는 것이다. 진실로 백성에게 임할 때에 씩씩함으로 임하지 못해서 의관이 바르지 못하고 보는 것이 높지 못하면 백성이 두려울 만한 것을 보지 못해 공경하지 않을 것이다. 백성의 공경을 받지 못하면 덕이 몸에 드러나지 못한 것이다. 이것이 아는 데 미치고 인을 지키는 사람이 몸가짐을 삼가야만 하는 까닭이다.

◑ 아는 데 미치고 인을 지키고 씩씩함으로 임할 수 있으면 몸에 나타나는 것이 부끄러운 것이 없다. 그러나 군자의 배움은 근본과 말단을 겸비하는 것이다. 진실로 백성을 움직일 때에 예를 가지고 절제하지 못하면 모든 제도와 문물을 베푼 것과 움직여 일으킨 것이 모두 중정(中正)한 법도에 맞지 않는다. 그리하여 예와 사양이 다 이르지 못하므로 백성으로 하여금 공경하게 하고 백성으로 하여금 조화롭게 하지 못한다. 이것은 몸을 닦고 사람을 다스리는 것이 마침내 기질과 학문의 편벽됨에 걸려 도리를 모두 좋은 데 이르지 못하게 한 것이다. 아는 데 미치고 인을 지키고 씩씩하게 임하면서 또 예를 가지고 움직이는 것이 귀하다. 덕이 더욱 온전하면 요구하는 것이 더욱 많으니 군자는 반드시 이것을 힘써야 한다.

| 요지 |

이 장은 학문의 온전한 공을 말하여 사람으로 하여금 이미 이른 데를 말미암아서 이르지 못한 데에 이르게 한 것이다. 덕이 더욱 온전하면 요구하는 것이 더욱 많아진다.

33. 子曰 君子는 不可小知而可大受也요 小人은 不可大受而可小知也니라

| 언해 |

子ㅣ ᄀᆞᆯᄋᆞ샤ᄃᆡ 君子는 可히 小에 知티 몯ᄒᆞ고 可히 大엔 受ᄒᆞᆯ 꺼시오 小人은 可히 大엔 受티 몯ᄒᆞ고 可히 小에 知ᄒᆞᆯ 개시니라

| 직역 |

공자께서 말씀하셨다. "군자는 작은 일에 알 수 없으나 큰 것을 맡을 만하고, 소인은 큰 것을 맡을 수는 없으나 작은 일에 알 수 있는 것이다."

| 의해 |

사람은 마땅히 큰 것을 봐야지 작은 것을 봐서는 안된다. 군자는 힘쓰는 것이 크기 때문에 작은 일은 혹 이해하지 못한다. 사람들 또한 군자에 대하여 작은 것으로 알려 하지 않고, 큰 것을 군자에게 맡기려고 한다. 그러므로 만일 작은 것을 가지고 군자를 알려고 한다면 군자를 잃을 것이다. 소인은 큰 절개에 대하여서는 볼 것이 없고, 항상 작은 일에 대하여서만 뜻을 이루기 때문에 큰 것을 맡기지 못한다. 그러므로 내가 다만 작은 것을 가지고 알 수 있으니, 만일 큰 일을 맡기려고 하면 소인을 잃어버리게 된다. 군자와 소인을 쓰는 사람은 분별을 정밀하게 해야 하고, 맡기고 부림에 마땅하게 해야 한다.

| 요지 |

이 장에서는 사람을 보는 법에 대하여 말하였다. 군자를 볼 때는 마땅히 큰 것을 보고, 소인은 볼 때는 마땅히 작은 것을 보아야 한다. 크다는 것은 재주와 덕을 겸해서 말한 것이고, 작다는 것은 재주의 말단에 대하여 말한 것이지 재주가 크고 작은 것을 가지고 나눈 것이 아니다. 그러므로 군자는 재주와 덕이 중요한 임무를 맡길 만하고, 소인도 비록 그 그릇이 좁으나 한 가지 장점은 있다.

34. 子曰 民之於仁也에 甚於水火하니 水火는 吾見蹈而死者矣어니와 未見蹈仁而死者也케라

| 언해 |

子ㅣ ᄀᆞᆯᄋᆞ샤ᄃᆡ 民이 仁에 水火도곤 甚ᄒᆞ니 水火ᄂᆞᆫ 내 蹈ᄒᆞ야 死ᄒᆞᄂᆞᆫ 者를 보앗거니와 仁을 蹈ᄒᆞ야 死ᄒᆞᄂᆞᆫ 者를 보디 몯게라

| 직역 |

공자께서 말씀하셨다. "백성에게 인이 필요한 것은 물과 불보다도 더하니, 물과 불은 내가 밟다가 죽는 자를 보았지만 인을 밟다가 죽는 자는 내가 보지 못하였다."

| 의해 |

사람은 물과 불이 아니면 잠시라도 살 수 없지만, 사람에겐 물과 불보다 더 필요한 것이 있으니 곧 인이다. 인이 잠시라도 없으면 사람은 살지 못한다. 그런데 물과 불이 아무리 필요한 것이라도 물과 불은 사람이 혹 빠져 죽던지 타서 죽던지 하는 경우가 있지만, 인을 행하고 실천하다가 죽는 경우는 없다. 그러므로 사람이라면 인을 실천함에 꺼리지 말아야 한다.

| 요지 |

이 장은 사람에게 인을 하도록 권면한 장이다. 위에서는 인이 사람에게 매우 중요한 것을 말해서 마땅히 힘쓸 것을 강조했고, 아래에서는 인이 사람에게 해가 없음을 말하여 더욱 마땅히 힘쓸 것을 강조했다.

35. 子曰 當仁하얀 不讓於師니라

| 언해 |

子ㅣ ᄀᆞᆯᄋᆞ샤ᄃᆡ 仁을 當ᄒᆞ얀 師에 讓티 아니ᄒᆞᆯ띠니라

| 직역 |

공자께서 말씀하셨다. “인을 당하여서는 스승에게도 사양하지 않는다.”

| 의해 |

배움에는 인의 실천이 가장 요구된다. 따라서 인을 행하는 것을 자신의 책임으로 삼아야 하며, 용맹스럽게 나아가 인을 할 것을 도모해야 한다. 인을 담당하여 옛 것을 그대로 따라 하면서 물러나 다른 사람에게 사양할 것이 아니다. 비록 스승에게라도 또한 사양할 것이 아니니, 다른 사람에게 사양한다는 것은 말할 것도 없다. 인은 본래 저절로 있고 스스로 행하는 것이다. 진실로 스스로 사양할 수 없는 것이고 또한 다른 사람에게 사양할 수 없는 것이다.

| 요지 |

이 장은 사람에게 인을 함에 용맹스럽게 하도록 권면한 것이다. 인을 하는 것은 자신에게 있으니 남에게 사양할 것이 아니지만, 좋은 이름이 나는 것과 같은 것에 대하여서는 다른 사람에게 사양해도 무방하다.

36. 子曰 君子는 貞而不諒이니라

| 언해 |

子ㅣ ᄀᆞᆯᄋᆞ샤ᄃᆡ 君子ᄂᆞᆫ 貞ᄒᆞ고 諒티 아니ᄒᆞᄂᆞ니라

| 직역 |

공자께서 말씀하셨다. "군자는 바른 이치를 따르고 작은 신의에 얽매이지 않는다."

| 자해 |

貞 : 올바르고 견고함. • 諒 : 시비를 가리지 않고 신의만 기필함.

| 의해 |

사람은 진실로 가지고 지키는 것이 귀하다. 이치의 바른 것을 알고 지키는 것을 바꾸지 않는 것이 정(貞)이다. 이치의 옳고 그름을 알지 못하는 것은 량(諒)이다. 군자가 일을 할 때를 살피고, 이치에 맡겨서 마땅히 행할 만한 일이면 행하고 마땅히 그칠 만하면 그쳐서 굳게 지키는 것이 한결같이 바른 데 돌아가는 것이 '정'이다. 반드시 미덥고 과단할 것만 기필하여 의리를 돌아보지 않고 굳게 한 몸의 작은 믿음을 잡는 '량'은 군자가 따를 것이 아니다. 이것이 군자가 일을 잘 처리하는 것이다.

| 요지 |

이 장은 세상에 응하는 준칙을 사람에게 보인 것이다. '정'과 '량'은 다 굳게 지킨다는 뜻인데, 그 구별은 분별함이 바른가 아닌가에 있다. 바르면서 굳은 것을 '정'이라고 하고, 바르지 않고 굳은 것을 '량'이라고 한다. 정을 행하는 사람은 도리가 이와 같은 것을 보고 지켜서 바꾸지 않고, '량'을 행하는 사람은 이치의 옳고 그른 것을 가리지 않고 반드시 이와 같음을 요구하니, 고집하고 기필하는 뜻이 있는 것이다.

37. 子曰(자왈) 事君(사군)호대 敬其事而後其食(경기사이후기식)이니라

| 언해 |

子ㅣ ᄀᆞᆯᄋᆞ샤ᄃᆡ 君을 事호ᄃᆡ 그 事를 敬ᄒᆞ고 그 食을 後홀띠니라

| 직역 |

공자께서 말씀하셨다. "임금을 섬길 때 일을 공경하고 봉록은 뒤로 한다."

| 자해 |

後 : 후획(後獲)의 후(後)자와 같음. • 食 : 녹(祿)이다.

| 의해 |

신하는 임금이 자신에게 맡긴 일을 중요하게 생각해서 반드시 각각 맡은 일을 공경하여 일의 크고 작은 것을 막론하고 마땅히 직분에 맞게 해야 한다. 그리고 봉록을 받는 데 이르러서는 반드시 급급하게 여기지 않아야 임금을 섬기는 의가 순일하게 된다. 한 마음으로는 자기가 맡은 일을 도모하고 또 한 마음으로는 봉록을 따지면 이것은 충성을 다하는 것이 아니며, 신하의 순수하고 온전한 마음으로 임금을 섬기는 도리가 아니다.

| 요지 |

이 장은 순수하고 온전한 마음으로 임금을 섬기는 도리를 신하된 사람에게 보인 것이다. 일을 함에 전일하게 공경하면 봉록을 꼭 뒤로 하고자 하지 않더라도 저절로 뒤가 된다. 봉록을 구하는 마음이 뒤에 있으면 봉록을 구하는 생각이 끊어지고 자연히 직분을 다하는 데 전념할 것이다.

자왈 유교 무류
38. 子曰 有敎면 無類니라

| 언해 |

子ㅣ ᄀᆞᆯᄋᆞ샤ᄃᆡ 敎를 두면 類ㅣ 업ᄉᆞ리니라

| 직역 |

공자께서 말씀하셨다. "가르침이 있으면 종류가 없다."

| 의해 |

사람의 성품은 습관에 의해 착하고 악한 종류가 있다. 그러므로 군자가 사람을 가르치는 목적은 모두를 선하게 교화하는 것이니, 여기에는 종류가 다른 것을 의론해서는 안된다. 군자의 지극히 공평한 마음이 이와 같다. 만일 종류를 가리어 가르친다면 악한 사람은 장차 버려두고 가르치지 않을 것이니, 이것은 군자가 가르침을 세우는 근본 마음이 아니다.

| 요지 |

이 장은 사람을 가르침에 공평하게 해야 하는 것에 대하여 이야기 하였다. 가르침이 있으면 선하고 악한 종류가 없다. 악하고 선한 종류가 참으로 없는 것이 아니라 종류가 있어도 계산하지 않고 가르치는 것은 군자의 마음이 지극히 공평하기 때문이다.

자왈 도부동 불상위모
39. 子曰 道不同이면 不相爲謀니라

| 언해 |

子ㅣ 골ᄋᆞ샤ᄃᆡ 道ㅣ 同티 아니면 설ᄋᆞ 爲ᄒᆞ야 謀티 몯ᄒᆞᄂᆞ니라

| 직역 |

공자께서 말씀하셨다. "도가 같지 않으면 서로 위하여 도모하지 못한다."

| 의해 |

천하의 일은 도모하지 않으면 정해지지 않는다. 그러나 반드시 도가 같은 후에야 함께 일을 도모할 수 있다. 만일 인품과 학술이 각각 다르면 이는 도가 같지 않은 것이다. 도가 이미 같지 않으면 의견이 다르다. 그런데도 함께 일을 도모하여 의론하면 반드시 어그러져 의견이 합하지 못하여 일이 되지 않을 것이다. 그러므로 함께 일을 도모하지 못하는 것이니, 일을 도모하는 사람은 마땅히 삼갈 바를 알아야 한다.

| 요지 |

이 장은 함께 일을 도모함에 마땅히 삼가야 되는 것에 대하여 말하였다. 도덕이 같은 사람이라야 함께 도덕을 의론할 수 있고, 사업이 같아야 함께 사업을 의론할 수 있고 마음이 같아야 일을 할 수 있다. 반드시 같고 다른 것을 삼가서 살펴야 한다. 이것은 또한 두루 통하는 말이고, 나라 일을 꾀하는 데에만 국한해서 볼 것은 아니다.

40. 子曰(자왈) 辭(사)는 達而已矣(달이이의)니라

| 언해 |

子ㅣ ᄀᆞᆯᄋᆞ샤ᄃᆡ 辭ᄂᆞᆫ 達ᄒᆞᆯ ᄯᆞᄅᆞᆷ이니라

| 직역 |

공자께서 말씀하셨다. "글은 뜻을 통달할 뿐인 것이다."

| 의해 |

글은 왜 쓰는 것인가? 마음속에 뜻이 있으면 말로 표현한다. 글을 쓰는 사람이 뜻을 통달하지 못하면 반드시 통달하기를 구하고, 뜻이 통달하면 글은 그칠 것이고 반드시 다시 더 할 것이 없다. 만일 더하려 하면 번다하거나 화려하고자 하는 것이니, 이와 같이 하면 바른 이치가 도리어 가리어 본 뜻을 통달하지 못하게 한다.

| 요지 |

당시에 문자를 일삼는 사람이 많고 또 화려한 것을 공부로 삼아 도리어 뜻을 어둡게 하는 사람이 많이 있기 때문에 이 말을 한 것이다.

41. 師冕(사면)이 見(현)할새 及階(급계)어늘 子曰(자왈) 階也(계야)라하시고 及席(급석)이어늘 子曰(자왈) 席也(석야)라하시고 皆坐(개좌)어늘 子告之曰(자고지왈) 某在斯(모재사) 某在斯(모재사)라하시다 師冕(사면)이 出(출)커늘 子張(자장)이 問曰(문왈) 與師言之道與(여사언지도여)잇가 子曰(자왈) 然(연)하다 固相師之道也(고상사지도야)니라

| 언해 |

師ㅣ언 冕이 見홀시 階예 미처늘 子ㅣ ᄀᆞᆯᄋᆞ샤ᄃᆡ 階라 ᄒᆞ시고 席에 미처늘 子ㅣ ᄀᆞᆯᄋᆞ샤ᄃᆡ 席이라 ᄒᆞ시고다 坐ᄒᆞ야늘 子ㅣ 告ᄒᆞ야 ᄀᆞᆯᄋᆞ샤ᄃᆡ 某ㅣ 이예 잇고 某ㅣ 이예 잇다 ᄒᆞ시다 師ㅣ언 冕이 出커늘 子張이 묻ᄌᆞ와 ᄀᆞᆯ오ᄃᆡ 師로 더브러 言ᄒᆞᄂᆞᆫ 道ㅣ니잇가 子ㅣ ᄀᆞᆯᄋᆞ샤ᄃᆡ 그러ᄒᆞ다 본ᄃᆡ 師를 相ᄒᆞᄂᆞᆫ 道ㅣ니라

| 직역 |

악사 면이 뵈올 적에 섬돌에 이르자 공자께서 섬돌이라 말씀하셨고, 자리에 미치자 공자께서 자리라 말씀하셨고, 모두 다 앉자 공자께서 아무개는 여기에 있고 아무개는 여기에 있다고 말씀해 주셨다. 악사 면이 나가자, 자장이 물었다. "악사와 더불어 말씀하는 도입니까?" 공자께서 말씀하셨다. "그러하다. 진실로 악사를 도와주는 방법이다."

| 자해 |

師 : 악사(樂師). • 冕 : 악사의 이름. • 相 : 도움.

| 의해 |

악사인 소경 면이 와서 공자를 만나자 공자가 그를 안내하며 층계에 이르러서는 여기가 층계라고 가르쳐주고 자리에 이르러서는 여기가 자리라고 가르쳐주고, 여러 사람이 앉아 있는 좌중에서는 사람을 일일이 가리켜 아무개는 여기 있고 아무개는 여기 있다고 일러주었다. 이것은 공경을 다하고 더불어 말하는 법을 알게 한 것이다.

◑ 악사인 면이 나가자 자장이 공자에게 그와 같이 하는 것이 악사와 함께 말하는 도리인가를 질문하였다.

◑ 자장의 질문에 다시 공자가 대답했다. "예전에 소경은 반드시 도와주는 사람이 있어야 위태롭고 넘어지는 염려가 없었다." 따

라서 공자가 이와 같이 자세히 말한 것은 옛 도를 행한 것이다. 이것을 미루어 보면 도가 어디든지 있지 않음이 없고 성인의 움직임과 고요함, 말하고 잠잠한 것이 어디에서든지 도 아님이 없다는 것을 알 수 있다.

| 요지 |

이 장은 성인이 장애자를 측은히 여기는 자연스러운 마음을 보인 것이다. 자연스러운 것이 곧 도이다. 도는 이름이 있어서 따를 수 있는 것도 아니고 법이 있어서 잡을 수 있는 것도 아니다. 소경을 만나면 소경을 돕는 도가 있으며, 이것을 미루어 늙은 사람을 편안하게 해주고 젊은 사람을 품어주는 것이 어디든지 그러하지 않음이 없다. 성인이 행동함에 하늘의 이치가 흘러 행하여 도처에 가득함을 볼 수 있다.

16. 계씨(季氏)

1-1. 季氏將伐顓臾러니 冉有季路見於孔子曰 季氏將有事於顓臾로소이다 孔子曰 求아 無乃爾是過與아 夫顓臾는 昔者에 先王이 以爲東蒙主하시고 且在邦域之中矣라 是社稷之臣也니 何以伐爲리오 冉有曰 夫子欲之언정 吾二臣者는 皆不欲也로이다

| 언해 |

季氏ㅣ 장ᄎᆞᆺ 顓臾를 伐호려 ᄒᆞ더니 冉有와 季路ㅣ 孔子ᄭᅴ 見ᄒᆞ야 ᄀᆞᆯ오ᄃᆡ 季氏 장ᄎᆞᆺ 顓臾에 事를 두려 ᄒᆞ노소이다 孔子ㅣ ᄀᆞᆯᄋᆞ샤ᄃᆡ 求아 아니 네의 이 過아 顓臾ᄂᆞᆫ 녜 先王이 ᄡᅧ 東蒙의 主를 삼ᄋᆞ시고 ᄯᅩ 邦域 가온ᄃᆡ 인ᄂᆞᆫ디라 이 社稷ㅅ臣이니 엇디 ᄡᅧ 伐ᄒᆞ리오 冉有ㅣ ᄀᆞᆯ오ᄃᆡ 夫子ㅣ 欲ᄒᆞ건뎡 우리 二臣은 다 欲디 아니ᄒᆞ노이다

| 직역 |

계씨가 장차 전유를 치려 하자, 염유와 계로가 공자를 뵙고 말하였다. "계씨가 전유에서 일을 벌이려고 합니다." 공자께서 말씀하셨다. "구야! 이것은 너의 잘못이 아니냐? 저 전유는 옛적에 선왕

께서 동몽산의 제주(祭主)로 삼으셨고, 또한 우리나라 안에 위치하고 있으니, 이는 사직의 신하이다. 어찌 정벌할 수 있겠는가?" 염유가 말하였다. "계씨가 하고자 하는 것이지 저희 두 신하는 모두 하고자 하지 않습니다."

| 자해 |

顓臾 : 나라 이름. 노나라의 부용국(附庸國). • 東蒙 : 산 이름. 지금의 산동성(山東省) 비현(費縣)의 서북쪽에 있음. • 社稷之臣 : 노나라 임금의 신하이지 가신이 아니라는 말. • 夫子 : 계손을 가리킴.

| 의해 |

전유는 노나라의 부용국인데 계씨가 그 토지를 탐내어 쳐서 멸하려고 하였다. 이에 당시 계씨의 가신으로 있던 염유와 계로가 이 사실을 공자에게 말하고, 그래도 괜찮은지를 물어본 것이다. 그런데 이 질문에 대하여 전유를 치려는 것이 다만 계손의 허물 뿐만이 아니라 실상은 염유의 허물도 된다고 말한 것이다.

◑ 전유는 옛날 주나라의 선왕이 동몽산 아래에 봉하여 동몽의 제사를 주관하게 한 나라이다. 따라서 노나라에서 마음대로 칠 수 있는 나라가 아니다. 또 노나라의 국경 안에 있으니 적국이 아니며, 임금의 중요한 신하이자 계씨의 관할이 아니니, 만약 계손이 이를 친다면 이것은 선왕의 명을 멸시하는 것이고, 나라를 요란하게 하는 것이며, 나라를 보호하는 것을 없애려고 하는 것이다. 그러므로 군사를 내어 치는 일은 불가할 수 밖에 없다.

◑ 공자가 염유를 꾸짖자 이에 염유가 전유를 치는 일은 계손이 하려고 한 일이지, 염유와 계로 두 사람은 치려고 하지 않는다고 한 것이다.

1-2. 孔子曰 求아 周任이 有言曰 陳力就列하여 不能者止라하니 危而不持하며 顚而不扶면 則將焉用彼相矣리오 且爾言이 過矣로다 虎兕出於柙하며 龜玉毁於櫝中이 是誰之過與오 冉有曰 今夫顓臾固而近於費하니 今不取면 後世에 必爲子孫憂하리이다 孔子曰 求아 君子는 疾夫舍曰欲之요 而必爲之辭니라 丘也聞有國有家者 不患寡而患不均하며 不患貧而患不安이라하니 蓋均이면 無貧이요 和면 無寡요 安이면 無傾이니라

| 언해 |

孔子ㅣ ᄀᆞᆯᄋᆞ샤ᄃᆡ 求아 周任이 言을 두어 ᄀᆞᆯ오ᄃᆡ 力을 陳ᄒᆞ야 列에 就ᄒᆞ야 能티 몯ᄒᆞᄂᆞᆫ 者ㅣ 止홀띠라 ᄒᆞ니 危호ᄃᆡ 持티 몯ᄒᆞ며 顚호ᄃᆡ 扶티 몯ᄒᆞ면 장ᄎᆞᆺ 어ᄃᆡ 뎌 相을 ᄡᅳ리오 ᄯᅩ 네 言이 過ᄒᆞ도다 虎와 兕ㅣ 柙에 出ᄒᆞ며 龜와 玉이 櫝中에셔 毁홈이 이 뉘 過오 冉有ㅣ ᄀᆞᆯ오ᄃᆡ 이제 顓臾ㅣ 固ᄒᆞ고 費에 近ᄒᆞ니 이제 取티 아니ᄒᆞ면 後世예 반ᄃᆞ시 子孫의 憂ㅣ 되리이다 孔子ㅣ ᄀᆞᆯᄋᆞ샤ᄃᆡ 求아 君子ᄂᆞᆫ 欲ᄒᆞ노라 닐으디 아니코 반ᄃᆞ시 辭ᄒᆞ욤을 疾ᄒᆞᄂᆞ니라 丘ᄂᆞᆫ 들오니 國을 두며 家를 둔ᄂᆞᆫ 者ㅣ 寡를 患티 아니ᄒᆞ고 均티 아니홈을 患ᄒᆞ며 貧을 患티 아니ᄒᆞ고 安티 아니홈을 患ᄒᆞᆫ다 호니 均ᄒᆞ면 貧홈이 업고 和ᄒᆞ면 寡홈이 업고 安ᄒᆞ면 傾홈이 업ᄂᆞ니라

| 직역 |

공자께서 말씀하셨다. "구야! 주임이 말하기를, '능력을 펴서 대열에 나아가 할 수 없는 경우에는 그만두라'고 하였으니, 위태로운데도 붙잡지 못하며 넘어지는데도 부축하지 못한다면, 장차 저 보좌인을 어디에다 쓰겠느냐? 또 네 말이 잘못되었다. 호랑이와 들소가 우리에서 뛰쳐나오며 거북 껍질과 옥이 궤 속에서 망가졌다면, 이것이 누구의 잘못이겠느냐?" 염유가 말하였다. "지금 저 전유는 성곽이 견고하며 비읍에 가까우니, 지금 취하지 않으면 후세에 반드시 자손의 우환이 될 것입니다." 공자께서 말씀하셨다. "구야! 군자는 하고자 한다고 말하지 않고 굳이 변명하는 것을 미워한다." 나는 들으니, 나라를 소유하고 집을 소유한 자는 백성이 적은 것을 근심하지 않고 고르지 못한 것을 근심하며, 가난한 것을 근심하지 않고 편안하지 못한 것을 근심한다고 한다. 고르면 가난이 없고, 화합하면 적음이 없고, 편안하면 기울어짐이 없다.

| 자해 |

周任 : 옛날의 어진 사관(史官) • 陳 : 폄. • 列 자리. • 相 : 장님의 길을 인도하는 사람. • 兕 : 들소. • 柙 : 우리. • 櫝 : 궤. • 固 : 성곽(城郭)이 완고(完固)함. • 費 : 계씨(季氏)의 사읍(私邑). • 寡 : 백성이 적음. • 貧 : 재물이 모자람. • 均 : 각기 그 분수를 얻음. • 安 : 상하(上下)가 서로 편안함.

| 의해 |

신하된 자는 그 힘을 베풀어 반열에 나아가 윗 사람의 허물을 바로 잡고 곧은 말로 극진히 간해야 하고 힘을 다하지 못하면 벼슬을 그만두어야 한다. 예를 들면 장님에게 돕는 사람이 있는 것은 위험한 곳에서 붙들어 주고 넘어지면 붙들어 일으키기 위한 것인데, 위험한 곳에서 붙들어주지 않고 넘어질 때 붙잡아 일으켜 주지 않으면 돕는 자가 필요없는 것과 같다. 공자가 주임의 말을 인용한 것이 바로 이와 같다.

◑ 염유가 저희 두 사람은 전유를 치려하지 않았다고 했는데, 공자는 그들이 잘못한 것이라고 여겼다. 왜냐하면 신하된 자는 자기들이 모시는 주군이 잘못이 있으면 마땅히 간해야 하며 받아들여지지 않으면 떠나야 하는 것인데, 떠나지도 않으면서 계손의 허물을 바로잡지 못하였으니, 이것은 마땅히 염유와 계로의 잘못이라고 공자는 생각한 것이다.

◑ 공자의 꾸짖음에 염유는 만약 전유를 치지 않으면 훗날 계손의 후환이 될 것이라는 것을 이유로 변명을 하였다.

◑ 군자는 마음속으로 이익을 바라면서 겉으로 욕심을 부리지 않으며, 반드시 말을 꾸며서 하는 것을 미워한다.

◑ 나라를 소유하거나 일가를 이룬 자는 백성이 적은 것을 근심하지 않고, 위 아래의 구별이 없어 분수와 한계가 고르지 않은 것을 근심하며, 재물이 없는 것을 근심하지 않고 상하의 마음이 어긋나 편안하지 못한 것을 근심한다. 상하의 분수가 균일해서 임금이 녹을 받고 신하가 채지로 받은 땅의 수입이 일정하여 위아래가 모두 풍족하면 가난의 근심이 없어지는 것은 물론이려니와 위아래 사람의 마음도 화평해진다. 그렇게 되면 임금의 입장에서는 나라에 백성이 있고, 신하의 입장에서는 채지를 가꿀 사람도 있게 되서 서로 다투지 않게 되고, 그렇게 되면 서로가 적은 것을 근심할 것이 없게 되어 화평한 즐거움이 있고, 군색하거나 옹졸한 근심이 없어져 임금과 신하가 서로 편안함을 얻을 수 있다. 그렇게 되면 임금은 그 나라를 보존하고, 신하는 그 집안을 보존하여 나라와 집안이 기울어지고 뒤집히는 근심이 없게 된다.

1-3. 夫如是故(부여시고)로 遠人(원인)이 不服則修文德以來之(불복즉수문덕이래지)하고 既來(기래)
之則安之(지즉안지)니라 今由與求也(금유여구야)는 相夫子(상부자)호대 遠人(원인)이 不服(불복)

而不能來也하며 邦分崩離析而不能守也하고 而謀動干戈於邦內하니 吾恐季孫之憂不在顓臾而在蕭牆之內也하노라

| 언해 |

이러ᄐᆞᆺᄒᆞᆫ 故로 遠人이 服디 아니ᄒᆞ면 文德을 修ᄒᆞ야 ᄡᅥ 來케 ᄒᆞ고 이믜 來케 ᄒᆞ면 安케 ᄒᆞᄂᆞ니라 이제 由와 다ᄆᆞᆺ 求ᄂᆞᆫ 夫子를 相호ᄃᆡ 遠人이 服디 아니호ᄃᆡ 能히 來케 몯ᄒᆞ며 邦이 分崩ᄒᆞ며 離析호ᄃᆡ 能히 守티 몯ᄒᆞ고 干戈를 邦內예 動홈을 謀ᄒᆞ니 나ᄂᆞᆫ 季孫의 憂ㅣ 顓臾에 잇디 아니ᄒᆞ고 蕭墻ㅅ內예 이실까 저허ᄒᆞ노라

| 직역 |

이와 같으므로 먼 지방 사람이 복종하지 않으면 문화·도덕을 닦아서 그들을 오게 하고, 이미 오게 했으면 편안하게 하는 것이다. 지금 유와 구는 계씨를 도우면서, 먼 지방 사람이 복종하지 않는데도 오게 하지 못하며, 나라가 분열되고 무너지는데도 지키지 못하고, 그런데도 창과 방패를 나라 안에서 사용할 것을 꾀하니, 나는 계손의 근심이 전유에 있지 않고 문 안에 있을까 두렵다.

| 자해 |

分崩離折 : 공실(公室)을 넷으로 나누고 가신(家臣)이 여러 번 반란함. • 蕭墻 : 병풍.

| 의해 |

이와 같기 때문에 나라는 다스려지는 것이고, 나라가 다스려지면 먼 지방의 사람들도 스스로 복종한다. 만일 먼 곳의 사람들이 복종하지 않으면 문화와 도덕을 닦아서 스스로 오게 하며, 또 오면

각각의 일에 편안하게 종사하도록 한다.

◑ 염유와 계로는 계손을 도와 밖으로는 먼 곳의 사람들이 오게 하지도 못하고, 안으로는 집안이 나뉘고 무너지며, 가신들이 떠나고 배반하는 데에도 안으로 다스려서 화평하고 편안하게 하지 못하고, 쓸데없는 병장기를 만들어 나라를 어지럽히려 하니, 이는 계씨의 근심이 전유에게 있는 것이 아니라 집안 문안에 있을 것이다.

| 요지 |

이 장은 공자가 바르게 하는 뜻을 보인 것이다. 이 장에서의 중점은 전유를 치는 것이 그르다는 것에서 이미 다 드러났고, 또한 염유의 변명에 대하여 꾸짖는 말에서 더욱 공자의 뜻이 극명하게 드러난다. 아래 문장을 두 부분으로 나누어 보면 하나는 염유가 허물을 계씨에게 돌리는 것으로 인해서 허물을 스스로 사양할 수 없다는 것을 꾸짖었고, 또 한 부분은 염유가 허물을 미화시키려는 뜻이 있었기 때문에 염유가 말한 근심거리는 실제로 급한 것이 아니라고 꾸짖은 것이다.

공자왈 천하유도즉예악정벌 자천자출 천하
2. 孔子曰 天下有道則禮樂征伐이 自天子出하고 天下
무도즉예악정벌 자제후출 자제후출 개
無道則禮樂征伐이 自諸侯出하나니 自諸侯出이면 蓋
십세 희불실의 자대부출 오세 희불실의
十世에 希不失矣요 自大夫出이면 五世에 希不失矣요
배신 집국명 삼세 희불실의 천하유도즉
陪臣이 執國命이면 三世에 希不失矣니라 天下有道則
정부재대부 천하유도즉서인 불의
政不在大夫하고 天下有道則庶人이 不議하나니라

| 언해 |

孔子ㅣ 골ᄋᆞ샤ᄃᆡ 天下ㅣ 道ㅣ 이시면 禮樂과 征伐이 天子로브터 出ᄒᆞ고 天下ㅣ 道ㅣ 업스면 禮樂과 征伐이 諸侯로브터 出ᄒᆞᄂᆞ니 諸侯로브터 出ᄒᆞ면 十世예 失티 아니 리 듬을고 대부로브터 出ᄒᆞ면 五世예 失티 아니 리 듬을고 陪臣이 國命을 執ᄒᆞ면 三世예 失티 아니 리 듬으니라 天下ㅣ 道ㅣ 이시면 政이 대부에 잇디 아니ᄒᆞ고 天下ㅣ 道ㅣ 이시면 庶人이 議티 아니ᄒᆞᄂᆞ니라

| 직역 |

공자께서 말씀하셨다. "천하에 도가 있으면 예악과 정벌이 천자로부터 나오고, 천하에 도가 없으면 예악과 정벌이 제후로부터 나온다. 제후로부터 나오면 열 세대 만에 정권을 잃지 않는 자가 드물고, 대부로부터 나오면 다섯 세대 만에 잃지 않는 자가 드물고, 가신이 권세를 잡으면 세 세대 만에 잃지 않는 자가 드물다. 천하에 도가 있으면 정치가 대부에게 있지 않고, 천하에 도가 있으면 서민들이 의논하지 않는다."

| 자해 |

陪臣 : 가신(家臣).

| 의해 |

권세가 윗사람에게 있으면 다스려지고 아랫사람에게 있으면 어지럽게 되는 것이 천하의 이치이다. 예악과 정벌은 오로지 천자만이 행할 수 있는 것이고 제후와 대부 그리고 가신은 예악과 정벌을 마음대로 하지 못한다. 이치를 거스르면 망하는 것이 빠르다. 그러므로 천하에 도가 있으면 다섯 가지 예와 여섯 가지 음악을 천자가 제작하고 일곱 번 치고 아홉 번 치는 것을 천자가 명령하니, 그 권세가 천자로부터 나오고 신하는 그 명령을 받들어 행하는 것에 불과하다. 천하에 도가 없으면 임금은 약하고 신하는 강하여 나라의 예악이 천자의 명령으로부터 나오지 않고, 정벌 역

시 천자의 명령을 따라 행해지지 않아서 제후가 권세를 마음대로 하게 된다. 이와 같이 권세가 제후에게 있으면 이는 이치를 거스르는 것이므로 10세를 넘기지 못하고 망할 것이다. 또 제후가 권세를 마음대로 하면 대부도 권세를 마음대로 할 것이니, 대부가 권세를 마음대로 하면 이는 더욱 이치를 거스르는 것이므로 5세를 넘기지 못하고 망할 것이다. 또 대부가 권세를 마음대로 하면 대부의 집에 있는 가신도 권세를 마음대로 할 것이니, 가신이 권세를 마음대로 하면 이는 더 심하게 이치를 거스르는 것이므로 3세를 넘기지 못하고 망할 것이다.

☯ 그러므로 천하에 도가 있으면 정사가 통솔되어 천자의 명령이 천하에 행해져 예악과 정벌이 제후에 있지 않다. 제후의 나라에서 상주고 벌주는 것이 그 아래 대부에게 있을 수는 없다.

☯ 천하에 도가 있으면 임금이 밝고 신하가 어질어서 위에서는 정사를 잃지 않고 아래에서는 모두 복종할 것이니, 백성들이 사사롭게 의론하는 것이 없다.

| 요지 |

이 장은 천하의 대세를 통론한 것이니, 도가 있는 것에서부터 도가 없는 것에 미치고, 도가 없는 것에서부터 도가 있는 것을 생각한 것이다. 이것은 모두 명분을 유지하고자 한 것이니, 뒤의 두 대목에서 연이어 두 번 "천하에 도가 있으면"이라고 한 것은 임금을 책망하는 의미가 깊다.

3. 孔子曰 祿之去公室이 五世矣요 政逮於大夫가 四世矣니 故로 夫三桓之子孫이 微矣니라

| 언해 |

孔子ㅣ ᄀᆞᆯᄋᆞ샤ᄃᆡ 祿이 公室에 去ᄒᆞ얀디 五世오 政이 대부에 逮ᄒᆞ얀 디 四世니 故로 三桓의 子孫이 微ᄒᆞ니라

| 직역 |

공자께서 말씀하셨다. "봉록이 조정을 떠난 지 다섯 세대가 되었고, 정치가 대부에게 맡겨진지 네 세대가 되었다. 그러므로 저 삼환의 자손이 미약해진 것이다."

| 자해 |

三桓 : 맹손(孟孫)·숙손(叔孫)·계손(季孫). 모두 환공(桓公)의 후손.

| 의해 |

이것은 공자가 앞 장의 말을 이어서 노나라의 일을 말한 것이다. 제후가 한 나라의 정사를 총괄하며 한 나라의 봉록을 누리는 것이 마땅하다. 그런데 노나라는 문공(文公)이 죽은 뒤로 양중(襄仲)이 자적(子赤)을 죽이고 선공(宣公)을 세운 때로부터 임금은 약하고 신하는 강하였다. 나라의 세금이 국가의 수입이 되지 않고, 삼환의 집의 사유(私有)가 되어 선공, 성공(成公), 양공(襄公), 소공(昭公), 정공(定公)까지 5세가 되었다. 성공 때로부터 계무자(季武子)라는 대부가 나라의 정사를 마음대로 하여 계무자, 계도자, 계평자, 계환자까지 4세에 미쳤다. 이 4세의 대부가 정권을 잡고 나라의 세금을 자기의 사유로 하여 영구히 권세를 보존할 줄 생각하였지만 대부가 권세를 마음대로 하면 오세를 넘지 못한다. 지금 저 삼환의 자손인 계씨의 집을 보면 이미 미약해졌으니, 오랫동안 권세를 마음대로 부릴 수 없게 되었음을 알 수 있다. 이로 미루어보면 신하가 되어 참람해서는 안된다는 것을 알 수 있다.

| 요지 |

이 장은 참람하고 도적질하면 반드시 잃어버리는 것을 의론하여

권세 있는 신하를 두렵게 한 것이다. 봉록을 말하고 또 정사를 말한 것은 정사가 있으면 봉록이 있으므로 합쳐서 말한 것이다. 위 장은 권세를 잃은 자를 경계한 것이고, 이 장은 권세를 도적질한 자를 경계한 것이다.

4. 孔子曰 益者三友요 損者三友니 友直하며 友諒하며 友多聞이면 益矣요 友便辟하며 友善柔하며 友便佞이면 損矣니라

| 언해 |

孔子ㅣ ᄀᆞᆯᄋᆞ샤ᄃᆡ 益ᄒᆞᆫ 者ㅣ 三友ㅣ오 損ᄒᆞᆫ 者ㅣ 三友ㅣ니 直을 友ᄒᆞ며 諒을 友ᄒᆞ며 多聞을 友ᄒᆞ면 益ᄒᆞ고 便辟을 友ᄒᆞ며 善柔를 友ᄒᆞ며 偏佞을 友ᄒᆞ면 損ᄒᆞᄂᆞ니라

| 직역 |

공자께서 말씀하셨다. "유익한 것이 세 가지 벗이고, 손해 되는 것이 세 가지 벗이니, 곧은 이를 벗하며, 성실한 이를 벗하며, 보고 들은 것이 많은 이를 벗하면 유익하고, 편벽된 이를 벗하며, 유순하기만 한 이를 벗하며, 말만 잘하는 이를 벗하면 손해된다."

| 자해 |

諒 : 성실함. • 便 : 익숙함. • 便辟 : 위의(威儀)만 익숙하고 곧지 아니함. • 善柔 : 아첨하여 기쁘게 하는 데만 잘하고 성실치 아니함. • 便佞 : 말에만 숙달하고 견문의 실제가 없음.

| 의해 |

사람이 벗을 취하는 일은 반드시 삼가야 하니, 벗 중에는 내게 유익한 벗이 세 부류가 있고 내게 손해되는 벗이 세 부류가 있다. 그런데 여기서 유익하다는 것은 착한 것을 의미하는 것으로, 내가 잘못이 있으면 꾸짖어 숨기는 것이 없는 자는 곧은 벗이고, 신실함을 서로 보여주는 자는 성실한 벗이며, 이전 말과 이전 행실을 많이 아는 자는 들은 것이 많은 벗이다. 곧은 사람을 벗하면 내게 허물이 있을 때 반드시 지적해 줄 것이고, 성실한 이를 벗하면 성실한 마음이 날로 진취될 것이며, 들은 것이 많은 이를 벗하면 지식이 날로 넓어질 것이니, 이것이 유익한 벗이다. 이와는 달리 외모의 의젓함만 익힌 자는 편벽한 벗이고, 모든 일에 아첨하고 따르는 자는 유약한 벗이고, 언어만 익힌 자는 말만 잘하는 벗이다. 편벽한 이를 벗하면 허물이 있어도 지적을 받지 못할 것이고, 유약한 이를 벗하면 성실함을 갖지 못할 것이고, 말만 잘하는 이를 벗하면 듣고 보는 것이 날로 낮은 데로 흐를 것이니, 이것이 해로운 벗이다. 세 유익한 벗은 평범한 사람은 공경하지만 꺼리며, 세 해로운 벗은 평범한 사람은 가까이하고 기뻐한다. 하지만 유익한 벗을 취하고 해로운 벗을 멀리하면 덕을 이루지 못할 근심이 있겠는가?

| 요지 |

이 장은 벗을 취하는 데 마땅히 삼가야 할 것을 보인 장이다. 천자로부터 서민에 이르기까지 다 벗을 통해서 이루는 것이다. 해롭고 유익함이 이와 같으니 반드시 삼가야 한다.

5. 孔子曰(공자왈) 益者三樂(익자삼요)요 損者三樂(손자삼요)니 樂節禮樂(요절예악)하며 樂道人之善(요도인지선)하며 樂多賢友(요다현우)면 益矣(익의)요 樂驕樂(요교락)하며 樂佚遊(요일유)하며 樂宴樂(요연락)이면 損矣(손의)니라

| 언해 |

孔子ㅣ ᄀᆞᆯᄋᆞ샤ᄃᆡ 益ᄒᆞᆫ 者ㅣ 三樂ㅣ오 損ᄒᆞᆫ 者ㅣ 三樂ㅣ니 禮樂 節홈을 樂ᄒᆞ며 人의 善道홈을 樂ᄒᆞ며 賢友ㅣ 多홈을 樂ᄒᆞ면 益ᄒᆞ고 驕樂을 樂ᄒᆞ며 佚遊를 樂ᄒᆞ며 宴樂을 樂ᄒᆞ면 損ᄒᆞᄂᆞ니라

| 직역 |

공자께서 말씀하셨다. "유익한 것이 세 가지 좋아함이고, 손해되는 것이 세 가지 좋아함이니, 예악의 절차를 분별하기 좋아하며, 사람의 선함을 말하기 좋아하며, 어진 벗이 많은 것을 좋아하면 유익하고, 교만과 방자함을 좋아하며, 편안히 노는 것을 좋아하며, 향락에 빠지는 것을 좋아하면 손해된다."

| 자해 |

節 : 예의 제도와 음악의 성용(聲容)의 절도(節度)를 분변함.

| 의해 |

인정상 누구나 다 좋아하는 것이 있다. 하지만 좋아하는 데는 유익한 것이 세 가지가 있고 해로운 것이 세 가지가 있다. 유익한 것이란 다음과 같은 것을 의미한다.

예에는 제도가 있고 음악에는 성용(聲容)이 있는데, 제도와 성용의 절차를 분별하기를 좋아하며, 사람이 혹 착한 말과 착한 행실이 있으면 그 사람의 착한 것을 칭찬하기를 좋아하며, 곧고 성실

하고 들은 것이 많으면 이것은 어진 벗인데 어진 선비를 많이 모아서 벗하기를 좋아하는 것, 이것이 유익한 것이다.
이와 같으면 안으로는 예와 음악이 장경(莊敬)과 화락의 실상을 기르고, 밖으로 위의와 절주(節奏)의 문채가 빛날 것이며, 착한 것을 칭찬하여 사모하고 기뻐하면 착한 일을 하는 마음이 날로 생겨날 것이다. 또한 어진 벗이 많아서 착한 것을 권하고, 허물을 바르게 해서 보고 본받는 도움이 있는 것을 좋아하면 놓았던 마음을 거두어 도에 나아갈 것이니, 이것이 유익함이다.
해로운 것이란 교만하고 방자한 즐거움을 좋아하며 편안히 노는 즐거움을 좋아하고 편안하고 음란한 즐거움을 좋아하는 것이다. 교만하고 즐거워하면 오래도록 오만해서 공경하고 화하지 못할 것이고, 편안히 놀면 게으르고 거칠어져서 사람의 착한 것을 꺼리고, 잔치나 벌이고 즐거워하면 소인을 가까이하고 바른 사람을 꺼릴 것이니, 이것이 해로운 것이다. 그러므로 좋아하는 것을 삼가지 않을 수 없는 것이다.

| 요지 |

이 장은 감정을 모으는 데 마땅히 삼가야 할 것을 보인 장이다. 좋아하는 것은 감정이 모인 것이라서 사람의 감정을 가장 바꾸게 하기 쉽다. 결국 손해가 되고 유익이 되는 관계는 천리와 인욕의 나누어짐에 달려 있으니, 성인이 이 두 가지를 말한 것은 바로 사람으로 하여금 삼가도록 한 것이다.

6. 孔子曰(공자왈) 侍於君子(시어군자)에 有三愆(유삼건)하니 言未及之而言(언미급지이언)을 謂之躁(위지조)요 言及之而不言(언급지이불언)을 謂之隱(위지은)이요 未見顏色而言(미견안색이언)을 謂之瞽(위지고)니라

| 언해 |

孔子ㅣ ᄀᆞᆯᄋᆞ샤ᄃᆡ 君子애 待ᄒᆞᆷ애 三愆이 인ᄂᆞ니 言이 及디 아니ᄒᆞ야셔 言ᄒᆞᆷ을 躁ㅣ라 닐ᄋᆞ고 言이 及호ᄃᆡ 言티 아니ᄒᆞᆷ을 隱이라 닐ᄋᆞ고 顔色을 보디 아니ᄒᆞ고 言ᄒᆞᆷ을 瞽ㅣ라 닐ᄋᆞᄂᆞ니라

| 직역 |

공자께서 말씀하셨다. "군자를 모시는 데 세 가지 허물이 있으니, 아직 말하지 않아야 하는데 말하는 것을 조급한 것이라고 말하고, 말할 만한데 말하지 않는 것을 숨기는 것이라고 말하고, 안색을 보지 않고 말하는 것을 장님이라고 말한다."

| 의해 |

군자는 덕으로 말하면 성대하고 지위로 말하면 높기 때문에 그 곁에서 모시는 사람은 삼가 조심해야 한다. 만일 말하고 말하지 않아야 할 때를 살피지 않으면 세 가지 허물이 있게 된다. 혹 말하지 않아야 할 때 말하면 이것은 조급한 것이니 조급한 것이 하나의 허물이다. 혹 말할 만한데 말하지 않으면 이것은 숨기는 것이니, 숨기는 것도 역시 허물이다. 때가 혹 말할 만하지만 또 마땅히 군자의 얼굴빛을 보아 좋아하고 기뻐하고 성냄을 살펴야 하니, 만일 그 얼굴빛을 살피지 않고 제 뜻대로 말하는 것은 장님과 같으니, 장님과 같은 것 역시 하나의 허물이다. 마음을 보존하고 성품을 기르는 공부가 없기 때문에 말하고 묵묵히 있음에 이와 같은 허물이 있는 것이니, 반드시 살펴야하는 것이다.

| 요지 |

이 장은 말을 함에 때에 맞게 하는 것이 중요함을 말하고 있다. 조급하다는 것은 말을 해야 할 때보다 앞서 말하는 것이고, 숨긴다는 것은 말을 해야 할 때보다 뒤에 하는 것이며, 소경과 같다는 것은 때를 알지 못하는 것을 말한다.

7. 孔子曰(공자왈) 君子有三戒(군자유삼계)하니 少之時(소지시)에 血氣未定(혈기미정)이라 戒之在色(계지재색)이요 及其壯也(급기장야)하여 血氣方剛(혈기방강)이라 戒之在鬪(계지재투)요 及其老也(급기노야)하여 血氣旣衰(혈기기쇠)라 戒之在得(계지재득)이니라

| 언해 |

孔子ㅣ ᄀᆞᆯᄋᆞ샤ᄃᆡ 君子ㅣ 三戒 잇ᄂᆞ니 少ᄒᆞᆫ 時예 血氣ㅣ 定티 몯 ᄒᆞ얏ᄂᆞᆫ디라 戒홈이 色에 잇고 그 壯에 믿처 血氣ㅣ 바야흐로 剛 ᄒᆞ얏ᄂᆞᆫ디라 戒홈이 鬪에 잇고 그 老에 믿처 血氣 이믜 衰ᄒᆞ얏ᄂᆞᆫ 디라 戒홈이 得에 인ᄂᆞ니라

| 직역 |

공자께서 말씀하셨다. "군자에게 세 가지 경계할 것이 있으니, 젊어서는 혈기가 아직 정해지지 않았으므로 경계할 것이 여색에 있고, 장성해서는 혈기가 한창 강하므로 경계할 것이 싸움에 있고, 늙어서는 혈기가 이미 쇠하므로 경계할 것이 얻는 데 있다."

| 의해 |

군자가 평생에 이치로 욕심을 제어하는데, 경계하는 것은 세 가지이다. 젊을 때는 혈기가 정해지지 않아서 욕심에 움직이기 쉽다. 따라서 경계해야 할 것이 색을 좋아하는 것에 있으니, 이치로 이기면 정욕이 머물지 않는다. 장성한 때에는 혈기가 막 강해져서 화를 내기 쉽다. 따라서 경계해야 할 것이 다투고 싸우는 데 있으니, 이치로 이기면 화내는 것을 반드시 징계하게 된다. 늙음에 미쳐서는 혈기가 이미 쇠하여 별로 바라는 바가 없고 오직 내 몸과 내 집에 대한 생각이 강할 뿐이다. 그렇기 때문에 경계해야 할 것이 얻는 데 있으니, 이치로 이기면 얻을 것을 볼 때에 의리

를 생각하게 된다.

군자가 때를 따라서 이 세 가지를 경계하면 혈기에 부림을 당하지 않고 마침내 바른 의리를 따르게 된다.

| 요지 |

성인이 다른 사람과 같은 것은 혈기이고 다른 것은 지기(志氣)이다. 혈기는 때로 쇠함이 있지만 지기는 때로 쇠함이 없다. 군자는 지기를 기르기 때문에 혈기에 의해 움직여지지 않아 나이가 높을수록 덕이 더욱 높다.

8. 孔子曰(공자왈) 君子有三畏(군자유삼외)하니 畏天命(외천명)하며 畏大人(외대인)하며 畏聖人之言(외성인지언)이니라 小人(소인)은 不知天命而不畏也(부지천명이불외야)라 狎大人(압대인)하며 侮聖人之言(모성인지언)이니라

| 언해 |

孔子ㅣ ᄀᆞᆯᄋᆞ샤ᄃᆡ 君子ㅣ 三畏 인ᄂᆞ니 天命을 畏ᄒᆞ며 大人을 畏ᄒᆞ며 聖人의 言을 畏ᄒᆞᄂᆞ니라 小人은 天命을 아디 몯ᄒᆞ야 畏티 아니ᄒᆞᄂᆞᆫ디라 大人을 狎ᄒᆞ며 聖人의 言을 侮ᄒᆞᄂᆞ니라

| 직역 |

공자께서 말씀하셨다. "군자는 세 가지 두려워하는 것이 있으니, 천명을 두려워하고, 대인을 두려워하며, 성인의 말씀을 두려워한다. 소인은 천명을 알지 못하여 두려워하지 않으므로, 대인을 함부로 대하며, 성인의 말씀을 업신여긴다."

| 의해 |

군자의 마음에 공경하고 두려워하는 것이 셋이 있다. 셋이 무엇인가? 하늘이 바른 이치를 사람에게 주었는데 그것이 천명이다. 군자가 마땅히 삼가며 두려워하여 이 이치를 온전하게 해서 감히 어기지 않아야 한다. 덕과 지위가 다 높은 대인은 이 천명을 온전히 하기 때문에 군자가 높이고 사표로 삼아 감히 쉽게 여기지 않는다. 옛날 성인이 훈계한 말은 다 천명을 선포한 것이므로 군자가 받들어서 감히 거스르지 못한다. 군자가 두려워하는 세 가지는 바로 이것이다.

◑ 군자가 대인과 성인의 말을 두려워하는 것은 또한 천명을 두려워할 줄 알기 때문이다. 소인은 천명이 있는 것을 알지 못하여 욕심에 따라 이치를 멸하기 때문에 두려워할 줄 모른다. 천명을 두려워하지 않는 것은 곧 의를 알지 못하는 것이니, 그러면 꺼릴 것이 없다. 대인을 높일 줄 몰라 소홀하게 여기며 성인의 말을 본받을 줄 몰라 업신여기며 희롱한다. 군자는 이것을 닦아서 길하고 소인은 이것을 거슬러서 흉하게 된다.

| 요지 |

이 장은 윗장의 세 가지 경계할 것을 참고하여 보아야 한다. 세 가지 경계할 것은 인욕을 막는 것이고, 세 가지 두려워할 것은 천리를 보존하는 것이니, 모두 군자가 자신을 위하는 학문이다.

공자왈 생이지지자 상야 학이지지자 차야
9. 孔子曰 生而知之者는 上也요 學而知之者는 次也요
곤이학지 우기차야 곤이불학 민사위하의
困而學之가 又其次也니 困而不學이면 民斯爲下矣니라

| 언해 |

孔子ㅣ ᄀᆞᆯᄋᆞ샤ᄃᆡ 生ᄒᆞ야 知ᄒᆞᄂᆞᆫ 者ᄂᆞᆫ 上이오 學ᄒᆞ야 知ᄒᆞᄂᆞᆫ 者ᄂᆞᆫ 次ㅣ오 困ᄒᆞ야 學ᄒᆞᆷ이 ᄯᅩ 그 次ㅣ니 困호ᄃᆡ 學디 아니ᄒᆞ면 民이라 이예 下ㅣ 되ᄂᆞ니라

| 직역 |

공자께서 말씀하셨다. "나면서부터 아는 자가 상등이고, 배워서 아는 자가 그 다음이고, 통하지 않음에 배우는 자가 또 그 다음이니, 통하지 않음에 배우지 않으면 백성으로서 하등이 된다."

| 자해 |

困 : 통하지 못하는 바가 있음.

| 의해 |

사람의 기질은 다 다르다. 나면서부터 신령해서 배우기를 기다리지 않아도 스스로 이치를 알 수 있는 사람은 그 기운이 지극히 맑고 바탕이 지극히 정(精)하니 그 기질이 상등이다. 나서부터 알지는 못하고 반드시 배워서 익히기를 기다린 후에 이치를 아는 사람은 기질이 비록 맑고 순수하지만 또한 가림이 있으니 이는 그 다음이다. 처음부터 배움을 알지 못하고 마음에 막힌 것이 있다고 생각한 후에 분발하여 배워서 이치를 아는 사람은 그 바탕이 흐린 것이 많고 맑은 것이 적으니 이는 또 그 다음이다. 만일 막히는 것이 있는데도 배우지 않아서 깨치지 못하면 이는 그 기질이 어둡고 흐림이 심하다. 이와 같은 백성은 하등이 되니 배움에 힘쓰지 않을 수 없다.

| 요지 |

이 장은 처음부터 끝까지 다 학문을 권면한 것으로, 배우는 것을 중시한 것이다. 나면서부터 아는 사람을 쉽게 얻지 못한다. 오직

배워서 아는 것을 구해야 하니, 참으로 배워서 알면 곧 나면서부터 아는 사람의 다음이다. 곤란한 줄 알아 배울 줄 안다면 또한 나면서부터 아는 다음이 되니, 군자는 배우는 것을 귀하게 여긴다. 곤란하고도 배우지 않으면 하등이 된다.

10. 孔子曰(공자왈) 君子有九思(군자유구사)하니 視思明(시사명)하며 聽思聰(청사총)하며 色思溫(색사온)하며 貌思恭(모사공)하며 言思忠(언사충)하며 事思敬(사사경)하며 疑思問(의사문)하며 忿思難(분사난)하며 見得思義(견득사의)니라

| 언해 |

孔子ㅣ 골ᄋᆞ샤ᄃᆡ 君子ㅣ 九思ㅣ 인ᄂᆞ니 視예 明을 思ᄒᆞ며 聽에 聰을 思ᄒᆞ며 色에 溫을 思ᄒᆞ며 貌에 恭을 思ᄒᆞ며 言에 忠을 思ᄒᆞ며 事에 敬을 思ᄒᆞ며 疑예 問을 思ᄒᆞ며 忿에 難을 思ᄒᆞ며 得을 見ᄒᆞ고 義를 思ᄒᆞᄂᆞ니라

| 직역 |

공자께서 말씀하셨다. "군자는 아홉 가지 생각이 있으니, 볼 때는 분명하게 볼 것을 생각하고, 들을 때는 분명하게 들을 것을 생각하고, 얼굴빛은 온화함을 생각하고, 용모는 공손함을 생각하고, 말은 충실함을 생각하고, 일은 경건함을 생각하고, 의심스러울 때는 물을 것을 생각하고, 분할 때는 어려움을 당할 것을 생각하고, 얻을 것을 보면 의로움을 생각한다."

| 의해 |

천하의 이치는 하나라도 마음에 통솔되지 않음이 없고, 군자가

배우는 것은 하나라도 마음에 쓰이지 않음이 없다. 군자가 생각하는 것이 아홉 가지가 있다. 눈은 보는 것을 맡았는데 주관하는 것은 마음이므로 보기를 밝게 하여 다른 물건이 가리지 않게 할 것을 생각한다. 귀는 듣는 것을 맡았는데 주관하는 것은 마음이므로 듣기를 귀밝게 하여 다른 물건이 막지 않게 할 것을 생각한다. 얼굴빛은 내 마음이 얼굴로 드러나는 것이므로 얼굴빛은 온화하게 할 것을 생각하면 사나운 기색이 드러나지 않는다. 용모는 마음이 몸으로 드러난 것이므로 용모를 공손하게 할 것을 생각하면 게으르고 거만함이 없을 것이다. 말은 마음의 소리이므로 말을 충실하게 할 것을 생각하면 마음과 입이 한결같을 것이다. 일은 마음의 자취이므로 일에 대하여서는 공경하게 할 것을 생각하면 곧 하나로 모아져 다른 데로 가는 것이 없을 것이다. 마음에 의혹하는 것이 의심이므로 의심이 있으면 질문할 것을 생각해서 스승과 벗에게 물어서 의혹을 풀기를 구해야 한다. 마음에 노여움이 있는 것이 분한 것이므로 분한 것에 대하여서는 환란을 생각하여 참아서 징계해야 한다. 마음이 동요되기 쉬운 것은 무엇인가를 얻으려고 하는 경우에 동요되기 쉽다. 따라서 얻을만한 것을 보면 의리를 생각해서 구차하게 취하지 말아야 한다. 이 아홉 가지는 날마다 쓰고 항상 행함에 필요한 것이다. 군자가 생각을 하는 것이 이와 같으면 이것이 성(誠)을 생각하는 것이니, 스스로 다스리는 근본이 된다.

| 요지 |

이 장은 군자가 생각을 삼가는 학문을 보여준 것이다. 앞의 여섯 가지는 마음을 보존하고 몸을 다스리는 긴요한 것이고, 뒤의 세 가지는 이치를 밝히고 사사로운 욕심을 이기는 공부이다.

11. 孔子曰(공자왈) 見善如不及(견선여불급)하며 見不善如探湯(견불선여탐탕)을 吾見其人矣(오견기인의)요 吾聞其語矣(오문기어의)노라 隱居以求其志(은거이구기지)하며 行義以達其道(행의이달기도)를 吾聞其語矣(오문기어의)요 未見其人也(미견기인야)로라

| 언해 |

孔子ㅣ ᄀᆞᆯᄋᆞ샤ᄃᆡ 善을 見ᄒᆞ고 及디 몯홀ᄃᆞᆺᄒᆞ며 不善을 見ᄒᆞ고 湯을 探ᄐᆞᆺ홈을 내 그 人을 보고 내 그 語를 드런노라 隱居ᄒᆞ야 ᄡᅧ 그 志를 求ᄒᆞ며 義를 行ᄒᆞ야ᄡᅧ 그 道를 達홈을 내 그 語를 드럿고 그 人을 見티 몯ᄒᆞ얀노라

| 직역 |

공자께서 말씀하셨다. "선을 보고는 미치지 못할 듯이 하고 불선을 보고는 끓는 물을 더듬는 것처럼 한다고 하는데, 나는 그런 사람을 보았고 그런 말을 들었다. 숨어 살면서 그 뜻을 구하고 의를 행하여 그 도를 통달한다고 하는데, 나는 그런 말은 들었지만 그런 사람은 아직 못 보았다."

| 의해 |

착한 것을 보면 그것을 좇으면서 마치 거기에 미치지 못해 착함을 얻지 못할까 두려워하면 그 착한 것을 스스로 하지 못하게 될 근심은 없다. 착하지 아니함을 보면 곧 뜨거운 물을 더듬는 것 같이 하여 생각할 때마다 미워해서 오직 스스로가 혹 악한 데 빠질까 두려워하면 무엇을 하든 근심하지 않을 수 있을 것이다. 하지만 이것은 오직 알기를 지극히 하고 뜻이 성실한 사람이라야 할 수 있는데 공자는 이런 사람이 있는 것을 보고 이런 말이 있는 것을 들었다.

◑ 공자는 곤궁해서 숨어 거처하더라도 뜻만은 어진 도로써 임금을 돕고 백성을 다스리는 이치를 강구하여 몸에 갖추었다가, 세상에 나아가 의를 행할 때를 당하여 평소에 강구한 도를 통달하여 임금을 어질게 하고 백성을 편안하게 하는 것에 대하여 옛 사람의 말에서는 들었지만 지금 이러한 사람이 있는 것은 보지 못했다.

| 요지 |

이 장은 몸을 깨끗이 하고 세상을 구제한다는 뜻을 중심으로 보아야 한다. 위 대목은 몸을 깨끗이 하는 사람이므로 보기가 쉽고, 아래 대목은 세상을 구제하는 사람이므로 보기가 어렵다는 뜻이다. 보이는 것으로 보이지 않는 것을 이끌어 낸 것이니, 아래 대목이 더 중요하다.

12. 齊景公(제경공)이 有馬千駟(유마천사)하되 死之日(사지일)에 民無德而稱焉(민무덕이칭언)이요 伯夷叔齊(백이숙제)는 餓于首陽之下(아우수양지하)호대 民到于今稱之(민도우금칭지)하나니라 其斯之謂與(기사지위여)인저

| 언해 |

齊景公이 馬千駟를 두되 死ᄒᆞᆫ 날에 民이 德을 稱ᄒᆞᆷ이 업고 伯夷와 叔齊ᄂᆞᆫ 首陽ㅅ 下에 餓호ᄃᆡ 民이 이제 닐으히 稱ᄒᆞᄂᆞ니라 그 이를 닐옴인저

| 직역 |

제경공이 말 사천 필을 소유하였으나 죽는 날에 백성들 가운데

그가 덕이 있었다고 칭송하는 사람이 없었고, 백이와 숙제는 수양산 아래에서 굶어 죽었으나 백성들이 지금에 이르도록 칭송하고 있으니, 이것을 말한 것 같다.

| 의해 |

제나라 경공은 말 4,000필을 가졌으니 매우 부귀하였다. 그러나 그가 죽는 날에 이르러 아무도 그의 덕을 칭송함이 없었으니, 부귀가 무엇에 유익했겠는가? 백이와 숙제는 주나라의 녹을 먹는 것을 부끄러워하여 수양산 아래에서 굶어 죽었으니 매우 빈곤하였다. 그러나 백성들이 지금까지도 아름답다고 일컬으니 비록 빈천했지만 무엇이 손상되었겠는가?

◑『시경』에서 진실로 부유함으로 하지 않고 다만 다름(異)으로 한다고 하니, 아마도 제경공과 백이 · 숙제를 말한 것 같다. 사람이 일컫는 것이 부유함에 있지 않고 바름에 있다. 이러한 이치는 천하와 고금에 있어 제경공과 백이 · 숙제에게만 적용되는 것이 아니다.

| 요지 |

이 장은 사람을 권면하여 덕을 닦도록 하는 뜻이 담겨져 있다. 제경공은 부유하였지만 일컬어짐이 없고 백이 · 숙제는 가난하였지만 사람들이 그의 덕을 칭송하였으니, 사람들은 이 세상의 가볍고 무거움을 부귀로 헤아리지 않고 도덕으로 헤아린다는 것을 알 수 있다.

13. 陳亢이 問於伯魚曰 子亦有異聞乎아 對曰 未也로라 嘗獨立이어시늘 鯉趨而過庭이러니 曰 學詩乎아 對曰

未也로이다 不學詩면 無以言이라하여시늘 鯉退而學詩호라 他日에 又獨立이어시늘 鯉趨而過庭이러니 曰 學禮乎아 對曰 未也로이다 不學禮면 無以立이라하여시늘 鯉退而學禮호라 聞斯二者로라 陳亢이 退而喜曰 問一得三호니 聞詩聞禮하고 又聞君子之遠其子也로라

| 언해 |

陳亢이 伯魚의게 물어 ᄀᆞᆯ오ᄃᆡ 子ㅣ ᄯᅩᄒᆞᆫ 異ᄒᆞᆫ 聞이 잇ᄂᆞ냐 對ᄒᆞ야 ᄀᆞᆯ오ᄃᆡ 몯ᄒᆞ얀노라 일쯕 혼자 셧거시늘 鯉ㅣ 趨ᄒᆞ야 庭애 過ᄒᆞ다니 ᄀᆞᆯᄋᆞ샤ᄃᆡ 詩를 學ᄒᆞ얀ᄂᆞᆫ다 對ᄒᆞ야 ᄀᆞᆯ오ᄃᆡ 몯ᄒᆞ얀노이다 詩를 學ᄒᆞ디 아니ᄒᆞ면 ᄡᅧ 言티 몯ᄒᆞ리라 ᄒᆞ야시늘 鯉ㅣ 退ᄒᆞ야 詩를 學호라 달은 날애 ᄯᅩ 혼자 셧거시늘 鯉ㅣ 趨ᄒᆞ야 庭에 過ᄒᆞ다니 ᄀᆞᆯᄋᆞ샤ᄃᆡ 禮를 學ᄒᆞ얀ᄂᆞᆫ다 對ᄒᆞ야 ᄀᆞᆯ오ᄃᆡ 몯ᄒᆞ얀노이다 禮를 學디 아니ᄒᆞ면 ᄡᅧ 立디 몯ᄒᆞ리라 ᄒᆞ야시늘 鯉ㅣ 退ᄒᆞ야 禮를 學호라 이 二者를 들언노라 陳亢이 退ᄒᆞ야 喜ᄒᆞ야 ᄀᆞᆯ오ᄃᆡ 一를 問홈애 三을 得호니 詩를 聞ᄒᆞ며 禮를 聞ᄒᆞ고 ᄯᅩ 君子의 그 子를 遠홈을 聞호라

| 직역 |

진강이 백어에게 물었다. “그대는 또한 특이하게 들은 것이 있는가?” 대답하였다. “없었다. 일찍이 홀로 서 계실 때에 내가 빨리 걸어 뜰을 지나는데, ‘시를 배웠느냐?’ 하고 물으시기에 ‘못하였습니다’라고 대답하였더니, ‘시를 배우지 않으면 말을 할 수 없다’ 하시므로 내가 물러가 시를 배웠다. 다른 날에 또 홀로 서 계실 때에 내가 빨리 걸어 뜰을 지나는데, ‘예를 배웠느냐?’ 하고 물으

시기에 '못하였습니다'라고 대답하였더니, '예를 배우지 않으면 설 수 없다' 하시므로 내가 물러 나와 예를 배웠다. 이 두 가지를 들었다." 진강이 물러 나와 기뻐하면서 말하였다. "하나를 물어서 셋을 들었으니, 시를 듣고 예를 들었으며, 또 군자가 그 아들을 멀리하는 것을 들었다."

| 의해 |

시는 인정에 근본하고 있으니 배우는 사람이 사리에 통달하여 어둡고 막힌 것이 없고, 그 가르침이 온유하고 돈후하여 배우는 사람의 심기가 화평하여 조급함이 없기 때문에 말할 수 있는 것이다. 그러므로 시를 배우지 않으면 제대로 말할 수가 없다.

◑ 예는 300과 3,000가지가 있으니 그 차례를 어지럽게 하지 못하므로 배우는 사람이 조절하고 상세하게 밝히면 의리가 정밀하여 의혹함이 없다. 또한 예는 그 가르침이 공검(恭儉)과 장경(莊敬)이므로 배우는 사람의 덕성이 굳게 정하여져 지키는 것이 굳세어서 흔들리지 않는 것이니, 예를 배우지 않으면 서지 못한다.

◑ 백어가 공자에게서 특별히 들은 것은 위에서 말한 두 가지에 지나지 않는다. 그런데 이것은 공자가 항상 말하고 사람을 가르친 것이니, 백어에게만 특별히 말한 것은 아니다.

◑ 진강이 물러나와 기뻐한 것은 백어에게 물은 것은 하나지만 얻은 것이 셋이었기 때문이며, 시와 예를 마땅히 배워야 한다는 것은 자신도 이미 공자에게 들었고, 군자가 아들이라고 해서 사사롭게 후하게 하지 않는다는 것에 대하여서도 알 수 있었으므로 더더욱 기뻐한 것이다.

| 요지 |

진강은 평소 공자가 지극히 공정하고 사사로움이 없음을 알지 못하였다. 공자는 문인을 가르치거나 아들을 가르칠 적에 각각 정도에 따라 말했을 뿐이다. 그러므로 아들이라고 해서 더 말해주

는 것도 없고 또 특별히 멀리할 것도 없었다. 진강은 처음에는 공자가 아들에게 후하게 하는 것이 있는가 의심하고 나중에는 아들을 멀리하셨는가 의심하였으니 그의 소견이 또한 고루하다.

14. 邦君之妻를 君이 稱之曰 夫人이요 夫人이 自稱曰 小童이요 邦人이 稱之曰 君夫人이요 稱諸侯異邦曰 寡小君이요 異邦人이 稱之에 亦曰 君夫人이니라

| 언해 |

邦君의 妻를 君이 稱ᄒᆞ야 ᄀᆞᆯ오ᄃᆡ 夫人이라 ᄒᆞ고 夫人이 스스로 稱ᄒᆞ야 ᄀᆞᆯ오ᄃᆡ 小童이라 ᄒᆞ고 邦人이 稱ᄒᆞ야 ᄀᆞᆯ오ᄃᆡ 君夫人이라 ᄒᆞ고 異邦에 稱ᄒᆞ야 ᄀᆞᆯ오ᄃᆡ 寡小君이라 ᄒᆞ고 異邦사ᄅᆞᆷ이 稱ᄒᆞᆷ애 ᄯᅩᄒᆞᆫ ᄀᆞᆯ오ᄃᆡ 君夫人이라 ᄒᆞᄂᆞ니라

| 직역 |

나라 임금의 처를 임금이 일컬어 부인이라고 하고, 부인이 스스로 일컬어 소동이라고 하고, 나라 사람들이 일컬어 군부인이라고 하고, 다른 나라에게 일컬어 과소군이라고 하고, 다른 나라 사람들이 일컬어 또한 군부인이라고 한다.

| 자해 |

寡 : 덕이 적음. 겸사(謙辭).

| 의해 |

공자가 제후의 아내를 부르는 법을 말하고 이름을 바르게 하는

뜻을 더불어 말한 것이다. 부부는 인륜이 시작되는 바이고 규방은 모든 변화의 근원이다. 제후의 아내는 한 나라의 어머니와 같은 존재이므로 평범한 사람과는 달리 특별한 칭호가 있다. 임금이 부를 때 부인이라고 하는 것은 내 몸과 같다는 뜻이고, 제후의 아내가 임금에게 자기를 지칭할 때 소동이라고 하는 것은 자기가 어리고 아는 것이 없어서 감히 임금과 더불어 한 몸이 되지 못한다는 겸사이다. 나라 사람이 군부인이라고 부르는 것은 임금을 도와서 안을 다스리므로 임금과 같이 높다는 의미에서 부르는 것이고, 그 나라 사람이 자기 임금의 부인을 다른 사람에게 말하면서 과소군이라고 하는 것은 덕이 적은 사람으로서 작은 임금이 되었다고 하는 것이니 임금의 겸양을 따르는 뜻이다. 다른 나라 사람이 부를 때도 또한 군부인이라고 한다.

| 요지 |

이 장은 공자가 명분을 바로잡는 뜻을 보인 장이다. 당시의 제후들이 첩으로 아내를 삼는 사람이 있었기 때문에 처음에 나라 임금의 처라고 한 말이 이 대목의 강령이고 임금이 칭한다고 한 구절은 아래 두 구절의 강령이다. 두 번 군부인이라고 한 것은 임금이 높이는 것을 따라서 높인 것이다.

17. 양화(陽貨)

1. 陽貨가 欲見孔子어늘 孔子不見하신대 歸孔子豚이어늘 孔子時其亡也而往拜之러시니 遇諸塗하시다 謂孔子曰 來하라 予與爾言호리라 曰 懷其寶而迷其邦이 可謂仁乎아 曰不可하다 好從事而亟失時가 可謂知乎아 曰 不可하다 日月이 逝矣라 歲不我與이니라 孔子曰 諾다 吾將仕矣로리라

| 언해 |

陽貨ㅣ 孔子를 뵈읍고져 ᄒᆞ거늘 孔子ㅣ 보디 아니ᄒᆞ신대 孔子ᄭᅴ 豚을 歸ᄒᆞ야늘 孔子ㅣ 그 업슴을 時ᄒᆞ야 가 拜ᄒᆞ더시니 길헤 遇ᄒᆞ시다 孔子ᄭᅴ 닐어 ᄀᆞᆯ오ᄃᆡ 來ᄒᆞ라 내 널로 더블러 言호리라 ᄀᆞᆯ오ᄃᆡ 그 寶를 懷ᄒᆞ야 그 邦을 迷케 홈이 可히 仁이라 닐ᄋᆞ랴 ᄀᆞᆯᄋᆞ샤ᄃᆡ 可티 아니ᄒᆞ다 事를 從홈을 好호ᄃᆡ ᄌᆞ조 時를 失홈이 可히 知라 닐ᄋᆞ랴 ᄀᆞᆯᄋᆞ샤ᄃᆡ 可티 아니ᄒᆞ다 日月이 가ᄂᆞ디라 歲 나를 與티 아니ᄒᆞᄂᆞ니라 孔子ㅣ ᄀᆞᆯᄋᆞ샤ᄃᆡ 諾다 내 쟝ᄎᆞᆺ 仕호리라

| 직역 |

양화가 공자를 만나고자 하였으나, 공자께서 만나주지 않으시자 양화가 공자에게 돼지를 선물로 보내니, 공자께서도 그가 없는

틈을 타 사례하러 가셨는데 길에서 마주쳤다. 양화가 공자께 말하였다. "이리 오시오. 내가 그대와 함께 말하겠소. 훌륭한 보배를 품고서 나라를 어지럽게 내버려두는 것을 인이라고 할 수 있습니까?" 공자께서 말씀하셨다. "그렇다고 할 수 없습니다." 양화가 말하였다. "일하기를 좋아하면서 자주 때를 놓치는 것을 지혜롭다고 할 수 있습니까?" 공자께서 말씀하셨다. "그렇다고 할 수 없습니다." 양화가 말하였다. "해와 달이 흘러가니, 세월은 나를 위하여 기다려 주지 않습니다." 공자께서 말씀하셨다. "알았습니다. 나는 장차 벼슬을 할 것입니다."

| 자해 |

陽貨 : 계씨의 가신(家臣). 이름은 호(虎), 자는 화(貨). • 亟 : 자주. • 失時 : 시기를 잃음. • 歸 : 보내다. • 亡 : 없다. 음은 무. • 將 : 그렇게 하겠지만 꼭 그러하지는 않는다는 의미.

| 의해 |

양화는 일찍이 계환자(季桓子)를 가두고 나라의 정사를 마음대로 하고, 공자로 하여금 자기를 찾아와서 보게 하여 자기를 존중하게 하려고 하였다. 공자가 의리를 지켜 가서 보지 않으니 양화가 계책을 생각하고 대부가 사(士)에게 예물을 보내는 예에 근거하여 공자에게 예물을 보내고자 하였다. 예법에는 예물을 받는 사가 자기 집에 있어서 예물을 직접 받지 못하면 추후로 직접 예물을 보낸 대부의 집에 가서 치사한다. 양화는 이 예법을 이용하여 어떻게든 공자가 자기를 찾아오도록 하려고 공자가 집에 있지 않은 때를 틈타서 삶은 돼지를 예물로 보냈다. 그러자 공자도 양화가 자기 집에 있지 않은 때를 틈타 가서 절하여 사례하고 오다가 길에서 서로 만난 것이다.

◑ 양화가 공자에게 말하였다. "이리 오시오. 내가 그대에게 할 말이 있소. 도덕이라 하는 것은 세상을 다스리는 보배이거늘 그런

보배를 품고도 나오지 않고 앉아 보기만 하여 그 나라를 희미하게 하고 어지럽히는 것을 인이라 할 수 있겠소?" 공자가 말하였다. "인한 자는 마음이 세상을 구원하는 데 있거늘 이러한 포부를 가지고도 가만히 앉아있다면 인한 사람이라고 말할 수 없을 것입니다." 양화가 또 말하였다. "평일에 세상을 건질 생각이 있어서 종사하고자 하지만 자주 때를 잃는 것이 지혜로운 사람이라고 할 수 있겠습니까?" 공자가 이에 답하였다. "지혜로운 자는 사리에 밝으니, 종사하기를 좋아하면서 때를 잃는 것은 지혜롭다고 할 수 없습니다." 양화가 또 말하였다. "일월이 한번 가면 다시 돌아오지 아니하여 세월은 나를 위하여 머물지 않으니, 몸에 품은 보배를 감추지 말고 때를 잃지 말아야 합니다. 지금 벼슬하지 않고 어느 때를 기다릴 것입니까?" 공자는 답하였다. "옳습니다. 내 장차 벼슬할 것입니다." 양화는 의도적으로 공자를 조롱하였으나, 공자는 무심한듯 대답하였다. 성인이 소인을 대접함이 격동하지도 않고, 또 그것을 따르지도 아니함이 이와 같다.

| 요지 |

이 장은 성인이 권세 있는 신하에 대하여서 미워하지 않아도 엄하게 한 것을 보였다. 양화의 말은 모두 공자를 기롱하고 달래서 속히 벼슬에 나아오게 하려는 것이다. 공자가 묻는대로 대답한 것은 이치에 정직함을 나타낸 것이고, 또 그의 풍자에 대하여 변론을 안한 것은 말은 공손히 하면서도 지조는 조금도 굽히지 않은 것이다. 공자도 벼슬을 하지 않으려 한 것은 아니다. 다만 양화같은 간흉과 같이 하지 않는 의리를 보인 것이다.

2. 子曰(자왈) 性相近也(성상근야)나 習相遠也(습상원야)니라

| 언해 |

子ㅣ 갈ᄋᆞ샤ᄃᆡ 性이 서르 갓가오나 習으로 서로 머ᄂᆞ니라

| 직역 |

공자께서 말씀하셨다. "성품이 서로 가까우나 익히는 데 따라 서로 멀어지게 된다."

| 자해 |

性 : 기질을 겸하여 말할 때의 성.

| 의해 |

천지의 이치를 사람이 똑같이 얻어 성품이 된다. 비록 기질 때문에 맑고 흐리고 순전하고 잡박한 차이가 없을 수 없지만, 처음에는 착하고 악한 분수가 조금도 다름이 없어서 맑고 순전한 사람은 진실로 착하지만 흐리고 잡박한 사람도 또한 착하지 않은 것이 아니다. 이것이 성품이 서로 가까운 것이다.

그러나 이러한 착한 것과 악한 것이 서로 멀어지게 되는 것은 어째서인가? 태어나 나중에 익힌 것에 따라 그런 것이다. 성품이 서로 가깝지만 익힌 것에 따라 서로 멀어지는 것을 생각한다면, 사람이 익히는 것을 삼가지 않을 수 없다. 익히는 것을 삼가서 기품의 편벽된 것을 이겨내어 천성의 근본을 회복하면 서로 가깝던 상태로 한결같이 되게 할 수 있을 것이다.

| 요지 |

이 장은 사람들이 착하고 악함이 서로 먼 것에 대하여 성품에 허물이 있다고 생각하므로 성품과 기습(氣習)을 엄격하게 분별하여 사람에게 보인 것이다. 허물이 성품에 있지 않고 기습에 있다고 말한 것과 같으니, 사람으로 하여금 성품을 증험하여 기습을 삼가도록 한 것이다.

3. 子曰(자왈) 唯上知與下愚(유상지여하우)는 不移(불이)니라

| 언해 |

子ㅣ ᄀᆞᆯᄋᆞ샤ᄃᆡ 오직 上知와 다뭇 下愚ᄂᆞᆫ 移티 아니ᄒᆞᄂᆞ니라

| 직역 |

공자께서 말씀하셨다. "오직 가장 지혜로운 사람과 가장 어리석은 사람은 변하지 않는다."

| 의해 |

사람의 기질이 진실로 서로 가깝지만 그 가운데 오직 기운이 극히 맑고 바탕이 극히 정(精)한 사람은 상등의 지혜로운 사람이고, 기운이 극히 흐리고 바탕이 극히 잡된 사람은 하등의 어리석은 사람이다. 이 두 사람의 조건은 일정하여 바꾸지 못하며, 익히는 것으로 옮기지 못하는 것이다. 서로 같은 가운데 아주 다른 것이 이와 같지만, 이밖에 선할 수도 있고 악할 수도 있는 중등의 사람은 그 기질을 변화시키는 공부를 어찌 힘쓰지 않을 수 있겠는가? 하등의 어리석은 사람이 둘이 있으니, 하나는 스스로 사납게 하는 사람이니 이 사람은 선한 것을 거절하여 믿지 않는 사람이고, 다른 하나는 스스로 버리는 사람이니 이 사람은 선한 것을 끊고 하지 않는 사람이다. 이들은 비록 성인과 더불어 같이 살더라도 교화되어 도에 들어가지 못할 것이니, 이것이 공자가 말한 가장 어리석은 사람이다.

| 요지 |

이 장의 주된 뜻은 오직 옮기는 데 있으니, 사람으로 하여금 기습을 삼가게 하고 성품을 증험하게 한 것이다. 가장 지혜로운 사람

과 가장 어리석은 사람은 많지 않고 중등의 사람이 가장 많으니 옮길 수 있는 사람이 많다. 오직 성품이 서로 가까우니 사람이 어찌 기습을 삼가지 않겠는가?

4. 子之武城(자지무성)하사 聞弦歌之聲(문현가지성)하시다 夫子莞爾而笑曰(부자완이이소왈) 割(할)鷄(계)에 焉用牛刀(언용우도)리오 子游對曰(자유대왈) 昔者(석자)에 偃也聞諸夫子(언야문저부자)호니 曰君子學道則愛人(왈군자학도즉애인)이요 小人(소인) 學道則易使也(학도즉이사야)라하이다 子曰(자왈) 二三子(이삼자)아 偃之言(언지언)이 是也(시야)니 前言(전언)은 戲之耳(희지이)니라

| 언해 |

子ㅣ 武城에 가샤 弦歌ㅅ소리를 들으시다 夫子ㅣ 莞爾히 笑ᄒᆞ야 ᄀᆞᆯᄋᆞ샤ᄃᆡ 鷄ᄅᆞᆯ 割홈애 엇디 牛刀를 ᄡᅳ리오 子游ㅣ 對하야 ᄀᆞᆯ오ᄃᆡ 녜 偃이 夫子ᄭᅴ 듯ᄌᆞ오니 ᄀᆞᆯᄋᆞ샤ᄃᆡ 君子ㅣ 道를 學ᄒᆞ면 사ᄅᆞᆷ을 ᄉᆞ랑ᄒᆞ고 小人이 道를 學ᄒᆞ면 브림이 쉽다 호이다 子ㅣ ᄀᆞᆯᄋᆞ샤ᄃᆡ 二三子아 偃의 言이 是ᄒᆞ니 前言은 戲홈이니라

| 직역 |

공자께서 무성에 가시어 현악에 맞추어 부르는 노래를 들으셨다. 공자께서 빙그레 웃으시며 말씀하셨다. "닭 잡는 데, 어찌 소 잡는 칼을 쓰느냐?" 자유가 대답하였다. "예전에 제가 선생님께 들었는데, 군자가 도를 배우면 사람을 사랑하고 소인이 도를 배우면 부리기가 쉽다고 하셨습니다." 공자께서 말씀하셨다. "여러분, 언의 말이 옳다. 방금 내가 한 말은 농담이다."

| 자해 |

弦 : 거문고와 비파. • 莞爾 : 조금 웃는 모양. • 君子 : 벼슬한 사람. • 小人 : 백성. • 偃 : 자유(子遊)의 이름.

| 의해 |

자유가 무성 지방의 재(宰)가 되었는데 공자가 무성에 갔다가 거문고와 비파 타는 소리를 들었다. 백성에게 착한 풍속이 있는 것으로 보아 윗사람이 착한 도리로 가르친 것을 알 수 있었다. 공자가 기쁜 듯한 얼굴빛을 보이며 조금 웃으면서 말하였다. "무성은 작은 고을인데 큰 도로 다스리는 것을 비유하면 작은 닭을 잡는데 큰 소를 잡는 칼을 쓰는 것과 같다." 그러자 자유가 바로 대답하였다. "전에 제가 선생님의 말씀을 들으니 군자는 위에 있으니 도를 배워서 이치를 밝히면 인한 마음을 길러 사람을 사랑하고, 소인은 아래에 있으니 또한 도를 배워서 이치를 밝히면 조화롭고 순응하여 윗사람을 섬기고 복종하니 부리기가 쉽다고 하셨습니다. 이 말씀으로 미루어 보면 무성이 비록 작은 고을이나 또한 군자도 있고 소인도 있는데, 어찌 조그마한 고을이라고 예와 음악으로 가르치지 않겠습니까?" 공자가 자유의 이 말이 지극히 이치가 있어 독실하고 믿음직스러우므로 아름답게 여기고, 문인들이 앞에서 말한 것을 의혹할까 하여 다시 말하였다. "여러분, 자유의 말이 옳다. 내가 전에 닭 잡는 데 소 잡는 칼을 쓴다고 한 것은 농담으로 한 말로, 자유가 자신이 있나 없나 시험해 본 것이다. 어찌 나라가 작고 백성이 적다고 소홀히 하겠는가?"

| 요지 |

이 장은 도라는 글자로 핵심을 삼는다. 기쁜 듯이 조금 웃었다는 대목은 도를 가지고 백성을 교화한 것을 기뻐한 것이고, 그 아래는 도를 배움에 서로 믿음을 아름답게 여긴 것이다. 공자의 마음은 도를 가지고 천하를 바꾸고자 하지 않음이 없다.

5. 公山弗擾以費畔(공산불요이비반)하여 召(소)이어늘 子欲往(자욕왕)이러시니 子路不(자로불)說曰(열왈) 末之也已(말지야이)니 何必公山氏之之也(하필공산씨지지야)시리잇고 子曰(자왈) 夫召我者(부소아자)는 而豈徒哉(이기도재)리요 如有用我者(여유용아자)인댄 吾其爲東周乎(오기위동주호)인저

| 언해 |

公山弗擾ㅣ 費로써 畔ᄒᆞ야 召ᄒᆞ야ᄂᆞᆯ 子ㅣ 往코쟈 ᄒᆞ더시니 子路ㅣ 說티 아니ᄒᆞ야 ᄀᆞᆯ오ᄃᆡ 갈ᄃᆡ 업슬 ᄯᆞᄅᆞᆷ이니 엇디 반ᄃᆞ시 公山氏의게 가시리잇고 子ㅣ ᄀᆞᆯᄋᆞ샤ᄃᆡ 나ᄅᆞᆯ 召ᄒᆞᄂᆞᆫ 者ᄂᆞᆫ 엇디 ᄒᆞᆫ갓 ᄒᆞ리오 만일 나ᄅᆞᆯ ᄡᅳᆯ 者ㅣ 이실띤댄 내 그 東周ᄅᆞᆯ ᄒᆞᆯ띤뎌

| 직역 |

공산불요가 비읍을 근거로 반란을 일으키고 공자를 부르니, 공자께서 가려고 하셨다. 자로가 기뻐하지 않으며 말하였다. "가실 곳이 없으면 그만이지, 하필이면 공산씨에게 가시려 하십니까?" 공자께서 말씀하셨다. "나를 부르는 자가 어찌 공연히 그러겠느냐? 나를 써 주는 자가 있다면, 나는 동쪽 주나라를 만들 것이다."

| 자해 |

公山弗擾 : 계씨(季氏)의 가신(家臣). • 末 : 없음. • 豈徒哉 : 반드시 자기〔공자〕를 등용할 것임. • 爲東周 : 주나라의 도를 동방에 일으킴.

| 의해 |

공산불요가 계씨의 신하로 비읍의 읍재가 되어서 양화와 함께 계환자를 잡아 가두고 비읍에 웅거하여 반란을 일으켰다. 그리고 폐백을 보내어 공자를 부르니 공자가 가고자 하였다. 그러자 자

로가 기뻐하지 않고서 도가 이미 행해지지 않으니 갈 데가 없으면 그만둘 것이지 하필 공산씨에게 가려고 하는지를 물었다. 이것은 자로가 공산불요가 의리 없는 일을 하는데 공자가 가고자 하는 것은 잘못이라고 생각하여 말한 것이다.

◑ 공자가 말하였다. "공산불요가 다른 사람을 부르지 않고 나를 부른 것은 공연히 부른 것이 아니다. 자기가 임금을 배반한 것을 내가 따르리라고 생각한 것이 아니라, 분명 나를 써서 배반한 뜻을 돌이켜 귀순하고자 하는 것이다. 슬프다, 세상에서 나를 쓰는 사람이 있으면 내가 동쪽 주나라의 문왕, 무왕 그리고 주공의 도를 회복하여 천하를 다스릴 것이다. 어찌 갈 데가 없다고 하여 그만두겠는가?"

| 요지 |

이 장은 공자가 세상에 쓰일 뜻을 스스로 드러낸 것이다. 공산불요가 반란을 일으키면서 공실(公室)을 강하게 하고 사가(私家)를 제어한다는 명분을 내걸었다. 공자가 이 기회를 빌어 도를 행하여 정사가 대부에게 있는 것은 제후에게 돌리고, 정사가 제후에게 있는 것은 천자에게 여쭙도록 하려고 생각하였다. 그렇게 되면 주나라 도를 다시 일으킬 수 있을 것이므로 주나라 도를 동방에 일으킨다고 한 것이다.

6. 子張이 問仁於孔子한대 孔子曰 能行五者於天下면 爲仁矣니라 請問之한대 曰恭寬信敏惠니 恭則不侮하고 寬則得衆하고 信則人任焉하고 敏則有功하고 惠則足以使人이니라

| 언해 |

子張이 仁을 孔子ᄭᅴ 묻ᄌᆞ온ᄃᆡ 孔子ㅣ ᄀᆞᆯᄋᆞ샤ᄃᆡ 能히 五者를 天下에 行ᄒᆞ면 仁을 ᄒᆞ욤이니라 請컨댄 묻ᄌᆞᆸ노이다 ᄒᆞᆫ대 ᄀᆞᆯᄋᆞ샤ᄃᆡ 恭과 寬과 信과 敏과 惠니 恭ᄒᆞ면 侮티 아니ᄒᆞ고 寬ᄒᆞ면 衆을 得하고 信ᄒᆞ면 人이 任ᄒᆞ고 敏ᄒᆞ면 功이 잇고 惠ᄒᆞ면 足히 써 人을 使ᄒᆞ리니라

| 직역 |

자장이 공자께 인에 대하여 묻자, 공자께서 말씀하셨다. "다섯 가지를 천하에 실행할 수 있으면 인이 된다." 자장이 가르쳐 주시기를 청하니, 말씀하셨다. "공손 · 너그러움 · 믿음 · 민첩 · 은혜이니, 공손하면 업신여김을 받지 않고, 너그러우면 여러 사람들을 얻게 되고, 믿음이 있으면 남들이 의지하게 되고, 민첩하면 공이 있게 되고, 은혜로우면 충분히 남들을 부릴 수 있게 된다."

| 자해 |

任 : 의지하고 믿음.

| 의해 |

자장이 인의 도를 공자에게 묻자 공자는 말하였다. "인은 마음의 이치이니 마음에 한 번이라도 끊어짐이 있으면 곧 없어지는 것이다. 만일 다섯 가지를 천하에 실행하면 어디든지 다 마땅하여 그 마음이 공평하고 이치가 두루 통할 것이니, 이것이 인이다." 자장이 그 다섯 가지 조목을 물으니 공자가 말하였다. "마음이 거만하지 않고 공손할 것이며, 마음이 편벽되지 않고 너그러울 것이며, 마음이 거짓이 없고 믿음직스러울 것이며, 마음이 게으르지 않고 민첩할 것이며, 마음이 각박하지 않고 은혜가 있게 할 것이니, 이것이 다 인을 보존하는 것이다. 다만 사람이 행할 수 없을까 근심스럽다. 진실로 공손할 수 있으면 두려워할 만한 위엄이 있어서

사람이 감히 나를 업신여기지 않을 것이요, 너그러울 수 있으면 사람을 포용할 도량이 있어서 대중의 마음을 얻을 것이요, 믿음직스러울 수 있으면 사람이 다 의지하여 나를 의심하지 않을 것이요, 민첩할 수 있으면 이치대로 따르고 구차한 병통이 없어서 이루지 못함이 없을 것이요, 은혜로울 수 있으면 사람이 그 은혜를 입고 감격한 마음이 있어서 내게 쓰임이 되기를 즐거워할 것이다. 네가 이 다섯 가지를 천하에 행하면 인이 어찌 이 밖에 있겠느냐?"

| 요지 |

이 장은 자장이 바깥에 힘써 인을 구함에 혹 내실이 부족하므로 공자가 인을 하는 실제적인 일로 보인 것이다. 핵심은 '실행할 수 있다'는 한 구절에 있으니 이 다섯 가지를 실행할 수 있다면 마음이 보존되고 이치를 얻어 어디를 가든지 그렇지 않음이 없을 것이다. 다섯 가지 조목은 자장의 부족함에 근거하여 말한 것이다.

7. 佛肸이 召어늘 子欲往이러시니 子路曰 昔者에 由也聞諸夫子호니 曰親於其身에 爲不善者어든 君子不入也라하시니 佛肸이 以中牟畔이어늘 子之往也는 如之何잇고 子曰 然하다 有是言也이어니와 不曰堅乎아 磨而不磷이니라 不曰白乎아 涅而不緇니라 吾 豈匏瓜也哉라 焉能繫而不食이리오

| 언해 |

佛肸이 召ᄒᆞ야늘 子ㅣ 往코져 ᄒᆞ더시다 子路ㅣ ᄀᆞᆯ오ᄃᆡ 녜 由ㅣ 夫子ᄭᅴ 듣ᄌᆞ오니 ᄀᆞᆯᄋᆞ샤ᄃᆡ 親히 그 몸애 不善을 ᄒᆞᄂᆞᆫ 者ㅣ어든 君子ㅣ 드디 아닌ᄂᆞ니라 ᄒᆞ시니 佛肸이 中牟로써 畔ᄒᆞ거늘 子의 往ᄒᆞ심은 엇디니잇고 子ㅣ ᄀᆞᆯᄋᆞ샤ᄃᆡ 然ᄒᆞ다 이 말이 인ᄂᆞ니라 堅타 닐ᄋᆞ디 아년ᄂᆞ냐 磨ᄒᆞ야도 磷티 아니ᄒᆞᄂᆞ니라 白다 닐ᄋᆞ디 아년ᄂᆞ냐 涅ᄒᆞ야도 緇티 아니ᄒᆞᄂᆞ니라 내 엇디 匏瓜ㅣ라 엇디 能히 繫ᄒᆞ야 食디 아니ᄒᆞ리오

| 직역 |

필힐이 공자를 부르니, 공자께서 가려고 하셨다. 자로가 말하였다. "옛날에 제가 선생님께 들었는데, 직접 그 자신이 착하지 않은 행동을 하는 자에게는 군자가 들어가지 않는다고 하셨습니다. 필힐이 지금 중모 땅을 근거로 배반하였는데 선생님께서 가려고 하시니, 어찌해서입니까?" 공자께서 말씀하셨다. "그렇다. 그런 말을 한 적이 있다. 그러나 단단하다고 말하지 않겠는가! 갈아도 얇아지지 않으니. 희다고 말하지 않겠는가! 검은 물을 들여도 검어지지 않으니. 내가 어찌 뒤웅박과 같겠는가! 한 곳에 매달려 먹히지 않기 바라겠는가!"

| 자해 |

佛肸 : 진나라 대부인 조씨의 중모읍의 읍재. 佛의 음은 '필'. • 磷 : 얇은 모양. • 涅(날) : 검은 물 들이는 것. • 緇 : 검은 것. • 匏 : 박. 바가지.

| 의해 |

필힐이 공자를 부르자 공자가 가고자 한 것은 그 사람이 변할 만해서였지 일이 할 만한 것이기 때문은 아니었다. 또한 나에게는 믿는 도가 있으니 내가 가더라도 저 사람이 나를 더럽힐 수 없다고 하여 가고자 한 것이다. 그러나 자로는 공자가 필힐에게 더럽

혀질까 염려하여 말했다. "예전에 선생님께는 사람이 스스로 제 몸에 착하지 못한 일을 하는 자가 있으면 군자는 그 무리에 들어가지 않으니, 그 악함이 내 몸을 더럽힐까 두렵기 때문이라고 하였습니다. 지금 필힐이 중모 지방에 웅거하고 제 임금을 배반하였으니, 이는 스스로 제 몸에 착하지 못한 일을 하는 사람입니다. 그런데 선생님께서 가시고자 하시나 어떻게 된 것입니까? 이는 선생님께서 전에 말씀하셨던 것과 같지 않습니다."

◑ 공자가 말하였다. "그렇다. 내가 전에 그렇게 말했다. 그러나 그 말은 내가 특히 바탕이 굳지 못하고 흰 것이 부족한 사람을 위해 말한 것이다. 물건의 바탕이 지극히 굳은 것이라면 비록 갈아도 얇아지지 않으니 시험하여 갈아보아도 무방하다. 또 물건의 바탕이 지극히 흰 것이라면 비록 물들여도 검어지지 않으니 시험 삼아 물들여 보는 것도 무방하다. 제 아무리 착하지 못한들 나를 어떻게 더럽히겠는가? 우리의 일신이 세상과 관계됨이 중대하다. 어찌 저 박과 같이 한 곳에 매달려 움직이지 못하고 사람이 먹지 않고 알지 못해서 쓰이지도 못하고 사람에게 유익함이 없는 것과 같겠는가!"

| 요지 |

이 장은 현인은 떳떳한 도를 지키고 성인은 권도를 쓰는 것을 보인 것이니, 분변해야 할 것이다. 위에서 공산불요의 부름에 가려고 한 것은 나를 쓰려는 것에 중점이 있고, 필힐이 부름에 가려고 한 것은 나를 더럽히지 못함에 중점이 있다.

8. 子曰 由也아 女聞六言六蔽矣乎아 對曰 未也로이다 居하라 吾語女호리라 好仁不好學이면 其蔽也愚요 好知不好學이면 其蔽也蕩이요 好信不好學이면 其蔽也 賊이요 好直不好學이면 其蔽也絞요 好勇不好學이면 其蔽也亂이요 好剛不好學이면 其蔽也狂이니라

| 언해 |

子ㅣ ᄀᆞᆯᄋᆞ샤ᄃᆡ 由아 네 六言에 六蔽를 드런ᄂᆞᆫ다 對ᄒᆞ야 ᄀᆞᆯ오ᄃᆡ 몯ᄒᆞ얀노이다 居ᄒᆞ라 내 너ᄃᆞ려 語호리라 仁을 好ᄒᆞ고 學을 好티 아니ᄒᆞ면 그 蔽ㅣ 愚ᄒᆞ고 知를 好ᄒᆞ고 學을 好티 아니ᄒᆞ면 그 蔽ㅣ 蕩ᄒᆞ고 信을 好ᄒᆞ고 學을 好티 아니ᄒᆞ면 그 蔽ㅣ 賊ᄒᆞ고 直을 好ᄒᆞ고 學을 好티 아니ᄒᆞ면 그 蔽ㅣ 絞ᄒᆞ고 勇을 好ᄒᆞ고 學을 好티 아니ᄒᆞ면 그 蔽ㅣ 亂ᄒᆞ고 剛을 好ᄒᆞ고 學을 好티 아니ᄒᆞ면 그 蔽ㅣ 狂ᄒᆞᄂᆞ니라

| 직역 |

공자께서 말씀하셨다. "유야! 너는 육언(六言)에 육폐(六蔽)를 들어보았느냐?" 자로가 대답하였다. "아직 듣지 못하였습니다." 공자께서 말씀하셨다. "앉거라. 내가 너에게 말해 주겠다. 인만 좋아하고 배우기를 좋아하지 않으면 그 폐단은 어리석게 되고, 지혜만 좋아하고 배우기를 좋아하지 않으면 그 폐단은 지나치게 호탕하게 되고, 믿음만 좋아하고 배우기를 좋아하지 않으면 그 폐단은 해치게 되고, 정직한 것만 좋아하고 배우기를 좋아하지 않으면 그 폐단은 급하게 되고, 용맹만 좋아하고 배우기를 좋아하

지 않으면 그 폐단은 어지럽게 되고, 강한 것만 좋아하고 배우기를 좋아하지 않으면 그 폐단은 경솔하게 된다."

| 자해 |

居 : 앉으라는 말. • 愚 : 속임을 당할 만함. • 蕩 : 높고 넓은 곳을 탐구하면서 그치지 못함. • 賊 : 상대를 해롭게 함. • 絞 : 급함. 꼬임.

| 의해 |

공자가 자로를 불러 말하였다. "유(由 : 자로의 이름)야! 네가 여섯 가지 아름다운 말 속에는 여섯 가지 폐단이 감추어 있다는 것을 들어보았느냐?" 자로가 일어나 "듣지 못하였습니다."라고 대답하자, 공자가 말하였다. "앉거라. 내가 너에게 그 여섯 가지 말의 폐단에 대해 말해주겠다. 아름다운 덕은 반드시 배운 뒤에 성취된다. 인이라는 말은 좋기는 하지만 인을 좋아함에 오직 배워서 그 이치를 밝혀야 완전한 인이 된다. 배움을 좋아하지 않으면 당연히 인하지 않을 곳에 인하여 그 폐단이 어리석어서 혹 사람을 사랑하다가 제 자신을 잃어버리기 쉽다. 지혜라는 말은 좋기는 하지만 지혜를 좋아함에 오직 배워서 그 이치를 밝혀야 큰 지혜가 된다. 배움을 좋아하지 않으면 당연히 탐구하지 않아야 할 것을 탐구하여 그 폐단이 너무 호탕하여 마음을 허무한 곳에 써서 그칠 바가 없는 것이다. 믿음이라는 말은 좋기는 하지만 믿음을 좋아함에 오직 배워서 그 이치를 밝혀야 진실한 믿음이 된다. 배움을 좋아하지 않으면 의리를 돌아보지 않고 진실하지 않은 것만 주장하며 이해를 따지지 않아서 그 폐단이 남을 해롭게 하는 것이다. 곧음이라는 말은 좋기는 하지만 곧음을 좋아함에 오직 배워서 그 이치를 밝혀야 곧음이 편벽되지 않는다. 배움을 좋아하지 않으면 너그럽고 포용하는 뜻이 없어서 그 폐단이 사람의 잘못을 꼬집어내서 박절함이 많을 것이다. 용맹이라는 말은 좋기는 하지만 용맹을 좋아함에 오직 배워서 그 이치를 밝혀야 의리에 맞는 인이 된다. 배움을 좋아하지

않으면 한갓 혈기가 강한 것만 믿어서 그 폐단이 난리를 일으키기 쉽다. 굳셈이라는 말은 좋기는 하지만 굳셈을 좋아함에 오직 배워서 그 이치를 밝혀야 도에 합당한 굳셈이 된다. 배움을 좋아하지 않으면 세상을 업신여기고 사람에게 거만하여 방탕하고 얽매인 곳이 없어서 말과 행실이 앞뒤를 돌아보지 않아 그 폐단이 망령되고 경솔할 따름이다. 너는 이것을 알아야 한다."

| 요지 |

이 장은 사람이 배우기를 좋아하면서도 그 덕을 이루어야 함을 보인 것이다. 배우기를 좋아하지 않으면 한갓 이름만 사모하는 것이고, 착함이 착함이 되는 까닭을 알지 못하면 도리어 여섯 가지 폐단이 있을 것이다.

9. 子曰(자왈) 小子(소자)는 何莫學夫詩(하막학부시)오 詩(시)는 可以興(가이흥)이며 可以觀(가이관)이며 可以群(가이군)이며 可以怨(가이원)이며 邇之事父(이지사부)며 遠之事君(원지사군)이요 多識於鳥獸草木之名(다식어조수초목지명)이니라

| 언해 |

子ㅣ ᄀᆞᆯᄋᆞ샤ᄃᆡ 小子ᄂᆞᆫ 엇디 詩ᄅᆞᆯ 學디 아니ᄒᆞᄂᆞ뇨 詩ᄂᆞᆫ 可히 ᄡᅥ 興ᄒᆞ며 可히 ᄡᅥ 觀ᄒᆞ며 可히 ᄡᅥ 羣ᄒᆞ며 可히 ᄡᅥ 怨ᄒᆞ며 갓가이ᄂᆞᆫ 父ᄅᆞᆯ 事홈이며 멀리ᄂᆞᆫ 君을 事홈이오 鳥獸와 草木의 일홈을 해 알ᄭᅥ시니라

| 직역 |

공자께서 말씀하셨다. "너희들은 어찌하여 시를 배우지 않느냐?

시는 뜻을 일으킬 수 있으며, 잘잘못을 살필 수 있으며, 무리를 지을 수 있으며, 원망할 수 있으며, 가까이는 어버이를 섬길 수 있게 하며, 멀리는 임금을 섬길 수 있게 하고, 새와 짐승, 풀과 나무의 이름을 많이 알게 한다."

| 자해 |

小子 : 제자를 일컬음. • 興 : 뜻을 흥기시킴. • 群 : 조화하면서도 넘치지 않음. • 怨 : 원망하지만 노여워하지 않음.

| 의해 |

공자가 말하였다. "시의 가르침이 사람에게 크게 유익한데 너희는 어찌 시를 배워 그 말을 보고 뜻을 구하지 않느냐? 대체로 시어(詩語)는 착한 것도 있고 악한 것도 있어서 착한 말은 착한 마음을 일으키고 악한 말은 방탕한 마음을 징계하는 것이다. 배우면 내 마음에 좋아하고 미워하는 기틀이 잡힐 것이다. 시의 기록에서 아름답게 여긴 것에서는 잘한 것을 보고 기롱한 것에서는 잘못한 것을 볼 것이니, 배우면 내 몸의 득실을 돌이켜 볼 수 있다. 마음이 화락한 가운데 씩씩하고 공경하는 뜻을 잃지 않았으므로 배우면 조화하면서도 휩쓸리지 않아서 무리와 같이 처할 수 있을 것이다. 슬프고 원망함을 펴서 말함에 책망하는 가운데도 오히려 충후한 뜻이 있어서 배우면 원망하더라도 이치에 합당하게 원망할 것이다. 시는 인륜의 도를 구비하고 있기 때문에 가정에서는 부모에게 효도의 정성을 다하고, 나라에서는 임금을 섬길 수 있다. 또한 새, 짐승, 풀, 나무의 이름이 시에 모두 있으니 많이 알아서 듣고 보는 데 도움이 될 것이다. 시가 사람에게 유익한 것이 이와 같으니 너희는 배우지 않을 수 없을 것이다."

| 요지 |

이 장은 시를 배우는 유익함을 갖추어 말해서 시를 배워야 한다는

것을 보인 것이다. 흥(興), 관(觀) 이하 네 구절은 성정에 유익한 것이고, 군(君), 부(父) 두 구절은 인륜에 유익한 것이고, 다식(多識) 한 구절은 학문에 유익하다. 성정은 근본이고 인륜은 소중한 것이고 학문은 이것을 겸한 것이니, 마땅히 경중을 나누어 보아야 비로소 알 수 있는 것이다.

자위백어왈 여위주남소남의호 인이불위주남
10. 子謂伯魚曰 女爲周南召南矣乎아 人而不爲周南
소남 기유정장면이립야여
召南이면 其猶正牆面而立也與인저

| 언해 |

子ㅣ 伯魚ᄃᆞ려 닐어 ᄀᆞᆯᄋᆞ샤ᄃᆡ 네 周南과 召南을 ᄒᆞ연ᄂᆞᆫ다 사ᄅᆞᆷ이오 周南과 召南을 ᄒᆞ디 아니ᄒᆞ면 그 正히 墻을 面ᄒᆞ야 立홈 ᄀᆞᆮᄐᆞᆫ뎌

| 직역 |

공자께서 백어에게 말씀하셨다. "너는 「주남」과 「소남」을 배웠느냐? 사람으로서 「주남」과 「소남」을 배우지 않으면 담장을 정면으로 마주하고 서 있는 것과 같을 것이다!"

| 자해 |

爲 : 배움의 의미. • 周南 · 召南 : 『시경』의 편명. • 正牆面而立 : 한 물건도 보이지 않고 한 걸음도 나아가지 못함.

| 의해 |

공자가 그의 아들 백어(伯魚)에게 말하였다. "『시』 300편이 다 마땅히 배워야 할 것이나 그 중에 더 중요한 것은 「주남」 · 「소남」

과 같은 것이 없다. 「주남」과 「소남」에서 말한 것은 다 몸을 닦고 집을 가지런히 하는 일인데 네가 그 시를 배웠느냐? 진실로 여기서 처음을 바르게 하는 도와 교화를 일으키는 기초를 알아서 마음으로 생각하고 몸으로 행하여 가까운 데로부터 먼 데에까지 어디를 가든지 통하지 않는 데가 없어야 한다. 만일 사람으로서 「주남」과 「소남」을 배우지 않으면 몸을 닦고 집을 가지런히 하는 도를 알지 못하여 나의 일신을 움직일 수 없다. 비유하면 꼭 담장에 얼굴을 대고 서 있는 것과 같아서 지극히 가까운 데에서도 실행하지 못할 것이니, 너는 어찌하여 배우지 않는가?"

| 요지 |

이 장은 성인이 시를 배우는 중요함을 아들에게 가르친 것이다. 「주남」과 「소남」에서 말한 것은 몸을 닦고 집을 가지런히 하는 일이다. '배우지 않으면(不爲)' 이하 두 구절은 배우지 않는 폐단을 말한 것이니, 배우지 않을 수 없다는 것을 보인 것이다.

11. 子曰(자왈) 禮云禮云(예운예운)이나 玉帛云乎哉(옥백운호재)아 樂云樂云(악운악운)이나 鍾(종)鼓云乎哉(고운호재)아

| 언해 |

子ㅣ ᄀᆞᆯᄋᆞ샤ᄃᆡ 禮라 닐ᄋᆞ며 禮라 닐ᄋᆞ나 玉帛을 닐ᄋᆞ랴 樂이라 닐ᄋᆞ며 樂이라 닐ᄋᆞ나 鐘鼓를 닐ᄋᆞ랴

| 직역 |

공자께서 말씀하셨다. "예라고 말하며, 예라고 말하지만, 그것이

옥과 비단만을 말하는 것이겠는가? 음악이라고 말하며, 음악이라 말하지만, 그것이 종과 북만을 말하는 것이겠는가?"

| 의해 |

공자는 말하였다. "예와 음악은 근본과 문채가 있다. 옥과 비단은 예문(禮文)의 중대한 것이니 옥과 비단이 아니면 예가 되지 못한다. 그러나 특별히 옥과 비단을 빌어 예를 행하는 것이지만, 만일 옥과 비단을 가지고 예라고 한다면 저 예라고 말하고 예라고 말하는 것이 다만 옥과 비단만을 이르는 것이겠는가? 반드시 옥과 비단보다 먼저 하는 공경이 있는 것이다. 쇠북과 북이 아니면 음악이 되지 못한다. 그러나 특별히 쇠북과 북을 빌어서 음악을 연주하는 것이지만, 만일 쇠북과 북만을 가지고 음악이라고 하면 저 음악이라고 말하고 음악이라고 말하는 것이 다만 쇠북과 북을 이르는 것이겠는가? 반드시 쇠북과 북보다 앞서는 조화가 있을 것이니, 사람은 그 말단을 통하여 근본을 구해야 할 것이다."

| 요지 |

이 장은 공자가 예와 음악에 근본이 있음을 밝힌 것이다. 세상에서 예와 음악을 말하는 자를 보면 옥이나 비단과 쇠북이나 북 밖에는 들은 것이 없으므로 특별히 근본을 궁구하는 의론을 했다. 이로써 사람으로 하여금 깊이 생각하여 그 근본이 되는 공경과 조화를 스스로 얻게 한 것이다.

12. 子曰(자왈) 色厲而內荏(색려이내임)을 譬諸小人(비저소인)컨댄 其猶穿窬之盜(기유천유지도)也與(야여)인저

| 언해 |

子ㅣ ᄀᆞᆯᄋᆞ샤ᄃᆡ 色이 厲ᄒᆞ고 內ㅣ 荏홈을 小人의게 譬ᄒᆞ컨댄 그 穿窬ᄒᆞᄂᆞᆫ 盜 ᄀᆞᄐᆞᆫ뎌

| 직역 |

공자께서 말씀하셨다. "얼굴빛은 위엄이 있으면서 마음이 유약한 것을 소인에게 비유하면 벽을 뚫고 담을 넘는 도적과 같을 것이다."

| 자해 |

厲 : 위엄. • 荏 : 유약함. • 穿 : 벽을 뚫음. • 窬 : 담을 넘음.

| 의해 |

공자가 말하였다. "사람이 겉과 속이 한결 같아야 군자라고 말할 수 있다. 예를 들어 누군가는 그 외모를 보면 위엄이 있어서 용감한 모양이 있으나 속은 실상 유약하여, 이익이 되는 일을 보면 움직이고 해로움이 있는 일을 보면 두려워하여 자기 마음대로 움직이지 못하는 경우가 있다. 그 실상을 비유하면 백성들 중에 벽을 뚫고 담을 넘어서 물건을 도적질하며 사람이 알까 두려워하는 것과 같다. 이름을 도적질하는 사람이 누가 그 마음을 알까 두려워하는 것과 똑같은 일이다."

| 요지 |

이 장은 공자가 위엄만 있는 사람의 심사를 형용하여 모양만 꾸미는 사람을 경계한 것이다.

13. 子曰 鄕原은 德之賊也니라
(자왈 향원 덕지적야)

| 언해 |

子ㅣ ᄀᆞᆯᄋᆞ샤ᄃᆡ 鄕의 原ᄒᆞᆫ 이ᄂᆞᆫ 德의 賊이니라

| 직역 |

공자께서 말씀하셨다. “향원은 덕을 해치는 사람이다.”

| 자해 |

鄕 : 비루하고 속됨. • 原 : 愿(원)과 같으며 삼가는 뜻.

| 의해 |

공자가 말하였다. “선비와 군자가 어찌 일찍이 삼가고 도탑게 하지 않겠는가? 그 마음이 후(厚)한 데 있고 외모만 꾸미는 것은 아니다. 어떤 사람이 있는데 시골 사람들이 모두 삼가고 후하다고 일컬으나 실상은 참으로 삼가고 후한 자가 아니며, 이 사람의 행위는 충성스럽고 믿음직한 것 같으나 실상은 충성과 믿음이 아니며, 청렴하고 조촐한 것 같으나 실상은 청렴하고 조촐한 것이 아니다. 그렇다면 충성과 믿음, 청렴과 조촐함의 참된 것을 어지럽혀 덕을 해롭게 하는 것이 있으니 어찌 깊이 미워하지 않겠는가?”

| 요지 |

이 장은 덕을 해롭게 하는 사람을 막기를 엄하게 한 것이다. 참으로 잘못된 것은 충분히 사람을 미혹시키지는 못하지만, 오직 향원(鄕原)처럼 옳은 것 같으나 그른 것이 가장 사람을 미혹시킬 수 있으므로 공자가 덕을 해친다고 한 것이다.

14. 子曰(자왈) 道聽而塗說(도청이도설)이면 德之棄也(덕지기야)니라

| 언해 |

子ㅣ 갈ᄋᆞ샤ᄃᆡ 道에셔 聽ᄒᆞ고 塗에셔 說ᄒᆞ면 德을 棄홈이니라

| 직역 |

공자께서 말씀하셨다. "길에서 듣고 길에서 말하면 덕을 버리는 것이다."

| 의해 |

공자가 말하였다. "사람이 선한 말을 듣거든 반드시 마음을 침잠하고 이치를 궁구하여 몸으로 힘써 행한 후에 내 몸에 있는 것이 된다. 만일 길에서 들은 말을 즉시 길에서 남에게 말하여 다만 입으로 말할 재료만 만들고 조금도 궁구하고 몸으로 실행하지 않는다면 내 몸에 보존하지 못할 것이다. 이것은 덕을 스스로 버리는 것이다."

| 요지 |

이 장은 사람들에게 덕을 기르지 못함을 경계한 것이다. 길에서 듣고 길에서 말한다는 것은 다만 귀에 들어가서 입으로 나오니 조금도 머물지 못함을 형용한 것이다. 곧 의리를 마음에 얻는 것이 없기 때문에 덕을 버린다고 한 것이다.

15. 子曰 鄙夫는 可與事君也與哉아 其未得之也앤 患得之하고 旣得之하얀 患失之하나니 苟患失之면 無所不至矣니라

| 언해 |

子ㅣ ᄀᆞᆯᄋᆞ샤ᄃᆡ 鄙夫ᄂᆞᆫ 可히 더불어 님금을 셤기랴 그 得디 몯ᄒᆞ얀 得홈을 患ᄒᆞ고 이믜 得ᄒᆞ얀 失홈을 患ᄒᆞᄂᆞ니 진실로 失홈을 患ᄒᆞ면 至티 아니ᄒᆞᆯ 빼 업ᄂᆞ니라

| 직역 |

공자께서 말씀하셨다. "비루한 사람과 함께 임금을 섬길 수 있겠는가? 얻기 전에는 얻을 것을 걱정하고, 이미 얻고 나서는 잃을 것을 걱정하니, 만일 잃을 것을 걱정한다면 못하는 짓이 없을 것이다."

| 자해 |

鄙夫 : 용렬하고 악하고 더러운 사람.

| 의해 |

공자가 말하였다. "다른 사람의 신하가 된 사람은 반드시 내 몸을 잊어버리는 정성이 있으니, 그런 다음에야 더불어 임금을 섬기는 의를 말할 수 있다. 비루한 사람은 행실이 낮고 지식이 얕으니 어찌 더불어 임금을 섬기겠는가? 비루한 사람은 자기의 몸만 알고 임금이 있는 것을 알지 못하기 때문에 부귀와 권리를 얻지 못하면 얻기를 근심한다. 또한 얻기를 도모하는 꾀를 지극히 하고 이미 얻고서는 또 잃을까 근심하여 지위를 보존하는 방법을 다 강

구한다.

◑ 그러나 얻기를 근심할 때는 그 얻는 방법이 험한 일을 행하고 요행을 바라지만, 오히려 그 악한 것이 그럴 바가 있을 것이다. 반면에 진실로 잃음을 근심하면 이르지 않음이 없어서 적게는 종기를 빨고 치질을 핥아서 신명을 아끼지 않고, 크게는 부모도 죽이고 임금도 죽여서 그 화가 국가에 미친다. 이러한 사람과 어찌 더불어 임금을 섬기겠는가?"

| 요지 |

이 장은 성인이 비루한 사람의 마음을 꾸짖은 것이니, '얻기 전'이라는 말부터 끝까지는 비루한 사람이 비루한 사람이 된 까닭을 말한 것이 이와 같으니, 더불어 임금을 섬기지 못하는 뜻을 스스로 알아야 한다.

16. 子曰(자왈) 古者(고자)에 民有三疾(민유삼질)이러니 今也(금야)앤 或是之亡也(혹시지무야)로다 古之狂也(고지광야)는 肆(사)러니 今之狂也(금지광야)는 蕩(탕)이요 古之矜也(고지긍야)는 廉(렴)이러니 今之矜也(금지긍야)는 忿戾(분려)이요 古之愚也(고지우야)는 直(직)이러니 今之愚也(금지우야)는 詐而已矣(사이이의)로다

| 언해 |

子ㅣ ᄀᆞᆯᄋᆞ샤ᄃᆡ 녜 民이 三疾이 잇더니 이제ᄂᆞᆫ 或 이도 업도다 녯 狂ᄋᆞᆫ 肆ᄒᆞ더니 이젯 狂ᄋᆞᆫ 蕩ᄒᆞ고 녯 矜은 廉ᄒᆞ더니 이젯 矜은 忿戾ᄒᆞ고 녯 愚ᄂᆞᆫ 直ᄒᆞ더니 이젯 愚ᄂᆞᆫ 詐ᄒᆞᆯ ᄯᆞᄅᆞᆷ이로다

| 직역 |

공자께서 말씀하셨다. "옛날에는 백성들에게 세 가지 병통이 있었는데, 지금은 그것마저 없구나! 옛날에 뜻이 큰 사람은 작은 예절에 구애받지 않았는데 지금 뜻이 큰 사람은 방탕하기만 하고, 옛날에 자긍하는 사람은 청렴하였는데 지금 자긍하는 사람은 사납기만 하고, 옛날에 어리석은 사람은 정직했는데 지금 어리석은 사람은 간사하기만 할 뿐이다."

| 자해 |

疾 : 기질이 편벽된 것. • 狂 : 뜻이 너무 높음. • 肆 : 조그만 예절을 거리끼지 않음. • 蕩 : 큰 한계를 넘어섬. • 矜 : 지키는 것이 너무 엄함. • 廉 : 모나고 높음. • 忿戾 : 화를 내며 다툼. • 直 : 지름길로 행하여 스스로 도달함. • 詐 : 사사롭게 함부로 지음.

| 의해 |

공자가 말하였다. "심하다! 예전은 성대하고 지금은 쇠함이여! 옛적의 백성은 그 기품의 편벽된 것에 세 가지 병이 있었는데 지금은 이것도 없도다! 옛 사람의 뜻과 원하는 것이 높은 것은 광(狂)이라고 하는 병이다. 그러나 그 광은 뜻이 너무 크고 말이 너무 커서 조그마한 절도를 꺼리지 않아서 방자하였다. 그런데 지금의 광이라고 하는 자는 방탕하여 크게 한계를 넘어선다. 옛 사람의 성품이 너무 엄한 것이 긍(矜)이라고 하는 병이다. 그러나 그 긍함은 경계를 세우고 모나서 사람에게 범하지 못함을 보여서 청렴하였다. 그런데 지금의 긍한 자는 행하는 바가 강하고 사나워서 남들과 더불어 서로 어긋나 인정에 가깝지 않다. 옛 사람의 성품이 어둡고 고루함이 어리석음〔愚〕이라고 하는 병이다. 그러나 그 성품대로 솔직하여 지름길로 가서 마음대로 하여도 곧았다. 그런데 지금의 어리석은 사람은 사사로움을 끼고 함부로 행하고 거짓이 심하여 전혀 예전 사람의 어리석음과 같지 않으니 개탄할 일이로다."

| 요지 |

이 장은 기습(氣習)으로 풍속의 쇠함을 증험한 것이니, 지금 사람의 덕이 예전만 같지 못할 뿐 아니라 그 병통이 또한 예전만 같지 못한 것을 매우 개탄한 것이다.

자 왈 교 언 영 색 선 의 인
17. 子曰 巧言令色이 鮮矣仁이니라

| 직역 |

공자께서 말씀하셨다. "말을 교묘하게 하고 얼굴빛을 꾸미는 사람 가운데는 인한 사람이 드물다."

※ 중복된 문장. 「學而」 3 참조.

자 왈 오 자 지 탈 주 야 오 정 성 지 란 아 악 야 오
18. 子曰 惡紫之奪朱也하며 惡鄭聲之亂雅樂也하며 惡
리 구 지 복 방 가 자
利口之覆邦家者하노라

| 언해 |

子ㅣ ᄀᆞᄅᆞ샤ᄃᆡ 紫의 朱를 奪홈을 惡ᄒᆞ며 鄭聲의 雅樂을 亂홈을 惡ᄒᆞ며 利口의 邦家를 覆ᄒᆞᄂᆞᆫ 者를 惡ᄒᆞ노라

| 직역 |

공자께서 말씀하셨다. "나는 자주색이 붉은 색의 자리를 빼앗는 것을 미워하며, 정나라의 음악이 아악을 어지럽히는 것을 미워하

며, 말 잘하는 입이 나라를 망하게 하는 것을 미워한다."

| 자해 |

朱 : 바른 색. • 紫 : 섞인 색. • 雅 : 바른 것. • 利口 : 빠르고 말 잘하는 것. • 覆 : 기울어져 패함.

| 의해 |

공자가 말하였다. "천하의 이치에는 바른 것도 있고 간사함도 있어서 간사한 것이 자주 바른 것을 이기기도 한다. 비유하건대 색은 붉은색으로 올바른 색을 삼았는데 자주색이 한 번 나옴에 그 고운 것이 눈을 현혹시켜 사람이 드디어 붉은색이 자주색만 못하다고 하니, 자주색을 미워하는 것은 붉은색의 자리를 빼앗기 때문이다. 음악은 아악(雅樂)으로 바름을 삼았는데 정나라 음악 소리가 한 번 나온 뒤부터 그 음탕한 것이 사람의 귀를 기쁘게 하여 사람들이 아악을 정나라 음악 소리만 못하다고 하니, 정나라 음악 소리를 미워하는 것은 정나라 음악 소리가 바른 음악을 어지럽게 하기 때문이다. 사람의 옳고 그른 것과 인품의 착하고 악한 것에 대하여서는 본래 일정한 평가가 있다. 그런데 어떤 말 잘하는 자는 재주있고 민첩한 수단으로 사람의 뜻을 현란시켜 임금으로 하여금 적당한 거동을 잃고 사람 쓰기를 잘못하여 나라를 망하게 하기도 한다. 그러므로 내가 말 잘하는 자의 입이 나라를 망하게 하는 것을 미워하니, 임금된 자가 어찌 통쾌하게 끊어버리지 않겠는가?"

| 요지 |

이 장은 공자가 말 잘하는 사람을 막는 것을 엄하게 한 것이다. 앞의 두 구절은 끝 구절을 이끌어낸 것이니, 나라를 망하게 한다고 한 것은 말 잘하는 사람의 해로움이 매우 큰 것을 말하여 붉은색의 자리를 빼앗는 것과 아악을 어지럽히는 것과는 상대가 되지

않는다는 것을 밝혔다.

19. 子曰 予欲無言하노라 子貢이 曰 子如不言이시면 則小子何述焉이리잇고 子曰 天何言哉시리오 四時行焉하며 百物이 生焉하나니 天何言哉시리오

| 언해 |

子ㅣ ᄀᆞᆯᄋᆞ샤ᄃᆡ 내 言이 업고져 ᄒᆞ노라 子貢이 ᄀᆞᆯ오ᄃᆡ 子ㅣ 만일 言티 아니ᄒᆞ시면 곳 小子ㅣ 무스 거슬 述ᄒᆞ리잇고 子ㅣ ᄀᆞᆯᄋᆞ샤ᄃᆡ 天이 무슴 言을 ᄒᆞ시리오 四時 行ᄒᆞ며 百物이 生ᄒᆞᄂᆞ니 天이 무슴 言을 ᄒᆞ시리오

| 직역 |

공자께서 말씀하셨다. "나는 말을 하지 않으려고 한다." 자공이 말하였다. "선생님께서 말씀을 하지 않으시면 저희들은 무엇을 전하겠습니까?" 공자께서 말씀하셨다. 하늘이 무슨 말씀을 하시던가? 네 계절이 운행되고 만물이 태어나지만, 하늘이 무슨 말씀을 하시던가?"

| 의해 |

배우는 사람이 대부분 말로 성인을 볼 줄만 알고 일상에서 몸소 행하시는 실상은 살피지 못하기 때문에 한갓 그 영향과 자취만 얻고 마침내 마음으로 본받고 정신으로 깨닫는 묘리가 없다. 그러므로 비록 날마다 성인의 높은 말씀과 지극한 의론을 듣더라도 또한 그 극진한 데 이르지 못하기 때문에 공자가 홀연히 말하였

다. "도가 비록 말로 나타남이 있으나 또한 말이 많음으로 어둡게 되기도 하니 나는 이제부터 말하지 않겠다."

◑ 자공이 말하였다. "선생님의 도가 지극히 크기 때문에 제자들이 선생님의 도를 전하고 기록하는 것은 바로 말씀으로 이치를 강론하여 밝히시는 것을 힘입는데, 이제 선생님께서 만일 말씀을 하지 않으시면 저희들이 무엇을 듣고 선생님의 도를 전하여 기록하겠습니까?"

◑ 공자가 자공의 의심을 해석하여 말하였다. "내가 말이 없고자 하는 것은 다름이 아니라 도가 말을 기다릴 것이 없기 때문이다. 하늘이 높고 먼데 어찌 말이 있겠는가? 그러나 추위가 가고 더위가 오는 네 계절이 나날이 행하여 쉬지 않고, 모든 동물과 생물이 날마다 계속해서 태어나니, 이는 하늘의 이치가 자연히 유행하는 것이다. 하늘이 무슨 말씀을 하시던가? 이것을 보면 도가 참으로 말을 기다리지 않고 나타나는 것이다. 자네가 전술(傳述)의 어려움을 어찌 의심하는가?"

| 요지 |

이 장은 배우는 사람이 마땅히 몸소 행하는 곳을 따라서 도리를 체득하여 알 것이고, 반드시 언어 사이에서 구하지 말라고 깨우친 것이다. 첫 구절은 짐짓 말을 일으킨 것이고 끝 구절은 말을 하지 않고자 하는 뜻을 밝혔다. 네 계절이 운행하고 만물이 생겨나는 것이 바로 하늘의 이치가 유행하는 실상이 발현된 것이다.

20. 孺悲欲見孔子(유비욕현공자)어늘 孔子辭以疾(공자사이질)하시고 將命者出戶(장명자출호)어늘 取瑟而歌(취슬이가)하사 使之聞之(사지문지)하시다

| 언해 |

孺悲ㅣ 孔子를 보ᅀᆞᆸ고져 ᄒᆞ거ᄂᆞᆯ 孔子ㅣ 疾로ᄡᅥ 辭ᄒᆞ시고 命을 將ᄒᆞᆫ 者ㅣ 戶에 出커ᄂᆞᆯ 瑟을 取ᄒᆞ야 歌ᄒᆞ샤 ᄒᆞ여곰 聞케 ᄒᆞ시다

| 직역 |

유비가 공자를 뵙고자 했는데 공자께서 병으로써 사양하시고, 명령을 전달하는 자가 문밖으로 나가자 비파를 가져다 노래를 부르시어 그로 하여금 듣게 하셨다.

| 자해 |

孺悲 : 노나라 출신으로 일찍이 공자에게 사상례(士喪禮)를 배웠음.

| 의해 |

유비(孺悲)가 공자를 만나고자 했는데 공자가 병이 있다고 사양하며 만나지 않았다. 공자는 정말로 병이 있어 만나지 않은 줄로 알고 깨닫지 못할까 두려워하였다. 그래서 명령을 전달하는 자가 문에 나가는 것을 기다려 비파를 가지고 노래하여 유비로 하여금 병이 아닌 것을 알게 하였으니, 경계하여 깨우쳐 가르친 것이다.

| 요지 |

이 장은 성인이 달갑게 여기지 아니하는 것으로 가르쳐 준 것이니, 유비가 과연 깊이 살폈다면 스스로 깨달음이 있었을 것이다.

21. 宰我問三年之喪이 期已久矣로소이다 君子가 三年을 不爲禮면 禮必壞하고 三年을 不爲樂이면 樂必崩하리니 舊穀이 旣沒하고 新穀이 旣升하며 鑽燧改火하나니 期可已矣로소이다 子曰 食夫稻하며 衣夫錦이 於女에 安乎아 曰 安하이다 女가 安則爲之하라 夫君子之居喪에 食旨不甘하며 聞樂不樂하며 居處不安故로 不爲也하나니 今女安則爲之하라 宰我出커늘 子曰 予之不仁也여 子生三年然後에 免於父母之懷하나니 夫三年之喪은 天下之通喪也니 予也有三年之愛於其父母乎아

| 언해 |

宰我ㅣ 문ᄌᆞ오ᄃᆡ 三年ㅅ喪이 期ㅣ 이믜 오라도소이다 君子ㅣ 三年을 禮를 ᄒᆞ디 아니ᄒᆞ면 禮ㅣ 반ᄃᆞ시 壞ᄒᆞ고 三年을 樂을 ᄒᆞ디 아니ᄒᆞ면 樂이 반ᄃᆞ시 崩ᄒᆞ리니 舊穀이 이믜 沒ᄒᆞ고 新穀이 이믜 升ᄒᆞ며 燧를 鑽ᄒᆞ야 火를 改ᄒᆞᄂᆞ니 期만ᄒᆞ고 可히 已ᄒᆞ얌즉 ᄒᆞ도소이다 子ㅣ ᄀᆞᆯᄋᆞ샤ᄃᆡ 稻를 食ᄒᆞ며 錦을 衣ᄒᆞᆷ이 네게 安ᄒᆞ냐 ᄀᆞᆯ오ᄃᆡ 安ᄒᆞ이다 네 安ᄒᆞ거든 ᄒᆞ라 君子의 喪애 居ᄒᆞᆷ애 旨를 食ᄒᆞ야도 甘티 아니ᄒᆞ며 樂을 聞ᄒᆞ야도 樂디 아니ᄒᆞ며 居處ᄒᆞ욤애 安티 아니ᄒᆞᄂᆞᆫ 故로 ᄒᆞ디 아니ᄒᆞᄂᆞ니 이제 네 安거든 ᄒᆞ라 宰我ㅣ 出커ᄂᆞᆯ 子ㅣ ᄀᆞᆯᄋᆞ샤ᄃᆡ 予의 不仁ᄒᆞᆷ이여 子ㅣ 生ᄒᆞᆫ 三年인 然後에 父母의 懷예 免ᄒᆞᄂᆞ니 三年ㅅ喪은 天下앳 通ᄒᆞᆫ 喪이니 予ㅣ 三年ㅅ愛를 그 父母예 둔ᄂᆞ냐

| 직역 |

재아가 물었다. "3년상이라고 하는데 1년만 하더라도 너무 길다고 할 것입니다. 군자가 3년 동안 예를 행하지 않으면 예가 반드시 무너지고, 3년 동안 음악을 익히지 않으면 음악이 반드시 무너질 것입니다. 묵은 곡식이 이미 다하고 새 곡식이 이미 상에 오르며, 불씨 만드는 나무도 바뀌어지니, 1년이면 그칠 만한 것입니다." 공자께서 말씀하셨다. "쌀밥을 먹으며 비단옷을 입는 것이 너에게는 편안하냐?" 재아가 대답하였다. "편안합니다." 공자께서 말씀하셨다. "네가 편안하면 그렇게 하여라. 군자가 상을 치를 때에 맛있는 것을 먹어도 달지 않으며 음악을 들어도 즐겁지 않으며 거처함에 편안하지 않기 때문에 하지 않는 것이니, 네가 편안하면 그렇게 하여라." 재아가 밖으로 나가자, 공자께서 말씀하셨다. "재아의 인하지 못함이여! 자식이 태어나서 3년이 지난 뒤에야 부모의 품을 벗어나게 된다. 3년상은 천하의 공통된 상인데, 재여는 3년의 사랑을 그 부모에게 받았던가?"

| 자해 |

期 : 1년. • 沒 : 다함. • 燧 : 불을 취하는 나무. • 已 : 그침.

| 의해 |

재아가 공자에게 "옛날 예에 아들이 부모의 상을 3년으로 정하였는데 1년도 이미 오래인데 하필 3년입니까?"라고 물었다. 예와 음악은 잠시라도 몸을 떠나지 못할 것인데 거상을 하면 예악을 익히지 못하니 군자가 만일 3년 동안 예를 익히지 않으면 모든 절차가 폐하여 예가 반드시 무너질 것이고, 3년 동안 음악을 익히지 않으면 모든 곡조가 낯설어서 음악이 반드시 무너질 것이니 3년의 거상이 사람에게 방해된다고 생각했기 때문이다. 1년으로 말한 것은 묵은 곡식이 이미 다하고 새 곡식이 나서 상에 오르고, 나무를 뚫어 불을 취한 것이 이미 시간이 지나서 천시가 한번 돌

아와서 때와 물건이 다 변하며, 사람의 자식이 되어 부모를 생각하는 애통한 마음도 또한 조금 변하기 때문이니 1년이면 충분하다는 것이다.

◑ 재아가 거상하는 기간을 짧게 하고자 한 것이 그 마음이 잔인하기 때문에 공자가 일깨워 말하였다. "3년상에는 먹는 것이 반드시 거친 밥이고 입는 것이 반드시 베옷인데, 만일 1년으로 정하면 1년 후부터는 쌀밥을 먹고 비단옷을 입는 것이 네 마음에 편한가?" 재아는 "편합니다"고 대답하였으니, 마음에 돌이켜 구하여 측은함을 느끼지 못하는 사람이다. 공자가 꾸짖어 말하였다. "네가 만일 쌀밥을 먹고 비단옷을 입는 것이 편하거든 1년 거상을 하라. 군자로서 거상하는 예절을 모르는 사람이로구나. 군자가 부모의 거상을 하는 것은 애통함이 절박하여 설령 맛있는 음식을 먹어도 마음에 달지 않고, 음악을 들어도 마음이 즐겁지 않고, 사랑방에서 자지 않고 안방에서 부인과 함께 거처하면 마음이 반드시 편하지 않다. 그것은 마음에 차마 못하는 것이 있기 때문에 거상을 반드시 3년으로 정하고 1년으로 정하지 않은 것이다. 이제 네가 쌀밥을 먹고 비단옷을 입는다고 하는 말이 군자의 마음과는 대단히 다르니, 오직 너만 1년 거상을 하라."

◑ 재아가 나가니 공자가 재아가 이것을 참으로 편안하게 여기고 실행할까 염려하여 말하였다. "재아가 거상을 짧게 하고자 하는 것은 부모를 사랑하는 마음이 박하기 때문이다. 이것이 인하지 못한 것이다. 자녀가 부모의 거상을 3년으로 정한 이유를 아느냐? 자녀가 난 지 3년이 된 후에 부모의 품을 떠나기 때문에 거상도 3년으로 정하여 부모의 은혜를 갚는 정을 조금 펴고자 하는 것이다. 사람마다 부모에게 3년 은혜를 입었기 때문에 3년 거상이 천하에 공통되는 거상이다. 이제 재아도 또한 사람의 아들이니 자기 부모의 품안에서 3년 은혜가 있었을 것이다. 이미 삼 년의 사랑을 입었으니 3년상을 어찌 그만둘 수 있겠는가?"

| 요지 |

이 장에서는 인(仁) 한 글자가 중요하다. 인은 사람의 마음이니, 곧 차마 못하는 마음이다. 만일 상복 기간을 줄이면 마음이 스스로 편안하지 못함을 깨달을 것이고, 편안하다면 어질지 못한 것이다. 공자가 사람의 한 점 양심을 일으키고자 하여 반복하여 이와 같이 말한 것이다.

자왈 포식종일 무소용심 난의재 불유박
22. 子曰 飽食終日하여 無所用心이면 難矣哉라 不有博
혁자호 위지유현호이
奕者乎아 爲之猶賢乎已니라

| 언해 |

子ㅣ ᄀᆞᆯᄋᆞ샤ᄃᆡ 飽히 食ᄒᆞ고 日을 終ᄒᆞ야 ᄆᆞᄋᆞᆷ을 쁠빼 업ᄉᆞ면 難ᄒᆞᆫ 디라 博奕ᄒᆞ 리 잇디 아니ᄒᆞ냐 ᄒᆞ욤이 오히려 已홈도곤 賢ᄒᆞ니라

| 직역 |

공자께서 말씀하셨다. "배부르게 먹고 하루를 마치면서 마음을 쓰는 곳이 없다면 덕을 이루기 어려울거야! 장기와 바둑이라도 있지 않은가? 그것을 하는 것이 아무 것도 하지 않는 것보다는 나을 것이다."

| 자해 |

博 : 바둑. • 奕 : 장기.

| 의해 |

사람은 덕업을 마땅히 마음에서 부지런히 닦은 후에야 성취하는 것

이다. 만일 배부르게 밥만 먹고 종일 놀기만 하면서 마땅히 구할 이치와 닦아야 될 일에 마음을 쓰지 않으면 뜻이 게을러 날로 비루하고 편벽한 데로 흐를 것이다. 그러한 사람은 덕을 이루기 어려울 것이다. 장기 두고 바둑 두는 것도 있지 않은가? 이것이 당연히 할 일은 아니지만 할 때에는 반드시 마음을 쓰는 것이니, 오히려 한 가지라도 마음을 쓰지 않는 것보다는 낫다. 사람이 마음을 쓰지 않을 수 없는 것이다.

| 요지 |

이 장은 마음을 쓰지 않아서는 안 되고, 또한 하루라도 도의에 마음을 쓰지 않을 수 없다는 것을 보인 것이다. 장기와 바둑도 오히려 아무 것도 안하는 것보다는 낫다고 한 것은 장기와 바둑을 사람에게 하라고 가르친 것이 아니라, 마음 쓰는 바가 없어서는 안 된다는 것을 강조하여 말한 것이다.

23. 子路曰(자로왈) 君子尙勇乎(군자상용호)잇가 子曰(자왈) 君子義以爲上(군자의이위상)이니 君子有勇而無義(군자유용이무의)면 爲亂(위난)이요 小人(소인)이 有勇而無義(유용이무의)면 爲盜(의도)니라

| 언해 |

子路ㅣ 골오ᄃᆡ 君子ㅣ 勇을 尙ᄒᆞᄂᆞ니잇가 子ㅣ 골ᄋᆞ샤ᄃᆡ 君子ㅣ 義로ᄡᅥ 上을 삼ᄂᆞ니 君子ㅣ 勇이 잇고 義업ᄉᆞ면 亂을 ᄒᆞ고 小人이 勇이 잇고 義업ᄉᆞ면 盜를 ᄒᆞᄂᆞ니라

| 직역 |

자로가 말하였다. "군자가 용맹을 숭상합니까?" 공자께서 말씀하셨다. "군자는 의를 으뜸으로 삼는다. 군자가 용맹만 있고 의가 없으면 난을 일으키고, 소인이 용맹만 있고 의가 없으면 도적질을 할 것이다."

| 자해 |

尙 : 숭상.

| 의해 |

자로는 용맹을 좋아하여 천하의 일이 용맹만 있으면 되는 줄 알기 때문에 공자에게 "군자가 용맹을 숭상합니까?"라고 물었다. 공자는 말하였다. "군자는 의로 으뜸을 삼으니 의에 비추어 보아 마땅히 할 것이면 반드시 하고, 의에 비추어 보아 마땅히 하지 않을 것이면 반드시 하지 않는다. 그가 숭상하는 것은 오직 의에 마땅한 것뿐이다. 만일 위에 있는 군자가 의를 모르고 오로지 용맹만 숭상하면 이치를 거스리고 분수를 범하여 난을 일으킬 것이고, 아래에 있는 백성이 한갓 용맹만 있고 의로써 제재함이 없으면 곧 흉포하여 도적이 된다. 어찌 용맹을 숭상하겠는가?"

| 요지 |

이 장은 이치로 기운을 제어하는 학문을 보였다. 용맹과 의는 일을 할 때를 말한 것이니, 의로써 으뜸을 삼으면 용맹이 크다. 자로가 용맹을 좋아하므로 공자가 이로써 그 잘못을 구하려고 한 것이다.

24. 子貢이 曰 君子亦有惡乎잇가 子曰 有惡하니 惡稱人之惡者하며 惡居下流而訕上者하며 惡勇而無禮者하며 惡果敢而窒者니라 曰賜也亦有惡乎아 惡徼以爲知者하며 惡不孫以爲勇者하며 惡訐以爲直者하노이다

| 언해 |

子貢이 ᄀᆞᆯ오ᄃᆡ 君子ㅣ ᄯᅩᄒᆞᆫ 惡홈이 인ᄂᆞ니잇가 子ㅣ ᄀᆞᆯᄋᆞ샤ᄃᆡ 惡홈이 인ᄂᆞ니 人의 惡을 稱ᄒᆞᄂᆞᆫ 者를 惡ᄒᆞ며 下流의 居ᄒᆞ야 上을 訕ᄒᆞᄂᆞᆫ 者를 惡ᄒᆞ며 勇ᄒᆞ고 禮 업ᄉᆞᆫ 者를 惡ᄒᆞ며 果敢ᄒᆞ고 窒ᄒᆞᆫ 者를 惡ᄒᆞᄂᆞ니라 ᄀᆞᆯᄋᆞ샤ᄃᆡ 賜ㅣ ᄯᅩᄒᆞᆫ 惡홈이 인ᄂᆞ냐 徼홈으로ᄡᅥ 知를 삼ᄂᆞᆫ 者를 惡ᄒᆞ며 不孫으로ᄡᅥ 勇을 삼ᄂᆞᆫ 者를 惡ᄒᆞ며 訐로ᄡᅥ 直을 삼ᄂᆞᆫ 者를 惡ᄒᆞ노이다

| 직역 |

자공이 물었다. "군자도 또한 미워하는 것이 있습니까?" 공자께서 말씀하셨다. "미워하는 것이 있다. 남의 나쁜 점을 말하는 자를 미워하며, 아래에 있으면서 윗사람을 비방하는 자를 미워하며, 용맹만 있고 예가 없는 자를 미워하며, 과감하기만 하고 융통성이 없는 자를 미워한다." 또 말씀하셨다. "사야! 너도 또한 미워하는 것이 있느냐?" 자공이 말하였다. "엿보아 살피는 것을 지혜로 여기는 자를 미워하며, 공손하지 않은 것을 용맹으로 여기는 자를 미워하며, 들추어내는 것을 정직으로 여기는 자를 미워합니다."

| 자해 |

訕 : 비방하고 헐뜯음. • 窒 : 통하지 못함. • 徼 : 엿보아 살핌. • 孫 : 공손함. • 訐(알) : 사람들이 가만히 하는 일을 들추어냄.

| 의해 |

자공이 공자에게 미워하는 것이 자기가 미워하는 것과 같은가 알고자 하여 물었다. "군자도 또한 미워하는 것이 있습니까?" 공자가 말하였다. "착한 것을 좋아하고 악한 것을 미워하는 것은 사람들의 공통된 마음이니, 군자도 또한 미워하는 것이다. 남의 악한 것을 숨기는 것이 인후한 도인데, 만일 남의 악한 것을 드러내기를 좋아하는 사람이 있다면 군자는 그 마음의 인후하지 못함을 미워한다. 높은 이를 위하여 숨기는 것은 충성과 공경의 도인데, 만일 아래에 있는 사람이 위에 있는 사람을 헐뜯어 말하는 사람이 있다면 군자는 그 마음에 충성과 공경이 없음을 미워한다. 일을 당하면 마땅히 용맹하게 일할 것이나 예로써 절차를 삼으면 포악하지 않은 것인데, 만일 용맹만 있고 예가 없는 사람은 혈기의 강한 것만 믿어 위 사람을 범하여 난을 일으키므로 미워한다. 과감한 성질이 귀하나 학문이 있어 사리에 밝으면 막히지 않는 것인데, 만일 과감하기만 하고 사리에 통하지 못하면 경솔히 일을 처리하기 때문에 미워한다. 군자가 미워하는 것이 이와 같다." ◑ 또한 공자는 말하였다. "사야, 너도 역시 미워하는 것이 있느냐?" 자공이 대답하였다. "천성이 밝아서 자연히 아는 것을 지혜라고 하는데, 오로지 남의 동정만 엿보고 살펴 이로써 내 지혜가 알지 못하는 것이 없다고 하는 사람을 미워합니다. 의로운 일을 보면 반드시 하는 것을 용맹이라고 하는데, 만일 윗사람을 범하고 높은 사람을 업신여기면 이는 공손하지 못한 것인데 스스로 용맹이라고 하는 사람을 미워합니다. 무슨 일이라도 숨기지 않는 것을 곧은 것이라고 하는데, 만일 다른 사람의 비밀을 알아 공격함으로써 스스로 곧은 것이라고 하는 사람을 미워합니다."

| 요지 |

이 장은 성현이 세상을 유지하려는 깊은 마음을 보인 것이다. 사람의 마음에 좋아함이 있으면 곧 미워함이 있다. 군자가 미워하

는 것은 패덕(悖德)을 미워한 것이고 자공이 미워하는 것은 덕을 어지럽히는 것을 미워한 것이다. 모두 세도와 인심을 위하여 막은 것이니 미워함은 각각 다르나 마음은 실상 일반이다.

자왈 유여자여소인 위난양야 근지즉불손
25. 子曰 唯女子與小人이 爲難養也니 近之則不孫하고
원지즉원
遠之則怨이니라

| 언해 |

子ㅣ ᄀᆞᆯᄋᆞ샤ᄃᆡ 오직 女子와 다ᄆᆺ 小人이 養홈이 어려오니 갓가이 ᄒᆞ면 孫티 아니ᄒᆞ고 멀니ᄒᆞ면 怨ᄒᆞᄂᆞ니라

| 직역 |

공자께서 말씀하셨다. "오직 여자와 소인은 기르기가 어려우니, 가까이 하면 공손하지 않고 멀리 하면 원망한다."

| 자해 |

小人 : 종과 하인.

| 의해 |

공자는 다음의 의미로 말한 것이다. "아래에 있는 사람 가운데 오직 여자와 소인이 기르기 어려운데, 어째서인가? 지나치게 은혜를 써서 가까이 하면 은혜와 사랑하는 것만 믿고 두려워하거나 꺼리는 것이 없어서 공손하지 않으며, 지나치게 엄하게 하여 멀리하면 원망을 품어서 나에게 쓸모가 없다. 가까이 해서도 안 되고 멀리 해서도 안 되니 이것이 기르기 어려운 이유이므로 씩씩

하게 대하고 사랑으로 길러야 한다. 씩씩함으로 대하면 공손하지 않은 마음이 없게 될 것이요, 사랑으로 기르면 원망하는 마음이 없게 될 것이니, 이것이 가까이도 아니 하고 멀리도 아니 하는 중도(中道)일 것이다."

| 요지 |

이 장은 신하와 첩을 제어하는 어려움을 논한 것이다. 대체로 여자와 소인을 대부분 소홀히 여겨서 기르기 어려움을 알지 못하고, 가깝게 하지 않으면 곧 멀리 하기 때문에 공자께서 이것을 제시하여 사람들로 하여금 기르는 도를 알게 한 것이다.

26. 子曰(자왈) 年四十而見惡焉(연사십이견오언)이면 其終也已(기종야이)니라

| 언해 |

子ㅣ ᄀᆞᆯᄋᆞ샤ᄃᆡ 年이 四十이오 惡홈을 보면 그 ᄆᆞᄎᆞᆷ ᄯᆞᄅᆞᆷ이니라

| 직역 |

공자께서 말씀하셨다. "나이가 40이 되어서도 미움을 받으면 그대로 끝이다."

| 의해 |

공자는 다음의 의미로 말한 것이다. "사람이 나이 40이 되면 바로 도가 밝고 덕이 설 때인데, 오히려 도 있는 사람에게 밉게 보이면 이는 일찍이 허물을 고치고 착한 데로 옮기지 못하여 이 지경에 이른 것이니 후회한들 무슨 소용이 있겠는가? 또 나이 40 이전에 공부에 힘쓰지 못한 것을 무슨 40 이후에 무엇을 바라겠는가? 그

러므로 군자가 때에 맞추어 스스로 닦는 것이 중요하다."

| 요지 |

이 장은 사람을 권면하여 때에 맞게 덕을 닦도록 한 것이다.

18. 미자(微子)

미자　　거지　　　기자　　위지노　　　비간　　간이사
1. 微子는 去之하고 箕子는 爲之奴하고 比干은 諫而死하

　　　공자왈　은유삼인언
니라 孔子曰 殷有三仁焉하니라

| 언해 |

微子ᄂᆞᆫ 去ᄒᆞ고 箕子ᄂᆞᆫ 奴ㅣ 되고 比干은 諫하야 죽으니라 孔子ㅣ ᄀᆞᆯᄋᆞ샤ᄃᆡ 殷에 三仁이 인ᄂᆞ니라

| 직역 |

미자는 떠나가고 기자는 종이 되고 비간은 간하다가 죽었다. 공자께서 말씀하셨다. "은나라에 세 인(仁)한 사람이 있었다."

| 자해 |

微子 : 주왕(紂王)의 서형(庶兄). 미(微)는 나라 이름, 자(子)는 작위. • 箕子 : 주왕(紂王)의 숙부(叔父). 기(箕)는 나라 이름, 자(子)는 작위. • 比干 : 주왕(紂王)의 숙부(叔父).

| 의해 |

미자는 은나라 제을(帝乙)의 맏아들이고 주(紂)의 서형(庶兄)이었다. 은나라 왕 주가 정치를 잘못하므로 미자가 자주 간하였으나 주가 듣지 않자 떠나버렸다. 기자는 주의 숙부인데 주가 음란하고 방탕하므로 기자가 간하였으나 듣지 않고 기자를 가두었다. 기자가 이에 머리털을 풀어 헤치고 미친 체하여 종이 되었다. 왕자 비간도

또한 주의 숙부인데 곧은 말로 간하니 주가 노하여 죽이고 그 심장을 쪼개어 보았다. 이 세 사람은 다 주의 종친 신하인데 혹은 떠나가고 혹은 죽고 혹은 죽지 않아서 처신이 각각 달랐다.

◑ 공자가 단정적으로 말하였다. "은나라에 인한 세 사람이 있다."

◑ 사람을 의논하는 자는 행적만 가지고 말할 것이 아니라 마땅히 그 마음을 근원하여 보아야 한다. 이 세 사람의 행적은 비록 같지 않으나 세 사람의 마음을 근원하여 의논하면 임금을 근심하고 나라를 사랑하는 마음은 한가지이다. 떠난 사람은 임금이 감동하여 깨달을까 한 것이지 임금을 잊은 것이 아니다. 종이 된 사람은 기다려서 임금을 바르게 하려고 하여 내 몸의 화를 두려워하지 않은 것이다. 죽은 사람은 내 몸을 죽여 임금을 깨닫게 한 것이지 명예를 얻고자 한 것이 아니다. 모두 지성스럽게 충성이 간절한 데서 나온 마음인 것이다.

| 요지 |

이 장의 위 구절은 일을 기록하고 아래 구절은 마음을 판단한 것이다. 세 사람이 가거나 가지 않았으며, 혹은 죽거나 죽지 않았으므로 이것이 옳은지 저것이 그른지 의심할 수 있다. 공자가 그 상황을 살피고 그 때를 헤아려서 마음을 추측하여 임금을 근심하고 나라를 사랑하는 마음이 같아서 행동이 각각 이치에 마땅하기 때문에 행적이 달라도 인은 같다고 판단한 것이다.

2. 柳下惠爲士師(유하혜위사사)하여 三黜(삼출)이어늘 人(인)이 曰(왈) 子未可以去乎(자미가이거호)아 曰(왈) 直道而事人(직도이사인)이면 焉往而不三黜(언왕이불삼출)이며 枉道而事人(왕도이사인)이면 何必去父母之邦(하필거부모지방)이리오

| 언해 |

柳下惠ㅣ 士ㅣ 되여셔 세 번 黜ᄒᆞ여늘 사ᄅᆞᆷ이 ᄀᆞ로ᄃᆡ 子ㅣ 可히 ᄡᅧ 去티 몯ᄒᆞ랴 ᄀᆞ로ᄃᆡ 道를 곧게 ᄒᆞ야 사ᄅᆞᆷ을 셤기면 어듸가 세 번 黜티 아니ᄒᆞ며 道를 구펴 사ᄅᆞᆷ을 셤기면 엇디 반ᄃᆞ시 父母의 邦을 去ᄒᆞ리오

| 직역 |

유하혜가 사사(士師)가 되었다가 세 번 쫓겨나니, 어떤 사람이 말하였다. "그대는 떠날 만하지 않은가?" 유하혜가 대답하였다. "도를 곧게 하여 사람을 섬기면 어디 간들 세 번 쫓겨나지 않겠으며, 도를 굽혀 사람을 섬기면 어찌 반드시 부모의 나라를 떠나겠는가?"

| 자해 |

士師 : 감옥을 책임지는 관리.

| 의해 |

유하혜가 노나라의 감옥을 담당한 관원이 되어 여러 번 파직을 당하여 내쫓겼어도 떠나지 않았다. 어떤 사람이 말하였다. "군자가 벼슬을 할 때에 도에 합하면 있을 것이고 도에 합하지 않으면 떠나야 하는 것인데, 지금 자네는 이미 이 나라에 등용되지 않았는데 어찌하여 다른 데로 가서 뜻을 행하지 않는가?" 그러자 유하혜는 말하였다. "내가 내쫓긴 것은 곧은 도로 사람을 섬겼기 때문이다. 세상의 인정이 굽은 것을 좋아하고 곧은 것을 미워하니 곧은 도로 사람을 섬기면 비록 다른 나라에 가더라도 끝내 세 번 내쫓기는 것을 면하지 못할 것이고, 만일 굽은 도로 사람을 섬기면 노나라에 있어도 내 지위는 안전할 것이다. 또 하필 부모의 나라를 버리고 어디로 가겠는가?"

◑ 유하혜가 말한 것을 보면 범범하여 구체적으로 지목한 것이 없

으니, 온화한 사람의 기상이 이와 같고 그 뜻은 곧은 도를 자신하고 행하여 세 번 쫓겨났다고 해서 부끄럽게 여기지 않았으니, 이것이 그 온화하고 굳센 것이다. 만일 유하혜가 다른 데로 가지 않은 것이 온화하다는 것만 알고, 세 번 쫓겨난 것이 지키는 것이 있는 줄 알지 못한다면 유하혜를 제대로 평가하지 못한 것이다.

| 요지 |

이 장에서는 '도를 곧게 하여 사람을 섬기면 떠나도 유익함이 없고, 도를 굽혀서 사람을 섬기면 어찌 반드시 떠나겠는가'라고 하였으니, 위가 중요하고 아래가 가볍다. 그것을 새겨 보아야 반드시 도를 굽히지 않은 뜻을 볼 것이다.

3. 齊景公(제경공)이 待孔子曰(대공자왈) 若季氏則吾不能(약계씨즉오불능)이어니와 以季(이계)孟之間(맹지간)으로 待之(대지)호리라하고 曰(왈) 吾老矣(오노의)라 不能用也(불능용야)라한대 孔子行(공자행)하시다

| 언해 |

齊景公이 孔子를 待ᄒᆞ욤을 ᄀᆞᆯ오ᄃᆡ 만일 季氏인則 내 能티 몯ᄒᆞ려니와 季孟ㅅᄉᆞ이로ᄡᅥ 待호리라 ᄒᆞ고 ᄀᆞᆯ오ᄃᆡ 내 늘근디라 能히 ᄡᅳ디 몯ᄒᆞ리로다 ᄒᆞᆫ대 孔子ㅣ 行ᄒᆞ시다

| 직역 |

제경공이 공자를 대접하면서 "계씨와 같이는 내가 대접하지 못하겠지만 계씨와 맹씨의 중간 정도로 대접하겠다"라고 하고는, 또 "내가 늙어서 공자를 쓸 수 없을 것이다"라고 말하자, 공자께서

떠나셨다.

| 의해 |

공자가 제나라에 가니 제경공이 신하들과 함께 그를 대접할 것을 의논하며 말하였다. "공자는 노나라 사람이므로 분명히 노나라 임금이 삼경을 대접하는 것을 익히 보았을 것이다. 내가 공자를 대접하는 것을 상경의 지위로 하여 노나라 계씨와 같이 하려면 내 힘이 미치지 못하고, 또 노나라 임금이 맹씨를 대접하는 것과 같이 하면 맹씨는 지위가 낮다. 내가 계씨와 맹씨의 중간으로 대접하면 적당할 것이다." 조금 있다가 다시 말하였다. "공자의 도가 곧 나타나는 효과가 없으니, 내가 나이가 늙었기 때문에 그 도를 써서 시행되는 것을 볼 수 없다." 공자가 제나라에 간 것은 도를 행하고자 한 것이다. 도가 쓰이지 못하면 대접하는 것이 한갓 예절일 뿐이라고 하고, 공자가 제나라를 떠나 노나라로 돌아왔다.

| 요지 |

이 장은 제경공이 그 신하와 더불어 공자를 대접할 것을 의논한 말이니, 그 헤아리고 비교하는 것이 어진 이를 대접하는 정성이 아니다. 그러므로 공자가 떠난 것은 대접의 경중에 있지 않고 등용하지 않아서 떠난 것이다.

4. 齊人(제인)이 歸女樂(귀여악)이어늘 季桓子受之(계환자수지)하고 三日不朝(삼일부조)한대 孔子行(공자행)하시다

| 언해 |

齊ㅅ사ᄅᆞᆷ이 女樂을 歸ᄒᆞ야ᄂᆞᆯ 季桓子ㅣ 받고 三日을 朝티 아니ᄒᆞᆫ

대 孔子ㅣ 行ᄒᆞ시다

| 직역 |

제나라 사람이 미녀악단을 보내니 계환자가 그것을 받고 3일을 조회하지 않자, 공자께서 떠나셨다.

| 자해 |

季桓子 : 노(魯)나라 대부로 이름은 사(斯).

| 의해 |

공자가 노나라 사구(司寇)가 되어 보좌하는 일을 행한 지 3개월이 되자 노나라가 크게 다스려졌다. 제나라 사람이 공자를 노나라에서 크게 쓰면 노나라가 강해져 제나라에 해가 있을까 두려워하여, 미녀악단을 노나라 임금에게 보내 노나라 임금으로 하여금 미녀악단에 빠져서 성인을 쓰지 못하게 하려고 하였다. 이 때에 노나라의 정사는 모두 계환자가 마음대로 하였기 때문에 계환자가 노나라 임금에게 말하고 미녀악단을 받았다. 이후로부터 노나라의 임금과 신하가 미녀악단에 미혹되어 정사에 게을러 임금이 조회에 나오지 않고 또 신하도 가서 조회하지 않은 것이 사흘이 되었다. 어진 사람을 쓰면서 미녀악단을 받는 것은 어진 사람을 소홀히 하는 것이고, 사흘을 조회에 나오지 않은 것은 예를 버린 것이다. 임금과 신하가 이와 같다면 함께 할 수 없다는 것을 알 수 있으므로 공자는 떠났다.

| 요지 |

공자가 예모(禮貌)가 쇠함을 보고 떠난 것이니, 기미를 본 것이 밝다.

초 광 접 여 가 이 과 공 자 왈 봉 혜 봉 혜 하 덕 지 쇠
5. 楚狂接輿歌而過孔子 曰 鳳兮鳳兮여 何德之衰오
왕 자 불 가 간 래 자 유 가 추 이 이 이 이
往者는 不可諫이어니와 來者는 猶可追니 已而已而어다
금 지 종 정 자 태 이 공 자 하 욕 여 지 언 추
今之從政者殆而니라 孔子下하사 欲與之言이러시니 趨
이 피 지 부 득 여 지 언
而辟之하니 不得與之言하시다

| 언해 |

楚앳 狂인 接輿ㅣ 歌ᄒᆞ고 孔子를 過ᄒᆞ야 ᄀᆞᆯ오ᄃᆡ 鳳이여 鳳이여 엇디 德이 衰ᄒᆞ뇨 往ᄒᆞᆫ 者ᄂᆞᆫ 可히 諫티 몯ᄒᆞ려니와 來ᄒᆞᄂᆞᆫ 者ᄂᆞᆫ 오히려 可히 追ᄒᆞᆯ띠니 마롤띠어다 마롤띠어다 이제 政을 從ᄒᆞᄂᆞᆫ 者ㅣ 殆ᄒᆞ니라 孔子ㅣ ᄂᆞ리샤 더브러 말ᄒᆞ고져 ᄒᆞ더시니 趨ᄒᆞ야 辟ᄒᆞ니 시러곰 더브러 말ᄒᆞ디 몯ᄒᆞ시다

| 직역 |

초나라 광인인 접여가 노래하면서 공자를 지나치며 말하였다. "봉황이여! 봉황이여! 어찌 덕이 쇠하였는가? 지나간 것은 간할 수 없지만 오는 것은 오히려 따를 수 있으니, 그만둘지어다! 그만둘지어다! 오늘날 정치를 좇는 자들은 위태롭다." 공자께서 수레에서 내리시어 더불어 말하려고 하셨는데, 빨리 걸어 피하니 더불어 말하지 못하셨다.

| 자해 |

接輿 : 초(楚)나라 사람. 거짓 미친 체하여 세상을 피함. • 鳳 : 도가 있으면 나타나고 도가 없으면 숨는 상상의 새. 봉의 비유를 통해 공자가 숨지 못하는 것을 기롱함. • 已 : 그침.

| 의해 |

공자가 장차 초나라로 가려고 하였는데, 초나라의 거짓 미친 사람 접여가 공자가 타고 있는 수레 앞으로 지나가면서 노래를 하였다. "봉황이여! 봉황이여! 도가 있는 세상이면 나타나고 도가 없는 세상이면 숨는 것은 그 덕이 성한 것이다. 지금이 어느 때인데 오히려 숨지 않으니, 어찌 그리 덕이 쇠하여 스스로 몸을 보중하지 않는가? 지나간 일은 간하여도 어쩔 수가 없지만 오는 일은 오히려 예측할 수 있으니, 지금이라도 숨을 것이로다. 지금 벼슬하여 정사를 담당한 사람들을 보면 모두 예측하지 못한 화를 당하여 위태하여 보전하지 못하고 있다. 하물며 벼슬하지 않은 사람이 어찌 숨지 않을 것인가?" 이는 공자를 높일 줄 안 사람이지만 취향은 공자와 같지 않았다.

◑ 공자가 그 노래하는 소리를 듣고 숨어 사는 사람인 것을 알고 수레에서 내려와 더불어 말하려고 하였다. 공자는 사람이 벼슬에 나가고 나가지 않는 의리를 말해주어 그 사람을 붙잡아 같이 세상을 건지고자 한 것이다. 그런데 접여가 공자를 피하여 공자가 그와 더불어 말하지 못하였다. 공자는 접여에게 마음이 있으나 접여는 공자에게 마음이 없었으니, 이는 세상을 건지고 세상을 피하는 취지가 같지 않았기 때문이다.

| 요지 |

이 장은 공자가 접여를 만난 뜻을 보여준 것이다. 첫 구절은 접여가 공자가 숨지 않은 것을 비웃은 것이고, 끝 구절은 접여가 제가 옳다고 하여 성인의 말을 듣고자 하지 않은 것이다. 유가의 도가 궁함에 성인이 숨은 선비를 만나고자 한 뜻을 여기서 살펴볼 수 있다.

6-1. 長沮桀溺이 耦而耕이어늘 孔子過之하실새 使子路로 問津焉하신대 長沮曰 夫執輿者爲誰오 子路가 曰 爲孔丘시니라 曰是魯孔丘與아 曰是也시니라 曰是知津矣니라

| 언해 |

長沮과 桀溺이 耦ᄒᆞ야 耕ᄒᆞ거ᄂᆞᆯ 孔子ㅣ 過ᄒᆞ실ᄉᆡ 子路로 ᄒᆞ여곰 津을 무ᄅᆞ라 ᄒᆞ신대 長沮ㅣ ᄀᆞᆯ오ᄃᆡ 輿에 執ᄒᆞᆫ 者ㅣ 누고 子路ㅣ ᄀᆞᆯ오ᄃᆡ 孔丘ㅣ시니라 ᄀᆞᆯ오ᄃᆡ 이 魯ㅅ孔丘가 ᄀᆞᆯ오ᄃᆡ 이시니라 ᄀᆞᆯ오ᄃᆡ 이 津을 아ᄂᆞ니라

| 직역 |

장저와 걸닉이 짝을 지어 밭을 가는데 공자께서 지나시다가 자로를 시켜 나루를 묻게 하시었다. 장저가 말하기를 "수레 고삐를 잡고 있는 분이 누구인가?"라고 하자, 자로가 "공구이십니다"라고 대답하였다. "그가 노나라의 공구인가?"라고 다시 묻자 "그렇습니다"라고 대답하니, "그 분은 나루를 알 것이다"라고 하였다.

| 자해 |

耦 : 두 사람이 같이 밭을 간다는 뜻. • 津 : 물을 건너는 나루터.

| 의해 |

장저와 걸닉은 모두 어질지만 숨어 있던 사람이다. 두 사람이 같이 밭을 가는데 공자가 그 밭을 지나다가 자로로 하여금 강 건너는 나루를 물었다. 자로가 공자의 명을 받고 물으러 가니 공자가

자로 대신 수레 고삐를 잡고 있었다. 장저가 공자를 가리키며 저 수레 고삐를 잡고 있는 사람이 누구냐고 물으면서 말하였다. "노나라 공구 같으면 여러 번 천하를 두루 돌아다녔으니 나루 있는 곳을 알 것인데 무엇을 묻느냐?"

문어걸닉 걸닉 왈 자위수 왈 위중유
6-2. 問於桀溺한대 桀溺이 曰 子爲誰오 曰 爲仲由이로
왈시노공구지도여 대왈연 왈도도자천하개
라 曰是魯孔丘之徒與아 對曰然하다 曰滔滔者天下皆
시야 이수이역지 차이여기종피인지사야 기
是也니 而誰以易之리오 且而與其從辟人之士也론 豈
약종피세지사재 우이불철
若從辟世之士哉리오하고 耰而不輟하더라

| 언해 |

桀溺의게 믈온대 桀溺이 ᄀᆞᆯ오ᄃᆡ 子ㅣ 누고 ᄀᆞᆯ오ᄃᆡ 仲由ㅣ로라 ᄀᆞᆯ오ᄃᆡ 이 魯ㅅ孔丘의 徒가 對ᄒᆞ야 ᄀᆞᆯ오ᄃᆡ 그러ᄒᆞ다 ᄀᆞᆯ오ᄃᆡ 滔滔ᄒᆞᆫ 者ㅣ 天下ㅣ 다 이니 눌로 더브러 易ᄒᆞ리오 ᄯᅩ 네 그 사ᄅᆞᆷ 辟ᄒᆞᄂᆞᆫ 士를 조촘오로 더브러론 엇디 世ㅣ 辟ᄒᆞᄂᆞᆫ 士를 조촘 ᄀᆞᄐᆞ리오 ᄒᆞ고 耰ᄒᆞ고 그치디 아니ᄒᆞ더라

| 직역 |

걸닉에게 물으니, 걸닉이 말하기를 "당신은 누구인가?"라고 하자 자로는 "중유입니다"라고 대답하였다. 그가 "그대가 바로 노나라 공구의 무리인가?"라고 묻자, "그렇소"라고 대답하였다. 그는 말하기를 "도도하게 흐르는 것은 천하가 모두 그러한데, 누구와 더불어 바꾸겠는가? 또 그대는 사람을 피하는 선비를 따르는 것보다는 세상을 피하는 선비를 따르는 것이 낫지 않겠는가?"라고 하

고는 씨앗 덮는 일을 그치지 않았다.

| 자해 |

滔滔 : 흘러서 돌아오지 않음.

| 의해 |

자로가 장저에게 거절을 당하고 다시 걸닉에게 묻자 걸닉은 자로가 공자의 제자임을 확인하고 말하였다. "공구가 사방으로 돌아다니는데 이 천하를 어떻게 할 수 있다고 생각하는가? 내가 보니 지금 세상이 어지러운 것이 물이 도도하게 날마다 흘러 내려가는 것과 같다. 온 천하 사람이 다 이와 같은데 누가 너를 써서 어지러운 것을 변하여 다스리게 하고 악한 것을 바꾸어 착한 일을 하게 하겠느냐? 또 너도 사람을 피하는 선비를 따라서 이 사람이 안되면 저 사람에게로 가서 혹시나 착한 사람을 만날까 바랐지만 얻지 못하여 악한 사람을 피하는 것이다. 그것보다는 나처럼 이러한 어지러운 세상을 피하는 선비를 따르는 것이 어떠냐? 세상에서 착한 사람을 만날 수가 없으니 이 세상을 아주 끊고 세상의 어지러움과 다스려짐을 상관하지 않는 것이 높은 선비이다." 이렇게 말을 마치고 밭의 곡식 씨를 덮으며 쉬지 않고 또한 강 건너는 나루를 가르쳐 주지 않았다.

6-3. 子路行(자로행)하야 以告(이고)한대 夫子憮然曰(부자무연왈) 鳥獸(조수)는 不可與(불가여) 同群(동군)이니 吾非斯人之徒(오비사인지도)를 與(여)요 而誰與(이수여)리오 天下(천하)가 有(유) 道(도)면 丘不與易也(구불여역야)니라

| 언해 |

子路ㅣ 行ᄒᆞ야 ᄡᅥ 告ᄒᆞᆫ대 夫子ㅣ 憮然ᄒᆞ야 ᄀᆞᆯᄋᆞ샤ᄃᆡ 鳥獸ᄂᆞᆫ 可히 더브러 同羣티 몯홀 꺼시니 내 이 사ᄅᆞᆷ의 徒를 與티 아니ᄒᆞ고 누를 與ᄒᆞ리오 天下ㅣ 道ㅣ 이시면 丘ㅣ 더브러 易디 아니홀띠니라

| 직역 |

자로가 돌아와서 말씀드리니, 공자께서 한동안 겸연쩍은 듯이 계시다가 말씀하셨다. "조수와 더불어 무리 지어 살 수는 없으니, 내가 이 사람의 무리와 더불어 살지 않고 누구와 더불어 살겠는가? 천하에 도가 있었다면 내가 더불어 바꾸려고 하지 않았을 것이다."

| 자해 |

以 : 더불어. 여(與) 자와 같음.

| 의해 |

자로가 강 건너는 나루를 알지 못하고 가서 이 두 사람의 말을 공자에게 고하니, 공자가 듣고 그 사람들이 자신이 세상을 건지려는 뜻을 알지 못함을 안타까워하여 겸연쩍은 듯이 탄식하여 말하였다. "걸닉이 세상을 피하려는 지조를 채우고자 하면 이것은 세상 사람과는 함께 있지 못할 것이니, 반드시 새와 짐승과 함께 있는 것을 좋다고 하는 것과 같다. 그러나 천하 사람들도 다 사람이고 나도 사람이며 새와 짐승은 사람과 같은 종류가 아니므로 함께 있을 수 없다. 내가 사람의 무리와 더불어 같이 있지 않고 누구와 더불어 같이 있겠는가? 어찌하여 사람을 끊고 세상을 피하여 홀로 살겠는가? 걸닉이 말하기를 '천하에 도가 없는데 누구와 더불어 바꿀 것인가?'라고 하는데, 천하에 도가 있으면 나도 또한 세상이 다스려지는 것을 편안하게 여겨 변화시키고 바꾸려고 하지 않을 것이다. 천하에 도가 없기 때문에 도가 있는 천하로 바꾸

고자 하는 것이나, 저 사람들이 어떻게 나의 마음을 알겠는가?"

| 요지 |

이 장은 성인이 도로 천하를 구제하고자 하는 뜻을 보인 것이다. 장저와 걸닉이 세상을 피한 것도 천하에 도가 없기 때문이었고 공자께서 천하를 돌아다니신 것도 천하에 도가 없기 때문이었다. 장저와 걸닉은 천하에 도가 없기 때문에 나는 밭을 갈겠다고 하였고, 공자는 천하에 도가 있으면 나도 바꾸지 않겠다고 하였다. 장저와 걸닉은 스스로를 위하는 사사로운 마음이 있는 것을 면하지 못하고, 공자는 내 몸이 굶주리고 내 몸이 함정에 빠진 것과 같이 여긴 것이다.

7-1. 子路從而後러니 遇丈人이 以杖荷蓧하여 子路問曰 子見夫子乎아 丈人이 曰 四體를 不勤하며 五穀을 不分하나니 孰爲夫子오하고 植其杖而芸하더라

| 언해 |

子路ㅣ 從ᄒᆞ야 後ᄒᆞ얏더니 丈人이 杖으로ᄡᅥ 蓧 메 니를 만나 子路ㅣ 물어 ᄀᆞᆯ오ᄃᆡ 子ㅣ 夫子를 보냐 丈人이 ᄀᆞᆯ오ᄃᆡ 四體를 勤티 아니ᄒᆞ며 五穀을 分티 몯ᄒᆞᄂᆞ니 뉘 夫子오 ᄒᆞ고 그 杖을 植ᄒᆞ고 芸ᄒᆞ더라

| 직역 |

자로가 따라가다가 뒤처졌는데, 지팡이로 대바구니를 멘 장인을 만나 자로가 묻기를 "그대가 우리 선생님을 보았습니까?"라고 하

니, 장인이 말하기를 "사지를 부지런히 움직이지 않고 오곡을 분별하지 못하는데, 누구를 선생님이라고 하는가?"라고 하고, 지팡이를 꽂아놓고 김을 매었다.

| 자해 |

蓧 : 김맬 때 사용하는 대그릇. • 植 : 땅에 심어 세운다는 뜻. 음은 '치'이지만 '식'으로 읽기도 함.

| 의해 |

자로가 공자를 따라 초나라로부터 채나라로 돌아오다가 우연히 공자와 서로 헤어져 뒤에 떨어지게 되었다. 그때 지팡이로 대그릇을 메고 가는 어떤 장인을 만나 그대가 "우리 스승 공자를 보았느냐?"라고 묻자, 장인이 말하였다. "지금은 농사하여 힘써 먹을 때인데 그대가 사지를 써서 밭가는 데 부지런하지 않고 오곡의 이름도 구별하지 못하고 한갓 스승을 따라 멀리 다니면서 공자가 어디 있느냐고 나에게 물으니, 내가 길에 다니는 사람 가운데 네 스승이 누구인지 어떻게 알겠느냐?" 그는 말을 마치자 지팡이를 꽂아놓고 밭에서 계속 풀을 매었다.

7-2. 子路拱而立(자로공이립)한대 止子路宿(지자로숙)하여 殺鷄爲黍而食之(살계위서이사지)하고 見其二子焉(현기이자언)이어늘 明日(명일)에 子路(자로)가 行(행)하야 以告(이고)한대 子曰(자왈) 隱者也(은자야)로다하시고 使子路(사자로)로 反見之(반견지)하시니 至則行矣(지즉행의)러라

| 언해 |

子路ㅣ 拱ᄒᆞ고 立ᄒᆞᆫ대 子路를 止ᄒᆞ야 재여 鷄를 殺ᄒᆞ며 黍를 爲ᄒᆞ야 먹키고 그 두 아ᄃᆞᆯ을 뵈여ᄂᆞᆯ ᄇᆞᆰ는 날애 子路ㅣ 行ᄒᆞ야 ᄡᅧ 告ᄒᆞᆫ대 子ㅣ ᄀᆞᆯᄋᆞ샤ᄃᆡ 隱者ㅣ로다 ᄒᆞ시고 子路로 ᄒᆞ여곰 反ᄒᆞ야 보라 ᄒᆞ시니 至ᄒᆞᆫ則 行ᄒᆞ돗더라

| 직역 |

자로가 손을 마주잡고 서 있으니, 자로를 머물러 자게 하고는 닭을 잡고 기장밥을 지어 먹이고 그의 두 아들을 만나게 하였다. 다음날 자로가 떠나와서 공자께 말씀드리니, 공자께서 "숨어 있는 사람이다"라고 하시고, 자로로 하여금 되돌아가 만나보게 하셨는데, 도착해 보니 떠나가 버렸다.

| 자해 |

食 : 먹이다. 음은 '사'.

| 의해 |

자로가 그 장인이 나이가 많고 말하는 것이 이상한 것을 보고 송구스러운듯 두 손을 마주 잡고 공경하였다. 장인이 자로의 공경함에 감동하여 자로를 자기의 집에 머무르게 하고 닭을 잡고 기장밥을 지어 먹이고 두 아들을 불러 자로에게 보였다. 이것은 장인이 자로의 공경에 감동하고, 또 세상을 피하여 숨어 있는 즐거움이 이러하다는 것을 보여주어 자로를 깨닫게 하고자 한 것이었다. ◑ 이튿날 자로가 길을 떠나 공자를 만나 그 일을 공자에게 고하니 공자가 말하였다. "그 사람의 말과 예가 그와 같았으니 농사짓는 백성이 아니고, 아마도 어질고 숨은 사람인데 나아가고 물러나는 큰 도에 밝지 못한 것이 아깝도다." 그리하여 자로로 하여금 다시 가서 만나보라고 하였는데, 그 사람을 이끌어 같이 천하를 건지고자 한 것이었다. 자로가 그 집에 이르니 장인이 이미 다른

데로 가버리고 없어서 만나지 못하였다.

7-3. 子路曰 不仕無義하니 長幼之節을 不可廢也니 君臣之義를 如之何其廢之리요 欲潔其身而亂大倫이로다 君子之仕也는 行其義也니 道之不行은 已知之矣시니라

| 언해 |

子路ㅣ ᄀᆞᆯ오ᄃᆡ 仕티 아니홈이 義ㅣ 업스니 長幼의 節을 可히 廢티 몯ᄒᆞ거니 君臣의 義를 엇디 그 廢ᄒᆞ리오 그 몸을 潔코져 ᄒᆞ야 큰 倫을 亂ᄒᆞ놋다 君子의 仕홈은 그 義를 行홈이니 道의 行티 몯홈은 이믜 아ᄅᆞ시ᄂᆞ니라

| 직역 |

자로가 말하였다. "벼슬하지 않는 것은 의가 없으니, 어른과 어린이의 예절을 폐할 수 없는데 임금과 신하의 의를 어떻게 폐할 수 있겠는가? 자기 몸을 깨끗하게 하고자 하여 큰 인륜을 어지럽히는구나. 군자가 벼슬하는 것은 그 의를 행하는 것이니, 도가 행하여지지 못할 것은 이미 알고 계셨다."

| 의해 |

자로가 공자의 뜻을 대신하여 말하였다. "오륜에서 군신은 의를 주로 하니 사람이 만일 벼슬을 하지 않으면 군신의 의가 없다. 어른과 어린이, 임금과 신하가 다 큰 인륜이지만 임금과 신하의 의가 더욱 크다. 장인이 두 아들로 하여금 예로 나를 보게 하였으니 이것은 어른과 어린이의 절차를 폐하지 못한다는 것을 안 것이

다. 그런데 임금과 신하의 의를 어떻게 폐할 수 있겠는가? 그는 한갓 숨어 있는 것을 고상하다 하여 자기 몸만 깨끗이 하고 임금과 신하의 큰 인륜을 어지럽히고 있는 것이다. 또 군자가 벼슬하는 것은 한갓 봉록만 취하는 것이 아니라 신하가 임금을 섬기는 의를 행하여 폐하지 않게 하는 것이다. 지금 세상에 밝은 임금과 어진 신하가 서로 만나기 어려워서 도를 행하지 못할 것은 이미 알고 계셨다. 그러나 마침내 숨지 못하는 것은 임금과 신하의 의가 끊어질까 두려워하는 것이니, 저 장인이 어찌 그리 소견이 좁은가?" 자로가 공자의 뜻을 말로 한 것이 이와 같았다. 장인을 이끌어 깨우친 것이 지극한데 취향이 같지 않은 것이 안타깝다.

| 요지 |

앞 장에서 천하에 도가 있으면 내가 더불어 바꾸지 않으리라고 한 곳에서는 성인이 세상을 구원하고자 하는 뜻을 보아야 하고, 이 장에서 군신의 차례를 폐하지 못한다고 한 곳에서는 성인의 나아가고 물러나는 의리를 보아야 한다. '벼슬하지 않으면 의가 없다'는 한 구절이 중요하니 그 아래는 다 이 구절의 뜻을 거듭 밝힌 것이다. '어른과 어린이의 절차'로부터 '큰 인륜을 어지럽힌다'는 데 이르기까지는 장인이 세상을 버리는 잘못을 말하였고, '군자가 벼슬하는 것' 이하 세 구절은 세상에 쓰이고자 하는 자신의 뜻을 밝힌 것이다. 이는 모두 도를 행하는 데 간절한 것이지 장인을 일깨우기 위한 것만은 아니다.

8. 逸民(일민)은 伯夷(백이)와 叔齊(숙제)와 虞仲(우중)과 夷逸(이일)과 朱張(주장)과 柳下惠(유하혜)와 少連(소련)이니라 子曰(자왈) 不降其志(불강기지)하며 不辱其身(불욕기신)은 伯夷叔(백이숙)

齊與인저 謂柳下惠少連하사대 降志辱身矣나 言中倫하며 行中慮하니 其斯而已矣니라 謂虞仲夷逸하사대 隱居放言하나 身中淸하며 廢中權이니라 我則異於是하여 無可無不可호라

| 언해 |

逸ᄒᆞᆫ 民ᄋᆞᆫ 伯夷와 叔齊와 虞仲과 夷逸과 朱張과 柳下惠와 少連이니라 子ㅣ ᄀᆞᆯᄋᆞ샤ᄃᆡ 그 ᄠᅳᆮ을 降티 아니ᄒᆞ며 그 몸을 辱디 아니ᄒᆞᆷ은 伯夷와 叔齊ㄴ뎌 柳下惠와 少連을 닐ᄋᆞ샤ᄃᆡ ᄠᅳᆮ을 降ᄒᆞ며 몸을 辱ᄒᆞ나 말이 倫에 마즈며 行이 慮에 마즈니 그 이 ᄯᆞᄅᆞᆷ이니라 虞仲과 夷逸을 닐ᄋᆞ샤ᄃᆡ 隱居ᄒᆞ야 말을 放ᄒᆞ나 몸이 淸에 마즈며 廢ㅣ 權에 마즈니라 나는 이에 달라 可ᄒᆞᆷ도 업ᄉᆞ며 可티 아니ᄒᆞᆷ도 업소라

| 직역 |

초탈한 사람은 백이와 숙제와 우중과 이일과 주장과 유하혜와 소련이었다. 공자께서 말씀하셨다. "그 뜻을 굽히지 않고 그 몸을 욕되게 하지 않은 자는 백이와 숙제이다." 유하혜와 소련을 평하여 말씀하셨다. "뜻을 굽히고 몸을 욕되게 하였으나, 말이 윤리에 맞으며 행실이 생각에 맞았으니, 이런 점일 뿐이다." 우중과 이일을 평하여 말씀하셨다. "숨어 살면서 말을 함부로 하였으나 몸은 깨끗함에 맞았고, 벼슬을 하지 않은 것은 권도에 맞았다. 나는 이와 달라서 할 만한 것도 없고 할 만하지 않은 것도 없다."

| 자해 |

逸 : 벼슬길에서 빠져 있음. • 民 : 지위가 없는 이의 칭호. • 虞仲 : 중옹(仲

雍). 태백(泰伯)과 함께 형만(荊蠻)으로 도망함. • 少連 : 동이(東夷) 사람. • 倫 : 의리(義理)의 차례. • 慮 : 사려(思慮).

| 의해 |

고금에 초탈한 백성 가운데 상고해 볼 만한 사람이 일곱이니 백이, 숙제, 우중, 이일, 주장, 유하혜, 소련이다. 이 일곱 사람이 숨고 도망한 것은 비록 같지만 행한 것은 각기 다르다. 공자가 일찍이 판단하여 말하였다. "초탈한 백성 가운데 뜻이 고상하고 조금도 그 뜻을 낮추어 사람에게 굴복하지 않고 몸가짐을 맑고 깨끗하게 하여 조금도 몸을 더럽혀 이 세상을 좇지 않은 사람은 백이와 숙제일 것이다. 고결하여 참으로 미칠 수 없으니 그 맑고 초탈한 사람이로다! 유하혜와 소련의 인품은 임금을 가리지 않고 섬기며 때를 기다리지 않고 나와서 비록 그 뜻을 굽히고 그 몸을 욕되게 하였지만, 말은 의리의 순서에 합하여 윤리에 맞고 행동은 여러 사람의 공정한 마음에 합하여 생각에 맞았다. 아무리 뜻을 굽히고 몸을 욕되게 하였더라도 바른 것을 잃지 않아서 다른 사람이 뜻을 굽히고 몸을 욕되게 하는 것과는 같지 않았다. 유하혜와 소련에게서 취할 만한 것이 이와 같았으니 온화하고 초탈한 사람이었다. 우중과 이일의 인품은 다른 땅에 가 숨어 있어 말이 방탕하여 얽매임이 없었다. 숨어 거하고 물러가 거처하여 홀로 몸을 착하게 하여 벼슬과 봉록이 얽어매지 않으니 도의 맑은 데 맞았다. 말을 함부로 하여 스스로 버린 사람이 되어 세상에서 쓰지 못할 것으로 보였으나 시세를 따라 변통하였으니 권도에 맞게 한 것이다. 몸을 깨끗하게 하고 윤리를 어지럽게 하며 의를 해롭게 하고 가르침을 손상하는 사람과는 다르니, 얽매임이 없으면서 초탈한 사람이다. 일곱 사람의 높은 절개가 이와 같았으니, 그들이 행하지 않은 것은 마음에 행하지 않아야 한다고 생각했기 때문이고, 행한 것은 마음에 행할 만하다고 생각했기 때문이다. 나는 이와 달라서 나아가고 물러나며 버리고 취하는 데 할 만하다

고 하여 일찍이 하나만을 취하여 할 만한 것으로 삼지 않았다. 또한 할 만하지 않다고 하여 일찍이 하나만을 잡아서 할 만하지 않은 것으로 삼지 않았다. 할 만하고 할 만하지 않은 것을 마음에 두지 않았으니 내가 초탈한 사람이 되지 않겠는가?"

| 요지 |

이 장은 공자가 차마 초탈한 사람이 되지 못하는 뜻을 보인 것이다. 세상에 쓰이는 것이 불가하다고 하여 세상을 초탈하는 것이 가능하다면 이것은 초탈한 백성에 대하여 찬성하는 것이다. 공자는 도가 있는 것으로 도가 없는 것을 바꾸고자 했기 때문에 천하를 내 몸과 같이 보아 세상에 쓰이는 것을 불가하다고 하지 않고 세상을 초탈하는 것이 가능하다고 하지 않았다. 차마 초탈한 사람이 되지 못하기 때문에 나는 이와 다르다고 한 것이다.

9. 大師摯(태사지)는 適齊(적제)하고 亞飯干(아반간)은 適楚(적초)하고 三飯繚(삼반료)는 適蔡(적채)하고 四飯缺(사반결)은 適秦(적진)하고 鼓方叔(고방숙)은 入於河(입어하)하고 播鼗武(파도무)는 入於漢(입어한)하고 少師陽(소사양)과 擊磬襄(격경양)은 入於海(입어해)하니라

| 언해 |

大師ㅣ언 摯는 齊에 適ᄒᆞ고 亞飯이언 干은 楚에 適ᄒᆞ고 三飯이언 繚ᄂᆞᆫ 蔡예 適ᄒᆞ고 四飯이언 缺ᄋᆞᆫ 秦에 適ᄒᆞ고 鼓ᄒᆞᄂᆞᆫ 方叔ᄋᆞᆫ 河에 入ᄒᆞ고 鼗를 播ᄒᆞᄂᆞᆫ 武ᄂᆞᆫ 漢에 入ᄒᆞ고 少師ㅣ언 陽과 磬을 擊ᄒᆞᄂᆞᆫ 襄ᄋᆞᆫ 海에 入ᄒᆞ니라

| 직역 |

태사였던 지는 제나라로 가고, 아반이었던 간은 초나라로 가고,

삼반이었던 요는 채나라로 가고, 사반이었던 결은 진나라로 가고, 북을 치던 방숙은 하내로 들어가고, 소고를 흔들던 무는 한중으로 들어가고, 소사였던 양과 경쇠를 치던 양은 바다의 섬으로 들어갔다.

| 자해 |

大師 : 노나라 풍류를 맡은 관리의 우두머리. 음은 '태사' • 亞飯, 三飯, 四飯 : 모두 풍류로써 차례로 밥을 권하던 관리. • 鼓 : 북치는 관리. • 播 : 북을 흔드는 관리. • 鼗 : 작은 북으로 양쪽의 귀를 흔들어 북을 치는 악기. • 少師 : 태사를 돕는 풍류관원. • 海 : 바다의 섬.

| 의해 |

공자가 음악을 바로잡은 뒤에 노나라의 음악을 맡은 관원이 삼환(三桓)의 참람함을 불안하게 여겨 모두 피하여 갔다. 이전 태사인 '지(摯)'라는 사람은 제나라로 갔다. 음악 관원의 우두머리인 태사가 다른 나라로 가니, 그 아래 음악 관원이 어찌 그 벼슬에 편안히 있겠는가? 아반의 음악을 맡은 '간(干)'이라는 사람은 초나라로 가고, 삼반의 음악을 맡은 '료(繚)'라는 사람은 채나라로 가고, 사반의 음악을 맡은 '결(缺)'이라는 사람은 진나라로 갔다. 간 나라는 같지 않았지만 피하여 가는 마음은 같았다. 또한 북을 치는 관원인 '방숙(方叔)'이라는 사람은 하내 땅으로 갔고, 작은 북을 흔드는 관원인 '무(武)'라는 사람은 한중으로 갔다. 소사인 '양(陽)'이라는 사람과 경쇠치는 관원인 '양(襄)'이라는 사람은 바닷가로 가서 거하였다. 그들이 간 땅은 같지 않았지만 세상을 피하는 마음은 같았다. 슬프다! 음악 관원은 갔지만 음악은 있으니, 진실로 공자가 음악을 바로잡은 공은 있지만 노나라는 쇠퇴하였다.

| 요지 |

이 장은 음악을 맡은 관원들이 난을 피해 가는 것을 기록하여 공

자가 음악을 바로잡은 공을 보인 것이다. 음악은 노나라 임금을 위하여 베푸는 것이고 삼환의 집을 위하여 베푸는 것이 아니었다. 공자가 음악을 바로잡은 뒤에 여러 악관들이 올바른 음악을 알게 되었는데, 세 집의 참람한 음악을 보게 되자 악관들이 그들에게 부림을 당하는 것을 부끄러워하여 각각 그 벼슬을 버리고 간 것이다. 세상을 피하고 땅을 피하는 것은 같지 않지만 난을 피하는 마음은 같다.

10. 周公(주공)이 謂魯公曰(위노공왈) 君子不施其親(군자불이기친)하며 不使大臣(불사대신)으로 怨乎不以(원호불이)하며 故舊無大故則不棄也(고구무대고즉불기야)하며 無求備於一人(무구비어일인)이니라

| 언해 |

周公이 魯公ᄃᆞ려 닐어 ᄀᆞᆯᄋᆞ샤ᄃᆡ 君子ㅣ 그 親을 施티 아니ᄒᆞ며 大臣으로 ᄒᆞ여곰 ᄡᅳ디 아니홈을 怨케 아니ᄒᆞ며 故舊ㅣ 大故ㅣ 업거든 棄티 아니ᄒᆞ며 一人의게 備홈을 求티 말를띠니라

| 직역 |

주공이 노공에게 말하였다. "군자는 친척을 버리지 않으며, 대신으로 하여금 써주지 않는 것을 원망하지 않게 하며, 옛 친구를 큰 연고가 없으면 버리지 않으며, 한 사람에게 완전히 갖추기를 요구하지 말아야 한다."

| 자해 |

施 : 제껴버림. 음은 '이'. • 以 : 쓰임. • 大故 : 악하고 거스름.

| 의해 |

옛적에 주나라에서 주공이 아들 백금을 노공으로 봉하면서 훈계하여 말하였다. "우리 주나라는 원래 인후함으로 기업을 열었다. 네가 이제 노나라를 다스리게 되었으니 마땅히 충후함으로 근본을 삼아야 한다. 나라의 친척은 나라의 좋고 슬픈 것을 같이 하는 사람이니, 군자는 근본이 같은 구족(九族)의 친척에 대하여 그 지위를 높여주고 봉록을 많이 주어서 친하고 사랑함을 두터이 하여 버리고 폐해서는 안 된다. 나라의 대신은 나라가 편안하고 위태한 데 관계가 있는 사람이니, 군자는 그들을 믿기를 오로지 하고 맡기기를 오래 하여 크게 쓰는 뜻을 이루어서 대신으로 하여금 믿고 쓰지 않는 것을 원망하지 않도록 해야 한다. 전통 있는 가문은 선대에 백성들에게 공덕을 끼친 사람이니, 죄가 있으면 버리겠지만 큰 연고가 없으면 군자가 경솔하게 버리지 말아서 어질면 대대로 벼슬을 주고 어질지 못하더라도 대대로 봉록을 주어야 한다. 또 사람은 여러 가지 재주를 겸할 수 없고 각각 장점이 있어서 다 일을 맡겨 쓸 만한 것이니, 군자는 사람을 쓸 때에 장점만을 취할 것이고 단점을 책망하지 말고 한 사람에게 온전한 것을 구하고 구비함을 요구하지 않아야 한다. 이 두어 가지가 나라의 근본을 북돋아 세우는 것이자 군자의 충후한 도이니, 너는 노나라로 가거든 이 말을 명심하여 힘쓸지어다." 이것은 공자가 아마 제자에게 말한 것인 듯하다.

| 요지 |

이 장은 주공이 충후함으로 나라를 여는 도를 아들에게 훈계한 것이다. '군자'라는 두 글자를 중요하게 볼 것이니, 네 구절이 일마다 군자됨을 요구한 것이고 모두 충후한 도이다.

주유팔사 · 백달 백괄 중돌 중홀 숙야
11. 周有八士하니 伯達과 伯适과 仲突와 仲忽와 叔夜와
숙하 계수 계와
叔夏와 季隨와 季騧니라

| 언해 |

周에 八士ㅣ이시니 伯達과 伯适과 仲突과 仲忽과 叔夜와 叔夏와 季隨와 季騧ㅣ니라

| 직역 |

주나라에 여덟 선비가 있었으니, 백달과 백괄과 중돌과 중홀과 숙야와 숙하와 계수와 계와였다.

| 의해 |

인재가 나는 것도 시운에 관계가 되니 옛적 우리 주나라의 전성시대에는 한 어미가 네 번 해산하여 여덟 아들을 낳았다. 첫 번째 해산한 것은 백달과 백괄이고, 두 번째는 중돌과 중홀이고, 세 번째는 숙야과 숙하이고, 네 번째는 계수와 계와였다. 모두 쌍둥이인 것도 이상한 일이고 여덟 아들이 다 어진 것은 더욱 이상한 일이었다. 인재의 성한 것이 이와 같았는데 지금은 주나라의 전성시대와 같은 높은 기수(氣數)를 볼 수 없다.

| 요지 |

이 장은 이전에 주나라에 인재가 성했던 것을 감탄한 것이다. 주나라의 국운이 융성할 때에는 백성을 배양하고 북돋아준 것이 두터워서 여덟 선비를 낳은 것이 한 집안의 경사일 뿐만 아니라 실로 나라의 영광이 될 만하였다.

19. 자장(子張)

1. 子張이 曰 士見危致命하며 見得思義하며 祭思敬하며 喪思哀면 其可已矣니라

| 언해 |

子張이 ᄀᆞᆯ오ᄃᆡ 士ㅣ 危를 보고 命을 致ᄒᆞ며 得을 보고 義를 思ᄒᆞ며 祭에 敬을 思ᄒᆞ며 喪에 哀를 思ᄒᆞ면 그 可ᄒᆞᆯ ᄯᆞᄅᆞᆷ이니라

| 직역 |

자장이 말하였다. "선비가 위태로움을 보고 생명을 바치며, 이득을 보고 의를 생각하며, 제사에 공경을 생각하며, 상사에 슬픔을 생각한다면 괜찮을 것이다."

| 자해 |

致命 : 생명을 버림. 생명을 줌.

| 의해 |

자장이 말하였다. "선비가 선비노릇을 하고자 하면 몸을 세우는 큰 절개를 갖는 것이 귀중하다. 만일 임금과 아비의 위태한 것을 보면 생명을 바쳐서 어려운 때를 당해도 구차하게 피하지 않아야 한다. 얻는 것을 보거든 의리상 마땅히 취할 것인가 아닌가를 생각하여 재물은 구차하게 얻지 않아야 한다. 제사는 먼 조상을 생

각하는 것이므로 안으로 정성을 다하고 밖으로 예를 다하여 신이 계신 것 같이 공경하고, 초상은 죽은 사람을 보내는 것이므로 반드시 정성스럽고 믿음직스럽게 하여 애통하는 감정을 극진히 해야 한다. 선비가 이와 같이 하여 큰 절개에 이지러짐이 없으면 되는 것이다."

| 요지 |

이 장은 선비가 마땅히 큰 절개를 세워야 함을 보였다. 위의 네 가지는 몸을 세우는 큰 절개이니, 하나라도 이루지 못하면 나머지는 볼 만한 것이 없을 것이므로 선비가 이와 같이 할 수 있다면 괜찮을 것이라고 한 것이다.

자장 왈 집덕불홍 신도부독 언능위유
2. 子張이 曰 執德不弘하며 信道不篤이면 焉能爲有며
언능위무
焉能爲亡리오

| 언해 |

子張이 ᄀᆞᆯ오ᄃᆡ 德을 執ᄒᆞᆷ이 弘티 몯ᄒᆞ며 道를 信ᄒᆞᆷ이 篤디 몯ᄒᆞ면 엇디 能히 잇다 하며 엇디 能히 업다 ᄒᆞ리오

| 직역 |

자장이 말하였다. "덕을 잡은 것이 크지 못하고 도를 믿는 것이 독실하지 못하면, 그런 사람을 어찌 있다고 말할 수 있으며 어찌 없다고 말할 수 있겠는가?"

| 자해 |

焉能爲有・焉能爲亡 : 가볍고 무거움이 될 수 없음. 즉 없는 것과 마찬가지여서 가치를 논할 필요가 없다는 뜻.

| 의해 |

자장이 말하였다. "덕은 잡는 것이 중요하지만 더욱 넓게 잡는 것이 귀중하다. 그러면 여러 착한 것이 모여 덕이 고단하지 않을 것이다. 도는 믿는 것이 귀중하지만 더욱 믿기를 독실하게 하는 것이 귀중하다. 그러면 이 뜻이 더욱 굳어서 도가 비로소 폐하지 않을 것이다. 만약 어떤 사람이 덕이 조금 있다고 해서 경솔하게 기뻐하고 쉽게 만족하여 한 가지 착한 것이 있으면, 스스로 천하에 나 같은 사람이 없다고 한다면 크게 성공하지 못할 것이다. 그런 사람은 도를 사람에게 듣고서 행하기도 하고 그치기도 하며 시작할 때는 잽싸게 하다가 마칠 때는 게으르게 하여 독실하게 하지 않는다. 덕이 크지 못한데 오래되면 잡은 것까지 잃어버릴 것이고, 도를 믿기를 독실하게 하지 않으면서 오래되면 조금 믿었던 것도 잃어버리게 된다. 비록 죽을 때까지 배우더라도 도덕이 마침내 내 몸에 있지 않을 것이다. 세상에 이런 사람은 있더라도 있다고 할 수 없고, 또 이런 사람은 없더라도 없다고 할 수 없으니, 어찌 세상의 가볍고 무거움이 될 수 있겠는가?"

| 요지 |

이 장은 크고 군센 학문을 사람에게 보여준 것이다. 천하에 있는 이치를 도라고 하고 도를 행하여 내 몸에 얻음이 있는 것을 덕이라 한다. 덕을 잡는다는 것은 실행하는 일이고, 도를 믿는다는 것은 아는 일이다. 대체로 도덕이 있는 사람은 반드시 이 세상을 주관함으로써 자기 책임을 삼으니, 만일 덕 잡기를 크게하지 아니하고 도 믿기를 두텁게 하지 아니하면, 어찌 세상에서 가볍고 무거움을 따지겠는가?

3. 子夏之門人이 問交於子張한대 子張이 曰 子夏云何오 對曰 子夏曰 可者를 與之하고 其不可者를 拒之라하더이다 子張이 曰 異乎吾所聞이로다 君子는 尊賢而容衆하며 嘉善而矜不能이니 我之大賢與인댄 於人에 何所不容이며 我之不賢與인댄 人將拒我니 如之何其拒人也리오

| 언해 |

子夏의 門人이 交를 子張의게 무른대 子張이 ᄀᆞᆯ오ᄃᆡ 子夏ㅣ 엇디 닐ᄋᆞ더뇨 對ᄒᆞ야 ᄀᆞᆯ오ᄃᆡ 子夏ㅣ ᄀᆞᆯ오ᄃᆡ 可ᄒᆞᆫ 者를 與ᄒᆞ고 그 可티 아니ᄒᆞᆫ 者를 拒홀띠라 ᄒᆞ더이다 子張이 ᄀᆞᆯ오ᄃᆡ 나의 들온 바애 다ᄅᆞ도다 君子ᄂᆞᆫ 賢을 尊ᄒᆞ고 衆을 容ᄒᆞ며 善을 嘉ᄒᆞ고 不能을 矜ᄒᆞᄂᆞ니 내 大賢일띤댄 人에 어늬를 容티 아닐빼며 내 賢티 몯홀띤댄 人이 장ᄎᆞᆺ 나를 拒ᄒᆞ리니 엇디 그 人을 拒ᄒᆞ리오

| 직역 |

자하의 문인이 자장에게 사귀는 것에 대하여 묻자, 자장이 "자하는 무엇이라고 하던가?"라고 되물었다. 대답하기를 "자하께서는 괜찮은 자와 함께 하고 좋지 않은 자를 거절하라고 하셨습니다"라고 하니, 자장이 말하였다. "내가 듣던 것과는 다르다. 군자는 어진 사람을 높이고 대중을 포용하며, 착한 사람을 아름답게 여기고 능하지 못한 사람을 불쌍히 여긴다. 내가 크게 어질다면 남에게 어찌 용납되지 않을 것이며, 내가 어질지 못하다면 남들이 장차 나를 거절할 것이니, 어떻게 그 사람을 거절하겠는가?"

| 의해 |

자하의 문인이 사람 사귀는 도리를 자장에게 물은 것은 그 대답을 듣고서 자기의 스승 자하에게 들은 말과 절충하고자 한 것이었다. 자장이 "너의 스승 자하는 사람 사귀는 도리를 무엇이라고 말하더냐?"라고 하자 대답하였다. "나 자신에게 유익하게 하면 이는 괜찮은 사람이니 더불어 사귀고, 나 자신에게 유익한 것이 없으면 이는 좋지 않은 사람이니 엄하게 거절하라고 하였습니다." 그러자 자장이 말하였다. "평일에 내가 들은 것과는 다르다. 군자가 벗을 사귈 때 사람의 재덕이 출중한 사람이거든 존중하고, 여러 사람 중에 어질지 못한 사람이라도 또한 넉넉하게 용납하여 버리지 말며, 사람이 착한 것이 있어 취할 만하거든 아름답게 여기고 착한 것이 없고 능하지 못한 사람이라도 또한 불쌍하게 여겨 거절하지 말라고 하였다. 이는 괜찮은 사람은 마땅히 더불어 사귈 것이고, 좋지 않은 사람이라도 거절하지 말라는 것이다. 이로써 내 자신을 돌아보아 내가 크게 어진 사람이라면 괜찮은 사람은 바로 나이니 어떠한 사람이라도 용납해 주지 못하겠는가? 내가 어질지 못하면 좋지 않은 사람은 바로 나이니 다른 사람이 먼저 나를 거절할 것이다. 어떻게 내가 사람을 거절할 수 있겠는가? 자하의 말이 사람에게 넓지 못한 것을 보인 것이 아니겠는가."

| 요지 |

이 장은 벗을 사귀는 도리를 의논하여 자하와 자장 두 사람의 말의 병통을 보인 것이다. 처음 배우는 사람은 마땅히 자하의 말과 같이 해야 하지만, 좋지 않은 사람에게도 다만 거리를 둘 뿐이지 거절한다면 교제하는 도에 해로울 것이다. 덕을 이룬 사람은 마땅히 자장의 말과 같이 하여야 하지만, 큰 연고가 있는 사람은 끊지 않을 수 없다.

4. 子夏가 曰 雖小道나 必有可觀者焉이어니와 致遠恐泥라 是以로 君子不爲也니라

| 언해 |

子夏ㅣ ᄀᆞᆯ오ᄃᆡ 비록 쟈근 道ㅣ나 반ᄃᆞ시 可히 보암즉ᄒᆞᆫ 者ㅣ 잇거니와 遠에 致ᄒᆞ욤애 泥ᄒᆞᆯ까 恐ᄒᆞᆫ디라 이로ᄡᅥ 君子ㅣ ᄒᆞ디 아니ᄒᆞᄂᆞ니라

| 직역 |

자하가 말하였다. "비록 작은 도이나 반드시 볼 만한 것이 있지만 멀리 이르는 데 통하지 못할까 두렵다. 이 때문에 군자가 하지 않는 것이다."

| 자해 |

小道 : 농사, 의술, 점치는 것 등. • 泥 : 통하지 못한다는 뜻.

| 의해 |

자하가 말하였다. "이치는 어디든지 다 있기 때문에 비록 농사와 의술과 점 등의 조그마한 도라도 백성을 건지고 세상에 쓰여서 반드시 볼만한 것이 있다. 그러나 이러한 것은 한 가지 일과 한 가지 물건에 쓰이는 데 불과하여 천하와 국가의 원대한 곳에 이르면 막혀서 통하지 못하는 것이 있을까 두려운 것이다. 그러므로 군자는 오직 마음을 '수신 · 제가 · 치국 · 평천하'의 큰 도에 두고 이러한 조그마한 도에는 마음을 두지 않는 것이다. 사람이 어찌 큰 도를 소홀히 하고 작은 도를 도모하겠는가?"

| 요지 |

이 장은 군자의 학문은 큰 것을 힘쓰고 작은 것을 힘쓰지 않는다는 것을 보인 것이다. 작은 것에 볼 것이 있다고 말한 것은 이치가 다 있어서 각각 쓰임이 있다는 것이다. 먼 곳에 이름에 통하지 못한다는 것은 천하와 국가에 베풀지 못한다는 것이다.

5. 子夏曰(자하왈) 日知其所亡(일지기소무)하며 月無忘其所能(월무망기소능)이면 可謂好(가위호)學也已矣(학야이의)니라

| 언해 |

子夏ㅣ ᄀᆞᆯ오ᄃᆡ 날로 그 업ᄉᆞᆫ 바ᄅᆞᆯ 알며 달로 그 能ᄒᆞᄂᆞᆫ 바ᄅᆞᆯ 닛디 아니ᄒᆞ면 可히 學을 好ᄒᆞᆫ다 닐엄즉 ᄒᆞᆯ ᄯᆞᄅᆞᆷ이니라

| 직역 |

자하가 말하였다. "날마다 그 없는 것을 알며, 달마다 그 능한 것을 잊지 않으면 배움을 좋아한다고 말할 수 있다."

| 자해 |

亡 : 없음. 내 몸에 없는 것을 일컬음. 음은 '무'.

| 의해 |

사람이 배움을 얻지 못하여 이전대로 하고, 이미 얻은 후에는 잊어버린다면 이것은 모두 좋아한다고 말할 수 없다. 사람들은 내가 알지 못하고 행하지 못하는 것을 없다고 하는데, 절실하게 날마다 생각하여 없는 줄을 안다면 강구하고 익힌 공이 날마다 진

전될 것이다. 내가 이미 알고 행한 것을 능하다고 하는데, 달마다 내 몸을 스스로 살펴 능한 것을 잊어버리지 않으면 아는 것이 밝고 지킨 것이 굳은 이치가 마땅히 다달이 더불어 쌓일 것이다. 그러므로 구하기를 민첩하게 하여 날마다 새롭고 갖기를 독실하게 하여 잊어버리지 않으면 그 마음은 항상 배우는 데 있을 것이다. 이렇게 하면 배우는 것을 좋아한다고 말할 만하다.

| 요지 |

이 장은 순전한 마음으로 배우는 공부를 사람에게 보여준 것이니, 「학이」 제 1장을 참고하여 보아야 할 것이다. 하루에는 반드시 하루의 공부가 있고 한 달에는 반드시 한 달의 공부가 있어서 때때로 중단함이 없으면 어찌 배우는 것을 좋아한다고 말하지 않겠는가?

6. 子夏曰(자하왈) 博學而篤志(박학이독지)하며 切問而近思(절문이근사)하면 仁在其中矣(인재기중의)니라

| 언해 |

子夏ㅣ ᄀᆞᆯ오ᄃᆡ 學을 博히 ᄒᆞ고 志를 篤히 ᄒᆞ며 切히 問ᄒᆞ고 近히 思ᄒᆞ면 仁이 그 中에 인ᄂᆞ니라

| 직역 |

자하가 말하였다. "널리 배우고 독실하게 뜻을 가지며, 간절하게 묻고 가까이 생각하면 인이 그 가운데 있다."

| 의해 |

사람이 마음을 쓰는 데가 없으면 마음이 방종하여 없어진다. 진실로 넓게 배워서 견문을 넓히고 뜻을 독실하게 하여 반드시 얻기를 구하며, 간절히 물어서 정미한 것과 자세함을 이루고 또 가까이 생각하여 내 몸에 있는 것을 구해야 한다. 배우는 사람이 여기에 힘을 쓰면 마음이 방종하지 않고 천리가 보존되어 인이 그 가운데 있을 것이다.

| 요지 |

이 장은 자하가 마음을 보존하는 공부를 사람들에게 보여 준 것이다. 마음이 밖으로 나가지 않는 것이 중요하다. 배우고 묻고 뜻하고 생각하는 네 가지가 다 마음을 쓰는 것이다. 마음이 매인 데가 있으면 스스로 밖으로 나가는 것이 없어서 인이 그 가운데 있을 것이다.

7. 子夏曰(자하왈) 百工(백공)이 居肆(거사)하야 以成其事(이성기사)하고 君子學(군자학)하여 以致其道(이치기도)니라

| 언해 |

子夏ㅣ ᄀᆞᆯ오ᄃᆡ 百工이 肆에 居ᄒᆞ야 ᄡᅥ 그 事를 成ᄒᆞ고 君子ㅣ 學ᄒᆞ야 ᄡᅥ 그 道ᄅᆞᆯ 致ᄒᆞᄂᆞ니라

| 직역 |

자하가 말하였다. "모든 기술자들은 공장에 있으면서 그 일을 이루고, 군자는 배워서 그 도를 이룬다."

| 자해 |

肆 : 관부에서 물건을 제조하는 곳. • 致 : 지극히 함.

| 의해 |

힘을 다 쏟으면 얻는 것이 있다. 물품을 제조하는 모든 기술자들이 다른 곳에서 다른 일을 하고 다른 물품을 만들면, 마음이 다른 데로 옮겨져 근본 기술을 충분히 이루지 못할 것이다. 반드시 관부의 물품을 제조하는 곳에서 진심으로 자기가 맡은 것을 제조하여야 일이 정교하게 이루어질 것이다. 기술자의 조그마한 재주도 이런데 하물며 군자가 도를 구하는 것에 있어서랴! 군자가 마음이 외물에 있고 도리에 있지 않으면 도를 극진하게 행하지 못할 것이다. 오직 배우는 데 부지런하여 이치를 알기를 구하고 일을 행해야 지극한 도에 이를 것이다. 도를 구하고자 하는 사람이 어찌 배우기를 힘쓰지 않겠는가?

| 요지 |

이 장은 자하가 사람으로 하여금 학문에 뜻을 도탑게 하여 도에 나아가게 하고자 하여 기술자들의 일을 통해 깨우친 것이다. 위 구절은 이끌어 말한 것이고 비유한 것은 아니지만, 배우는 것은 전일하게 힘써야 하는 것이므로 기술자들이 그 자리에 거처하는 뜻과 합치되는 것이니, 그 자리에 처하는 것과 배우는 것에 중점을 두었다.

자하왈 소인지과야 필문

8. 子夏曰 小人之過也는 必文이니라

| 언해 |

子夏ㅣ ᄀᆞᆯ오ᄃᆡ 小人의 過ᄂᆞᆫ 반ᄃᆞ시 文ᄒᆞᄂᆞ니라

| 직역 |

자하가 말하였다. "소인의 허물은 반드시 꾸며댄다."

| 의해 |

사람이 일 처리를 다 잘할 수는 없지만 허물이 있으면 고치는 것이 중요하다. 소인은 허물이 있으면 그대로 두고 뉘우칠 줄 모르며, 도리어 거리끼어 고칠 줄 모르고 억지로 꾸며 스스로 자기를 속이고 남까지 속인다. 그래서 소인이 되는 것이다.

| 요지 |

이 장은 허물을 꾸미는 사람을 위하여 깊이 경계한 것이니, 반드시 꾸민다고 하는 말은 소인들이 지닌 마음의 병의 근원을 끌어낸 것이다.

자하왈 군자유삼변 망지엄연 즉지야온
9. 子夏曰 君子有三變하니 望之儼然하고 卽之也溫하고
청기언야려
聽其言也厲니라

| 언해 |

子夏ㅣ ᄀᆞᆯ오ᄃᆡ 君子ㅣ 三變이 인ᄂᆞ니 望홈에 儼然ᄒᆞ고 卽홈에 溫ᄒᆞ고 그 言을 聽홈에 厲ᄒᆞ니라

| 직역 |

자하가 말하였다. "군자는 세 번 변하니, 멀리서 바라보면 엄숙하고, 그 앞에 나아가면 온화하고, 그 말을 들어보면 명확하다."

| 자해 |

儼然 : 용모가 장엄함. • 溫 : 얼굴빛이 온화함. • 厲 : 말이 확실함.

| 의해 |

군자는 성한 덕이 마음에 쌓여 도 있는 기상이 몸에 드러나서 세 가지 변화로 나타난다. 멀리서 바라보면 용모가 씩씩하고 예가 공손하여 조금도 가볍고 뜬 태도가 없어서 엄숙하여 두려울 만하다. 그러나 가까이 나아가면 기운이 부드럽고 얼굴빛이 온화하여 친할 만하다. 말을 들으면 의리가 바르고 엄하여 옳은 것을 옳다고 하고 그른 것을 그르다고 하여 확실하니 바꾸지 못한다. 엄숙한 듯 온화한 듯 하며 확실하게 강한 것과 부드러운 것이 편벽되지 않고 음과 양의 덕을 함께 갖춘 사람이 아니면 할 수 없는 것이다.

| 요지 |

이 장은 군자의 용모와 말이 변하여도 항상됨을 잃지 않는 뜻을 보인 것이다. 다른 사람은 엄숙하면 온화하지 못하고 온화하면 확실하지 못한데, 오직 군자는 온전하다. 군자의 기상은 본래 이와 같고 세 번 변함이 없지만, 다른 사람이 보기에 세 번 변하는 것처럼 보이는 것이다.

자하왈 군자신이후 로기민 미신즉이위려
10. 子夏曰 君子信而後에 勞其民이니 未信則以爲厲
기야 신이후 간 미신즉이위방기야
己也니라 信而後에 諫이니 未信則以爲謗己也니라

| 언해 |

子夏ㅣ 골오ᄃᆡ 君子ㅣ 信ᄒᆞᆫ 後에 그 民을 勞ᄒᆞᆯ띠니 信티 몯ᄒᆞ면 ᄡᅧ

己를 厲혼다 ᄒᆞ리니라 信ᄒᆞᆫ 後에 諫홀띠니 信티 몯ᄒᆞ면 뻐 己를 謗혼다 ᄒᆞ리니라

| 직역 |

자하가 말하였다. "군자는 믿음을 얻은 뒤에 그 백성을 수고롭게 해야 하는 것이니, 믿음을 얻지 못한다면 자기들을 병들게 한다고 할 것이다. 믿음을 얻은 뒤에 간해야 하니, 믿음을 얻지 못한다면 자기를 훼방놓는다고 할 것이다."

| 자해 |

信 : 뜻이 성실하여 사람들이 믿음. • 厲 : 병들게 함. • 謗 : 훼방.

| 의해 |

군자는 위 아래로 믿음을 근본으로 삼는다. 백성을 수고롭게 하는 일은 백성이 즐거워하는 일이 아니므로 반드시 평일에 지성스럽고 간절한 마음으로 백성에게 믿음이 있게 하여, 백성이 믿은 후에 부득이하여 백성을 부리면 백성이 수고롭더라도 또한 힘들게 여기지 않는다. 만일 백성에게 믿음이 없게 보이고서 백성을 수고롭게 하면 비록 당연히 수고로울 일이더라도 백성이 그 마음을 알지 못하여 반드시 몸을 병들게 한다고 불평할 것이다. 임금에게 간하는 말은 임금이 즐겨 듣지 않으므로 반드시 평일에 지성스럽고 간절한 뜻으로 임금에게 믿음을 심어주어 임금이 믿은 뒤에 부득이하여 임금에게 간하면 비록 간하더라도 또한 자기를 훼방한다고 생각하지 않을 것이다. 만일 임금에게 믿음이 없어 보이고서 임금에게 간하면 일이 비록 당연히 간할 일이라도 임금이 그 마음을 알지 못하고 훼방한다고 생각하여 듣지 않을 것이다. 그러므로 임금을 섬기고 백성을 부리는 데 마땅히 먼저 할 일을 알아야 한다.

| 요지 |

이 장은 사람을 권면하여 평일에 마땅히 정성을 쌓아서 임금과 백성을 감동하게 하라는 뜻이다. 윗사람을 섬기고 아랫사람을 부리는 데 반드시 성의가 서로 믿음직스럽게 된 뒤에야 일을 할 수 있다.

자하왈 대덕 불유한 소덕 출입 가 야

11. 子夏曰 大德이 不踰閑이면 小德은 出入이라도 可也니라

| 언해 |

子夏ㅣ ᄀᆞᆯ오ᄃᆡ 큰 德이 閑에 踰티 아니ᄒᆞ면 쟈근 德은 出入ᄒᆞ야도 可ᄒᆞ니라

| 직역 |

자하가 말하였다. "큰 덕이 한계를 넘지 않으면 작은 덕은 출입이 있어도 괜찮을 것이다."

| 자해 |

閑 : 문지방. 외물(外物)의 출입(出入)을 중지시키는 것.

| 의해 |

학문할 때 큰 것을 아는 것이 귀중하다. 몸을 세우고 움직이는 데 윤리강상의 대절(大節)에 관계된 것은 다 도를 지켜 법도를 넘지 않으면 큰 근본이 설 것이다. 일상 생활의 절목에 이르러서는 언어나 동작과 같은 자그마한 것들은 비록 출입이 조금 있더라도 해로움이 없다. 만일 먼저 큰 것을 세우지 못하고 한갓 자질구레

한 절목에 구애되면 귀할 것이 없다.

| 요지 |

이 장은 세상에서 소절(小節)에 힘쓰고 대체(大體)에 방해되게 하는 사람을 위해 말하였다. 작은 덕은 출입이 조금 있더라도 괜찮다고 한 것은 작은 덕이라고 해서 규범을 벗어나라고 하는 것이 아니고, 사람으로 하여금 오로지 큰 덕을 주로 하여 근본을 세우라고 한 것이다.

12. 子游曰 子夏之門人小子가 當灑掃應對進退則可矣나 抑末也라 本之則無하니 如之何오 子夏聞之曰 噫라 言游過矣로다 君子之道孰先傳焉이며 孰後倦焉이리오 譬諸草木컨댄 區以別矣니 君子之道焉可誣也이리오 有始有卒者는 其惟聖人乎인저

| 언해 |

子游ㅣ ᄀᆞᆯ오ᄃᆡ 子夏의 門人小子ㅣ 灑掃와 應對와 進退에 當ᄒᆞ야는 可ᄒᆞ나 末이라 本ᄒᆞᆫ則 업스니 엇더ᄒᆞ뇨 子夏ㅣ 듯고 ᄀᆞᆯ오ᄃᆡ 噫ㅣ라 言游ㅣ 過ᄒᆞ도다 君子의 道ㅣ 어늬를 先이라 ᄒᆞ야 傳ᄒᆞ며 어늬를 後ㅣ라 ᄒᆞ야 倦ᄒᆞ리오 草木에 譬컨댄 區로써 別홈이니 君子의 道ㅣ 엇디 可히 誣ᄒᆞ리오 始를 두며 卒을 둠은 그 오직 聖人인저

| 직역 |

자유가 말하였다. "자하의 제자들은 물 뿌리고 청소하며 응대하

고 진퇴하는 예절을 당해서는 괜찮으나, 이는 말단이고 근본적인 것은 없으니, 어찌된 것인가?" 자하가 듣고서 말하였다. "아! 언유의 말이 지나치다. 군자의 도가 어느 것을 먼저라고 하여 전수하며, 어느 것을 뒤라고 하여 게을리 하겠는가? 초목에 비유하면 나누어 구별하는 것이니, 군자의 도를 어찌 속일 수 있겠는가? 처음이 있고 끝이 있는 것은 오직 성인일 것 같다!"

| 자해 |

門人小子 : 제자. • 灑掃 : 물뿌리고 쓰는 일. • 言游 : 言은 성, 游는 자. • 區 : 부류와 같음.

| 의해 |

자하는 독실하게 학문을 했기 때문에 사람을 가르칠 때 먼저 소학(小學) 단계의 공력을 중시하였다. 자유가 그것을 알지 못하고 비웃어 말하였다. "도는 근본이 있고 말단이 있는데 한갓 말단만 일삼고 근본을 잊어서는 안된다. 내가 자하의 제자를 보면 물 뿌리고 쓸고 응하고 대답하고 나가고 물러나는 소소한 절차는 다 자세하게 알지만, 이것은 말단의 절차에 불과한 것이다. 큰 근본이 전혀 없으니 되겠는가?" 이것은 자하가 그 문인에게 말단의 절차만 가지고 가르치는 것을 비웃은 것이다.

◑ 자하가 이 말을 듣고 탄식하며 말하였다. "아! 자유는 내가 말단만 가르치고 근본은 가르치지 않는다고 말하지만, 그 말이 지나치구나. 군자가 사람을 가르치는 도는 어떤 것은 먼저 전하여 말하기를 '이것은 얕고 가까운 것이니 뒤에 내가 가르친다'고 하는 것도 아니고, 어떤 것은 뒤라고 해서 게으르게 하여 '이것은 높고 깊은 것이니 내가 감추고 가르치지 않는다'고 하는 것도 아니다. 다만 배우는 사람의 정도가 얕고 깊은 것을 초목에 비유하면 초목이 크고 작은 구별이 있어서 큰 것은 가지와 줄기가 이미 이루어지고 생기가 이미 충분하여 뿌리에 물만 주어도 좋지만 작은

것은 아직 생기가 충분하지 못하니 이것은 오히려 북돋아 주고 보호하는 일이 한 둘이 아닌 것과 같다. 어린이는 작은 초목과 같으므로 소소한 절차를 먼저 가르쳐서 방심하는 것을 잡아주어 덕성을 기르고 다른데 빠지는 것을 막아 참되고 순수한 마음을 굳게 한 다음에 이치의 높고 큰 것에 점점 나아가 배울 수 있는 것이다. 선후의 차례가 있어서 군자가 그 사람의 재목을 따라서 가르치는 것이 이와 같다. 만일 공부의 정도가 얕고 깊은 것을 따지지 않고 높고 먼 것을 가르치면 이것은 속이는 것이다. 군자가 사람을 가르치는 도가 사람을 성취하게 하는 것인데 어찌 속이겠는가? 소소한 절차로부터 뜻을 성실하게 하고 마음을 바르게 하는데 이르기까지 시종과 본말을 하나로 꿰어 점점 쌓지 않아도 지극한 데 이르는 것은 오직 성인일 것 같다. 어찌 문인들에게 요구할 수 있겠는가? 그러므로 내가 먼저 어린 사람에게 소학 절차를 가르치는 것이다."

| 요지 |

이 장은 가르칠 때 반드시 재목을 따라서 할 것이고 순서를 건너뛰어 가르쳐서는 안 된다는 것을 보인 것이다. 자유는 자하의 가르침을 비웃어 본말을 편벽되게 하지 않아야 한다고 말한 것이고, 자하는 가르침을 의논함에 일정한 차례가 있어서 시종을 문란하게 해서는 안 된다고 말한 것이다. 대학과 소학을 먼저 하고 나중에 하는 것은 나눌 수 있지만 본말을 나누지는 못할 것이다. 자하는 시종으로 본말을 대신해서 식견이 자유보다 높으니 마땅히 자하의 말로 올바름을 삼아야 할 것이다.

자하왈 사이우즉학 학이우즉사
13. 子夏曰 仕而優則學하고 學而優則仕니라

| 언해 |

子夏ㅣ 골오듸 仕홈에 優흔則 學ᄒᆞ고 學홈에 優흔則 仕홀띠니라

| 직역 |

자하가 말하였다. "벼슬을 하고 남은 힘이 있거든 배우고, 배우고 남은 힘이 있거든 벼슬을 해야 한다."

| 자해 |

優 : 남은 힘이 있음.

| 의해 |

배우는 것은 벼슬하는 이치를 밝히는 것이니 벼슬함에 폐하지 못할 것이다. 그러나 이미 벼슬하여 지위에 있을 때에는 벼슬이 중요하여 벼슬의 직책에 매여서 다른 것은 할 겨를이 없으니, 반드시 직무를 다하고 남은 힘이 있거든 예와 일을 궁구하고 의리를 밝혀 배우는 데 종사하면 벼슬에 더욱 도움이 많을 것이다. 그러나 벼슬을 하지 않고 배우는 것을 중하게 여기는 사람은 내 자신에 대하여 확실하게 믿지 못하면 가볍게 벼슬에 나아가지 않고, 반드시 포부가 넉넉한 다음에 의리를 행하고 도에 통달하여 벼슬에 나아가서 정사에 종사하면 배운 것을 시험하는 것이 더욱 넓을 것이다. 벼슬과 배움을 한 쪽만 폐하지 못할 것이나, 보다 중요한 것을 먼저 해야 한다.

| 요지 |

이 장은 벼슬과 배움에서 더욱 중요한 것을 먼저 해야 한다는 것을 보여준 것이다. 벼슬하는 것과 배우는 것은 그 이치가 같다. 배우는 것은 이 이치를 구하는 것이고 벼슬하는 것은 이 이치를 행하는 것이니, 일은 다르지만 이치는 같다.

자유왈 상 치호애이지
14. 子游曰 喪은 致乎哀而止니라

| 언해 |

子游ㅣ ᄀᆞᆯ오샤ᄃᆡ 喪은 哀를 致ᄒᆞ고 止홀띠니라

| 직역 |

자유가 말하였다. "상례는 슬픔을 극진히 하면 된다."

| 의해 |

사람들이 근본적인 실질은 없고 절차로 꾸미는 것만 주로 하는데 그렇게 해서는 안 된다. 사람의 자식이 되어 부모의 거상에 있어서는 지극히 애통하는 데 그칠 것이고 절차로 꾸며서는 안 된다.

| 요지 |

이 장은 상사를 당해서 슬픔으로 근본을 삼는 것을 보인 것이다. 당시 세상에 상사를 치루는 사람이 단지 절차에만 익숙하고 애통하는 실상이 없기 때문에 이 말을 한 것이니, 근본을 숭상하고 말단을 억제하는 말이다.

자유왈 오우장야 위난능야 연이미인
15. 子游曰 吾友張也 爲難能也나 然而未仁이니라

| 언해 |

子游ㅣ ᄀᆞᆯ오ᄃᆡ 내 友 張이 難히 能홀꺼시나 그러나 仁티 몯ᄒᆞ니라

| 직역 |

자유가 말하였다. "나의 벗 자장은 어려운 일을 잘하나, 인하지는 못하다."

| 의해 |

자유가 말하였다. "우리의 벗 자장은 매우 고상한 재주가 있어서 행하는 바가 다 남들이 행하기 어려운 것이다. 그 어려운 것을 행하는 것이 능력이 되지만 성실한 것이 적고 간절한 뜻이 없으며 불쌍하게 여기는 마음이 적고 온화한 감정이 없으니, 진실로 인을 얻지는 못했다. 어찌 간절하게 가까운 데로 돌이키는 사람만 같겠는가?"

| 요지 |

이 장은 자장에게 실상에 힘쓸 것을 은연 중에 권한 것이다. 어려운 것을 행하는 데 능하다고 한 것은 그 사람을 아름답게 여긴 것이 아니고, 바로 병통이 되는 근원을 말한 것이다. 뜻이 높고 먼 데 있으면 착실한 공부에 소홀하기 때문에 인하지 못하다고 한 것이다.

증자왈 당당호 장야 난여병위인의

16. 曾子曰 堂堂乎라 張也여 難與並爲仁矣로다

| 언해 |

曾子ㅣ ᄀᆞᆯᄋᆞ샤ᄃᆡ 堂堂ᄒᆞ다 張이여 더브러 ᄒᆞᆫ가지로 仁을 ᄒᆞᆷ이 어렵도다

| 직역 |

증자가 말하였다. "당당하구나! 자장이여! 그러나 함께 인을 하기

는 어렵다."

| 자해 |

堂堂 : 용모의 성대함.

| 의해 |

증자가 말하였다. "벗은 인을 돕는 것이지만, 반드시 안으로 전심한 후에야 피차 서로 도와서 인을 행하는 것이다. 자장은 외모가 당당하나 밖에 힘을 써 스스로 높다고 하여 자기 자신에 대하여 세밀하게 살피는 공부가 없으니 남이 도와서 인을 행할 수 없고, 남에게 간절하게 보여서 감동하는 도움이 없으니 자기가 또한 남이 인을 행하는 것을 돕지도 못할 것이다. 그러므로 더불어 같이 인을 행하기 어렵다."

| 요지 |

이 장은 위 장과 더불어 모두 자장의 단점을 바로잡고자 한 것이다. 당당한 것이 비록 가벼운 것이지만 병의 뿌리가 당당한 데로부터 나왔으니, 밖을 힘써 스스로 높은 체하면 밖은 여유가 있으나 안은 부족하다. 바로 강(剛)·의(毅)·목(木)·눌(訥)이 인에 가깝다는 말과 상반되니, 더불어 인을 하기가 어려운 것이다.

17. 曾子曰(증자왈) 吾聞諸夫子(오문저부자)호니 人未有自致者也(인미유자치자야)나 必也(필야) 親喪乎(친상호)인저

| 언해 |

曾子ㅣ ᄀᆞᆯᄋᆞ샤ᄃᆡ 내 夫子ᄭᅴ 듣ᄌᆞ오니 사ᄅᆞᆷ이 스ᄉᆞ로 致ᄒᆞᆯ 者ㅣ

잇디 아니ᄒᆞ나 반ᄃᆞ시 親喪인저

| 직역 |

증자가 말하였다. "내가 선생님께 들으니, '사람이 스스로 극진히 하는 것이 없더라도 반드시 부모의 상에는 극진히 해야 한다'라고 하셨다."

| 자해 |

致 : 지극함을 다함.

| 의해 |

증자가 말하였다. "내가 일찍이 선생님으로부터 다음과 같이 들었다. '보통 사람이 뜻을 쓰는 것은 간절하게 하는 것이 적고 소홀하게 하는 것은 많다. 그러므로 사람이 권면한 다음에야 극진하게 하는 것인데, 자연히 극진함을 다하여 그만두지 않아야 할 것은 반드시 부모의 상사이다. 부모에게 자녀는 하늘이 내려준 가장 가까운 사람일 뿐만 아니라, 부모의 거상은 사람의 도에 있어서 큰 변고이다. 이때에 참으로 애통해 하는 것은 사람의 참된 감정에서 나오므로 남이 권하지 않아도 자연히 지극하게 되는 것이다. 진실로 지극하지 않으면 이것은 양심을 잃은 사람이다.' 이 말씀을 들으면 가슴 뭉클하게 감동이 온다."

| 요지 |

이 장은 증자가 친상에 대하여 말하여 사람의 지극한 감정이 드러나도록 해서 사람으로 하여금 스스로 양심을 알게 한 것이다.

18. 曾子曰 吾聞諸夫子호니 孟莊子之孝也 其他는 可能也어니와 其不改父之臣과 與父之政이 是難能也니라

(증자왈 오문저부자 맹장자지효야 기타 가능야 기불개부지신 여부지정 시난능야)

| 언해 |

曾子ㅣ ᄀᆞᆯᄋᆞ샤ᄃᆡ 내 夫子씌 듣ᄌᆞ오니 孟莊子의 孝ㅣ 그 他ᄂᆞᆫ 可히 能ᄒᆞ려니와 그 父의 臣과 다뭇 父의 政을 改티 아니홈이 이 能홈이 어려우니라

| 직역 |

증자가 말하였다. "내가 선생님께 들으니, '맹장자의 효도 가운데 다른 일은 할 수 있겠으나, 아버지의 신하와 아버지의 정치를 고치지 않은 일은 하기 어렵다'라고 하셨다."

| 자해 |

孟莊子 : 노(魯)나라 대부(大夫). 이름은 속(速). 아버지가 헌자(獻子)이며, 이름은 멸(蔑).

| 의해 |

증자가 말하였다. "내가 일찍이 선생님으로부터 다음과 같이 들었다. 노나라 대부인 맹장자가 어버이에게 효도를 하는데 살아 계실 때 예를 다하여 섬기고 돌아가셨을 때는 슬픔을 다 한 것이 한 가지가 아니었지만, 이것들은 사람의 일상적인 감정으로 할 수 있는 것이었다. 그러나 그가 어버이가 돌아가신 다음에 어버이가 부리던 가신과 어버이가 행하던 정사를 고치지 않은 것은 참으로 하기 어려운 것이었다. 사람이 자기가 마음대로 할 수 있게 되면 어버이가 부리던 가신이라도 자기의 마음에 맞지 않으면

용납하지 않는 것이고, 어버이가 행하던 정사라도 자기의 뜻에 불편하면 행하지 않기가 쉬운 법이다. 맹헌자(孟獻子)가 임금을 오십 년 동안 도와서 노나라 사직의 신하가 되었으니 그 가신도 반드시 어질 것이고, 그 정사도 반드시 훌륭했을 것이다. 맹장자가 나이 젊은 사람으로 어버이의 뒤를 이었지만, 자기의 사사로운 뜻으로 어버이의 덕을 어기지 않은 것은 참으로 어렵다."

| 요지 |

이 장은 맹헌자가 어진 덕이 있고 그 아들 맹장자가 선친의 덕을 한결같이 따라서 종신토록 고치지 않았으니, 이것은 자신이 어버이와 더불어 한 마음이 되어 어버이의 뜻을 잇고 어버이의 일을 전술(傳述)한 것이므로 하기 어려운 것이라고 말한 것이다.

맹 씨 사 양 부 위 사 사 문 어 증 자 증 자 왈 상
19. 孟氏使陽膚로 爲士師라 問於曾子한대 曾子曰 上
실 기 도 민 산 구 의 여 득 기 정 즉 애 긍 이 물 희
失其道하여 民散이 久矣니 如得其情則哀矜而勿喜니라

| 언해 |

孟氏ㅣ 陽膚로 ᄒᆞ야곰 士師를 삼은디라 曾子ᄭᅴ 묻ᄌᆞ온대 曾子ㅣ ᄀᆞᆯᄋᆞ샤ᄃᆡ 上이 그 道를 失ᄒᆞ야 民이 散ᄒᆞ얀 디 오라니 만일에 그 情을 得ᄒᆞ야든 哀矜ᄒᆞ고 喜티 말롤띠니라

| 직역 |

맹씨가 양부를 사사(士師)로 임명하자, 양부가 증자에게 물으니, 증자가 말하였다. "위에서 도리를 잃어 백성들이 흩어진 지가 오래 되었다. 만일 법을 어긴 실정을 알았거든 불쌍히 여기고 기뻐

하지 말아야 한다."

| 자해 |

陽膚 : 증자(曾子)의 제자. • 士師 : 법을 맡은 관원. • 民散 : 백성들이 흩어짐.

| 의해 |

맹씨가 양부로 하여금 사사의 벼슬을 하게 하자 양부가 증자께 옥사를 다스리는 도를 물으니, 증자가 말하였다. "백성이 스스로 법을 범하는 것이 아니다. 윗사람이 도를 가지고 백성을 다스리면 백성이 친하고 오륜을 따라서 다투고 송사하는 것이 없을 것인데, 지금 윗사람이 되어 백성을 다스리는 사람이 백성을 기르고 백성을 가르치는 도를 스스로 잃어서 백성들의 감정이 서로 달라 다투고 송사한 지가 오래 되었다. 그러므로 백성들이 법을 범하는 것이 굶주림과 추위를 못 이겨 부득이하게 범한 것이 아니면 곧 자기가 죄에 빠지고도 스스로 알지 못하는 것이다. 네가 송사를 결정할 때에 만일 백성이 법을 범한 실정을 알게 되면 부득이하게 법을 범하였는지 죄를 짓고도 모르는지 그것을 자세히 조사하여 불쌍히 여기고 내가 총명해서 송사를 잘 결단한다고 기뻐해서는 안 된다. 이와 같이 하면 법을 쓰는 것이 공평하면서도 용서가 있어 각박하지 않아 법을 맡은 관원이 된 것이 부끄럽지 않을 것이다."

| 요지 |

사사라는 벼슬은 형벌과 법을 맡는 것이므로 없어서는 안 되는 것인데, 형벌을 받는 사람을 불쌍하게 여기는 마음을 갖도록 하였다. 중요한 것은 불쌍하게 여기는 데 있다.

자공　　왈　주지불선　　불여시지심야　　시이　　군
20. 子貢이 曰 紂之不善이 不如是之甚也니 是以로 君
자오거하류　　　천하지악　　개귀언
子惡居下流하나니 天下之惡이 皆歸焉이니라

| 언해 |

子貢이 ᄀᆞᆯ오ᄃᆡ 紂의 善티 아니ᄒᆞᆷ이 이러ᄐᆞ시 甚티 아니ᄒᆞ니 이로 뻐 君子ㅣ 下流에 居ᄒᆞᆷ을 惡ᄒᆞᄂᆞ니 天下읫 惡이 다 歸ᄒᆞᄂᆞ니라

| 직역 |

자공이 말하였다. "주왕의 착하지 않음이 그처럼 심하지는 않았다. 이 때문에 군자는 하류에 처하는 것을 싫어하니, 천하의 악이 모두 돌아오기 때문이다."

| 의해 |

고금에 악한 사람을 말한다면 은나라 임금인 주와 같은 사람이 없다. 그는 참으로 지극히 악한 사람이었지만 그가 악한 일을 한 것을 보면 사람이 말하는 것과 같이 심하지는 않다. 다만 그 행한 것이 도가 없기 때문에 악한 일을 모두 그에게 돌려 날마다 쌓이고 달마다 가득하게 된 것이다. 비유하자면 모든 물이 지형이 낮은 곳으로 모이는 것과 같으니, 몸을 좋지 못한 하류에 두었기 때문인 것이다. 그러므로 군자는 항상 몸을 살펴 한번이라도 그 몸을 좋지 못한 하류에 두는 것을 싫어한다. 한번 하류에 거처하면 천하의 악한 일이 모두 모이는 것이다. 사람들은 주임금을 보고 경계해야 할 것이다.

| 요지 |

이 장은 자공이 주를 대신하여 변명한 것이 아니고 특별히 주의

악한 것을 드러내서 사람을 경계한 것이다. 또한 어떤 실상을 갖고 있는 사람은 그에 맞는 이름을 피할 수 없으므로, 하류에 거처해서는 안 된다는 것을 보인 것이다.

21. 子貢(자공)이 曰(왈) 君子之過也(군자지과야)는 如日月之食焉(여일월지식언)이라 過也(과야)에 人皆見之(인개견지)하고 更也(경야)에 人皆仰之(인개앙지)니라

| 언해 |

子貢이 골오딕 君子의 過는 日月의 食홈 곧트니라 過홈에 사룸이 다 見ᄒ고 更홈에 사룸이 다 仰ᄒᄂ니라

| 직역 |

자공이 말하였다. "군자의 허물은 일식·월식과 같아서 잘못이 있으면 사람들이 모두 보고, 허물을 고치면 사람들이 모두 우러러 본다."

| 의해 |

사람이 누군들 허물이 없겠는가? 군자의 허물은 일식이나 월식과 같아서 허물이 있을 때는 숨겨지지 않아 사람이 다 본다. 또 허물을 고칠 때에는 다시 허물이 없는 곳으로 회복하여 사람이 다 우러러 본다. 이것은 해와 달이 잠깐 어두워졌다가 다시 회복되면 밝은 빛에 손상이 없는 것과 같다. 그러므로 허물이 또한 군자의 덕에는 손상이 없는 것이다.

| 요지 |

이 장은 군자가 허물을 숨기지 않고 허물을 고칠 수 있는 것을 보인 것이다. 군자가 허물을 숨기지 않는 것을 소인이 허물을 꾸미는 것에 상대하여 말하면 음양과 주야가 상반된 것과 같다.

22. 衛公孫朝問於子貢曰 仲尼는 焉學고 子貢이 曰 文武之道未墜於地하여 在人이라 賢者는 識其大者하고 不賢者는 識其小者하여 莫不有文武之道焉하니 夫子焉不學이시며 而亦何常師之有시리오

| 언해 |

衛ㅅ公孫朝ㅣ 子貢의게 무러 ᄀᆞᆯ오ᄃᆡ 仲尼ᄂᆞᆫ 어듸 學ᄒᆞ신고 子貢이 ᄀᆞᆯ오ᄃᆡ 文武의 道ㅣ 地에 墜티 아니ᄒᆞ야 人에 인ᄂᆞᆫ디라 賢ᄒᆞᆫ 者ᄂᆞᆫ 그 大ᄒᆞᆫ 者를 識ᄒᆞ고 賢티 몯ᄒᆞᆫ 者ᄂᆞᆫ 그 小ᄒᆞᆫ 者를 識ᄒᆞ야 文武의 道를 두디 아닐 이 업ᄉᆞ니 夫子ㅣ 어듸 學디 아니ᄒᆞ시며 ᄯᅩᄒᆞᆫ 엇디 덛덛ᄒᆞᆫ 師ㅣ 이시리오

| 직역 |

위나라 공손조가 자공에게 물었다. "중니는 어디서 배웠는가?" 자공이 말하였다. "문왕 · 무왕의 도가 아직 땅에 떨어지지 않아 사람들에게 남아 있다. 어진 자는 그 큰 것을 기억하고, 어질지 못한 자는 작은 것을 기억하고 있어서 문왕 · 무왕의 도를 갖고 있지 않음이 없으니, 선생님께서 어디서인들 배우지 않으시며 또 어찌 일정한 스승이 계시겠는가?"

| 자해 |

公孫朝 : 위(衛)나라 대부(大夫). • 識 : 기록함. 음은 '지'.

| 의해 |

위나라 공손조가 자공에게 물었다. "공자가 천하의 사리에 대하여 모르는 것이 없으니 과연 어디서 배워서 그런가?" 자공이 말하였다. "공자가 배운 것은 도이다. 도는 문왕과 무왕의 교훈과 공적과 문장과 예악 등을 구비한 것이다. 이제 비록 시대는 멀어졌지만 땅에 떨어져 없어지지 않고 여전히 사람에게 있다. 재주가 많고 지식이 통달한 어진 사람은 큰 강령을 기억하여 도가 어진 사람에게 있고, 재주와 지식이 조금 낮아서 어질지 못한 사람도 또한 작은 조목을 기록하여 도가 어질지 못한 사람에게도 있다. 문왕과 무왕의 도가 있기 때문에 큰 것을 기억한 것이든 작은 것을 기억한 것이든 다 도가 있는 것이다. 공자는 어진 사람을 따라서 도의 큰 것을 배우기도 하고, 어질지 못한 사람을 따라서 도의 작은 것을 배우기도 하였다. 어느 곳에서인들 배우지 않으며 어디를 간들 스승으로 삼지 않았겠는가? 그러므로 일정한 스승이 없었던 것이다."

| 요지 |

이 장은 공자에게 일정한 스승이 없음을 보인 것이지만, 공자에게 스승이 없는 것은 아니었다. 어디서 배웠느냐고 물은 것은 일정한 스승이 있는가 의심한 것이고, 어디서인들 배우지 않았겠느냐고 한 것은 일정한 스승이 없는 것을 말한 것이다. 이것은 공손조의 물음에 대답한 것일 뿐, 공자를 칭송한 것은 아니다.

23. 叔孫武叔이 語大夫於朝曰 子貢이 賢於仲尼하니라 子服景伯이 以告子貢한대 子貢이 曰 譬之宮牆컨댄 賜之牆也는 及肩이라 窺見室家之好어니와 夫子之牆은 數仞이라 不得其門而入이면 不見宗廟之美와 百官之富니 得其門者或寡矣라 夫子之云이 不亦宜乎아

| 언해 |

叔孫武叔이 朝애 大夫ᄃᆞ려 닐어 ᄀᆞᆯ오ᄃᆡ 子貢이 仲尼두곤 賢ᄒᆞ니라 子服景伯이 ᄡᅧ 子貢의게 告ᄒᆞᆫ대 子貢이 ᄀᆞᆯ오ᄃᆡ 宮牆에 譬ᄒᆞ건댄 賜의 牆은 肩에 及ᄒᆞᆫ디라 室家의 好홈을 엿보려니와 夫子의 牆은 數仞이라 그 門을 得ᄒᆞ야 드디 몯ᄒᆞ면 宗廟의 美홈과 百官의 富홈을 보디 몯ᄒᆞ리니 그 門을 得ᄒᆞᆫ 者ㅣ 或 젹은디라 夫子의 닐옴이 ᄯᅩᄒᆞᆫ 맛당티 아니ᄒᆞ냐

| 직역 |

숙손무숙이 조정에서 대부들에게 말하기를 "자공이 중니보다 어질다"고 하였다. 자복경백이 이 말을 자공에게 일러주자, 자공이 말하였다. "궁궐의 담장에 비유하면 나의 담장은 어깨에 미쳐 집안의 좋은 것들을 들여다 볼 수 있지만, 선생님의 담장은 여러 길이다. 그 문을 들어가지 않으면 종묘의 아름다움과 백관의 많음을 볼 수가 없다. 그 문을 들어간 자가 드무니, 숙손의 말이 또한 당연하지 않겠는가?"

| 자해 |

叔孫武叔 : 노(魯)나라 대부로 이름은 주구(州仇). • 仞 : 칠척(七尺)의 단위.

| 의해 |

숙손무숙이 조정에서 여러 대부에게 말하였다. "사람이 모두 공자를 성인이라고 하지만 내가 보니 자공의 총명과 재주와 언어가 공자보다 낫다."

◑ 자복경백이 숙손무숙의 말을 자공에게 고하니 자공이 말하였다. "사람의 조예가 높거나 낮고, 깊거나 얕아서 다 각각 다른 것이다. 담장에 비유하면 나의 담장은 높이가 겨우 어깨에 미쳐서 문에 들어가지 않아도 담장 밖에서 그 집의 좋은 물건들을 엿볼 수 있는 것과 같다. 나의 공부가 낮아서 보기 쉬운 것이 이와 같다. 우리 선생님의 담장은 높이가 두어 길이나 되는데, 담장이 높으면 집도 넓기 때문에 반드시 문을 들어가야 집안에 있는 것을 볼 수 있다. 만일 문을 들어가지 않으면 그 가운데 종묘의 아름다움과 백관의 성함을 볼 수 없는 것이다. 우리 선생님의 조예가 높고 깊어서 헤아릴 수 없는 것이 이와 같다. 그런데 지금 문을 들어간 사람이 적기 때문에, 아름다운 것을 못 보았으니 낮게 본 것이 마땅하고, 부유한 것을 못 보았으니 좁게 본 것이 마땅하다. 숙손무숙이 나를 어질다고 한 것은 자기가 본 것으로 말한 것이니, 또한 그렇게 말하는 것이 이상한 일이 아니다." 이것은 자공이 자복경백을 깨닫게 하고 공자를 높이고 숙손무숙을 비루하게 여긴 것이니, 지극하다고 이를 만하다.

| 요지 |

이 장은 성인의 도를 엿보기 어려움을 밝힌 것이다. 사람의 조예가 낮고 얕으면 그를 보기가 쉽고 높고 깊으면 헤아리기 어렵다. 그러므로 자공이 담장으로 비유한 것이다.

24. 叔孫武叔이 毁仲尼어늘 子貢이 曰 無以爲也하라 仲尼는 不可毁也니 他人之賢者는 丘陵也라 猶可踰也어니와 仲尼는 日月也라 無得而踰焉이니 人雖欲自絶이나 其何傷於日月乎리요 多見其不知量也로다

| 언해 |

叔孫武叔이 仲尼를 毁ᄒᆞ야ᄂᆞᆯ 子貢이 ᄀᆞ로ᄃᆡ ᄡᅥ ᄒᆞ디말라 仲尼ᄂᆞᆫ 可히 毁티 몯홀 ᄭᅥ시니 他人의 賢ᄒᆞᆫ 者ᄂᆞᆫ 丘와 陵이라 오히려 可히 踰ᄒᆞ려니와 仲尼ᄂᆞᆫ 日과 月이라 시러곰 踰티 몯ᄒᆞ리니 사ᄅᆞᆷ이 비록 스스로 絶코져 ᄒᆞ나 그 엇디 日과 月에 傷ᄒᆞ리오 마ᄎᆞᆷ 그 量을 아디 몯홈을 보리로다

| 직역 |

숙손무숙이 공자를 헐뜯자, 자공이 말하였다. "그러지 말라. 중니는 헐뜯을 수 없다. 타인의 어진 것은 언덕과 같아서 넘을 수 있지만, 중니는 해와 달과 같아서 넘을 수 없다. 사람들이 비록 스스로 끊고자 하더라도 어찌 해와 달에 손상이 되겠는가? 다만 자기의 분수를 알지 못하는 것을 보일 뿐이다."

| 자해 |

丘陵 : 흙이 높은 것이 구(丘), 큰 언덕이 릉(陵). • 多 : 다만, 마침.

| 의해 |

숙손무숙이 전에는 공자가 자공만 못하다고 하고 지금 또 헐뜯어 말하니 자공이 일깨워 말하였다. "너는 이런 말을 하지 말라. 공자를 헐뜯어 말해서는 안 된다. 다른 사람의 어진 것은 그 공부가

비록 높다고 하더라도 비유하면 구릉 같아서 어진 것이 그보다 더하면 넘어갈 수 있다. 그러나 공자 같은 큰 성인은 무리보다 훨씬 뛰어나서 해나 달과 같다. 형상이 하늘에 있어서 한 물건이라도 비추는 아래에 있지 않은 것이 없고, 뛰어올라 그 위를 넘어가는 사람도 없다. 넘어갈 수 없으므로 헐뜯을 수도 없는 것이다. 헐뜯을 수 없는데 헐뜯는다면 이것은 공자를 스스로 끊어버리는 것이다. 사람이 비록 헐뜯어서 성인의 가르침을 스스로 끊고자 하여도 높은 해와 달에는 조금도 손상이 없고, 다만 자기의 분량이 좁은 것을 스스로 알지 못하는 것만 보여주는 것이다."

| 요지 |

이 장은 성인의 도를 넘을 수 없는 것을 보인 것이다. 하지 말라고 한 뜻은 저 사람에게 헐뜯어 말하지 말라는 것이 아니고 헐뜯어도 또한 쓸데없다고 한 것이다.

25. 陳子禽이 謂子貢曰 子爲恭也언정 仲尼 豈賢於子乎리오 子貢이 曰 君子 一言에 以爲知하며 一言에 以爲不知니 言不可不愼也니라 夫子之不可及也는 猶天之不可階而升也니라 夫子之得邦家者인댄 所謂立之斯立하며 道之斯行하며 綏之斯來하며 動之斯和하야 其生也榮하고 其死也哀니 如之何其可及也리오

| 언해 |

陳子禽이 子貢ᄃᆞ려 닐러 ᄀᆞᆯ오ᄃᆡ 子ㅣ 恭을 ᄒᆞ건뎡 仲尼ㅣ 엇디

子두곤 賢ᄒᆞ시리오 子貢이 ᄀᆞᆯ오ᄃᆡ 君子ㅣ ᄒᆞᆫ 말에ᄡᅥ 知라 ᄒᆞ며 ᄒᆞᆫ 말에ᄡᅥ 不知라 ᄒᆞᄂᆞ니 말을 可히 愼티 아니티 몯ᄒᆞᆯ 꺼시니라 夫子의 可히 밋디 몯홈은 하ᄂᆞᆯ의 可히 階ᄒᆞ야 升티 몯홈 ᄀᆞᄐᆞ니라 夫子ㅣ 邦家를 得ᄒᆞ실뗀댄 닐온밧 立홈에 이에 立ᄒᆞ며 道홈에 이에 行ᄒᆞ며 綏홈에 이에 來ᄒᆞ며 動홈에 이에 和ᄒᆞ야 그 生ᄒᆞ심에 榮ᄒᆞ고 그 死ᄒᆞ심에 哀ᄒᆞ리니 엇디 그 可히 밋ᄎᆞ리오

| 직역 |

진자금이 자공에게 말하였다. "그대가 공손해서이지, 중니가 어찌 그대보다 어질겠는가?" 자공이 말하였다. "군자는 한 마디 말로 지혜롭다고 하며 한 마디 말로 지혜롭지 않다고 하는 것이니, 말을 조심하지 않을 수 없다. 선생님께 미치지 못하는 것은 하늘을 사다리로 오르지 못하는 것과 같다. 선생님께서 나라를 얻으신다면 세워주면 서고, 인도하면 행해지고, 편안하게 해주면 따라오고, 고무시키면 동화되어, 살아 계시면 영광으로 여기고, 돌아가시면 슬퍼할 것이니, 어찌 미칠 수 있겠는가?"

| 자해 |

爲恭 : 공경하여 그 스승에게 겸손함. • 階 : 사다리. • 立之 : 생업을 갖도록 함. • 道 : 인도함. 가르침. • 行 : 따름. • 綏 : 편안함. • 來 : 귀부(歸附)하는 것. • 動 : 고무시킴. • 和 : 악한 것을 변화시켜 착하게 함. • 榮 : 높이고 친애하지 않는 이가 없음. • 哀 : 어버이를 잃은 것과 같이 슬퍼함.

| 의해 |

진자금이 비록 성인의 문하에서 배웠지만 오히려 성인의 도가 높고 큰 것을 엿보지 못하였다. 그래서 자공에게 말하였다. "자네가 스승을 공경하여 사양하지만 실상을 말하면 공자가 어찌 자네보다 어질겠는가?"

◑ 자공이 책망하여 말하였다. "그것이 무슨 말인가? 군자가 사람을 평론할 때에 한 마디 말이라도 마땅하게 해야 한다. 한 마디 말이

비록 작은 것이지만 그것을 통해 그 사람의 지혜 있는 것과 지혜 없는 것을 볼 수 있으니, 삼가지 않을 수 없을 것이다. 그런데 지금 자네가 나에게 '공자가 어찌 자네보다 어질겠는가?'라고 한 말은 지혜 없는 것을 보여주는 것이 아니겠는가? 또 자네가 삼가지 않고 말을 쉽게 하는데, 내가 어찌 선생님께 미치겠는가? 선생님의 덕은 나면서부터 알고 자연스럽게 행하셔서 미치지 못하는 것이 마치 하늘이 높아서 사다리로 올라가지 못하는 것과 같다. 하늘에 오르기 어려운 것을 알면 선생님께 쉽게 미치지 못할 것을 알 것이다.

◑ 아깝다! 선생님께서 곤궁하여 아래에 있어서 덕을 끝내 펼 곳이 없었다. 만일 선생님께서 나라를 얻어 다스렸다면 그 공적이 어찌 얕고 적었겠는가? 백성을 기를 때 생업을 붙들어주면 백성의 생업이 안정되고, 백성을 교화로 인도하면 백성이 교화를 좇았을 것이다. 견고하게 붙들어주고 그 위에 편안하게 기르는 혜택을 더하여 항상 생업을 얻도록 하면 백성이 사랑하여 돌아올 것이고, 교화가 깊은데다 더욱 분발하게 하면 덕이 날로 새로워져 백성이 크게 변화할 것이다. 정치와 교화를 베풀 때 사람을 감동시키는 것이 이와 같기 때문에, 살아계실 때에는 덕의 교화를 입은 사람들이 다 높이고 친하여 사람마다 영화롭게 여기고, 돌아가신 때에는 부모의 상사를 당한 것과 같이 슬퍼할 것이다. 덕의 교화가 사람에게 깊이 들어가는 것이 이와 같으니, 성인의 신령스러운 교화가 어찌하여 그렇게 되는지를 알지 못할 것인데, 어떻게 그에게 미칠 수 있겠는가?"

| 요지 |

이 장은 성인의 신령스러운 교화에 미치지 못하는 것을 보인 것이다. 공자에게 미치지 못한다고 말한 대목은 덕으로 말하였고, 끝 대목은 공자의 덕의 묘용(妙用)을 칭송하고 탄식하였다. 자금의 식견이 얕기 때문에 공적과 사업에 드러난 것을 형용하여 보인 것이다.

20. 요왈(堯曰)

1-1. 堯曰 咨爾舜아 天之曆數在爾躬하니 允執其中하라 四海困窮하면 天祿이 永終하리라 舜이 亦以命禹하시니라 曰予小子履는 敢用玄牡하야 敢昭告于皇皇后帝하노니 有罪를 不敢赦하며 帝臣不蔽니 簡在帝心이니이다 朕躬有罪는 無以萬方이요 萬方有罪는 罪在朕躬하니라

| 언해 |

堯ㅣ ᄀᆞᆯᄋᆞ샤ᄃᆡ 咨흡다 너 舜아 天의 曆數ㅣ 네 躬에 인ᄂᆞ니 진실로 그 中을 執ᄒᆞ라 四海ㅣ 困窮ᄒᆞ면 天의 祿이 永히 終ᄒᆞ리라 舜이 ᄯᅩ ᄡᅥ 禹를 命ᄒᆞ시니라 ᄀᆞᆯᄋᆞ샤ᄃᆡ 나 小子 履ᄂᆞᆫ 敢히 玄牡ᄅᆞᆯ 用ᄒᆞ야 敢히 皇皇ᄒᆞ신 后帝ᄭᅴ 昭告ᄒᆞ노니 罪ㅣ 인ᄂᆞ 이ᄅᆞᆯ 敢히 赦티 아니ᄒᆞ며 帝의 臣을 蔽티 아니ᄒᆞ노니 簡홈이 帝心에 인ᄂᆞ니이다 朕躬의 罪ㅣ 이심은 萬方으로ᄡᅥ 아니오 萬方의 罪ㅣ 이심은 罪ㅣ 朕躬에 인ᄂᆞ니라

| 직역 |

요임금이 말하였다. "아! 너 순아, 하늘의 운수가 너의 몸에 있으니, 진실로 그 중을 잡아라. 사해가 곤궁하면 하늘의 복록이 영원히 끊어질 것이다." 순임금도 이 말로 우임금에게 명하였다. 탕왕

이 말하였다. "나 소자 리(履)는 감히 검은 희생을 써서 감히 크나크신 상제께 아룁니다. 죄 있는 사람을 감히 용서하지 않으며 상제의 신하를 감히 가리지 않으니, 선택은 상제의 마음에 달려 있습니다. 내 몸에 죄가 있는 것은 만방 때문이 아니고, 만방에 죄가 있는 것은 그 죄가 내 몸에 있습니다."

| 자해 |

咨 : 탄식하는 소리. • 歷數 : 제왕의 계승 차례가 일년, 사시, 절기의 차례와 같다는 뜻. • 中 : 지나치거나 미치지 못함이 없음을 말함. • 履 : 은나라 탕(湯) 임금의 이름. • 玄牡 : 검은 수컷, 하나라에서는 검은 빛을 숭상하였는데 탕이 제사에서 그 예법을 바꾸지 않고 사용함. • 簡 : 검열, 간택.

| 의해 |

이 장은 기록하는 사람이 역대 제왕의 도를 기록하여 성인의 도통이 서로 전해진 것을 드러낸 것이다. 옛적에 요임금이 순임금에게 임금의 자리를 전해줄 때 경계하고 명하여 말씀하였다. "아! 너 순아. 역수가 있은 이후로 서로 잇는 계통을 하늘이 맡았다. 이제 너의 덕이 하늘의 마음에 마땅하여 하늘이 서로 전하는 역수가 네 몸에 있는 것을 알지어다. 그러나 천명을 어찌 쉽게 받들겠는가? 모든 천하 만물에 다 중도가 있으니 하늘의 이치가 있는 바이다. 네가 마음을 치우치게 하지 말아서 무릇 일을 처리하고 물건을 헤아릴 때에 진실로 그 중도를 잡아 지나치거나 미치지 못하는 것이 없도록 하여 백성을 다스리면 사해가 그 덕을 입어 천명을 길이 보전할 것이다. 만일 중도를 잡지 못하여 사해의 백성으로 하여금 곤궁하게 하면 하늘이 주신 봉록이 영원히 끊겨서 역수가 네게 있지 않을 것이니 조심하라. 이것은 성인이 자리를 서로 주고 받을 적에 하늘과 사람 사이의 엄숙함이 이와 같은 것이다." 순임금이 또 우임금에게 자리를 전할 때에도 또한 이 말로 명하였으니, 여기서 요임금과 순임금과 우임금, 세 성인이 새로

자리를 받을 때에 이밖에 특별한 도리가 없었던 것을 볼 수 있다. ◑ 우임금의 뒤에 역수에 응하여 천하를 소유한 임금은 은나라 탕(湯)이니, 탕이 하나라의 무도한 걸왕을 치면서 글을 지어 제후들에게 선포하였다. "내가 전에 걸을 칠 때에 상제에게 말하였다. '나 소자 리(履)는 감히 검은 짐승을 잡아 밝으며 크나크신 상제에게 고하노니, 하나라 걸이 무도하여 죄를 하늘에 얻었기 때문에 반드시 쳐서 그 죄를 밝히고 바르게 하여 감히 놓아두지 않겠습니다. 천하의 어진 사람은 다 상제께서 돌아보시고 명하신 신하이니, 반드시 등용하여 숨겨두지 않겠습니다. 죄있는 사람과 어진 사람을 가리는 것은 상제의 마음에 있고, 내가 죄있는 사람을 치고 어진 사람을 쓰는 것이 다 상제의 뜻을 순종할 따름입니다. 어찌 감히 사사로운 뜻을 그 사이에 두겠습니까?' 이제 이미 천자가 되었으니 그 책임이 더욱 무겁다. 만일 내 몸에 죄가 있으면 이는 내가 스스로 죄를 지은 것이므로 내가 몸소 상제께 꾸지람을 당할 것이며, 만일 만방의 신민이 죄를 지으면 이는 내가 거느리고 제어함을 잘못하여 그렇게 된 것이므로 그 죄가 내 몸에 있다." 이로부터 보면 탕임금이 걸을 치신 공변된 뜻과 스스로 책망하기를 무겁게 한 것이 이와 같으니 참으로 임금되기 어려운 것을 알 것이며, 요임금과 순임금과 우임금의 세 성인이 조심하여 중도를 잡은 것과 비교하면 때는 다르나 도는 같은 것이다.

1-2. 周有大賚하신대 善人이 是富하니라 雖有周親이나 不如仁人이요 百姓有過在予一人이니라 謹權量하며 審法度하며 修廢官하신대 四方之政이 行焉하니라 興滅國

하며 繼絶世(계절세)하며 擧逸民(거일민)하신대 天下之民(천하지민)이 歸心焉(귀심언)하니라 所重(소중)은 民食喪祭(민식상제)러시다 寬則得衆(관즉득중)하고 信則民任焉(신즉민임언)하고 敏則有功(민즉유공)하고 公則說(공즉열)이니라

| 언해 |

周ㅣ 大賚를 두신대 善人이 이에 富ᄒᆞ니라 비록 周ᄒᆞᆫ 親이 이시나 仁人만 ᄀᆞᆮ디 몯ᄒᆞ고 百姓의 過ㅣ 이심이 나 一人에 인ᄂᆞ니라 權量을 謹ᄒᆞ며 法度를 審ᄒᆞ며 廢官을 修ᄒᆞ신대 四方읫 政이 行ᄒᆞ니라 滅ᄒᆞᆫ 國을 興ᄒᆞ며 絶ᄒᆞᆫ 世을 繼ᄒᆞ며 逸ᄒᆞᆫ 民을 擧ᄒᆞ신대 天下의 民이 心을 歸ᄒᆞ니라 重히 너기신 바ᄂᆞᆫ 民의 食과 喪과 祭러시다 寬ᄒᆞᆫ則 衆을 得ᄒᆞ고 信ᄒᆞᆫ則 民이 任ᄒᆞ고 敏ᄒᆞᆫ則 功이 잇고 公ᄒᆞᆫ則 說ᄒᆞᄂᆞ니라

| 직역 |

주나라에 크게 베푸는 일이 있으니, 착한 사람이 이에 부유하게 되었다. "비록 지극히 가까운 친척이 있으나 어진 사람만 같지 못하며, 백성들의 허물은 나 한 사람에게 있다." 저울과 도량형을 삼가고, 법도를 살피며, 폐지된 관직을 정비하시니, 사방의 정치가 제대로 행해졌다. 멸망한 나라를 일으켜주고, 끊어진 세대를 이어주며, 숨은 사람을 등용하니, 천하의 백성이 마음을 돌렸다. 소중히 여겼던 것은 백성의 먹는 것과 상례와 제례였다. 너그러우면 대중을 얻고, 신의가 있으면 백성들이 신임하고, 민첩하면 공적이 있고, 공정하면 기뻐한다.

| 자해 |

賚 : 주는 것. • 周親 : 지극히 친함. • 權 : 저울. • 法度 : 예악과 제도.

| 의해 |

탕임금의 뒤를 이은 주나라의 무왕은 무도한 주를 쳐서 재물과 곡식을 천하 사람들에게 주어 궁핍한 백성에게 은혜를 베풀었는데, 그 가운데서도 선한 사람에게는 더욱 부하고 후하게 하셨다. 무왕이 주를 칠 때에 군사에게 맹세하여 말하였다. "주가 비록 가까운 친척이 많으나 모두 한 마음이 못되어 우리나라에 어진 사람이 많아서 마음이 같고 덕이 같은 것만 못하다. 내가 주를 치면 반드시 이길 것이니, 오늘 백성의 죄는 다 내 한 사람에게 있다."

◑ 무왕이 천하를 평정한 후에 저울과 되·말·섬을 정하여 관가와 백성이 경중과 대소를 일정하게 하여 시행함으로써 관부에서 백성의 것을 마음대로 빼앗지 못하며 백성들이 서로 속이지 못하게 하였다. 또 법도를 살펴서 예악과 만물을 한결같이 의리의 중도를 따라 행하였으며, 폐하였던 관부를 거듭 새로 수리하여 예전에 있다가 지금 없는 것을 회복하였다. 이로부터 백성의 믿음이 서고 풍속이 같고 모든 일이 정리되어 사방에 어진 정사가 크게 행해졌다. 전대 제왕의 자손으로 벼슬과 토지가 없는 멸망한 나라를 일으켜 벼슬과 토지를 주어 복구하고, 또 벼슬과 토지는 있으나 자손이 없는 자는 그 대를 잇게 하여 종손으로 삼아 제사를 담당하게 하고, 어진 사람으로서 주의 버림을 받아 숨어 있는 백성을 등용하여 재주를 드러내게 하였다. 이렇게 그 행사가 천하의 공변된 마음에 합했기 때문에 천하의 백성들이 마음을 돌이켜 복종하였다. 백성의 일에 뜻을 두어 먹는 것으로 생명을 기르고 상례로 죽은 이를 보내며 제례로 조상을 추모하는 것이 무엇보다 중요하다. 따라서 밭과 마을을 정하여 백성의 생업을 두텁게 하고, 상사와 제사의 예절을 정하여 백성에게 효도를 가르쳐서 사람의 기강을 세우고 풍속을 후하게 하였다. 무왕께서 은나라의 포악한 정사를 고치고 옛 정사의 어진 것을 회복하여 상제의 명을 받들고 요임금과 순임금과 우임금과 탕임금의 도통을 이은 것이 이와 같았다.

◑ 합하여 보면 요·순·우·탕·무왕의 도가 혹은 자리를 전하신 명에 나타나고 혹은 맹세하신 글에 보이고 혹은 정사를 행하신 것에 보이지만 모두 한 가지로 중도를 서로 전하신 것이다. 요컨대 중도의 큰 단서가 너그럽고 믿음직스럽고 민첩하고 공변된 것 밖에 있지 않다. 천하를 소유한 사람이 진실로 너그러운 것에 마음을 두면 만물이 일체가 되어 사람이 반드시 돌아와 무리를 얻을 것이다. 믿음으로 정사를 행하면 임금이 백성을 속이지 않고 백성도 또한 임금을 속이지 않아서 모두 나에게 의지할 것이다. 부지런하고 민첩한 것으로 다스리면 모든 제도가 다 정리되어 공이 있을 것이다. 좋아하고 미워하며 형벌을 내리고 상을 주는 것이 한결같이 공변되면 천하 사람들이 다 기뻐 복종할 것이다. 제왕의 다스리는 도가 무엇이 이에 지나는 것이 있겠는가?

| 요지 |

이 장은 백성들의 먹을 것을 중요시하는 내용으로 위에서는 제왕의 도를 널리 기록하였고 아래에서는 모두 제왕의 도를 논의하였다. 특별히 이 편 끝에서 제왕이 도통을 전한 것을 기록한 것은 당나라와 우나라 삼 대 후에 공자가 포의(布衣)로 여러 성인의 도통을 이은 것을 보여준 것이다.

2-1. 子張이 問於孔子曰 何如라야 斯可以從政矣니잇고 子曰 尊五美하며 屛四惡이면 斯可以從政矣리라 子張이 曰 何謂五美니잇고 子曰 君子惠而不費하며 勞而不怨하며 欲而不貪하며 泰而不驕하며 威而不猛이니라 子

張이 曰何謂惠而不費니잇고 子曰 因民之所利而利之니 斯不亦惠而不費乎아 擇可勞而勞之어니 又誰怨이리오 欲仁而得仁이어니 又焉貪이리오 君子無衆寡하며 無小大히 無敢慢하나니 斯不亦泰而不驕乎아 君子正其衣冠하며 尊其瞻視하여 儼然人望而畏之하나니 斯不亦威而不猛乎아

| 언해 |

子張이 孔子ᄭᅴ 묻ᄌᆞ와 ᄀᆞᆯ오ᄃᆡ 엇디ᄒᆞ야아 이에 可히 ᄡᅥ 政을 從ᄒᆞ리잇고 子ㅣ ᄀᆞᆯᄋᆞ샤ᄃᆡ 五美를 尊ᄒᆞ며 四惡을 屛ᄒᆞ면 이에 可히 ᄡᅥ 政을 從ᄒᆞ리라 子張이 ᄀᆞᆯ오ᄃᆡ 엇디 닐온 五美니잇고 子ㅣ ᄀᆞᆯᄋᆞ샤ᄃᆡ 君子ㅣ 惠호ᄃᆡ 費티 아니ᄒᆞ며 勞호ᄃᆡ 怨티 아니ᄒᆞ며 欲호ᄃᆡ 貪티 아니ᄒᆞ며 泰호ᄃᆡ 驕티 아니ᄒᆞ며 威호ᄃᆡ 猛티 아니홈이니라 子張이 ᄀᆞᆯ오ᄃᆡ 엇디 닐온 惠호ᄃᆡ 費티 아니홈이니잇고 子ㅣ ᄀᆞᆯᄋᆞ샤ᄃᆡ 民의 利ᄒᆞᆫ 바를 因ᄒᆞ야 利케 ᄒᆞ니 이 ᄯᅩᄒᆞᆫ 惠호ᄃᆡ 費티 아니홈이 아니가 可히 勞ᄒᆞ얌즉ᄒᆞᆫ 이를 擇ᄒᆞ야 勞ᄒᆞ거니 ᄯᅩ 뉘 怨ᄒᆞ리오 仁코자 ᄒᆞ야 人을 得ᄒᆞ거니 ᄯᅩ 엇디 貪ᄒᆞ리오 君子ㅣ 衆寡ㅣ 업스며 小大 업시 敢히 慢티 아니ᄒᆞᄂᆞ니 이 ᄯᅩᄒᆞᆫ 泰호ᄃᆡ 驕티 아니홈이 아니가 君子ㅣ 그 衣冠을 正히 ᄒᆞ며 그 瞻視를 尊히 ᄒᆞ야 儼然히 人이 望ᄒᆞ고 畏ᄒᆞᄂᆞ니 이 ᄯᅩᄒᆞᆫ 威호ᄃᆡ 猛티 아니홈이 아니가

| 직역 |

자장이 공자께 묻기를 "어떻게 해야 정치에 종사할 수 있습니까?"

라고 하니, 공자께서 "다섯 가지 아름다운 것을 높이고 네 가지 악한 것을 물리치면 이에 정치에 종사할 수 있을 것이다"라고 대답하셨다. 자장이 "무엇을 다섯 가지 아름다운 것이라고 합니까?"라고 되묻자, 공자께서 "군자는 은혜롭게 하지만 허비하지 않으며, 수고롭게 하지만 원망하지 않으며, 하고자 하면서도 탐하지 않으며, 태연하지만 교만하지 않으며, 위엄스러우면서도 사납지 않다"라고 대답하셨다. 자장이 "무엇을 은혜롭게 하지만 허비하지 않는 것이라고 합니까?"라고 묻자, 공자께서 말씀하셨다. "백성들이 이롭게 여기는 것을 따라 이롭게 해주니, 이 또한 은혜롭게 하지만 허비하지 않는 것이 아니겠는가? 수고롭게 할 만한 일을 선택하여 수고롭게 하니 또 누가 원망하겠는가? 인을 하고자 하여 인을 얻으니 또 무엇을 탐하겠는가? 군자는 많거나 적거나 크거나 작거나에 관계없이 감히 교만하지 않으니, 태연하면서도 교만하지 않은 것이 아니겠는가? 군자는 의관을 바르게 하며 보는 것을 높이 하여 엄숙히 사람이 바라보고 두려워하니, 이것이 또한 위엄스러우면서도 사납지 않은 것이 아니겠는가?"

| 의해 |

자장이 공자에게 물었다. "군자가 세상에 나가서 등용되면 어떻게 해야 정사에 종사할 수 있습니까?" 공자가 대답하였다. "정사에 다섯 가지 아름다움이 있으니 진실로 그것을 높여 행하며, 정사에 네 가지 악함이 있으니 진실로 그것을 물리쳐 끊으라. 그러면 취하고 버리는 것이 적당하여 다스리는 도가 갖추어져 정사에 종사할 수 있을 것이다."

◑ 자장이 다시 다섯 가지 아름다운 것이 무엇인가를 묻자 다음과 같이 말하였다. "군자가 정사에 종사하는 데 사람에게 은혜를 끼치면서도 자기의 재물을 손상하지 않으니, 이것이 은혜로우면서도 허비하지 않는다는 것이다. 사람에게 수고를 끼쳐 부리면서도 도리어 사람의 환심을 얻으니, 이것이 수고롭게 하여도 원망하지

않는다는 것이다. 하고자 하는 것이 있으면 탐하기 쉬운 것인데 군자는 하고자 하는 것이 있어도 사람에게 구하지 않고 내 몸에 얻는 것이 있으니, 이것이 하고자 하여도 탐하지 않는다는 것이다. 태연하면 교만하기 쉬운 것인데 군자는 태연자득하고 방자한 데 이르지 않으니, 이것이 위엄이 있으면서도 사납지 않은 것이다. 다섯 가지 아름다운 조목이 이와 같다." 자장이 또 물었다. "사람에게 은혜를 베풀면 반드시 자기의 재물을 허비하는 것인데 어떤 것을 은혜로우면서도 허비하지 않는다고 합니까?" 공자가 계속해서 다섯 가지 아름다운 실상을 들어 말하였다. "창고에 있는 재물을 사람에게 주면 허비하게 되는 것인데, 또 어찌 사람마다 다 줄 수 있겠느냐? 4계절의 이로운 것과 산천의 이로운 것과 사방의 이로운 것은 다 백성에게 저절로 있는 이익인데, 내가 그것들을 따라 조절하고 경영하여 백성에게 이익이 있도록 하여 그들로 하여금 굶주리거나 추위에 떠는 일이 없게 하면 내 재물을 주는 것이 아니다. 이것이 또한 은혜로우면서도 허비하지 않는 것이 아니겠느냐? 마음은 본래 백성을 수고롭게 하고자 하지 않지만 부득이하게 할 만한 일을 가려 때에 맞게 수고롭게 하면 이는 급하지 않은 일로 수고롭게 하는 것이 아니고 편안한 도로 백성을 부리는 것이니 백성이 스스로 그 수고로움을 잊을 것이다. 어찌 원망이 있겠는가? 인한 생각은 천하 만물을 다 이롭게 하지 못하면 그 하고자 하는 마음이 그치지 않는다. 차마 하지 못하는 마음으로 차마 하지 못하는 정사를 행하여 처음에 만민을 다 인하게 하고자 하여 마침내 인이 흡족함을 얻었다. 이 마음이 온전히 백성을 위하고 내게는 한 터럭 만큼도 이익이 없으니 또한 무엇을 탐하였다고 하겠는가? 군자는 사람의 많고 적은 것과 일의 크고 작은 것을 막론하고 한결같은 마음이 공경을 주로 하여 감히 교만하지 않으니, 모든 행동이 도에 적당하여 태연하게 자득할 것이다. 그 태연한 것이 공경으로부터 나온 것이고 소홀하고 거만한 데 있지 않으니, 무슨 교만이 있겠는가? 군자는 의관을 단정하게 하고 보는 것을 정숙하게 하여 몸가짐을 엄하게 하고 엄숙히 내 몸을 공손하게 하여, 사람이 군자의 덕이 있는 모양을 스스로 바라보고 두려워하는 것이다. 군자가 위엄으로만 사람을 대하는 것이 아니므로 이것이 또한 위엄이 있으면서도 사납지 않은 것이다. 은혜를 베풀면서도 재물을 허비하지 않고 수고롭게 하여도 원망하지 않는 것은 사람에게 베푸는 것이고, 하고자 하면서도 탐하지 않고 태연하면서도 교만하지 않고 위엄이 있으면서도 사납지 않은 것은 내 몸에 있는 것이니, 정사를 함에 내외와 시종의 도가 다 구비되는 것이다. 이것이 다섯 가지 아름다운 실상이니, 마땅히 높여야 하는 것이다."

2-2. 子張이 曰 何謂四惡이니잇고 子曰 不教而殺을 謂之虐이요 不戒視成을 謂之暴요 慢令致期를 謂之賊이요 猶之與人也로대 出納之吝을 謂之有司니라

| 언해 |

子張이 ᄀᆞᆯ오ᄃᆡ 엇디 닐온 四惡이니잇고 子ㅣ ᄀᆞᆯᄋᆞ샤ᄃᆡ 教티 아니코 殺홈을 닐온 虐이오 戒티 아니코 成을 視홈을 닐온 暴ㅣ오 令을 慢히 ᄒᆞ고 期를 致홈을 닐온 賊이오 오히려 人을 與호ᄃᆡ 出ᄒᆞ며 納홈이 吝홈을 닐온 有司ㅣ니라

| 직역 |

자장이 "무엇을 네 가지 악이라고 합니까?" 라고 묻자, 공자께서 대답하셨다. "가르치지 않고 죽이는 것을 학정이라고 하고, 미리 경계하지 않고 성공을 요구하는 것을 포악하다고 하고, 명령을

태만히 하고 기일을 각박하게 하는 것을 해친다고 하고, 똑같이 남에게 주면서도 출납할 때에 인색하게 하는 것을 유사(有司)라고 한다."

| 자해 |

虐 : 잔혹하여 어질지 아니함. • 暴 : 급작스럽고 점차로 함이 없음. • 致期 : 기한을 정함. • 賊 : 해롭게 하는 뜻. • 猶之 : 균지(均之)와 같은 뜻.

| 의해 |

자장이 어떤 것이 네 가지 악이냐고 묻자, 공자가 말하였다. "정사에 종사하는 사람이 백성들로 하여금 악한 일을 하지 않게 하려면 마땅히 먼저 가르쳐야 하고, 가르쳐도 따르지 않으면 부득이하게 죽이는 것도 가능하다. 만일 백성을 착한 도로 가르치지 않고 갑자기 죽이면 잔인하고 혹독하여 인하지 않은 것이니, 이것을 일러 학정이라고 한다. 무슨 일을 할 때에 마땅히 기한을 정하여 주고 공을 이루는 것을 요구해야 한다. 만일 먼저 경계하지 않고 갑자기 성공을 따지면 너무 갑작스러워 점차로 하는 것이 아니니, 이것을 일러 포악하다고 한다. 무엇이든지 백성에게 구할 것이 있으면 반드시 명령한 뒤에 백성이 그 따를 바를 알 것이다. 만일 백성에게 고의로 명령을 게을리 내리고 후에 기한을 촉박하게 하여 백성을 그르치고 나서 형벌을 더한다면 일부러 백성을 해롭게 하는 것이니, 이것을 일러 해친다고 한다. 공이 있는 사람에게 상을 주는 것이 마땅한데 혹 먼저 하고 혹 나중에 하여 주기는 주지만 여기서 받아 저기에 줄 때에 혹 더디고 의심하며 인색하여 주는 데 과단성 있게 하지 못하면 이것은 남을 위하여 재물을 지킬 뿐 자기 마음대로 못하는 유사(有司)의 행위이고 정사하는 사람의 체통이 아니다. 이것이 네 가지 악함의 실상이니 마땅히 물리쳐야 할 것이다."

| 요지 |

이 장은 공자가 정사를 의론한 것을 기록하여 제왕의 다스림을 이은 것이다. 의론한 다섯 가지 아름다움을 높이고 네 가지 악함을 물리치라고 한 것에 제왕이 다스리는 법이 갖추어져 있다. 높인다는 것은 공경으로 지킨다는 뜻이 있고, 물리친다는 것은 엄하게 끊는다는 뜻이 있다.

3. 子曰 不知命이면 無以爲君子也요 不知禮면 無以立也요 不知言이면 無以知人也니라
(자왈 부지명 무이위군자야 부지례 무이립야 부지언 무이지인야)

| 언해 |

子ㅣ ᄀᆞᆯᄋᆞ샤ᄃᆡ 命을 아디 몯ᄒᆞ면 ᄡᅥ 君子ㅣ 되디 몯ᄒᆞ고 禮를 아디 몯ᄒᆞ면 ᄡᅥ 立디 몯ᄒᆞ고 言을 아디 몯ᄒᆞ면 ᄡᅥ 人을 아디 몯ᄒᆞ리니라

| 직역 |

공자께서 말씀하셨다. "명을 알지 못하면 군자가 될 수 없으며, 예를 알지 못하면 설 수 없으며, 말을 알지 못하면 사람을 알 수 없다."

| 의해 |

공자가 말하였다. "사람이 처음 날 때에 정해져 있어서 바꾸지 못하는 것이 명(命)이니, 사람이 반드시 명을 알면 길흉과 화복의 명에 편안하여 군자가 될 것이다. 만일 명을 알지 못하여 얻지 못할 것을 구하고 면하지 못할 것을 피하려고 하면 한갓 지키는 것

을 잃어서 소인이 될 것이니, 어찌 군자가 되겠는가? 그러므로 명을 알지 못해서는 안될 것이다.

◑ 예는 몸을 다스리는 것이다. 사람이 예를 알면 위의를 살피고 덕성을 굳게 정하여 스스로 설 수 있다. 만일 예를 알지 못하여 절도와 도수를 자세하고 밝게 살피는 공부가 없으면 나아가고 물러나는 행동들이 아득하게 준칙이 없어서 이목과 수족이 황망하여 움직일 바를 잃어버릴 것이니, 어찌 스스로 설 수 있겠는가? 그러므로 예를 알지 못해서는 안될 것이다.

◑ 사람의 간사함과 바름을 알고자 하면 말을 알아야 하니, 말의 시비와 득실이 다 마음으로부터 나오는 것이다. 남의 말에 대하여 시비와 득실을 알지 못하면 사람의 간사하고 바름을 분별할 수 없으니 어떻게 사람을 알겠는가? 그러므로 말을 알지 않아서는 안된다. 이 세 가지를 알면 위로는 하늘에 통할 것이고, 안으로는 자신을 이룰 것이고 밖으로는 다른 사람을 이루어줄 것이니, 스스로 닦는 중심을 얻을 것이다."

| 요지 |

이 장은 앎[知]의 중요함을 보인 것이다. 명을 알면 나에게 일정한 소견이 있고, 예를 알면 나에게 일정하게 지키는 것이 있고, 말을 알면 사람이 그 실정을 숨기지 못할 것이다. 이 세 가지를 알면 안으로는 나의 덕을 이룰 수 있고 밖으로는 다른 사람의 실정을 다할 수 있을 것이니, 스스로 닦는 일을 갖추었다고 할 수 있다.

찾아보기

가

나

아

자

차

타

파

하

논어

1판 1쇄 발행 2005년 3월 20일
1판 11쇄 발행 2021년 1월 14일

지은이 | 유교경전번역총서 편찬위원회
펴낸이 | 신동렬
펴낸곳 | 성균관대학교 출판부

등록 | 1975년 5월 21일 제1975-9호
주소 | 03063 서울특별시 종로구 성균관로 25-2
대표전화 | 02)760-1253~4
팩시밀리 | 02)762-7452
홈페이지 | press.skku.edu

값 30,000원

ISBN 89-7986-614-3 93140
ISBN 89-7986-673-9(세트)